Gwenallt

Cofiant D. Gwenallt Jones 1899–1968

Cyflwynedig i Huw Walters,
gan ddiolch iddo am aml i gymwynas
yng nghwrs y blynyddoedd.
Hanesydd, llyfrgellydd gwâr.

Gwenallt

Cofiant D. Gwenallt Jones 1899–1968

ALAN LLWYD

Argraffiad cyntaf: 2016

Dymuna'r cyhoeddwyr gydnabod cymorth ariannol
Cyngor Llyfrau Cymru

Llun y clawr: Nest Hamer
Cynllun y clawr: Sion Ilar

Rhif Llyfr Rhyngwladol:
978 1 78461 332 7

Cyhoeddwyd, rhwymwyd ac argraffwyd yng Nghymru gan
Y Lolfa Cyf., Talybont, Ceredigion SY24 5HE
gwefan www.ylolfa.com
e-bost ylolfa@ylolfa.com
ffôn 01970 832 304
ffacs 832 782

Diolchiadau a Sylwadau

Ymae arnaf ddyled i amryw byd o unigolion am roi pob math o gymorth imi wrth gywain deunydd ynghyd ar gyfer y cofiant hwn. Yn bennaf oll, mae'n rhaid i mi enwi Gareth Richards, perchennog Gwasg Morgannwg, Castell-nedd. Unwaith y clywodd fy mod yn paratoi cofiant i Gwenallt, dechreuodd gasglu deunydd ar gyfer y cofiant hwnnw, a gweithredodd fel dyn-yn-y-canol imi, trwy gysylltu â phobl a oedd â chysylltiad â Gwenallt mewn rhyw fodd neu'i gilydd. Un o'r rheini oedd Nest Hamer, sef merch Beth Owen, chwaer Gwenallt. Gan Nest y cefais yr holl luniau sy'n ymwneud â Gwenallt a'i deulu. Cefais ddeunydd amhrisiadwy hefyd gan Betsi James, sef merch Albert Davies, cyfaill mynwesol Gwenallt. Ganddi hi y cefais y ddogfen anghyhoeddedig 'Wanderings', sef atgofion Albert Davies am Gwenallt, gan gynnwys llythyrau Gwenallt ato. Yn ffodus, trwy Betsi James, roedd y llythyrau hynny wedi goroesi, a chefais fenthyg y llythyrau gwreiddiol ganddi, i sicrhau eu cywirdeb. Gan Betsi James y cefais y lluniau o Albert a Gwenallt ar gyfer y gyfrol, ac o deulu Albert. Cefais gopi arall o 'Wanderings' Albert Davies yn ogystal, trwy law'r Prifardd Tudur Dylan Jones. Roedd y copi hwn yn perthyn, ar un adeg, i frawd Betsi. Tynnodd Gareth Richards hefyd nifer o luniau ar gyfer y cofiant. Diolch i'r cyfeillion hyn am eu cymorth hael a pharod.

Gan aros gyda'r teulu am eiliad, hoffwn ddiolch i Mrs Mair Gwenallt-Powell, merch Gwenallt, am ateb ambell gwestiwn.

Diolch hefyd i Nest Davies, Pontardawe, am fwrw golwg dros y gwaith fel y gallwn fanteisio ar ei gwybodaeth arbenigol am Gwm Tawe, a'm hatal rhag gwneud ambell lithriad.

Ac y mae arnaf ddyled i ddau Huw, a dau gyn-aelod o staff Llyfrgell Genedlaethol Cymru. Gan Huw Walters y cefais y deunydd am Amanwy a

Gwenallt, a chefais sawl cymwynas ganddo yng nghwrs y blynyddoedd. I Huw y cyflwynir y gyfrol. Huw Ceiriog yw'r Huw arall, a bu'n ddigon caredig i fynd i'r Llyfrgell Genedlaethol i lungopïo deunydd ar fy rhan. Diolch i Caronwen Samuel, Uwch Gynorthwy-ydd Ymholiadau yn y Llyfrgell Genedlaethol, am ei chymorth a'i heffeithiolrwydd, a hefyd i Alison Harvey, Archifydd Cynorthwyol Casgliadau Arbennig ac Archifau Llyfrgell y Celfyddydau ac Astudiaethau Cymdeithasol, Caerdydd, am anfon ataf lungopïau o lythyrau Gwenallt a'i briod at B. J. Morse.

Diolch hefyd i'r Prifardd Donald Evans am gydsynio i grynhoi ei atgofion difyr am Gwenallt imi.

Ac i gloi, diolch i'r Prifardd Huw Meirion Edwards, Cyngor Llyfrau Cymru, a Nia Peris, y Lolfa ar y pryd, am eu gwaith golygyddol gwych ar y llyfr, ac am nifer o awgrymiadau a gwelliannau gwerthfawr. Daeth Meinir Wyn Edwards i'r adwy ar ôl ymadawiad Nia, ac rwy'n ddyledus iawn iddi hithau hefyd am sawl cywiriad ac awgrym. A diolch i'r Lolfa hefyd, wrth gwrs, am dderbyn y gwaith i'w gyhoeddi ac am roi graen arferol y wasg ar y diwyg a'r cynnwys.

Alan Llwyd
Medi 2016

Cynnwys

Cefndir a Magwraeth
1899–1913

Ar lawer ystyr, cafodd David James Jones ei eni a'i fagu yn y lle anghywir, yn fab alltud i rieni alltud. Symudodd ei rieni o baradwys wledig Sir Gaerfyrddin i ganol uffern ddiwydiannol Cwm Tawe yn Sir Forgannwg, nid er mwyn gwella'u byd fel y cyfryw, ond er mwyn osgoi tlodi ac angen ac mewn ymdrech i gael y ddau ben llinyn ynghyd. Twyllwyd y mab o'i enedigaeth-fraint a'i amddifadu o'r fagwraeth wledig y dylasai fod wedi ei chael. O'r cychwyn cyntaf, cymerwyd oddi arno yr hyn yr oedd ganddo'r hawl i fod yn berchen arno, gan sefydlu patrwm a fyddai'n cael ei ailadrodd dro ar ôl tro yn ystod ei fywyd. Trwy gydol ei fywyd byddai David James Jones yn cael ei amddifadu o'i hawliau a'i haeddiannau, yn enwedig wedi iddo ddiosg ei enw bedydd a mabwysiadu enw amgenach, sef Gwenallt, a dod yn un o feirdd pwysicaf ei genedl ac yn un o'i hysgolheigion pennaf.

Ganed Thomas Ehedydd Jones, tad Gwenallt, yn Esgair-ceir, ger Rhydcymerau, ym mhlwyf Llansawel yng ngogledd-orllewin Sir Gaerfyrddin, ar Fedi 12, 1867. Thomas Ehedydd oedd y pumed o wyth plentyn Dafydd ac Elisabeth Jones, Esgair-ceir – Deio a Beto i bawb o'u cydnabod. Cofiai D. J. Williams, y llenor a'r cenedlaetholwr ac un arall o frodorion Rhydcymerau, am Beto Esgair-ceir fel 'hen wraig graff a phwyllog'.[1] Roedd gan yr ŵyr yntau gof byw am ei fam-gu:

'Rwy'n cofio am fy mam-gu yn Esgeir-ceir
Yn eistedd wrth y tân ac yn pletio ei ffedog;

Croen ei hwyneb mor felynsych â llawysgrif Peniarth,
A'r Gymraeg ar ei gwefusau oedrannus yn Gymraeg Pantycelyn.
Darn o Gymru Biwritanaidd y ganrif ddiwethaf ydoedd hi.[2]

Ar fferm o'r enw Llethr Bledrig, neu Llether Bledry ar lafar, yn ardal Rhydcymerau y ganed tad Thomas Ehedydd, a merch fferm o'r enw Hafodwen, eto ym mhlwyf Llansawel, oedd ei fam. Ganed i'r ddau bum mab a thair merch. 'Ni allai fferm mor sâl, a fferm ar rent, gynnal yr holl blant ar ôl iddynt dyfu,' meddai Gwenallt am Esgair-ceir, ac aeth y rhan fwyaf o'r plant dros y nyth.[3] A thros y nyth yr aeth Thomas Ehedydd, i fagu ei gywion yn uffern, er nad yn uffern y mynnai un o'r cywion hynny fod.

Yr hynaf o blant Esgair-ceir oedd Dafydd Ehedydd Jones, a symudodd i fferm o'r enw Tir-bach – fferm ar rent – yn ymyl Rhydcymerau, ar ôl bod yn byw mewn amryw leoedd eraill. Bu farw ar Awst 1, 1915, yn 60 oed, ac yn ôl y deyrnged iddo a ymddangosodd dan y pennawd 'Rhydcymere' yn y *Carmarthen Journal*:

G[ŵ]r o'r ardal uchod ydoedd yn wreiddiol; yn Esgerceir y magwyd ef. Bu yn byw am dymhor yng Nghlynmerdy, rhwng y Llidiad ac eglwys Rhosycorn. Symudodd yn [ô]l i'r Grondre yn ymyl yr hen gartref, ac oddiyno i Dirbach, yn yr ymyl eto. Prin fu manteision ei febyd, ond trwy ymroad diwylliodd ei hun ymhell tuhwnt i'r cyffredin, a daeth yn llenor a bardd o gryn fedr. Byddai ei ohebiaeth bob amser yn llyfn ac yn eglur i bawb. Ennillodd nifer mawr o wobrau am bennillion a chaneuon. Canodd lawer o gerddi coffa i gyfeillion a chydnabod; ac yr oedd yn llaw gelfydd at y math hwn ar farddoni, yn ogystal ag am g[â]n ddifyr. Gelwid arno i feirniadu yn fynych yng nghyrddau llenyddol y cylchoedd … Yr oedd yn ymgomiwr diddan, yn [ŵ]r o farn annibynol ac addfed [*sic*], ac yn selog dros egwyddor a chrefydd.[4]

Arferai Dafydd Ehedydd gyfrannu pytiau o newyddion lleol i'r *Carmarthen Journal*, a phrin y collai gyfle i draethu ei farn bersonol ynghylch materion yn ymwneud â landlordiaeth ac amaethyddiaeth, a honno'n farn gwbwl ddiflewyn-ar-dafod. Canmolai landlordiaid a thirfeddianwyr teg ac ystyriol, ond melltithiai'r landlordiaid crafangus hynny a fynnai godi rhent afresymol o uchel ar eu tenantiaid, a thrwy hynny beri bod aml i ffermwr neu dyddynnwr yn cefnu ar amaethyddiaeth i chwilio am fywoliaeth amgenach a sicrach.

Cyhoeddwyd y darn canlynol, 'Gair o Rhydcwmere', gan D. Ehedydd Jones, 'Esgairceir', yn *Seren Cymru* ym mis Chwefror 1880:

> Dydd Gwener diweddaf, bu deiliaid W. Davies, Esq., Maestroiddynfawr, Cayo, yn talu eu hardreth hanner blynyddol – dyledus Mihangel 1879, y pryd a'r lle y cawsant bedwar swllt y bunt yn [ô]l, a chiniaw ddestlus, a phob o wydraid da o'r *brandy* goreu wrth ymadael. Gwir dda, onide. Dylai y tir-feddiannwyr yn gyffredin gymmeryd gwers oddiwrth y boneddwr uchod, a chydnabod llawer o'u deiliaid ar adeg gyfyng fel yma. Y mae yn dŷn iawn ar lawer o'r boneddwyr mae'n wir; ond gallant hwy ysgafnhau eu baich yn hawdd ddigon, trwy fod dipyn yn fwy gartrefol. Beth ydynt well o fyned i ymweled â Manchester, Llundain, a manau ereill? Wel, dim ond gwawrio [*sic*] y pres am yr hyn nid yw fara, a thylodi y ffermwr druan. Beth yw'r achos fod cynnifer o ddynion yn troi yn feth-dalwyr flwyddyn ar [ô]l blwyddyn? Y meistriaid sydd yn cymmeryd yr oll oddiarnynt, heb adael dim i dalu y *grocer*, *draper*, a'r *ironmonger*. Beth yw'r achos fod cymmaint o ddrain, eithin, mieri, a brwyn, yn tyfu ar hyd wyneb daear Cymru? Wel, yr achos, meddaf fi, yw, nad oes gan yr amaethwyr ddim i dalu am galch, a thalu gweithwyr am gloddio a bwrw tail; yr oll maent o braidd yn allu dalu yw *bill* y gôf am waelodi yr aradr a'r oged, i gael gosod ychydig ŷd yn[g] nghae Cefnty, Cae Bach, a Chae Gwastad, a'r achles ydyw haiarn yn unig! Os na bydd i'r amaethwyr gael gostyngiad yn fuan, byddant yn rhwym o ymfudo i America, lle y mae llawer wedi myned eisoes, a gadael tyddynoedd Cymru yn borfa i adar yr eira (*snow birds*), a'r meistri heb nemawr ddim ar eu byrddau. Wel, feistri, rhanwch y deisen mewn pryd ynte, i'r sawl sydd yn llafurio mor galed. Gwell i chwi gael ychydig yn gysson nag ymprydio yn y diwedd.[5]

Meddai mewn adroddiad ar helfa lwynogod yn Llidiad Nennog ym mis Mawrth 1909, bron i ddeng mlynedd ar hugain yn ddiweddarach:

> Nid oes yn awr ond un crwt o Sais dibrofiad mewn fferm lle gwelwyd tri gwas ddeugain mlynedd yn [ô]l, a'r lleiaf o'r tri hyny yn amgenach na'r Sais presenol, ac ni ddisgwylid i hwnw wneyd dim uwchlaw glanhau esgidiau ei feistr, a gofalu bod yr hwyaid mewn diogelwch dros y nos; felly mae amaethyddiaeth yn rhwym o f[lo]d yn prysur dynu ei thraed i'r gwely i farw. A pha beth fydd y canlyniad? Lle gwelsom dyfu cnydau toreithiog o gloron a haidd y gwelir yn awr gnwd o eithin a llwynog yn gorwedd yn eu canol. Rhaid gostwng yn yr ardrethoedd gyda phob brys dichonadwy [i] gael arian i dalu dynion am lanhau y tir fel cynt, oblegid dyna yr unig feddyginiaeth sicr am lwyddiant ar [ô]l i bob cwacyddiaeth arall fethu.[6]

Dywedodd bethau tebyg flwyddyn yn ddiweddarach, eto mewn adroddiad ar hela llwynogod. Y tro hwn, effaith ddinistriol yr arferiad o gydio maes wrth faes a gollfernid ganddo:

> Wrth ddilyn y c[ŵ]n o fryn i fryn, ac edrych ar y wlad o gwmpas, cawsom olwg ar lawer fferm wedi ei chyssylltu [â] fferm arall, a'r teiau wedi syrthio yn garnedd i'r llawr, lle gwelsom ddynion yn magu plant i boblogi yr ardaloedd, a llanw y capeli a'r eglwysi. Ond heddyw, mae y wlad wedi myned yn deneu ei thrigolion, a'r addoldai wedi myned yn fwy na haner gweigion. Felly mae "cydio maes wrth faes" yn bechod mewn llawer ffordd. Rhyfedd fel y mae rhai tirfeddianwyr yn gofalu am danynt eu hunain yn ormodol heb ystyried y bydd yn rhaid i'w plant yfed yn helaeth o gwpan tlodi yn y dyfodol agos o herwydd difaterwch ac afradlonedd eu rhieni.[7]

Mae cryn dipyn o waith Dafydd Ehedydd wedi goroesi. Cyhoeddwyd dwy gerdd o'i eiddo i ddau fonheddwr, a dau dirfeddiannwr at hynny, yn y *Carmarthen Journal* ym mis Hydref 1908. Landlordiaid teg oedd y rhain, sef Syr James H. W. Drummond, Rhydodyn, a John M. Davies, Ffrwd-fâl. Dyma ddau bennill o'i gerdd i Syr James H. W. Drummond:

Ei fantell amddiffynol
   A gaiff ei thaenu'n rhwydd,
Dros ddeiliaid amaethyddol
   Yn wastad er eu llwydd;
C[â]nt saethu y cwningod
   Rhag pori'r meusydd [ŷ]d,
Ond ceidw y "pheasantod,"
   Am fod eu lliw mor ddrud.

Ei weithwyr sydd a'i weision
   Yn cael mwynhau ei w[ê]n,
A theimlo mae o galon
   Dros bawb sy'n myn'd yn hen;
A chynnal ef eu teiau
   Yn ddiddos ac yn l[â]n,
A blawd yn eu celwrnau,
   A choed i gyneu t[â]n.[8]

Gwyddai Dafydd Ehedydd Jones am yr effaith andwyol a gâi landlordiaid ariangar a hunangar ar y diwydiant amaethyddol ac ar gefn gwlad Cymru yn gyffredinol.

Nododd y marw-goffâd iddo yn y *Carmarthen Journal* ei fod wedi canu llawer o gerddi coffa i gyfeillion a chydnabod, a gwir hynny. Dafydd Ehedydd oedd marwnadwr Rhydcymerau a'r cylch. Lluniodd farwnad, er enghraifft, i John Evans, Tir-bach, Rhydcymerau, wedi iddo farw ym mis Medi 1899. Roedd cydymdeimlad Dafydd Ehedydd â'i gyd-amaethwyr a'i gyd-ddyddynwyr yn amlwg hyd yn oed yn ei benillion coffa iddynt, fel y pennill hwn:

> Amaethwr bychan ydoedd John
>   Yn brwydro mewn caethiwed,
> Heb ddysg na golud ger ei fron
>   I estyn dim ymwared;
> Yr ardreth oedd yn uchel iawn
>   A'i daliodd megys caethwas,
> Fel nad oedd ganddo fynud lawn
>   I aros mewn cymdeithas.[9]

Lluniodd hefyd farwnad i ŵr ifanc o'r enw John Davies, Llether Bledry, sef y ffermdy lle ganed ei dad:

> Bu'n dilyn aradr fawr a'r ôg
>   Ar ddechreu'r gwanwyn gwyrdd,
> Gan deimlo'n llawen fel y gog
>   Yn[g] nghôl gobeithion fyrdd;
> Heb feddwl dim wrth guddio'r hâd
>   I farw yn y pridd,
> Fod gw[ŷ]s yn d'od o'r nefol wlad,
>   Ac arni'r olaf ddydd.[10]

Felly, roedd Dafydd Ehedydd Jones yn ymddiddori mewn barddoniaeth, ac nid ef oedd yr unig un o'r brodyr i wneud hynny. Roedd Thomas Ehedydd Jones ei hun yn prydyddu, yn ogystal ag un arall o ewythrod David James Jones, ei 'Nwncwl Josi', a aeth i weithio fel garddwr ar stad y Golden Grove – y Gelli Aur – yn ymyl Llandeilo. Roedd Thomas Ehedydd Jones, mab

Dafydd Ehedydd a chefnder David James, hefyd yn barddoni, ac enillodd wobr yn Eisteddfod Esgerdawe ym 1909, ac yntau yn ddisgybl ysgol ar y pryd. Gwyddai Gwenallt ei fod yn perthyn i nythaid o feirdd yn Sir Gaerfyrddin:

Fy Nwncwl Dafydd oedd yn ffermio Tir-bach,
Bardd gwlad a rhigymwr bro,
Ac yr oedd ei gân i'r ceiliog bach yn enwog yn y cylch:
"Y ceiliog bach yn crafu
    Pen-hyn, pen-draw i'r ardd".
Ato ef yr awn ar wyliau haf
I fugeilio defaid ac i lunio llinellau cynghanedd,
Englynion a phenillion wyth llinell ar y mesur wyth-saith.
Cododd yntau wyth o blant,
A'r mab hynaf yn weinidog gyda'r Methodistiaid Calfinaidd,
Ac yr oedd yntau yn barddoni.
'R oedd yn ein tylwyth ni nythaid o feirdd.[11]

Roedd ei ewythr Joshua a'i briod Anne yn dipyn o ffefrynnau gan y Gwenallt ifanc, ac arferai ymweld â chartref y ddau a'u plant yn y Gelli Aur. Aeth dwy o ferched Deio a Beto Esgair-ceir i weini, y naill, Lisa, i Lansadwrn, a'r llall, Mari, i'r Felin yn ymyl Llandeilo. Arhosodd y tri arall o'r wyth, John, Llewelyn ac Ann, yn Esgair-ceir. Byddai Gwenallt, yn un o'i gerddi yn y dyfodol, 'D. J. Williams, Abergwaun', yn sôn am ei 'Nwncwl John':

Cofiaf am straeon cyfarwyddiaid y fantell simnai,
   Yn enwedig ystorïau carlamus fy Nwncwl John …[12]

Am gyfnod buont yn dda eu byd yno, ond wrth i henaint eu gwasgu'n nes at y ddaear, aeth y fferm yn ormod o faich iddynt, fel y cofiai eu nai, David James, yn rhy dda:

Yn ystod y Rhyfel Cyntaf fe wnaeth y tri yn Esgeir-ceir geiniog go lew, fel y ffermwyr eraill yno, am ein bod ni, bobol y De, yn talu chweugain iddynt am bwys o fenyn (a hwythau yn byw ar farjerin), a thalu crocbris am wyau, ystlys mochyn a gamwn. Ond fe godwyd y rhent hefyd, a'i godi yn rhy uchel. Yn niwedd yr ugeiniau fe ddaeth yn amser tyn ar ffermwyr eto. Erbyn hyn yr oedd y tri yn Esgeir-ceir wedi mynd yn hen, yn hen ar fferm drafferthus a thrafaelus; pob cae yno yn goleddu ar wahân i un cae bach yn ymyl y tŷ; ac yr oedd yn rhaid iddynt dalu am help ar y ddau gynhaeaf. Rhwng talu am gynhorthwy a thalu'r rhent a oedd yn aros yr un o hyd, fe aeth y cynhilion yn brin. Pan euthum yno ar dro ychydig cyn iddynt farw, a bu'r tri farw o fewn ychydig flynyddoedd i'w gilydd, fe ofynson imi a wnawn i brynu tyddyn neu fferm fechan iddynt *ar ochor yr hewl*.[13]

Ganed Mary Jones, mam Gwenallt, yn Abergloideth neu Aberglwydeth ym mhlwyf Llanfihangel-ar-arth, Sir Gaerfyrddin, ar Hydref 17, 1867. Symud i ardal Rhydcymerau a wnaeth ei theulu hi, ac fel Thomas Ehedydd, a oedd i ddod yn ŵr iddi, yr oedd hithau hefyd yn hanu o deulu lluosog. Roedd ganddi bum brawd a thair chwaer. Ei brawd hynaf oedd Dafydd, a briododd â Jane, chwaer ieuengaf tad D. J. Williams, gŵr yr oedd ei wreiddiau yn ddwfn ym mhridd Rhydcymerau. Ganed D. J. Williams ym Mhen-rhiw, ffermdy ym mhlwyf Llansawel, ym 1885, yn fab i John a Sarah Williams. Symudodd y teulu o Ben-rhiw ym 1891 ar ôl i John Williams brynu fferm arall yn Rhydcymerau, Aber-nant. Aeth Dafydd a Jane ei briod i fyw i Ben-rhiw ar ôl i John Williams a'i deulu symud i Aber-nant, ond buan y gadawsant y lle a symud i Loegr i ffermio. Ymfalchïai Gwenallt yn y cysylltiad teuluol hwn rhyngddo a D. J. Williams, ac roedd gan Mary Jones hefyd rywbeth i ymfalchïo yn ei gylch, fel y cofiai ei mab:

Os caf ychwanegu mymryn bach at saga Pen-rhiw, fy mam, a ddysgodd ei chrefft wnïo yn yr Academi yn Llansawel, a mynd i wnïo wedyn yn ffermydd yr ardal, a wnaeth y dillad twca ym Mhen-rhiw i Defi John. Pan ddaeth yn llenor enwog, yr oedd hi yn ymfalchïo yn y rheini.[14]

Fel hyn y cyflwynodd Gwenallt deulu ei fam:

Ym Mhwncynbyd (Pwllcymbyd ar lafar; ac y mae'r fferm ar y fan lle bu Lewis Glyn Cothi yn byw), yr oedd fy nhad-cu a'm mam-gu, tad a mam fy mam, yn byw; ac yr oedd ganddynt naw o blant, pum mab a phedair merch. Nid rhai o Rydcymerau [a] oeddent yn wreiddiol; symud a wnaethant yno o fferm Aberglwydeth, ger Pencader. Fe ymfudodd yr holl deulu yn glwt o Bwllcynbyd i Lety-crydd, fferm yn ymyl Cwm-gors. Ni wn i pam yr ymfudasant oddi yno. Fel y dywedwyd, fe aeth fy Nwncwl Dafydd a'i wraig o Ben-rhiw i Loeger; fe aeth fy nau Wncwl, Nwncwl John a Nwncwl Evan, i America: fy Modryb Rachel a

Modryb Lisa yn byw yng Ngwaen-cae-gurwen, a'm Nwncwl Jâms yn löwr yno: fy Modryb Lydia yn byw yn Llanelli; ac fe aeth fy mam gyda 'nhad i Bontardawe. Nwncwl Tom oedd yr unig un o'r teulu a arhosodd yn Rhydcymerau, ar ei fferm, Gelli Ucha.[15]

Rhydcymerau a'r cyffiniau, y byd gwledig, diarffordd, uniaith Gymraeg hwnnw, oedd noddfa, amddiffynfa a dihangfa Gwenallt yn ystod blynyddoedd cynharaf ei fywyd. Âi at ei dylwyth yn Sir Gaerfyrddin yn ystod ei wyliau ysgol, gan helpu i gywain y cynhaeaf ar dair fferm yno, Esgair-ceir, cartref y teulu, y Gelli Ucha, fferm ei ewythr Tom yn Rhydcymerau, a Phantypistyll, tua dwy filltir o Lansadwrn, fferm yr oedd ei ewythr Dafydd a'i fodryb Lisa, chwaer ei dad, yn berchen arni.

Prin fod yna unrhyw fath o fwlch oedran rhwng Thomas Ehedydd a Mary Jones. Roedd y ddau wedi dechrau canlyn ei gilydd yn ardal Rhydcymerau, cyn iddynt symud i Gwm Tawe. Teuluoedd lluosog a ffermydd a thyddynnod bychain: cyfnod o ddiboblogi mawr yng nghefn gwlad Cymru oedd ail hanner y bedwaredd ganrif ar bymtheg a hanner cyntaf yr ugeinfed ganrif. Gyda llawer o landlordiaid yn gwaedu eu tenantiaid yn sych, ac yn gadael i'w tyddynnod a'u mân ffermydd fynd â'u pen iddynt yn fynych, roedd yn rhaid i drigolion aml i ardal wledig yng Nghymru ymadael â'u cynefin i chwilio am waith mewn lleoedd eraill, ac yn hyn o beth roedd ardaloedd diwydiannol de Cymru yn atynfa ac yn achubiaeth i bobl ifainc yr ardaloedd gwledig. Ac i Bontardawe, lle ceid gweithfeydd dur ac alcan tra ffyniannus – a thra pheryglus – yr aeth Thomas Ehedydd, gan hudo ei gariadferch ifanc, Mary, yno i'w ganlyn.

Arloeswr mawr y gweithfeydd dur ac alcan yng Nghwm Tawe oedd William Parsons, mab y diwydiannwr Richard Parsons. Oherwydd bod ei iechyd yn dirywio, gwerthodd ei naw melin ar les i ddiwydiannwr arall, William Gilbertson, ym 1861. Hwyluswyd cynnydd, cynnyrch ac effeithiolrwydd y gweithfeydd gan ddyfodiad y rheilffordd i Bontardawe ym 1860. Bu farw William Gilbertson ym 1882, a throsglwyddwyd y gofal a'r cyfrifoldeb am y gwaith i'w fab Arthur fel cynhyrchydd dur, haearn, tinplad ac alcan, er i'r cwmni roi'r gorau i gynhyrchu tinplad am gyfnod o ddechrau'r 1890au ymlaen, oherwydd y trethi uchel a godid ar dinplad a allforid i America. Cafodd Arthur Gilbertson gymorth ei bum mab i reoli'r gwaith ym Mhontardawe, ond ar ôl ei farwolaeth ym 1912 trosglwyddwyd yr awenau i'w fab Francis William yn bennaf. Francis bellach oedd cadeirydd y cwmni, a dau o'i frodyr, Cecil Frederic a Colin Richard, yn gyd-gyfarwyddwyr yn y cwmni.

Nid i weithio yn y gweithfeydd dur ac alcan y symudodd Thomas Ehedydd Jones i Bontardawe. Cafodd waith fel garddwr i deulu'r Gilbertsons, a symudodd i Bontardawe yn gynnar ym 1894. Priodwyd Thomas a Mary yn Swyddfa'r Cofrestrydd ym Mhontardawe ar Fai 12, 1894. Buont yn byw yn Llety-crydd ar lethrau deheuol Mynydd y Baran, gyferbyn â phentref Cwm-gors, gyda pherthynas i Mary, am blwc, ac wedyn ar fferm o'r enw Tynypant ym Mhontardawe, cyn symud i dŷ yn Wesley Terrace, Pontardawe. Yn Wesley Terrace y ganed Gwenallt, ar Fai 18, 1899. Yno hefyd y ganed ei frawd, John Llewelyn, ar Chwefror 27, 1901. Erbyn i'r trydydd plentyn – a'r olaf – gyrraedd, roedd y teulu wedi symud o Bontardawe i'r Allt-wen, gan symud o blwyf Rhyndwyglydach i blwyf Cilybebyll wrth groesi'r bont o'r naill ochr i afon Tawe i'r ochr arall. Symudasant i 18 Railway Terrace, yr Allt-wen, ac aros yno am rai blynyddoedd; wedyn buont yn byw mewn tŷ o'r enw Quarry Cottage gyferbyn â Chapel yr Annibynwyr ar yr Allt-wen. Ar Hydref 4, 1905, y ganed Elizabeth Anne, chwaer fach i David James a John Llewelyn. Erbyn iddo ddechrau magu teulu, roedd Thomas Jones wedi gadael ei waith fel garddwr ac wedi mynd i weithio fel 'pitman' yn un o weithiau dur Arthur Gilbertson a'i deulu.

Nid trwy dreulio gwyliau ysgol yn ardal Rhydcymerau yn unig y daeth y Gwenallt ifanc i adnabod ardal Rhydcymerau. '[F]e gawn olwg ar y bywyd yn Rhydcymerau yng nghyfnod D. J. Williams wrth wrando ar fy nhad a'm mam ar ein haelwyd yn yr Allt-wen yn adrodd hanes a helyntion y cylch,' meddai.[16] Cynefin coll Gwenallt oedd gwir gynefin D. J. Williams; bro alltudiaeth y naill oedd bro magwraeth y llall. Soniai rhieni Gwenallt byth a hefyd am fro eu mebyd, yn hiraethus gynnes, ac aeth hanes a helyntion y cylch yn rhan o brofiad Gwenallt yn ystod cyfnod ei blentyndod. Gwyddai pwy oedd y bobl y siaradai ei rieni amdanynt, a gwyddai hefyd am y troeon trwstan a'r helyntion, ac am y gwahanol ffermydd a lleoedd, y soniai Thomas a Mary Jones amdanynt. Os felly, roedd Gwenallt, mwy na thebyg, yn gyfarwydd â stori ddirgelwch, a stori arswydus-iasoer hefyd, a oedd yn gysylltiedig â

Dafydd Ehedydd a'i briod Jemima. Cafodd y stori honno sylw helaeth iawn yn un o bapurau Sir Gaerfyrddin, a chyrhaeddodd rai o bapurau eraill Cymru hyd yn oed.

Roedd a wnelo'r dirgelwch â diflaniad ffermwr o'r enw Morgan Williams, ac yng ngwanwyn 1892 y digwyddodd yr helynt. Roedd Morgan Williams yn berchen fferm fechan o'r enw Wenallt Fawr – yn eironig braidd – yn ymyl Pumsaint, ond roedd yn gosod y fferm ar rent ar y pryd ac yn byw mewn bwthyn bychan yn ei hymyl. Roedd Morgan Williams yn ewythr i Jemima Jones, gwraig Dafydd Ehedydd Jones, ac aeth i ymweld â'i nith a'i gŵr pan oedd y ddau yn byw ac yn ffermio yng Nghlynmerdy, ar fryncyn uwchlaw Gwernogle. Aeth Morgan Williams i ymweld â'r ddau ar ddydd Sadwrn, Ebrill 30, 1892, ac arhosodd gyda'r ddau ar y nos Sadwrn honno a thrwy ddydd Sul, ond cododd am bedwar o'r gloch y bore ar y dydd Llun canlynol, a dywedodd ei fod am fynd i weld ei chwaer, a oedd yn byw yn Llanfynydd, gryn bellter i ffwrdd.

Ceisiodd ei nith ei berswadio i fynd yn ôl i'r gwely, ond gwrthododd, a gwnaeth Jemima Jones bwt o frecwast iddo. Cychwynnodd am Lanfynydd ar ôl brecwast, cyn codiad haul a chyn caniad ceiliog, ond ni chyrhaeddodd dŷ ei chwaer y noson honno nac ar unrhyw noson arall ychwaith. Wedi i rai dyddiau fynd heibio, a neb wedi gweld na chlywed na siw na miw ohono, dechreuodd pawb bryderu. Aeth y si ar led drwy'r ardal fod rhywun wedi ei lofruddio a dwyn ei arian, ac aeth nifer o bobl leol i chwilio amdano, ond heb weld arlliw cysgod ohono yn unman. Rhoddwyd y gorau i chwilio amdano ar ôl ychydig ddyddiau.

Wythnosau yn ddiweddarach, ar Fehefin 20, gwelodd ffermwr o'r enw David Evans o Genarth asgwrn anghyffredin yng ngheg ci hela ifanc. Cymerodd David Evans y darn asgwrn o geg y ci, gan y tybiai mai asgwrn dynol ydoedd. Aeth â'r darn asgwrn at feddyg yn Llanybydder i'w archwilio a dywedodd y meddyg mai rhan o asgwrn braich dyn oedd y darn asgwrn. Canfuwyd darnau o frethyn ym maw'r ci yn ogystal. Clymwyd y ci am y nos gan David Evans, ac ni roddwyd unrhyw fwyd iddo, yn y gobaith y byddai'r ci llwglyd yn dychwelyd at weddillion y corff dynol ar y diwrnod canlynol. Gollyngwyd y ci yn rhydd yn gynnar y bore wedyn, ac fe'i dilynwyd gan nifer o bobl leol, ond rhedodd y ci ymaith, ac ni welwyd mohono am weddill y dydd. Roedd yr ardalwyr a oedd wrthi yn ceisio dod o hyd i'r corff ar fin rhoi'r gorau i chwilio amdano, ond am bedwar o'r gloch y prynhawn, llanwyd eu ffroenau gan ddrewdod llethol. Aethant i chwilio am darddiad y drewdod, a chawsant fraw pan ddaethant o hyd i bentwr o esgyrn dynol ar wasgar o flaen twmpath eithin, gyda darnau o gôt a throwsus hefyd wedi eu gwasgaru yn ymyl y pentwr o esgyrn. Yn y twmpath eithin darganfuwyd esgidiau, penglog a darnau eraill o esgyrn. Roedd yn amlwg fod cŵn wedi bwyta cnawd y gelain i gyd, nes bod yr esgyrn yn lân. Casglwyd gweddillion y corff ynghyd ac aethpwyd â hwy i Eglwys Llanfihangel Rhos-y-corn.

Cynhaliwyd trengholiad ar farwolaeth Morgan Williams yn ffermdy Clynmerdy, gyda Jemima a Dafydd Ehedydd Jones yn brif dystion. Daethpwyd i'r casgliad mai marw o achosion naturiol a wnaeth Morgan Williams, a bod cŵn wedi bwyta'r corff. Ni chredai neb mai wedi cyflawni hunanladdiad yr oedd Morgan Williams na bod lleidr neu ladron wedi ei ladd, gan i ddau bwrs ac ynddynt gryn dipyn o arian gael eu darganfod yn ymyl y pentyrrau o esgyrn.[17]

O safbwynt ei gefndir, nid eithriad oedd Gwenallt yng Nghwm Tawe. Roedd tadau ei dri chyfaill agosaf ym Mhontardawe i gyd yn dod o Sir Gaerfyrddin, ac fe lwyddodd y cwm i gadw'i Gymraeg 'am mai ymfudwyr o'r Siroedd Cymraeg fel Sir Gaerfyrddin, Sir Aberteifi a Gogledd Sir Benfro, ac ychydig Ogleddwyr a ddaeth yno, at y brodorion Cymraeg'.[18] Cymharol ychydig Saeson a ddaeth yno; mwy i Bontardawe nag i'r pentrefi eraill. Ac meddai ymhellach:

Yn y pentrefi diwydiannol yr oedd olion Shir Gâr yn aros arnynt, a chawsant yn y gweithfeydd lysenwau fel 'Twm Ffarmwr' a 'Wil Llandeilo'. Yn eu hamdden yr oeddent yn hel eu hatgofion am eu bro enedigol, ac yn sôn am eu hiraeth amdani, gan freuddwydio am ymfudo yn ôl iddi ar ôl ymddeol o'u gwaith. Ar ein haelwyd yn yr Allt-wen fe wrandawn ar fy nhad a'm mam yn disgrifio'r un cymeriadau ag a ddisgrifiodd D. J. Williams yn ei hunangofiant, a rhai eraill hefyd fel Dafydd Pant-glas; yn sôn am yr un hanes a'r un digwyddiadau, ac yn hel achau a dilyn tylwyth. Nid y nhw a ddwedodd wrthyf am y sbort a'r sbri a gâi'r gwŷr ifainc a'r merched yn Rhydcymerau wrth Fwlch-cae'r-ŵyn, ac am y ffocso rhwng y llwyni eithin. Ond, fe'u cofiaf yn sôn hefyd am y caledi yno yn y cyfnod hwnnw; y caledi a'u gyrrodd o'u bro. Nid breuddwydio a hiraethu yn unig a wnaethant yn y pentrefi diwydiannol, ond gwneud eu rhan yn anrhydeddus yng ngwaith y Capeli ac ym mywyd y cylch, a chyda'r canu a'r barddoni yn y *penny readings* a'r Eisteddfodau; a thraddodi i ni, y meibion a'r merched, eu Cristionogaeth Galfinaidd a'u diwylliant yn etifeddiaeth.[19]

Felly, er gwaethaf eu hiraeth am froydd eu mebyd, fe gymerai'r alltudion hyn ran flaenllaw ac amlwg yng ngweithgareddau crefyddol a diwylliannol y cwm, ac roedd hynny'n arbennig o wir am rieni Gwenallt.

Ar aelwyd grefyddol y magwyd tri phlentyn Thomas a Mary Jones. Y tri pheth pwysicaf yng Nghwm Tawe ei blentyndod, yn ôl Gwenallt, oedd, yn ôl trefn eu pwysigrwydd: Cristnogaeth, gwleidyddiaeth a diwylliant. Aelodau o Gapel Soar, capel y Methodistiaid Calfinaidd, ym Mhontardawe, tua milltir o'r Allt-wen, oedd teulu Gwenallt. Ceid dau gapel yn yr Allt-wen, ond capeli'r Annibynwyr oedd y rhain. Gweinidog Eglwys Bresbyteraidd Soar oedd y Parchedig D. G. Jones, gŵr y byddai Gwenallt a'i dad yn anghytuno'n chwyrn â rhai o'i safbwyntiau a'i ddaliadau yn ystod un o'r cyfnodau mwyaf argyfyngus yn hanes Gwenallt. Roedd tad Gwenallt yn flaenor ac yn athro ysgol Sul yn Soar.

Enw llawn D. G. Jones oedd Dafydd Glanaman Jones. Roedd yn frodor o Gwmaman, Sir Gaerfyrddin, ac yn un o dri brawd a ddyrchafwyd i'r weinidogaeth. Y ddau arall oedd W. Glasnant Jones ac Ebenezer Aman Jones. Roedd y tri yn prydyddu, ynghyd â phedwerydd brawd, Oliver, a fu farw'n ifanc. Cyhoeddwyd gwaith y pedwar ohonynt mewn blodeugerdd yn dwyn y teitl *Murmuron Aman*.

Byddai dau weinidog arall yn cael llawer mwy o ddylanwad ar y Gwenallt ifanc na'i weinidog ef ei hun, a gweinidogion ar gapeli'r Allt-wen oedd y ddau. Y Parchedig Llewelyn Bowyer oedd un o'r rhain. Brodor o'r Ponciau, Rhosllannerchrugog, oedd Llewelyn Bowyer. Ordeiniwyd ef yn weinidog yng Nghapel y Boro yn Llundain – sef Eglwys Annibynnol Gymreig East Ham a mam-eglwys yr Annibynwyr yn y ddinas – ym mis Hydref 1902, ac yntau newydd gwblhau ei addysg a'i hyfforddiant ar gyfer y weinidogaeth yng Ngholeg Bala-Bangor ar y pryd. Derbyniodd alwad i weinidogaethu yn Eglwys Annibynnol Danygraig, yr Allt-wen, ym mis Hydref 1911, a chynhaliwyd y cyfarfod i'w sefydlu yn weinidog ar yr eglwys ym mis Ionawr 1912. Roedd Llewelyn Bowyer hefyd yn barddoni, ac enillodd amryw byd o gadeiriau eisteddfodol.

Y gweinidog arall oedd W. J. Rees. Sefydlwyd W. J. Rees yn weinidog Eglwys Annibynnol yr Allt-wen ym mis Chwefror 1915, ac roedd D. G. Jones, gweinidog Soar, a Llewelyn Bowyer yn bresennol yn y cyfarfod sefydlu. Ganed W. J. Rees yn Nhre-lech, Sir Gaerfyrddin. Derbyniodd ei addysg yn Academi enwog Watcyn Wyn yn Rhydaman, ac wedyn yn y Coleg Presbyteraidd yng Nghaerfyrddin. Bu'n weinidog yng Nghwm Tywi, ym Mwlch-y-groes, Sir Aberteifi, ac yn y Porth, Sir Forgannwg, cyn iddo dderbyn galwad i weinidogaethu yn yr Allt-wen.

Âi Gwenallt i'r capel bum gwaith ar y Sul. Cynhelid oedfa'r bore am hanner awr wedi deg, yr ysgol Sul am ddau o'r gloch, y cwrdd pump wedyn, cwrdd i ddysgu bechgyn a merched sut i weddïo'n gyhoeddus, yna oedfa'r hwyr am chwech o'r gloch, a'r Ysgol Gân yn dilyn yn syth ar ei hôl. Ar nos Lun byddai'n mynychu'r 'Band of Hope', y 'Gobeithlu', a byddai'r Cwrdd Dirwestol yn dilyn yn syth ar ei ôl wedyn, er mai cyfarfod adloniadol a chystadleuol oedd hwn i bob pwrpas. A byddai'n mynd i'r Cwrdd Gweddi ar nos Fawrth ac i'r Seiat ar nos Iau, lle byddai'r plant yn adrodd adnodau. O gwmpas crefydd, felly, y trôi popeth yng nghartref Gwenallt, fel aml i aelwyd arall yng Nghwm Tawe. Perchid y Saboth yn y cwm. Ildiai diwylliant i addoliant – hyd at y Rhyfel Byd Cyntaf. ''Rwy'n cofio dydd Sul ym Mhontardawe cyn y rhyfel-byd cynta' – doedd dim sŵn hwter, doedd dim drysau'r ffwrneisi yn codi ac yn gostwng, 'roedd y pentref yn dawel fel y bedd.'[20] Ond saib undydd bob wythnos oedd seibiant y Saboth, ac os oedd crefydd yn hawlio bywyd cyfran helaeth o drigolion Pontardawe a'r Allt-wen yn ystod y Sul, diwydiant a'u hawliai ac a reolai yn ystod yr wythnos.

Dirwestwr oedd tad Gwenallt, a gŵr crefyddol. 'Christian ordinances were strictly observed,' meddai Albert Davies, cyfaill bore oes a chyfaill gweddill oes i Gwenallt.[21] 'He was a disciplinarian in thought and deed. A puritan of the first order,' meddai ymhellach, gan nodi bod awdurdod y Beibl yn 'final and unassailable in all matters of life and death'.[22] Yn ôl un arall o gyfoeswyr Gwenallt, Simon John Davies, a oedd hefyd yn byw yn yr Allt-wen, '[h]is parental reins had been held very tightly by modern standards, and I do not think that helped him in later years'.[23] Yn wahanol i Simon John, a oedd a'i fryd ar fod yn feddyg, uchelgais y Gwenallt ifanc oedd mynd i'r weinidogaeth, a'i fagwraeth grefyddol, gapelyddol a blannodd yr uchelgais hwnnw ynddo.

Cychwynnodd Gwenallt ar ei addysg yn Ysgol y Babanod a'r Ysgol Elfennol – sef Ysgol y Cyngor – ym Mhontardawe. Ar ôl i'r teulu symud i'r Allt-wen, aeth i Ysgol Elfennol neu Gynradd yr Allt-wen. 'It was in a class of boys at Allt-wen School that I became aware of a boy named David James Jones,' meddai Albert Davies.[24] Un o fechgyn Pontardawe oedd Albert Davies:

> Five of us came from Pontardawe itself. We were a bunch apart in so far as we
> conversed with each other in English. We crossed the river Tawe every day
> to school, and returned home again after school hours to meet and play with
> our friends from other schools in 'the village'. We were known in Allt-wen as
> 'Boys y Pentre' … We were looked upon as a minority group, and aliens, by the
> predominantly Welsh community residing in Allt-wen.[25]

Roedd gan Albert Davies atgofion hapus am yr ysgol:

> Our Headmaster was an Englishman and Churchman. I never heard him utter a
> word of Welsh, and all the business affairs of the school were conducted in the
> English language. We had the consolation that somehow we 'aliens' from across
> the river had a stern and just friend in the person of 'Old Jinks'. Albeit, Allt-wen
> school was a good and joyous school. Our teachers, men and women alike, were
> sincerely interested in our welfare and education.[26]

Ac roedd yn cofio David James Jones yno:

> He wore a black velvet suit and a shiny white collar. He was not as boisterous
> as most of us and less of a nuisance than the rest of us. He was small, serious and
> sedate. He would never get involved in a school fight or quarrel, never chased
> the girls around the school yard or 'mitch' class to climb the 'graig' to pick
> wimberries among the heather and high rocks above the school. David James was
> never one of 'our gang'. He was never late for school, and was never seen in the
> queue in the corridor waiting for 'Old Jinks' who would shuffle along through
> the main hall, cane in hand, ready to give us 'three of the best' for our frequent
> misdemeanours.[27]

Un arall o gyd-ddisgyblion Gwenallt yn y cyfnod cynnar hwn oedd Josiah Hewitt o Drebannws, a eisteddai wrth yr un ddesg ag ef. Yn ôl Josiah Hewitt,

---

roedd Gwenallt 'yn fachgen eithriadol o dawel, ac yr oedd ei iaith fel ei ymarweddiad yn anarferol o l[â]n a chywir'.[28]

Gan mai cwm diwydiannol oedd Cwm Tawe, yr oedd yn gwm gwleidyddol hefyd. Roedd yn feithrinfa sosialaeth, a sawl ffurf ar sosialaeth at hynny, o'r cymedrol i'r eithafol. Trewid y cwm yn fynych gan streiciau, a gadawodd y streiciau hynny greithiau annileadwy ar feddwl y Gwenallt ifanc, yn enwedig y streic ym mhwll glo Tarenni-gleision ym 1910. Soniodd Gwenallt am y streiciau hyn, ac am y sefyllfa wleidyddol ym Mhontardawe, ac yng Nghwm Tawe yn gyffredinol, fwy nag unwaith. Cyfnod y streiciau, meddai, oedd y cyfnod rhwng 1910 a 1914, ac roedd yn gyfnod chwerw, cas:

> Cofiwn am blismyn boliog y Dociau yn gorymdaith, yn adeg streic, drwy Gwm Tawe, ac am yr ysgarmesoedd rhyngddynt a'r gweithwyr. Lluchiem, dadau a meibion, o'n cuddfeydd, gawodydd o gerrig am eu pennau, a gwisgai plismyn a gweithwyr, ar ôl y pastynu, gadachau am eu cleisiau a'u clwyfau … Cofiaf am un o'r plismyn yn cyfarch fy mam, ar y glwyd, fel putain. Daliwyd un o'r *blacklegs* ar ben pwll gan y streicwyr, ei wisgo mewn blows a blwmers, a'i arwain drwy'r strydoedd ar flaen yr orymdaith yn gyff gwawd â dolen rhaff am ei wddf, ac wedi cyrraedd y bont, ei daflu ef yn ddiseremoni o'i phen i ddyfroedd lleidiog y canél. Rhaid oedd chwilio a chwalu'r tipiau, yn ystod y streic, am dalpau glo i gael tân yn y tŷ, a cheid bwyd o'r siopau ar hen gownt.[29]

Un o ganlyniadau'r ymosodiadau hyn ar blismyn, ac yntau'n fachgen ifanc rhwng 11 a 15 oed ar y pryd, oedd plannu atgasedd tuag at awdurdod a diffyg parch tuag at gynheiliaid y drefn gyfreithiol a chyfalafol yn ddwfn yn ei gyfansoddiad.

Nid crefydd yn unig a nodweddai'r aelwyd yn 18 Railway Terrace. Roedd tad Gwenallt, fel rhai o'i frodyr, yn prydyddu, ac roedd ganddo lond silff o lyfrau barddoniaeth yn ei gartref, fel *Cofiant a Barddoniaeth Ben Bowen*, a olygwyd gan ei frawd, Myfyr Hefin, llyfr y cafodd Gwenallt lawer o flas arno, a *Barddoniaeth Elfed*, argraffiad arall o *Caniadau Elfed*, y llyfr yr oedd Gwenallt yn ei hoffi fwyaf. Ac yn bwysicach na'r un llyfr o farddoniaeth, roedd *Yr Ysgol Farddol*, llyfr Dafydd Morganwg ar reolau'r gynghanedd. Cedwid tri llyfr yn wastadol ar y bwrdd yng nghartref Thomas a Mary Jones: y Beibl, *Yr Ysgol Farddol* a geiriadur. A thrwy fodio *Yr Ysgol Farddol* yn rheolaidd, o'r 14 oed ymlaen, y dechreuodd Gwenallt ddysgu cynganeddu.

Diwylliant oedd y drydedd elfen bwysig ym mywyd cymdeithasol Cwm Tawe, yn ôl Gwenallt. Roedd nythaid o feirdd yn byw yng Nghwm Tawe pan oedd Gwenallt yn blentyn ac yn ŵr ifanc, a'i dad yn un ohonynt. Roedd Thomas Ehedydd, ar brydiau, yn gystadleuydd llwyddiannus iawn. Nododd 'Brutus' yn *Y Darian* ym mis Gorffennaf 1914 'fod bwriad yn Eglwys Soar, "Methodistiaid y Bont," i alw cyfarfod i gadeirio y Bardd Thomas Jones, o'r Alltwen, fel danghoseg o'u llawenydd ar ei lwyddiant yn Eisteddfod y Byrgwm Brechfa'.[30] 'Dymunir ar i'r holl feirdd o fewn pedair milldir, a thros hynny, fod yno, a'u poteli olew, er eneinio y gŵr bach,' meddai 'Brutus' mewn rhifyn arall o'r *Darian*.[31] Cynhaliwyd y cyfarfod hwnnw ar Orffennaf 18, ac yn ôl *Y Darian* eto, '[c]afwyd cyfarfod rhagorol, t[â]l da am yr ymdrech i fod ynddo'.[32] Llywyddwyd a gweinyddwyd swydd yr archdderwydd gan D. G. Jones, y gweinidog. Cyfarchwyd Thomas Jones gan nifer o feirdd y cylch, gan gynnwys Llewelyn Bowyer, a luniodd ddau englyn i'w longyfarch am ei gamp. Hwn oedd yr englyn cyntaf o'r ddau:

Anfonaf i ti'n y funyd – linell
 Lona'th gyfaill hefyd;
 Hardd gawr loriodd feirdd i gyd
Yn y Byrgwm bob ergyd.[33]

'Yr oedd y Cwm,' meddai Gwenallt, gan gyfeirio'n arbennig at un o feirdd Cwm Tawe, y Parchedig W. Alfa Richards,

… yn llawn o Eisteddfodau a *penny readings*. Bu hwyl ar gystadlu ac ennill cadeiriau. Ennill cadair oedd y gamp, ac nid llunio pryddest. Gan fod cynifer o Eisteddfodau ar hyd a lled Cymru, prin iawn oedd yr amser i lunio cerdd. Cofiaf am Alfa un noson yn eistedd ar y soffa ac yn llunio pryddest ddi-odl mewn teirawr ac yn ennill y gadair. Dagrau derw oedd dagrau'r hen farwnadau, neu, yn fwy cywir, yr hen farwnad, canys yr un farwnad a lunnid i bob "ymadawedig," gydag ychydig newidiadau. Wrth nifer ei [g]oronau a'i gadeiriau y mesurid bardd.[34]

Arferai'r beirdd lleol gyfarfod â'i gilydd yn 'yr Ystafell Las' yn Nhafarn y Groesffordd ym Mhontardawe, ac fe geid yno gryn dipyn o fargeinio:

Crwydrai ar ymylon y cylch y "glêr" neu'r "beirdd bol clawdd," y rhigymwyr na fedrent linell o farddoniaeth, ond yr oedd clwy'r cadeiriau yn drwm ar rai ohonynt. Cynigient i fardd ddwybunt am lunio iddynt bryddest a theirpunt am y bryddest a'r Gadair, a gwelid yn yr "Ystafell Las" gyfnewid yn Seimonaidd beintiau o gwrw am englynion a thelynegion. Perthynai rhai ohonynt i'r Orsedd, a mis neu ddau cyn yr Eisteddfod Genedlaethol gadawent i'w gwallt dyfu, a gwelid hwy, ar fore Llun yr wythnos Genedlaethol, ar groesffordd Pontardawe, â bargod o wallt tros eu gwegil, a'u gynau-nos Derwyddol ar dop eu bagiau, a rhwng eu plygion docyn lletty rhad. Wythnos o botio ac ymddangos fel beirdd.[35]

Dywedodd Gwenallt mai dilyn arferiad y beirdd hyn a wnaeth pan enillodd dair cadair yn ei ieuenctid am lunio tair pryddest.

Nid rhigymwyr arwynebol na beirdd bol clawdd oedd y beirdd lleol hyn i gyd. Roedd rhai ohonynt yn gynganeddwyr medrus. Y mae Gwenallt yn enwi nifer o feirdd y cylch yn ei ragymadrodd i *Llygad y Drws: Sonedau'r Carchar* T. E. Nicholas. Ymhlith y beirdd hyn a ganai 'rhwng Treforris ac Ystradgynlais' enwir ganddo ei weinidog, D. G. Jones, y Parchedig Llewelyn Bowyer, ei dad, Thomas Ehedydd Jones, a Niclas y Glais.[36] Un arall a enwir ganddo yw 'Gweledydd'. 'Gweledydd' oedd G. T. Levi, bardd o Gwm-twrch, a bardd adnabyddus yng nghylchoedd llên Cwm Tawe yn ei ddydd. 'Gweledydd' a enillodd gystadleuaeth yr englyn yn Eisteddfod Nadolig Pant-teg, Ystalyfera, â'i englyn ar y testun 'Llyfr', ac er mai diffiniadol yw'r englyn yn ei hanfod, y mae'r mynegiant yn ddigon cymen:

Dyma ddeiliad meddyliau: – d[ô]r yw Llyfr
  I dir ll[ê]n yr oesau;
  A gwelir y gwir a'r gau
  Yn glir o fewn ei gloriau.[37]

Enillodd ar yr englyn eto yn Eisteddfod y Mwmbwls, ar y testun David Lloyd George, ac Alfa yn ail iddo. Dyma'r englyn buddugol:

Eofn daran y cyfandiroedd – glyw
  Glewaf y cenedloedd;
  Selyf ei wlad, ysol ei floedd,
  A'n t[ŵ]r yn nos y teyrnasoedd.[38]

Wrth nifer ei goronau a'i gadeiriau y câi bardd ei fesur, yn ôl Gwenallt, ac yn sicr, roedd G. T. Levi yn un o'r rheini. 'There are many bards who, like Gweledydd of Cwmtwrch, become positively embarrassed by the number of oak chairs they win at eisteddfodau,' meddai un o ohebwyr *Llais Llafur*.[39]

Lluniodd Alfa Richards yr englyn canlynol er cof am ei fam:

> Hafan dlos wedi nosi – aruthr wynt
>   Ar ei thraeth sy'n torri;
>   Yn y tywydd rhaid tewi,
>   Marw mam, Mara i mi.[40]

Bardd lleol arall a enwir yn y rhagymadrodd i *Llygad y Drws* yw Gwilym Cynlais, sef William Terry o Ystradgynlais, un o feirdd mwyaf adnabyddus y cylch. Lluniodd dri englyn yn nhafodiaith Cwm Tawe ar ôl iddo gael damwain â'i feic:

> Ar y rhip, do, fe slippes – yn y clawdd,
>   Wrth fôn clwyd dishgunes;
>   Milodd o s[ê]rs mi weles,
>   A lliw gwad ar yn llaw ges!
>
> O asen! rhappes yn nhrwsus – a nghot,
>   A nghap ath yn bushes;
>   Rhippes gron, a rhappes grus,
>   A nosi nath y nglassus!
>
> A thrw'r llacs wetin bacses – dros y rhewl
>   Dros y rhip clymherces;
>   O dir [o'r] y mwd yr es
>   I ganol ulwd gynnes![41]

Cyhoeddodd gweinidog Gwenallt, D. G. Jones, lyfr o'i farddoniaeth ef ei hun ym 1913, *Murmuron Tawe*. Dywedodd mai '[p]rinder darnau adroddiadol i bobl ieuainc a phlant sydd yn cyfrif am ymddangosiad y llyfr hwn,' ac fe'i paratowyd 'ar gyfer Cyfarfodydd Dirwestol ac Adloniadol ein cymydogaethau'.[42] Ni cheisiodd yr awdur ddringo 'i uchelderau barddoniaeth, a choethder clasurol; dewiswyd yn hytrach aros gyda'r syml a'r naturiol a'r agos ar wastadedd synwyr cyffredin'; a chynhwyswyd yn y llyfr 'ychydig doddeidiau ac e[n]glynion i mewn i lanw bylchau'.[43]

Digon nodweddiadol o ganu eisteddfodol y cyfnod yw cerddi caeth y gyfrol, ei gywydd 'Y Fellten' er enghraifft:

Yn ddigllon wrth ddrygioni
Llefara'i holl leufer hi:
Cryned y cewri annuw,
Ar fellten 'rwy'n darllen Duw.
Y fflam danbaid naid o'r nen
I dorri balchder derwen;
Esgyrn cedyrn y coedydd,
Uchelion rai, chw[â]l yn rhydd;
Dewr wedd y gedrwydden
A dyn i lwch o dan len;
Diorchest, y dywarchen
Yrr yn wyllt i awyr nen;
Adeilad gref hudolus
Nid yw i hon onid us ...[44]

Ond fe geir yng nghanol pentwr o gyffredinedd ambell englyn gloywach na'i gilydd, fel yr englyn i flaenor o'r enw Evan Evans:

I'r cwrdd trwy eira cerddai, – ar ystorm
 Er ei 'st[ŵ]r ni sylwai:
 Trwy dd[ŵ]r a thân Evan [â]i,
 Yr hen flaenor ni flinai.[45]

A dyma'i englyn i'w dad:

G[ŵ]r o enaid gwerinol, – i'w ardal,
 Awdurdod glofaol;
 Dewr o nerth, di-droi-yn-[ô]l;
 Un o ben annibynol.[46]

Englyn sy'n deillio'n unionsyth o'i gynefin yw'r englyn hwn, 'Yr Alcanwr':

Yn ei grys bach, mewn gwres y bydd – hoenus
  Alcanwr byw beunydd;
Rhyw wych was sydd yn arch-chwysydd
Weithia ar dân wyth awr y dydd.[47]

Englyn enwocaf Dafydd Glanaman Jones, fodd bynnag, yw ei englyn i'r 'Pregethwr Methodist', englyn poblogaidd iawn ar un adeg:

Dystaw y d'wed ei destyn, – a pheswch
  Tra phwysig yn canlyn;
Maith ydyw y Methodyn.
Ara' deg yw *motto*'r dyn.[48]

'Cynnyrch y beirdd caeth, englynion Ap Perllannog a Tharennydd, oedd cynnyrch gorau'r cylch,' yn ôl Gwenallt.[49] Dan Griffiths, Tarenni-gleision, Pontardawe, oedd Tarennydd, a bu bron iddo ennill cystadleuaeth yr englyn yn Eisteddfod Genedlaethol Corwen ym 1919. Brawd Alfa Richards oedd Ap Perllannog, sef Enoch Richards, ac roedd tad y ddau, Perllannog, hefyd yn barddoni ac yn englyna.

Roedd Gwenallt yn hoff o ddosbarthu pethau fesul triawd. 'Yr oedd tri chylch, yn chwarter cyntaf y ganrif hon, yng Nghwm Tawe; cylch y gwleidyddion, cylch y cerddorion a chylch y beirdd,' meddai.[50] Wrth sôn am ddylanwad ei gynefin arno, dywedodd fod y dylanwadau hynny yn ymffurfio'n dri chylch, sef, yn gyntaf, cylch Capel y Methodistiaid Calfinaidd, Soar, Pontardawe, ac roedd y cylch hwn, cylch y capel, yn cwmpasu dau beth, y capel fel sefydliad crefyddol ac fel canolfan ddiwylliannol; yr ail gylch oedd y cylch gwleidyddol, a'r trydydd oedd cylch y *penny readings* a'r eisteddfodau. Yn y cyfarfodydd *penny readings* hyn y dysgodd Gwenallt ei grefft:

Ni ches i'r un wers mewn ysgol na choleg ar y cynganeddion; eu dysgu a wnes i yn *Yr Ysgol Farddol* gan Ddafydd Morganwg. Yn y *penny readings* yr oeddwn yn cystadlu â beirdd y cylch ar yr englyn, a mynd yno i wrando ar y beirniaid yn dang[o]s y gwallau yn f'englynion. Swllt oedd y wobor am englyn yn y rhain, ac mewn un cyfarfod fe rannwyd y swllt rhwng rhyw fardd a mi.[51]

Ac nid yng nghyfarfodydd y *penny readings* yng Nghwm Tawe yn unig y byddai'n cystadlu yn erbyn eraill. Byddai'n cystadlu yn erbyn aelodau o'i deulu ef ei hun yn y *penny readings* a gynhelid yn Rhydcymerau, ei gartref ysbrydol:

> Yn y gystadleuaeth ar benillion yn Eisteddfod y Nadolig yn Rhydcymerau, fi a gafodd y wobor; fy nghefnder, y Parch. T. Ehedydd Jones, oedd yn ail; fy nhad oedd yn drydydd; a'm Nwncwl Josi, brawd fy nhad, oedd yn bedwerydd. Ond i fod yn deg â'm Nwncwl Josi, efe oedd yr englynwr gorau yn y tylwyth.[52]

Roedd 'Nwncwl Josi' yn sicr yn hoff o gystadlu mewn eisteddfodau. Enillodd y gystadleuaeth i lunio pedwar pennill ar y testun 'Capel Newydd Caio' yn Eisteddfod Caio ym mis Mawrth 1908, pan oedd yn byw yn y Forge, Abergorlech, a'r gystadleuaeth i lunio tri phennill i fynwent newydd Cefnberach yn Eisteddfod Cefnberach ym mis Mai 1913. Ym mis Ionawr 1910 enillodd ar gystadleuaeth yr englyn, ar y testun 'Gwialen Fedw fy Mam', yn Eisteddfod Llanarthne, ac yntau bellach yn byw yn y Gelli Aur, ac enillodd ar yr englyn yn Eisteddfod Pen-y-groes ym mis Mawrth 1919. Ym mis Mai 1914 enillodd y gystadleuaeth i lunio cerdd i Ddyffryn Tywi yn yr un eisteddfod. Enillodd am lunio dau englyn ar y testun 'Y Groes Goch' yn Eisteddfod Llandybïe ym mis Mehefin 1916, ac ef hefyd a gafodd y wobr gyntaf am benillion ar y testun 'Buddugoliaeth Prydain ar y Môr' yn yr eisteddfod honno. Enillodd y wobr gyntaf am lunio penillion gwladgarol yn Eisteddfod Cwmaman ym mis Mawrth 1918. Ac nid cystadlu ar y testunau barddoniaeth yn unig a wnâi ychwaith. Enillodd ar adrodd 'The Late Earl Cawdor' yn Eisteddfod Neuadd yr Eglwys, y Gelli Aur, ym mis Mai 1915. 'Gyda llawenydd y deallwn am lwyddiant y bardd heddychlawn, Mr. Jones ... yn Eisteddfod Garnant yn ddiweddar,' oherwydd bod 'Mr. Jones yn un o'r cymeriadau mwyaf dirodres a sangodd erioed yn myd yr awen,' meddai'r *Carmarthen Journal* amdano ym mis Ebrill 1918.[53] Enillodd ar y farddoniaeth yn Eisteddfod Carmel yn Llandybïe ym mis Rhagfyr 1918. Arferai wasanaethu fel beirniad yn ogystal. 'Llongyfarchaf yr enwog fardd, Joshua Jones, Golden Grove, yn ei safle anrhydeddus fel beirniad yr amrywiaeth yn ei[s]teddfod fawreddog Llanarthney nos Calan nesaf ... Mae ei lwyddiant eisteddfodol yn y gorphenol yn profi yn eglur ddigon ei fod yn ddigonol gampwr i glorianu y cystadleuwyr yn [ô]l eu haeddiant,' gan nodi ei fod 'yn berchenog o gydwybod rydd', meddai'r *Carmarthen Journal* amdano.[54]

A dyma enghraifft o waith Joshua Jones. Roedd y gerdd ganlynol, 'Ysgol Nantygroes', yn fuddugol yn Eisteddfod Neuadd yr Eglwys, Carmel, a gynhaliwyd ar ddiwrnod San Steffan, 1917:

> Ar ddoldir ger Milo, yng nghanol prydferthwch,
>   Mae buddiol athrofa ddi-fai Nantygroes;
> Pob adran ohoni a wisgwyd â harddwch,
>   Saif heddyw fel campwaith celfyddyd ein hoes.
> O amgylch ei muriau cawn faes y chwaraefa
>   Dan hugan o dywod o'r odyn ddibaid,
> I gadw'r diniwaid wrth redeg yr yrfa
>   Rhag syrthio'n anffodus i ganol y llaid.
>
> Ger gwrychoedd yr heol, rhwng llwybrau newyddion,
>   Ym miwsig yr adar a murmur y nant,
> Mae llecyn tyfadwy o fresych a chloron
>   Bwrcasodd ein harwyr yn Eden i'r plant.
> I'w dorau addurnol yn sychion eu cefnau
>   Anturia'n ieuenctyd yn ddifyr eu hynt,
> Heb ofni cyfarfod â heintus glefydau
>   Wrth grwydro i'r pellder am addysg fel cynt.
>
> Fan yma cawn Evans yn llawn o ymdrechion,
>   Fel Job mewn amynedd, a disglaer ei nôd,
> Yn arwain o ddifrif ei liaws disgyblion
>   I wynion binaclau diwylliant a chlod.
> Pob llwydd i'r athrofa urddasol a chynnes
>   I fagu dysgawdwyr ar fynwes ein bro,
> Heb ronyn o aflwydd i ddiffodd ei hanes
>   Tra'r erys y gornant i ymdaith y gro.[55]

Er mor boblogaidd oedd cyfarfodydd y *penny readings*, ac er bod bri ar farddoni yng Nghwm Tawe, pwysleisiai Gwenallt fod cylch y cerddorion yn gryfach o lawer na chylch y beirdd, a bod cerddoriaeth yn llawer mwy poblogaidd na barddoniaeth. Roedd amryw byd o gorau yn y cwm i ddechrau – corau plant, corau cymysg, corau meibion – a chynhelid cyngherddau o bob math yn gyson yno. Roedd y lle, meddai Gwenallt, 'yn llawn canu'.[56]

Roedd Johnny, brawd Gwenallt, yn ganwr da a chanddo lais bariton hyfryd. Roedd Gwenallt ei hun hefyd yn medru canu, er mai llais cymharol wan oedd ganddo.

Gadawodd Gwenallt bortread byw a manwl o'i gefndir a'i gynefin yn ei nofel anorffenedig *Ffwrneisiau* – os nofel hefyd. Os gellir ei galw'n nofel, nofel hunangofiannol ydyw, neu, yn gywirach efallai, hunangofiant sy'n defnyddio rhai o dechnegau a dulliau'r nofel. Efallai fod yr is-deitl 'Cronicl Blynyddoedd Mebyd' a ychwanegwyd at deitl gwreiddiol Gwenallt, *Ffwrneisiau*, yn well disgrifiad o'r gwaith na dim byd arall. Yn sicr, nid yw'n nofel hunangofiannol fel y mae *Tegwch y Bore*, Kate Roberts, yn nofel hunangofiannol.

Cadw cronicl o flynyddoedd ei fagwraeth oedd nod Gwenallt pan aeth ati i ysgrifennu *Ffwrneisiau*. Ac y mae'n ddiddorol gweld sut y defnyddiodd elfennau bywgraffyddol a hunangofiannol yn y nofel. Disgrifiad llythrennol o Bontardawe a'r cylch a geir yn rhan gyntaf y nofel, ynghyd â rhestr o ffeithiau. Mae'r frawddeg agoriadol yn frawddeg drawiadol iawn: 'Nid yw tymhorau'r flwyddyn yn cerdded yn union yr un fath drwy bentre diwydiannol ag y maent yn cerdded drwy'r wlad'.[57] Y mae'r frawddeg hon yn sefydlu'r ffaith fod yr awdur yn gyfarwydd â'r bywyd pentrefol diwydiannol ac â'r bywyd pentrefol amaethyddol, gwledig. A dyna ddau fyd y Gwenallt ifanc yn dod ynghyd, byd Pontardawe a byd Rhydcymerau, byd Sir Gaerfyrddin a byd Sir Forgannwg.

Mapio'r pentref o fewn ei leoliad yng Nghwm Tawe a wneir yn y rhan gyntaf. Gwaun-coed yw'r enw a roir i Bontardawe a'r Allt-wen, cyfuniad, efallai, o Wauncaegurwen a Glyncoed, cartref teuluol Albert Davies yn y cwm. Nodir mai ym 1891 y codwyd y Gwaith Dur ac Alcan yn y pentref, ac mai ardal wledig oedd yr ardal cyn i ddiwydiant ei hagru a'i llygru. Chwyddwyd poblogaeth y pentref o ganlyniad i'r mewnfudo mawr o wahanol rannau o Gymru i Bontardawe, nes bod yno erbyn 1901 dros bedair mil ar hugain o Gymry. O Sir Gaerfyrddin, meddai, y daeth y mwyafrif o'r gweithwyr hyn a'u teuluoedd. Amlinellodd ddaearyddiaeth y cwm yn y nofel:

Am fod y mwyafrif yn Gymry, a'r brodorion hefyd, yr oedd Gwaun-coed yn bentre Cymraeg. Cwm rhwng dau fynydd ydoedd; ac ar ochor y mynydd ar y dde yr oedd dwy res o dai, y rhes isaf yn rhes o dai gweithwyr a'r rhes uchaf yn rhes o dai parchus – tai siopwyr, clercod y Gwaith Dur ac Alcan, penaethiaid gwahanol gwmnïoedd a gafferiaid...[58]

Dyma Stryd Fawr Pontardawe, ac ar 'ben arall y stryd yr oedd Eglwys San Pedr, eglwys a godwyd gan berchennog y Gwaith Dur ac Alcan, sef Mr. William Parsons'.[59]

Eglwys San Pedr oedd 'Cadeirlan y Cwm'. Fel y nodir yn *Ffwrneisiau*, William Parsons a dalodd am godi'r eglwys. Cwblhawyd a chysegrwyd yr eglwys ym 1862, a bu farw'i noddwr ddwy flynedd yn ddiweddarach, a'i gladdu ym mynwent yr eglwys. Nid bod traddodiad eglwysig cryf yn y cwm. Nodir mai'r ddau enwad hynaf yn y pentref oedd yr Undodiaid a'r Annibynwyr, ac mai'r Annibynwyr oedd yr enwad cryfaf o'r ddau. Parheir i amlinellu lleoliad a daearyddiaeth y pentref:

> Ar yr ochor chwith i'r afon yr oedd bryn a elwid y Graig, ac arni yr oedd tair rhes
> o dai gweithwyr; y rhes isaf yn rhes uwchben y rheilffordd a redai drwy'r pentre, ac
> a elwid yn *Railway Terrace*; yr ail res *Edward Street*, a'r rhes isaf, *Graig Road*. Terasau
> o dai a godwyd yn barau oedd y tai gweithwyr ar y ddwy ochor; tai solet o gerrig
> nadd y chwarel leol, ac yr oeddent yn edrych fel pe byddent wedi tyfu o'r tir. Bob
> ochor i'r Gwaith Dur ac Alcan ar lawr y dyffryn yr oedd rhesi o dai, a rhyngddynt
> fe redai'r briffordd; ac ar y bont newydd yr oedd hon yn wastad, ac nid yn codi ac
> yn disgyn fel yr hen ffordd dros yr hen bont.[60]

Enwir dau o gapeli'r pentref, sef Seion, capel y Methodistiaid Calfinaidd, a gŵr o'r Gogledd, y Parchedig Morris Parri, yn weinidog arno; a Bethel, 'capel mwyaf yr Annibynwyr', a'r Parchedig Llechryd Morgan yn ei weinidogaethu.[61] Seion y nofel yw Capel Soar, Pontardawe, sef y capel yr addolai teulu Gwenallt ynddo, a seiliwyd Morris Parri ar D. G. Jones, gweinidog Soar. Bu i'r gweinidogion y sefydlwyd y ddau gymeriad hyn arnynt chwarae rhan allweddol ym mywyd Gwenallt, mewn gwahanol ffyrdd. Cyfuniad oedd Llechryd Morgan o dri gweinidog, Llewelyn Bowyer, W. J. Rees – o gofio mai yn Nhre-lech, Sir Gaerfyrddin, y cafodd ei eni – a William Rees, Llechryd, y sosialydd a'r gwrth-filitarydd enwog yn ei ddydd, ac un o edmygwyr pennaf Keir Hardie.

Ymhlith y gwahanol swyddfeydd yn y pentref yr oedd swyddfa argraffu'r papur lleol *Llais Rhyddid*, 'wythnosolyn Rhyddfrydol y Cwm' yn ôl Gwenallt, ond '[n]id Rhyddfrydiaeth S. R., Gwilym Hiraethog a Henry Richard oedd Rhyddfrydiaeth y papur hwn yn niwedd y ganrif ddiwethaf a dechrau'r ganrif hon, ond y Rhyddfrydiaeth gyfalafol ac imperialaidd'.[62] Hwn, wrth gwrs, oedd papur wythnosol Cwm Tawe, *Llais Llafur*.

Dau o brif gymeriadau *Ffwrneisiau* yw Tomos a Mari Hopkin, ac ni wnaeth Gwenallt unrhyw ymdrech i guddio'r ffaith mai ar ei rieni y seiliwyd y ddau gymeriad hyn. Mab fferm Gelli Ucha ar bwys Rhydcymerau yw Tomos Hopkin, ond prin fod enwi Gelli Ucha, fferm 'Nwncwl Tom' Gwenallt, brawd ei fam, yn hytrach nag Esgair-ceir yn llwyddo i guddio'r ffaith mai Thomas Ehedydd Jones yw'r cymeriad hwn. Gadawodd Tomos Hopkin ei gynefin ar ôl gweld hysbysiad fod William Parsons, perchennog y Gwaith Dur ac Alcan yng Ngwaun-coed, yn chwilio am arddwr. Bu wrth y gwaith hwnnw am ryw dair neu bedair blynedd cyn sylweddoli na allai teulu o bedwar fyw ar bunt yr wythnos, a chafodd waith fel 'pitman' gan y perchennog yn y Gwaith Dur am gyflog uwch.

Breuddwydiai Tomos Hopkin am gael dychwelyd i Rydcymerau un diwrnod. Dyna oedd gobaith mawr ei fywyd:

> Myned yn ôl at ei gynefin a wnâi fwyaf yn ei fyfyrdodau: cofio am ei gartref, Gelli Ucha yn ymyl Rhydcymerau: cofio amdano yn mynd â'r fuwch i darw; mynd i nôl hwrdd; gweithio ar y ddau gynhaeaf, a'r hyn a gofiai gliriaf oedd y gwres o dan do sinc y tŷ gwair pan oedd y gwair yn uchel; 'roedd y gwres yn llethol, mor llethol bron â'r gwres o flaen y ffwrnais. O, ie, y ffwrnais. 'Roedd wedi anghofio pob dim amdani, ac yn amau a fu erioed yn gweithio o'i blaen hi. 'Roedd y Gwaith Dur a'r gweithwyr mor bell ... Ei freuddwyd mawr, pan oedd ar ddi-hun, oedd hwn. Ar ôl i'w fab, Cynddylan, dyfu, a chael ysgol a choleg, cael galwad fel gweinidog, a dod yn un o bregethwyr mawr y Methodistiaid Calfinaidd; ar ôl i'w ferch, Myfanwy, dyfu, a phriodi a chael plant, fe fyddai ei wraig ac ef yn gadael Gwaun-coed, ac yn prynu fferm fach yn ymyl y ffordd fawr rywle yn agos i Rydcymerau; fferm fach i gadw buwch ac ychydig ddefaid, ac yr oedd ganddo ychydig ddefaid yn eiddo iddo yn Gelli Ucha.[63]

Lluniodd Gwenallt ddwy soned i'w dad, gan arddel un a diarddel y llall. Yn y soned a ddiarddelwyd, sonnir am y modd y trosglwyddai'r tad ei gariad at ei sir enedigol i'w blant, a'u trwytho ar yr un pryd yn hanes, llenyddiaeth a thraddodiadau ei fro a'i gynefin:

Fe ddysgaist inni'r plant i garu'r Sir,
Ei hiaith a'i hanes a'i moesoldeb iach,
A charet sôn wrth dân nosweithiau hir
Am gŵn a defaid ac ebolion bach;
Adroddet inni gerddi beirdd y fro,
Emynau lawer ac englynion lu,
Am orthrwm landlord a'i gynllwynion dro
A dewrder gwladwyr yn yr oes a fu,
A chodai hiraeth y castelli ffug
Wrth sôn am fwrw'r hwyr ar ddolydd glân,
Cael eto fynd drwy ramant gwair a grug
A thrwy y pridd a llunio pwt o gân ...[64]

Ac nid y tad yn unig a hiraethai am fywyd gwledig Sir Gaerfyrddin. Hyd yn oed pan oedd Gwenallt yn oedolyn yn ei oed a'i amser, a'r blynyddoedd wedi creu cryn dipyn o bellter rhyngddo a Sir Gaerfyrddin ei fachgendod a'i ieuenctid, am yr hen sir yr hiraethai o hyd:

Bydd hiraeth am garedig lyfu'r cŵn,
A chlywed melys anadliadau'r lloi,
A gwrando'r gwair a'r ŷd yn cadw sŵn
Wrth godi'r helm a'r mwdwl cras, a'u toi.

Mi wylia'r da yn cnoi hamddenol gil,
Pystylad cesig wrth bresebau gwair,
Gwyddwn eu hachau, gynt, eu tras a'u hil,
A'r hiraeth wrth eu gwerthu yn y ffair ...

Daw ataf, gefn y nos, hiraethus gri
A dry fy nghalon, weithiau, yn fy nghôl.
Mi glywa'r pridd yn tynnu f'enaid i,
A'r anifeiliaid yn fy ngalw'n ôl.[65]

Merch fferm o Lansawel oedd Mari Hopkin, ond gan ei bod yn rhy eiddil i weithio ar y fferm, dysgodd grefft gwnïo gan wniadyddes leol. 'Gwraig gymen, a gwraig barticwlar' yw Mari Hopkin y nofel, a phan olchai loriau ei chartref, gosodai ddalennau o'r *Carmarthen Journal* ar y lloriau hyn.[66] Cynnil yw cyffyrddiad Gwenallt yma. Awgrymir ymlyniad Tomos a Mari Hopkin wrth eu sir enedigol, a'u hiraeth amdani, trwy nodi eu bod yn derbyn un o brif bapurau'r sir honno.

Roedd y Gwenallt ifanc wedi'i fagu mewn dwy gymdeithas, mewn dwy gymuned, y gymuned wledig, bentrefol a'r gymuned ddiwydiannol, drefol. Dinesydd deufyd ydoedd, deiliad dau wareiddiad. Yn Rhydcymerau yr oedd ei wreiddiau, ei deulu, ei etifeddiaeth a'i wir ymdeimlad o berthyn. Amgylchiadau economaidd a yrrodd ei rieni o'u cynefin gwledig i ganol berw y bywyd diwydiannol ym Mhontardawe. Meddai Gwenallt, eto wrth dalu teyrnged i D. J. Williams:

> Ymdrech dorcalonnus fu ymdrech rhai o'm perthnasau i, ymdrech yn erbyn y tir caled, a llawer ohono yn dda i ddim ond i dyfu coed, ac ymdrech i gasglu'r rhent. Nid oedd y cartref yn ddigon i gynnal teulu mawr ac nid oedd modd i brynu ffermydd i'r meibion, a dyna pam y ganed rhai ohonom yn Sir Forgannwg.[67]

Nid i Sir Forgannwg y perthynai Gwenallt. Gwyddai hynny. Cafodd ei eni yn y lle anghywir. Roedd yn alltud yn ei gynefin ef ei hun, ac yn frodor o wlad estron, er y byddai, cyn diwedd ei fywyd, yn cyfaddawdu rhwng y ddau le ac yn cydnabod pwysigrwydd y ddwy sir yn ei wneuthuriad a'i ddatblygiad.

Er gwaethaf ei fagwraeth grefyddol, troi at wleidyddiaeth a wnaeth y Gwenallt ifanc i chwilio am gyfiawnder a thegwch i weithwyr ac i werin sathredig a gorthrymedig y wlad a'r dref. Cyfalafwyr oedd y diwydianwyr a'r tirfeddianwyr, y landlordiaid a'r meistriaid, fel ei gilydd, a'u hunig nod mewn bywyd oedd ymfrasáu a chasglu cyfoeth ar gorn caledwaith a dioddefaint eu gweithwyr. Estroniaid di-Gymraeg oeddynt, ac nid oedd ganddynt y mymryn lleiaf o ddiddordeb yn iaith eu gweithwyr nac yn eu diwylliant. 'Ni wyddai uchelwyr Rhydodyn ddim am ddiwylliant y cylch, ac nid oedd ganddynt ddiddordeb yn eu deiliaid ond derbyn eu rhenti,' meddai Gwenallt.[68] Yn y man, llyncwyd Esgair-ceir gan 'Brechfa Forest'. 'Y landlord, cyfreithiwr yn Lloeger, a werthodd Esgeir-ceir i'r Comisiwn Coedwigo; ac yn y fforest y mae'r fferm yn sefyll yn awr, heb lechi ar ei tho, a'r coed y tu fewn iddi wedi eu dwyn,' meddai Gwenallt wrth edrych yn ôl ar ddyddiau ei blentyndod a'i lencyndod, gyda chryn dipyn o chwerwedd.[69] Yn Elm Lodge, yn ymyl Egham yn Surrey, y ganed William

Gilbertson, patriarch y teulu enwog hwn o ddiwydianwyr yng Nghwm Tawe.

Gwahanwyd llwybrau Gwenallt ac Albert Davies, ar ôl eu dyddiau yn Ysgol yr Allt-wen, pan enillodd Gwenallt ysgoloriaeth i fynd i Ysgol Sir Ystalyfera. Ysgol a agorwyd ym 1896, dair blynedd cyn geni Gwenallt, oedd Ysgol Sir Ystalyfera. Prifathro'r ysgol oddi ar fis Mai 1913 oedd Henry Rees, brodor o'r Allt-wen, fel Gwenallt yntau. Gŵr anhyblyg, deddfwr haearnaidd a disgyblwr llym oedd Henry Rees, ac ni allai Gwenallt gynhesu at ei brifathro. Ar y llaw arall, i Ysgol Elfennol Uwch Pontardawe (Ysgol Ramadeg Pontardawe yn ddiweddarach) yr aeth Albert. Bellach, roedd byd newydd ar fin ymagor i David James Jones, a byddai blynyddoedd ei addysg yn Ystalyfera yn ffurfio cwrs ei fywyd – ac yn ymyrryd â'r cwrs hwnnw.

Blynyddoedd y Rhyfel Mawr
1914-1919

Pymtheg oed oedd Gwenallt pan gyhoeddodd Prydain ryfel yn erbyn yr Almaen ar ddechrau Awst 1914. Cwm diwydiannol, Anghydffurfiol oedd Cwm Tawe yn y cyfnod hwnnw, nythle sosialaeth, noddfa comiwnyddiaeth. O safbwynt sosialaeth, rhyfel yr ymerodraethau mawrion, cyflafan y cyfalafwyr, yn ei hanfod, oedd y rhyfel oedd i ddod; ac o safbwynt crefyddol, roedd pob rhyfel yn wrthun ac yn gwbwl groes i gredoau a gwerthoedd sylfaenol Cristnogaeth, ac yn drosedd yn erbyn dynoliaeth yn gyffredinol. Sut y byddai trigolion y cwm yn ymateb i'r rhyfel? A fyddai'r eglwysi a'r capeli yn gwrthwynebu rhyfel, a beth fyddai safbwynt swyddogol papur sosialaidd y cwm, *Llais Llafur*?

Fel y dywedodd Gwenallt ei hun:

Daeth Keir Hardie i Ferthyr a sefydlu canghennau ei Blaid Lafur Annibynnol yn y cymoedd diwydiannol yn Neheudir Cymru. Sefydlwyd cangen tua dechrau'r ganrif ym Mhontardawe. Plaid wleidyddol, gyfansoddiadol, Gristionogol oedd hi; disgrifiai Keir Hardie yr Arglwydd Iesu Grist, yn ei areithiau, fel Sosialydd, a'r cyfalafwyr fel y Phariseaid a'r Ysgrifenyddion. Cynhaliai'r gangen ym Mhontardawe ddawns i hel arian i'w chronfa, a thynnodd hyn arni wg yr Eglwysi. Disgyblion y diafol oedd y Sosialwyr. Ymunodd yr Undebau Llafur â phlaid Keir Hardie, a galwyd y Blaid wedyn yn Blaid Lafur. Ni chytunai eithafwyr yr Undebau â pholisi gwleidyddol Keir Hardie, ac nid oedd ganddynt unrhyw gydymdeimlad â'i "Gristionogaeth." Yr oedd dulliau diwydiannol, yn eu barn hwy, yn well na'r dulliau gwleidyddol; yr oedd y streic yn fwy effeithiol na'r bleidlais. Trech Sindicaliaeth na Sosialaeth.[1]

Cynhaliwyd cyfarfod o Ffederasiwn Glowyr De Cymru yng Nghaerdydd ar ddechrau Awst, pan oedd y symudiadau ar gyfandir Ewrop yn bygwth tynnu Prydain i mewn i'r rhyfel. Penderfynwyd yno na fyddai'r Ffederasiwn yn gweithredu awgrym y Llywodraeth y dylai'r glowyr weithio ar y dydd Mawrth a'r dydd Mercher cyntaf yn Awst, dau o'r tri diwrnod a neilltuwyd ar gyfer gwyliau iddynt. Yn sicr, yn ôl un o ohebwyr *The Aberdare Leader*, digon claear oedd gwladgarwch Prydeinig y glowyr:

> The feeling among the miners was that war, or no war, they were going to have their holidays, and the decision of the Miners' Cardiff Conference not to comply with the Government's request to work on Tuesday and Wednesday was generally upheld. I discussed the matter with a number of colliers, and the opinion expressed was that if they wanted them to work during the holidays the employers should offer them increased wages for doing so.[2]

Pe bai Prydain yn cael ei thynnu i ganol rhyfel, byddai angen llafur ac ewyllys da glowyr Cymru ar y Llywodraeth, i gyflenwi llongau â thanwydd yn un peth. Yn y cyfarfod hwnnw yng Nghaerdydd, cyhoeddodd y Ffederasiwn ei wrthwynebiad i'r rhyfel, gan ddatgan nad oedd unrhyw angen i Brydain ymwneud mewn unrhyw fodd â'r rhyfel rhwng Awstria a Serbia. Galwyd ar y Llywodraeth i barhau ei pholisi o amhleidiaeth, ac i roi ei holl egni ar waith i ddwyn y rhyfel i ben yn gyflym. Ond pe bai rhyfel yn dod, dôi'r rhan fwyaf o'r ymladd, a'r rhan fwyaf o'r dioddefaint, i ran y gweithiwr cyffredin, ac ni chafwyd mohono yn brin erioed. Byddai'n ddigon parod i amddiffyn ei wlad yn yr argyfwng presennol, pe bai raid. Yn ôl Vernon Hartshorn, Llywydd Ffederasiwn Glowyr De Cymru:

> Our resolution on Saturday was passed with the earnest desire to rally the working classes, if we could, to prevent the outbreak of war, and to discountenance the spirit of jingoism, but the moment it becomes a question of defendin[g] the Motherland against any other nation or nations it will be found that the South Wales miners will not be lacking in a determination to co-operate with their fellow-countrymen to safeguard Britain. We shall always raise our voice for the abolition of war, but that does not mean that in times of national peril we shall stand idly by and submit to other nations.
>
> If the outlook is so grave that the instant help of the Welsh miners is needed for

the proper protection of the country, then you may depend upon it that the help will be forthcoming.[3]

Yn ôl W. S. Collins, un o ddarllenwyr *Llais Llafur*:

At present … we are face to face with an unparalleled situation, more tense and more serious than any in our national history. Under those circumstances I believe it is our duty to do all in our power to stand by our country. We, the workers, have no quarrel with the workers of other countries; our enemies are those who exploit us in common. Would that the workers fully understood it.[4]

Taranu yn erbyn anfadwaith rhyfel a wnaeth golygydd *Llais Llafur*, mewn darn rhethregol rymus, a darn proffwydol hefyd ar ben hynny:

Europe is plunged into a war, the end of which no man can foresee.

It is not a war of the workers' choosing. The working classes of Russia, Germany, France, Belgium, Austria and Great Britain have no quarrel.

The rulers of Europe have caused this war, which will probably prove to be the most bloody and colossal crime in human history.

Some of the ruling classes will die on the battle-field, but the majority will suffer nothing but a diminution of luxuries.[5]

Rhyfel dosbarth oedd y rhyfel yn Ewrop, a gweithwyr y byd a fyddai'n dioddef fwyaf:

It is the workers who will suffer. Their bones will bleach on the battle-fields of Europe; their bodies will be sent pulped and shattered to the bottom of the sea.

Starvation will stalk the homes of the working classes. Women of our class will weep by desolate hearths for men who will never return.

Children, our children, the children of the working classes, will cry for the bread that is not.

For what? To gratify or thwart the ignoble passions, the base ambitions, the brutal instincts of kings and ruling castes.

Useless to protest. The voice of reason is always drowned, temporarily, by the roar of the cannon.[6]

A thrwy'r dosbarth gweithiol yn unig y dôi heddwch i'r byd:

Labour men must watch and wait, and when the time comes, use all their power for peace ...

Ideas are stronger than dynamite. Faith will triumph over force. Right is the only true might.

This throw-back to barbarism is not the end of all things. Reason will resume its sway.

And when the workers of the world rule the world, there will be no more war.[7]

'One of the most interesting features of the crisis has been the comparative calm with which the people have conducted themselves,' meddai gohebydd Pontardawe a'r Allt-wen yn *Llais Llafur* wrth sôn am adwaith Pontardawe i'r rhyfel.[8] '[T]here have been no silly outburst[s] of jingoism,' ychwanegodd.[9] Ac eto, yn ôl yr un gohebydd:

So far as recruiting goes ... there has been no lack of enthusiasm in the Pontardawe district ... A very large number of Army and Navy Reservists have already gone to their respective regiments and ships, among them being a numerous proportion of workers at Messrs. Gilbertson's mills and the Mond works, Clydach. It is given as official that no fewer than 170 men have gone from the Clydach works. Messrs. Gilbertson and the Mond Co. have promised that the jobs of the men shall remain open for them until after the war, and also that during the whole of the time the wives and families who need help shall receive assistance. This is a display of real patriotism for which people can have nothing but praise.[10]

Erbyn rhifyn Medi 5, roedd agwedd swyddogol, derfynol *Llais Llafur* tuag at y rhyfel wedi ei ffurfio:

After mature consideration we have arrived at the view that it is the duty of the Labour movement to help see this war through. "Llais Llafur" has never hesitated to espouse views because they are unpopular, and however unpalatable our conclusions may be to some comrades in the Labour-Socialist movement with whom we have long worked in unison, we shall not hesitate to say what we think. This is not the moment for criticism of the capitalists and of the Liberals and Tories. The future of the British working classes is at stake. The basic principle of the Labour movement is that the workers must take their destiny into their own hands. We hope they will, and that they will fight the German militarists as valiantly for their national birthright as they have fought the capitalists for the right to a living wage.[11]

Felly, cefnogi penderfyniad Prydain i fynd i ryfel a wnaeth y Blaid Lafur yng Nghwm Tawe yn y pen draw, gan beri siom enbyd i lawer o sosialwyr, ac i aelodau'r Blaid Lafur Annibynnol yn enwedig. Ar dudalen flaen rhifyn Medi 5 o *Llais Llafur* roedd erthygl gan Vernon Hartshorn yn annog sosialwyr i roi'r rhyfel yn gyntaf, a phopeth arall, pob ystyriaeth wleidyddol neu economaidd, yn ail:

This is the time for national unity. It is not the time for fighting out class and economic difference. The preservation of our national liberty, the destruction once and for all [of] the military autocracy which has been strangling democratic progress in Europe, are essential conditions to a successful treatment of the Labour problems which still face us. Until Great Britain has fought her way to complete safety in this colossal war, all other needs must be subordinated to the overwhelming need of self-preservation.[12]

Ar yr un dudalen, mewn llythrennau trwm, dan y pennawd 'Unto You Young Men!', daeth y Blaid Lafur yr un mor euog o anfon bechgyn ifainc i'r lladdfa ag unrhyw garfan neu blaid gyfalafol, a thrwy ddefnyddio termau fel 'dyletswydd sanctaidd', roedd y Blaid Lafur hefyd yr un mor rhagrithiol â llawer o weinidogion a phregethwyr a oedd yn cefnogi'r rhyfel:

Every able-bodied young man in our Welsh Valleys, who is without dependents, should seriously consider whether it is not his duty to offer himself to his country at this fateful hour.

That is the considered view of the overwhelming majority of the leaders of the Labour Party, and we fully share that view.

It is absolutely essential that in this war Great Britain must emerge a victor.

There is only one way of securing victory, and that is by every eligible young man realising what is at stake, and offering himself in the nation's service.

Young men! The future of civilisation depends upon you. The welfare of the working classes of Europe depends upon you.

The hopes of the Labour movement depend upon you. If we are defeated, the floods of social reform that have begun to loose [*sic*] their healing waters over our land will be dammed and dyked for generations …

We, the workers of Wales, have a heritage to fight for[,] greater even than that of our French and Belgian brethren.

Shall we be less faithful to our duty than they? Most assuredly not.

Young men! Dedicate yourselves to the sacred cause of freedom, to the holy duty casting out the monster of German militarism that is threatening the existence of civilization …[13]

Cymysg, felly, oedd safbwynt y papur lleol. A beth am y pulpudau? Un o siomedigaethau mwyaf Gwenallt yn ei ieuenctid oedd agwedd ei weinidog, D. G. Jones, tuag at y rhyfel. Cefnogai'r rhyfel, ac wrth fugeilio'i braidd ceisiai anfon yr ŵyn i'r lladdfa. Anghytunai tad Gwenallt â safbwynt ei weinidog ynglŷn â'r rhyfel.

Atgynhyrchwyd y math o bethau a bregethid gan D. G. Jones yng ngeiriau Morris Parri yn *Ffwrneisiau*:

Gadewch i ni gyd wneud a allom ni i helpu'r Rhyfel ac ennill buddugoliaeth. Ymuned y bechgyn ifainc â'r Fyddin a'r Llynges i ymladd yn y Rhyfel i roi terfyn ar ryfel; y Rhyfel tros ddemocratiaeth; y Rhyfel dros ryddid cenhedloedd bychain; a'r Rhyfel i gadw Cristionogaeth, er gogoniant i Dduw.[14]

Agwedd gweinidog Soar at y rhyfel oedd dadrithiad mawr cyntaf Gwenallt ynglŷn â chrefydd, a dechreuodd chwilio am waredigaeth amgenach ac am lwybr amgenach i'w fywyd mewn mudiadau a chyfeiriadau eraill. Llwybr uniongyrchol o'r oedfa i'r lladdfa a ddarparai Eglwys Bresbyteraidd Soar, a phenderfynodd y Gwenallt ifanc gerdded ei lwybr ei hun. Yr oedd a wnelo'r awyrgylch gwleidyddol yng Nghwm Tawe ar y pryd lawer iawn â'r union gwrs y byddai yn ei ddilyn, yn ogystal â'i gyfeillgarwch ag Albert Davies.

Erbyn troad yr ugeinfed ganrif roedd dwy fil a rhagor o ddynion yn gweithio yn y gweithfeydd dur a thinplad ac yn y glofeydd yng Nghwm Tawe, ac roedd siopau'r ardal yn ffynnu yn sgil y bwrlwm gweithgarwch hwn. Agorwyd siop ddillad Bridge House ar groesffordd Pontardawe ym 1911 gan frawd Albert, Griffith, ar ôl iddo dreulio nifer o flynyddoedd ym Merthyr Tudful. Fel gweddill aelodau'r teulu, Rhyddfrydwr a Bedyddiwr oedd Griffith, nes i ddaliadau a safbwyntiau gwleidyddol Keir Hardie ddylanwadu'n drwm arno, ac ymunodd â'r Blaid Lafur Annibynnol. Roedd brawd arall i'r ddau, Tommy, hefyd wedi ymuno â'r Blaid Lafur Annibynnol ym Mhontardawe. Gadawodd Albert yr ysgol pan oedd yn 17 oed, i ymuno â'r busnes teuluol yn Bridge House. Yn fuan iawn, darganfu fod Bridge House yn ferw o weithgarwch gwleidyddol.

Siomwyd aelodau'r Blaid Lafur Annibynnol gan agwedd y Blaid Lafur a'r Undebau Llafur tuag at y rhyfel, fel y cofiai Albert Davies yn dda:

Hardie combined the universal doctrine of Christianity with Universal Socialism. He preached the Brotherhood of Man, and the ideal that 'The Workers of the World must unite'. When the War came in 1914 and the Trade Unions had to decide whether to make shells and guns, dig coal for war ships, or 'Unite the Workers of the World', the Big Guns of the Trade Unions and the Labour Party decided to follow the path of Patriotism and Prosperity. On Saturday, 5th September 1914, our local newspaper the 'Llais Llafur' – 'Labour Voice' – splashed its front page with an article by Vernon Hartshorn, then miners['] leader in South Wales. 'This is the time for national unity'. 'It is not the time for fighting out class, and economic difference'. 'It will be hard for Labour men to submit to the postponement of many of the objects upon which they had set their heart, but if for the sake of the national security the Irish Nationalists and the Ulstermen have consented to a truce of God, I do not think that the wage-earners of this country will be so lacking in patriotism and a sense of the vital things at stake in the present war as to object to a national truce between themselves and the employers until this country has emerged from the terrible dangers with which she is surrounded'.[15]

Siom enfawr arall oedd safbwynt *Llais Llafur* ynglŷn â'r rhyfel:

The leading article in large print on the front page of the 'Llais' makes an appeal, 'Unto you young men'. 'Every able-bodied young man in our Welsh valleys who is without dependants should seriously consider whether it is not his duty to offer himself to his country at this fateful hour'. 'That is the considered view of the overwhelming majority of the leaders of the Labour Party, and we fully share that view'. 'Young men, the future of civilisation depends on You'. 'We the workers of Wales have a heritage to fight for, greater even than that of our French and Belgium brethren'. 'Young men, dedicate yourselves to the sacred cause of freedom, to the holy duty of casting out the monster of German Militarism threatening the existence of civilisation'.[16]

Difethwyd yr hen agosatrwydd rhwng trigolion y cwm gan y fath ffrwydrad o gefnogaeth i'r rhyfel, a chreodd wrthdaro enfawr rhwng y rhai a gefnogai'r rhyfel a'r rhai a'i gwrthwynebai. Roedd yr awyrgylch ym Mhontardawe, yn ôl Albert Davies, yn un chwerw.

Roedd yr awyrgylch atgas a'r diffyg agosatrwydd a fodolai yng Nghwm Tawe yn ystod blynyddoedd y rhyfel yn cyd-fynd â dirywiad arall yn y cwm, yn ôl Albert Davies:

> By 1915, the hitherto political and cultural activities of the valley were rapidly
> dying. The workers' educational classes, the choirs, the sporting activities,
> the Chapel Oratorios, the dramatic society and the Eisteddfodau. The last big
> Eisteddfod was held at the Public Hall in Pontardawe in 1915. It was significant by
> the fact that 'Hedd Wyn' was successful in winning the Bardic Chair.[17]

Roedd Gwenallt ei hun yn bresennol yn yr eisteddfod honno. Testun y bryddest yng nghystadleuaeth y gadair oedd 'Cyfrinach Duw', gyda J. Dyfnallt Owen yn beirniadu. Cadair Pontardawe oedd yr ail gadair i Hedd Wyn ei hennill. Cyhoeddwyd adroddiad ar yr eisteddfod honno, a gynhaliwyd ym mis Mehefin, yn *Llais Llafur*:

> A few words should be added concerning the poem competition. In this there was
> a large number of entries, including many Valley residents, but the prize of £2.
> 2s. 0d. and chair was awarded to Mr. Ellis Evans (Hedd Wyn) of Trawsfynydd,
> Merionethshire, for a very fine composition, which aroused a good deal of praise.
> The picturesque ceremony of the Crowning of the Bard was conducted by Mr
> Owen, the Rev. Roland Evans, of Ynismeudwy, going through the performance
> on behalf of the author.[18]

Yn ôl Gwenallt, cafodd pryddest fuddugol Hedd Wyn gryn ddylanwad ar feirdd Cwm Tawe:

> Daeth tro newydd ar y canu wedi i Hedd Wyn ennill y Gadair yn 1915 yn
> Eisteddfod Pontardawe, a chyhoeddi yn llyfryn ei bryddest fuddugol, "Myfi Yw."
> Copïodd un bardd yr holl hen eiriau yn y bryddest honno ar ochr yr Almanac yn
> ymyl y lle tân, ac wrth lunio pryddest edrychai yn awr ac yn y man ar yr Almanac
> a gosod hen air i mewn yn lle ei air ystrydebol ef ei hun yn y bryddest, fel cyrrens
> mewn toes. Enillodd yr "hen eiriau" lawer o gadeiriau.[19]

Ond camgofio yr oedd Gwenallt. 'Cyfrinach Duw' ac nid 'Myfi Yw' oedd testun cystadleuaeth y gadair yn Eisteddfod Pontardawe. Roedd hefyd dan yr argraff fod Hedd Wyn yn bresennol yn yr eisteddfod i gael ei gadeirio, ond nid gwir hynny ychwaith.

Prin y byddai neb ar y pryd yn dychmygu y byddai hanes yr Hedd Wyn hwn yn troi'n un o fythau mwyaf pwerus y genedl Gymreig yn y dyfodol agos iawn. Mewn gwirionedd, seliwyd tynged Hedd Wyn a Gwenallt gan yr un digwyddiad gwleidyddol a'r un weithred hanesyddol. Pasiwyd Deddf Gwasanaeth Milwrol yn Nhŷ'r Cyffredin ar Ionawr 24, 1916, a byddai'r ddeddf newydd yn dod i rym ar ddechrau Mawrth. 'Single Men! Will you march too or wait till March 2' oedd un o'r sloganau a welid ar bosteri'r Llywodraeth ac mewn papurau newydd. At ddynion dibriod a gwŷr gweddw yn unig yr anelid y ddeddf hon, nid at ddynion priod. Gorfodid dynion ieuainc a oedd rhwng 18 a 41 oed ar Awst 15, 1915, i ymuno â'r Lluoedd Arfog gan y ddeddf hon. Disgwylid i'r dynion yr oedd y ddeddf yn effeithio arnynt gyrchu'r swyddfa ymrestru agosaf ar unwaith, ac ymuno â'r Lluoedd Arfog yn wirfoddol ddidrafferth. Pe na baent yn gwneud hynny, fe'u cyfrifid yn eiddo i'r awdurdodau militaraidd beth bynnag, a byddai'r awdurdodau hyn yn chwilio amdanynt pe baent yn ceisio osgoi'r alwad i ymuno. Rhai carfanau yn unig o fewn y gymdeithas a gâi eu heithrio, fel gweinidogion y gwahanol enwadau, rhai a feddai ar dystysgrifau rhyddhad, am wahanol resymau, pobl a oedd yn anghymwys am resymau meddygol, a dynion a gyflawnai orchwylion a swyddi angenrheidiol ac anhepgor o safbwynt yr ymdrech ryfel, fel glowyr, gweithwyr mewn ffatrïoedd arfau a ffermwyr. Effeithid ar bawb arall sengl gan y ddeddf hon.

Ni fyddai'r ddeddf newydd hon yn amharu ar Gwenallt tan fis Mai 1917, pan fyddai'n cael ei ben-blwydd yn ddeunaw oed, er y byddai gofynion y ddeddf wedi newid rywfaint erbyn hynny. Ond roedd y rhyfel yn hofran fel cwmwl du bygythiol yn awyr las ei freuddwydion a'i obeithion unwaith y daeth y ddeddf newydd hon i rym. Ychydig amser cyn i'r Ddeddf Gwasanaeth Milwrol ddod i rym, roedd Gwenallt wedi dechrau cwestiynu'r drefn:

Nawr, pan yr oeddwn i tua[g] un-ar-bymtheg, fe ofynnais i mi fy hun, paham yr oedd streic? Beth yr oedd y tu ôl i streic? 'Roedd y papur lleol, *Llais Llafur*, yn bapur yr I.L.P., papur answyddogol yr I.L.P., ac 'roech chi'n cael esboniad fan honno. 'Roedd Sosialwyr yn dangos ichi gymaint o dlodi oedd yn y wlad, ac 'roedd yna dlodi mawr cyn y rhyfel-byd cyntaf. 'Roedd 'na ddiweithdra hefyd, a'r hyn a wnaeth y Sosialwyr oedd dangos tlodi'r wlad, dangos tlodi drwy ffigurau ac ystadegau; dyna oedd cymdeithas y Fabiaid, y 'Fabian Society' yn ei wneud. 'Roedd yr hen genhedlaeth honno yn Gristionogion ac yr oedden' nhw yn ceisio cyfiawnhau Sosialaeth ar dir Cristionogol. Cwestiwn mawr Keir Hardie oedd hyn, 'sut y gall Cristion fyw ar bunt yr wythnos?' Beth fyddai ateb Evan Roberts i'r cwestiwn? Dyna paham nad oedd y Sosialwyr yn meddwl dim o'r Diwygiad. 'Doedd gan Evan Roberts ddim i'w gynnig i weithiwr.[20]

Unwaith y daeth y Ddeddf Gwasanaeth Milwrol i rym, dechreuwyd trefnu cyfres o gyfarfodydd protest yng Nghwm Tawe i wrthwynebu'r ddeddf ac i alw am ei diddymu. Cynhaliwyd y cyfarfodydd hyn yn ystod mis Chwefror a mis Mawrth 1916. Cafwyd cyfarfod llwyddiannus yng Nghwm-twrch. Hwb, yn sicr, i'r Blaid Lafur Annibynnol oedd y mesur newydd. Yn ôl *The Pioneer*, y papur wythnosol a sefydlwyd ym Merthyr Tudful gan Keir Hardie i hybu sosialaeth ac i hyrwyddo achos y Blaid Lafur Annibynnol:

> Beulah Vestry was filled with an interested crowd of young men on Monday night last, when, under the chairmanship of Mr. Tom Rees, the well-known Pontardawe trio of propagandists – Messrs, Nun Nicholas, J. L. Rees and Tom Jeremiah – spoke in favour of repealing the Military Service Act. The speakers, who dealt with different phases of the measure covered the whole of the ground and in spite of – or perhaps it was because of – their extreme attitude, won the applause of the gathering. The meeting, which appeared to be unanimous in its opposition to the Act, was the first to be held in the place. Many questions relating to the working of the Act were put, and thoroughly explained, and at the close Mr. Tom Evans, the Secretary of the Swansea Valley N.C.F., received many applications for membership. An I.L.P. Branch will be formed here in the course of a few weeks.[21]

Nun Nicholas oedd prif siaradwr y cyfarfod. Siaradodd am awr gan amlinellu'r gwahanol ddulliau o gael esgusodiad yn y tribiwnlysoedd rhag gorfod ymuno â'r Lluoedd Arfog. Yn yr un cyfarfod adroddodd Tommy Evans, Ynysmeudwy, un o gerddi T. E. Nicholas yn collfarnu'r rhyfel.

Cynhaliwyd cyfarfod arall yn y Glais, ac roedd y Blaid Lafur Annibynnol a'r Gymdeithas Wrth-orfodaeth erbyn hyn yn dechrau ymdoddi i'w gilydd:

At Glais last Sunday evening a splendid meeting was held at the I.L.P. Hall, under the chairmanship of Mr. Gwilym Jenkins, Glais. The speakers were Messrs. Nun Nicholas, J. L. Rees and Tom Jeremiah. Mr Nicholas explained in detail the procedure with regard to the tribunals, etc.; showed the difference between the attested and non-attested men; and explained the different forms of exemption and the likelihood of obtaining complete exemption. He also very strongly demonstrated the powers the present Act gave for making the workers industrial conscripts. A finer speech on the menace of Conscription could not be wished for, and all those present very heartily appreciated the speakers' grasp of the situation. Mr. J. L. Rees spoke on the Act from the miners' standpoint. He very soon made it quite apparent that miners were not, as many of them believed, safe from the provisions of the Act. Mr. Tom Jeremiah also made a strong speech. He dealt with the organisation of Trade Union branches for the purpose of protecting the young men who had received, and will receive, unfair treatment at the tribunals and under the Act in general. He gave several instances of injustices in the district and wound up by making a vigorous appeal to all Trade Unionists to work in their lodges to wake up the leaders and get something done to check the sinister and dangerous campaign of the capitalists.

It was then decided to join the Swansea Valley Anti-Conscription League, and to hold more meetings in the district.[22]

Daeth 2,000 o bobl ynghyd i Bafiliwn Pontardawe ym mis Mawrth i wrando ar Nun Nicholas, J. L. Rees, Tom Jeremiah ac Edwin Thomas yn taranu yn erbyn y rhyfel. Cadeiriwyd y cyfarfod gan Griff Davies. Dywedodd y cadeirydd, wrth agor y cyfarfod, mai ffars oedd y tribiwnlysoedd, yn enwedig y tribiwnlysoedd lleol, ac roedd yn flin ganddo orfod nodi mai Cristnogion o argyhoeddiad oedd y rhan fwyaf o aelodau'r tribiwnlysoedd hyn. Pasiwyd yn unfrydol y dylai'r Llywodraeth agor trafodaethau i ddod â'r rhyfel i derfyn ac i sefydlu heddwch rhwng y cenhedloedd, a hynny heb oedi.[23]

Cynhaliwyd cyfarfod tebyg yng Nghlydach, er i nifer o bobl a oedd o blaid y rhyfel geisio'i atal. Nun Nicholas oedd y prif siaradwr. Roedd newydd ddychwelyd i'w fro enedigol, meddai, ar ôl treulio chwe blynedd fel darlithydd mewn economeg yn Swydd Gaerhirfryn. O safbwynt y rhyfel, cyfalafiaeth, meddai, oedd gwreiddyn y drwg, a phe gellid cael gwared â thrachwant ac awch am gyfoeth, gellid atal rhyfeloedd:

He pointed out that it was the function of capitalism, and therefore the duty of the capitalist, to for ever keep on increasing the productiveness of the forces of production. If new and better processes, machinery, etc., were invented, it was their duty to scrap the old processes, machinery, &c., and instal[l] the new. This, however, would mean that the capitalist would be compelled to expend his profits in keeping his factory up to date, and the consequent loss of revenue to him to spend on motor-cars, wine, and debauchery in general. It was from this stand-point that the capitalist believed in the principle of thrift. Of course, not for himself, but for the workers. If the capitalist followed his own paid preachers, he would be a useful and necessary member of present-day society but since he did not, then not only was he useless to society, but also a menace ... His concluding remarks consisted of a terrible indictment of the cost of war, its utter inefficiency to settle anything, and finally of a most rousing appeal to all present to seek to discover the general concord of the world, not through cheering the exploits of their own respective exploiters in their race for wealth, but to remove all greed from the world, thereby removing the cause of all war, and establishing the permanent peace of all peoples.[24]

Cynhaliwyd y tribiwnlysoedd cyntaf yng Nghwm Tawe yn union wedi i'r Ddeddf Gwasanaeth Milwrol ddod i rym ar Fawrth 2. Bu cyffro mawr yn y tribiwnlys milwrol a gynhaliwyd ym Mhontardawe tua diwedd y mis:

About 60 conscientious objectors appeared at the Pontardawe Military Tribunal on Tuesday to appeal for exemption. A crowd had assembled at about 10.30 a.m. outside the Council Offices where the Tribunal sat, and on enqu[i]ry it was elicited that the cases would be tried in private. This decision of the Tribunal was greatly resented by the public, and immediately every applicant signed a petition demanding a public hearing. This was presented to the Tribunal and they therefore reconsidered their decision and condescended to allow Messrs. Tom Jeremiah and Griff Davies to enter the Court on behalf of the public. This, again, was not good enough for the applicants, so they held a meeting in one of the ante-rooms, and when the door-keeper called out the name of the first applicant on the list, he was sweetly informed that the conscientious objectors conscientiously demanded a public hearing and that unless this was granted, not a single applicant would appeal. The Tribunal again consulted amongst themselves, and came to the conclusion that nothing less than a public hearing would satisfy the wicked applicants. This was the first of a number of such successes by the claimants. The feeling amongst public and claimants was by this time very warm indeed.[25]

Cofiai Albert Davies am y modd yr holltwyd trigolion Cwm Tawe yn ddwy garfan gan benderfyniad y Llywodraeth i fabwysiadu gorfodaeth filwrol i lenwi'r bylchau niferus yn y rhengoedd:

> The First World War had broken out in 1914 when we were 15, and still at school. We were told it would soon be over, and the men would be home again in a short while. In 1916, we were then 17 – the whole atmosphere of the village and the valley changed. Conscription had been introduced and there was a clash of ideologies in the village, the "fors" and the "againsts". The old I.L.P'ers, some young members of the Chapels, and a few Ministers, objected to this infringement of a man's liberty of conscience.[26]

Yr oedd tri pheth ynghylch y Blaid Lafur Annibynnol a apeliai at Gwenallt. Cred y Blaid mewn cynnydd oedd y peth cyntaf. Roedd y Blaid yn credu mewn byd perffaith, ac nid oedd yn credu mewn pechod. Fel Robert Owen – un o arwyr mawr Gwenallt ar y pryd – credai aelodau'r Blaid yn naioni naturiol a chynhenid dyn, a 'dim ond ichi newid amgylchiadau fe newidiwch chi ddyn'.[27] Yr ail bwynt a apeliai at Gwenallt oedd y ffaith fod Keir Hardie yn genedlaetholwr, a'i fod o'r farn y dylai'r Alban a Chymru gael ymreolaeth; ac yn drydydd, roedd y Blaid Lafur Annibynnol yn gwrthwynebu'r rhyfel, 'am ei fod yn rhyfel cyfalafol, rhyfel y marsiandiwyr marwolaeth a'r diplomyddion cudd, ac 'roedd yr aelodau yn gwrthod uno â'r fyddin'.[28]

Ym 1916, gyda gwasanaeth milwrol gorfodol yn bygwth ei ddyfodol, dechreuodd Gwenallt, yn fachgen ysgol ifanc, ystyried y sefyllfa o ddifri. Roedd Gwenallt a'i dad yn erbyn y rhyfel, Thomas Jones ar sail ei heddychiaeth grefyddol, a Gwenallt, bellach, ar sail ei ddaliadau gwleidyddol yn ogystal â'i gredoau crefyddol, cyn i'r elfen wleidyddol lwyr ddileu ei wrthwynebiad crefyddol i'r rhyfel. Yn ôl Albert Davies:

> Thomas Jones was a strong philosophical character. He objected to the Minister's sermons encouraging young men to enlist in the ranks as soldiers, in the cause of an unnecessary war. Thomas Jones frequently reminded his pastor of *his* duties and obligations to the Christian Church. He would stand his ground and argue his case vehemently in biblical phrase and word. David James on the other hand was young and sensitive. He would not argue with his elders. He turned away from controversy knowing full well his own intentions.[29]

'He left the church to seek other organisations less belligerent and less jingoistic,' meddai Albert Davies.[30] Adnewyddwyd cyfeillgarwch bore oes Gwenallt ac Albert Davies ym 1916 pan gynghorwyd Gwenallt gan y Parchedigion Llewelyn Bowyer a W. J. Rees i alw heibio i Griffith, brawd Albert, yn Bridge House, gan mai Griffith a ofalai am faterion a llenyddiaeth y No-conscription Fellowship, y Gymdeithas Wrth-orfodaeth, yn y cwm. Roedd Llewelyn Bowyer a W. J. Rees yn aelodau blaenllaw o'r ddwy gymdeithas heddychlon a gwrth-filitaraidd, Cymdeithas y Cymod a'r Gymdeithas Wrth-orfodaeth, yng Nghwm Tawe. Sefydlwyd Cymdeithas y Cymod yng Nghaer-grawnt ym mis Rhagfyr 1914, a chrisialwyd credo'r Gymdeithas yn yr hyn a ddywedir yn ail lythyr Paul at y Corinthiaid: 'Yr oedd Duw yng Nghrist yn cymodi'r byd ag ef ei hun'. Sefydlwyd y Gymdeithas Wrth-orfodaeth ym mis Tachwedd 1914, ymhell cyn i'r Ddeddf Gwasanaeth Milwrol ddod i rym, ond gan ragweld y byddai hynny'n digwydd. Roedd gan Gwenallt barch mawr at y ddau weinidog heddychlon hyn. Roedd aelodau'r Blaid Lafur Annibynnol 'yn fodlon ymladd dros Sosialaeth ond ddim yn fodlon ymladd dros gyfalafwyr ac fe gafodd y ddau weinidog gyda'r Annibynwyr eu gwawdio; fe ostyngwyd cyflog un gweinidog er mwyn cael gwared arno am ei fod yn heddychwr,' meddai Gwenallt amdanynt.[31]

Bwriad Gwenallt adeg y rhyfel oedd parhau â'i addysg, ond difethwyd ei gynlluniau'n llwyr, fel y cofiai Albert Davies:

> He had a desire to continue in school to take his Higher Certificate. When he approached his Headmaster on the subject, he was informed that unfortunately he would not be able to finish the course in time owing to the Conscription Act... David James Jones was deeply disappointed by this decision. He did not argue with his Headmaster but turned away again, as he had done previously in his Chapel. He had, within these months of 1916, cut himself off from the religious and scholastic activities to which he had so zealously and seriously dedicated himself.[32]

Gyda byd crefydd a byd addysg wedi ei siomi i'r fath raddau, dechreuodd Gwenallt, fel yr awgrymodd Albert Davies, chwilio am sefydliadau a mudiadau mwy cydnaws â'i anian a'i ddaliadau. Roedd y Gymdeithas Wrth-orfodaeth yn sicr yn apelio ato, ac aeth yn gyfeillgar iawn â Llewelyn Bowyer a W. J. Rees. 'They went for long walks together along the country lanes of Rhos, towards the Hall at Cilybebyll and home again over Pen-yr-Alltwen,' meddai Albert Davies.[33] A dylanwad y ddau hyn, eto yn ôl Albert, a wnaeth i Gwenallt ymuno â'r Blaid Lafur Annibynnol yn ogystal â'r Gymdeithas Wrth-orfodaeth.

Fel aelod o'r Blaid Lafur Annibynnol, daeth Gwenallt i adnabod arweinwyr a chefnogwyr y Blaid yng Nghwm Tawe – trwy Albert Davies. Roedd brodyr Albert Davies, yn ogystal ag Albert ei hun, yn aelodau brwd a blaenllaw o'r Blaid Lafur Annibynnol. Ymunodd Albert â'r busnes wedi iddo adael yr ysgol yn 17 oed. Daeth siop Griff Davies, Bridge House, yn fan cyfarfod i aelodau'r Blaid Lafur Annibynnol ac i wrthwynebwyr cydwybodol yn y cwm. Ymunodd brawd arall, Tommy, hefyd â'r Blaid Lafur Annibynnol. Roedd Tommy ar y pryd yn byw yng nghartref y teulu, Glyncoed ym Mhontardawe, ac er mai Rhyddfrydwr ac un o gefnogwyr mwyaf Lloyd George oedd y tad, byddai sosialwyr, enwog ac anenwog, yn lletya yno.

Wedi iddo adnewyddu ei gyfeillgarwch â Gwenallt, gwahoddodd Albert Davies ef i gyfarfod â'i rieni yn eu cartref, Glyncoed. Brodor o Gaio, rhyw bedair milltir o Lansawel, yn Sir Gaerfyrddin, oedd tad Albert, ac roedd Gwenallt wrth ei fodd yn siarad am yr hen sir gydag ef. Ar ôl y cyfarfyddiad cyntaf hwnnw, roedd Gwenallt yn ymwelydd cyson â Glyncoed. Yn ôl Albert Davies:

> There were many reasons for his visits. He had no relations at all in the Swansea Valley. He was by nature a 'loner' and kept aloof from the normal activities of the village. His interests were confined to his school, homework, the Chapel, his home, and above all his studies of Welsh poetry, and the strict metres of Welsh 'Cynghanedd'. Our family, although my father was a Baptist deacon, were physically involved in almost every phase and movement in the village. Consequently, our house was a busy hive of comings and goings of relations and friends. The atmosphere was totally different from the Puritanical, teetotal, non-smoking Methodism of Gwenallt's family. Many of the old I.L.P.ers frequently gathered in 'Glyncoed' for an evening, Charles Williams, Abraham Jones, Jack Rees 'The Pheasant', Nun Nicholas, Tommy Evans, Johnny Jones, Jack Joseph, Rev. T. E. Nicholas 'Y Glais', and many others. These were the pioneers of the political plebs and I.L.P. movements in the village.[34]

Arferai'r sosialwyr hyn gwrdd yn weddol gyson yn 'yr Ystafell Las' yn Nhafarn y Groesffordd ym Mhontardawe.

Wrth ailalw'r cyfnod i gof, cofiai Gwenallt am yr ysbryd gwrthryfelgar a oedd wedi ei feddiannu ef ac eraill yn y cyfnod, er mai criw cymysg iawn oedd y sosialwyr yr oedd Gwenallt yn cyfeillachu â hwy:

> Yn ddiweddarach [ar ôl cyfnod y streiciau yng Nghwm Tawe, 1910–1914] daeth y dosbarthiadau Marxaidd i Ddeheudir Cymru, a Nun Niclas oedd athro'r dosbarth ym Mhontardawe. Gwelai'r disgyblion o'u blaen ar y bwrdd du ffigurau cyflogau'r gweithwyr yn ymyl ffigurau elw y meistri diwydiannol, a'r gwahaniaeth rhwng pris tunnell o lo yn Neheudir Cymru a'i phris yn y gwledydd tramor. Safai'r gyfundrefn gyfalafol o flaen ein llygaid yn ei noethni creulon. Nid oedd dim amdani ond Chwyldro; rhaid oedd wrth rym arfau i gigyddio'r gormeswyr. Un ohonom yn unig a gadwai, yn barod i'r Chwyldro mawr, lawddryll, ond nid oedd ganddo ddigon o blwc i saethu brân heb sôn am saethu'r Brenin. Brwydr dros Ryddid oedd ein brwydr ni; rhyddid barn, rhyddid llafar, rhyddid y Wasg, rhyddid i genhedloedd caeth, rhyddid i weithwyr a rhyddid cariad. Credem, lanciau yn y cyfnod hwnnw, y dylid cyd-fyw â merch heb ei phriodi, a bwrw'r plant ar drugaredd bronnau'r Wladwriaeth. Pam yr oedd yn rhaid rhoi sêl llywodraeth ac Eglwys ar uniad greddfau naturiol? … Dyna'r cylch gwleidyddol, Sosialwyr gwleidyddol, Sosialwyr diwydiannol, Sindicalwyr, Marxiaid, pasiffistiaid Tolstoiaidd ac anarchwyr, – yr un ymraniadau ag a gafwyd yn yr Almaen, yr Eidal ac Ysbaen. Pe byddai byddin fechan Ffasgaidd wedi ymosod arnom yn y cyfnod hwnnw, byddai wedi ein gorchfygu yn llwyr, oherwydd ein hanundeb.[35]

Er i Albert Davies ddweud mai Llewelyn Bowyer a W. J. Rees oedd y ddau ddylanwad pennaf ar Gwenallt yn ystod cyfnod ei ieuenctid, roedd Albert a'i frawd Griff hefyd wedi dylanwadu arno. Dau ddylanwad mawr arall arno, yn sicr, oedd y ddau Nicholas, T. E. Nicholas, Niclas y Glais, a Nun Nicholas. Roedd Gwenallt yn un o edmygwyr mwyaf Niclas y Glais yn y cyfnod cynnar hwnnw:

> Daeth gweinidog, tua 1904, at yr Annibynwyr yn y Glais, a'r Parch. T. E. Nicholas oedd ei enw. Brodor o Grymych yn Sir Benfro ydoedd. Daethai i'w ddwylo, pan oedd yn ifanc, lyfrau Robert Owen, Samuel Roberts Llanbrynmair ac R. J. Derfel, a hwy, yn enwedig Derfel, a agorodd ei lygaid ar dlodi'r bywyd gwledig yn Sir Benfro, a'i droi yn elyn i bob trais a gormes. Ymdaflodd ar unwaith, wedi cyrraedd

y Glais, i ganol y Mudiad Llafur yn y Cwm, a daeth yn fuan yn un o gapteiniaid y garfan eithafol. Ef oedd un o "hoelion wyth" y Gwyliau Llafur ar y cyntaf o Fai. Pregethai Gomiwnyddiaeth yn y pulpud, ar lwyfannau neuadd ac ar gorneli'r stryd a'r meysydd. Ef oedd y siaradwr llithricaf ohonynt i gyd; yr oedd yn rhy lithrig. Nid oedd ball ar air; nid arhosai; nid ymbwyllai, ond ysgubai ni oddi ar ein traed â llif ei ymadroddion. Ei gamp ef oedd dangos yn effeithiol y gwahaniaeth rhwng tlodi'r werin a chyfoeth y cyfalafwyr, â'i gymariaethau clyfar, cyflym a chartrefol. Cymysgai hiwmor a gwawd. Gwisgai farf winau, bigfain; tei liwiog, bwfflaes a dillad amhulpudaidd, ac edrychai yn debycach i un o artistiaid tlawd y Rhanbarth Lladin ym Mharis nag i weinidog gyda'r Annibynwyr. Daeth Niclas y Glais yn arwr i ni.[36]

'Niclas y Glais oedd yr unig un a siaradai, bob amser, yn Gymraeg,' meddai Gwenallt, gan nodi, yn feirniadol braidd, mai 'Saesneg oedd iaith Sosialaeth, a Seisnigaidd oedd ei hysbryd'.[37]

Brodor o Glydach oedd Nun Nicholas, darlithydd mewn economeg yn Wigan am gyfnod a Marcsydd o argyhoeddiad. Rhoddodd y gorau i'w swydd yn Wigan ym 1916, pan gafodd swydd fel atalbwyswr yn un o lofeydd Cwm Tawe. Darlithiai'n gyson a chynhaliai ddosbarthiadau nos yn rheolaidd yn y cwm am flynyddoedd, er enghraifft, ei gyfres o ddarlithoedd ar *Das Kapital*:

Mr. Nun Nicholas commenced a series of 16 lectures at the I.L.P. Institute on Sunday evening when there was a gathering of 40 pupils. He gave an illuminating exposition of primitive Communism, the Patriarchal Family and Barter, describing their functions and relations with the modern state of Society. The lecturer proposes to cover the greater portion of "Das Kapital." He will deal more particularly with the three outstanding theories of Karl Marx, Surplus Value, Nationalistic Conception of History, and the Class War.[38]

Roedd Nun Nicholas yn wrthwynebydd cydwybodol ffyrnig. Treuliodd y rhan fwyaf o ddwy flynedd olaf y rhyfel yn y carchar. Wedi iddo ymddangos gerbron nifer o dribiwnlysoedd lleol, fe'i harestiwyd yn Nhrebannws un gyda'r hwyr ym mis Medi 1916. Treuliodd noson gyfan yn y gell yn Swyddfa'r Heddlu ym Mhontardawe, yn unol â'r drefn. Aeth dau o wrthwynebwyr cydwybodol amlycaf Cwm Tawe, Abraham Jones a Griff Davies, brawd Albert, i Swyddfa'r Heddlu â bwyd a dillad iddo. Drannoeth aethpwyd ag ef

ar y trên o Bontardawe i Abertawe, i ymddangos gerbron Llys Ynadon Sirol
Abertawe:

> At a special meeting of the Swansea County Police Court on Tuesday, Nun
> Nicholas, the well-known social lecturer, Clydach, was charged with being an
> absentee under the Military Service Act.
>
> Captain Pearson said defendant was called up on August 26, but had failed to
> report himself. Defendant had appealed, but it was dismissed.
>
> Defendant (to Captain Pearson): Did I receive a notice before asking me to give
> reasons why I did not answer the call on July 6th?
>
> Captain Pearson said he could not say anything of that. Defendant had made
> an appeal at Pontardawe, but it w[a]s disallowed. A letter was received from
> defendant, but it only referred to an appeal which had been dealt with and
> dismissed. Defendant had appealed in every available court, and was dismissed at
> each.
>
> Defendant in a long statement to the Bench said that during the time he
> was awaiting a chance to place his appeal before the higher tribunal he saw an
> advertisement for a check-weigher at a colliery. He applied, and was appointed
> to the situation. His employer appealed for him but he alleged the case was not
> rightfully dealt with, as someone had stated that he was addressing anti-recruiting
> meetings in the district. That statement he wished now to deny.
>
> The magistrates fined defendant 50s. and handed him over to the military
> authorities.[39]

Roedd rhagfarn yn erbyn Nun Nicholas gan yr awdurdodau. Roedd ei
gyflogwyr ym mhwll glo Glyn-coch wedi gofyn am esgusodiad ar ei ran
mewn tribiwnlys glofaol, gan ddadlau fod ei waith fel atalbwyswr yn hanfodol
i'r ymdrech ryfel, ond gwrthodwyd y cais am esgusodiad:

> A case which bears great importance to miners is that of Mr Nun Nicholas, who
> is a checkweigher at Glyncoch Colliery, Graigcefnparc. The workmen claimed
> exemption for him and his case was before the Colliery Tribunal at Swansea
> last Wednesday ... The workmen's representative was Mr Howell J. Morgan,
> Trebanos, who put Mr Nicholas' case in a very able manner. He was subjected
> to a very unfair and prejudiced cross examination by Col. Pearson, and it was
> obvious from the outset that Nun's prominent part in the local Labour and Peace
> Movement was the reason for such a biassed hearing from the military authorities
> ...[40]

Gŵr peryglus oedd Nun Nicholas yng ngolwg yr awdurdodau, oherwydd ei fod yn annerch cynulleidfaoedd mewn cyfarfodydd heddwch yn gyson, gan fynegi ei wrthwynebiad i orfodaeth filwrol. Y peth doethaf i'w wneud â chynhyrfwr o'r fath oedd ei roi yn y carchar, ymhell o olwg y cyhoedd. Aethpwyd â Nun Nicholas o Abertawe i'r gwersyll hyfforddiant milwrol ym Mharc Kinmel yn ymyl Abergele i ymddangos gerbron yr awdurdodau milwrol. Yno, fe'i cafwyd yn euog a'i ddedfrydu i dreulio blwyddyn yng ngharchar Wormwood Scrubs yn Llundain gyda llafur caled. Roedd pum gwrthwynebydd cydwybodol arall wedi eu dedfrydu i flwyddyn o garchar ar yr un diwrnod ag y dedfrydwyd Nun Nicholas. Un o'r pump oedd E. H. Wilson, y cyhoeddwyd llythyr o'i eiddo yn *The Pioneer* ynglŷn â'r achos:

> The proceedings were carried on as usual, and nothing disturbed the routine. Yesterday (Wednesday) sentence was announced, each of us having a sort of resume of the charge and evidence brought against us read over by the officer charged with that duty. We were all found "Guilty," and in each case sentenced to one year's imprisonment, with hard labour. This will, almost certainly, be commuted to the usual 112 days. This commutation will not be made known to us, but in due course it will be announced. This system is not generally known; therefore, friends are often alarmed at the lengthy terms of imprisonment passed upon C.O.'s at Kinmel Park. Through the delay – prisoners not knowing of the reductions in sentences – friends are not properly made aware of the fact, but it is practically certain that our sentences will be commuted, as has been done in almost all cases. Tomorrow morning (Friday) we have been informed that we are being taken to Wormwood Scrubbs [*sic*], so this preliminary period of comparatively mild detention will soon be finished.[41]

O ganlyniad i'r ddedfryd ar Nun Nicholas, aeth ei gyd-weithwyr yng nglofa Glyn-coch ar streic i ddangos eu cefnogaeth iddo.

Ni chwblhaodd Nun Nicholas y flwyddyn o garchar gyda llafur caled a bennwyd ar ei gyfer. Fe'i rhyddhawyd, a'i arestio wedyn yn gynnar ym 1917:

> Mr. Nun Nicholas has been arrested for the second time. Mr. Nicholas had been granted (it is stated) four days' leave by the authorities at Wakefield Work Centre, but he extended the leave to one of about six weeks' duration. Some time ago he

received a communication from the Home Office commanding him to return to
Wakefield the following day, otherwise he would be arrested. Nun ignored the
warning, and ten days later he was arrested and taken to Cardiff Prison, where
he now is. Whilst at home he was not inactive in the Labour Movement. He
delivered two brilliant lectures before the Swansea Industrial History Class …
He also spoke at the inaugural meeting of the Clydach Trades Council. Also he
delivered the opening lecture for the Clydach Industrial History Class. At Glais he
gave a most humorous account of his experiences at Kinmel Park and Wormwood
Scrubbs [sic].[42]

Ymddangosodd gerbron tribiwnlys arall yn Amwythig ym mis Medi 1917 a'i
ddedfrydu i ddwy flynedd o garchar, ac aeth i Garchar Dinesig Amwythig,
dan gynllun 'carchar agored' y Swyddfa Gartref. Yng ngharchar Amwythig y
daeth gwrthwynebydd arall o Gymro, Ithel Davies, ar ei draws.

Aelod arall o'r cylch hwn o wrthwynebwyr cydwybodol yng Nghwm
Tawe oedd Tommy Evans, glöwr o Ynysmeudwy, Ysgrifennydd Cwm Tawe
o'r Gymdeithas Wrth-orfodaeth a chyfaill i Gwenallt. Pan oedd y Ddeddf
Gwasanaeth Milwrol ar fin dod i rym, ymddangosodd llythyr chwyrn ganddo
yn Llais Llafur ym mis Ionawr 1916, mewn ymateb i sylwadau golygyddol y
papur wythnos ynghynt. Roedd y papur yn cefnogi'r Ddeddf Gwasanaeth
Milwrol, ond deddf anfoesol oedd hi ym marn Tommy Evans:

I do not oppose conscription on the ground of expediency, but rather on the fact
that it violates the rights of conscience. Above all things I cherish the right to do as
one's conscience dictates; the sacred privilege of individual liberty, and for this ideal
I am prepared to sacrifice all other personal liberties. I deny the right of any person
or Government to say to me, "You shall bear arms," and shall refuse to obey all
such commands to kill, whatever the penalties may be for refusing.

I cannot understand your frame of mind when you call young men slackers
because they refuse to take a brother's life. Do you regard men as slackers who
daily descend a coal mine, as I do, and face so many perils in the course of the day's
work, which in itself, is often sufficient to daunt the spirit of the best?[43]

Ymddangosodd Tommy Evans gerbron Llys yr Ynadon ym Mhontardawe
ym mis Tachwedd 1916 ar y cyhuddiad o fod â dogfennau a phamffledi
sosialaidd a gwrth-orfodaeth yn ei feddiant, deunydd a allai fod yn andwyol
i'r ymdrech ryfel. Yn ôl yr hyn a ddywedwyd yn yr achos:

Mr. Thompson, who opened the case for the prosecution with an able address, said that on the 13th of August last, Police inspector David, Pontardawe, acting upon instructions received from the War Office, visited the house of the defendant at Ynismeudw. The latter was the secretary of the local district branch of the "No Conscription Fellowship." Upon making a search of the house, the Inspector found a very large assortment of pamphlets and leaflets, of which he took possession. On the authority of the military the documents were forwarded to the War Office for inspection, with the result that the chief constable, Capt. Lindsay, issued instructions to prosecute in respect of seven or eight of the papers.[44]

Daliodd Tommy Evans ei dir yn gadarn trwy gydol yr achos. Pan gyhuddwyd ef o berthyn i fudiad yr N.C.F., a oedd yn erbyn lladd Almaenwyr yn ôl yr erlyniaeth, 'It is against killing human beings' oedd ei ateb.[45] Roedd y Testament Newydd yn ei gwpwrdd, meddai, yn cynnwys mwy o ddatganiadau yn erbyn erledigaeth a rhyfel na'r un o'r llyfrau a'r pamffledi a gymerwyd ymaith o'i gartref. Ar ôl i'r fainc gael ychydig amser i ystyried yr achos, penderfynwyd gosod dirwy o £30 ar Tommy Evans. Pan ofynnodd y diffynnydd i'r fainc a oedd yna ddewis arall, atebwyd y gallai un ai dalu'r ddirwy neu gael tri mis o garchar. Dewisodd y tri mis o garchar.

Ymosododd y cwnsler ar ran yr erlyniaeth, Henry Thompson, yn llym ar syniadau Tommy Evans:

Supposing the soldiers in the trenches – some of whom were urged by very high Christian motives – were to read about what was written on these leaflets that war was wrong, &c.? Supposing they learnt that what they were doing was evil and un-Christian? What effect would it have on their minds? Would they continue to fight with the same courage, the same spirit, and the same enthusiasm? In the hour of the country's peril they had been obliged to suspend many of the liberties that they possessed, and persons like the defendant – who were the source of such great danger to the country, who endeavoured to obstruct the Government in its work – should not be tolerated in the community.[46]

Ac meddai Tommy Evans yn ei hunanamddiffyniad:

Though yet very young, I may say that my present attitude is quite consistent with my attitude and views previous to the outbreak of war. I held strong views against war and against militarism before the war. I have not on any occasion shirked adherence to those views. I have, nevertheless, paid all respect to all those who differ in their views to myself. I challenge anyone to prove – and the prosecution has failed to prove – that I have on a single occasion tried to persuade a person to do a thing which he does not believe in. As a believer in freedom of conscience – both for pacifists and for those who hold opposite opinions – I have not endeavoured to induce anyone to commit an act which is contrary to his convictions, or to prevent anyone from doing what he believes to be the right thing.[47]

Dylanwadu'n wleidyddol ar y Gwenallt ifanc a wnaeth Llewelyn Bowyer a W. J. Rees, Albert Davies a'i frawd, Tommy Evans, y ddau Nicholas ac eraill, er bod y ddau weinidog hefyd wedi plannu ynddo'r syniad fod heddychiaeth yn egwyddor Gristnogol. Ar Chwefror 10, 1915, penodwyd Kate Roberts, a oedd i ddod yn un o brif lenorion ei chenedl, yn athrawes Gymraeg yn Ysgol y Sir, Ystalyfera. Dylanwad llenyddol, rhagor dylanwad crefyddol, a gafodd Kate Roberts arno. Gwenallt, meddai, ymhen blynyddoedd, oedd un o'i disgyblion disgleiriaf. Roedd y disgybl hwn yn holi ei athrawes yn gyson, gymaint oedd ei ddiddordeb yn y Gymraeg, ac roedd 'yn gwybod y cynganeddion a rheolau barddoniaeth y pryd hwnnw'.[48] Ac yng nghwmni'r gynghanedd y portreadwyd ei gyn-athrawes ganddo yn ei nofel hunangofiannol, *Plasau'r Brenin*. Cofio amdani yn adrodd gwaith Goronwy Owen yr oedd:

Cofiai [Myrddin Tomos] am athrawes mewn Ysgol Sir, ei llygaid duon, trist; ei llais Gogleddig, wylofus. Clywai hi yn adrodd darnau o Gywydd y Farn Fawr, ac yn enwedig y darn hwn:

Wrth ei fant, groywber gantawr,
Gesyd ei gorn, mingorn mawr;
Corn anfeidrol ei ddolef,
Corn ffraeth o saernïaeth nef.[49]

Dywedodd Kate Roberts am Gwenallt ei fod yn 'sefyll allan yn ôl 'i allu, ac yn sefyll allan hefyd yn ôl ei gymeriad'.[50] Roedd ganddo, meddai, 'ei farn ei hun ar bethau yr amser hynny, ac fe'r oedd o'n eistedd ym mhen blaen y dosbarth bob amser yn l[l]ygaid i gyd ac yn glust'.[51] Tystiodd Gwenallt ei hun, fwy nag unwaith, mai dylanwad Kate Roberts arno a barodd iddo fagu diddordeb mewn llenyddiaeth Gymraeg; ac yn ôl Kate Roberts, hudodd Gwenallt at lenyddiaeth Gymraeg trwy sôn am feirdd – 'Goronwy Owen, a phobl fel 'na, a'u darllen nhw o flaen y dosbarth'.[52] Ac fe arhosodd diddordeb Gwenallt yng ngwaith Goronwy Owen drwy gydol ei fywyd.

Papur sosialaidd dof oedd *Llais Llafur*, ac roedd yn barod iawn i ymosod ar y Blaid Lafur Annibynnol oherwydd amharodrwydd ei haelodau i gefnogi'r rhyfel. Ymddangosodd llith ymosodol yn rhifyn Ebrill 15, 1916, o'r papur, ychydig wythnosau ar ôl i'r Ddeddf Gwasanaeth Milwrol ddod i rym. Gwenwyno meddyliau pobl yn erbyn y gwrthwynebwyr cydwybodol a wnâi llithiau o'r fath:

> To us, and to all other right-thinking people, the fortune of any one of the brave lads in the trenches or on the high seas is of more concern than the self-sought woes of all the members of the Won't Fight Gang combined. But that the I.L.P., the largest and hitherto the most influential Socialist party in this country, should find itself entangled in anarchy, and yoked to individualists who place their own hallucinations above the well-being of the nation is deplorable. It is not merely deplorable. It is tragic. The I.L.P. is stultifying itself.[53]

Ymosododd y papur yn llym ar wrthwynebwyr cydwybodol ym mis Mawrth 1916, gan greu rhagfarn a gelyniaeth chwyrn tuag at y rhai a wrthodai ryfela:

> It is observable that the tribunals all over the country are determined not to deal too leniently with the conscientious objectors, and we think the sense and sanity of the nation is with them. From a mere motive of military efficiency it is well not to have in the trenches men afflicted with what is known in the language of the prize-ring as the "yellow streak," but these men ought not to be allowed to escape non-combatant services. If they refuse after taking their cases to the appeal tribunals, the Government will know how to deal with them. Some hanker after martyrdom, and imagine that if they are sentenced to imprisonment they will arouse sympathy for their cause. Never was a vainer delusion. If they suffered because of their objection to conscribed military service in time of peace, we do not doubt that there would be enough sympathisers to raise a respectable outcry. But this is war time, and the public will contrast their lot of enforced leisure and regular meals in a warm and dry prison or internment camp, with that of our soldiers on the bleak and bloodly [*sic*] plains of Flanders. It is unnecessary to indicate where public sympathy will incline. For our part we shall be more concerned about the hardships of one of the lads of the Brecknocks than for the self-sought martyrdom of all the

misguided, swollen-headed youths in the No Conscription Fellowship, and the overwhelming majority of the public of the Swansea Valley are with us.[54]

Roedd yn anodd iawn i'r rhai a wrthwynebai'r rhyfel ar dir cydwybod gael gwrandawiad teg a diduedd yn y tribiwnlysoedd. Roedd y papur hefyd yn corddi casineb y bobl leol yn eu herbyn, ac yn eu troi'n alltudion esgymun a gwrthodedig yn eu cynefin hwy eu hunain. Roedd Albert Davies yn dyst i'r elyniaeth leol a fodolai ar y pryd tuag at y rhai a wrthodai wasanaethu yn y Lluoedd Arfog:

As the war went on in its ferocity, there came the dark shadow of conscription across the valley, and a ferocious confrontation grew, with bitterness towards the small, pacifist, anti-war group in the village.

One morning when my brother and I arrived at Bridge House, we found the outside gas lamps over the shop window smashed to pieces on the ground. We identified the persons responsible for this vandalism from our friends and relatives in the village. Tongues wagged in the pubs.

The police were not interested in this sort of destructive patriotism, their interest and endeavours were concentrated on the distribution of anti-war literature. They raided the houses of those people with the authority of the Defence of the Realm Act, known to us all as 'Dora'.[55]

A dyna'r awyrgylch gwleidyddol yng Nghwm Tawe y treuliodd Gwenallt ddyddiau ei lencyndod ynddo. Albert Davies oedd un o gyfeillion pennaf Gwenallt yng nghyfnod y rhyfel, ac roedd Albert a'i frodyr ymhlith y penboethiaid mwyaf yn y cwm o safbwynt eu gwrthwynebiad i'r rhyfel. Sut y byddai Gwenallt yn ymateb i orchymyn yr awdurdodau iddo gyrchu swyddfa ymrestru ar ôl iddo gael ei ben-blwydd yn ddeunaw oed, ar Fai 18, 1917? A pha bryd yn union y derbyniodd y gorchymyn hwnnw yn swyddogol, gan gofio mai yn araf ryfeddol y trôi olwynion biwrocratiaeth ar y pryd?

Y mae un peth yn sicr. Treuliodd Gwenallt ran o wanwyn 1917 yn Sir Gaerfyrddin. Aeth yno gydag Albert Davies, a buont yn aros gyda pherthnasau i'r ddau ohonynt. Cofiai Albert am y dyddiau tangnefeddus hynny, hoe cyn yr helynt, ysbaid cyn y gosb:

We set off across the Black Mountain, our destination Golden Grove where his
uncle Josi and his family lived. Josi was the head woodman on the estate of Lord
Cawdor of Cawdor Castle in Golden Grove. In the evening we sat beside the log
fire in the woodman's cottage and talked of poachers and poets, of our families,
cousins, uncles and aunts, of squires and lords, of preachers and parsons. Josi was no
mean poet and while he and Gwenallt discussed the intricacies of poetry, I talked
to the girls about colliers and tinplate men. In the morning Josi took us around the
beautiful castle estate, the spring flowers, the deer, the rabbits, proud peacocks and
lawns spreading down to the edge of the River Towy.[56]

Ar ôl treulio rhai dyddiau yn y Gelli Aur, aeth y ddau ymlaen i Lwynberllan
i aros gyda modryb i Albert. Yno, treuliodd y ddau eu dyddiau yn crwydro'r
lonydd gwledig yn hamddenol braf ac yn mynychu rhai o dafarnau'r fro.
Torrwyd ar draws dedwyddwch y ddau pan dderbyniodd Albert frysneges yn
gofyn iddo ddychwelyd i Bontardawe ar unwaith. Pan gyrhaeddodd Lyncoed
dywedwyd wrtho fod ei frawd Griff wedi cael ei arestio gan yr heddlu, a'i
drosglwyddo i ddwylo'r awdurdodau militaraidd. Roedd Llys yr Ynadon ym
Mhontardawe wedi gwrthod ei gais am esgusodiad ychydig fisoedd ynghynt.
Yn ôl rhifyn Ionawr 6, 1917, o *Llais Llafur*:

Griff H. Davies, tailor and draper, Pontardawe, was charged with failing to report
himself for service with the colours in accordance with the Military Service
Act. Capt. Harold D. Williams, Swansea, conducted the case for the Military
Authorities.

Evidence was given of arrest by P.C. W. J. Jones, and evidence was also given
to the effect that mobilization papers had been sent to defendant.

Defendant said that he had been medically examined and placed in category
C3; he had made application to the Appeal Tribunal to lodge a fresh appeal.

In reply to defendant, Capt. Williams said that Class C3 men were being
called up for special service. Defendant had lodged an appeal on business and
conscientious grounds, the latter being dismissed, and six months allowed in respect
of the appeal on business grounds. Defendant had refused to comply with the
condition that he should join the V.T.C., that had been laid down by the tribunal.
Capt. Williams further said that he considered that the man had been fairly treated,
and did not seem to have much of a conscience, as he had submitted himself to a
Military Medical Board for examination at Cardiff.

Defendant then addressed the bench, calling attention to L.G.B. circulars
referring to the treatment of conscientious objectors. He maintained that he had a

genuine conscience, otherwise he could have evaded military service by joining the
V.T.C. as many others had done.[57]

Cymerwyd Griff Davies o Bridge House ryw dri mis yn ddiweddarach, a
bu'n rhaid i Albert a'i chwaer ofalu am ei wraig a'i ddau blentyn. Ceir nodyn
yn rhifyn Ebrill 7, 1917, o *Llais Llafur:*

> Intimation has been received at Pontardawe that Mr Griff. H. Davies, formerly
> tailor and draper of Bridge House, Pontardawe, has been sent to Dartmoor. Mr
> Davies is a conscientiou[s] objector, and was recently handed over to the military
> authorities by the Pontardawe magistrates. He is now at Dartmoor for refusing to
> obey military orders.[58]

Rhaid felly mai yn y gwanwyn cynnar – o ddiwedd mis Mawrth
hyd at ddechrau mis Ebrill, o bosibl – yr aeth Gwenallt ac Albert i Sir
Gaerfyrddin.

Yn ôl Albert, wedi i'r ddau ddychwelyd o Sir Gaerfyrddin y
penderfynodd Gwenallt wneud cais ffurfiol i gael ei ryddhau rhag gorfod
ymuno â'r Lluoedd Arfog, ar ôl trafod y mater gyda'i dad. Gwrthodwyd y
cais gan y tribiwnlys. Ac meddai Albert:

> Gwenallt at this early age was the quiet, non-controversial, non-involvement
> type of person, not subject to brawling when it came to politics. His method of
> dealing with such people was the same as his chapel minister and schoolmaster
> – he maintained a dignified silence. He kept his innermost thoughts to himself and
> it was only when at home or with his few nearest friends that he would converse
> freely and air his thoughts. He believed passionately that it was better to love than
> hate, peace was better than war, humility was better than arrogance and creation
> was better than destruction. This was the early period of searching for Truth, the
> delicate moulding of his personality and his soul.[59]

Mae hanes Gwenallt yn ystod y ddwy flynedd rhwng Mai 1917 a Mai 1919
yn gymhleth ac yn annelwig. Bu llawer o geisio dyfalu beth a ddigwyddodd
iddo yn ystod y ddwy flynedd hyn. Y ddamcaniaeth fwyaf poblogaidd yw'r
un sy'n derbyn iddo dreulio'r ddwy flynedd ar eu hyd yn garcharor, ac ar
Gwenallt ei hun, i raddau, yr oedd y bai am hyrwyddo'r ddamcaniaeth hon.

Derbyn a dilyn yr hyn a ddywedir yn ei nofel hunangofiannol, *Plasau'r Brenin*, yn rhy lythrennol-glòs a achosodd y dryswch.

Ymddangosai gwrthwynebwyr cydwybodol o flaen tribiwnlys lleol i ddechrau. Pe bai'r llys hwnnw yn barnu yn erbyn caniatáu rhyddhad rhag cyflawni gwasanaeth milwrol i'r gwrthwynebydd cydwybodol, fe'i trosglwyddid i ddwylo'r awdurdodau milwrol, ar ôl codi dirwy arno, i sefyll ei brawf mewn llys milwrol. Cynhelid y llysoedd milwrol hyn mewn gwersylloedd hyfforddi milwyr yn aml. Byddai'n rhaid i'r gwrthwynebydd cydwybodol sefyll ei brawf fel gwrthgiliwr o'r fyddin. Gwrthwynebu neu beidio, fe'i cyfrifid yn aelod o'r fyddin, ac fe roddid iddo fataliwn a rhif. Roedd yn filwr mewn enw os nad mewn ewyllys. Pe bai'r llys milwrol yn ei gael yn euog, câi ei anfon i'r carchar. Trosglwyddid carcharorion cydwybod o garchar i garchar ac o le i le. Gallai fod yn anodd iawn i ddilyn eu symudiadau. Y gosb arferol oedd blwyddyn o garchar gyda 112 o ddyddiau o lafur caled. Yn ogystal â throsglwyddo'r carcharorion o le i le, yn aml iawn caent eu rhyddhau, weithiau cyn i gyfnod eu carchariad redeg i'r pen, am ymddygiad da. Fe'u gollyngid yn ôl i'r gymdeithas, ond roedd gan yr awdurdodau hawl i'w harestio a'u gorfodi i ymddangos gerbron tribiwnlys o hyd, ac fe wneid hynny, gan obeithio y byddai cyfnod yn y carchar wedi gwanhau eu hewyllys. Os nad oedd eu cyfnod yn y carchar wedi eu meddalu a'u dofi, fe'u gyrrid yn ôl i'r carchar, wedi iddynt orfod ymddangos gerbron tribiwnlys arall, tribiwnlys canolog yn aml, ond nid bob tro. Fe geid hefyd dribiwnlys apêl, lle câi'r cyhuddedig apelio yn erbyn y ddedfryd a osodid arno. Dull 'y gath a'r llygoden' o erlid 'troseddwyr' oedd y dull hwn o ryddhau a charcharu drachefn, a dull a ddefnyddid yn gyson ac yn dra effeithiol ar brydiau yn erbyn Merched y Bleidlais.

Ar Fai 18, 1917, roedd Gwenallt wedi troi'n ddeunaw oed, ac felly wedi cyrraedd yr oedran ymrestru swyddogol. Y mae *Plasau'r Brenin* yn agor gyda Sarsiant Evans yn danfon Myrddin Tomos, prif gymeriad y nofel, i ddwylo'r awdurdodau milwrol, i sefyll ei brawf fel gwrthgiliwr. Y mae hyn yn golygu, fel ôl-stori, fod Myrddin Tomos eisoes wedi ymddangos o flaen y tribiwnlys lleol, a bod y tribiwnlys hwnnw wedi gwrthod ei ryddhau rhag cyflawni gwasanaeth milwrol. Ar ôl iddo gyrraedd y gwersyll milwrol, teflir Myrddin Tomos i'r carchar. 'Trannoeth cafodd pob carcharor ffurflen hir, las yn ei hysbysu y cynhelid y *District Court Martial* ymhen tridiau, am ddeg o'r gloch y bore, Mai 20fed, 1917'.[60] Cynhelir y llys milwrol yn y nofel ar Fai 20, ddeuddydd ar ôl pen-blwydd Gwenallt yn ddeunaw oed. Roedd Myrddin Tomos eisoes wedi treulio o leiaf dridiau yng ngharchar y gwersyll milwrol, felly, pe bai *Plasau'r Brenin* yn ffeithiol gywir, byddai Gwenallt wedi ymddangos gerbron y tribiwnlys lleol ac wedi cael ei drosglwyddo i garchar milwrol cyn iddo gael ei ben-blwydd yn ddeunaw, ac fe fyddai wedi cymryd wythnosau, os nad misoedd, i'w wysio o flaen tribiwnlys a llys milwrol. 'Meddyliwch am gael dwy flynedd o garchar, ac ar ôl hynny, dod yn ôl i'r gwersyll a chael dwy flynedd arall, a dod yn ôl yma wedyn, ac yn y blaen, *ad infinitum*,' meddai Myrddin Tomos yn *Plasau'r Brenin*;[61] fe'i dedfrydir i ddwy flynedd o garchar gyda llafur caled gan y llys, a dyna sail y ddamcaniaeth fod Gwenallt wedi treulio dwy flynedd yn y carchar o fis Mai 1917 ymlaen. 'Dyma fy nghartre am ddwy flynedd,' meddai Myrddin Tomos, ymhellach ymlaen yn y nofel,[62] ac ar ddydd ei ryddhau o'r carchar, mae'n sylwi ar y dyddiad ar almanac desg ceidwad y carchar: 'yr ugeinfed o fis Mai, yn y flwyddyn 1919'.[63] 'Bûm am ddwy flynedd mewn carchar a phymtheng mlynedd mewn llety,' meddai Gwenallt mewn llythyr at Idwal Jones ym mis Tachwedd 1935, ond nid fel yna y digwyddodd pethau, fel y gwyddai Gwenallt yn well na neb.[64]

Ar ôl iddo ef ac Albert ddychwelyd o Sir Gaerfyrddin y penderfynodd Gwenallt ei gofrestru ei hun fel gwrthwynebydd cydwybodol. Roedd Albert wedi rhagflaenu Gwenallt yn hyn o beth, ac wedi cael ei arestio a'i ddwyn i Swyddfa'r Heddlu ym Mhontardawe. Aeth Gwenallt yno i'w weld. 'It will be alright, I will be with you soon,' meddai Gwenallt wrtho; '[w]e did not see each other again for some considerable time, for he too was incarcerated in two of "The King's Palaces" – Wormwood Scrubs and Dartmoor,' meddai Albert Davies.[65]

I garchar Wormwood Scrubs yn Llundain yr anfonwyd Albert Davies. Dyna oedd y drefn. Yr oedd yno yn ystod ail hanner 1917, yn sicr. Llwyddodd ei frawd Tommy i gael caniatâd i fynd i'w weld yno, rywbryd cyn diwedd y flwyddyn. 'Some time after my brother's visit, it was a week or so before Christmas 1917, the first Christmas that I had been away from home, that I received from the Governor's Office the following letter,' meddai Albert, gan ddyfynnu yn ei grynswth lythyr gan y Tribiwnlys Canolog yn Westminster,

Llundain, yn ei hysbysu y byddai ei achos yn dod gerbron y tribiwnlys yn y dyfodol agos, i bwyso a mesur dilysrwydd ei safiad fel gwrthwynebydd cydwybodol.[66]

Ond beth am Gwenallt? I Wormwood Scrubs yr anfonwyd yntau hefyd, eto yn ôl y drefn arferol, ond pa bryd yn union y bu hynny? Roedd Gwenallt yn ddeunaw oed ar Fai 18, 1917. Nid yw hynny'n golygu y byddai wedi gorfod ymddangos o flaen tribiwnlys yn syth ar ôl ei ben-blwydd. Roedd y broses o wysio gwrthwynebwyr cydwybodol gerbron tribiwnlysoedd yn broses gymhleth a gymerai fisoedd weithiau i'w gweithredu. Byddai'n rhaid i'r gwrthwynebydd cydwybodol lenwi ffurflenni yn datgan ei amharodrwydd i gyflawni gwasanaeth milwrol, ac fe gymerai gryn dipyn o amser i'r awdurdodau dafoli'r holl geisiadau unigol, cyn gwrando ar bob achos mewn tribiwnlys. Er mai ym mis Mai yr oedd Gwenallt yn troi'n ddeunaw, roedd yn dal i fod â'i draed yn rhydd ym mis Awst 1917. Ar Awst 20 anfonodd lythyr at Kate Roberts, ac o Bontardawe yr anfonwyd y llythyr hwnnw, nid o unrhyw garchar. Collodd Kate Roberts ei brawd, David neu Dei, wedi i ffrwydrad bom ei glwyfo'n ddrwg pan oedd yn gwasanaethu gyda'r fyddin yn Salonica. Bu'n rhaid torri ei goes ymaith, ond ni lwyddwyd i achub ei fywyd, a bu farw yn Ysbyty Milwrol Imtarfa yn Malta ar Orffennaf 27, 1917. Roedd Kate Roberts a Dei yn agos iawn at ei gilydd, ac ni lwyddodd y chwaer famol i ddygymod â'r golled fyth. Y mae Gwenallt yn ail-greu'r cyfnod hwnnw pan oedd Kate Roberts newydd golli ei brawd ac yn galaru ar ei ôl yn *Ffwrneisiau*, gan gyfeirio eto ati yn darllen 'Cywydd y Farn Fawr' Goronwy Owen:

> Fe ddarllenai'r cywydd â'i hacen Ogleddol; a dyma'r tro cyntaf i'r disgyblion glywed Gogleddreg yn siarad er eu bod wedi clywed Gogleddwyr. Gwraig ifanc fwyn oedd yr athrawes, ond edrychai yn drist ddigalon ac weithiau fe ddôi i'r ystafell â'i llygaid yn goch, ac fe gredai pawb yn y dosbarth ei bod wedi colli brawd yn y Rhyfel.[67]

Llythyr yn cydymdeimlo â'i athrawes ar farwolaeth ei brawd oedd y llythyr hwnnw a anfonodd Gwenallt at Kate Roberts ar Awst 20, a chynhwysai benillion yr oedd Thomas Ehedydd wedi eu llunio er cof am Dei. 'Er i'r dwymyn di-dderbyn-wyneb [*sic*] larpio ei gorff, eto melys meddwl na allodd hi anafu yr enaid gwyn a befriai yn ei lygaid siriol,' meddai wrthi.[68] Roedd

Kate Roberts ar fin gadael Ysgol Sir Ystalyfera ar y pryd, a diolchodd Gwenallt iddi am ei sbarduno a'i ysbrydoli:

> Treuliasom lawer orig felys yn swyn barddoniaeth, a chawsom lawer awr euraid yng nghwmni'r gynghanedd b[ê]r. Prudd meddwl na chawn yr un munud eto. Erys eich cynghorion ynglŷn [â']r iaith Gymraeg byth ar fy nghôf, ac er anghywired fy Nghymraeg, eto y priodolaf ei hychydig ragoriaethau hi ichwi yn fwy na neb arall.[69]

Nid Kate Roberts oedd yr unig un a oedd ar fin ymadael â Chwm Tawe. Wyth niwrnod ar ôl iddo ysgrifennu ei lythyr at ei gyn-athrawes, roedd Gwenallt yn ymddangos gerbron y tribiwnlys a fyddai yn selio'i dynged ac yn ei yrru o'r cwm. Wedi iddo fodloni'r arholwyr yn ddigonol i ennill ei Dystysgrif Iau ym 1915 a'i Dystysgrif Hŷn ym 1916, bwriadai Gwenallt ddilyn y cwrs dwy flynedd i ennill ei Dystysgrif Uwch, a mynd ymlaen wedyn i'r brifysgol, ond dywedodd Henry Rees wrtho na allai ddilyn y cwrs dwy flynedd ar gyfer ei Dystysgrif Uwch, gan y byddai yn cael ei alw i'r fyddin ar ôl ei ben-blwydd yn ddeunaw ym mis Mai 1917, a byddai'n amhosibl iddo, o'r herwydd, gwblhau'r cwrs. Er mwyn parhau â'i addysg, ym 1917 roedd Gwenallt yn gweithio fel athro cynorthwyol neu athro didrwydded yn Ysgol Gynradd y Bechgyn ym Mhontardawe. Prifathro'r ysgol oedd Percy Roberts, tad un o gyfoedion Gwenallt. Cyfeirir at y cyfnod hwn yn gryno yn *Ffwrneisiau*, ond gan newid y dyddiadau:

> Pan gafodd ei Fatric yn 1915 yr oedd Taliesin Niclas yn un-ar-bymtheg a hanner, ac nid oedd dwy flynedd o'i flaen i ddilyn cwrs yr *Higher* am y gelwid ef i'r Fyddin yn Ionor 1917. Yr hyn a wnaeth oedd mynd yn fyfyriwr-ddisgybl-dysgu am dri diwrnod yn yr wythnos yn Ysgol y Cyngor a mynd am ddau ddiwrnod i'r Ysgol Ganol i ddilyn y cwrs.[70]

Gwysiwyd Gwenallt gerbron Tribiwnlys Pontardawe a'r Cylch ar Awst 28, 1917. Gwenallt oedd y 'Pontardawe assistant teacher' a oedd ymhlith yr achosion – 14 ohonynt – y gwrthodwyd rhoi esgusodiad iddynt.[71] Wedi i'r tribiwnlys ym Mhontardawe wrthod ei ryddhau rhag gorfod cyflawni gwasanaeth milwrol, aethpwyd â Gwenallt i Abertawe, a threuliodd un noson o leiaf yng ngharchar Abertawe, gan rannu cell â gwrthwynebydd cydwybodol arall o Gwm Tawe, Thomas Rhys Davies o Ynysmeudwy. Trosglwyddwyd y ddau wedyn i ddwylo'r awdurdodau, a bu'n rhaid iddynt sefyll eu prawf mewn llys milwrol, er na wyddys ymhle y cynhaliwyd y llys hwnnw. Anfonwyd y ddau i garchar Wormwood Scrubs yn Llundain, yn union fel yr anfonwyd Albert Davies i Wormwood Scrubs. Rhaid bod Gwenallt ac Albert, felly, yn Wormwood Scrubs ar yr un adeg am gyfnod byr, ond mewn gwahanol adrannau o'r carchar eang hwnnw. 'Pan ddarganfu Myrddin Tomos fod Jac Niclas a Bili Mainwaring yn yr un carchar ag yntau, yn yr un Neuadd a heb fod nepell oddi wrtho, braidd y gallai ei ddal ei hun gan lawenydd,' meddir yn *Plasau'r Brenin*.[72] Y mae un peth yn sicr: yn Wormwood Scrubs yr oedd Gwenallt erbyn mis Hydref 1917. 'Cofiaf un noson mewn carchar yn Llundain glywed y celloedd yn crynu gan orfoledd "The Red Flag" a'r "Internationale" am i'r newydd gyrraedd am y chwyldroad yn Rwsia,' meddai yn ei ysgrif 'Credaf'.[73] Cyfeirio at Chwyldro'r Hydref yn Rwsia ym 1917 a wneid yma.

Ac eto, i gymhlethu'r darlun eto fyth, ai Gwenallt ynteu Albert oedd y cyntaf i gael ei drosglwyddo gan dribiwnlys i ddwylo'r awdurdodau militaraidd? Pa un o'r ddau a garcharwyd gyntaf? Albert oedd y cyntaf i gael ei gymryd i'r ddalfa, yn ôl Albert ei hun ac yn ôl Gwenallt. Ar ôl i'w frawd Griff gael ei anfon i garchar Dartmoor, bu Albert yn gofalu am siop ddillad ei frawd yn ei absenoldeb. Ef oedd y rheolwr bellach. Tua diwedd mis Medi, 1917, ymddangosodd dilledydd ifanc gerbron tribiwnlys Pontardawe. Yn ôl *Llais Llafur*:

A manager and buyer of a Pontardawe drapery establishment appealed on conscientious grounds. He was 18 years of age. In reply to the military representative, applicant said he had previously appealed on business grounds and there was nothing mentioned then as to his C.O. scruples.

Mr. Charles: How long have you had these scruples? – Since I started reasoning for myself.

How long is that? – Since I was about six years old.

Applicant's father, who was given permission to make a short statement, said he hoped the tribunal would take a lenient view of the case in view of the business which would be ruined if he had to go. "He is only a baby yet," added the father.[74]

Mwy na thebyg mai Albert oedd y dilledydd hwn o Bontardawe. Y tro hwn gwrthodwyd esgusodiad iddo, ac yr oedd yntau bellach ar ei ffordd i'r carchar.

Ar ôl i'w achos ymddangos gerbron cynrychiolaeth o'r Tribiwnlys Canolog, a gynhaliwyd yn Wormwood Scrubs, trosglwyddwyd Albert ym mis Chwefror 1918 i garchar Knutsford. Roedd y carchar erbyn hynny wedi cael ei droi yn ganolfan waith ar gyfer gwrthwynebwyr cydwybodol yn ôl cynllun newydd a gyflwynwyd gan y Swyddfa Gartref. O'r diwrnod cyntaf o Fawrth 1917 ymlaen, penderfynodd y Swyddfa Gartref droi nifer o garcharau yn garcharau 'agored' ac yn wersylloedd gwaith ar gyfer gwrthwynebwyr cydwybodol yn unig, gan anfon y gwir droseddwyr i garcharau eraill. Diben troi'r carcharau hyn yn wersylloedd gwaith oedd defnyddio'r gwrthwynebwyr i gyflawni gwaith a oedd o 'bwys cenedlaethol'. Oddi yno aeth Albert i garchar Dartmoor, carchar arall a oedd wedi ei droi yn ganolfan waith ac a gâi ei alw yn Wersyll Gwaith Princetown. Yma câi'r carcharorion adael eu celloedd fel y mynnent, a chaent grwydro'n rhydd ymhlith pobl leol unwaith neu ddwywaith yr wythnos.

Roedd Albert Davies yn falch mai i Dartmoor y cafodd ei anfon, gan y gobeithiai y byddai Gwenallt yno o hyd:

> I was somewhat pleased for I knew that Gwenallt might still be there. On our arrival at Princetown there were prison officers waiting to take us to the prison on the moor. I enquired as to the whereabouts of Gwenallt and was told that he had been transferred to the Home Office scheme in a town in Cambridgeshire.[75]

Ni wyddys pa bryd yr aeth Albert i Dartmoor, ond wedi iddo gyrraedd yno, dywedwyd wrtho fod Gwenallt wedi ei drosglwyddo i dref yn Swydd Gaergrawnt yn ôl cynllun y Swyddfa Gartref.

Ar Awst 28, 1917, yr ymddangosodd Gwenallt gerbron y tribiwnlys hwnnw ym Mhontardawe a wrthododd roi esgusodiad iddo a'i drosglwyddo i garchar Abertawe. Yn fuan wedyn fe'i hanfonwyd i garchar Wormwood Scrubs. Mwy na thebyg iddo dreulio 112 o ddyddiau o lafur caled yno, yn ôl y drefn, cyn iddo gael ei ryddhau – dros dro. A barnu iddo gyrraedd Wormwood Scrubs ym mis Medi 1917, byddai wedi treulio 112 o ddyddiau yno – bron i bedwar mis – erbyn dechrau'r flwyddyn newydd, 1918, ac mae'n debyg mai dychwelyd i Gwm Tawe a wnaeth wedi hynny. Y cam nesaf ar ran yr awdurdodau fyddai ei wysio gerbron tribiwnlys arall, gan obeithio y byddai'r cyfnod a dreuliasai yn y carchar wedi gwanhau ei ewyllys yn y fath fodd nes y byddai'n barod i gynnig ei wasanaeth i'w wlad yn rhwydd ddigon.

Cynhaliwyd y tribiwnlys hwnnw ym Mhontardawe ar ddydd Mawrth, Mawrth 26, 1918:

At Pontardawe Tribunal on Tuesday, Mr. D. T. Jones, J.P., presiding, an uncertificated teacher (18) from Alltwen appealed on conscientious grounds.

In answer to Mr. Frank Charles, the military representative, the applicant said on several occasions he was anti-[C]hristian.

"For goodness sake answer a plain question. We have had enough of that parrot talk," remarked Mr. Charles.

Asked what he was prepared to do if his mother and sister were subjected to the violence of the Germans, applicant said he was not in a position to answer the question.

Mr. Charles: What would you do if the Germans ravished your mother and sister in the same way as was done in Belgium?

Applicant: Nothing.

How long have you held these lofty ideals? – Since my intelligence has become broad enough.

Applicant again said that war was contrary to the teachings in the Sermon on the Mount.

Mr. Charles: How do you say that?

Applicant: Because it says there to love our enemies.

Do you love your enemies? – Yes.

Mr. Charles: Really you ought not to be on this earth. You ought to be in heaven.

Letters were put in from the Revs. W. J. Rees, Alltwen, and Llew. Boyer [sic], Alltwen, testifying that the applicant was a genuine conscientious objector.

Member: Two of the greatest pacifists and conscientious objectors in the valley.

Another letter from the Rev. D. G. Jones referred to the applicant's character. Sunday-school certificates were also put in.

Chairman: There are many boys with more certificates than you hold fighting to-day in France.

Some members of the tribunal wanted to place applicant in the non-combatant corps. The majority however, decided in favour of refusing the application.[76]

'Llenyddiaeth y caem flas ar ei darllen yn y cyfnod hwnnw,' meddai

Gwenallt, gan gyfeirio at flynyddoedd ei lencyndod, 'oedd llenyddiaeth Rwsia, llyfrau Tolstoi a Dostoievski'.[77] Edmygai Tolstoi am y rheswm ei fod yn ymosod 'ar ddiwinyddiaeth a dogmâu'r Eglwys yn Rwsia, ar ei harallfydrwydd, a seilio ar y Bregeth ar y Mynydd efengyl gymdeithasol ac athrawiaeth wleidyddol y gellir eu galw yn anarchiaeth Gristionogol'.[78] 'Ganddo ef y dysgasom basiffistiaeth,' meddai drachefn.[79] Dyma hefyd y cyfnod pryd yr arferai Gwenallt ddarllen llenyddiaeth y Rationalist Bookshop yn Abertawe. Yn nysgeidiaeth Iesu Grist, ac yn enwedig yn y modd y cyflwynwyd y ddysgeidiaeth honno yn y Bregeth ar y Mynydd, y canfu Tolstoi yr ateb i'w ddiffyg ffydd ac i'r ymdeimlad llethol nad oedd i fywyd unrhyw werth na diben nac ystyr os marwolaeth a'n disgwyliai ar ddiwedd y daith. 'Ac i'r hwn a'th darawo ar y naill gern, cynnig y llall hefyd; ac i'r hwn a ddygo ymaith dy gochl, na wahardd dy bais hefyd,' meddai Crist yn y Bregeth ar y Mynydd, gan annog pawb i garu ei elyn (Luc 6:29). Roedd Iesu Grist yn pregethu chwyldro. Argymhellodd ddefnyddio cariad fel arf yn erbyn casineb, a heddwch a goddefgarwch i orchfygu rhyfel a drygioni. Pregethai heddychiaeth. Ni allai'r egwyddor o ddialedd neu wrthymosod yn filwrol, egwyddor y llygad am lygad a'r dant am ddant, ond esgor ar ryfel arall, rhyfel yn esgor ar ryfel. 'Fe ymosodai'r Sosialwyr a'r Rhyddfrydwyr radicalaidd ar ryfel, fel y gwnaethant ar y rhyfel rhwng Prydain a'r Böeriaid, gan ddal fod pob rhyfel yn anghyson â Christionogaeth a chyfeirient yn amal at Leo Tolstoi, yr anarchist o Rwsia, a ddaliai y dylid cymhwyso egwyddorion y Bregeth ar y Mynydd at wleidyddiaeth pob gwlad,' meddai Gwenallt eto yn *Ffwrneisiau*.[80] Yn ei gerdd 'Mynydd y Gwynfydau', a luniodd ddeugain mlynedd a rhagor wedi iddo ymddangos gerbron tribiwnlys Pontardawe, cofiai am y dylanwad aruthrol a gafodd trafodaeth Tolstoi ar y Bregeth ar y Mynydd arno:

> Yn ymyl yr Eglwys Ffransisaidd ar Fynydd y Gwynfydau
> Cawsom gwrdd ar fore Sul Galileaidd,
> Darllen yr wyth Gwynfyd; gweddïo a chanu emyn.
> Ar ôl y cyfarfod, cofiais imi ddarllen llyfr Tolstoy,
> Pan oeddwn yn ifanc, ei lyfr ar y Bregeth ar y Mynydd:
> Cydiai yn y bregeth fel chwip
> A fflangellu'r Eglwysi am gyfreithloni rhyfeloedd
> A'r Esgobion am fendithio llongau rhyfel:

Fe droes y Bregeth yn bregeth anarchist a heddychwr,
Ac fe fwriwyd y rebel Rousseauaidd am ei heresïau
O'r Eglwys Uniongred yn Rwsia.[81]

Yn ei lyfr *Yr Hyn a Gredaf* (1885) yr ymddangosodd trafodaeth Tolstoi ar y Bregeth ar y Mynydd, a chredai mai yn y Gwynfydau y ceid y wir Gristnogaeth, a'r gwir batrwm ar gyfer bywyd heddychlon, teg a chyfiawn. Gallai Cristnogaeth ddiddymu'r wladwriaeth a'i holl orthrwm. Roedd yr Eglwys a'r wladwriaeth yn gweithio fel un yn Rwsia cyn y Chwyldro, a'r ddau fel ei gilydd yn rheoli'r tlodion ac yn eu gorfodi i ryfela ar ran y wladwriaeth. Nid eiddo'r unigolyn mo'i ewyllys na'i gydwybod ond eiddo'r wladwriaeth. Daeth y Gwenallt ifanc, dan ddylanwad y Blaid Lafur Annibynnol, i gasáu'r Ymerodraeth a'r Wladwriaeth Brydeinig am y modd yr oedd yn gormesu unigolion a gwledydd. Meddai mewn un arall o gerddi'r dyfodol:

Caseais hi, y Jezebel Brydeinig,
Er pan oeddwn yn llanc dwy-ar-bymtheg-oed:
Hyhi a'i haddolai ei hun
Yn y drychau crwn o fetel cabol …[82]

Felly, roedd Gwenallt yn wynebu carchariad arall ym mis Mawrth 1918, ond mae bwlch yn ei hanes ar ôl y tribiwnlys. Yna, ceir y nodyn hwn yn *Llais Llafur* ar ddechrau mis Gorffennaf: 'David Jones, Alltwen, was arrested at Pontardawe on Tuesday and conveyed on Wednesday to Swansea as an absentee under the Military Service Act'.[83] Y trydydd o Orffennaf oedd y dydd Mercher y cyfeirir ato. Mae 'absentee' yn awgrymu ei fod wedi dianc i rywle o afael yr awdurdodau militaraidd i osgoi cael ei anfon i'r carchar eto, ond i ble? Taflwyd peth goleuni posibl ar symudiadau Gwenallt yn ystod y tri mis y bu'n absennol gan D. J. Williams. Roedd Gwenallt, meddai, pan oedd 'yn llanc ysgol deunaw oed yn llochesu gyda'i berthynasau "yn y Gelli, yn Tir-bach, ac yn Esgerceir" fel ffoadur, "On the run", wrth geisio dianc rhag i'r gyfraith gael gafael arno, a'i roi yn un o "Blasau'r Brenin" fel gwrthwynebwr cydwybodol, yn nyddiau creulon y Rhyfel Byd Cyntaf'.[84] Yn ôl y goel leol yng Nghwm Tawe, wrthi'n helpu i gywain y gwair ar fferm Allt-wen Ganol ar Dyle Allt-wen, mewn cae o'r enw Cae Tri Chornel, yr oedd Gwenallt pan gafodd ei arestio, ac y mae hynny, o ran amseriad, yn cyfateb i'r ffaith iddo gael ei arestio ar ddechrau Gorffennaf 1918. I garchar Dartmoor yr anfonwyd Gwenallt ar ôl iddo gael ei arestio ym Mhontardawe, ac yno y bu hyd at fis Ebrill 1919 – gydag un toriad yn y canol. Ar Ebrill 19, 1919, y rhyddhawyd y gwrthwynebydd cydwybodol olaf o Dartmoor; felly, roedd Gwenallt wedi cael ei ollwng yn ôl i'r byd cyn Ebrill 19, 1919.

Un o'r rhai a gofiai Gwenallt yn Dartmoor oedd J. Beddoe Jones o Dreforys, gŵr ifanc a oedd â'i fryd ar fynd i'r weinidogaeth. Roedd Gwenallt bryd hynny 'yn llencyn tua phedair ar bymtheg oed' a J. Beddoe Jones ychydig flynyddoedd yn hŷn nag ef.[85] Wedi iddo fod yng ngharchar Wormwood Scrubs am gyfnod byr, 'yn ôl y drefn', trosglwyddwyd J. Beddoe Jones i garchar Dartmoor.[86] Pan gyrhaeddodd y cwmni bychan yr oedd J. Beddoe Jones yn teithio gyda hwy o Wormwood Scrubs i Dartmoor, roedd nifer o Gymry yno yn barod i'w croesawu. Yn eu plith yr oedd 'un gŵr bachgennaidd iawn ei olwg, bychan iawn ei daldra, yswil, â thrwch o wallt o ddüwch y frân'.[87] 'Deëllais iddo ef gyrraedd Dartmoor o Scrubs cyn i mi gyrraedd Scrubs, ac felly yr oedd ef yn "hen law" megis yn Dartmoor,' meddai J. Beddoe Jones.[88] Yn anffodus, nid yw J. Beddoe Jones yn rhoi unrhyw ddyddiadau inni, ond os oedd Gwenallt o ddifri yn bedair ar bymtheg oed ar y pryd – a hynny sy'n gwneud synnwyr – yr oedd yn Dartmoor rywbryd ar ôl ei ben-blwydd yn bedair ar bymtheg ym mis Mai 1918.

Roedd byd o wahaniaeth rhwng Wormwood Scrubs a Dartmoor, yn ôl J. Beddoe Jones:

> Math ar 'garchar agored' oedd Dartmoor ar y pryd, ac yn wahanol iawn (o drugaredd) i Scrubs … Fe gaem ein hanfon i Dartmoor os oeddem wedi byhafio'n iawn yn Scrubs. Yn Dartmoor, nid oedd drysau ein celloedd yn cael eu bolltio. Yr oedd gennym yno bob rhyddid i siarad a chymdeithasu â'n gilydd, ac fe allem fynd allan 'i'r byd' ar brynhawn Sadwrn ac ar y Sul. Ond yn ystod yr wythnos yr oeddem i weithio wrth ryw alwedigaeth neu'i gilydd, a gweithio'n galed.[89]

Cofiai fod Gwenallt 'yn Fethodist rhonc' ond deallodd hefyd 'nad oedd ef a'i weinidog yn gyfeillgar iawn am fod hwnnw yn rhyfelwr penboeth, ac yr oedd wedi gwrthod tystiolaethu drosto yn y Tribiwnlys'.[90]

Er bod Dartmoor yn llawer mwy llac ei reolau na Wormwood Scrubs, ac yn llawer llai parod i gosbi carcharorion am y peth lleiaf, lle oer a digysur ydoedd. Croniclodd nifer o garcharorion eu hargraffiadau am y carchar a'i leoliad. Un o'r rheini oedd 'W.D.', a anfonodd ddisgrifiad byw o'r carchar a'r rhostir o'i amgylch at bapur *The Pioneer*. Roedd y carchar yn noeth agored i'r elfennau, ac adlewyrchid y diflastod a'r gerwinder mewnol gan y tirwedd a'r tywydd allanol:

> The rain has fallen mercilessly since daybreak. A dense drifting mist obliterates the outer world. [A] fierce Nor'-Easter gale sweeps o'er the moor and screams with fiendish glee as it dashes itself against the prison walls. The slates rattle upon the roof. Miserable as are the outside conditions still more miserable are the conditions within. Rain trickles down the dirty whitewashed corridor walls, eventually settling down in little pools in the crevices and hollows of time-worn flagstones. Little piles of dust, paper and matches, lie at the door of almost every cell. Green, bilious-looking blankets, red-striped arrow-bespangled sheets hang dangling in disorderly profusion over the corridor rails as far as the eye can see … We are away out on the bleak, lone moor (1,300 feet above sea level) completely isolated from human society. It is the dreariest of dreary places. Nothing but moor, moor, moor, as far as the eye can see.[91]

Roedd y lle yn ddigon i godi dychryn ar bob carcharor cydwybod:

> This is a terrible place for a man of sensitive, imaginative temperament. To peep into a punishment cell, with its three doors, against which a man mad with suffering could kick and scream unheard till he fel[l] unconscious or dead, or to peep into a store room, with its handcuffs, ankle chains and all the other implements of torture makes my flesh creep and my heart thump.[92]

Fe geid yno garcharorion gwleidyddol a chrefyddol, criw cymysg yn wir, gydag atgasedd tuag at ryfel yn eu clymu ynghyd:

> We have here almost forty different religious sects and political parties. We have Quakers, P.B.'s, I.B.S.ers, I.L.P.ers, B.S.P.ers, Christian Scientists, Atheists, Salvationists, Anarchists, Deists, and heaven only knows what we haven't got. On one door you will see a notice, "Jesus Saves," on another "Please leave no tracts – already saved," another "There is joy in Heaven," while on the door opposite an Atheist will ask "And where the Hell's Heaven?" Just now as I write all are

praising God in their various ways. Some are singing, some are praying, some are preaching. A Welshman beneath me sings, with religious fervour "The Land of my Fathers." … There are over a thousand of us here, and a more unique collection never dwelt under one roof.[93]

Ac roedd y tasgau y disgwylid i'r carcharorion breintiedig hyn eu cyflawni yn rhai undonog a diflas:

I have followed many occupations since coming on to this scheme, viz., sack-repairer, rope-maker, mat-maker, drainer, wood-cutter, etc., and after a year's experience I must solemnly declare that in all my experience I never yet witnessed such wilful waste of public money. Fancy farmers making mailbags, trying oakum and mat-making when the nation is supposed to be in a state of s[ie]ge. If this Government does not come out of this war with clean hands, there is no reason why it should come out of it with dirty feet. We have door-mats that would stretch from Merthyr to Melbourne, mail-bags that would dry up the Atlantic if thrown in, rope enough to tie the world in knots. The motto of the scheme seems to be "All you who can make things of use, make things that are useless."[94]

A gadawodd Gwenallt ei hun ddarlun egr o'r carchar llwm a'r tirwedd garw o'i amgylch, tirwedd moel a oedd yn cymharu'n anffafriol â daear ffrwythlon a chnydiog y Sir Gaerfyrddin amaethyddol:

Daw eilwaith farrau heyrn ar draws ein trem
A chlep y drysau deuglo ar ein clust,
A mwmian carcharorion od, di-glem
Wrth hau a medi, ac wrth godi'r ffust;
Gwelwn fis Awst yn rhoddi'r machlud trwm,
Fel gwaed llofruddiaeth, ym mhob llyn a ffos,
A Thachwedd yn hau niwloedd creimllyd, crwm
Fel carchar am y carchar ar y rhos:
A'r nos daw cri ellyllon yn ddi-dor
O'u seiat oerllyd yn y corsydd garw,
Ysgrech ysbrydion o ryw bant neu dor,
Euogrwydd oesoedd sydd yn methu marw;
A Thywi las fel llinyn yr hen wynfydau
Yn dirwyn rhwng hwsmonaeth y gwair a'r ydau.[95]

Anfonodd P. O. Jones o Laneilian, a oedd yn garcharor yn Dartmoor ar y pryd, lythyr i'r *Faner* yn condemnio cynllun y Swyddfa Gartref i gael y carcharorion i wneud gwaith defnyddiol yn hytrach na'u cosbi yn y dull traddodiadol. Canolfannau gwaith oedd y carcharau hyn bellach, nid celloedd cosb, a gweithwyr cyflogedig, am geiniog y dydd, oedd y carcharorion. Roedd y gwaith yn debycach i benydwasanaeth nag i swydd fuddiol, ddefnyddiol, a gwastraff oedd y cyfan. '[Y] mae blwyddyn o weithrediad y cynllun wedi profi nad ydyw yn ddim amgenach na phenyd i'r gwrthwynebwyr a gwastraff hollol ar eu hamser ac ar adnoddau y wlad,' meddai P. O. Jones, gan gyflwyno i sylw darllenwyr *Y Faner* ddeiseb a anfonwyd gan bwyllgor arbennig o garcharorion yn Dartmoor at y Cyfrin-gyngor i fynegi eu hanniddigrwydd a'u hanfodlonrwydd ynglŷn â chynllun y Swyddfa Gartref ac i ofyn am nifer o newidiadau a gwelliannau.[96] Newid natur y gwaith y gorfodid i'r carcharorion ei gyflawni oedd un o wendidau'r cynllun:

> Y mae y rhan fwyaf o lawer o'r gwaith dan y cynllun wedi bod yn wastraff hollol, yn benydiol o ran ansawdd, ac yn gyfryw ag sydd wedi ei ddyfeisio er mwyn cosp yn hytrach nag er defnyddioldeb. Er enghraifft, yr un ydyw'r gwaith wneir gan y gwrthwynebwyr cydwybodol yn Dartmoor ag a wneid gan y penyd-garcharorion – penyd-wasanaeth ydyw, ac nid gwaith cynnyrchiol.[97]

Digon tebyg yw tystiolaeth Gwenallt yn *Plasau'r Brenin*. Gwaith Myrddin Tomos yn y carchar yw gwneud sachau i gario llythyrau, ac mae'n waith undonog, diflas a di-fudd:

> Câi well hwyl ar y gwaith yn y bore nag yn y prynhawn, a thuag amser te âi'r gwaith yn faich. Nid oedd tâl amdano. Gwaith cosb ydoedd. Meddyliai Myrddin Tomos yn fynych, wrth bwytho, am Ixion a'i aelodau euog wedi eu clymu wrth yr olwyn adeiniog a droai yn yr wybren, am Sisyphus yn rholio'r garreg ystyfnig i fyny hyd lethr y mynydd ac am ferched Danaus yn cario dyfroedd Lethe mewn piseri diwaelod.[98]

Trosglwyddwyd Albert, ar ei gais ef ei hun, o Dartmoor i bentref gwledig Penderyn, yn ymyl Hirwaun yng Nghwm Cynon, fel y gallai fod gyda'i frawd Griff, a oedd yn cymryd rhan yn y gwaith o adeiladu cronfa yno, eto fel un o gynlluniau'r Swyddfa Gartref. Nid arhosodd yno'n hir. Ymunodd â mintai o ffoaduriaid, gan anwybyddu rhybudd ei frawd y câi ei ailarestio unwaith y llwyddai'r awdurdodau i gael gafael arno. Bu wrthi, ynghyd â'i gyd-ffoaduriaid, yn torri coed i ffermwr a oedd yn byw ar fferm ddiarffordd ar Fannau Brycheiniog. Llwyddodd i gadw cysylltiad â'i rieni, ac wedi iddo gael ar wybod fod ei chwaer ar fin priodi ym Mhontardawe, mentrodd yn ôl at ei deulu. Cysgodd yng nghartref rhieni Gwenallt ar y noson gyntaf, a hawdd deall pam, er nad yw Albert ei hun yn rhoi unrhyw esboniad ar y mater. Byddai aros gyda'i rieni ef ei hun yn ormod o fenter o lawer, gan mai dyna'r lle cyntaf y byddai'r awdurdodau yn chwilio amdano. Er mawr syndod i Albert, roedd rhieni Gwenallt wedi derbyn llythyr gan eu mab i'w roi iddo. Yn y llythyr y mae Gwenallt yn nodi, ymhlith pethau eraill, iddo gael ei ollwng yn rhydd o Dartmoor, a'i fod bellach yn byw yn Mulberry House ym mhentref Fordham yn Swydd Gaer-grawnt, ac yn torri coed, eto fel rhan o gynllun y Swyddfa Gartref:

> C/O Mrs Palmer,
> Mulberry House,
> Mill Lane,
> Fordham,
> Nr Ely,
> Cambs.

Dear Albert,

Well, dear friend, I have been released "on the scheme" and it is a scheme too. As you see by the above address I have changed my residence again, owing to the power which a parson, who was patriotic to his finger tips, wielded in influencing Viscount Clifden – for we resided on his estate – to remove us.

He requested the instant removal of the "Undesirables". Such is the influence of an accursed priestcraft.

Four of us are now located in billets and one of them is a Welsh miner from Ammanford, and the other two are Scotchmen. Our present occupation is timber-felling and one good thing about it is that our fore-man is otherwise occupied so that he cannot de[vote] all his time and attention to us.

As you say the experience of prison life has only deepened my convictions and shown more clearly those magnificent ideals which you and others share in regenerating society and ameliorating the conditions of the down-trodden working class. As you say also we must with all power to advocate the total abolition of the prison system as an absurd and futile system of reforming persons.

Our time has not yet come, our victory not yet won, but as sure as the sun rose [this] morning, we will ultimately triumph.

As Whittier, the Quaker poet of America, sang:

O ye, who with undoubting eyes
　Through present cloud and gathering storm;
Behold the span of Freedom's skies,
　And sunshine soft and warm;
Press bravely onward not in vain
　Your generous trust in human kind,
The good which bloodshed could not gain
　Your peaceful seal shall find.

Fordham is a fairly-sized place which is situated about five miles from Newmarket and fourteen miles from Cambridge, and it is a very aristocratic and consequently patriotic place and so we must keep our mouths sealed.

I daresay my parents have narrated to you some of my prison experience and I shall reserve the remainder until we meet again.

I hope to come home Christmas time as we have an agent who is in sympathy with us, and does his best [Y llythyr wedi'i rwygo yma: darn ar goll, er bod rhai geiriau ar yr ochr dde wedi goroesi] [ki]ndly to those C.O.'s from Cardiff and [darn arall ar goll] Garnant and tell them to drop a [darn arall ar goll] a letter and not by Postcard.

[darn arall ar goll] that you had forestalled me as a C.O. proved a [darn ar goll] [enc]ouragement to me, and I used to say very [darn ar goll] when I used to feel despondent: "Albert has been through this, why can't I?"

Well, dear friend, I must conclude and I send my best wishes to you, and my warmest congratulations on your magnificent stand and courage.

From
Your old pal,
Dai.[99]

Priodwyd chwaer Albert ar fore dydd Sul, Rhagfyr 8, 1918, ac roedd y rhyfel wedi dod i ben ers rhyw fis erbyn hynny, ond y carcharorion yn aros. Roedd Gwenallt yn Fordham ar y pryd, a gobeithiai y gallai dreulio Nadolig 1918 gartref gyda'i rieni yn yr Allt-wen.

Cadwyd Gwenallt yng ngharchar Dartmoor hyd at fis Ebrill 1919, bron i chwe mis wedi i'r rhyfel ddirwyn i ben. Ceir ei lofnod y tu mewn i glawr llyfr a ddarllenasai yn y carchar, *Socialism and the Bible*, a'r dyddiad Ebrill 1919 o dan ei enw.[100] Ni faddeuwyd i'r gwrthwynebwyr cydwybodol am wrthod ymladd yn awr angen ac argyfwng Prydain Fawr, ac nid oedd yr awdurdodau ar unrhyw frys i'w rhyddhau o'r carchar. Trwy estyn cyfnod eu carchariad, rhôi'r Swyddfa Gartref fisoedd o fantais i'r rhai a oedd wedi ymladd dros frenin a gwlad i ddod o hyd i swyddi.

Wedi iddo gael ei ryddhau o Dartmoor ym mis Ebrill 1919, at ei deulu yn Sir Gaerfyrddin yr aeth Gwenallt i ymadfer ac i gael gwared ar ddrycsawr y carchar yn awelon iachus y wlad. Bu'n aros gyda'i fam-gu, mam ei dad, yn Esgair-ceir am y rhan fwyaf o'r amser y bu yno. Ni allai feddwl am ddychwelyd i gylch Pontardawe. Roedd ei rieni wedi gorfod dioddef cryn dipyn o sen a gwawd gan drigolion yr Allt-wen a Phontardawe oherwydd ei safiad. Roedd Gwenallt yn fwy fyth o alltud yn ei gynefin ef ei hun. Ac nid rhyfedd hynny. Trwy gydol blynyddoedd y rhyfel bu'r papur lleol, *Llais Llafur*, yn arllwys sen a gwawd ar y gwrthwynebwyr cydwybodol, ac roedd hynny yn corddi atgasedd tuag atynt o du'r bobl leol er enghraifft, rhan o sylwadau golygyddol y papur ym mis Mawrth 1917:

> Some 3,000 conscientious objectors, it was stated in the House of Commons, have been sentenced to terms of imprisonment. This is a very small proportion of the five or six million Britishers now under arms, and shows the futility of that particular form of pacifism. If the Germans had landed on these shores the number would have been smaller still, and if the short shrift meted to these too-holy-to-fight gentry in France and Germany, came to be dealt in this country the number would be microscopic. We hope that these 3,000 conscience men appreciate the fact that their security from danger and the regularity and adequateness of their meals are due to the self-sacrifice of the men in the trenches and the battleships.[101]

Gadawodd y rhyfel graith enfawr ar Gwm Tawe. Parhaodd y chwerwder rhwng y rhai a gefnogai'r rhyfel a'r rhai a'i gwrthwynebai am flynyddoedd lawer wedi i'r gyflafan fawr ddod i ben. Pan oedd Gwenallt yn aros ym Mhantypistyll gyda'i Fodryb Lisa a'i Nwncwl Dafydd, anfonodd ei dad lythyr ato, ar Orffennaf 21, 1919, ychydig ddyddiau ar ôl cynnal nifer o weithgareddau ym Mhontardawe i ddathlu diwedd y rhyfel a dyfodiad heddwch drachefn. Meddai Thomas Ehedydd: 'Bu diwrnod mawr yma y Sadwrn, cafodd Boyer [*sic*] ei hwtian o[']r cae, wedi derbyn gwahoddiad, ac heb ddweud yr un gair, aeth Williams y Tabarnacl, a Jones y Wesley gydag ef, parodd hyn ddiflastod nid bychan, bu medd[w]dod, ymladdau a dawns hyd ar fore Sul, ac mae bron pawb wedi cywilyddio oblegid y dathliad heddwch'.[102] Fel hyn y cofnodwyd y digwyddiad yn *Llais Llafur*:

> A regrettable incident occurred when the Rev. Llew. Bowyer, pastor of Danygraig, Alltwen, who was somewhat active in connection with the Fellowship of Reconciliation, stepped on to the stage.
>
> Two officers, in persons of Lieut. T. P. Francis, and Capt. Jones, approached the platform, and the former speaking on behalf of the discharged men, asked Mr Bowyer to withdraw.
>
> Mr Bowyer said he held an invitation from the S. and S. Welfare Association.
>
> Lieut. Francis said if Mr Bowyer did not withdraw, the men would not attend.
>
> The Vicar appealed to the men to allow the service to proceed, and to let byegones be byegones.
>
> After some further interruptions, Mr Bowyer withdrew, and he was followed by the Rev. H. Seiriol Williams, and the Rev. Pugh Jones, Wesleyan minister, who was to have taken part in the service.[103]

Dioddefodd Llewelyn Bowyer oherwydd iddo ddatgan gwrthwynebiad i'r rhyfel. Dioddefodd Gwenallt yn yr un modd.

Gadawodd Gwenallt Gwm Tawe am byth, mwy neu lai, ar ôl iddo gamu dros drothwy carchar Dartmoor am y tro olaf. Yn achlysurol y dychwelai yno wedi hynny. Aeth o Dartmoor i Rydcymerau. Gadawodd awyrgylch gormesol y carchar am awyr las, lesol y wlad. Mewn gwirionedd, gadawodd ddau fath o garchar o'i ôl pan aeth i aros at ei berthnasau yn Rhydcymerau – carchar diwydiannaeth a chyfalafiaeth a charchar militariaeth. Ac eto, ni adawodd y naill na'r llall.

Croniclodd Gwenallt ei brofiadau fel carcharor yn ei nofel *Plasau'r Brenin*. Nid llunio darn o ffuglen ddifyr a darllenadwy oedd gwir amcan Gwenallt wrth lunio *Plasau'r Brenin*. Roedd ei gymhellion yn ddyfnach na hynny. Ymdrech ydoedd i garthu diflastod, erchyllter ac unigrwydd y blynyddoedd hynny allan o'i gyfansoddiad, i fwrw allan gythreuliaid ei orffennol. Nid bod Gwenallt wedi llwyddo i wneud hynny. Llusgodd y ddau garchar, Wormwood Scrubs a Dartmoor, fel cloffrwym am ei draed drwy gydol ei fywyd.

Nofel seicolegol yw *Plasau'r Brenin*. Portread o fywyd carcharor a geir ynddi, a'r modd y mae'r carcharor hwnnw yn ymateb ac yn adweithio i'w amgylchiadau. Effaith unigrwydd a distawrwydd ar un carcharor a ddarlunnir. Prif gymeriad y nofel yw Myrddin Tomos, cyfuniad o enw'i dad ac enw'r sir y ganed ei dad ynddi, a'r sir hefyd yr oedd Gwenallt yn ei hystyried, ar y pryd, yn gynefin ac yn gartref ysbrydol iddo. Brodor o Sir Gaerfyrddin yw Myrddin Tomos. Nid Gwenallt yr Allt-wen a Phontardawe mohono. Ceisiodd Gwenallt greu cymeriad a oedd yn seiliedig arno ef ei hun, ac mewn ymdrech i greu pellter rhwng y ddau, prif gymeriad y nofel ac awdur y nofel, rhoddodd nodweddion allanol hollol wahanol a hollol wrthgyferbyniol i'w nodweddion ef ei hun i'w greadigaeth: 'Paladr o ddyn tal, main oedd Myrddin Tomos, a thuedd ynddo i wargamu ychydig'.[104] Dywedir mai ar fferm o'r enw 'Pant-y-pistyll' yn ymyl pentref Llansadwrn yn Sir Gaerfyrddin y codwyd Myrddin Tomos, a Phantypistyll, wrth gwrs, oedd fferm ei ewythr Dafydd a'i fodryb Lisa, chwaer ei dad, rhyw ddwy filltir o Lansadwrn.

Dro ar ôl tro, nodir a phwysleisir mai crwt o'r wlad yw Myrddin Tomos, ac atgofion, nodweddion a greddfau gwladwr sydd ganddo:

> Crwydrai ei feddwl o fuarth y gwersyll i fuarth fferm. Gwelai'r beudy, yr ystabl, yr ysgubor, y tŷ lloi, y twlc moch a'r cartws. Safai'r fuwch yn nrws y beudy gan gnoi ei chil, a chrafai'r iâr lawr yr ysgubor a'i haid o gywion yn pigo eu bwyd. Nofiai'r hwyaid ar y pownd gan wthio eu gyddfau hirgrwn tan y dŵr. Rhedai'r pistyll yng nghwr y buarth, a gwneuthur sŵn trwm wrth daro gwaelod y piser, a'r sŵn hwnnw yn teneuo a meddalu fel y llenwid y llestr. Sŵn y pistyll oedd uchaf yn ei gof hiraethus y bore hwnnw. Bydd pobl alltud, o'r wlad, yn dwyn sŵn dyfroedd brysiog yn eu calon.[105]

Mewn ffordd, mae Gwenallt yn cael cyfle drwy'r nofel i fyw ei fywyd coll, yn ei gynefin coll. Prin yw'r cyfeiriadau at Gwm Tawe a Sir Forgannwg yn y nofel. Gadael Sir Gaerfyrddin i gael gwaith yn Sir Forgannwg a wnaeth Myrddin Tomos:

> Cawsai Myrddin Tomos addysg dda. Bu yn Ysgol Sir Llandeilo, ac yn efrydydd yng Ngholeg Aberystwyth, lle y graddiodd mewn Cymraeg a Lladin. Ar ôl gorffen cwrs Coleg, cafodd swydd fel athro mewn pentref yn Sir Forgannwg, ac yno y daeth tan ddylanwad y Blaid Lafur. Ymunodd â'r Blaid Annibynnol Lafur [sic], a phan ddaeth

Gorfodaeth Filwrol yn ddeddf gwlad, ymunodd, fel holl aelodau ieuainc y Blaid honno, â'r *No-Conscription Fellowship*.[106]

Ceir cyfeiriad arall at Bontardawe wrth i Myrddin Tomos ymgolli yn ei atgofion mewn ymdrech i liniaru rhywfaint ar ddiflastod ei waith yn y carchar: 'Cofiai … am sŵn peiriannau'r gweithfeydd mewn pentref yn Neheudir Cymru a'r wybren ar noson rewllyd yn goch gan olau'r ffwrneisiau'.[107]

Rhoir yng ngenau un o gyfeillion Myrddin Tomos, y comiwnydd Jac Niclas – cyfuniad, efallai, o enwau tri o gyfeillion Gwenallt a thri chyd-aelod iddo yn y Blaid Lafur Annibynnol, Jack Joseph, T. E. Nicholas a Nun Nicholas – yr union resymau pam yr oedd Gwenallt a'i gyfeillion mor danbaid yn erbyn y rhyfel:

Cynnyrch y sistem gyfalafol yw'r Rhyfel, ac er mwyn buddiannau'r cyfalafwyr, y cyfoethogion a'r gwleidyddion yr ymleddir hi, er mwyn cael tiroedd ychwanegol, monopoli ar farchnadoedd a ffynhonnau olew. Os ydych am weled hyn yn eglur darllenwch 'Ten Years of Secret Diplomacy' gan E. D. Morel, 'The War of Steel and Gold' gan Brailsford a 'The Great Illusion' gan Norman Angell. Ffrwyth diplomasi gudd y llywodraethau cyfalafol yw'r Rhyfel hwn. Nid ymosodiad yr Almaen ar Belgium oedd achos cyntaf y Rhyfel, fel y dywedir yn y Wasg Felen a'r Pulpudau, ond canlyniad anochel polisïau tramor y llywodraethau yn ystod y deng mlynedd diwethaf. Nid oes mwy o fai ar yr Almaen nag ar ryw wlad arall. Y maent i gyd yn yr un cwch. Gwaith milwriaethwyr a chwmnïau gwneuthur-arfau pob gwlad yw rhyfel. Holl amcan y Wasg a'r Pulpud yw ceisio denu'r gwerinoedd i ymladd rhyfel y cyfalafwyr. Gweision cyfalaf yw'r papurau a'r pulpud. Nid yw crefydd ond opiwm y bobl. Rhoddir yr opiwm i'r werin o'r papur ac o'r pulpud fel y gallo hi weled cynllwynion brwnt y llywodraethwyr yn ddelfrydau teilwng, a'r Rhyfel yn Rhyfel Santaidd. Nid yw'r bobl, yng ngolwg y milwriaethwyr, onid ebran y gynnau.[108]

Cafodd Myrddin Tomos ei ryddhau o'r carchar yn union fel yr oedd ar fin gwallgofi yno, ac yn dychmygu pob math o bethau gwrthun ac arswydus:

Gwelai ei fam yn gorwedd yn ei harch yng nghornel y parlwr a'r galarwyr yn dyfod yno i gysuro'r teulu. Daeth y gweinidog, brynhawn yr angladd, i'r parlwr cyn codi'r corff, a darllen pennod o'r Beibl darluniadol â'r clasbiau aur. Yr oedd buarth y fferm yn llawn o amaethwyr yn eu dillad duon, a chanent yr emyn hwnnw wrth godi'r corff.

"Yn y dyfroedd mawr a'r tonnau."

Dirwynai'r angladd yn araf ar hyd llwybr cul y mynydd fel sarff drist ar ei thor. Ar ôl mynych newid ysgwyddau tan yr arch hyd onid oeddynt yn friw gan y pellter, cyrhaeddwyd Capel Seion. Gadawyd yr arch yn y cyntedd tan ei blodau. Wedi'r gwasanaeth, aeth yr angladd i fynwent Eglwys Llansadwrn a rhoed y fam i orffwys yn y bedd cleilyd. Bryd arall breuddwydiai am angladd ei dad, angladd ei frawd, angladd ei chwaer a'i angladd ef ei hun. Yr oedd ei freuddwydion yn llawn o eirch, angladdau a beddau. Deffrôi o'i weledigaethau yn nyfnder nos a'i gorff yn chwys oer drosto. Dôi ysbrydion i'r gell i'w boenydio, yr ymlynwyr a'r dialwyr i'w wawdio a'i boeni, i'w dynnu wrth ei ddillad a hisian yn ei wyneb fel seirff. Doent bob nos. Gwyddai eu bod ar ddyfod wrth y cryd oer a âi drosto, ac wedi eu dyfod collai bob nerth a syllai arnynt â'i lygaid, fel aderyn wedi ei lygad-dynnu gan drem y sarff. Bryd arall, yr oedd muriau'r gell yn nesu ato, yn cau amdano ac yn bygwth ei wasgu i farwolaeth. Neidiai ar ei draed a cheisiai wthio'r muriau yn eu hôl i'w lle, ond nis gallai.[109]

Y mae'n sicr mai cofnodi cyflwr ei feddwl ar y pryd oedd nod Gwenallt, a dadansoddi effaith distawrwydd ac unigrwydd carchar ar ei feddwl ifanc. Roedd y carchar ar fin ei ddinistrio:

Ar ôl bod deunaw mis yn y carchar yr oedd cof Myrddin Tomos yn dechrau pallu. Anghofiai enwau'r personau mwyaf cyfarwydd iddo ac enwau'r lleoedd mwyaf cynefin. Anghofiai, weithiau, ei enw ei hun. Dechreuodd amau a oedd ganddo rieni a chartref. Credai, weithiau, nad oedd ganddo na thad na mam, na brawd na chwaer, ac na fu ganddo erioed gartref. Ni fu'n byw ar y ddaear cyn dyfod i'r carchar. Doe y ganwyd ef o groth y gwacter mawr, ac yr oedd ar fin camu'n ôl eilwaith i'r gwacter hwnnw. Nid oedd ond bod dienw, dibersonoliaeth a digyfrifoldeb rhwng diddymdra pedwar mur. Ac, eto, o'r gwacter a'r diddymdra y dôi, weithiau, ond yn llawer anamlach na chynt, furmur atgofion hen fywyd a wrthodai fyned yn ango.[110]

Ar ôl cyfnod y rhyfel, roedd tynged Gwenallt yn ei ddwylo ef ei hun. Nid eiddo i'r wladwriaeth mohono mwyach. Ond i ble'r âi, a beth a wnâi? Ni chreodd y Rhyfel Mawr well byd, ac nid dod allan o'r carchar yn lân ei enaid ac yn llawn hyder wrth iddo gamu i fyd newydd a wnaeth Myrddin Tomos. Yn y carchar y daeth Myrddin Tomos – a Gwenallt hefyd, yn sicr – yn ymwybodol fod pob math o anghyfiawnderau a gorthrymderau yn bodoli yn y byd:

Cofiodd Myrddin Tomos am y llw a dyngodd uwchben bedd ei ewythr. Ar ôl cytuno ar y rhent, symudodd ei ewythr o'i fferm fechan i fferm fwy, ac ar ôl bod yno am wythnos daeth y stiward i'r buarth a chanddo ddau helgi mawr. "Ti'n cadw'r dou ci 'ma" meddai'r stiward. "'Doedd hynny ddim yn y cytundeb rhent, syr" oedd ateb ei ewythr. "Dim ots, rhaid i ti cadw'r dou ci." "'Dwy' i ddim yn gweld fy ffordd yn glir i gadw dau gi mawr fel yna. Rhaid cael lle iddynt a bwyd. Mae'r rhent yn uchel. 'Runig ffordd y galla' i roi bwyd i'r cŵn yw rhoi bwyd y plant iddyn' nhw ac 'all tad ddim godde' hynny". "Ti'n cadw'r dou ci ne mynd o'r ffarm". Ar ôl ymbil a dadlau, fel gŵr bonheddig, am oriau, collodd ei ewythr ei dymer a dywedodd wrth y stiward am fyned â'r cŵn i'r gŵr drwg. Gorfu iddo adel y fferm a myned yn ei ôl i'r fferm fechan a adawsai, fferm a oedd yn rhy fychan i gynnal ei deulu mawr, ac yno, wrth ofidio a phryderu a dygnu byw, cydiodd y cancr ynddo, a bu farw. Wrth roddi ei arch yn y bedd cleilyd ym mynwent Rhydcymerau, tyngodd Myrddin Tomos lw y cyflwynai ei fywyd i ymladd yn erbyn gormes landlordiaid a stiwardiaid Cymru. Y llw hwnnw a'i gwnaeth ef yn rebel ac yn Sosialydd.[111]

Mae'n bur sicr mai sôn am ei ewythr Dafydd Ehedydd yr oedd Gwenallt yma. A bu Gwenallt yn rebel ac yn wrthryfelwr drwy'i fywyd, fel ei ewythr. Er iddo ffafrio ardal Rhydcymerau, Sir Gaerfyrddin, fel ei gynefin yn *Plasau'r Brenin*, ar draul Pontardawe yn Sir Forgannwg, daeth i sylweddoli fod y ddwy sir wedi dioddef yn enbyd yn y gorffennol. Meddai am Sir Gaerfyrddin:

Yn nyfnderoedd ei enaid yr oedd y cof am hanes ei sir a dioddefaint ei bobl. Cofiai sut yr erlidiwyd y tenantiaid gan y tirfeddianwyr am iddynt wrthod myned i'r Eglwys a phleidleisio drostynt mewn etholiad. Codid rhenti'r ffermydd ar ôl i'r tenant ddiwyllio'r tir â'i arian ei hun. Yn yr arwerthiannau degwm bwrid ei bobl i lawr â phastynffyn yr heddgeidwaid, a'u damsang tan garnau gwaedlyd meirch y milwyr ar y buarthau. Gyrrid hwy o'u ffermydd a'u hel ar hyd y mynyddoedd, heb dŷ, heb do a heb dân, yn ffoaduriaid yn y gaeaf. Gorfu iddynt ffoi dros y cefnfor i wledydd tramor lle y caent lonydd i drin y tir, addoli Duw, a marw. Buasai Myrddin Tomos, cyn ei ddwyn i'r carchar, yn y tribiwnaliaid milwrol yn dadlau dros ei bentrefwyr, ac yno y gwelodd gam-drin ei bobl uniaith gan swyddogion Seisnig y Llywodraeth. Tynnwyd ei gyfeillion a'i gyd-ddisgyblion oddi wrth yr aradr a'r oged, a'u gyrru, fel ŵyn mudion, o'r meysydd i'r Rhyfel Mawr; gwŷr ifainc heb gasineb yn eu calon at yr Almaenwyr. Lladdent werin yr Almaen yn nhân y gwladgarwch gwneuthur a feginid gan y wasg felen, y tabyrddau a'r *rum*. Yr oedd eu gwir elynion hwy yn eu gwlad eu hunain, gorthrymwyr eu tadau a threiswyr eu hynafiaid. Byddai'n fwy rhesymol a chyfiawn iddynt ladd y Saeson na lladd yr Almaenwyr, fel y gwnâi'r Gwyddelod.[112]

Yr un oedd y gorthrwm a'r annhegwch a geid yn y Sir Forgannwg ddiwydiannol ag yn y Sir Gaerfyrddin amaethyddol:

Pan letyai Myrddin Tomos mewn pentref yn Sir Forgannwg, cofiai weled, yn ystod streic, blismyn boliog y Dociau yn cerdded strydoedd y pentref hwnnw, gan drin y gweithwyr fel cŵn a bwrw enllib ar foesoldeb eu gwragedd. Chwalai'r plismyn gyfarfodydd heddychlon y streicwyr â'u clybiau. Ceibiai'r gweithwyr y tipiau am dalpau glo i gynhesu eu haelwydydd, neu gario, mewn sachau gwlybion ar eu cefnau, gols a saim o dipiau'r gwaith tỳn. Dioddefent dlodi a newyn. Yr hen gownt yn y *Cop* a gadwai'r blaidd y tu allan i'r drws. Gorfu i un teulu, nad oedd nepell o'i lety, goginio'r ci yn fwyd i'r plant newynog. Braint i lygaid Myrddin Tomos oedd cael gweled dewrder distaw'r Undebau Llafur dros gyflog byw ac oriau hamdden. Galwyd ar y gweithwyr hynny a'u meibion i ymladd, yn y Rhyfel, dros Frenin a Gwlad, y gwŷr na chawsent, yn eu newyn, hyd yn oed y briwsion oddi ar Ei fwrdd brenhinol ac na welsent yn eu gwlad eu hunain ond ei thywyllwch a'i fflamau.[113]

Ac ar ôl cyfnod y carchar a chyfnod y Rhyfel Mawr, i Sir Gaerfyrddin y dychwelodd y ddau efell, Myrddin Tomos a David James Jones, i chwilio am adferiad iechyd ac i ailgyfathrachu â'r pridd, cyn wynebu dyfodol ansicr gyda'i gilydd.

Pennod 3

Coleg Aberystwyth
1919–1925

Roedd y rhyfel wedi drysu popeth i bawb. Roedd cynlluniau pobl wedi eu malu yn chwilfriw mân, a rhaid, bellach, oedd ceisio casglu'r darnau ynghyd, a'u hasio wrth ei gilydd i greu rhyw fath o batrwm a chyfeiriad i fywyd: cyfnod o ymaddasu, o ailadeiladu ac o ailgynllunio yn ei hanfod. Aeth Albert Davies yn ôl at fusnes y teulu wedi iddo gael ei ryddhau o'r carchar. Lledaenwyd y busnes, agorwyd cangen newydd ohono yng Ngwauncaegurwen, a gosodwyd Albert yn rheolwr ar y gangen honno. A beth am Gwenallt? Dychwelodd o Sir Gaerfyrddin, casglodd ychydig angenrheidiau ynghyd yn yr Allt-wen, ac aeth i Aberystwyth ym mis Hydref 1919 i gychwyn ar gyfnod newydd yn ei hanes, cyfnod y bu'r rhyfel bron â'i rwystro rhagddo am byth. Ac aeth yno gyda bendith, balchder a haelioni ei dad y tu cefn iddo. Yn ôl Albert:

> Gwenallt was considering his future with his father. Thomas Jones, like most of the steel and tinplate workers, had accumulated a comfortable amount of savings from his well-paid wages as a pitman in the steelworks and, as most of the families in Pontardawe, contemplated buying a house of their own. There were three children in the family and the discussion turned on the question of a house, or the future education of his children. Thomas Jones decided that education was more important than 'bricks and mortar'. His decision and ambition was justified, when Gwenallt entered Aberystwyth University by way of a Cynddelw Scholarship in 1919.[1]

Cydnabu Gwenallt ei ddyled i'w dad flynyddoedd yn ddiweddarach: 'Cael addysg a wnaethom ni gan ein tadau am nad oeddynt eisiau i ni wneud yr un gwaith â hwythau yn y Gwaith Dur, y Gwaith Alcan a'r pyllau glo'.[2]

Ar ôl cyfnod o ddistawrwydd, cysylltodd Gwenallt ag Albert. Anfonodd lythyr ato o Sussex House, Prospect Place, Aberystwyth. Roedd Gwenallt yn falch iawn o droi cefn ar Bontardawe:

> I feel myself fortunate in having escaped that murky place, with its stifling alleys and rows of smoke-begrimed streets, with its stacks belching forth clouds of evil smoke, and the whir and din of its ceaseless machinery; and to have come to this veritable little heaven on earth, with its clean and salubrious atmosphere, and its stimulating refreshing sea-breezes.[3]

Ail Rydcymerau oedd Aberystwyth, tref lan y môr fechan a oedd yn agored i awelon a gwyntoedd iachaol y môr. Gadawodd Gwenallt fudreddi a drewdod Pontardawe o'i ôl, a dechreuodd anadlu glendid a rhyddid. Ni wyddai ar y pryd mai yn y dref fechan hon y byddai'n treulio gweddill ei fywyd, i bob pwrpas, ar wahân i ddwy flynedd mewn tref lan y môr arall rhwng ei ddau gyfnod yn Aber. Sŵn tonnau'n torri a sŵn hisian a sisial y môr a glywai mwyach, nid sŵn aflafar ac undonog peiriannau'r gweithfeydd yn chwydu ac yn chwyrnellu.

Roedd Gwenallt wedi colli dwy flynedd o'i ieuenctid. Ni chafodd gyfle i fod yn ŵr ifanc yn ei oed a'i amser. Aeth o'r ysgol i'r carchar, nid o'r ysgol i'r coleg. Un o'r pethau mwyaf rhyfeddol am y Gwenallt ifanc yw'r modd y trodd sosialydd dewr a diwyro yn rhamantydd rhonc. Meddai wrth Albert:

> After worrying my little brain in the intricate and complex problems of Economics all day, I endeavour in the quietness and the solitude of country lanes (for quietness is indispensable to meditation) to study feminine psychology by night, and after scrapping together a few theories and generalisations, I prove their validity in practice. The supreme human art is the art of love. I feel, Albert, that the loss of an only brother has intensified and enlarged my love for humanity, and manifests itself particularly with regard to the fair sex. My soul yearns for the sense of union with another soul, for I know, that like myself you have experienced that celestial intoxication which is obtained from communion with a kindred soul. The sweet communion in the dusk, the beautiful subtleties of wooing. Tolstoy shuddered

at the power that women possess over man, yet I believe that the best tonic for melancholia and depression is this vitalising power, this mutual rousing of passion, which is experienced by association with the fair sex.[4]

Yn anffodus, ni roddai Gwenallt ddyddiadau ar y llythyrau hyn at Albert, ond ar ôl mis Medi 1920 y lluniwyd y llythyr hwn. Ar Fedi 27, 1920, y bu farw John Llewelyn, brawd Gwenallt, yn greulon o annhymig. Cofnodwyd ei farwolaeth yn *Llais Llafur*:

> A gloom has been cast over Alltwen by the death of a popular young man in the person of Mr. John Llewellyn [*sic*] Jones, son of Mr and Mrs Thomas Jones, Quarry Cottage. The deceased, who was only nineteen years of age, was employed on the pay-room staff at Messrs. Gilbertson's works, and was much esteemed and respected in that capacity. Although he had been away for some time for health reasons, his death came as a shock to all who knew him, as he was considered to be making good progress. He was treasurer of the Alltwen juvenile choir, and took part last Christmas in the performance of "Zurika the Gipsy Maid."[5]

Un cyfeiriad yn unig at farwolaeth ei frawd a geir ym marddoniaeth 'swyddogol' Gwenallt, sef yn un o benillion y gerdd 'Beddau':

> Bedd fy mrawd ar y bryn.
> Canai solo ac emyn,
> Canodd dro: tawodd wedyn.[6]

Datganiad noeth a geir yn y pennill; gosodiad ffeithiol. Pa fath o effaith a gafodd marwolaeth Johnny ar Gwenallt, ac ar ei rieni, o ddifri?

Ceir yn y Llyfrgell Genedlaethol yn Aberystwyth gasgliad sylweddol o ryw drigain o gerddi cynnar o waith Gwenallt, yn llawysgrifen Gwenallt ei hun. Ni welodd y cerddi hyn olau dydd hyd yma. Y mae'r cerddi yn rhy aeddfed i fod yn waith bachgen ysgol ac yn rhy anaeddfed i fod yn waith Gwenallt yn ei ieuenctid hwyr. Y mae'n amlwg mai gwaith Gwenallt yn fyfyriwr yw'r cerddi hyn, yn rhannol, o leiaf; a rhai cerddi, efallai, yn perthyn i'w gyfnod yn y Barri.[7] Ceir yn eu plith farwnad i'w frawd, 'Fy Mrawd Bach', cerdd a luniwyd, yn naturiol, ar ôl mis Medi 1920. Er mor flodeuog yw'r iaith, ceir ynddi wir deimladau Gwenallt ar ôl iddo golli ei frawd:

Roedd gloewder dieithr i'th lygaid di,
  A gwrid ar d'wyneb rhy dlws;
Mi glywais angau yn dyfod i'r tŷ,
  Yn ddistaw, heb guro'r drws.

Wylais o golli ein chwarae llon
  Am na welaf ei wyneb mwy,
Ond wylais ddagrau chwerwaf fy mron
  Am na charaswn ef fwy.

Mi fynnwn, weithiau, ei weled o;
  Pam, Angau, y'm rhwystri i?
Ond eto gwn fod ei gell ar glo,
  Ac allwedd y drws gennyt ti.

Ti guddiaist chwerthin ei wyneb gwyn,
  Cleddaist ei ddagrau a'i wên,
Ti ddaethost, bob cam, o'r fynwent i'r Bryn
  A phasio aneddau'r hen.

Pam y rhoist anadl i'w ffroenau bach,
  Rhoi gwaed a chnawd, Dduw, paham?
A gorfod mor gynnar ganu'n iach,
  Ai er brifo calon fy mam?

Pan chwyth y gaeaf o'r draethell draw,
  Ac wylo bob cam tros y Rhos,
Cr[i]a ei lais, yn y gwynt a'r glaw,
  Am fron ei fam, yn y nos.

Pan gryn y coedydd, yn fawr a mân,
  Tan ddyrnod taran a mellt,
Wrth weled ei fam, a'r aelwyd, a'r t[â]n,
  Fe wyla'r un bach rhwng y dellt.

Am hyd fy nydd a'm llawenydd i
  Nid oes yn y byd a ŵyr,
Ond d[o]f i gysgu, fel cynt, atat ti,
  Pan gân y gloch yn yr hwyr.[8]

Colli'i ryddid yn ifanc, oherwydd ei ddaliadau gwleidyddol ar y pryd, oedd un o ergydion cyntaf Gwenallt mewn bywyd. Ergyd ddidostur arall oedd iddo golli'i frawd mor ifanc. Roedd llawer o'i gyfoedion yng Nghwm

Tawe wedi eu lladd yn y Rhyfel Mawr. Un o'r rheini oedd Oliver Jones, Pontardawe, englynwr, bardd a thelynor, a brawd Gunstone Jones, yr actor comig a'r adroddwr. Boddwyd Oliver Jones yng ngolwg Aberaeron ar Awst 21, 1918, yn 28 oed, ac fe luniodd Gwenallt englynion er cof amdano.[9] Gwyddai Gwenallt pa mor fregus y gallai bywyd fod, a'i nod yn awr oedd byw bywyd i'r eithaf ac ymgolli yn angerdd y foment. Roedd marwolaeth ei frawd yn enwedig wedi ei sbarduno i lynu'n dynn ac yn daer wrth fywyd, a byw bywyd llawn cyn i ryw rym neu ffawd annisgwyl ddiffodd y bywyd hwnnw. Marwolaeth y naill frawd oedd genedigaeth y llall.

Cyrhaeddodd Gwenallt Aberystwyth ar adeg o newidiadau mawr yn hanes y coleg. Ym 1913, ar drothwy'r Rhyfel Mawr, roedd 429 o fyfyrwyr yn Aberystwyth. Flwyddyn ar ôl y rhyfel roedd y nifer wedi mwy na dyblu, gyda 971 o fyfyrwyr ar gofrestr y coleg. Ym 1920, yr oedd nifer y myfyrwyr yn Aberystwyth yn fwy na mil. Cofrestrwyd bron i 1,100 o fyfyrwyr y flwyddyn honno. Y rheswm am hynny oedd y ffaith i'r rhyfel dorri ar addysg uwch llawer iawn o fechgyn ifainc, a Gwenallt yn eu mysg; gyrrwyd eraill i faes y gad cyn iddynt gael cyfle i fynd i goleg. Ar ôl y rhyfel dychwelodd y rhain yn lluoedd o feysydd y gyflafan fawr, un ai i gwblhau eu haddysg brifysgol neu i gychwyn arni o'r newydd.

Ymhlith y cyn-filwyr a aeth i'r coleg yn Aberystwyth yr oedd T. Hughes Jones, brodor o ardal Blaenafon, Ceredigion, un o lenorion Cymraeg y dyfodol, awdur *Sgweier Hafila* ac *Amser i Ryfel*, nofel a seiliwyd ar ei brofiadau yn y Rhyfel Mawr. Cyn-filwr arall oedd Hywel Davies o Nantgaredig, Sir Gaerfyrddin, y gŵr a gyfieithodd bryddest fuddugol E. Prosser Rhys yn Eisteddfod Genedlaethol Pont-y-pŵl ym 1924, 'Atgof', i'r Saesneg dan y teitl *Memory*, ac un arall o awduron y dyfodol, dan y ffugenw Andrew Marvell. I Aberystwyth hefyd yr aeth J. Beddoe Jones, ac am gyfnod bu Gwenallt ac yntau yn cydletya â'i gilydd.

Cyrhaeddodd Gwenallt y coleg hefyd pan oedd llawer o benodiadau newydd wedi eu gwneud. Ym 1919, penodwyd A. E. Zimmern yn Athro yn Adran Gwleidyddiaeth Ryngwladol y coleg. Yn yr un flwyddyn penodwyd Sydney Herbert yn ddarlithydd yn ei adran, cyn iddo ymuno â'r Adran Hanes yn ddiweddarach. Ym 1919 hefyd y penodwyd H. J. Rose, gŵr o Ganada a addysgwyd yn Rhydychen, yn Athro Lladin.

Aeth Gwenallt i Aberystwyth pan oedd cyfnod chwerw a chwerylgar ar fin cyrraedd ei anterth o fewn Adran Gymraeg y coleg. Ym 1913, rhoddodd Syr Edward Anwyl y gorau i'w swydd fel Athro'r Gymraeg i dderbyn swydd arall, er iddo farw yn fuan iawn wedi hynny. Clywyd mai W. J. Gruffydd, darlithydd yn yr Adran Gelteg yng Nghaerdydd ar y pryd, a benodid i'r swydd; clywyd hefyd fod y coleg yn ceisio denu'r Athro John Morris-Jones o Fangor. Ond roedd tri aelod o'r Adran Gymraeg yn Aberystwyth hefyd â'u llygaid ar y swydd – T. Gwynn Jones, Timothy Lewis a T. H. Parry-Williams, sef dewis Syr Edward Anwyl ei hun. Gohiriwyd y penderfyniad i benodi olynydd i Edward Anwyl am flynyddoedd, gan greu llawer o ddrwgdeimlad. Yn y diwedd, penderfynwyd sefydlu dwy swydd Athro yn yr Adran Gymraeg. Penodwyd T. Gwynn Jones yn Athro Llenyddiaeth Gymraeg Aberystwyth ym 1919, a T. H. Parry-Williams yn Athro'r Gymraeg ym 1920. Penodwyd Prifathro newydd i'r coleg hefyd ym 1919, sef J. H. Davies, eto yng nghanol llawer o anniddigrwydd a drwgdeimlad.

Sefydliad anhyblyg o geidwadol oedd Coleg Prifysgol Cymru, Aberystwyth, cyn y rhyfel, a hyd yn oed ar ôl y rhyfel am blwc. Roedd rheolau a dulliau dysgu'r coleg yn perthyn i oes yr arth a'r blaidd, nid i oes a oedd yn dioddef o effeithiau'r rhyfel mwyaf erchyll a welwyd erioed yn hanes y ddynoliaeth. Nid myfyrwyr diniwed a dibrofiad oedd llawer o fyfyrwyr newydd 1919, ond bechgyn ifainc a oedd wedi gweld eu cyfeillion a'u cyfoedion yn cael eu chwythu'n chwilfriw mân ar faes y gad. Roedd y rhain eisoes wedi ennill graddau anrhydedd mewn lladd a dinistrio. Ac roedd y garfan arall, y cyn-garcharorion, hefyd wedi dioddef misoedd helaeth o anghysur, diflastod, dioddefaint ac unigrwydd. Prin y gallai unrhyw beth y taflai'r coleg atynt eu niweidio mewn unrhyw fodd.

Roedd safon yr addysg yn Aberystwyth, i ddechrau, yn llai na boddhaol. Aeth Cassie Davies i'r coleg yn union ar ôl y rhyfel i astudio Saesneg. Oeraidd ac anysbrydoledig oedd y darlithwyr yn ôl Cassie Davies, a diwerth oedd y cwrs: 'Wnaeth dim byd gyffwrdd â'm dychymyg na'm calon ynddo, a down i fymryn nes at adnabod y darlithwyr ar ei ddiwedd nag ar ei ddechrau'.[10] Gwrando ar y darlithwyr yn traethu a wnâi'r myfyrwyr, a chyflwyno cynnwys eu darlithoedd yn ôl iddynt yn yr arholiadau gradd. Cyflwynai'r darlithwyr yr un hen ddarlithoedd i bob to o fyfyrwyr, heb newid dim ar eu cynnwys na gwneud dim i'w haddasu yn ôl unrhyw oleuni neu wybodaeth newydd a oedd wedi dod i'r amlwg ar ôl i'r darlithwyr lunio'u darlithoedd yn wreiddiol. '[A] gelwid yr ynfydrwydd hwn yn addysg,' meddai Gwenallt.[11] Wedi iddi raddio yn Saesneg, aeth Cassie Davies ati i ennill gradd arall, y tro hwn yn y Gymraeg, a chafodd ei chyfareddu gan ddarlithoedd T. H. Parry-Williams ar Ieitheg Geltaidd a darlithoedd T. Gwynn Jones ar Hanes Llenyddiaeth Gymraeg, ond eithriadau oedd y rhain. Herio'r drefn, a herio'r darlithwyr, a wnâi'r cyn-filwyr a'r cyn-garcharorion. '[Y]r oedden ni yn fyfyrwyr hŷn, yn hunan-hyderus ac yn aeddfed,' meddai Gwenallt.[12] Byddai rhai o'r myfyrwyr mwy profiadol hyn yn torri ar draws darlith i ofyn cwestiynau neu i gynnig awgrymiadau i'r darlithydd.

Os oedd safon yr addysg yn Aberystwyth yn siom i'r myfyrwyr, roedd y cyfyngiadau ar hawliau'r myfyrwyr yn fwy fyth o siom. 'Anodd credu heddiw ein bod ni'n gorfod arwyddo llyfr os byddem am fynd allan ar ôl saith o'r gloch ac nad oeddem i siarad â bechgyn ar ôl yr amser hwnnw y tu allan i furiau'r Coleg,' meddai Cassie Davies.[13] 'Pan euthum i yno yn 1918,' meddai Iorwerth C. Peate, un arall a fu'n fyfyriwr yn y coleg yn Aberystwyth yn union ar ôl y Rhyfel Mawr, fel Gwenallt, 'ni allai mab a merch o fyfyrwyr gyd-gerdded â'i gilydd ar y promenâd nac ar strydoedd y dref a cheid yn aml yr olygfa ddigrif o eneth yn cerdded ar y prom a llanc yn dilyn rhyw ddwylath neu dair y tu ôl iddi gan gynnal sgwrs megis o bell'.[14]

Y cyn-filwyr a fu'n gyfrifol am ddiddymu rhai o reolau caeth y coleg a llacio gwaharddiadau eraill. 'We look back upon the time when men students were forbidden to watch women students playing hockey and, indeed, to fall in love with them except at certain times, with the absorbed smile of people who would not believe a thing were it not exquisitely ridiculous and worth accepting on account of its quaintness,' meddai Gwilym James, brodor o Griffithstown, Sir Fynwy, gan ddiolch i'r drefn fod y cyn-filwyr wedi gweddnewid y sefyllfa.[15]

Fel y cofiai Gwenallt:

… ni châi'r meibion a'r merched gyfathrachu â'i gilydd ond yn y Coleg, ar gae'r Ficerdy, sef y cae chwarae, ac ar orsaf y rheilffordd. Nid oedd ychwaith hawl i fyned i dafarn. Nid oedd y cynfilwyr yn fodlon ar reolau fel y rhain, rheolau a luniwyd yn Oes Victoria neu cyn y Dilyw. Ymladdodd y cynfilwyr yn y Rhyfel tros ddemocratiaeth, tros roi diwedd am byth ar ryfel a thros fyd yn gymwys i arwyr fyw ynddo. Daeth yr arwyr i Goleg Aberystwyth a chael nad oedd ganddynt hawl i siarad â merch na myned i dafarn: yr oedd yn rhaid iddynt gadw rheolau wedi eu llunio gan hen wlanenni Piwritanaidd o athrawon, hen ddynion 'wedi oeri'u gwaed' a'u 'heneidiau wedi tyfu'n gam'; hen ddirwestwyr o hil gerdd nad yfasant ddiferyn erioed, ond, efallai, lasaid o win ar y slei ym Mharis. 'Roedd rhai o'r cynfilwyr wedi cael mwy o brofiad mewn pum munud ar y *Somme* nag yr oedd y rhain wedi ei gael yn ystod eu hoes academig.[16]

Cymeriad mawr y coleg yn ystod cyfnod Gwenallt yno oedd myfyriwr o'r enw Richard Idwal Mervyn Jones o Lanbedr Pont Steffan, llond ceg o enw i lond coleg o fyfyriwr. Aeth Idwal Jones yn rhan o fytholeg y coleg; tyfodd rhamant a chwedloniaeth o'i amgylch. Cyrhaeddodd y coleg ym mis Ebrill 1919, wedi iddo fod yn y fyddin am bedair blynedd, yn Nwyrain Affrica yn bennaf, ac ar ôl iddo fod mewn tua phymtheg o ysbytai wedi iddo gael ei daro gan wahanol afiechydon. Idwal oedd un o gyfeillion pennaf Gwenallt yn y coleg, ond prin y gwyddai Gwenallt ar y pryd mai ef fyddai cofiannydd ei gyfaill yn y dyfodol. Daeth Idwal yn gyfaill agos i fardd arall hefyd, sef Waldo Williams, a gyrhaeddodd y coleg ym 1923.

Soniodd Cassie Davies am y 'gwahaniaeth a wnaeth i fywyd Cymraeg y Coleg yn fy nghyfnod i'.[17] Idwal oedd yr un a fywiogodd y Gymdeithas Geltaidd. Ac meddai amdano:

> Ar ôl ei unigrwydd a'i afiechyd a'i hiraeth yn Affrica bell, roedd hi'n nefoedd i Idwal gael bod nôl ynghanol criw o Gymry oedd yn awchus am hwyl. Ond beth oedd gan y Cymry hyn fel stwff difyrrwch cymdeithasol? Roedd gan y lleill eu *Students' Song Book* a stôr o ganeuon a chytgan i'w morio hi mewn *soiree* a *smoker*, ond roedd hi'n fain ar y Gymraeg mewn cyfnod pan nad oedd y canu gwerin a llofft stabal, y baledi a'r delyn a'r ddawns wedi dod nôl i'w teyrnas. A dyna'r sialens i Idwal. Cyn pen fawr o dro roedd e' wedi casglu cwpwl o "adar" o'i gwmpas ac fe'u gwelech nhw yn dwr bach yn cerdded y prom, Idwal yn y canol, yn cynllunio a chreu a chwerthin.[18]

Oherwydd Idwal, daeth y Gymdeithas Geltaidd, 'a fuasai'n ddigon fflat a diramant yn ystod y rhyfel, yn fendigedig fyw', ac roedd cymaint o hwyl a miri yn y Gymdeithas 'nes meddiannu'r Coleg â'i llawenydd Cymraeg, a pheri i ni deimlo nad oedd neb arall yn cyfri'.[19] 'Yr oedd ei ddigrifwch chwim a'i allu parodïol yn cydweithio i greu'r union fath o ddefnydd chwerthin a fynn [sic] myfyriwr pob oes,' meddai Iorwerth Peate amdano.[20]

Nid dod â chwerthin a llawenydd i fywydau undonog y myfyrwyr oedd unig gymwynas Idwal Jones. Defnyddiodd ei hiwmor a'i ddoniolwch i herio rheolau'r coleg. Ymosododd ar reolau caethiwus hosteli'r merched yn ei gomedi-gerdd ddychanol, ddoniol *Yr Eosiaid* a lwyfannwyd dan nawdd y Gymdeithas Geltaidd ym mis Chwefror 1923. Dro arall, ymwisgodd fel merch a chafodd ganiatâd gan warden Neuadd Carpenter, un o hosteli'r merched, i esgyn i ystafell un o'r merched ar lawr uchaf yr hostel, trwy honni bod yn asiant ar ran 'Spirella Corsets'.

Rhoddodd Gwenallt ar gof a chadw sawl un o 'fabolgampau' Idwal. Ei duedd, meddai, oedd mynd dros ben llestri, a cheir sawl enghraifft o hynny ganddo, gan gynnwys yr enghraifft amlycaf o'i herfeiddiwch:

> Y tro beiddgaraf oedd gwyngalchu delw Tywysog Cymru o flaen y Coleg, ac nid Idwal Jones oedd yr unig un wrthi, ond mintai, ac efe yn arweinydd arni. Noson cyn y dadorchuddio aeth ef a'i fintai berfedd nos at y ddelw; tynnu'r llen oddi arni a'i gwyngalchu; rhoi crafet goch am wddf y Tywysog, pib yn ei ben a doli rhwng ei freichiau; a gosod y llen yn ôl arni. Aeth un myfyriwr bychan, â gweddill ei wyngalch yn ei fwced, trwy dywyllwch y Promenâd draw i Neuadd Alecsandra, Neuadd y Merched, a gwyngalchu drws y ffrynt. Mawr oedd y disgwyl am y dadorchuddio brynhawn Sadwrn, a mawrion y Deyrnas yno, ond yn ffodus neu'n anffodus tynnodd y porthor y bore hwnnw y llen amdani, a gweled y grafet, y bib a'r ddoli; a dadwyngalchodd y ddelw. Bu'r plismyn yn chwilio am y troseddwyr, a gellir heddiw adrodd yr hanes am fod arweinydd y fintai ac eraill y tu hwnt i gyrraedd pob plismon.[21]

Lluniodd bortread gwych o Idwal a'i gyhoeddi yn *Yr Efrydydd* ym 1938:

> Idwal Jones oedd y mwyaf anacademig a fu erioed mewn Coleg. Yr oedd fel pysgodyn ar dir sych. Gellid gweled wrth y *bow-tie* Bohemaidd tan ei ên nad stiwdent ydoedd. Yn lle darllen llyfrau, lluniai hwn limrigau; yn lle myfyrio uwchben darlithiau, cyfansoddai ganeuon digri a chomedïau. Yn y Noson Lawen trôi hwn ddifrifwch Prifysgol Cymru yn ddigrifwch, darlithiau yn firi, ofn arholiad yn jôc (begio'ch pardwn o'r bedd, iôc), triciau gwraig llety yn limrig a chyfrifoldeb myfyrwyr yn chwerthin.[22]

Os oedd safon yr addysg yn isel yn Aberystwyth, fe geid yno, er hynny, weithgareddau cymdeithasol bywiog a difyr. Roedd dawnsfeydd y coleg yn achlysuron o bwys. Ceid yn ogystal nifer o gymdeithasau yn y coleg, a thynnai'r rhain y myfyrwyr oll ynghyd. 'O blith y llu cymdeithasau a geid yn y Coleg y pryd hwnnw, yn ddiau'r pwysicaf i fyfyriwr o Gymro oedd y Gymdeithas Geltaidd a'r "Lit. and Deb.", sef y Gymdeithas Ddadleuon,' meddai Iorwerth Peate.[23] Gwahoddid Cymry blaenllaw i draddodi ambell ddarlith yng nghyfarfodydd y Gymdeithas Geltaidd.

Ar ôl iddo anfon ei lythyr cyntaf ato o'r coleg, ceisiodd Gwenallt gadw mewn cysylltiad ag Albert Davies. Yn wir, aeth Albert i Aberystwyth i weld Gwenallt ar sawl achlysur, a chyflwynodd Gwenallt sawl un o'i gyfeillion iddo, fel Idwal Jones a Ben Morse, un o gyfeillion agosaf Gwenallt yn y coleg ac wedi hynny. Sylwodd Albert fod y coleg wedi newid Gwenallt yn llwyr. 'I discovered he was gradually discarding the former shyness of "the loner" and was developing the faculty of involvement in things and people around him,' meddai.[24]

Roedd Gwenallt, mae'n amlwg, wedi gwirioni ar yr ochr gymdeithasol i fywyd y coleg, ac wedi dechrau bwrw ymaith ei hen swildod. Trwy ymwneud â gweithgareddau cymdeithasol a diwylliannol y coleg, gallai Gwenallt, ar yr un pryd, ddad-wneud y cyfnodau o arwahanrwydd ac o unigrwydd a brofasai yn Wormwood Scrubs a Dartmoor. Meddai wrth Albert:

> The commencement of the first term in College is a very busy time, for it is then that the various societies hold their inaugural concerts.
>
> It has given me immense joy to plunge once more into the welter of social life in College, and I have assiduously patronised the humourous element in our functions. In one concert I recit a very humourous Welsh piece entitled "Torri Amod Priodas", which brought the house down, and I had to yield to the solicitations of the chairman for a second recitation. I gave them another piece of humour and frivolity called "Beth yw Cariad?"[25]

Cymerai ran yn nadleuon y Gymdeithas Geltaidd, a chanai ac adroddai yn fynych yng nghyfarfodydd y gymdeithas honno.

Ond nid cellwair a chwarae yn unig a wneid yn y coleg, er gwaethaf direidi Idwal Jones. Aeth Gwenallt i'r coleg i dderbyn addysg bellach ac i ennill gradd, gan ledu ei orwelion ac ymestyn ei gyraeddiadau ar yr un pryd. O safbwynt academaidd, bu i bedwar o athrawon y coleg gael cryn ddylanwad arno: yr Athro Lladin, H. J. Rose, y ddau Athro yn yr Adran Gymraeg, T. Gwynn Jones a T. H. Parry-Williams, a'r Athro A. E. Zimmern, a ddarlithiai ar Wleidyddiaeth Ryngwladol iddo. Adran newydd sbon oedd Adran Gwleidyddiaeth Ryngwladol neu Gydwladol y coleg, ac fe'i sefydlwyd gyda'r amcan o ddod i ddeall cenhedloedd eraill yn well, yn enwedig ar ôl trychineb y Rhyfel Mawr. 'Darlithiai'r Athro Zimmern i ni yn yr Adran Athroniaeth ar wleidyddiaeth Groeg,' meddai Gwenallt amdano,

> ac yr oedd yn awdurdod ar ei bwnc fel y dengys ei glasur, *The Greek Commonwealth*. Hoffwn athroniaeth wleidyddol Platon am fod ei wladwriaeth yn debyg i Gomiwnyddiaeth ...[26]

Pwnc arall a astudiai yn y coleg oedd Almaeneg, 'which is a most fascinating study, especially the lyrics of Goethe and Schiller,' meddai wrth Albert, a chyfeiriodd yn gynnil at y modd y cafodd ei wawdio a'i ddilorni am ei safiad fel gwrthwynebydd cydwybodol: 'In the past I have been dubbed a Pro-German, but before the end of the year I shall be a full blown one'.[27]

Roedd Gwenallt hefyd wedi dechrau ymddiddori yn y rhyw deg yn y coleg. 'Ah! woman, the very music of her name thrills my pulsating heart,' meddai mewn llythyr arall at ei gyfaill.[28] Roedd wedi cael cariad yn y coleg:

> I love, adore, worship and idolise Woman. Is not she a superb creation? The veritable masterpiece of the universe. She does master the most strong, even a Samson had to succumb to the wiles and charms of a Dalilah.
>
> Fortunately, Albert, I have come across a lovely girl here, one from Devil's Bridge by birth, but she stays at Aberystwyth. She is a true soul companion, very open-minded and magnanimous, one with an artistic temperament and does all things artistically. It was but last Sunday that we were enclosed in [a] rift in a rugged rock, a blue expanse of sea was before us, hazy mountains loomed in the distance, and unconcerned sheep browsed on the grassy plain above us. Well, friend, I was absolutely blind-drunk on the romance of the situation. I did not realise that I was in this humdrum, workaday world. I felt I was in some Blue Lagoon or some never-never land. It was truly Utopian. The blue of the sea was in her eyes, and there was something hazy and dreamy about them, which made [me]

feel that I was not Jones the insignificant student, but a spirit of romance, joy and delight. Of course, this damnable cruel thief which we call Time steals the golden hours especially when one enjoys himself.[29]

Dychwelodd i'w lety yn 24 Rhodfa'r Gogledd, i ganol dadl wleidyddol, ac o ramantiaeth at realaeth. Ceir awgrym yn y llythyr fod byd gwleidyddiaeth bellach yn ei ddiflasu i raddau, ac eto, ni allai ddianc rhag ei gynefin nac anghofio dioddefaint glowyr Morgannwg:

When I came back to digs, there was a debate here on the coal situation, and in the tumult of this debate I realised that I lived on this gloomy sublunary planet after all. What a contrast between the world of romance and spoonology and the gloomy world of politics and industrial affairs. I wonder, friend, what will be the ultimate issue of this debacle, I hope for Heaven's sake it will prove an unprecedented victory for those courageous sturdy miners who work in the darksome hells of the earth.[30]

Gwleidyddiaeth a âi â bryd Gwenallt pan oedd yn ifanc yn yr Allt-wen, a gwleidyddiaeth a'i gyrrodd i'r carchar. Ond bellach, yn fyfyriwr yn Aberystwyth, llenyddiaeth a âi â'i fryd yn bennaf, ac roedd y cyn-garcharor yn dechrau troi'n egin-ysgolor yn ogystal ag egin-fardd.

Blodeuog, yn aml, yw ei lythyrau at ei gyfaill. Er iddo lwyr ymgolli ym mywyd cymdeithasol y coleg, carai unigedd yr hwyr ar brydiau, a charai fyfyrio:

It is the dead of night, and my little heart is surging with a multitude of thoughts, thoughts which come to me from the bosom of the night. It is a favourite habit of mine to sit alone at night, with the light switched off, and to yield myself to the "joys of elevated thoughts", and to see dear, beloved faces smiling in the flames of the fire. Among those which the flames show to me is yours. The flames tell me very often that friendship is the most divine thing on earth, that friendship which is more deep than the sea and higher than the stars of heaven. I feel very often that I should have slipped over the edge of the earth, but for those golden chains which bind our souls together.[31]

'[F]riendless village' oedd Pontardawe i Gwenallt bellach, a gresynai fod ei gyfaill yn gorfod byw yn y fath dwll o le.[32] Anodd osgoi'r argraff mai gŵr ifanc breuddwydiol a oedd mewn cariad â rhamant ac â Rhamantiaeth oedd Gwenallt yn y coleg. 'The great God has made me a born dreamer, and has filled my poor little soul with strange and beautiful dreams,' meddai wrth Albert mewn llythyr arall.[33]

Yn y coleg, ac yn ystod blynyddoedd y coleg, y dechreuodd Gwenallt farddoni o ddifri. Roedd yno nythaid o feirdd ar y pryd, meddai, ac fe'u henwodd: Evan Jenkins, T. Hughes Jones, D. Lloyd Jenkins, Iorwerth C. Peate, J. Beddoe Jones, Idwal Jones, B. J. Morse a Charles Davies. B. J. Morse a Charles Davies a gyflwynodd Gwenallt i feirdd y cyfandir. Hoff feirdd y tri oedd Keats, Rossetti, Swinburne, Oscar Wilde, Arthur Symons ac Ernest Dowson yn Lloegr, Edgar Allan Poe, yr Americanwr, ac o blith y Ffrancwyr, Gautier, Verlaine a Baudelaire. Ac eithrio'r bardd Rhamantaidd Keats, beirdd y cyfnod dirywiedig yn Lloegr, beirdd y *fin de siècle*, gyda'u pwyslais ar angerdd teimlad a chyffro'r foment a'u casineb tuag at fateroliaeth, felly, oedd hoff feirdd Gwenallt a'i gyfeillion, ac o blith beirdd tramor, beirdd symbolaidd synhwyrus Ffrainc a apeliai atynt.

Ac meddai am ei dueddiadau ef a'i gyd-feirdd yn y coleg:

> Ein meistr a'n hathro mewn rhyddiaith Saesneg oedd Walter Pater, a'i lyfr ef, *The Renaissance*, yn arbennig ei ddiweddglo, oedd ein Beibl. Daliai Pater yn y diweddglo hwnnw mai ysbaid fer yw ein bywyd ac y dylem lanw'r ysbaid honno â nwyd ac angerdd, â chynifer o guriadau calon ag a oedd bosibl. Angerdd mawr a allai fywiogi bywyd a miniogi'r ymwybod, yn enwedig angerdd barddoniaeth, y dyhead am brydferthwch, a chariad at gelfyddyd er ei mwyn ei hun. Athrawiaeth debyg a geid gan Nietz[s]che. Ei feirniadaeth ef ar Gristionogaeth oedd ei bod yn dywedyd "Na" wrth fywyd ac nid "Ie," ei bod hi yn gwrthod bywyd ac yn ymwadu ag ef ac nid yn ei dderbyn â breichiau agored, fel Dionysos ac Apolo, a'i ddwysáu, ei angerddoli, a'i lanw hyd y fyl â gorfoledd.[34]

'Rhyw wlanen o ddyn oedd Crist,' meddai Gwenallt, a syrffedus i'r eithaf oedd barddoniaeth Gymraeg oherwydd bod ynddi ormod o 'Gristionogaeth ddiflas'.[35] Hoff feirdd Cymraeg y gyfeillach farddol hon oedd T. Gwynn Jones, W. J. Gruffydd, R. Williams Parry a T. H. Parry-Williams. O blith y rhain, T. Gwynn Jones a gafodd y dylanwad mwyaf ar Gwenallt, er bod un diffyg amlwg yn ei farddoniaeth. 'Gwledd oedd barddoniaeth Gwynn Jones,' meddai, 'canys gwelswn o bell, mewn gwlad estron, Gymru, ond ffôl oedd y genedlaetholdeb yn ei farddoniaeth, canys canrif gydgenedlaethol oedd ein canrif ni'.[36] Roedd telynegion cynnar a phryddest W. J. Gruffydd, 'Trystan ac Esyllt', yn apelio atynt oherwydd eu paganiaeth iach, ac er iddynt feddwi yn chwil ulw ar awdl 'Yr Haf', awdl serch synhwyrus R. Williams Parry, camgymeriad a cham â'r gerdd oedd dwyn y brodyr mynachaidd i mewn iddi.

'Angen barddoniaeth Gymraeg oedd carthu ohoni bob cymhariaeth ac arwyddlun Cristionogol, nid yn unig am eu bod hwy yn ffôl ond am eu bod hefyd yn ystrydebol, a chael cymariaethau ac arwyddluniau newydd sbon, yn codi o'r bywyd cyfoes, yn enwedig o'r bywyd diwydiannol,' meddai.[37] Ond ni allai Gwenallt ei hun fod yn bagan cyflawn, 'yn llithro o orfoledd i orfoledd, o angerdd i angerdd', oherwydd bod dylanwad ei gynefin arno o hyd, er cymaint yr oedd estheteg celfyddyd yn hawlio'i fryd:

> Ni allwn fod yn bagan pur, er nad oedd gennyf unrhyw gydymdeimlad â Christionogaeth, ond yr oedd Tolstoi yn f'isymwybod, Dostoievsky, Marx a Lenin; cyni, tlodi, streiciau, a gwrthryfel Deheudir Cymru; ac yn fy ffroenau atgof am aroglau'r eirch annaturiol ym mharlyrau'r gweithwyr. Berwai'r wleidyddiaeth hon fel dŵr berw trwy big y tegell yn y Gymdeithas Geltaidd a'r Gymdeithas Ddadlau Seisnig.[38]

Yn ystod ei gyfnod fel myfyriwr, roedd dau beth yn gwrthdaro â'i gilydd yn ei feddwl. Ar y naill law, roedd yn dyheu am fod yn fardd synhwyrus-esthetaidd, rhamantaidd, bardd serch a bardd cyffroadau'r foment, ac ar y llaw arall, gwyddai na allai ddianc rhag tlodi a chyni ei gynefin, na ffoi rhag annhegwch a gormes y gyfundrefn gyfalafol. Roedd gwleidyddiaeth yn rhan ohono o hyd, ac fe wyddai, yn ei isymwybod, y byddai ei farddoniaeth yn y dyfodol yn codi o'r bywyd cyfoes a'r bywyd diwydiannol; ond, am y tro, barddoniaeth ramantaidd a barddoniaeth esthetaidd a gâi'r flaenoriaeth, barddoniaeth ddihangfa gŵr ifanc mewn gwirionedd, wrth iddo geisio gadael awyrgylch afiach ei gynefin diwydiannol o'i ôl, a chau drws y carchar yn glep ar gyfnod diflas a dioddefus yn ei fywyd.

Os y Gymdeithas Geltaidd a'r Gymdeithas Ddadlau a rôi gyfle iddo i fynegi ei ddiddordeb mewn gwleidyddiaeth, y dosbarth Anrhydedd Cymraeg a'r eisteddfodau colegol – yn ogystal â rhai o eisteddfodau Cwm Tawe a'r cyffiniau – a rôi iddo gyfle i'w fynegi ei hun fel bardd. O blith ei ddarlithwyr, T. Gwynn Jones a gafodd y dylanwad mwyaf arno. Er ei fod yn hoff o farddoniaeth T. H. Parry-Williams, ni chafodd y bardd o Ryd-ddu fawr ddim dylanwad ar Gwenallt, 'am fod ei syniadau a'i safbwynt rywbeth yn debyg i'm rhai i'.[39] Traethodd Gwynn Jones, yn un o'i ddarlithoedd, ar y gwahanol fathau o gywyddau gofyn a oedd gan feirdd yr Oesoedd Canol, a phan ddaeth i'r ystafell ddarlithio ymhen yr wythnos, roedd oddeutu hanner dwsin o gywyddau gofyn wedi eu pinio ar y bwrdd du. Roedd Gwenallt yn cofio'r digwyddiad yn fyw iawn:

> Fe'u dadbiniodd; eu darllen i'r dosbarth, a rh[o]i arnynt ei sylwadau mwstashlyd, llygaid-serennog. Fe luniodd un bardd yn y dosbarth gywydd marwnad, er nad oedd neb wedi marw; un arall gywydd gofyn, sef gofyn i'r athrawon beidio â darlithio; bardd arall gywydd serch, er nad oedd yn ferchetwr; Idwal Jones yn cyfansoddi cywydd llatai, sef anfon Sersiant y Coleg yn llatai at Miss Cassie Davies i'w gwahodd i'r oed yng Nghlarach; Evan Jenkins, neu fel y galwem ni ef, Ianto Ffair Rhos, a mi bob o gywydd ymryson. 'Rwy'n cofio'r cwpled cyntaf yn fy nghywydd:
>
> > Ianto Ffair Rhos, dos y diawl,
> > Was cilwgus Colegawl.[40]

'Athro a bardd wedi ei eni ac wedi byw ar hyd y blynyddoedd yn yr Oesoedd Canol ydoedd ef,' meddai Gwenallt am T. Gwynn Jones, ac roedd ganddo hefyd 'gydymdeimlad rhamantus' â'r Eglwys Gatholig.[41] Roedd ganddo atgofion eraill am ei Athro:

> Cenedlaetholwr milwriaethus hefyd. Pan oedd rhyw fardd wedi disgrifio brwydr yn yr Oesoedd Canol, a'r Cymry wedi curo'r Saeson, yr oedd yn chwerthin yn fuddugoliaethus; ond pan oedd y Saeson wedi curo'r Cymry, yr oedd yn rhegi; ac ni chlywais i neb yn dweud y gair "diawl" fel efe.[42]

''Roedd Arthur, Madog, Llywelyn ein Llyw Olaf a'r lleill yn arwyr real iddo, fel pe byddent wedi eu claddu i gyd yn union cyn iddo ddod i'r Coleg,' meddai Gwenallt amdano.[43] Barddoniaeth fodern ym marn T. Gwynn Jones oedd barddoniaeth y Cynfeirdd, y Gogynfeirdd a Beirdd yr Uchelwyr. Datblygodd Gwenallt i fod yn fardd penigamp yn y coleg, a T. Gwynn Jones a ddysgodd werth a grym y gynghanedd iddo. Oes aur y gynghanedd yn ôl Gwynn Jones oedd cyfnod y Cywyddwyr. Barddoniaeth ar gynghanedd oedd barddoniaeth y Cywyddwyr, 'ac ar honno yn unig y gellid mynegi syniad a phrofiad yn gryno ac yn berffaith, ac yn enwedig yn y cwpledi epigramatig'.[44] Roedd T. Gwynn Jones yn hoff iawn o adrodd y cwpled epigramatig 'Mor druan yw'r dyn drannoeth/O roi barn a fo ry boeth'. 'Crynoder oedd ei air ef ar y peth hwn,' meddai Gwenallt.[45]

Rhoddai'r eisteddfodau colegol, yn ychwanegol at ddosbarthiadau T. Gwynn Jones, gyfle pellach iddo i ymarfer ei ddawn a bwrw'i brentisiaeth. Roedd gan Goleg Aberystwyth ei eisteddfod ei hun, ac roedd gan holl golegau Cymru hefyd eu heisteddfod hwy eu hunain, sef yr Eisteddfod Ryng-golegol neu Gydgolegol. Wythnos i edrych ymlaen ati oedd wythnos yr Eisteddfod Ryng-golegol:

> Yr Wythnos Gydgolegol oedd coron y flwyddyn Golegol. Nos Lun oedd Noson Lawen y Gymdeithas Geltaidd, ac nid oedd y ddrama Gymraeg ar wahân i'r Noson Lawen yn y cyfnod hwnnw. Yn Rhan Gyntaf y Rhaglen … yr oedd eitemau adloniadol fel limrigau, topicaliaid ac yn y blaen; ac yn yr Ail Ran yr oedd chwarae dwy ddrama un act neu ddrama hir … Hefyd yr oedd dwy Eisteddfod Rag a phethau eraill; a'r chwaraeon ar brynhawn Sadwrn rhwng timau'r Colegau.[46]

Enillodd Gwenallt ddwy gadair golegol. Enillodd Gadair Eisteddfod Prifysgol Cymru, Aberystwyth, ym mis Chwefror 1922, ar y testun 'Ynys Enlli'. Awdl ramantaidd ganoloesol oedd hon, ond anodd fyddai iddi fod yn ddim arall. 'Efe a'm gosododd yn glwt yn yr Oesoedd Canol yn fy marddoniaeth gynnar,' meddai Gwenallt am T. Gwynn Jones, ac y mae dylanwad yr Athro yn drwm ar 'Ynys Enlli'.[47] Beirniad y gystadleuaeth oedd W. J. Gruffydd. Roedd saith o gerddi wedi eu hanfon i gystadleuaeth y gadair, pum pryddest a dwy awdl. 'Gellir dywedyd amdanynt i gyd ond un eu bod yn ddiameu yn ogyfuwch â safon Eisteddfod y Coleg, a rhai ohonynt yn llawer gwell nag amryw a wobrwywyd yn yr Eisteddfod Genedlaethol – petai hynny rywfaint o glod,' meddai W. J. Gruffydd.[48] *Seiriol Wyn* oedd ffugenw Gwenallt yn y gystadleuaeth, a'i awdl ef oedd yr orau ym marn y beirniad. 'Dyma eto [fel yr awdlwr arall] gynghaneddwr rhwydd a manwl, ond y mae'r clwyf rhamantus ar hwn eto,' meddai.[49] Goroesodd un cwpled ar lafar, sef y cwpled sy'n cloi'r awdl:

Y mae archoll o golli
Bywyd na ŵyr ein byd ni.[50]

'Y mae'n anodd dewis darnau i'w canmol yn arbennig o awdl sydd mor unffurf drwodd, ond y mae'r cwpled diweddaf yn rhoi clo rhagorol ar gerdd sy'n llawn o awyrgylch yr hen ddefosiwn,' meddai W. J. Gruffydd eto.[51] 'Rhamantiaeth Gwynn Jones a welir yn y cwpled ac yn yr awdlau Eisteddfodol,' meddai Gwenallt ei hun, gan ychwanegu:

Ac yn yr Oesoedd Canol y bûm yn byw nes imi ddod yn ddigon llygadog i weld fy ngwreiddiau. Yna fe ehedais o'r Oesoedd Canol a disgyn yn dwt yng nghanol y dirwasgiad yn Neheudir Cymru. Fe welais hefyd y llwybrau yr oeddwn yn gyfarwydd â hwy yn Sir Gaerfyrddin.[52]

Ond yn y Canol Oesoedd y treuliodd y rhan fwyaf o'i amser yn fyfyriwr yn Aberystwyth. Awdl ramantaidd yw 'Ynys Enlli', o safbwynt geirfa, cynnwys, mynegiant ac awyrgylch:

Ar dy dir, Ynys Firain,
Yn ŵr mud mysg gro a main,
Dyddaw malpai o'r diddim
Isel lais neu sisial im;
A dwysber ei hud o fyd ysbrydoedd,
Y cysegr iasoer lle cwsg yr oesoedd,
'Awn i heddwch blynyddoedd – pell, di-gur,
Cyn aru â dolur ein cain ardaloedd.'[53]

Lluniodd Gwenallt awdl arall yn ystod y cyfnod hwn, 'Cyfnos a Gwawr', a enillodd iddo gadair yr Eisteddfod Ryng-golegol yng Nghaerdydd ym 1924. Yn yr awdl hon y mae Gwenallt Pontardawe, Gwenallt y Marcsydd ifanc, yn dechrau dod i'r amlwg. Yn rhan gyntaf yr awdl y mae hi'n nos ar y ddynoliaeth, ac yn nos yn enaid y bardd yn ogystal. Y mae yma gondemnio ar gyfalafwyr a chydymdeimlo â'r gweithwyr cyffredin a ormesid gan y drefn gyfalafol:

Y gŵr traws i ran odidog a anwyd,
Iddo ei gyfoeth o bell ddydd a gafwyd;

Yn ei wae anesgor y gwan a wasgwyd,
Ei fywyd ar olwyn araf a dreuliwyd.[54]

Ac fe ymosodir ar grefydd am anwybyddu anghenion dyn yn y byd hwn, gan gynnig iddo, yn hytrach, esmwythyd a hawddfyd yn y byd a ddaw. Pan fo dyn yn dioddef yn gorfforol, ofer iddo yw unrhyw gysur ysbrydol. Yn rhan gyntaf yr awdl y mae'r traethydd isel ei ysbryd yn dod ar draws 'rhyw brelad' sy'n cynnig cysur a dedwyddyd iddo:

'Y mae draw wlad yr haf a'r difarw afiaith,
Lle bydd y purffydd yn eu cariad perffaith,
Ni bydd yno ddolur, na bedd, na'i ddylaith,
Ond alawon di-ail delyn y dalaith.'[55]

Ond atebir y prelad yn chwyrn gan y traethydd:

'Ni ddaw,' meddwn, 'im hedd o nef dy feddwl,
Drwy lawen degwch ei ddarlunio digwl;
Ba les i lwm ei hwybrennau digwmwl
Yn nych eu poenau yma'n nhawch y pannwl?
Er dy hiraeth mwyn am dir dy rith manwl,
Y mae dy nefoedd mewn amdo o nifwl.'[56]

Nef ddychmygol yw nef y prelad, rhith neu haniaeth o nef, ac nid yw awyr las ddigwmwl y nef honno yn golygu dim byd oll i'r un sy'n llwm ei fyd, yr un sy'n dioddef yn gorfforol.

Yn ail ran yr awdl, adran y wawr, y mae 'rhyw riain dirion' yn proffwydo byd gwell i'r ddynoliaeth, yn optimistaidd ddigon:

'Daw i'w gôl fwynderau, ac oriau euraid
Heb boen, na chyni, heb wae un ochenaid,
Bydd ar lyn a bryn ddisgleirdeb ariannaid,
Bywyd yn fwyn degwch, byd yn fendigaid,
E leinw byd anwel anwybod enaid
Y broydd hud cain â phob breuddwyd cannaid.'[57]

Er mai dylanwad T. Gwynn Jones a welir yn bennaf ar yr awdlau hyn, dylanwad 'Ymadawiad Arthur' yn enwedig, mae'r 'rhiain dirion hon' yn ail ran yr awdl yn cyfateb yn berffaith i Ferch y Drycinoedd yn awdl 'Yr Arwr', Hedd Wyn, awdl ramantaidd arall.

Casglu i'w gwch, paratoi ar gyfer y dyfodol, y bu Gwenallt yn ystod ei gyfnod yn y coleg. Rhamantaidd, dan ddylanwad T. Gwynn Jones yn bennaf, oedd ei olygwedd ar y pryd. Trwy gyfrwng y dychymyg, gwelodd harddwch y tu hwnt i fudreddi a hagrwch y gweithfeydd ym Mhontardawe. Nid T. Gwynn Jones oedd yr unig un i gael dylanwad arno yn ifanc. Bu Charles Baudelaire, y bardd mawr o Ffrainc, hefyd yn ddylanwad aruthrol arno, 'a chymysgedd o Gwynn Jones a Baudelaire oedd fy rhamantiaeth,' meddai.[58] Mae dylanwad Baudelaire yn amlwg ar ran gyntaf yr awdl 'Cyfnos a Gwawr', sef adran y cyfnos. Mae'n adran sy'n llawn o'r *ennui* a'r pruddglwyf a geir ym marddoniaeth Baudelaire. Yn wahanol i T. Gwynn Jones, yr oedd 'yr ymwybod â phechod' i'w gael ym marddoniaeth Baudelaire.

Cafodd Gwenallt gyfle yn y coleg hefyd i ddatblygu ei syniadau ynghylch natur, lle a swyddogaeth y bardd yn y gymdeithas. Ac meddai:

> Artist oedd y bardd yn f'ieuenctid i; dewin ydoedd; Duw. Nietz[s]che a ddwedodd yn y ganrif ddiwethaf fod Duw wedi marw; ac ar ôl Ei gladdu, yr artist a gymerodd Ei le … Duw oedd wedi creu'r byd, ond yr oedd artistiaid wedi rhagori arno, sef creu bydoedd y dychymyg, a dwyn o'r anymwybod weledigaethau ffantastig …[59]

Daeth y bardd a'r artist – y crewyr – i ddisodli'r Duw a oedd wedi marw. Y bardd bellach a oedd 'yn cadw cydwybod dyn; efe a oedd yn cynnal fel Atlas y byd ysbrydol, ac yn gwarchod y gwerthoedd tragwyddol'.[60]

Os oedd rhai agweddau ar y ffordd y dysgid y myfyrwyr gan ddarlithwyr y coleg yn Aberystwyth yn siom i Gwenallt, fel i eraill, yr oedd y byd gwleidyddol ar y pryd hefyd yn siom iddo. Ym mis Ionawr 1924, am y tro cyntaf erioed cafwyd Llywodraeth Lafur ym Mhrydain, dan arweiniad Ramsay MacDonald, er mai byrhoedlog fu ei rhawd yn y senedd. Erbyn mis Tachwedd 1924, ar ôl cynnal etholiad cyffredinol arall, roedd y Blaid Geidwadol yn ôl mewn grym. Er bod buddugoliaeth fregus Ionawr 1924 yn gam mawr ymlaen yn hanes y Blaid Lafur, siomwyd Gwenallt ganddi:

Cafodd y Blaid Lafur yn 1924 y Llywodraeth i'w dwylo, ac er iddi wneuthur rhai pethau da fe'm siomwyd ac fe'm dadrithiwyd. Arhosodd y Brenin ar ei orsedd, ac ni ddiddymwyd Tŷ'r Arglwyddi, ond danfon iddo Arglwyddi Llafur. "Arglwyddi" Llafur, myn brain i … Ni chafodd India ymreolaeth, a danfonwyd milwyr i Bersia i amddiffyn buddiannau'r fasnach olew. A oedd Sosialaeth yn imperialaidd? A beth am Gomiwnyddiaeth? Fe'm gyrrwyd i fesur a phwyso f'egwyddorion gwleidyddol, fy ngobeithion, fy ffydd, a'm profiadau yn Neheudir Cymru. Wrth ddwyn i gof y streiciau, gwelwn mai streiciau oeddynt tros fwy o gyflog a llai o oriau gwaith, amcanion cywir a chyfiawn, canys gŵyr y gweithwyr a'u meibion am werth y bendithion materol hyn, ond ni chafwyd streic i sefydlu Sosialaeth. Ni chafwyd streic hyd yn oed i gael mwy o bensiwn i hen bobl. Undebau i fargeinio â'r meistri gwaith oedd yr Undebau Llafur, ac yr oeddynt, felly, yn rhan o'r gyfundrefn gyfalafol.[61]

Siomwyd ac arswydwyd Gwenallt gan y drefn gomiwnyddol newydd yn Rwsia. Roedd y drefn honno yn gwerylgar ac yn 'annynol o greulon'.[62] Daeth i sylweddoli 'fod un peth yn gyffredin i gyfalafwyr ac i Gomiwnyddion – hunan-les'; hwnnw, meddai, 'oedd yr huddygl ym mhob potes'.[63]

Erbyn 1924, roedd cyfnod Gwenallt yn y coleg yn prysur ddirwyn i ben. Enillodd radd dosbarth cyntaf yn y Gymraeg ym 1922, a gradd ail ddosbarth yn Saesneg ym 1923. Yn yr un flwyddyn, dyfarnwyd ysgoloriaeth ymchwil iddo a'i alluogi i aros yn Aberystwyth am ddwy flynedd arall, i astudio ar gyfer ei radd MA, gradd a ddyfarnwyd iddo ym 1929, am draethawd ar y testun 'Cerddi'r Saint a'u cymharu â'r bucheddau cyfatebol'. Ym mis Mawrth 1924 roedd Albert Davies wedi symud i Gaerdydd i fyw a gweithio, a pharhâi i gadw cysylltiad â Gwenallt, a oedd bellach ar ei gyfnod ymchwil yn Aberystwyth.

Roedd Gwenallt yn dal i ymgolli yng ngweithgareddau diwylliannol y coleg, ac yn mwynhau pob eiliad o'i fywyd fel myfyriwr:

Last Friday night, I took the part of a witty old seaman in a play called 'Dwywaith yn Blentyn', and I may say that the criticisms of my fellow-students have been favourable and complimentary on the whole. I wish you could have seen me as an old retired sea-captain of 76, with my head covered with a grey wig, a goaty beard on my chin, two cushions on my belly and one on my back, while my face had been tanned by the summer sun and the winter storms of a long sea-life. To put the tin-hat on everything we succeeded in obtaining a parrot to put on the stage and, myn asgwrn i, he did keep a row.[64]

Roedd Gwenallt wedi bachu'r actores yn y cast i fod yn gariad iddo. Rhamantaidd oedd cywair ei lythyrau o hyd:

> Last night she came for a walk with me to the country, to a lonely wood full of silence and thought.
>
> It was not earth, it was a fairyland, we had no bodies, we were only souls walking on the winds.
>
> The birds were silent, the trees and the stars were dumb, nothing could be heard but the music of her sweet breath. The darkness of the night was in her hair, there was laughter in her eyes, and temptation on her lips.
>
> It was a night of undying romance, hours of joy and rapture, untouched by the dull despair of earth.
>
> Forgive me for pouring out my soul in this manner. I cannot dam the flood. My soul is so full, 'my cup runneth over'.[65]

Dyddiau rhyfeddol o ddedwydd oedd y dyddiau hyn yn hanes Gwenallt, cyfnod hapusaf ei fywyd ar lawer ystyr. Teimlai, fel ei dad, fod y rhod wedi troi, a bod gwell byd yn ei aros, yn enwedig ar ôl iddo orfod profi anghysur a chaledwaith carchar, a gorfod dioddef gwawd a sen rhai o drigolion yr Allt-wen a Phontardawe am ei wrthwynebiad i'r rhyfel. 'I do not know why, but the gods have given me a good deal of success and happiness lately,' meddai wrth Albert, a chytunai â'i dad 'that the tide has turned, and after the ebb of misfortune and suffering there has come the flow of success and joy'.[66] Adlewyrchu'r cyfnod llawen a diofal hwn yn ei fywyd a wneir yn ail ran 'Cyfnos a Gwawr'.

Roedd Albert yr un mor hapus yng Nghaerdydd, yn gweithio i'r Cardiff Bon Marche Limited, cwmni a sefydlwyd gan gefnder iddo, Morgan Davies, nes i Albert gael ei daro gan salwch difrifol. Bu'n rhaid iddo ddychwelyd i Bontardawe i aros gyda'i rieni, a bu yn orweiddiog yn y gwely am fisoedd. Anfonodd Gwenallt lythyr o gydymdeimlad ato. 'Pain is a very unpleasant companion, suffering seems a child of the Devil, but there is some value in every companion, some good in the worst children,' meddai.[67] Trwy ddioddef poen ei hun y gallai dyn dosturio wrth eraill a oedd mewn poen, a chydymdeimlo ag eraill, dyn neu anifail:

> You know something of the suffering in hospitals, you think of the pain of

brother-animals, the tortures of playing animals in a circus, the grief of a stricken lamb in a slaughter-house, and the anguish of the hunted hare.[68]

Er mor hapus oedd Gwenallt yn ystod ei ddwy flynedd ymchwil yn Aberystwyth, bwriai Wormwood Scrubs a Dartmoor eu cysgodion tywyll ar draws ei lwybrau o hyd, ac roedd y cof am y sen a ddioddefasai oherwydd ei safiad gwleidyddol yn ystod y Rhyfel Mawr bron cyn waethed â'r profiad o fod yn garcharor, os nad gwaeth:

> Do you not remember, old soul, that prison life was a sombre, heavy, soul-crushing experience. We did walk to our Gethsemane persecuted, reviled, and with the spittle of the mob on our faces. The sun was dead, the moon and the stars were buried, and we knelt on the cold grass praying to the Unseen Power to let the cup pass us by. It was bitter, revolting, we had to drink it to the lees.[69]

Ond roedd y profiad echrydus hwnnw heibio bellach, ac roedd bywyd yn llawn gobeithion a breuddwydion. '[T]he gall has been turned into wine, sweeter and better for having been bitter,' meddai.[70]

Yn ei lythyr olaf o'r coleg at Albert, soniodd Gwenallt amdano'n mynd i Gaerfyrddin i weld cyfnither ifanc iddo a oedd newydd fod yn ddifrifol wael ar ôl rhoi genedigaeth i blentyn. Dirgelwch a rhyfeddod oedd merched i'r Gwenallt ifanc o hyd:

> Woman is a queer creature, who keeps so many locked chambers in her heart, into which the prying eyes of man are not allowed to cast a glance. But by perseverance and fidelity man very often finds the key which gives him entrance to those chambers of secrets and hidden thoughts.[71]

Cydymdeimlai â'i gyfnither, a throes ei gydymdeimlad yn fawl i famau yn gyffredinol:

> She was a symbol of Motherhood to me with its quiet unknown heroism, and my soul was so intensely affected that I pictured myself kneeling before that symbol and uttering a prayer of thanks to some unknown Deity for creating such a divine being as a mother with her selfless devotion to a little mite which is a world to her. If I had been suckled in pagan creeds and if there were in my heart some aspiration to worship something, I should worship a Mother.[72]

Moli milwyr am eu harwriaeth greulon ac anifeilaidd ar faes y gad a wnâi'r papurau newydd poblogaidd, yn hytrach nag addoli'r fam am ei harwriaeth hunanddioddefus ac anhunanol, moli'r un a oedd yn lladd ac yn dileu yn hytrach na'r un a oedd yn creu:

> The Yellow Gutter Press bestows ample eulogy on the brutal heroism of the battlefield, and the bull-like bravery of the bonny lout, but it has no word to say of the quiet, unaffected heroism of a poor mother. I think … that woman who rises to the sublime altitude of Motherhood, is the most fortunate creature under God's sun.[73]

A dyna feddylfryd Gwenallt yn y coleg. Roedd yn rhamantydd ac yn ddelfrydwr wrth reddf, yn addolwr merched ac yn folwr mamau. Ond nid addolai Dduw na Christ. Y 'duwiau' a fu'n dda ac yn garedig wrtho erbyn diwedd ei ddyddiau coleg, ac nid Duw; i ryw Dduwdod dieithr, anghyfarwydd, anadnabyddus y dymunai ddiolch am y rhodd o fam i'r ddynoliaeth. Yn wir, diflastod iddo oedd canu crefyddol o unrhyw fath. Er iddo gael magwraeth drwyadl Fethodistaidd, ac er iddo ddarllen y Beibl o glawr i glawr yn y carchar, creu ei grefydd ei hun a'i feiblau ei hun a wnaeth y Gwenallt ifanc. 'Yr oedd Marcsiaeth i ni yn llawer gwell efengyl na Methodistiaeth. Efengyl oedd hi; crefydd, a chrefydd gymdeithasol, ac yr oeddem yn barod i fyw drosti, i aberthu drosti, ie, a marw er ei mwyn, ond ni chodem fys bach dros Galfiniaeth,' meddai yn 'Credaf'.[74] Llyfr Walter Pater, *The Renaissance*, oedd Beibl Gwenallt a'i gyfoedion yn y coleg wedyn.

Yn ôl Pater, casgliad o argraffiadau byrion yw profiad, hynny yw, gwir brofiad. Byr yw bywyd dyn ar y ddaear, a rhaid i ddyn gasglu cynifer ag sy'n bosibl o argraffiadau gwefreiddiol, angerddol ac esthetaidd bywyd ynghyd. Undonog yw bywyd, a chyffroadau angerddol y foment yn unig sy'n rhoi ystyr a phwrpas iddo. Ond y broblem yw fod yr argraffiadau angerddol a dyrchafol hyn yn darfod fel y dônt, yn cilio fel y cyrhaeddant:

> Every one of those impressions is the impression of the individual in his isolation, each mind keeping as a solitary prisoner its own dream of a world. Analysis goes a step farther still, and assures us that those impressions of the individual mind to which, for each one of us, experience dwindles down, are in perpetual flight; that each of them is limited by time, and that as time is infinitely divisible, each of them

is infinitely divisible also; all that is actual in it being a single moment, gone while we try to apprehend it, of which it may ever be more truly said that it has ceased to be than that it is. To such a tremulous wisp constantly re-forming itself on the stream, to a single sharp impression, with a sense in it, a relic more or less fleeting, of such moments gone by, what is real in our life fines itself down.[75]

Fflam losg yw'r eiliadau hyn o wir angerdd yn ein bywydau, ond mae cadw'r fflam rhag diffodd yn waith gwirioneddol anodd. Yr eiliadau hyn o angerdd yn unig a all ein rhyddhau o afael ein harferion a'n defodau diflas a diystyr. Cyffroadau'r foment yn unig a all ryddhau'r enaid o'i gaethiwed:

To burn always with this hard, gemlike flame, to maintain this ecstacy, is success in life. In a sense it might even be said that our failure is to form habits: for, after all, habit is relative to a stereotyped world, and meantime it is only the roughness of the eye that makes any two persons, things, situations, seem alike. While all melts under our feet, we may well grasp at any exquisite passion, or any contribution to knowledge that seems by a lifted horizon to set the spirit free for a moment, or any stirring of the senses, strange dyes, strange colours, and curious odours, or work of the artist's hands, or the face of one's friend.[76]

Ni allwn lunio damcaniaethau ynghylch ein profiadau, gan fod y profiadau hyn yn rhy fyr i lunio unrhyw ddamcaniaethau o'u cylch: 'With this sense of the splendour of our experience and of its awful brevity, gathering all we are into one desperate effort to see and touch, we shall hardly have time to make theories about the things we see and touch'.[77] Egwyl fer ar y ddaear hon yw bywyd dyn, a rhaid ceisio llenwi'r egwyl honno â chynifer o gynyrfiadau ag sydd bosibl.

Hyd yn oed os oedd Gwenallt yn gyfarwydd â rheolau'r gynghanedd ymhell cyn cyrraedd Aberystwyth, yn y coleg y dechreuodd ganu awdlau ac ymroi o ddifri i feistroli ei grefft ac i amlinellu'i ddyfodol fel bardd. Ac i'w gyfnod yn y coleg y perthyn y llawysgrif honno o'i gerddi a gadwyd gan J. E. Meredith. Ceir yn y casgliad dros drigain o gerddi, a dangosant yn glir y syniadau a'r themâu a oedd yn berwi ym mhen y bardd ifanc ar y pryd, ac mae rhai o'r cerddi yn cyfeirio yn bendant ddiamwys tuag at y dyfodol. Pwynt arall i'w nodi yw mai cerddi rhydd yw'r cerddi hyn i gyd.

Cerddi serch rhamantus yw cyfran sylweddol o gerddi'r casgliad, fel y gerdd agoriadol, soned yn dwyn y teitl 'F'anwylyd'. Ynddi mae'r bardd ifanc yn ymatal rhag cymharu ei anwylyd â merched chwedlonol anhygoel eu harddwch, ac yn ei charu am yr hyn ydyw, yn union fel y mae:

> Gwelais brydferthwch marwol Helen Tro
> Yn llathru yn y nos, yn ysbryd lloer;
> Syllais ar degwch Brynhild greulon, oer,
> Yn cwympo cewri praff gogleddig fro;
> Gwelais dduwiesau'n esgyn, lawer tro,
> A disgyn ar hyd grisiau rhamant byd;
> Mae rhythm eu camau ar fy nghlyw o hyd,
> A miwsig pell eu sidan yn fy ngho.
>
> Galwn f'anwylyd wrth eu henwau coeth,
> A brysio ati'n farchog llawer clwy',
> Cael cusan, ar fy nglin, o'i bysedd hardd:
> Blinais ar ffug. Ei geiriau tyner, doeth,
> A wna'r cwbl yn dlawd; ofer pob dim mwy
> Ond golau'i threm sy'n llonni gwallco fardd.[78]

Ofer yw chwilio am gerddi diwydiannol yn y casgliad. Naws a natur wledig sydd i'r canu, a thelynegol yw'r cywair yn aml. Clodfori'r wlad a moli'r bywyd gwledig yw'r nod. Cerddi myfyriwr ifanc o Sir Gaerfyrddin, cynnyrch mab fferm, yw'r cerddi hyn, fel 'Rhydfelin':

> Mi garaf si ei grug, a'i gro, a'i rhedyn;
>   Mi garaf ddail pob pren, pob twmpath tlawd;
> Caraf fy mro fel caru hen ddilledyn
>   A dwymwyd ganwaith gan fy ieuanc gnawd.
>
> Mi garwn weld y Llan, lle cwsg fy nhadau
>   Eu cwsg tragywydd ar welyau'i gro,
> Y coed, a deifl arnynt ddail a hadau,
>   Yn fawr gan serch at gewri mud y fro.[79]

Cerdd wledig arall yw 'Yr Hen Gloddiwr', cerdd nid annhebyg i 'Cerdd yr Hen Chwarelwr', W. J. Gruffydd. Ceir llinellau gwych yn y gerdd gynnar hon:

Mae'i gysgod yn ceibio'n y meysydd,
   Yn ceibio o fore tan nos,
Mae rhygnu ac atswn ei rawbal
   Ym merddwr a phwdel y ffos:

Mi gofiaf am fiwsig y drawslif,
   Pan syrthiai llawenydd y glaw,
Fy llaw feddal wamal yn unpen,
   A'i law gadarn gorniog pen draw.

Fe yfai o deithi gofidiau,
   D[ô]i swish y bladur i'w wair;
Dôi dyddiau i'w fywyd fel chwerthin
   Morwynion yn rhyddid y ffair.

Nid yw ei farf wen ar y caeau,
   Na'i siaced ar berthi'r hen fro;
Daeth Angau hyd benllawr ei fwthyn,
   Fe'i roes [sic] ar ei gefn yn y gro.

O! bridd, bydd fwyn o'i weddillion,
   Na ro dy bwys arno'n drwm,
O! cofia am un a fu'n cymell
   Dy harddwch ar fynydd a chwm.[80]

Cymeriad arall y ceir cerdd iddi yw 'Neli'r Go':

Gwelais hi'n troedio ffyrdd ceimion y fro,
   Â'i gwisg mor ddisglair [â]'r frân;
Ei mynwes yn cuddio hen filiau'r go,
   A'i genau yn mwmian cân.

Sibrydodd Natur gyfrinach hardd
   Yng nghlust y ddewines hon,
Hi welai flodyn distadlaf yr ardd
   Yn feddig i'r pentre llon.

Ni ddaethai i'w gardd na'r lili, na'r rhos,
   Na'r blodau o uchel dras;
Gwerinwr o flodyn, y dydd a'r nos,
   Oedd teyrn y weriniaeth las.

Dôi'r pell a'r agos, dôi'r corffog a'r main
    I geisio'i th[e] dant y llew,
Ff[o]ai yn nhrachtiau ei diod fain
    Afiechyd y gwan a'r glew.

Tawodd y morthwyl, y fegin, a'r tân,
    Yr aradr, a gordd y graig;
Aeth arch y ddewines, ym murmur cân,
    Ar ysgwyddau pedair gwraig.

Gwelaf, ar flodau, y gwlith yn dew,
    Uwch beddau newydd y fro,
Ond plyg symlrwydd gwlyb dant y llew
    Ar wely hen Neli'r Go.[81]

Marwnad i wladwr yw 'Galar', ac efallai mai marwnad i'w ewythr, Dafydd Ehedydd, ydyw:

Yr oedd chwerthin, yno, ar writgoch fin,
    Ger llawenydd y tân bob nos;
Ymgiliai y byd rhag distyll y gwin,
    A rhag gwên y dafarnwraig dlos.

Mor llawen oedd nyddu englyn a chân
    Uwch disgleirdeb y licwid fflam;
Pan yfem y duw o'n cwpanau glân
    'Roedd bywyd heb lafur na cham:

Ymgomiem yn llon am ddoethineb ci,
    A champau rhyw hen ebol blwydd.
Anifail a dyn oedd frodyr i ni,
    A maddau pob dyled yn rhwydd.

Mae hiraeth im' heno am un ni ddaw
    Mwy i ddrachtio o'i gwpan gwyn;
Gwlych y cymylau, â thristwch eu glaw,
    Ei wely yn nyfnder y glyn.[82]

Gwledig ei chefndir yw 'Côr yr Efail' yn ogystal, cerdd hiraethus, ddwys, fel llawer o gerddi'r casgliad:

Mae côr bach yr Efail
  A ganai fin hwyr?
Pa le mae eu lleisiau?
  Nid oes neb a ŵyr.

Pan oedd fud y morthwyl,
  Heb anadl y tân,
Rhwng y trawstiau myglyd
  Atseiniai eu cân;

Hen gân plant y bryniau
  Â'i symledd di-ail,
Yn llawn tinc yr adar,
  A murmur y dail.

Mor oer yw'r hen Efail
  Heb eu llais a'u gwedd;
Mae'r gwenyn yn mwmian
  Fan draw ar eu bedd.[83]

Cerdd arall sy'n llawn awyrgylch yw 'Hwyrnos':

Uwch yw nodau pell y nant,
  Dieithr yw'r gwartheg oer;
Cwsg sy'n murmur ŷd y pant,
  Gwennol h[e]d tros y lloer:

Broga'n cripian wrth y llyn,
  Duach yw'r gwyll uwch ffos;
Coed fel dynion yn y glyn,
  Adar ar goll y nos.

Clywaf anadl hir y pridd
  Tan gwrlid gwair a mwsg,
Daear, wedi blinder dydd,
  Yno'n troi yn ei chwsg.[84]

Meddal, anaeddfed a ffugdeimladol yw rhai o'r cerddi, fel 'Hiraeth' a 'Cân Serch'.

Dywedodd Gwenallt wrth Albert ei fod yn tosturio wrth anifeiliaid dioddefus, ac mae amryw byd o gerddi'r casgliad yn ymwneud ag anifeiliaid, fel 'Y Geinach':

'Gorwedd di, geinach,
   Yna'n dy hyd
Tan gysgod dreinach,
   A gwyn dy fyd;
Lle mae'r drain a'r danadl
   Canai'r aradr bren,
A'r ych, lle mae'r banadl,
   [Â]i'n isel ei ben;
Dôi arogl o'r rhychau
   Lle mae'r eithin mân,
Aradrwr a chlychau
   Yn canu eu cân:
   "Trwdi fach,
   Gorwen deg,
Fagest ti bedair buwch ar ddeg;
   Ti fagi di eto,
   Cyn troi di i farw,
Bedair buwch ar ddeg a tharw."
Gorwedd di, geinach,
   Yna'n dy hyd
Tan gysgod dreinach,
   A gwyn dy fyd.'[85]

Cerdd arall i anifail yw 'Y Gath Lwyd', a ddisgrifir fel 'Brenhines y buarth a'r ydlan'.[86] Mae Gwenallt yn cymryd arno ei fod yn eiddigeddus ohoni, gan ei bod yn byw yn y wlad ac ar y fferm bob dydd o'i bywyd:

Mi'th garaf, gath lwyd yr ysgubor,
   Gwyn fyd na bawn innau lle'r wyd,
A'm dyddiau trwy'r buarth a'r ydlan
   Yn crwydro fel tithau, gath lwyd.[87]

Mawl i anifeiliaid yw 'Cân o Fawl':

Mi folaf y petris brithion,
   A throeon y glomen wen,
Mi folaf y gwartheg blithion,
   Yr ŵyn, a'r ebol. Amen.

Mor lân yw ysbryd y caeau!
  Mor rhydd yw'r golau a'r glaw!
Gwyn fyd na chawn ddianc ar waeau
  Y bywyd sy'n wylo'n y baw.

Dedwyddach defaid na dynion,
  A llonnach na'n plant yw'r ŵyn;
Dedwyddach na'r defaid gwynion
  Yw'r cerrig bach ar y twyn …[88]

Ceir cerddi eraill i anifeiliaid yn ogystal, fel 'Y Carw', 'Y Ddafad Unig' ac 'Yr Hen Gaseg'. 'Anifail a dyn oedd frodyr i ni,' meddai yn 'Galar', ac ar ffermydd ei geraint yn Sir Gâr y daeth y Gwenallt ifanc i hoffi anifeiliaid.

Delfrydir Sir Gaerfyrddin yn y cerddi hyn, tra dilornir Sir Forgannwg. Prin iawn yw'r cyfeiriadau at y bywyd diwydiannol ynddynt, a phan geir cyfeiriad o'r fath at ei gefndir diwydiannol, fe'i defnyddir er mwyn gwrthgyferbynnu rhwng dau fyd tra gwahanol i'w gilydd, byd brwnt, afiach, swnllyd a chaeedig y gweithfeydd a byd glân, iachusol, tawel ac eang-agored y wlad. Condemnir Pontardawe, a'r Cwm Tawe diwydiannol yn gyffredinol, ym mhennill cyntaf 'Gorhoen y Wlad', tra bo gweddill y gerdd yn ddathliad ffansïol ac afieithus o fyd hud-a-lledrith y wlad:

Mor drwm yw caethiwed y teiau,
  Cadwyni yw gwifrau'r ystrŷd,
Mae anadl frwnt y simneiau
  Yn un â'm hanadl o hyd.

Mae lleisiau yr [ŷ]d yn f'ymennydd,
  A murmur y coed yn fy nghnawd,
Mae'r pridd, yn y nos, ar obennydd,
  Yn crio am gwmni'i frawd.

Mae'r defaid yn gloewi y polion
  A blannodd fy nwylo gynt,
Mae ffrwynau y lloer ar ebolion,
  A'u mwng ar chwâl ar y gwynt:

Mi luniaf o'r gawnen fy mhibell
  I hudo yr hwyaid a'r ieir,
Mi ddawnsiaf o amgylch ysgubell,
  A llamu dros riciau a cheir;

Mi neidiaf ar wair ysguboriau,
    Ar 'sgubau yr helmi [ŷ]d;
Mi chwarddaf yn nhesni'r oriau
    A groesa'r nant wrth y rhyd.

Cusanaf writgochni pob gwefus
    A lefair heniaith fy mron;
Mi sugnaf y mafon a'r mefus,
    Eirin pob perth ar y fron.

Mi yrraf ar wyllt hyd ffyrdd deiliog
    Trwy donnau yr heulwen a'r gwynt,
Carlamaf trwy'r buarth, a'r ceiliog
    A'r cywion a ffy rhag fy hynt.

Mi feddwaf ar bersawr y blodau,
    Aroglau'r cwysi a'r mawn:
Mi w[e]af fy ngobaith o nodau
    Adar, ac awel, a chawn.

Gorweddaf, tan lenni llonyddwch,
    Yng nghôl fy mam, wedi'r dydd,
A sugnaf o'i bron y dedwyddwch,
    Nas g[ŵ]yr ond plentyn y pridd.[89]

Dyma, i raddau, gyfnod 'paganaidd' Gwenallt. Fel plentyn y pridd y syniai amdano'i hun. Efallai fod dylanwad 'Yr Iberiad', un o gerddi cyfnod 'paganaidd' R. Williams Parry yntau, ar Gwenallt yma. Cyhoeddwyd *Yr Haf a Cherddi Eraill* R. Williams Parry ym 1924, yn ystod cyfnod Gwenallt yn y coleg. 'Ond cefais gan yr hon a'm dug/Fy ngeni'n frawd i flodau'r grug,' meddai yn 'Yr Iberiad', un o gerddi'r gyfrol.

Yn y soned 'Dymuniad', y mae'n dyheu am fyw yn Sir Gaerfyrddin hyd at ddiwedd ei ddyddiau, a phriodi a magu teulu yno. Ac mae'n rhybuddio'i fachgen i aros yn ei gynefin a pheidio â chroesi ffiniau'r sir i chwilio am fywyd gwell. Trasiedi a ddeilliai o hynny:

Gwyn fyd na bawn yn byw ar gefn o dir
Yn Sir Gaerfyrddin, ar ryw gribog fryn;
Trwst dail a dwfr yn nrws fy mwthyn gwyn,
A'r haf[,] aroglau ffrwyth y prennau hir;

Mi garwn ferch ddirodres, syml y Sir,
A chodi [l]lanc ar aelwyd cariad glân;
Yng nghwmni mwyn anifail, adar mân;
Yn s[ŵ]n y coed; tan las yr wybren glir:

A d'wedwn wrth y bychan, ar fy nglin:
'Na chroesa'r gorwel draw, na gado pur
Symlrwydd a bodlondeb bywyd gwlad;
Fe grwydrais i, ac ofer f'ymchwil flin
Am glod a chyfoeth; draw mae siom a chur
Lle cerddodd traed breuddwydion ff[ô]l dy dad'.[90]

Croesi'r ffin a wnaeth tad Gwenallt ei hun, a threulio'i fywyd mewn amgylchfyd dieithr yn hiraethu am ei hen gynefin a'i wir gynefin.

Cerdd anghyffredin ymhlith y cerddi mydr-ac-odl hyn yw'r gerdd *vers libre* 'Ann'. Dyma'r gerdd yn ei chrynswth:

Bu farw Ann yn y Gelli;
Uwchben
Mae'r sêr yn cadw gwylnos.

Dwfn, dwfn yw 'mhoen.

Unigrwydd.[91]

Ym 1925 enillodd Wil Ifan Goron Eisteddfod Genedlaethol Pwllheli â'i bryddest 'Bro fy Mebyd', pryddest yr oedd y rhan fwyaf helaeth ohoni ar ffurf *vers libre*, a'r bryddest *vers libre* gyntaf i gael ei choroni yn y Brifwyl yn ogystal. Ai efelychu Wil Ifan yr oedd Gwenallt yma?

Mae'r soned 'Abraham Eto' yn wahanol iawn i'r cerddi eraill, o ran techneg, cywair a chynnwys. Mae hi hefyd yn gerdd ddwysach a llidiocach na'r lleill, ac yn gerdd fwy uchelgeisiol. Cefndir y soned yw'r Rhyfel Mawr:

Roedd heddwch dail a dyfroedd wrth ei dŷ,
Ac nid oedd waed ar wisg y lleuad wen;
Nid oedd ar goll un seren yn y nen,
Na brad yn erwau llaith dyfnderau'r lli:
Chwaraeai'r llanc â mwynder yn ei gri,
A'r colomennod, uwch ei chwerthin bach,

Yn troi heb ofn; a dôi'r awelon iach
Â si adanedd engyl oddifry.

Daeth llais o bell â dicter oer i'w drem,
A rhoes y llanc yn aberth yn y ffos:
Ni welodd hwrdd a'i gyrn ynghlwm mewn drain,
Na llais yn atal tro y gyllell lem;
Mae cri ei olaf boen ar wynt y nos,
A gwaed yr ieuanc mudan ar y main.[92]

Dyma un o gerddi grymusaf y casgliad, os nad y gerdd rymusaf oll. Ailactio hanes Abraham a'i fab Isaac a wneir yma, yng nghyd-destun ac yng nghefndir y Rhyfel Mawr. Ar un adeg, roedd bywyd yn ddedwydd i'r tad, ac i'r 'llanc', sef Isaac. Nid oedd argoel o ryfel yn unman, ac nid oedd yr un seren ar goll; hynny yw, ni chuddid yr wybren gan fwg y gynnau mawr fel na ellid gweld y sêr, ac roedd pob seren hefyd yn ei lle, a'r byd fel y dylai fod, heb ddim yn ymyrryd ag ef. Nid oedd ychwaith yr un torpido cudd yn anelu at ei darged o'r golwg dan donnau'r môr. Ond mae'r cywair yn newid yn y chwechawd. Daw llais oeraidd a dig o bellter, llais y rhyfelgwn, y duwiau rhyfel, i annog y llanc i fynd i ryfela yn y ffosydd, ac mae'r tad yn ddigon parod i adael i'w fab gael ei aberthu ar faes y gad. Mae'n methu gweld bod dewis ganddo. Ni all weld yr hwrdd yn y drain na chlywed llais yn dweud wrtho am ollwng y gyllell. Hynny yw, y mae'r tad yn rhy ddall i weld bod modd iddo osgoi gorfod anfon ei fab i faes y frwydr, trwy ei gael i ymgofrestru fel gwrthwynebydd cydwybodol yn bennaf. Llais cydwybod yw'r llais sy'n ceisio atal y gyllell. Y tro hwn, Wilfred Owen a'i gerdd 'The Parable of the Old Man and the Young' yw'r dylanwad:

Then Abram bound the youth with belts and straps,
And builded parapets and trenches there,
And stretchèd forth the knife to slay his son.
When lo! an angel called him out of heaven,
Saying, Lay not thy hand upon the lad,
Neither do anything to him, thy son.
Behold, caught in a thicket by its horns;
A Ram. Offer the Ram of Pride instead.

But the old man would not so, but slew his son,
And half the seed of Europe, one by one.[93]

Beiir y genhedlaeth hŷn am anfon y genhedlaeth iau i'w thranc gan y ddau fardd, Gwenallt ac Wilfred Owen.

Cerdd anghyffredin arall yw 'Fy Mam'. Y Fam-ddaear yw'r fam yn y gerdd, a chyhuddo'r fam o gam-drin ei phlant a wneir ynddi. Dyma un o'r cerddi prin hynny yn ei waith cynnar sy'n meddu ar gydwybod gymdeithasol:

> Fy mam yw'r ddaear, O! gwae myfi
> Y dydd y'm gwnaed yn blentyn i ti,
> Gwae roddi imi'r ymennydd call
> A wêl fod llygaid fy mam yn ddall.
>
> Nid oes gennyt heddiw fwyn galon mam,
> Ni weli dy blentyn yn goddef cam;
> Dy fab yn brwydro ei frwydrau hir,
> Beth i ti yw Cyfiawnder a Gwir?
>
> Dy hydref, dy wanwyn, d'aeaf a'th ha'
> Ni chlyw yr ysgarmes rhwng drwg a da;
> Dy blant yn wylo ar ymyl y bedd,
> A thithau heb ddeigryn fyth ar dy wedd.
>
> Dy blant sy'n griddfan tan draed y byd,
> A thithau, eu mam, yn dragywydd fud;
> Er cryfed dy freichiau a mawr dy nerth
> Ni helpi'r gwan ar y rhiwiau serth.
>
> Cashaf heddiw, yng nghanol fy nghur,
> Dy enaid haearn, a'th galon ddur;
> Mi gashaf dy oer ddideimladrwydd erch;
> Ni chei di fyth yr un gronyn o'm serch.[94]

Cerdd anghyffredin arall yw 'Gwirionedd'. Yn ifanc, chwiliai Gwenallt am y gwirionedd; delfrydwr ydoedd a pharchai'r gwirionedd yn fwy na dim. Oddi wrth ei rieni yr etifeddodd Gwenallt y gwerthoedd mwyaf sylfaenol a mwyaf gwerthfawr mewn bywyd. Aeth i'r carchar am feiddio sefyll o blaid y gwirionedd, sef bod rhyfel, yn gyffredinol, yn drosedd yn erbyn y ddynoliaeth, a bod y Rhyfel Mawr, yn benodol, yn rhyfel cyfalafol ac yn rhyfel dosbarth. Fe'i haberthodd ei hun ar allor gwirionedd; rhoddodd ei ieuenctid i gyd i amddiffyn ac i warchod y gwirionedd. Buan y mae bywyd yn dinistrio delfrydau rhywun ifanc ac yn lladd ei ddiniweidrwydd. 'Mi welais fyd yn union fel y mae,' meddai Gwenallt yn y gerdd. Dyna'r dadrith. Nid gweld y byd fel y dymunai iddo fod ac fel y gobeithiai y byddai, ond gweld y byd fel yr oedd. Delfrydau ac egwyddorion sosialaidd a'i gyrrodd i'r carchar, ac un o siomedigaethau mwyaf ei fywyd oedd dod i sylweddoli mai'r hunan oedd yr huddygl ymhob potes. 'Diflannodd yr Wtopia oddi ar gopa Gellionnen,' meddai yn un o'i gerddi grymusaf yn y dyfodol,[95] a dyna fyrdwn 'Gwirionedd' yn ogystal: marwolaeth delfryd.

Dyma gerdd gynnar hynod o oleuol a dadlennol o'i waith:

> Mi'th hoffais di, Wirionedd, yn fy ieuanc oed;
>   Dy lef a glywais o bob bryn a d[ô]l
> Yn galw arnaf. Dilynais s[ŵ]n dy droed
>   Heb ddeall grym y nerth a'm gyrrodd ar dy [ô]l.
> Gwae im' dy ganlyn. Gwae ddiniweidrwydd llanc
>   A welsai fyd trwy gariad tad a mam;
> Ti roddaist yn fy nghalon dristwch hyd at dranc,
>   A mi heb wneuthur drwg na bai na cham:
> Paham, Wirionedd, yr oedd raid i ti
> Wrth waed diniwed fy ieuenctid i?[96]

Cyfeirio'n uniongyrchol at ei gyfnod yn y carchar a wneir yn yr ail bennill:

> Arweiniaist fi trwy gelloedd ing a phoen
>   Yn llawn o awyr ddu, ddi-wynt y bedd,
> Fe yfaist ti fy ngwin, fy ngwaed, fy hoen,
>   Heb sychu'r dagrau uchel ar fy ngwedd:
> Fe safodd bywyd; troes pob dydd yn hwyr;
>   Mi welais fyd yn union fel y mae;
> A â o ruthr ei oes a w[ê]l, a ŵyr
>   Mai deunydd Duw a dyn yw poen a gwae:
> Rhedodd y wermod trwy fy mron a'm gw[ê]n,
> Ti'm gwnaethost i, Wirionedd hoff, yn h[e]n.[97]

Ac eto, braint a byrdwn ieuenctid yw gorfod cyflawni aberth er mwyn cadw fflam gwirionedd rhag diffodd:

Mi welais neithiwr yn unigedd nos
  Fflam deg llawenydd yn dy lygaid byw,
'Roedd ar dy ruddiau iechyd hardd y rhos,
  Rhos ienctid truan fel myfinnau yw;
Derbyn[n]i aberth prydferth o bob man,
  Pob gwlad a thref a glyw dy seiren lais,
Eddyf a ŵyr, er garwed fo ei ran,
  Mai ysgafn yw dy iau, a mwyn dy drais;
Ni ddaw, Wirionedd, henaint fyth i ti,
Cei ienctid rhywun fel f'ieuenctid i.[98]

Y mae dwy o gerddi'r casgliad yn cyflwyno un o brif themâu Gwenallt fel bardd yn y blynyddoedd i ddod, sef y frwydr barhaol rhwng corff ac enaid, rhwng cnawd ac ysbryd. Yn y cerddi hyn mae Gwenallt yn darganfod pechod, yn archwilio ac yn dadansoddi natur pechod, ac yn chwilio am waredigaeth rhag pechod. Y mae 'Y Ddwy Riain' yn rhagredegydd i 'Yr Angylion a'r Gwragedd' yn *Ysgubau'r Awen*, a sonedau fel 'Pechod' a 'Cnawd ac Ysbryd'. Yn 'Y Ddwy Riain' y mae dwy ferch yn ei annog i'w dilyn. Merch ddiwair, grefyddol yw'r ferch gyntaf:

Daeth ataf, yn f'ieuenctid, ddyddiau gynt,
Ddwy riain dal, ar lwybr gwyllt fy oes;
Y naill oedd lân, diwair ei gwisg a'i gwên,
Ac yn ei threm ufudd-dod mwyn i'w Groes.

"Tyrd, canlyn fi; nid swyn na threm na chlust
A rof i ti; gwagedd yw'r cnawd i gyd;
Os gerwin ydyw'r ffordd, na hidia di;
Ti ddoi i'r heddwch pell nas deall byd."[99]

Os yw'r naill ferch yn cynnig heddwch iddo uwchlaw stormydd nwyd a chnawd, pleser cnawdol a gynigir iddo gan y ferch arall:

Y llall oedd decach yn ei lliw a'i llun,
A'i gwisg dryloew'n nofio am ei chnawd:
Yr oedd i'w chorff uchter prydferthwch dyn,
Duwies disgleirdeb byd a ffafrau ffawd.

"Tyred i'r tiroedd lle mae nwyd heb ffrwyn,
A delwau tegwch noeth yn rhodio'n rhydd;
Lle ceri'r oriau ysgafn er eu mwyn,
Lle ceri'r pridd er mwyn prydferthwch pridd."[100]

Mae'r traethydd yn y gerdd yn dewis y ferch sy'n cynnig pleserau'r cnawd iddo, ond mae'r ferch hon yn ei adael yn wag, heb ystyr i'w fywyd, nes ei orfodi, yn y pen draw, i nesáu at Grist. Mae'r enaid yn gorchfygu'r cnawd yn y gerdd:

Rhois gusan hir ar wefus Pleser dlos,
A cherdded law-yn-llaw trwy fywyd llon;
Y mae ei hanadl im' yn arogl rhos,
Melyster chwant ar aeddfed lili'i bron.

Ond mynych, cyn dod cwsg, daw ofn a braw
O fyw yng ngwên ei threm holl ddyddiau f'oes,
A thry fy enaid at drugaredd Un
A ledodd gur Ei ddwylo ar y Groes.[101]

Yn 'Y Ddawnsferch', fe'i llygad-dynnir eto, y tro hwn gan ferch yn dawnsio:

Cododd y llen. Daeth nymff neu ysbryd mwyn
    I ddawnsio yng ngoleuni rhamant nos;
Ciliodd y byd ac amser rhag y swyn
    A oedd yn nhroed adeiniog welw y dlos.
Mor sombr, mor bur, mor berffaith, ac mor b[ê]r;
    Ysbryd heb gnawd, heb ïau, ac heb waed,
Heb deimlo pwys ein byd; e[i] llygaid t[ê]r
    Yn nofio draw mewn breuddwyd; a'[i] thraed
Fel pe ar ado'r byd, a hedeg tua'r s[ê]r.[102]

Ysbryd heb gnawd yw hon, duwies prydferthwch, ymgorfforiad o rym a harddwch celfyddyd:

Duwies oedd hi yn byw ar anadl awel,
    Ar bersawr rhos a lili, golau'r nef;

Ei threm yn disgwyl duw o'r pellter tawel
  Ati, a llesmair tan ei gusan ef:
Ni roddai'r dawnsio liw i'w gruddiau glân,
  Na chryndod ysgafn yng ngoleuni'r nos;
Mosiwn aelodau tan y brodwe fân
  Yn un â miwsig yr orchestra dlos,
Ac angerdd tyner enaid Chopin yn y gân.

Mor wyn oedd gwisg a gwedd a gwddf y ddyn,
  A hwy yn toddi'n un disgleirdeb gwelw,
Fel pe bai Leonardo gynt [â]'i gŷn
  A'i cherfiodd hi [sic] yn berffaith farmor ddelw:
Creadur s[ê]r a gwynt, mor brydferth lân
  Â duwies Groeg a gerddai'n daear gynt;
Ei thorreth gwallt mor loew, a fflwch, a mân,
  Fel pe bai duw a'i gw[e]odd ef o'r gwynt,
A'i ddisglair liw mor ddu [â]'r nos tan adain br[â]n.[103]

Yn wahanol i 'Y Ddawnsferch', mae'r gerdd sy'n dwyn y teitl 'Y Ddawns' unwaith yn rhagor yn ymwneud â nwydau rhywiol a phleserau cnawdol. Yn y dyfodol byddai'r ddelwedd o ddawns yn dod i olygu nwyd a chwant, pleserau cnawdol, cariad corfforol, greddfol, cyntefigrwydd a synwyrusrwydd yn ei ganu. Dyma'r 'ddawns anwareiddiedig yn ein traed'.[104] Ar ôl i'r ddawns ddod i ben mae'n dychmygu dawnsio gyda'r ferch yn unigrwydd ei lety, ac mae 'priodas deugorff' yn troi'n anhunedd iddo:

Ni'th welais di o'r blaen a'th ractal glân,
A'th ysgafn, isel wisg am gnawd mor loew;
Tyred, mae cryndod nodau miwsig hoew
Yn goglais bron, yn cymell traed mae'r gân:
Mae tegwch rouge a phowdr perl ar rân,
A'r awyr lliw yn bêr gan bersawr rhos,
Deugorff yn llithro'n llesmair nef y nos,
Yn nawns anghofrwydd melys oriau mân.

Yfory'r nos daw'r pellter rhyngom ni,
Ein bron a'n traed; mi ddawnsiaf wrth [sic] fy hun
Ger tân fy llety gyda'm cymar siawns,
Mi lithraf yno ynghlwm â'i delw hi,

Priodas deugorff poeth yn atal hun,
    Ac arogl Lludw y Rhos ar feddwdod dawns.[105]

Cerdd debyg yw 'Yr Iddewes'. Mae harddwch corfforol a dawns osgeiddig, rythmig yr Iddewes yn cyfareddu'r traethydd yn y gerdd: 'hi aeth [â]'m serch a'm bryd,' meddai. Ond buan y mae prydferthwch y ferch a'i dawns ysgafn, ddeheuig yn deffro nwydau a theimladau rhywiol yn y traethydd, ac mae ei obennydd yn boeth gan chwys wrth iddo gael ffantasïau rhywiol amdani. Yr hen frwydr rhwng cnawd ac enaid, rhwng corff ac ysbryd, a geir yma eto, ond y tro hwn y mae crefydd yn cynnig achubiaeth a gwaredigaeth, ac mae yfed gwaed a bwyta cnawd Iesu Grist yn y Cymun Sanctaidd yn glanhau'r unigolyn hwn o'i bechod ac yn troi ei drachwant yn rhywbeth gwrthun yn ei olwg. Eisoes y mae dwy o'i awdlau eisteddfodol mawr yn y dyfodol, ei awdlau i'r Mynach a'r Sant, yn dechrau ymffurfio yn ei feddwl. Mae'r edmygedd a geir yn y ddau bennill cyntaf yn troi'n edifeirwch yn y pennill olaf:

Daliwyd y dduaf nos yng nghrych dy dresi,
    Y lili wynnaf yn dy fron;
Tydi oedd seren hud y cain lancesi
    A ddawnsiodd ar y llwyfan llon.

Dawnsio dy draed, a wnaed o blu adenydd,
    Oedd ddarn cynghanedd ddwyfol byd;
Rhythm dy ysgafn gân a roes lawenydd
    I'm bron; hi aeth [â]'m serch a'm bryd.

Gwelwn, bob nos, dy lun ar boeth obennydd,
    A throeon dawns dy wisg fain, dlos;
Cyffro dy gân nid âi o'm meddw ymennydd,
    A hi yn ddyfnder nos.

Heno wrth fwrdd di[-]ball y Santaidd Gymun
    Cymerais waed a chnawd y Crist,
Dy ddawnsio meddal aeth yn beth esgymun,
    A'th ysgafn gân a'm gwnaeth yn drist.[106]

Cerdd nid annhebyg i 'Myfyrdod' yn *Ysgubau'r Awen* yw 'Noddfa'. Yn 'Noddfa' mae'r bardd yn dyheu am encilio i heddwch a llonyddwch ei gell rhag y byd a'i bethau, ac yn enwedig rhag chwant a nwydau corfforol, wrth i Dduw ymladd â'r bwystfil, a'i rwygo yntau yn y broses:

Gorweddaf ar fynwes prydferthwch
  Fel Ioan ar fynwes Crist,
A chlywaf lawenydd yn llifo i'm bron,
  A ffoi o bob cynnwrf trist;

Pan gwympaf ar heol lwyd bywyd,
  A'i llwch a'i llaid yn fy mhen,
Pan red tros flinder fy nghalon wan
  Yr elor, a'r tram, a'r fen;

Pan fo'r ciprys rhwng Duw a'r bwystfil
  Yn rhwygo fy mron a'm hedd,
Nwydau yn llercian wrth gornel y stryd,
  Ac ango chwant yn eu gwedd;

Mi giliaf i'm cell rhag eu gormes,
  Myfyrdod fy noddfa dlos;
Daw hedd i'm calon flinedig a llesg
  Ar fron y Cain, yn y nos.[107]

Nid yn 'Y Ddawnsferch' yn unig y ceir cyfeiriadau at gerddorion a cherddoriaeth. Mae 'I Gantores' a 'Cân Gwerin' yn ddwy enghraifft arall, ac felly hefyd y soned 'Beethoven'. Roedd Gwenallt yn hoff iawn o gerddoriaeth, fel y tystia'r cerddi hyn yn ogystal â cherddi a oedd eto i ddod, er enghraifft, 'Cerddoriaeth' yn *Ysgubau'r Awen*. Rhannodd ei hoffter o gerddoriaeth â'i gyfaill Albert pan oedd yn y coleg:

Tonight I have been listening to the "Messiah"[,] to those rushing cataracts of music. I am mad on music these days. When you will come here, you will share my madness. Two lunatics are better than one. Music is divine madness, the language of the gods. It is the echo of a great soul. What worries me very often is that I have so small and mean a soul, so infinitesimally insignificant on being compared with the master-souls of those great musicians. Only by living with them and listening to their divine voices is there possibility of growth and development.[108]

Yn 'Beethoven' ceir ymdrech i ddelweddu'r gerddoriaeth:

Mi glywaf dramp taranau'n nesu draw
  Fel lluoedd llwyd Attila greulon gynt,
  Eu traed yn drwm gan ddychryn, ar eu hynt
Pob craig a rwyg, a'r coed a gwymp gan fraw.
O'r drwm daw'r daran; rhuthro gwallco'r glaw
  O grwth a phib; cymhelri coed a gwynt
  O yddfau'r offer pres; symbalau gwyn
Tan fflach y mellt; miwsig yn storm ddi-daw.

Tawodd y storm; ciliodd y s[ŵ]n a'r tân;
Daeth hwyr y gwanwyn i'r orchestra fwyn,
Coedwig yn canu cerdd gan ddistyll hedd,
I'm bron, yn nhyner wlith y nodau mân;
Lle bu'r ystorm mae anadl ymhob llwyn,
A hwian p[ê]r y lloer uwch hun ei bedd.[109]

Mewn soned arall, 'Tristwch', y mae'n myfyrio ar ei farwolaeth ef ei hun, ac un o'r pethau a'i gwnâi'n drist fyddai gorfod gadael y piano ar ei ôl:

Minnau, fel hwythau, af i nos y gist,
Gan ado'r Awen ŵyl, a'r gwin, a'r hoen,
A llafur annwyl llyfrau cerdd a llên,
Gado'r piano mwyn yn blentyn trist,
Cord ei lawenydd, cord ei ing a'i boen,
A'i gusan ebon ar fy mysedd hen.[110]

Mae cerdd fel 'Dau Gysgod' yn sicr yn dangos dylanwad beirdd Ffrainc ar ganu cynnar Gwenallt. Ysbrydolwyd y gerdd gan gerdd Paul Verlaine, 'Colloque Sentimental'. Dyma gerdd Gwenallt:

Dau gysgod yn pasio a gwenu
  Ym mwstwr y stryd,
Pasio a gwenu, gwenu a phasio
  Ar lwybrau'r byd.

Ni chlywais mo ruthr dy galon,
  Cyfrinach dy gnawd;

Dau gysgod yn pasio a gwenu
  Ar ddieithr rawd.

A ddaw golau lloer neu heulwen
  I'th babell frau?
Llawenydd neu boen? Na hidia;
  Cysgod yw'r ddau.

Dau gysgod yn pasio a gwenu,
  Dau gysgod, fy ffrynd;
Cyn hir o frwydr y cysgodau
  Bydd dau wedi mynd.[111]

Mae'r ddyled i gerdd Verlaine yn amlwg:

Dans le vieux parc solitaire et glacé
Deux formes ont tout à l'heure passé.

Leurs yeux sont morts et leurs lèvres sont molles,
Et l'on entend à peine leurs paroles.

Dans le vieux parc solitaire et glacé
Deux spectres ont évoqué le passé.

– Te souvient-il de notre extase ancienne?
– Pourquoi voulez-vous donc qu'il m'en souvienne?

– Ton coeur bat-il toujours à mon seul nom?
Toujours vois-tu mon âme en rêve? – Non …

Ceir awgrym yn y soned 'Dadrith' fod y Gwenallt ifanc wedi mwy na syrffedu ar serch cnawdol, ac ar roi boddhad rhywiol, corfforol yn uwch na chariad a boddhad ysbrydol:

Dychymyg serch a roddai'r swyn i'w phryd,
Ac arogl gwlith y leloc ar ei grân;
Anghofiwn fywyd yn ei chwerthin mân,
Ym mhertrwydd cam ei balchter ar y stryd;
Tlws ar ei min oedd b[a]s ddoethineb byd,
A manson dibwys, a wnâi'i llais, yn hardd;
Ei chorff fel cwpan gwin ym mreuddwyd bardd,
A serch a fynnai ddrachtio'i hoen i gyd.

Syrthiodd y llen a weodd tynged serch;
Ciliodd y lliw a'r arogl: gwae myfi!
Chwantau a dadrith cnawd a'm gwnaeth yn flin.
Nid oedd ei chân ond baldordd disyml ferch;
Heddiw mae pellter breuddwyd rhyngom ni,
Ac yn y cwpan dim ond cysgod gwin.[112]

A dyna enghreifftiau o gynnyrch Gwenallt fel bardd ifanc ar ei dwf yn y coleg. A rhai o feirdd y coleg oedd ei gyfeillion agosaf, fel Benjamin Joseph Morse, y byddai'n llunio soned iddo ymhen blynyddoedd, 'Cyfaill o Fardd'. Almaeneg ac Eidaleg oedd prif bynciau B. J. Morse yn Aberystwyth, a byddai'n datblygu yn y dyfodol i fod yn awdurdod ar waith y bardd mawr Almaeneg, Rainer Maria Rilke, bardd y byddai Gwenallt yntau yn magu diddordeb ynddo ac yn ei gyfieithu i'r Gymraeg. Yn ôl Gwenallt, 'a veritable Don Juan' oedd B. J. Morse.[113] 'His trio of attractions are women, music and wine – quite an unusual combination but each one conducive to inspire the amatory instincts of man,' meddai amdano.[114] Yn Aberystwyth, ffurfiwyd cyfeillgarwch rhwng y ddau a fyddai'n parhau am oes. Cyfaill mawr arall iddo yn Aberystwyth oedd John David Jones o Abertawe. Wedi iddo ennill gradd BA ym 1923 a gradd MA ym 1925, aeth J. D. Jones ymlaen i'r Sorbonne yn Ffrainc, ac yno yr enillodd radd PhD.

Roedd Gwenallt yn benderfynol o fwynhau ei ddyddiau coleg, mewn ymdrech i adfer rhywfaint o'i ieuenctid coll. Beirdd y Farddoniaeth Ddirywiedig, beirdd y *fin de siècle*, yn ogystal â Walter Pater, a roddodd iddo'r syniad mai ymblesera a byw bywyd i'r eithaf, gan flasu ac anwesu pob eiliad, oedd hanfod bywyd, gan mor arswydus o fyr oedd y bywyd hwnnw. Dyna oedd athroniaeth fawr beirdd fel Ernest Dowson, fel yn ei gerdd enwocaf, 'Vitae Summa Brevis Spem nos Vetat Incohare Longam' ('Mae byrder bywyd yn gwrthod inni'r gobaith am hir barhad', llinell gan Horas):

They are not long, the days of wine and roses:
    Out of a misty dream
Our path emerges for a while, then closes
    Within a dream.

Yr un athroniaeth yn union a geir gan Dowson yn 'Villanelle of the Poet's Road', a dyma hefyd yr union athroniaeth y byddai Gwenallt yn ei mynegi dro ar ôl tro yng ngherddi'r Goliardi pan fyddai'n cyhoeddi ei ail gyfrol o gerddi, *Ysgubau'r Awen*. Dyma Dowson:

> Wine and woman and song,
>   Three things garnish our way:
> Yet is day over long.
>
> Lest we do our youth wrong,
>   Gather them while we may:
> Wine and woman and song ...

Roedd y Rhyfel Mawr wedi amddifadu miloedd o ddynion ieuainc o'u hieuenctid, ac o brofiadau cyffrous ieuenctid, ac nid oedd y rhai a oedd wedi goroesi'r rhyfel – mewn rhyw fodd neu'i gilydd – am adael i hynny ddigwydd iddynt hwy. Ar ben hynny, roedd Albert a Gwenallt, yn ystod cyfnod Gwenallt yn y coleg, wedi colli un o'u cyfeillion, o'r enw Reggie, yn ifanc, a chafodd hynny hefyd gryn effaith ar Gwenallt. 'I think ... that it is tragic to die young, to die without knowing the wealth of love, without drinking the cup of youth to its last drop, and without proving the ripe affection of a woman's soul,' meddai wrth Albert.[115] Ie, yfed y cwpan hyd at y diferyn olaf oedd y nod.

Pan gyhoeddwyd *Barddoniaeth Bangor 1927–37* dan olygyddiaeth J. E. Caerwyn Williams ym 1938, syfrdanwyd Gwenallt, wrth iddo adolygu'r flodeugerdd, gan y mynych sôn am angau a geid yng ngherddi'r beirdd ifainc hyn. Mor wahanol, felly, oedd myfyrwyr Coleg Prifysgol y Gogledd i fyfyrwyr Aberystwyth, yn enwedig y cyn-filwyr a'r cyn-garcharorion:

> Pam y cyffrowyd awen mor dywyll gan gwmnïaeth a chymdeithas Coleg? A safai Angau y tu ôl i seti Sili Wen? A ymlithrai fyth a beunydd ar hyd mynedfeydd yr Athrofa ac a yfai goffi yn y ffreutur? Gwelwyd rhai o weddillion y 6th Battalion yn Aberystwyth yn llunio limrigau, comedïau a cherddi brith. Yr oeddynt hwy wedi syrffedu ar Angau.[116]

Nid cadair Eisteddfod Coleg Aberystwyth ym 1922 na chadair Eisteddfod Ryng-golegol 1924 oedd yr unig gadeiriau i Gwenallt eu hennill yn ystod ei ddyddiau coleg. Enillodd gadair Eisteddfod Craig-cefn-parc yng Nghwm

Thomas Ehedydd Jones,
tad Gwenallt.

Mary Jones, mam Gwenallt.

Modryb Lisa Gwenallt, chwaer ei dad, a'i gŵr Dafydd, a oedd yn ffermio Pantypistyll, fferm tua dwy filltir o Lansadwrn. Yma, meddai Gwenallt ei hun, y bu'n gweithio fwyaf yn ystod ei gyfnodau heulog yn Sir Gaerfyrddin.

Thomas a Mary Jones â'u dau blentyn cyntaf, Gwenallt yn sefyll, John Llewelyn ar lin ei fam.

'Nwncwl Josi' Gwenallt a'i deulu.

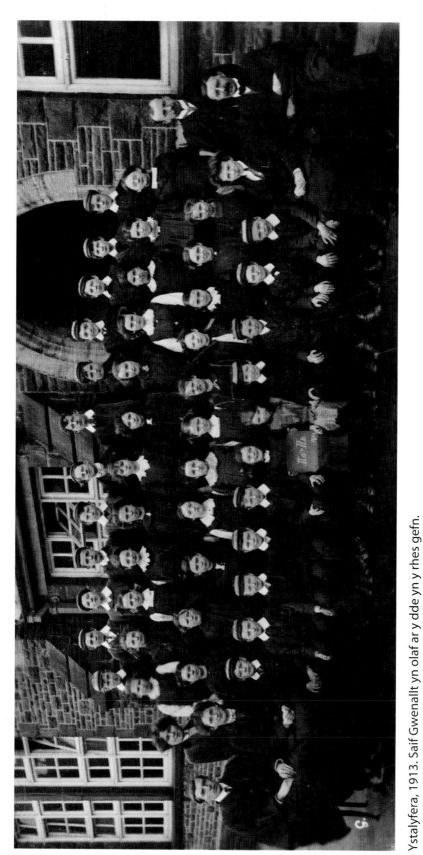

Ystalyfera, 1913. Saif Gwenallt yn olaf ar y dde yn y rhes gefn.

Siop Bridge House ar groesffordd Pontardawe, gyda Griff Davies a'i frawd iau Albert yn sefyll o flaen y siop.

Gwenallt a'i gyd-wrthwynebwyr cydwybodol a fu'n gweithio mewn gwersyll torri coed, fel rhan o gynllun y Swyddfa Gartref, ym mhentref Fordham yn Swydd Gaer-grawnt.

Gwenallt yn fyfyriwr.

Llun arall o Gwenallt yn fyfyriwr
yn Aberystwyth.

Gwenallt, yn eistedd ar y chwith yn y rhes flaen, yn ddarlithydd yn ei hen goleg, Aberystwyth. Yn ei ymyl, yn eistedd yn y canol, y mae T. H. Parry-Williams.

Llun arall o Gwenallt a T. H. Parry-Williams, a'u myfyrwyr o'u hamgylch, gan gynnwys Eic Davies o Gwm Tawe, dramodydd a darlledwr radio yn Adran Chwaraeon y BBC ar ôl ei ddyddiau coleg, sydd yn eistedd yn ymyl Gwenallt ar y dde.

Gwenallt yn eistedd yng Nghadair Eisteddfod Genedlaethol Abertawe, 1926.

Ar ôl y cadeirio yn Abertawe. Gwenallt rhwng David Lloyd George (ar y chwith) ac Elfed (ar y dde), a Phedrog y tu ôl i Gwenallt.

Gwenallt yn ŵr ifanc.

Gwenallt yn ddarlithydd yn Aberystwyth.

Gwenallt ar wyliau yn Llanwrtyd.

Y ddau gyfaill agos, Gwenallt ac Albert Davies.

Gwenallt ac Albert yn ymlacio gyda phedair menyw. Ceir y geiriau 'The Hall, Ashford, June 1932' ar gefn y ddau lun.

Ceir y geiriau 'Gwen a Gwenallt'
ar gefn y llun.

Griff Davies, brawd Albert,
a'i deulu.

Gwenallt ar wyliau ym Mhontardawe.

'Y wraig rywiog, garuaidd' – Elizabeth Davies, mam Albert.

Albert a'i fodur.

Tawe ym 1924, ac ym 1925 enillodd ddwy gadair, y naill yn Eisteddfod Cwm Clydach a'r llall yn Eisteddfod Castell-nedd. Yn ôl Albert Davies, ar ôl iddo ennill yr holl gadeiriau hyn y mabwysiadodd yr enw 'Gwenallt' fel enw barddol, sef y ddwy elfen yn 'Allt-wen' wedi eu trawsosod. Ym 1926 byddai'n ennill Cadair yr Eisteddfod Genedlaethol, a dywedwyd mai ar ôl y fuddugoliaeth honno y bedyddiwyd David James Jones yn 'Gwenallt' gan Llewelyn Bowyer a W. J. Rees. Ond dyma fersiwn Albert o'r digwyddiad:

One summer's day the three friends decided to visit Llyn-y-fan lake on the Carmarthenshire side of the Black Mountains. The two ministers were familiar with the academic and poetic creativity of their young fellow traveller. His successful academic degree in English and Welsh and his many Collegiate and inter-Collegiate bardic chairs bore testament. There in the rays of the sun and the towering silence of the mountain lay the placid waters of the historic and legendary lake. This day, beside these waters, something unusual happened. The two ministers decided that this was the time and place to bestow a bardic title upon their young poet friend. In the silence, on this summer's day, the ministers proceeded seriously and solemnly to baptise David James Jones. From this moment David James Jones was to be known as Gwenallt.[117]

'Enw ar fynydd gerllaw Rhydcymerau, ardal ei rieni, yw'r Wenallt. O hwnnw y cafodd David James yr enw,' meddai Lynn Owen-Rees yn *Cofio Gwenallt*.[118] Anghytuno â'r gosodiad hwn a wnaeth Beth Owen, chwaer Gwenallt. Roedd ei fersiwn hi o'r digwyddiad yn wahanol:

Dyma'r stori gywir am darddiad yr enw, a chofiaf yn dda am yr amgylchiad a ddigwyddodd yn union wedi i Gwenallt ennill cadair Eisteddfod Abertawe ym 1926. Yr oedd ganddo ddau gyfaill cywir iawn yn weinidogion gyda'r Annibynwyr ar yr Alltwen, – dau heddychwr a cherddwyr brwd – y Parch. W. J. Rees a'r Parch. Llewelyn Bowyer. Buont fwy nag unwaith ar deithiau cerdded gyda'i gilydd, a'r tro yma aethant lan i ardal Llyn-y-Fan-Fach ym mhen uchaf Cwm Tawe. Yn ystod y sgwrsio awgrymwyd y byddai'n well meddwl am enw mwy arbennig na D. J. Jones i fardd cenedlaethol, a bathwyd yr enw Gwenallt, er mwyn ei gysylltu â'r Alltwen. Cafwyd hwyl drwy i'r ddau weinidog ei fedyddio â'r enw newydd yn nŵr Llyn-y-Fan-Fach! Cofiaf amdano'n cael blas ar adrodd yr hanes ar ôl dod adre, ac yn gofyn ein barn am ei enw newydd.[119]

Anodd gwybod pa fersiwn o'r stori sy'n gywir, ond rhaid cofio mai'r Wenallt Fawr oedd enw fferm Morgan Williams, y gŵr a fwytawyd gan gŵn, a bod D. J. Williams yn enwi cymeriadau fel 'Sarah'r Wenallt', 'Elen y Wenallt', 'Jemmi'r Wenallt', 'Wil y Wenallt' ac eraill yn ei ddwy gyfrol hunangofiannol *Hen Dŷ Ffarm* ac *Yn Chwech ar Hugain Oed*.

Rhan bwysig iawn o ddatblygiad Gwenallt fel bardd oedd y ffaith mai'r bardd a'r newyddiadurwr Dewi Morgan oedd ei letywr yn 24 North Parade, Aberystwyth. Roedd Dewi Morgan yn fardd medrus yn y mesurau caeth, ac ef a enillodd ar yr englyn yn yr Eisteddfod Genedlaethol ym Mangor ym 1915 ac yng Nghorwen ym 1919. Ym 1925, blwyddyn olaf Gwenallt yn y coleg, enillodd Gadair Eisteddfod Genedlaethol Pwllheli â'i awdl 'Cantre'r Gwaelod'. Dewi Morgan, yn ôl Gwenallt ei hun, 'yn bennaf a'm dysgodd i'm disgyblu fy hun: ef a ddangosodd i mi werth cynildeb'.[120]

Y syndod ynghylch Gwenallt a rhai o'i gyfoedion yn Aberystwyth yw iddynt droi at fân feirdd Saesneg diwedd y bedwaredd ganrif ar bymtheg am ysbrydoliaeth ac arweiniad, dylanwad Walter Pater neu beidio. Eisoes roedd y mudiad modernaidd ar droed yn America a Lloegr, gyda beirdd fel T. S. Eliot ac Ezra Pound yn arwain y ffordd. Y rhain, yn anad neb, a lwyddodd i gyfleu'r dadrith, y chwerwder, y gwacter ysbrydol a'r merfeidd-dra cymdeithasol a ddilynodd y rhyfel. Yn ystod cyfnod Gwenallt yn y coleg y cyhoeddwyd *Hugh Selwyn Mauberley* (1920) gan Ezra Pound a *The Waste Land* (1922) gan T. S. Eliot. Llwyr oferedd a gwastraff rhyfel a welai Pound:

> These fought, in any case,
> and some believing, pro domo, in any case …
>
> Some quick to arm,
> some for adventure,
> some from fear of weakness,
> some from fear of censure,
> some for love of slaughter, in imagination,
> learning later …
>
> some in fear, learning love of slaughter;
> Died some pro patria, non dulce non et decor …
>
> walked eye-deep in hell
> believing in old men's lies, then unbelieving

came home, home to a lie,

home to many deceits,

home to old lies and new infamy;

usury age-old and age-thick

and liars in public places.

Daring as never before, wastage as never before.

Young blood and high blood,

Fair cheeks, and fine bodies …[121]

Roedd cyfnod Gwenallt yn y coleg yn gyfnod chwyldroadol ym myd barddoniaeth Saesneg, ac yn gyfnod chwyldroadol yng Nghymru hefyd, ond ar raddfa lai o lawer. Ym 1921, ar ddiwedd ail flwyddyn Gwenallt yn y coleg, yr enillodd Cynan Goron Eisteddfod Genedlaethol Caernarfon am ei bryddest 'Mab y Bwthyn', pryddest y ceid ynddi ddarluniau a disgrifiadau cignoeth o ryfel y ffosydd, yn ogystal â phortread o gymdeithas wacsaw'r cyfnod ôl-ryfel. O leiaf roedd Gwenallt wedi darllen 'Mab y Bwthyn' ac wedi ei chymeradwyo i Albert.

Troi yn erbyn Rhamantiaeth a wnaeth Gwenallt yn y pen draw. Rhith oedd y cyfan, diffyg sylwedd llwyr, fel tarth y bore. Egwyl o ryw fath, hoe rhwng dau gyfnod dwysach a mwy difrifol yn ei fywyd, oedd cyfnod y coleg i Gwenallt. T. Gwynn Jones, yn bennaf, a'i harweiniodd i Ynys Enlli ac i'r 'broydd hud cain' yn 'Cyfnos a Gwawr'. Bron i ddeng mlynedd wedi iddo adael y coleg, roedd Gwenallt yn adolygu *Caniadau* T. Gwynn Jones yn *Y Ford Gron*. 'Un o wendidau rhamantiaeth yw bod ei byd delfrydol hi mor ansylweddol ac mor amhosibl,' meddai, gan wahodd y rhamantwyr 'i blith gweithwyr Sir Forgannwg a gwladwyr Sir Gaerfyrddin'.[122] Erbyn 1934 roedd y ddwy sir yn gydradd yn ei olwg, a'r naill fel y llall yn fwynglawdd awenyddol ar gyfer y dyfodol.

Suddodd y llong ramantaidd yng ngherdd hir T. Gwynn Jones, 'Madog' – 'Trystiodd y tonnau trosti, bwlch ni ddangosai lle bu,' meddai wrth adolygu *Barddoniaeth Bangor 1927–1937* – a dim ond 'anialwch' a 'wast o ludw' a oedd ar ôl yn 'Argoed', 'lle bu fforest lydan'.[123] Ac meddai:

Y mae mudiad rhamantaidd llenyddiaeth Gymraeg y ganrif hon, erbyn hyn, wedi bwrw ei bwff … Diweddodd y breuddwydion mewn hunllef. Troes y macwyaid yn seiri corff a'r rhianedd yn wragedd yr amdo. Collodd Rhiannon ei "hystyr hud"! O dan gnawd blodeuog Olwen gwelir heddiw ei hysgerbwd dafadaidd. Ciliodd y cymeriadau rhamantaidd yn ôl i'w hen gynefin, y niwl. Aeth y cyfnos Celtaidd yn nos. Ac felly y bu hi mewn gwledydd eraill. Ar ôl Shelley a Wordsworth a Tennyson, yn Lloegr, daeth Dowson a Wilde a Hardy a Housman; ar ôl Lamartine a Victor Hugo, yn Ffrainc, Baudelaire, Verlaine a Rimbaud. Ar ôl beirdd yr hud a'r breuddwydion daw beirdd yr ysgerbydau a'r penglogau. Dyna dynged pob mudiad rhamantaidd.[124]

Ac ymhen rhyw ddwy flynedd ar ôl iddo adael y coleg, byddai breuddwydion Gwenallt hefyd yn diweddu mewn hunllef.

Ennill a Cholli
1925–1929

Aeth Gwenallt yn syth o'r coleg i swydd. Fe'i penodwyd ym mis Medi 1925 yn athro Cymraeg yn Ysgol Sir y Barri. Prifathro'r ysgol oedd Edgar Jones, gŵr o Lanrhaeadr-ym-Mochnant ac un arall o raddedigion Coleg Prifysgol Cymru yn Aberystwyth. Roedd Edgar Jones ei hun yn hoff iawn o farddoniaeth, ac roedd yn un o gyfeillion agosaf R. Williams Parry, a fu'n athro Cymraeg a Saesneg yn Ysgol Sir y Barri am ryw ddwy flynedd yn ystod cyfnod y Rhyfel Mawr.

Roedd Albert Davies erbyn hyn wedi gwella o'i dostrwydd ac wedi dychwelyd i Gaerdydd. Golygai hynny ei fod ef a Gwenallt yn byw'n weddol agos i'w gilydd, a gallai'r ddau gwrdd â'i gilydd yn fynych, a hynny a fu:

> When Gwenallt had settled in his 'digs' in Harbour Road, Barry, I often visited him in the evenings. We went for walks around the old haunts of my schooldays – Pebble Beach, Porthkerry, the Island, the Docks and Cold Knap. I knew every inch of these places, and he soon became acquainted with the geography of his new surroundings. Likewise when he came for weekends to Cardiff. A stroll to Rhiwbina and the Wenallt, Cefn Onn and the Golf Course, Whitchurch and Melingriffith, Castell Coch and Llandaf. We made the rounds of the City – the Theatre, Park Hall and Hotels; Barry's in St. Mary Street; the Model Inn in the Golate, the Capitol and the Carlton Restaurant, Westgate Street – known as 'prostitutes parade', Bute Street, the cafes and shops and hovels. The Central Library and Welsh bookshop. Soon he became familiar with the various buildings in Cathays Park and the University. We often went across to Weston-super-Mare on an evening trip for two shillings return. We did not land, it was the last sailing to bring back day trippers. These were the simple expeditions of the early days.[1]

Yng Nghaerdydd dechreuodd cylch ei gyfeillion a'i gydnabod ehangu. Daeth i adnabod J. H. Morgan, llyfrgellydd yn Llyfrgell y Brifysgol yng Nghaerdydd. Daeth yn gyfarwydd hefyd â'r bardd ifanc Caradog Prichard, ac â Sam Jones, a fyddai yn y man yn ymuno â staff y BBC i gynhyrchu rhaglenni radio arloesol. Roedd y ddau ar y pryd yn aelodau o staff y *Western Mail*. Cyfarfu â W. J. Gruffydd, a hefyd â'r llenor a'r hanesydd R. T. Jenkins, a oedd yn athro yn Ysgol Uwchradd Caerdydd ar gyfer Bechgyn, ysgol arall y bu R. Williams Parry yn athro ynddi.

Arferai Albert fynd draw i'r Barri i weld Gwenallt yn aml a bu'r ddau wrthi'n trafod llenyddiaeth a barddoniaeth yno gyda'r hwyr. Siaradai Gwenallt am nifer o feirdd a llenorion gyda'i gyfaill: Goethe, Proust, Tolstoi a Baudelaire. Trafodai waith Ernest Dowson, yn enwedig ei gerdd enwog 'Non sum qualis eram bonae sub regno Cynarae', a hefyd waith y llenor a'r dramodydd Ernst Toller, a'i lyfr *Das Schwalbenbuch* (Llyfr y Wennol) yn arbennig. Yr oedd Gwenallt hefyd yn hoff iawn o waith yr Eidalwr Vittorio Alfieri a'r Ffrancwr Gérard de Nerval. Wrth iddo ehangu cylch ei gyfeillion a'i gydnabod yn ystod cyfnod y Barri, yr oedd hefyd yn ehangu ei orwelion llenyddol. Nid gwleidyddiaeth a glymai Gwenallt ac Albert ynghyd bellach ond llenyddiaeth.

Lluniwyd drama wedi ei seilio ar gerdd Ernest Dowson gan Harold Marsh Harwood a Robert Gore-Browne, a bu'r ddrama'n boblogaidd iawn yn y 1920au a'r 1930au. Perfformiwyd y ddrama, *Cynara*, yn y Theatr Newydd yng Nghaerdydd un wythnos, ac aeth Gwenallt ac Albert i weld dau berfformiad ohoni. Pan aethant i weld y ddrama am yr ail dro, cawsant y fraint o gyfarfod ag Owen Nares, yr actor adnabyddus ar y pryd a chwaraeai ran Ernest Dowson yn y ddrama.

Ac os oedd cylch ei gyfeillion a'i gydnabod yn ehangu yn ystod y cyfnod hwn yn y Barri a Chaerdydd, a'i orwelion llenyddol hefyd yn ehangu, yr oedd cylch ei brofiadau yn ogystal yn dechrau lledu. Yn ôl Albert:

> The 'Dowsonian' interest and press write-ups were a topic of conversation in the cafes and restaurants where the young intellectuals gathered. It was on such an evening in the Capitol that Gwenallt and I sat alone, drinking our coffee, before our journey to Splott Road, when I saw two Splott girls at a nearby table. I invited them to our table and introduced them to Gwenallt. I had known them for some

time, one was a Norwegian, the other a Maltese. The Norwegian was a music
teacher and the Maltese a private secretary to one of the prominent directors of
a Cardiff Shipping Firm. On our arrival at Splott, we parted – Gwenallt with his
Maltese and I with my Norwegian. We became friends. We were often invited to
their homes to supper and wine.[2]

A dyna ddechrau carwriaeth rhwng Gwenallt ac Elsie. Awgrymodd Albert
y dylai Gwenallt ac yntau wahodd y ddwy ferch i'w cartrefi yng Nghwm
Tawe, ond cyndyn oedd Gwenallt i ddilyn awgrym ei gyfaill:

Gwenallt was not enamoured with the idea of bringing the Maltese to Alltwen.
He knew that his Puritanical Welsh Methodist parents' home was not exactly the
environment for his dark, beautiful, perfumed made-up girlfriend. It was at Elsie's
birthday party that Gwenallt divulged to Elsie that he 'was an artist and poet'.
I was surprised by this immodest outburst, but the air was full of romance and
perfume. Elsie took him up on this and said, "My darling David, you must write
a poem to me". I recollect one evening in Harbour Road, Gwenallt telling me he
was working on an ode, 'The Monk', 'Y Mynach', for the forthcoming National
Eisteddfod at Swansea. I reminded him that he had promised to write some verses
for Elsie too and that he should not disappoint her. He agreed, and said he would
do so and give them to her when next they met.[3]

Ac fe wnaeth hynny. Lluniodd gerdd, 'To Elsie', gan ei harwyddo 'Your poet
friend David'. Dyma'r gerdd honno, cerdd ramantaidd, synhwyrus yn yr un
cywair â cherddi Dowson:

Eyes of love and of light,
That glow and gleam;
Eyes that come in the night
To haunt my dream:
Eyes that do draw and drink
My soul with their fire,
Eyes that do flow to the brink
With infinite desire.

Beauty lies on your lips
To bewitch the hours;
I would I were [a] bee that sips
From those passion flowers:

There with longing divine
My soul lives and lies,
There, in their warmth, and their wine,
It lingers and dies.[4]

Lluniodd gerdd i gariad Albert, Peterine, yn ogystal, ond roedd Albert wedi anghofio'r gerdd ac eithrio dwy linell yn unig: 'Ivory hands over ivory keys/I would I were keys'.[5]

Lleihaodd ymweliadau Gwenallt â Chaerdydd, a hynny am reswm arbennig. Ym 1926, roedd yr Eisteddfod Genedlaethol i'w chynnal yn Abertawe, yn ddigon agos at gynefin Gwenallt i'w hystyried yn Eisteddfod Genedlaethol leol iddo. Testun cystadleuaeth y Gadair oedd 'Y Mynach', a phenderfynodd Gwenallt gystadlu. Aeth i'r Eidal i chwilio am ysbrydoliaeth i'w gerdd, gan ymweld â Rhufain, Fenis a Napoli, a threulio peth amser mewn gwahanol lyfrgelloedd, Llyfrgell y Fatican yn Rhufain yn eu plith. Un o'r mynachlogydd y bu iddo ymweld â hwy yn yr Eidal oedd hen fynachlog San Martino uwch Bae Napoli. Yno cafodd batrwm a lleoliad i'r fynachlog yn ei awdl. Roedd ysblander mynachlogydd ac eglwysi'r Eidal wedi cyfareddu Gwenallt ac wedi cael effaith ysbrydol arno. Aeth Albert i Lundain i gwrdd â'i gyfaill wedi iddo ddychwelyd o'r Eidal:

He talked much of Catholic Art and Architecture, its beauty and significant symbolism. I realised he was sincerely and deeply involved in the Catholic Cult. He had long abandoned his Puritanical Methodism and I knew – apart from the fact that he was in the throes of creating a poem whose subject was 'The Monk' – that he was contemplating his adhesion to the Catholic Church.[6]

Roedd Albert yn llygad ei le. Yn ystod ei flynyddoedd olaf yn y coleg, ac am rai blynyddoedd wedi hynny – hyd at ddiwedd y 1920au o leiaf – roedd Gwenallt yn closio fwyfwy at yr Eglwys Gatholig. Ceir yn y casgliad o waith cynnar Gwenallt a warchodwyd gan J. E. Meredith lond dwrn o gerddi a elwir yn 'Gerddi Catholig' gan yr awdur. 'I'r Forwyn Fair' yw'r gerdd Gatholig gyntaf yn y casgliad:

Mi garaf fi Dy drem a'th ruddiau hardd,
Mi roddaf Iti galon dyner bardd;

Caraf Dy s[ê]r, Dy ros, Dy fron ddi-nam;
Ni ddwedaf am fy nghariad ond wrth 'mam.

Ni ddwedaf air wrth ddyn, Fadona hardd,
Am nwyd fy serch, efe yn ynfyd chwardd;
Na sisial sill wrth ferch ein gwamal oes,
Ni welodd eto fab yn cario'i groes.

Fy ngwlad a gân am boen a Chroes Dy Grist;
Ni w[ê]l yr hoelion yn Dy enaid trist,
Pader a siant a gân i'w Ddioddef hallt;
Ni w[ê]l y dagrau gloew rhwng Dy wallt.

Gwelaf Di'n symud, Forwyn ing a loes,
Yn araf athrist ar Dy ffordd i'r Groes,
Gwelaf di'n sefyll tan y gwawd a'r gwaed,
A deimli Di fy nghusan ar Dy draed?

Mi garaf fi Dy drem a'th ruddiau hardd;
Mi roddaf Iti galon dyner bardd;
Caraf Dy boen, a'th ing, a'th fron ddi-nam;
Ni ddwedaf am fy nghariad ond wrth 'mam.[7]

Cerdd serch yw'r gerdd hon. Y Forwyn Fair yw cariad y bardd ifanc, ac y mae'n edliw i enwadau eraill, y tu allan i'r cylch Catholig, eu cyndynrwydd i roi ei lle dyledus iddi yn eu haddoliad. Mae ei gariad at Fair yn gariad deublyg. Ar y naill law, mae ei harddwch yn ei lorio, yn aflonyddu arno, ac mae ei serch tuag ati yn serch nwydus; ar y llaw arall, gwrthrych addoliad a thosturi yw'r fam ddioddefus hon.

Ymbil ar Fair am ryddhad rhag nwydau'r cnawd a wneir yn 'Mam y Lili', gan ddefnyddio'r ddelwedd o lili i ddynodi purdeb, glendid a sancteiddrwydd, a phwyso, ar yr un pryd, ar arwyddocâd y lili fel symbol o burdeb a gwyryfdod Mair yn y grefydd Gatholig:

Fam wen y lili,
  Erglyw fy llef;
Gwrando fy ymbil
  Rhwng lili'r Nef.

Daw meddwdod chwantau
  Yn oriau'r nos,

Angerdd y pabi,
   A nwyd y rhos.

Enaid y lili,
   Mor bell, mor wyn,
Rhy bell i wrando
   Fy nagrau hyn.

Morwyndod y lili
   A aeth trwy'n byd ff[ô]l,
Cusanaf fi burdeb
   Y llwch ar dy [ô]l.

Llais pur y lili
   A ddaw ar y gwynt,
Fflamau ei phurdeb
   Yn boen ar fy hynt;

Forwyn morynion,
   Seren y lli,
Eiriol tros enaid
   Crwydryn fel fi:

Fam wen y lili,
   Erglyw fy llef,
Rho im' drugaredd
   Rhwng lili'r Nef.[8]

Yn y gerdd 'Y Fendith' y mae'n gweld hen wraig yn penlinio mewn gweddi ger delw o sant mewn Eglwys Gatholig. Y mae'n amlwg oddi wrth ei phryd a'i gwedd fod yr hen wraig wedi profi anawsterau a threialon fyrdd wrth deithio ar hyd ffordd arw bywyd, ond caiff fendith a thangnefedd yn yr eglwys. Caiff yr hen wraig hafan a thawelwch rhag stormydd bywyd yn yr eglwys, ac mae'r bardd yntau yn chwilio am heddwch a thangnefedd cyffelyb rhag 'chwantau'r cnawd'. Yn sicr, dyma'r cyfnod pryd y darganfu Gwenallt ei bechod ei hun. Mae'n penlinio yn ymyl yr hen wraig erbyn diwedd y gerdd, gan obeithio y daw iddo yntau hefyd fendith gyffelyb i'r fendith a ddaeth iddi hi:

Yn flin a briw o lwybrau garw y byd,
Yn sypyn bach hi blyg ger bron y Sant;
Anghofia yno'i phoen a'i chur i gyd
Ym murmur mwyn y weddi ar ei mant;

Yn unig gyda Duw o dwrf y dref,
Hi dywallt Iddo g[ŵ]yn ei henaid gwan;
Ei llygaid cau a wêl angylion Nef,
A'i Cheidwad mwyn yn eiriol ar ei rhan.

Er llwyted y blynyddoedd ar ei phen,
Er hacred yw ei hwyneb crin a hen,
Wrth sugno cysur Duw a'r Forwyn wen
Ni welais i erioed ddwyfolach gwên.

Penliniaf yno yn ei hymyl hi,
Ger bron dwyfoldeb tyner cwyr a phaint;
Ynghanol chwantau'r cnawd erfyniaf fi
Am fendith debig o law Duw a'r Saint.[9]

Mae'n amlwg oddi wrth y gerdd ddwys a thangnefeddus hon fod Catholigiaeth yn atynfa gref iddo yn y cyfnod hwn.

Cerdd o fawl i Iesu Grist yw '"Wele Oen Duw"', cerdd arall sy'n ymwneud â phechod – 'Wele Oen Duw, yr hwn sydd yn tynnu ymaith bechodau y byd' (Ioan 1:29). Y mae 'Behold the Lamb of God' hefyd yn emyn Cymundeb yn yr Eglwys Gatholig. Ar lendid, harddwch a sancteiddrwydd yr Oen y canolbwyntir, gan gondemnio'r modd yr erlidiwyd ac y lladdwyd mab Duw gan yr union rai y daeth i'w hachub. Dyna bechod mawr y ddynoliaeth:

Daeth Oen yn y gaeaf
    Yn llawnder ei bryd,
Ni welwyd ei wynnach
    Yng nghorlan y byd.

Gadawodd bugeiliaid
    Eu praidd ar y bryn
I weled disgleirdeb
    Yr Oen perffaith wyn.

Fe gerddodd trwy'r anial
    Yn unig, a glân;

Heb lid yn Ei lygaid,
  Na llaid yn Ei wlân;

'Roedd bleiddiaid yn rhythu
  Ar swyn Oen y Nef,
Ni wrandawai'r defaid
  Ar hiraeth Ei fref.

Fe'i ymlidiwyd beunydd
  Ar fynydd a glyn,
Ei braidd dall a'i lladdodd
  Yn nawn nos y Bryn.

'Roedd ingoedd ac angau
  Ym myw'i lygaid gl[â]n,
'Roedd clwyfau'n Ei ystlys,
  A gwaed ar Ei wlân.

Ni welwyd Ei wynder,
  Ni chlywyd Ei lef,
Mae'r Oen yn oleuni,
  A haul yn y Nef.[10]

Cerdd arall i Fair yw 'Pietas Mariana':

Fy Mrenhines fwyn, a'm Mam,
Gwelaf gur Dy fron ddi-nam;
Saith cledd yn gwanu D'enaid gwyn,
Y llymaf cledd ar ben y Bryn.

Gwelaf Di'n sefyll tan Ei Groes,
Dy boen heb lef, na llais i'th loes;
Gweli Ei boen, a'i ing, a'i syched hallt,
Heb guro cnawd Dy fron, na rhwygo D'wallt.

Fam y Doluriau, gwelaf fi
Ei ben yn gorffwys ar Dy ddwyfron Di;
Gwelaf Di'n syllu i'w Bump clwy;
Ni welodd daear ofid mwy.

Edrychi'n hir ar waed Ei fudan wedd,
A'i roddi'n drist o'th fron i fron y bedd;
Cerddi, fel cerddodd mam o'r fynwent erch,
Gan adael yno Fab Dy boen a'th serch.[11]

Cyfeirir yma at laswyr neu bader y saith cleddyf, sef y saith cleddyf a drywanodd galon ddilychwin Mair, a rhoi saith dolur iddi. Cyfeirir at y tri dolur olaf o'r saith yn y gerdd, sef marwolaeth a chladdedigaeth Crist yn y pennill cyntaf, Mair yn sefyll dan bren y Groes yn yr ail bennill, a Mair yn derbyn corff Iesu Grist ar ôl iddo gael ei groeshoelio yn y trydydd pennill.

Cerdd gymharol hir yw 'Gwae Fi', ac mae'r teitl yn adleisio llinell agoriadol cerdd enwog Hedd Wyn, 'Rhyfel' – 'Gwae fi fy myw mewn oes mor ddreng'. Mae'r gerdd yn rhagredegydd i gerddi fel 'Ar Gyfeiliorn'. Byd a chyfnod sydd wedi colli pob cysylltiad â chrefydd a ddarlunnir ynddi:

> Gwae im' fy ngeni yn ein hoes flinedig,
>   A'm dyfod yn rhy hwyr i fyd mor hen,
> Y byd na ŵyr ddefosiwn, ofn parchedig;
>   Y byd sy'n llawn traheuster [*sic*], mwyniant m[ê]n.
>
> Fe aeth o'n byd y nef a'i thân morwynol,
>   Ciliodd ei hysbryd mwyn, a'i chredo iach;
> Nid oes i'n hoes na ffydd, na hoen gwanwynol,
>   Ond hoen a diniweidrwydd ffydd plant bach.
>
> Fe'n ganed yn y gaeaf, blant gwywedig,
>   Ac amdo'r bedd oedd cadach gwyn ein crud;
> Ein cred sy'n llesg, ein gobaith yn lluddedig,
>   Mae gwaed Calfaria heddiw'n oer a mud.[12]

Y mae'r traethydd, wedyn, yn dyheu am fynd yn ôl i ryw oes aur bellennig yn hanes yr Eglwys Gatholig, ac er na ddywedir hynny, mwy na thebyg mai'r Oesoedd Canol a olygir:

> Bu oes i'n byd a [â]i â'i bron grynedig,
>   Yng ngwynt y siantau, at Ei ddwyfol draed;
> Llesmeiriai'i threm tan wên yr Anweledig,
>   Cusanai'i Draed a'i Ddwylo'n wlyb gan Waed.
>
> Eistedd y bore bach wrth Fwrdd Ei angau,
>   Bwrdd Ei drugaredd, Bwrdd Ei ing a'i gur,
> Syllu ar glwyfau Crist, ar Fair a'i phangau,
>   A'i Ben diniwed ar Ei dwyfron bur.

Mynd i'r deml wedi'r dydd a'i hir dreialon,
   Pan seiniai cloch y gosper yn yr hwyr,
Cynneu y deuddeg cannwyll, rhoi mawl calon
   Yng nghryndod angerdd eu goleuni cwyr.

Purdeb di-Ryw ym mawl y c[ô]r a'i gr[i]au,
   A chwedyn murmur tyner isel lef,
A chlywed ffo adanedd eu gweddïau
   Yng nglesni'r cwmwl safwyr, tua'r Nef …[13]

'Gwyn fyd na'm ganed ynddi, oes hawddgaraf,' meddai wrth ddiweddu'r gerdd,[14] ac er na chafodd ei eni i'r oes honno, yr oedd yn sicr yn hanner byw ynddi ym myd ei ddychymyg barddonol yn ystod y 1920au. Roedd Gwenallt bellach wedi ei ail-greu ei hun. Er gwaethaf y paradocs, gwladwr o Sir Gaerfyrddin ac iddo ogwydd tuag at yr Eglwys Gatholig oedd awdur y cerddi hyn a ddiogelwyd gan J. E. Meredith, nid ymgyrchwr gwleidyddol o gefndir Anghydffurfiol a diwydiannol o Sir Forgannwg. Roedd Gwenallt yn ddieithryn iddo ef ei hun.

Cwblhaodd Gwenallt ei awdl ar gyfer Eisteddfod Genedlaethol Abertawe, awdl ac iddi gefndir Catholigaidd anochel ac amlwg, yn gynnar ym 1926. Aeth â hi at gwmni argraffu William Lewis yng Nghaerdydd i gael ei hargraffu a'i rhwymo yn broffesiynol. Aeth gydag Albert i Westy'r Park yng Nghaerdydd gyda'r nos. Roedd ar ben ei ddigon, a theimlai'n hyderus y byddai'r awdl yn ennill y Gadair ym Mhrifwyl Abertawe. Yr awdl oedd y gerdd orau iddo'i llunio erioed. Rhybuddiodd Albert i beidio ag yngan gair wrth Thomas Jones, ei dad, ei fod wedi cystadlu. Treuliodd Gwenallt yr haf hwnnw – haf y Streic Gyffredinol – yng nghwmni rhai o'i gyfeillion: Ben Morse, J. H. Morgan, Caradog Prichard a J. D. Jones.

Ychydig ddyddiau cyn yr Eisteddfod hysbyswyd Gwenallt ei fod wedi ennill y Gadair ym Mhrifwyl Abertawe, a gofynnodd i Albert Davies fynd gydag ef. Gwrthod a wnaeth Albert i ddechrau gan fod mis Awst yn fis rhyfeddol o brysur iddo yn y siop ac oherwydd nad oedd ganddo ddiddordeb mewn eisteddfodau, ond newidiodd ei feddwl pan ddywedodd Morgan ei gefnder wrtho ei fod yn bwriadu mynd i'r Eisteddfod i glywed Lloyd George yn areithio ar ddydd y cadeirio. Aeth y ddau yn ôl i Bontardawe ar ddechrau wythnos y Brifwyl, i aros gyda'u rhieni. Ar y dydd Mercher, y diwrnod cyn

y cadeirio, roedd Albert yn treulio'r prynhawn gyda Gwenallt a'i deulu yn yr
Allt-wen. Dyna pryd y daeth rhieni Gwenallt i glywed am fuddugoliaeth eu
mab yn Eisteddfod Genedlaethol Abertawe:

> We were having tea when Mrs Jones answered a knock at the door. She called to
> Gwenallt that two gentlemen wished to see him. After the men had gone, Thomas
> Jones wanted to know who they were. Gwenallt said [that] he had never seen them
> before but that they were two gentlemen from the newspapers who wished to
> have a photograph of himself. Then came a barrage of questions from his father. It
> was then that Gwenallt told him that he was to attend the National Eisteddfod the
> following day to be 'chaired'. We were delighted with the good news – his father
> especially. His father was a cool, phlegmatic type of person, but on this occasion
> he repeated time and time again the word 'Prifardd'. A poet himself, he realised
> the significance of such a title. He rambled on about the days that the people of
> Alltwen cried when David James was taken away to prison, now they were to
> rejoice that they had a 'Prifardd' in their midst.[15]

Roedd pafiliwn yr Eisteddfod dan ei sang erbyn tri o'r gloch. Ar ganol
y llwyfan, yn anferthol o amlwg, yr oedd y Gadair y byddai Gwenallt yn
eistedd ynddi yn y man. Rhodd gan Gymdeithas Gŵyl Ddewi Shanghai,
Tsieina, oedd y Gadair, cadair drom, urddasol a chywrain ryfeddol. Y tri
beirniad yn y gystadleuaeth oedd John Morris-Jones, J. J. Williams ac R.
Williams Parry. Roedd y tri yn unfryd unfarn mai *Bardd y Fynachlog* oedd
bardd gorau'r gystadleuaeth, a'i fod yn gwbwl deilwng o'r Gadair. Gofynnwyd
i'r bardd buddugol sefyll ar ei draed, ac fe'i cyrchwyd i'r llwyfan lle'r oedd
yr Archdderwydd, Elfed, yn aros amdano. Cadeiriwyd Gwenallt gyda Lloyd
George yn sefyll ar y dde iddo yn ystod y ddefod. Un o'r rhai a'i cyfarchodd ar
y llwyfan yn ystod y ddefod oedd Crwys, brodor o Gwm Tawe fel Gwenallt
yntau. Cellweirus oedd cyfarchiad Crwys:

> Rhoddwn i'r bardd hanner *bus*
> Hen ffasiwn fel Confucius.

Anfonwyd deuddeg o awdlau i gystadleuaeth y Gadair yn Eisteddfod
Genedlaethol Abertawe ym 1926. Tynnodd John Morris-Jones sylw at sawl
gwall a gwendid yn awdl Gwenallt, o safbwynt iaith a chynghanedd. Yr

oedd 'rhyw naws o rodres a ffug-hynafiaeth mewn Cymreigeiddio geiriau Saesneg fel *sifalri, sinistr, ecstasi, siant, siantau*'.[16] Dywedodd hefyd fod yr ymadroddi weithiau'n afrwydd a bod y gynghanedd ar brydiau yn anystwyth. Camgymeriad arall oedd dwyn i mewn i'r awdl enwau diweddar fel Teresa, Bach a Handel, 'a thrwy hynny ddinistrio hud y canol-oesoedd'.[17] Er hynny, roedd John Morris-Jones yn hael ei ganmoliaeth iddi. 'Y mae'r awdl hon yn un cyfanwaith prydferth, y naill ran yn tyfu'n naturiol o'r llall, a'r cwbl wedi ei drwytho yn ysbryd a thermau'r grefydd feudwyol,' meddai.[18] Ni chafwyd yn yr un o'r awdlau eraill a anfonwyd i'r gystadleuaeth 'ddrychfeddwl sylfaenol mor dlws ac mor debygol, na chyflead mor gredadwy gywir o fywyd mynach ar ei uchaf a'i oreu'.[19]

'Deuai mwy o'i gogoniant i'r golwg gyda phob darlleniad; ac erbyn deall ei chynllun a'i rhediad yn drwyadl teimlem fod yn ein dwylo awdl fawr, – awdl a'n daliai'n gaeth o'r gair cyntaf i'r olaf,' meddai J. J. Williams amdani.[20] 'Y mae dwyster, a grym, a gwreiddiolder anturus yn perthyn iddi nas canfuwyd yn un o'r lleill,' ychwanegodd.[21] Yn wir, ni allai'r beirniaid ymatal rhag gorganmol yr awdl a'i chrëwr. 'Ymgadwodd yr awdur,' meddai J. J. Williams, 'rhag oedi'n ormodol gyda phethau hawdd eu canu, megis natur, serch, ac adfeilion'; ac oherwydd hynny, canodd 'awdl fawr, farddonol, newydd'.[22] 'Yn ei theimlad dwys, ei hysbryd ir, ei lliwiau cynnes, a'i defosiwn prydferth y mae cyfrinach nerth yr awdl,' meddai'r trydydd beirniad, R. Williams Parry.[23] Ac meddai wrth gloi: 'Wele'n ddi-ddadl bersonoliaeth brinnaf y gystadleuaeth, a'r darganfyddiad mwyaf nodedig'.[24] Sylweddolodd y beirniaid fod Eisteddfod Abertawe wedi darganfod bardd newydd.

Y mae'r awdl yn agor gyda disgrifiad awdlaidd-draddodiadol o'r gwanwyn; yna mae'r mynach yn ymddangos:

> Wrth y Groes yn ymgroesi – y mynach
> Athrist a main weli,
> Dywed ef, os gwrandewi,
> Ing ei gôl ar ei hôl hi.[25]

Cariad y mynach oedd yr 'hi' a gyflwynir yma. Bu'r ddau yn gariadon bore oes, nes i Angela benderfynu ei chysegru ei hun i Grist ac i Dduw ac ymuno â chwfaint o leianod. Roedd ei bryd ar gariad mwy ysbrydol ei natur na'r hyn y gallai'r mynach ei gynnig iddi:

A'm gwefus ar ddwyn cusan, – hi giliai
  O'm golwg yn fuan,
  A chawn y ferch, yn y fan,
  Ger y lli'n gware lleian.[26]

Roedd Angela hefyd yn ymwybodol iawn o bechod. Roedd pechod yn beth byw ac ingol iddi:

Gwelid gwrid ei gwaradwydd – yn ei boch,
  O bechai i'w Harglwydd,
  Ar wedd gain y rhedai'n rhwydd
  Ddagrau ei chudd euogrwydd.[27]

Nid oedd gan Angela ddiddordeb yn harddwch y byd hwn. Ysbrydol ac annaearol oedd ei golygwedd:

Y welw wen ni welai hi – liw a llun
  Haul a lloer a heli;
  Gwelai Groes fwyn mewn llwyni,
  Briw Oen lleddf uwch bryn a lli.[28]

Ac yn nwy linell olaf yr englyn hwn y mae un o gerddi mawr Gwenallt yn y dyfodol eisoes yn dechrau ymffurfio: 'Ac yng nghanol dy fforestydd/Gwelent Bren y Groes'.[29] Mae Angela yn marw'n ifanc, a daw Mair a'i morynion i'w chyrchu i'r nefoedd.

Mae cariad unig a hiraethus Angela yn penderfynu ymuno ag urdd o fynachod 'er ei mwyn hi'.[30] Ar ôl y rhan gyntaf, gwanwyn bywyd y ddau, sef tymor eu plentyndod, daw'r haf, tymor nwyd ac angerdd. Cariad diniwed a dilychwin oedd cariad y ddau yn eu plentyndod, ond tymor nwydau afreolus-wyllt ieuenctid yw tymor yr haf:

O nodau cân ceiniaid coed
Daw angerdd gwaed ieuengoed,
Mae angerdd ŵyn ar dwyni,
Angerdd llon yng ngwyrdd y lli;
Ieuanc bridd yng ngwanc breuddwyd,
A phoeth a noeth yw ei nwyd …[31]

Mae nwydau a greddfau'r mynach yn gryfach na'i grefydd. Yn y gerdd fechan 'Mam y Lili' mae'r pabi a'r rhosyn – blodau coch, ffrwythlon, aeddfed, rhywiol-synhwyrus – 'Angerdd y pabi,/A nwyd y rhos', yn cynrychioli nwydau a ffantasïau rhywiol, ac felly hefyd yn 'Y Mynach':

Gwell na llais y Pab oedd lliw y pabi,
A synhwyrus hynt na seiniau'r santaidd;
Nid eu byd henllwyd, ond bywyd tanlli;
Ac enaid llon oedd ffurf y cnawd lluniaidd.[32]

Gyda'r haf yn corddi ei angerdd a'i nwyd, llethir y mynach gan ei ffantasïau rhywiol:

Rhyw forwyn wen a gerddai'n f'ymennydd,
A'i bronnau cywrain mor gain, mor gynnes;
Ei llaw wen a'i llun yn llawn llawenydd,
Tyner a mwyn y tân ar ei mynwes …

Cyrff a neidiai, a lamai'n noethlymun
Ar y cain allor, tan gŵyr canhwyllau;
Eu gwedd aur a'u cam yn cuddio'r Cymun,
Rhag rhos eu min ffôi rhin offerennau …

Mewn arogldarth glas chwarddai temtasiwn,
A segur liwiau mewn cysegrleoedd;
Awn rhag sêl, purdeb isel Ei Basiwn
I sipio'r gwanwyn yn swper gwinoedd …

'Roedd lliw fy mhechod yn ddwfn gysgodau
Yng ngheinder y main, yng ngwyndra mynor;
Euogrwydd nwyd drwy garuaidd nodau
Y caniad, a'i wyll uwch cannaid allor.[33]

O ganlyniad i'r breuddwydion a'r ffantasïau rhywiol hyn, ceir edifeirwch dirdynnol. Os bu i Gwenallt ddarganfod ei bechod ei hun, a dod yn hanner Cristion o'r herwydd, yr oedd yn sicr wedi ei ddarganfod erbyn 1926. Delweddir a diriaethir y broses o edifarhau yn hynod o fyw ac yn hynod o rymus ganddo. Uffern yw edifeirwch, yr uffern y mae'n rhaid cerdded trwyddi i gyrraedd gras a thangnefedd:

Nid arogl glân fforestydd Lebanon
Y nwyd a gelai'n fy enaid gwaelaf;
'Roedd ffau dreigiau yng nghiliau fy nghalon,
A lleisiau sinistr dinistr odanaf …

Rhag rhwyd brydferthaf cyfrwystra'r diafol
Gwaeddai f'angen, gweddïai fy ingoedd,
Rhag dawns sidan, a rhag dinas hudol;
Nwydau'r anifail nid â i'r nefoedd.[34]

Mae Angela yn ymddangos iddo mewn gweledigaeth, ac yntau'n cael ei rwygo gan ei euogrwydd:

A mi'n wylo, un hwyr, mun a welais,
Yng ngolau'i gw[ê]n wedd f'Angela gannaid;
O dan ei llygaid yno llewygais:
Gwyrodd y fun uwch euogrwydd f'enaid.[35]

Fe'i tywysir gan rith Angela at y 'Grog lle'r oedd cnawd yn crogi', ac wrth edrych ar ddelw o'r Crist croeshoeliedig o'r newydd – 'A briw fy Nuw a welwn o'r newydd'[36] – daw o hyd i'w ffydd drachefn a thawelir ei enaid cythryblus:

I'm calon a'm gwedd daeth gorffwys gweddi,
Eneiniad mwyn yn enaid emynau;
Lle bu'r gwael wŷn mae llwybr y goleuni,
Aroglus wyntoedd nef trwy'r gŵyl siantau …[37]

A dyna dröedigaeth y mynach.

Gyda thymor yr hydref, trydedd ran yr awdl – 'Wedi aidd haf, daw hedd hir/Hydref, a'i rad, i'r frodir'[38] – daw tangnefedd i enaid y mynach, a chaiff bellach gymundeb â Duw a Christ, heb i chwantau corfforol ei gorddi a'i gosbi:

O'r crwydr a'r frwydr daeth tangnef yr hydref,
Dwyfol dân a chân lle bu ochenaid;
Golau dydd lle bu glwy a dioddef,
Golau annwyl gwelïau Ei Enaid.[39]

Pechu, edifarhau, ailddarganfod Duw a Christ a derbyn gras Duw – dyna'r broses sydd ar waith yma. Ar ôl ing ac uffern y broses o edifarhau, y mae dyn a Duw bellach yn un, a swyddogaeth a braint dyn yn y cread yw moli Duw:

> Caf bur gymundeb â'i Wyneb unig,
> Ac arial a nwyf y Greal nefol;
> Byw dan oludoedd byd anweledig,
> Treiddio i afiaith y Natur Ddwyfol …
>
> Braint i eiddilyn brwnt yw addoli
> Y Gwaredwr dwyfol, [G]reawdr deufyd …[40]

Y mae'r mynach bellach yn eistedd wrth fwrdd Sagrafen ei Arglwydd:

> Syml Fwrdd Ei ddioddef, Bwrdd tangnefedd,
> A Bwrdd ein Duw uwch trwst byrddau'n daear,
> Bwrdd Ei ras pur, Ei gur, Ei drugaredd;
> Swper Ei gywilydd, Swper Galar …[41]

Mae'r tebygrwydd rhwng y pennill hwn ac un o benillion y gerdd 'Gwae Fi' yn awgrymu'n gryf mai yn ystod blynyddoedd canol y 1920au y lluniwyd y 'Cerddi Catholig':

> Eistedd y bore bach wrth Fwrdd Ei angau,
>   Bwrdd Ei drugaredd, Bwrdd Ei ing a'i gur,
> Syllu ar glwyfau Crist, ar Fair a'i phangau,
>   A'i Ben diniwed ar Ei dwyfron bur.

A bellach mae Angela fel angel gwarcheidiol i'r mynach, yn gwylio drosto:

> Fy nghalon eilw f'Angela anwylaf,
> Y fwyna' deg yn ei nef fendigaid,
> Ei henw filwaith yn llawen a folaf,
> Molaf fy annwyl am wylio f'enaid.[42]

Mae enaid y mynach bellach yn llawn gorfoledd, a thrwy edifarhau am ei bechodau a chael ei olchi'n lân oherwydd iddo lwyddo i garthu ei bechodau o'i gyfansoddiad, y mae'r mynach hefyd yn un â'r cread, cread Duw, yn ei fawl, ac mae seiniau organ a chorau'r eglwys yn boddi ac yn difa nwydau rhywiol dyn:

> Byd a nef wen yn wallco lawenydd,
> Yn gôr o fawl, a chlod, a gorfoledd;
> Hoen a galar sydd yn un â'i gilydd,
> Ac angau'i hun yn rhan o'r gynghanedd ...
>
> Hardd leisiau'n llawn balm a mwynder salmau,
> Yn bur, yn annwyl, heb Ryw na hunan ...[43]

Daw'r awdl i ben gyda thymor y gaeaf, tymor marwolaeth y ddaear a thymor marwolaeth y mynach ei hun:

> Eang olau angylion – a hwyliodd
>   Eilwaith i'w gell dirion;
> Yr enaid ddug morynion
> Cain eu llais, llawn canu llon.
>
> Syrthiodd yn ôl i'w hun ola', – a'i ing
>   Yn yngan Angela;
> Hunai'r lloer, a'r oer eira,
> Hunai'r rhew, a hunai'r iâ.[44]

Awdl newydd gan fardd newydd a gafwyd yn Abertawe, awdl hardd, aneisteddfodol, ac awdl hefyd a oedd yn drwm dan ddylanwad dysgeidiaeth Sant Thomas Aquinas. Un o themâu mawr Gwenallt fel bardd oedd natur pechod, a lle'r cnawd a'r enaid ym mywyd y Cristion. Yn 'Y Mynach', fe'i gwelir yn ymgiprys â'i ddemoniaid mewnol ef ei hun wrth iddo chwilio am sicrwydd, cadernid a thawelwch ffydd. Ond pa ffydd, pa grefydd? Y frwydr barhaol rhwng cnawd ac enaid yw thema 'Y Mynach', sef yr union thema y byddai Gwenallt yn dychwelyd ati ddwy flynedd yn ddiweddarach.

Ar ôl yr Eisteddfod aethpwyd â Chadair Eisteddfod Abertawe i Bontardawe, ac yno fe'i harddangoswyd yn ffenestr Siop Griff. Yn ôl Albert Davies, aeth Gwenallt a'i chwaer Beth i gynhadledd y Blaid Genedlaethol gyda'i gilydd ar ôl y Brifwyl. Mewn gwirionedd, i Ysgol Haf gyntaf y Blaid

Genedlaethol, a gynhelid ym Machynlleth, yr aeth y ddau. Sefydlwyd y Blaid Genedlaethol flwyddyn ynghynt, yn ystod Eisteddfod Genedlaethol Pwllheli, ac fe gynhaliwyd Ysgol Haf gyntaf y blaid newydd ym Machynlleth ddiwedd Awst. Roedd Kate Roberts, athrawes Gwenallt yn Ysgol Sir Ystalyfera gynt, yn bresennol yn yr Ysgol Haf, ac yno yr ymunodd Gwenallt a hithau yn swyddogol â'r Blaid. Roedd Waldo Williams yno hefyd, yn ogystal â chyfaill mawr Waldo a Gwenallt, Idwal Jones, Llanbed. Yno clywodd Gwenallt un o sylfaenwyr y Blaid Genedlaethol, Saunders Lewis, yn traddodi'r ddarlith agoriadol ar 'Egwyddorion Cenedlaetholdeb', a'i hen Athro, T. Gwynn Jones, yn darlithio ar 'Addysg Cymru a'r Gymraeg', ymhlith llawer o ddarlithoedd eraill.

Mae presenoldeb Gwenallt yn Ysgol Haf gyntaf oll y Blaid Genedlaethol yn codi rhai cwestiynau elfennol a sylfaenol. Pa bryd yn union y trodd y Marcsydd ifanc yn genedlaetholwr? Nid fel cenedlaetholwr o Gymro nac fel Cristion y carcharwyd Gwenallt y gwrthwynebydd cydwybodol yn ystod y Rhyfel Mawr, ond fel aelod o'r Blaid Lafur Annibynnol ac fel Marcsydd. Egwyddor ryngwladol oedd Marcsiaeth, nid egwyddor wladgarol, genedlaethol. Cafodd Gwenallt ei ddadrithio gan Lywodraeth Lafur Ramsay MacDonald ym 1924, ac yntau'n fyfyriwr yn Aberystwyth ar y pryd. Cafodd ei ddadrithio hefyd gan Farcsiaeth. Dywedodd yn ei ysgrif 'Credaf' iddo fynd i ysgol haf yn An Spidéal, pentref bychan ar bwys Galway yng ngorllewin Iwerddon, i ddysgu'r Wyddeleg. Roedd hynny, meddai, 'tua 1929'.[45] Yno gwelodd 'werth iaith, a diwylliant a thraddodiadau'r bywyd gwledig', ac yn Connemara âi ei feddwl yn ôl i Sir Gaerfyrddin.[46] Gwelodd mai yn y sir honno yr oedd ei wreiddiau. 'Yr oedd dull y tadau gwledig o feddwl, eu diddordebau mewn llenyddiaeth, diwinyddiaeth, a thraddodiadau, eu balchder mewn teulu a thylwyth a chymdogaeth dda, yn hollol wahanol i'n dull ni, y meibion Marcsaidd'.[47] Sylweddolodd yn Iwerddon 'fod gorffennol ei genedl i'r Gwyddel yn beth byw, yn rhuddin yn ei gof'.[48] Ni feddai'r gorffennol unrhyw ystyr nac arwyddocâd i'r Marcsydd, gan mai'r presennol, a'r dyfodol yn enwedig, oedd yn bwysig. 'Y mae'n wir fy mod yn darlithio ar lenyddiaeth Cymru, ond nid oedd hanes a llenyddiaeth ei gorffennol hi i mi yn ddim ond creiriau mewn amgueddfa,' meddai.[49] Yr awgrym yw mai tua 1929 y troes Gwenallt yn genedlaetholwr. Os felly, beth a barodd iddo ruthro i Ysgol Haf gyntaf y Blaid Genedlaethol dair blynedd yn gynharach? Ac, yn sicr, nid ym 1929 y daeth i sylweddoli mai yn Sir Gaerfyrddin yr oedd ei wreiddiau.

Nid oedd yr ymweliad hwnnw ag Iwerddon oddeutu 1929 yn ddim byd llai na thröedigaeth yn ei hanes yn ôl tystiolaeth Gwenallt ei hun. Dyma'r adeg, meddai, y daeth yn ymwybodol fod gan Gymru ei llenyddiaeth, ei hanes a'i thraddodiadau ei hun. Ond ai ym 1929 y daeth i sylweddoli hyn? O 1924 ymlaen, roedd Gwenallt yn chwilio am rywbeth i ddisodli ei sosialaeth a'i Farcsiaeth. Closiodd at grefydd, yn sicr, neu'n hytrach closiodd at y grefydd fynachaidd, Gatholigaidd, ganoloesol yn ei awdl i 'Ynys Enlli' a'i awdl 'Y Mynach', a bu'n chwarae â'r syniad o ymuno â'r Eglwys Gatholig. Dyna beth yw arwyddocâd pennaf y 'Cerddi Catholig'. Yn y coleg yn Aberystwyth y dechreuodd Gwenallt ddilyn y trywydd hwn. Digwyddodd rhywbeth arall iddo yn Aberystwyth yn ogystal. Yno y daeth i gysylltiad â phobl ifainc yr oedd Cymru a'r Gymraeg a diwylliant a llenyddiaeth Gymraeg yn golygu llawer iawn iddynt – Iorwerth C. Peate, Waldo Williams ac Idwal Jones, i enwi tri yn unig – rhai o garedigion mwyaf y Gymraeg a'i diwylliant yn y dyfodol. Yn ystod dyddiau coleg Gwenallt y sefydlwyd yr Eisteddfod Ryng-golegol neu Gydgolegol, ac ym 1922 hefyd y sefydlwyd y Gymdeithas Ddrama Gymraeg yn y coleg. Dywedodd Gwenallt nad ymladd yn erbyn rheolau tyn y coleg yn unig a wnâi ef a'i gyfoeswyr. 'Ymladdasom hefyd dros Gymru a'r Gymraeg,' meddai.[50] Cafwyd mwy o Gymraeg yng nghylchgrawn y coleg yn ystod cyfnod Gwenallt yno, ac yn y cyfnod hwnnw hefyd y gofynnwyd i Gyngor Canolog y Myfyrwyr am gael y seremoni raddio yn Gymraeg. Yn y coleg y dechreuodd cenedlaetholdeb Gwenallt fwrw gwreiddiau.

Dychwelodd Gwenallt i'r Barri ym mis Medi 1926 yn Brifardd, ac yn fuan wedi iddo gyrraedd y Barri, aeth i Gaerdydd i gyfarfod ag Albert, Elsie a Peterine yng Ngwesty'r Park. Roedd Elsie wedi darllen am lwyddiant Gwenallt yn y *Western Mail*. Ac meddai Albert:

The two girls had little knowledge of the Eisteddfod, save that it had something to do with singing, poetry and bards. Gwenallt went on to enlighten them. I proudly impressed [on] them that David was now The Chief Bard of Wales. This remark sparked off a sensational statement by Gwenallt. He said, "Do you know that Elsie was chaired with me in the Eisteddfod?" Even I was bewildered, and thought he had drank too much wine, but he went on to explain. "When I went home

from the Eisteddfod, and preparing to go to bed, I went through my pockets and
behold I found a photograph of Elsie. It was in my inside breast pocket – nearest
my heart". The Maltese, with a sharp sense of humour took the point of 'the
photograph nearest his heart', retorted with an affectionate look in her dark eyes,
"Now you are back in Cardiff you may disregard that photograph, you have the
real me". Soon Peterine and I left them alone and Peterine and I walked home to
Splott Road.[51]

Parhaodd y garwriaeth rhwng Gwenallt ac Elsie hyd at fisoedd yr haf
1927. Yn gynnar ym mis Gorffennaf y flwyddyn honno aeth Gwenallt yn dost
– er nad yw Albert Davies yn datgelu union natur ei dostrwydd – ac aethpwyd
ag ef i Ysbyty'r Barri. Yno bu'n rhaid iddo gael llawdriniaeth. Nodwyd y
digwyddiad yn y *South Wales Voice*:

> Mr David James Jones, B.A. (Gwenallt), Alltwen, the chaired bard at Swansea
> National eisteddfod, has undergone a serious operation at Barry hospital on Sunday.
> Latest report[s] state that there is an improvement in his condition.[52]

Aeth Albert i'w weld ar ôl iddo gael y llawdriniaeth. Gofynnodd Gwenallt
iddo beidio â dweud dim byd wrth ei rieni am ei dostrwydd nac am y driniaeth.
Darbwyllodd Albert ei gyfaill i newid ei feddwl, a llwyddodd. Anfonodd lythyr
at rieni Gwenallt, ac ar ôl iddynt ei dderbyn, aeth Thomas Jones i Gaerdydd
i gwrdd ag Albert. Arhosodd gydag Albert am bedwar diwrnod, gan fynd i'r
ysbyty bob gyda'r hwyr. Gadawodd Thomas Jones Gaerdydd bedwar diwrnod
yn ddiweddarach, unwaith y gwelodd fod ei fab yn gwella a'i fod yn cael pob
gofal yn yr ysbyty.

Gwellhaodd Gwenallt gan bwyll. Yn ystod cyfnod ei adferiad yn Ysbyty'r
Barri, roedd wedi rhannu pwt o newyddion da â'i gyfaill. Roedd wedi cael
cynnig swydd fel darlithydd yn Adran y Gymraeg yn y coleg yn Aberystwyth,
ac ni fyddai, felly, yn dychwelyd i'r Barri ar ôl gwyliau'r haf. Cafodd Gwenallt
adferiad llawn a llwyr, ac ar ôl iddo adael yr ysbyty, aeth Albert ac yntau i Sir
Gaerfyrddin am ychydig ddyddiau, gan grwydro o le i le. Ar ôl dychwelyd,
treuliasant beth amser ym Mhenrhyn Gŵyr yng nghwmni'r ddau gyfaill arall
i Gwenallt, B. J. Morse a J. D. Jones, a buont hefyd yn yfed yn un o hoff
dafarnau Dylan Thomas, No. 10, yng nghanol Abertawe. Crisialwyd naws
rhai o'r dyddiau hynny yn y gerdd 'Cyfeillion':

A dôi Albert atom hefyd o ganol y siop a'i ffrwst

I sôn am driciau busnes a sgêm y cwmnïau mawr

I fwrw siopau bychain i gyd i lawr,

Rhwng adrodd cerddi Goethe a sôn am nofel Proust:

Mi awn i Gaerdydd neu i Abertawe dan chwibanu rhyw gainc

I gwrdd â Ben adre o'r Almaen a J. D. o Ffrainc.[53]

Trysorai Gwenallt y dyddiau amhrisiadwy hynny, fel y nododd mewn llythyr at Ben Morse ym mis Mehefin 1937:

Cofio'r sarff yn y Plaza, y bwrdd bach ar lofft No. 10; a'r sgwrs am y byd a'i bethau, ac yn enwedig beth pwysicaf bywyd. Barddoniaeth. Oriau melys oedd yr oriau hynny. Y maent ymhlith trysorau bywyd.[54]

Ac i ddiweddu'r haf, cyn i Gwenallt ymadael am Aberystwyth, aeth Albert ac yntau â'u mamau i Lanwrtyd am ychydig ddyddiau o wyliau, ac aeth Beth, chwaer Gwenallt, gyda nhw. Yno y cyfarfu Beth â'i darpar ŵr, Albert Owen, athro a oedd hefyd yn chwarae rygbi i Abertawe, ac a wisgodd grys coch Cymru unwaith, ym mis Ionawr 1924 yn erbyn Lloegr, gan sgorio cais. Dychwelodd Gwenallt gyda'i fam a'i chwaer i Bontardawe i baratoi ar gyfer symud i Aberystwyth, ac aeth i Gaerdydd unwaith, i gyfarfod ag Albert, Elsie a Peterine yng Ngwesty'r Park, ac yno y ffarweliodd Gwenallt ag Elsie am byth.

Yna, pan oedd cwpan Gwenallt yn llawn, ac yntau'n fardd cadeiriol a gyrfa lewyrchus fel darlithydd prifysgol yn ymagor o'i flaen a'r dyfodol yn argoeli mor dda iddo, digwyddodd trychineb. Ar Fedi 24, 1927, lladdwyd tad Gwenallt yn ddamweiniol pan dasgodd cawod o fetel tawdd eiriaswyn drosto yn y gwaith. Aethpwyd â Thomas Jones i'r ysbyty mewn cyflwr difrifol. Ar ôl y driniaeth feddygol a gawsai yn y Barri, aeth Gwenallt i aros gyda'i ewythr Josi yn y Gelli Aur, er mwyn cael cyfle i wella, ac yno yr oedd pan glywodd am y ddamwain. Rhuthrodd adref ar unwaith. Aeth i'r ysbyty yn syth, a bu'n eistedd wrth erchwyn gwely ei dad yn ystod ei oriau olaf. Dywedodd Thomas Jones wrth ei fab na allai weld dim, a phoenai ei fod wedi colli ei olwg. Dywedodd Gwenallt wrtho fod rhwymyn ar draws ei lygaid, ac mai dyna pam na allai weld. Bu farw Thomas Jones ychydig oriau yn ddiweddarach.

Yn ôl y *West Wales Observer:*

Mr. Thomas Jones, of Quarry House, Pontardawe, was severely burnt at Messrs. Gilbertson's Steelworks on Saturday evening, and passed away some hours later at the Swansea Hospital. Mr. Jones, who was fifty-seven years of age, had a terrible experience.

He was in the act of running out molten metal from a ladle into some moulds, when the metal blew up without warning, and came down like a shower on his head and body, completely burning off his clothes. Other men who were engaged near by only just got clear [in] time. The ladle contained about sixty tons of metal, which ran out eventually into the pit instead of into the moulds, and was thus wasted. The unfortunate man was taken as soon as possible to the first-aid department, where he was examined by Dr. W. O. Evans, and later removed to the Swansea Hospital, where he passed away.[55]

Dridiau yn ddiweddarach cynhaliwyd cwest ar y ddamwain. Roedd Gwenallt yn un o'r tystion:

David James Jones, the son, said he was a lecturer at the University College, Aberystwyth. Witness had a conversation with his father just before he died.[56]

Galwyd ar un o gyd-weithwyr Thomas Jones i roi tystiolaeth:

John Bodycombe, Uplands, Pontardawe, a teamer at Gilbertson's Works … said that on Saturday morning last deceased was working the stopper on the ladle that carried the molten metal. At about 11.30 there was a rush of slag and metal from the ladle over the lip dropping on to a platform, and splashed all over him. The splashing set fire to deceased's clothing. Witness was fortunate enough to be pushed to safety. They smothered Jones's burning clothes, and he was attended to at once.

Witness said that the metal ladle had been relined with bricks that morning, and, in his opinion, there must have been some moisture in the ladle, which caused the sudden upheaval. They had taken the usual procedure of burning a large jet of gas for about two hours into the ladle to dry it.[57]

Mynnai John Bodycombe fod y lletwad fetel yn gwbwl ddiogel ar gyfer y gwaith ac nad trwy esgeulustod y bu farw Thomas Jones:

In answer to Mr. Younger, H.M. Inspector of Factories, witness said it was about two-thirds of the usual time allowed for drying the ladle. He did not think he was taking a risk. There was one boil over, and it was finished. He had been a teamer for about twenty years.[58]

Gwaith cynrychiolydd y teulu yn y cwest oedd ceisio profi mai trwy esgeulustod y lladdwyd Thomas Jones, er mwyn sicrhau iawndal teg i'r teulu. Aeth ati i groesholi John Bodycombe:

Mr Bevan (Neath), who represented the relatives: I put it to you that these bricks before they were placed in the ladle, were affected by the damp atmosphere. You know the danger involved in having moisture in the bricks. If these bricks were placed in an archway by the furnace it would eliminate the danger of dampness.

Witness: Yes.

Mr Bevan: Even with reasonable precautions in order to insure, would three hours be a sufficient margin to dry the clay around the bricks?

Witness: Easily; an hour and a half would be sufficient.

Mr Bevan: You had taken reasonable precaution, so we are forced to the conclusion that the bricks which you assumed to be in their proper state to line the ladle contained moisture, and that if these bricks had been properly stored, as I suggested to you, such an accident would not have happened.

Witness: I would not say it wouldn't have happened. I do not know whether the accident was caused by the moisture of the clay or in the bricks which the clay covered. He agreed with Mr. Bevan that the margin of time allowed for the clay lining to dry should be increased.

Mr Bevan: The margin of precaution is not sufficient. It should be six hours?

Witness: Yes.

Witness added that they re-lined the ladles sometimes on three or four occasions a week, and it was the first accident of its kind he had known during his twenty years' experience.[59]

Daeth y cwest i'r casgliad mai o ganlyniad i losgiadau difrifol a oedd wedi cael eu hachosi gan dasgiadau o fetel tawdd y bu farw Thomas Jones. Roedd y tasgiadau hyn o fetel tawdd eirias wedi peri i'w ddillad i gyd fynd ar dân. Cynrychiolwyd y cyflogwyr gan Gethin Williams, a oedd yn adnabod Gwenallt yn dda. Cydymdeimlodd â'r teulu yn eu profedigaeth. 'It also marked for myself,' meddai Gethin Williams, 'the death of the father of an old college friend'.[60] A Gethin Williams a gafodd y gair olaf:

The employers, he said, had lost one of their oldest and most faithful of employees, in whom they could place the greatest confidence and reliance. "It is only a short time ago," Mr Williams said, "that he was offered promotion in the works, but he preferred to remain in the team with Mr. Bodycombe. Had he accepted that promotion he might have been alive to-day."[61]

Cafodd marwolaeth erchyll ei dad effaith ddirdynnol ar Gwenallt. Lladdwyd Thomas Jones gan y gyfundrefn gyfalafol, yr union gyfundrefn y bu Gwenallt yn milwrio yn ei herbyn oddi ar ei lencyndod, gan ddewis carchar yn hytrach nag ymfodloni ar ufuddhau i'r drefn. Cynnyrch cyfalafiaeth oedd y Rhyfel Mawr i Gwenallt, a chyfalafiaeth oedd y llofrudd a laddodd ei dad. Chwerwodd drwyddo oherwydd y digwyddiad ac aeth yn fwy llidiog fyth. Ffars oedd yr angladd, ffars a rhagrith. Dyfnhaodd casineb Gwenallt at weinidog Soar. 'Yn y bregeth angladdol, pan ddywedodd y gweinidog mai hyn oedd ewyllys Duw,' meddai Gwenallt, 'tywelltais oddi mewn i mi holl regfeydd yr "haliers" ar ei bregeth ac ar ei Dduw, a phan ganasant ar lan y bedd "Bydd myrdd o ryfeddodau" cenais yn fy nghalon "The Red Flag"'.[62]

Aeth Albert Davies i'r angladd, ac yno y clywodd am anafiadau a llosgiadau dychrynllyd Thomas Jones:

At the funeral I met many of my old school friends of our Allt-wen school in the early primary days. They were now miners, tinplate workers and steelworkers. One steelworker friend who worked with Thomas Jones described the gruesome circumstances of his fatal accident, when the white hot liquid spilled from the furnace ladle, too soon, into the pit. The molten metal cascaded like snowflakes on to the body of Thomas Jones, he continued to walk towards his fellow workmen, who were attempting to rescue him. They told me that when the molten cooled, his footprints left their imprint in the solid steel that marked his steps to death. When his mates eventually got hold of him, they wrapped him in blankets, for his clothes were burnt to his body, the only clothing left were his heavy buckled belt and his boots.[63]

Claddwyd tad Gwenallt ym mynwent Capel y Tabernacl, Trebannws, yn yr un bedd â'i fab, Johnny. Yn ôl adroddiad y *South Wales Voice* ar yr angladd, gŵr tawel, uchel ei barch yn ei gynefin oedd Thomas Jones. Nodwyd iddo fod yn flaenor yng Nghapel Soar, Pontardawe, am flynyddoedd, ac iddo fod â gofal am yr ysgol Sul yn y capel hwnnw am 33 o flynyddoedd. Nodwyd yn ogystal mai ef oedd tad 'D. J. Jones, B.A. (Gwenallt)', Prifardd Eisteddfod Genedlaethol Abertawe flwyddyn ynghynt, a'i fod yntau hefyd wedi ennill cadeiriau mewn eisteddfodau lleol, Eisteddfod y Byrgwm ym 1914, Gwernogle ym 1922 a Sgiwen ym 1924. Un o'r rhai a fu'n gwasanaethu yn yr angladd, yn ogystal â D. G. Jones, gweinidog Soar a gweinidogion eraill, oedd y Parchedig J. Beddoe Jones, un o gyd-garcharorion Gwenallt yn Dartmoor. Roedd sawl aelod o deulu Thomas Ehedydd o Sir Gaerfyrddin yn bresennol yn yr angladd, fel Joshua, ei frawd, gweddw Dafydd Ehedydd a'i mab, Thomas Ehedydd Jones, ac amryw byd o rai eraill.[64]

Roedd cyfnod Gwenallt yn y Barri a'i fynych ymweliadau â Chaerdydd ar ben. Ond bu'n gyfnod cyffrous iddo, ac yn gyfnod o aeddfedu yn ogystal, ac o ehangu gorwelion. Gwyddai Albert Davies yn union pa argraffiadau o'r cyfnod hwn a oedd wedi gadael eu hôl ar ei gyfaill:

His involvement in the philosophy and art of Catholicism. The fascinating life in the City of Cardiff. His consciousness of human sin in the City, its surprises, its wonder, its realism, its human behaviour. 'The Pros' that unashamedly walked each night the 'Westgate Street Way', purveying the oldest profession known to man. 'The Proffs', that surreptitiously visited their selected ladies in their select suburbs. The Oscar Wildes that met in Barry's Hotel in St. Mary Street. Our friend, Jimmy Wilde, 'The Mighty Atom', world champion boxer. Professionals all, in their professional way.[65]

Ac fe fyddai'r ymwybyddiaeth newydd hon â phechod, yn ogystal â'r awyrgylch o bechod a brofasai ar strydoedd Caerdydd, yn sicr yn dwyn ffrwyth yn y dyfodol agos ac yn parhau gydag ef trwy gydol ei yrfa fel bardd. Ac nid yng Nghaerdydd yn unig y daeth y Gwenallt ifanc i gysylltiad â phechod. Gwelodd ddynion ar eu mwyaf rhywiol-anghenus a rhwystredig-wyrdroëdig yn y carcharau y bu ynddynt adeg y Rhyfel Byd Cyntaf. 'Bydd breuddwydion dynion na welsant na gwraig na merch ers misoedd a blynyddoedd yn llawn o gariad rhamantus, nwydau newynog, puteindra a phob pechod annaturiol,' meddir yn *Plasau'r Brenin*.[66] Yn wir, yn y carchar y gwelid dyn ar ei waethaf a'i isaf fel pechadur. Carcharorion oedd y pechaduriaid mwyaf:

> Edrychai'r carchar iddo ef [Myrddin Tomos] yn lle caled a haearnaidd heb gwmni
> merched, yn lle oer heb eu lliw, eu llun a'u lleisiau. Ildiai'r carcharorion i bob
> trythyllwch ac ymhalogi, hunan-gariad, Onaniaeth a phechodau annaturiol y
> cnawd. Ysgrifennent lythyrau caru at ei gilydd; edrychai rhai carcharorion yn
> gariadus ar y bechgyn Borstal a gwyddai meddyg y carchar am y poenydio ar
> gnawd a'r dirdynnu ar gyrff.[67]

Yr Eglwys Gatholig oedd yr eglwys fwyaf gwaredigol ac ymarferol o safbwynt maddau pechodau a lleddfu euogrwydd, ac nid rhyfedd i'r ffydd Gatholig apelio at Gwenallt am gyfnod. A pha ran a fu gan Elsie yn hyn oll, o ystyried mai Catholigiaeth yw crefydd lywodraethol Malta?

Ym mis Mehefin 1928 aeth Gwenallt i Gaerdydd i weld Albert a dywedodd wrtho ei fod wedi cystadlu am Gadair yr Eisteddfod Genedlaethol, a oedd i'w chynnal y flwyddyn honno yn Nhreorci. Roedd yn dawel hyderus ynghylch tynged yr awdl. Testun yr awdl yn Eisteddfod Treorci oedd 'Y Sant', testun nid annhebyg i destun cystadleuaeth yr awdl yn Eisteddfod Genedlaethol Abertawe ym 1926. Roedd yn gyfle gwych i Gwenallt i ddatblygu ymhellach y syniadau a'r pynciau yr oedd wedi ymdrin â hwy yn awdl 'Y Mynach', a bachodd y cyfle.

Anfonwyd naw ymgais i'r gystadleuaeth yn Nhreorci, ond pump yn unig o awdlau gwirioneddol a dderbyniwyd. Ffugenw Gwenallt oedd *Llangathen*, a chanddo ef y cafwyd yr awdl orau, ond ni allai'r beirniaid ei gwobrwyo. Yn ôl un o'r beirniaid, John Morris-Jones, roedd crefft *Llangathen* yn ddiffygiol. Defnyddiodd odlau proest yn lle prifodlau sawl tro, ac nid oedd yr odlau proest yn gywir i gyd, yn ôl rheolau Cerdd Dafod. Weithiau roedd y bardd wedi hepgor odlau yn llwyr. Ceid yn yr awdl hefyd nifer o wallau cynganeddol. O ran cynnwys, ni wyddai'r bardd pa bryd i roi cwlwm ar enau'r sach. '[F]e gymer fwy na hanner ei awdl i roi yng ngenau ei arwr ddisgrifiad nerthol o'i fywyd anifeilaidd ym mlodau ei ddyddiau,' meddai John Morris-Jones.[68] Ar ben hynny, roedd hanes tröedigaeth y Sant 'yn fethiant llwyr'.[69] Nid oedd nodi iddo syrffedu ar ei drachwant, ac iddo ddychwelyd i'r wlad ar ôl bod yn byw yn y ddinas yn gyfystyr â thröedigaeth. 'Ni chlywir dim am yr ymdrech enaid sy'n hysbys i ni yn hanes troedigaeth [*sic*] y saint,' meddai John Morris-Jones.[70] Darlun anghytbwys, anghyflawn o'r Sant a gafwyd gan Gwenallt. Roedd yr awdl yn fethiant o safbwynt crefft ac estheteg, o ran mynegiant a mydryddiaeth. Ac ar ôl nodi'r holl wendidau mydryddol hyn, daeth John Morris-Jones at y baw a'r budreddi honedig a geid yn yr awdl. Nid oedd y budreddi hwn yn gydnaws â'r testun, oherwydd pan 'geir testun fel "Y Sant," y mae anfon i'r gystadleuaeth bentwr o aflendid yn rhywbeth gwaeth na diffyg barn, y mae'n haerllugrwydd a digywilydd-dra'.[71] Nid oedd yr awdl 'yn bortread boddhaol na derbyniol o'r gwrthrych a roed yn destun', ac nid oedd modd ei chadeirio.[72]

Clodforwyd sawl peth yn yr awdl gan J. J. Williams, un arall o'r tri beirniad swyddogol, a sylweddolodd fod ynddi lawer iawn o newydd-deb cyffrous. 'Awdl fyw, berorol, feiddgar yw hon,' meddai, gan ychwanegu: '[y] mae rhyw anturiaeth eofn yn ei chynllun, ei syniadau, ei geiriau, ei mesur a'i phopeth'.[73] Ond ni allai J. J. Williams ychwaith ei chadeirio. Credai fod Gwenallt wedi puteinio'i gelfyddyd ac wedi mynd ati'n fwriadol i godi gwrychyn pobl. 'Aeth yr ymgeisydd hwn ati gyda'r bwriad o roddi *shock* i'r beirniaid, ac i bawb,' meddai.[74] Roedd gwaith beiddgar o'r fath yn rhwym o ennyn ymateb eithafol, o'i blaid neu yn ei erbyn, a byddai'n sicr o greu barn ranedig. 'Diystyrodd y canonau, a mynnodd draethu'i feddwl yn ei ffordd ei hun,' meddai J. J. Williams.[75] Nododd yntau hefyd, fel John Morris-Jones, fod nifer o wendidau yn yr awdl. Roedd rhannau ohoni yn bur dywyll, ac ni wyddai'r bardd werth ymatal. 'Er bod y nwydau yn ddilywodraeth, nid rhaid i'r awen fynd yn ddilywodraeth wrth eu darlunio,' meddai.[76] Tynnodd sylw at y cynganeddion gwallus yn y gerdd, at y cambroestio a'r diffyg odlau, ac at y gwendid sylfaenol hwnnw yn ei chynllun a'i rhediad, sef tröedigaeth y Sant; ac, yn olaf, cyfeiriodd at afledneisrwydd yr awdl. 'Y gwir yw,' meddai, 'syrthiodd yr awdur yn rhy dynn i afael y ffasiwn o ganu i nwydau'r cnawd, fel pe na bae defnydd barddoniaeth mewn dim ond llygredd'.[77] Bellach '[a]eth awen Cymru yn bryfedyn y dom'.[78] Gresynai fod beirdd Cymru yn parhau i drafod rhyw a chwant, tra oedd beirniaid Lloegr 'yn prysur chwerthin y pla hwn o fodolaeth'.[79] Yr oedd digon o allu gan *Llangathen* ym marn J. J. Williams, ond dim digon o farn, a rhaid oedd cael y ddeubeth hyn yn gyfartal cyn y gellid cael cân fawr ganddo. 'Yr oedd y newydd-deb disglair yn ein dallu ar y cychwyn; ond o rwbio llygaid a chraffu'n fanylach teimlwn nad oes cymaint i synnu ato wedi'r cyfan,' haerodd J. J. Williams wrth gloi ei sylwadau.[80]

'Prin y cofiaf, yn[g] nghwrs blynyddoedd bellach o feirniadu, ddim mwy siomedig na cherdd *Llangathen*,' meddai Elfed, y trydydd beirniad.[81] Nododd fod tri gwendid sylfaenol a sylweddol yn yr awdl: ei mesur, ei moesoldeb, a thröedigaeth annisgwyl ac anesboniadwy'r Sant. Ni welai ddim byd o'i le ar arbrofi â mesur newydd, cyn belled â bod y newydd yn rhagori ar yr hen, ond barnai fod rhai o linellau hirion Gwenallt yn 'eiddil anghryno'.[82] Roedd cynnwys yr awdl wedi cythruddo Elfed yn fwy na dim. 'Y mae yma bethau salw hyd at fod yn ffiaidd,' meddai, ond gwendid pennaf y gerdd oedd y berthynas anfoddhaol rhwng rhan gyntaf ac ail ran yr awdl, a'r ffaith fod cofio'n sydyn am yr hen sir wedi bod yn ddigon o ysgogiad i droi'r pechadur hwn o ddyn yn sant.[83]

Cyhoeddwyd yr awdl, ynghyd ag awdl fuddugol 1926, yn llyfryn ar ôl Eisteddfod Treorci, fel y gallai'r cyhoedd gael golwg ar yr awdl hynod ddadleuol hon. Cyhoeddwyd *Y Mynach a'r Sant: Dwy Awdl* gan D. Gwenallt Jones ym 1928 gan Wasg Aberystwyth, ac fe'i cyflwynwyd 'I Ysbryd Sant Thomas Aquinas', cyflwyniad addas ar lawer ystyr. Roedd tri o gyfeillion Gwenallt, T. H. Parry-Williams, Dewi Morgan a T. E. Nicholas, wedi bwrw golwg ar yr awdl cyn iddi gael ei chyhoeddi, a diolchodd yntau iddynt. Yn wir, roedd Parry-Williams a Dewi Morgan, yn ôl Deulwyn Morgan, mab Dewi Morgan, wedi gweld yr awdl cyn i Gwenallt ei hanfon i gystadleuaeth y Gadair yn Nhreorci:

> Dangosodd Gwenallt yr awdl i nhad cyn ei hanfon i mewn. Wedi darllen yr awdl awgrymodd fy nhad fod trawsnewid y person o fod yn bechadur i fod yn sant wedi digwydd braidd yn ddisymwth ac hefyd bod rhai darnau braidd yn goch. Cynghorodd Gwenallt i ddileu llinellau fel:
>
>> Ar hyd ei blows biws rhedai blys bysedd
>
> Credai nhad y byddai y rhain fel rhacsyn coch i darw yng ngolwg Elfed. Ond nid oedd Gwenallt am dderbyn y cyngor a phenderfynwyd mynd at Thomas Parry-Williams am 'second opiniwn'. Y cyfan a ddywedodd hwnnw oedd 'Y Nefoedd Fawr!' Anfonodd Gwenallt yr awdl heb ei diwygio i'r gystadleuaeth.[84]

Hanes bywyd sant dychmygol a geir yn yr awdl. Ar ddechrau'r awdl gofynnir iddo: 'Ai rhwydd santeiddrwydd i ti?/Ai dawn ydyw daioni?'[85] Ateb y cwestiwn a wneir yn yr awdl – 'Adrodd ... Dreigl dy fyw drwy galed fyd' – gan ddangos mai brwydr enaid yw ennill a chyrraedd santeiddrwydd a sancteiddrwydd.[86] Nid dawn gynhenid mohoni mewn unrhyw ffordd. Rhaid mynd trwy uffern i gyrraedd y nef.

Magwraeth grefyddol a gafodd y darpar sant o'i grud:

> A'm mam yn aml oedd yn mwmian emyn
> Am nawdd mewn ing, man hedd mewn angen,
> Maddeuwr beiau yn angau'n hongian,
> A'i iawn yn waed prudd yno hyd y Pren …
>
> Darllenwn wrth dân rad lyfrau anrheg,
> Oes a hynt cyni y seintiau 'ceiniog' …[87]

Er iddo gael ei fagu ar aelwyd grefyddol, y mae'n amlygu natur sadistaidd yn gynnar iawn yn ei fywyd:

> Carwn wneud dolur i greaduriaid,
> Ceisio, a chwalu cyrff, coesau chwilod;
> Dal iâr yr haf, a'i dolurio hefyd,
> Ei gwanu â phin er dygnu ei phoenau …[88]

Cysylltwyd sadistiaeth a masocistiaeth, a'r ddau yn aml yn mynd lawlaw â'i gilydd, gan seicolegwyr â rhyw, â'r modd y caiff rhai unigolion foddhad a rhyddhad rhywiol drwy sado-fasocistiaeth. Awdl seicolegol yw 'Y Sant', ac fel awdl seicolegol y syniai Caradog Prichard amdani, er enghraifft. 'This,' meddai am y darn uchod, 'is a psychological treatment of the first signs of the birth of sex instinct in the child'.[89] Mae'n anodd osgoi'r argraff mai tynnu oddi ar atgof poenus a wna Gwenallt yma, ac os yw awdl 'Y Sant' yn awdl seicolegol mae hi hefyd, i raddau helaeth, yn awdl hunangofiannol. Mae Myrddin Tomos yn sôn amdano yntau hefyd yn achosi dolur i greaduriaid: 'Cofiai Myrddin Tomos iddo ladd cyw, pan oedd yn hogyn, er mwyn yr hyfrydwch o'i ladd a'i gladdu yn y domen yn ddiarwybod i'w rieni'.[90]

Mae'r Sant ifanc yn meddu ar genfigen hefyd:

> Daeth chwaer fach lân i ddwyn fy nheganau,
> A dwyn serch tad mwyn, swyn ei gusanau,

Cilio'n ŵyl at fam annwyl wnawn innau,
Cawn wasg ac anwes gynnes ei genau,
Blas hufen neu flawd, blas syfi neu flodau
Ar ei dwylo, ac arogl gwair y dolau.[91]

Roedd y Sant, yn fachgen ifanc, mewn cariad â'i fam, ac mae teimladau'r mab at y fam yn cysylltu'r gerdd yn uniongyrchol ag un o brif ddamcaniaethau Sigmund Freud, sef ei ddamcaniaeth ynghylch y Cymhlethdod Oedipws. Yn ôl drama Soffocles, *Oedipus Rex*, mae Oedipws yn lladd ei dad ac yn priodi ei fam heb wybod mai ei rieni ydynt, ac yn ôl damcaniaeth Freud, mae bachgen o ddiwedd ei dair oed ymlaen yn dechrau teimlo ysgogiadau rhywiol yn ei gorff, ac mae'n anelu ac yn sianelu'r teimladau hyn i gyfeiriad ei fam, gwrthrych ei serch cynnar sy'n ymddangos yn rhywiol atyniadol iddo. Mae'r cyfnod yn parhau am ddwy flynedd, ac yn ystod y cyfnod hwn mae'r bachgen 3–5 oed yn magu cenfigen tuag at ei dad, fel yr un sy'n cystadlu ag ef am serchiadau'r fam. Gwnaethpwyd defnydd o'r ddamcaniaeth gan D. H. Lawrence yn *Sons and Lovers* (1913), lle ceir Paul Morel mewn cariad â'i fam, ac yn elyniaethus tuag at ei dad o'r herwydd. Byddai Gwenallt ei hun, ymhen rhyw ddeng mlynedd ar hugain, yn sôn am y ddamcaniaeth hon yn un o'i 'epigramau' yn *Gwreiddiau*, ac er mai i gyfnod diweddarach y perthyn y pennill, mae'n amlwg ei fod yn gyfarwydd â damcaniaethau Freud adeg llunio awdl 'Y Sant':

Y ganrif ddiwethaf oedd canrif ramantus y plentyn,
    Creadur naturiol, diniwed a di-nam:
Ond heddiw, yn ôl Freud, y mae'n greadur gwahanol,
    Yn llofruddio ei dad ac yn myned trwy ei fam.[92]

Mae darllen am hanes y seintiau hefyd yn aflonyddu ar y Sant yn blentyn:

Deffrown rhag arswyd dychryn breuddwydion
Ar wellt fy ngwely'n orwyllt fy nghalon,
A dyfal y deuai y dieifl duon,
Erch a miniog oedd eu picffyrch meinion ...[93]

Mae'n gweddïo ar Dduw 'Am nerth y Creawdr' i'w achub a'i amddiffyn 'Rhag y drygioni, rhag dreigiau annwn'.[94]

Y darnau am ddeffroad rhywiol y Sant pan oedd yn laslanc a gythruddodd
y beirniaid fwyaf. Mae nwyd a thrythyllwch yn ei feddiannu ac yn ei reoli
wrth iddo awchu am ferch yr Hafod:

> At waith cynhaeaf daeth merch yr Hafod,
> Un fain ei thwf, ac yn llyfn ei thafod,
> A'i gwallt ar wddf o liw'r gwellt aur aeddfed:
> Awn ar y maestir, dan rwymo ystod,
> A gwelwn ei hoen glân yn ei hwyneb,
> A'i chorff yn plygu wrth wasgu ysgub.
>
> Y fun a'i llun ni'm gadai'n llonydd,
> Ei chnawd oedd y llen, sglein y gobennydd,
> A chwsg âi wrth ei cheisio, ac awydd
> Nythu genau rhwng dwyfron noeth-gynnes ...
>
> Ar wellt tŷ gwair gwyddwn orwyllt gariad,
> A chrefai, brefai am ferch yr Hafod,
> Ei hwyneb, hirwyn wddf, a'i bron aeddfed;
> Ar hyd ei blows biws rhedai blys bysedd;
> Bwytawn ei chnawd braf yn y sagrafen,
> Yfwn ei gwaed yn y meddw ddafnau gwin;
> Yn sydyn yn nwyd emyn dôi imi
> Filain wanc coch i'w thraflyncu hi.[95]

'Rhwygo fy muchedd wnâi drwg fy mhechod,' meddai'r Sant yn y gerdd.[96]
Mae'r Sant yn colli brawd, a dyma elfen hunangofiannol arall yn yr awdl.
Disgrifio marwolaeth John Llewelyn a wneir yn y penillion canlynol, ac effaith
y farwolaeth annhymig honno ar y fam ac ar yr aelwyd. Dywedir bod y brawd
hwn 'yn ymyl ei ugain' pan fu farw, a dyna union oedran John Llewelyn yn
marw – 19 oed:

> Na chawn fynd yn ôl i'r groth anolau,
> A'm dug i ingoedd, a'm dug i angau.
>
> Fe glywaf ei lef, gwelaf wylofain
> Ei loyw lygaid, yn ymyl ei ugain,
> Ei wyneb, oedd goch, yn hwy gan ochain;
> Mor hagr-wedd y marw! gwae ei ruddiau main,

A gwyw ei gnawd mêl gan sugnad milain
Haint a dioddef; clyw, fy mrawd, yn llefain.
Clyw! clyw. Mor dawel yw yn ei liain.

… I nef Ei degwch hunanol fe'i dygwyd,
O'i chôl, a'm duwiol fam a adawyd
A'i gruddiau'n wylo'n unigrwydd ein haelwyd;
Garw oedd fy mywyd, a gwir oedd f'amheuon;
Melltithiais, caseais y Cnaf yn Seion.[97]

Seion yw Capel Soar, Pontardawe, yn *Ffwrneisiau*, ac yn union fel y mae *Plasau'r Brenin* a *Ffwrneisiau* yn nofelau hunangofiannol yn eu hanfod, mae awdl 'Y Sant' hefyd yn gerdd hunangofiannol.

Rhwng popeth – yr hunllefau a gaiff wrth feddwl am hanes y seintiau, cenfigen tuag at ei chwaer fach, merch yr Hafod yn corddi pob math o deimladau rhywiol ynddo, marwolaeth ei frawd a galar ei fam – mae meddwl y Sant yn un trobwll ac yn un tryblith meddyliol ac emosiynol. Siglir sylfeini ei ffydd, a chaiff ei chladdu gydag arch ei frawd:

Yn ei arch ddwys fe'i rhoed i orffwyso,
O ofn haint hen, yn y fynwent honno;
Rhois yno fy ffydd, a'm crefydd, is gro,
A rhoi'n y ddaear yr hen weddïo …[98]

Mae'n melltithio Duw yn ei ddadrith, ac yn amau bodolaeth Duw hyd yn oed. Ymgolli ym mhleserau'r foment yw nod y Sant bellach, er mwyn anghofio am ormes marwolaeth mewn byd di-Dduw a bywyd nad oes iddo ond nychu a darfod yn y pen draw, heb obaith am ail fywyd yn y nefoedd. Yma eto mae dylanwad Walter Pater yn dod i'r amlwg:

Dros ein byw nid oes Duw; dall a diau
Y daw hen dynged â ni hyd angau;
Os brau yw'n haros, os byr ein horiau,
Dawnsiwn, meddwwn, a boddwn y beddau
Â moroedd o win, â myrdd o wenau,
A mynnu enaid gwallgo mwyniannau:
Yfwyr, herwyr a ŵyr fywyd orau.[99]

Cefna ar ffydd ei rieni, a hiraetha am y 'baganiaeth iach' a laddwyd gan y 'gorddüwch Iddewig'.[100] Traethu o'i brofiad a wna Gwenallt yma eto. Gwadodd Anghydffurfiaeth ei fagwraeth a chofleidiodd ryw fath o baganiaeth ramantaidd yn y coleg, cyn dechrau myfyrio am y posibiliad o ymuno â'r Eglwys Gatholig. Mae'n ymadael â'i fro, ac yn dianc i ddinas dramor. Yno caiff gyfle i ymdrybaeddu mewn pechodau a bwydo a bodloni ei chwantau rhywiol:

> Yr oedd ddihafal y carnifal nwyfus,
> Dawns y cannoedd ar hyd y nos gynnes,
> Pob dyn yn dduw, yn cydio'n ei dduwies,
> Yn rhoi iaith i fwyn hiraeth ei fynwes
> Ym mrys yr hwyl a'r rhythm, res ar ôl rhes:
> Dawnsiwn, cymerwn lawer cymhares,
> Yn awr yng nghôl ysgafnhir angyles,
> Yn iasau tynn gwylltineb satanes,
> Neu gôl bronnau hagr, aroglber negres ...[101]

Yma eto ceir y ddelwedd o ddawns yn ei ganu, sef y syniad o ddawns fel gweithgaredd synhwyrus, meddwol, cnawdol, ond hefyd fel gweithred ofer, wag a disylwedd mewn oes wag a disylwedd.

Fel 'Mab y Bwthyn', Cynan, mae'r Sant yn ymgolli ym mywyd y ddinas, yn enwedig yn ei bywyd tywyll a thrythyll rhwng gwyll a gwawr. Yno mae'n mynychu puteindai, ac yn ymroi i bleserau'r cnawd, yfed, meddwi a phuteinio, gan anghofio am ei fywyd gwledig gynt:

> 'Roedd lluniau noethni nwyd ar barwydydd
> Yn deg o olwg a digywilydd.
> Y gwinoedd i'm cof redai'n anghofrwydd,
> Yn ango mwyn tros wlad ing a mynydd ...
> Yfwn nwyd y gân, ysgafn enaid gwinoedd,
> A'u rhannu â phutain oedd mor gain ei gwedd.[102]

Mae'n syrffedu eto ar y loddest o ryw a gaiff yn y ddinas, ac yn dechrau hiraethu am fro ei febyd: 'ni allwn gelu/Gofid, fy ing am y gwiwfyd a fu,' meddai, gan hiraethu am

Ffrwynau, a charnau, peiriant yn chwyrnu
Lawer diwrnod gynt ar lawr dyrnu,
Codi clawdd ffin, sŵn melin yn malu,
Persawr tail ar âr wrth ei wasgaru:
Am ŵyn bach 'roedd fy mron yn crebachu ...[103]

Er hynny, mae gafael bywyd anllad y ddinas yn gryf arno o hyd, ac mae'n addoli duwies nwyd, duwies mwynderau a phleserau cnawdol, yn nheml nwyd y ddinas, teml ysblennydd sy'n llawn o luniau rhywiol o fyd chwedloniaeth glasurol, ac o dreisio merched gan anifeiliaid:

Llawn o addurn oedd hi o'r lluneiddia',
Llenni swynol yn llawn lluniau Sina.
Ifori gwyn delwau crefft Firginia ...

'Roedd yno luniau mil o fwystfilod,
Newyn gwres teirw, enyngar satyriaid,
A naead addwyn tan nwydau hyddod;
Maethgeirch feirch yn ymosod ar ferched,
Duwiesau lu gerbron nwydus lewod ...
Lluniau du, byw yn llawn udo di-baid,
A naid hoen filain nwyd anifeiliaid.[104]

Ar ôl y fath ymblesera gwyrdroëdig, daw tröedigaeth y Sant:

Dôi euogrwydd hallt i'm calon alltud,
Yn droeog sarff deuai'r drwg a'i syrffed;
Mor aflan, ac mor wan! aeth i'r enaid
Eiddilwch llewych, meddalwch lleuad ...[105]

Mae'r delweddau sy'n cyfleu rhyw a nwyd yn cyrraedd rhyw fath o uchafbwynt ar ddiwedd ail ran yr awdl. Bellach sylweddola mai 'Bywyd artiffisial byd hurt ffasiwn' a dreuliasai yn y wlad dramor bell, a gwêl, yn ei ing a'i edifeirwch, 'Wlad wych yr haul, wlad iach yr awelon'.[106] Gyda 'delwau fy serch heno'n erchyll,/O lygredd yr hagr, halogrwydd yr hyll', mae'n dychwelyd i'w wlad ei hun,[107] ond mae'r ddinas a'i phechodau yn ei ddilyn yn ôl i'w gynefin, ac yn aflonyddu arno drachefn:

> Cerddai wrth yr afon fel Madonna,
> Yn ei phrid ias angof Affrodisia,
> A'i chain ewinedd yn gochni henna;
> Mor ddi-ddal, mor dal, mor hudolus,
> A rhin ei phaent ar enau ffuantus,
> A gwaed ei chorff yn borffor diorffwys,
> Wyneb a'i aroglau mor beryglus.[108]

Un hwyr y mae'n gweld aradrwr wrth ei waith, ac yn ymdeimlo ag undod rhwng daear, dyn ac anifail. Wrth glywed 'Bodlonrwydd syml lais' yr aradrwr a gweld ei wyneb, daw rhyw dangnefedd i'r Sant:

> Anghofiais fy mhryder, a'm hing hefyd,
> A hardd nos swynfawr y ddinas ynfyd,
> A hoffi tân oer drem ei phuteiniaid ...[109]

Mae amser yn sefyll iddo:

> Treigl amser, ffiniau lle a ddilewyd,
> Ac enaid yn noeth heb y cnawd a'i nwyd,
> A'm heinioes yn nhragwyddoldeb munud.[110]

Yn yr eiliad dragwyddol hon, daw popeth ynghyd. Gyda'i enaid yn noeth heb orthrwm nwydau'r cnawd arno, caiff y Sant weledigaeth sy'n gweddnewid y ddaear iddo, ac yn ei eni o'r newydd:

> Mor ddieithr oedd y ffridd, y pridd, pob pren,
> A hynod olau ar ysglein deilen ...
> Llanwyd y tir gan gynghanedd dirion,
> Cyweirganu taer côr o gantorion,
> Dôi nodau o eang olau angylion ...[111]

Mae'r weledigaeth yn dadlennu cyfanrwydd bywyd iddo, holl ddiben byw a bod. Gwêl fod bywyd yn undod llwyr, dyn a daear yn un, ac y mae hyd yn oed yr aflendid a'r anlladrwydd yn rhan o'r patrwm cyfan, crwn. Meddai '[l]lais dwyfol Doethineb' wrtho:[112]

Nid ofer yn dy gof yw d'ing, d'ofid,
Daw iechyd a nwyf o'th glwyf a'th glefyd,
Dy boen fydd grymuster hoen dy enaid,
Dy gnawd di yn rhan o asbri d'ysbryd,
Euogrwydd d'anfoes yn angerdd dy wynfyd,
A nwyd y beiau; un ydyw bywyd;
Dan y bedd a'r angau un ydyw'n byd,
A'r hen Ddiafol yn rhan o Dduw hefyd.[113]

Drwy iddo ymollwng i bechu ac ildio i'r gynneddf rywiol, a phrofi edifeirwch o'r herwydd, y cafodd y Sant gip ar y patrwm cyflawn.

Try gweddill yr awdl yn fawl i'r wlad, i Sir Gaerfyrddin yn benodol ac i Gymru yn gyffredinol. Meddai am Sir Gaerfyrddin:

Y mae heddiw bob pant a chnwc yn santaidd,
Pob tywarchen a phren, gwartheg a phraidd;
Bu serch ar bob llannerch yn llawenydd,
Emynau heddwch ar y mynyddoedd,
A chyffro'r weddi uwch y ffriddoedd …[114]

Rhwng y Sant a'i sir y mae yna undod cyfriniol:

A thithau hen sir, a'th wyneb siriol,
Yn daer y'm gelwit, fe'm gelwit i'th gôl,
Galwai pridd a dwfr, galwai praidd a dôl,
Heulwen y mynydd, awelon maenol,
A beddau fy nhadau f'enaid yn ôl …[115]

Mae'r ddelwedd o aredig yn darlunio'r cymundeb oesol a fu rhwng dyn a daear erioed, rhwng y gwladwr a'r pridd dan ei draed, ac, yn y pen draw, rhwng dyn a Duw, gan i Dduw roi'r ddaear i'r hil ddynol yn gynhaliaeth iddi:

A gwelais ogoniant glas y gweunydd,
A moesau mwynion plant maes a mynydd,
Eu bywyd dewr ar wyneb y tiroedd,
Yn y gwair a'r gwŷdd, yn gyrru'r gweddoedd

Â'u haradr isel ar hyd yr oesoedd,
Yn hau hefyd rhwng daear a nefoedd,
Haf a hydref, yn cywain aeddfedrwydd
Haidd, ŷd ar gaeau eu ffydd dragywydd.[116]

Mae'r weledigaeth gyfannol hon yn datgelu ac yn dathlu'r rhan arbennig a fu i Gymru drwy'r oesoedd yn arfaeth Duw – Cymru fel 'morwyn Duw' – ac y mae rhan olaf yr awdl yn gofidio bod bywyd moesol a chrefyddol y wlad bellach wedi dirywio.

Brwydr rhwng cnawd ac enaid a geir yn awdl 'Y Sant', ac mae hi'n awdl sy'n rhagbaratoad ar gyfer cerddi eraill gan Gwenallt. Mewn gwirionedd, mae awdl 'Y Sant' a'r nofel *Plasau'r Brenin* yn hynod o debyg i'w gilydd. Darn o hunangofiant a geir yn y ddau waith, yr awdl a'r nofel. Nofel seicolegol yw *Plasau'r Brenin* ac awdl seicolegol yw 'Y Sant'. Y ddinas yn yr awdl yw'r carchar yn y nofel. O ganol eu caethiwed, caethiwed i ryw a chaethiwed carchar, mae'r Sant a Myrddin Tomos yn dyheu am ddychwelyd i'r hen sir, gyda'i rhyddid, ei moesau a'i harddwch. Yno yn unig y caent waredigaeth, bendith a balm; yno yn unig y caent eu dadeni i'r byd.

Yn y ddau waith, yr awdl a'r nofel, yn ogystal â sawl un o'r cerddi a luniodd yn ystod y 1920au, y mae Gwenallt wedi darganfod pechod, y pechod gwreiddiol. Y broblem yw, o'i ddarganfod, sut y gall dyn garthu pechod allan o'i gyfansoddiad? Sut y mae cyfaddawdu rhwng anghenion y corff ac anghenion yr enaid, rhwng cnawd ac ysbryd? Sut y gellir cael cydbwysedd rhwng y ddau? Pam y mae'n rhaid i'r ddau hyn frwydro yn erbyn ei gilydd drwy'r amser? Os yw dyn yn ymollwng i ymblesera'n ddilywodraeth-afreolus, y mae'n gorfod anwybyddu anghenion ei enaid, a pheryglu ei enaid, i wneud hynny.

Cyflwynir y llyfryn *Y Mynach a'r Sant* 'I Ysbryd Sant Thomas Aquinas', yr athronydd a'r diwinydd o Aquino yn ne'r Eidal. Yng ngwaith Thomas Aquinas (*c.*1225–1274) y cafodd Gwenallt yr ateb i'w broblem. Yn ei waith, fel y *Summa Theologica*, mae Thomas Aquinas yn ceisio sefydlu cydbwysedd rhwng ffydd a rheswm, a chyfaddawd rhwng diwinyddiaeth Gristnogol a dysgeidiaeth Aristotlys. Dylanwadodd syniadau Aquinas ar Dante, bardd yr oedd gan Gwenallt feddwl mawr ohono.

Yn ôl Thomas, yr ymchwil am Dduw yn unig a ddaw â gwir

ddedwyddwch a gwir orfoledd i ddyn. Dyna wir bwrpas dyn ar y ddaear – darganfod Duw. Ni all y ddynoliaeth fod yn llwyr nac yn gyflawn ddedwydd heb geisio ymgyrraedd at y Daioni Eithaf. Gall bwyta a charu corfforol roi boddhad i ddyn, ond ni all y ddau beth hyn roi iddo lawenydd na dedwyddwch cyflawn. Diben rhyw yw cynhyrchu plant a diben bwyta yw cynnal y corff. Os yw'r ddau beth hyn, caru a bwyta, yn rhoi pleser i ddyn, yn sgil cyflawni eu gwir bwrpas y gwnânt hynny. Camgymeriad Sant Gwenallt oedd tybio bod y pleserau cnawdol hyn, rhyw, bwyd a diod, yn ddiben ac yn nod ynddynt eu hunain ac er eu mwyn eu hunain, ac mai'r pleserau hyn a ddôi â llawenydd a boddhad i ddyn.

Beatitudo, yr uniad rhwng meddwl ac ewyllys dyn a Duw, a ddaw â dedwyddwch perffaith, cyflawn yn ôl Sant Thomas. Ond ni all dyn gyrraedd Duw yn uniongyrchol, heb i Dduw Ei hun geisio ymgyrraedd at ddyn. Duw yw'r grym gweithredol, nid dyn. 'Ni all yr un meddwl creedig ganfod hanfod Duw, oni bai Ei fod Ef, drwy ras, yn Ei uno ei hun â'r meddwl hwnnw fel rhywbeth y gall y meddwl hwnnw ei ddirnad,' meddai. Mae gwybod am hanfod Duw yn ffurf arbennig ar bresenoldeb Duw. Nid yw'r meddwl dynol yn ddigon grymus i ddod o hyd i Dduw ohono ei hun, a dyna pam y mae'n rhaid i Dduw Ei hun ymyrryd yn y broses. Mae cael gweledigaeth o Dduw, yn ôl Thomas, yn peri inni ymdebygu i Dduw, ein gwneud fel Duw.

Crëwyd Adda ar ddelw Duw er mwyn i ddyn ymdebygu i Dduw o'r dechreuad. Er bod Adda yn adnabod Duw ac yn Ei garu, ni lwyddodd i ganfod hanfod Duw. Pechodd Adda gan ddifetha'r bwriad o beri i ddyn ymdebygu i Dduw o'r dechreuad, ac etifeddwyd pechod Adda gan ei holl ddisgynyddion. Dyma'r Pechod Gwreiddiol. Codi'r hil ddynol i fod yn un â Duw Ei hun oedd diben yr Ymgnawdoliad, ail ymdrech ar ran Duw, ar ôl methu gydag Adda, i greu dynion ar Ei ddelw Ef ei hun. Drwy roi gwedd ddynol i'w fab Ei hun, gallai'r ddynoliaeth, felly, ymuniaethu â Christ, gan geisio ei efelychu, a dod yn debyg i Dduw yn y pen draw, gan mai mab Duw oedd Crist. Felly, adferwyd y nod a osodwyd gan Dduw ar gyfer y ddynoliaeth, y nod a gollwyd gyda chwymp Adda, drwy Grist.

Gras, yn ôl Thomas, yw'r elfen angenrheidiol yn y broses o geisio annog dynion i ymdebygu i Dduw Ei hun. Ystyr Gras, meddai, yw 'Gweithredoedd Duw ynom yn ein harwain at undod ag Ef Ei hun'; gwaith Duw yn unig yw Gras. Drwy Grist y rhoddwyd Gras i'r ddynoliaeth.

Pechadur mawr yw Sant Gwenallt, ac mae'n troi oddi wrth ei bechodau drwy ailddarganfod Duw. Ystyr tröedigaeth yw'r modd y daw dyn i sylweddoli fod angen Duw arno, fod angen iddo chwilio am Dduw, a throi oddi wrth y ffug-ddedwyddwch a ddaw drwy fodloni'r cnawd yn unig. Mae natur pechod yn fater digon cymhleth, a bu Thomas yn ceisio rhoi atebion i un o broblemau mwyaf y crediniwr a'r Cristion. Ai Duw oedd yn gyfrifol am bechodau? Ni allai Duw Ei hun gyflawni pechod, gan mai daioni llwyr ydoedd yn Ei hanfod, ond Duw hefyd oedd gwneuthurwr pob peth, ac os felly, onid Duw a greodd bechodau? Mae gan Thomas ddadleuon cymhleth o blaid ac yn erbyn y syniad fod Duw yn gyfrifol am bechodau dynion. Wrth geisio cael atebion i'r cwestiwn oesol hwn, mae yn ei wrth-ddweud ei hun yn aml, ond mae'n ymwybodol o hynny.

Yn ôl Thomas, absenoldeb daioni, yn hytrach na sylwedd sydd yn bod ynddo ei hun ac oherwydd ei hun, yw drygioni. Nid yw drygioni yn bod, dim ond yn sgil daioni, a daioni yw Duw. Daioni sy'n gyfrifol am ddrygioni. 'Daioni sy'n achosi drygioni … Felly, gan mai Ef sydd yn achosi pob daioni … y mae'n dilyn fod pob drygioni yn dod oddi wrth Dduw'. Dyna ystyr y llinell 'A'r hen Ddiafol yn rhan o Dduw hefyd', y llinell a oedd wedi tramgwyddo a chythruddo John Morris-Jones yn anad yr un llinell arall. Ni sylweddolodd mai mydryddu dysgeidiaeth Thomas Aquinas yr oedd Gwenallt. Ni chredai Thomas fod hyd yn oed y Diafol yn ddrwg i gyd. 'Ni all dim fod yn hanfodol ddrwg,' meddai, 'gan fod yn rhaid i ddrygioni gael yn sylfaen iddo ryw wrthrych … sy'n dda'. Mae'n rhaid i ddaioni fod cyn y gall drygioni fod, gan na all drygioni fodoli ohono'i hun, a nam mewn rhai unigolion yw pechod neu ddrygioni. Gan mai Ef sy'n gyfrifol am ddaioni, yn anuniongyrchol y mae Duw, felly, yn gyfrifol am bechod a drygioni. Nid yw Duw yn ewyllysio drygioni, ond mae'n gyfrifol amdano gan iddo greu daioni, a chan mai Ef yw crëwr pob peth. Os Duw yw crëwr pob peth, Duw sydd hefyd wedi creu'r pechadur. Mae Duw yn gyfrifol am y weithred o bechu mewn modd arall yn ogystal. Gan fod Duw wedi creu ewyllys rhydd mewn dyn, y mae Duw yn gyfrifol am bechod. Duw sydd wedi rhoi i ddyn bob grym a gallu, ac os yw dyn yn dewis llofruddio neu odinebu, er enghraifft, y mae'n gwneud hynny drwy'r gallu a roddwyd iddo gan Dduw, er na fwriadodd Duw erioed i ddyn gamddefnyddio'r gallu hwn a roddwyd iddo. Mae Duw yn gyfrifol am bechodau, eto fyth, drwy gymryd ymaith Ras. Nid pechod sy'n ein hamddifadu o Ras, yn ôl Thomas, ond, yn hytrach, bod heb ras Duw sy'n peri inni bechu. Felly, 'Duw sy'n achosi pechod,' meddai, ond mae ganddo yn ogystal nifer o ddadleuon yn erbyn yr haeriad mai Duw sy'n achosi pechod; er enghraifft, diffyg ymateb i Dduw sy'n peri i ddynion bechu, ac nid yw Duw, felly, yn gyfrifol am bechod.

Mae'r Sant yn cael cychwyn da mewn bywyd: aelwyd gariadus, gofal tad a mam, cartref a Duw yn hollbresennol ynddo, a'r fam yn mwmian emyn yn ddedwydd ei byd. Felly, mae'r Sant yn symud oddi wrth ddaioni at ddrygioni. Mae'n cyflawni'r hyn y bwriadwyd i ddyn ei gyflawni yn ôl arfaeth Duw, sef symud at y daioni dwyfol ei hun yn y pen draw. Gellir dehongli holl bechadurusrwydd y Sant fel absenoldeb daioni. Gan gydio yn nysgeidiaeth Thomas Aquinas eto, ni all yr hyn nad yw'n bodoli, meddai, beri nac achosi dim. Gan nad yw drygioni yn bod, ni all achosi dim; felly, daioni sy'n achosi drygioni. Pe bai drygioni yn creu drygioni, byddai'n symud i gyfeiriad drygioni, ond mae popeth yn symud i gyfeiriad daioni. Mae holl drythyllwch a thrachwant y Sant, felly, yn gyson â dysgeidiaeth Thomas, sef mai symud tuag at ddaioni y mae popeth. Mae edifeirwch yn brawf pendant mai symud tuag at ddaioni yw nod dyn ar y ddaear.

Yn rhan olaf yr awdl, daw'r Sant i sylweddoli fod ysbryd Duw yn llenwi ei gynefin a'r holl ddaear o'i amgylch. Mae'r ddaear ei hun, a phob lle ar y ddaear, yn sanctaidd. 'Y mae heddiw bob pant a chnwc yn santaidd,/Pob tywarchen a phren, gwartheg a phraidd,' meddai Gwenallt. Credai Thomas Aquinas fod Duw yn bresennol ymhob lle gan mai Duw a greodd bob lle. Mae sancteiddrwydd Duw ymhob man. Mae Duw yn llenwi pob lle gan mai Duw sydd wedi creu popeth sy'n bodoli ymhob lle: coed, caeau, tyfiant, pridd, ac yn y blaen. Gan mai Duw yw gwneuthurwr a chynhaliwr popeth a phobman, mae'n bresennol ymhobman, ac yn gyflawn bresennol yn hytrach nag yn rhannol bresennol, gan mai un bod anwahanadwy yw Duw.

Ac, wrth gwrs, mae dysgeidiaeth Thomas am natur y corff a'r enaid yn amlwg yn yr awdl. Nid dau beth ar wahân yw'r corff a'r enaid, yn ôl Thomas, ond un peth. Cyfuniad annatod o'r ysbrydol a'r corfforol yw dyn. Aeth yn groes i'r ddysgeidiaeth draddodiadol mai'r enaid oedd y gwir berson, ac mai llestr i gynnal yr enaid oedd y corff. Bedd neu garchar yr enaid oedd y corff yn ôl dilynwyr y traddodiad Platonaidd, yr elfen anfarwol, anfeidrol yn y ddynoliaeth o fewn yr hyn sy'n hanfodol farwol a meidrol. Yr enaid, yn ôl Thomas, yw prif ffynhonnell bywyd, yr egwyddor o fywyd ei hun. Yr enaid yw ffurf y corff. Yr enaid sy'n peri bod y corff yn gorff, ac un sylwedd, nid dau beth ar wahân, yw'r corff a'r enaid. Bod eneidiol-gorfforol yw dyn, nid corff ac enaid ar wahân i'w gilydd. Ni chytunai â'r ddysgeidiaeth mai i gosbi dyn am ei natur bechadurus yr ieuwyd yr enaid wrth y corff. Mae'r enaid dynol yn meddu ar y gallu i synhwyro, ond ni all weithredu nac ymarfer y gallu hwnnw heb gymorth y corff. Ni all yr enaid dderbyn gwybodaeth ac argraffiadau am wrthrychau materol, allanol ohono ei hun. Rhaid i'r corff weithredu fel cyfrwng yn hyn o beth. Mae'r enaid anfarwol yn anghyflawn heb y corff. Ni all weithio'n iawn heb fod yn un â'r corff.

Nid dysgeidiaeth Thomas Aquinas yw'r unig ddylanwad ar awdl Gwenallt. Ym 1927, pan oedd Gwenallt yn gweithio ar yr awdl, cyhoeddwyd llyfr arloesol, chwyldroadol Saunders Lewis, *Williams Pantycelyn*. Y mae'n sôn am Thomas Aquinas yn y llyfr: 'Oblegid datguddiad ei brofiad ei hun, fe ddychwel Williams at y meddwl Cristnogol gorau, y syniad a osodwyd yn gadarn yn ei ddiwinyddiaeth gan Sant Thomas o Acwino – bod undeb corff ac enaid yn *hanfodol* mewn dyn, nid yn ddamweiniol nac yn gyfochrol. Nid yw'r enaid ei hunan ond rhan anghyflawn ohono … Gan hynny, y mae'r nwydau'n perthyn i'r enaid yn gymaint ag i'r corff, ac ym marddoniaeth Williams, megis ag yn athroniaeth Sant Thomas, ni ellir yn fanwl gywir sôn am enaid *a* chorff, ond yn unig am gorff-enaid, y bod cymhleth, dyn'.[117]

Trwy ddarllen gwaith Thomas Aquinas y llwyddodd Gwenallt, i raddau, i ddatrys rhai o'r problemau a godwyd yn 'Y Mynach'. Y tyndra rhwng corff ac enaid, cnawd ac ysbryd, a'i poenai yn awdl fuddugol Eisteddfod Genedlaethol Abertawe. Llinell sy'n deillio'n uniongyrchol o ddysgeidiaeth Thomas Aquinas yw 'Ac enaid llon oedd ffurf y cnawd lluniaidd'. Ond yn awdl 'Y Mynach', y mae'r corff a'i ddyheadau yn tueddu i dynnu dyn oddi wrth y Daioni, ac ni ellir cyfaddawdu rhwng y ddau beth, corff ac enaid. Roedd llyfr Saunders Lewis ar Bantycelyn hefyd yn ddylanwad cryf ar awdl 'Y Sant', yn enwedig y bennod 'Troedigaeth Llanc', lle mae'n trafod cerdd hir Pantycelyn, *Bywyd a Marwolaeth Theomemphus*. Dadleuodd ar ddechrau'r bennod mai dynion angerddol a nwydus yn unig a gâi brofiadau mawrion. Pobl a oedd wedi profi rhyferthwy'r cnawd a gâi dröedigaeth ac a drôi yn seintiau. 'Casâi Williams ddynion oer eu gwaed,' meddai Saunders Lewis, oherwydd '[y] cryf ei nwydau, y dyn y mae rhyw a chnawd yn danbaid ynddo, hwnnw'n unig a all wybod am brofiadau angerdd'.[118] Dengys Saunders Lewis fel yr oedd Theomemphus wedi troi oddi wrth Anghydffurfiaeth, oherwydd bod crefydd wedi troi 'yn gonfensiwn cecrus, a'r Beibl, maes y dadleuon oll, yn grastir sathr'.[119] Mae byd arall yn ei gymell bellach, 'byd o ddihangfa, dieithr, disathr, rhyfeddol, byd ei lencyndod a'i ddychymyg a'i nwydau iraidd a'i ddyheadau'.[120] Dyma'n union gwrs bywyd Sant Gwenallt: troi oddi wrth y byd crefyddol y magwyd ef ynddo, lle'r oedd y fam 'yn mwmian emyn', ac yntau'r Sant ifanc yn darllen hanes y seintiau, ac yn sugno maeth a chysur o'r hanesion hynny.

Mae Theomemphus, ar ôl darganfod y byd newydd cyffrous hwn, yn ymgolli mewn ffantasïau rhywiol, yn union fel Sant Gwenallt eto. Byw yn ei 'fyd mewnol' yr oedd Theomemphus bellach, byd y dychymyg, byd mewnblyg ei ffantasïau, byd 'ffansïau penrhydd meddwl mewnblyg wedi eu disgrifio o safbwynt y troedig yn edrych yn ôl mewn dychryn ar a fuasai gynt'.[121] Mae'r byd mewnol hwn yn groes i safonau'r byd allanol. Drwy fyd y dychymyg, drwy fyw ei ffantasïau rhywiol, caiff Theomemphus 'ymogoneddu mewn mynegiant dirwystr o bob mympwy a chwant', a chyflawni pechodau o bob math, y pechodau a waherddir gan gymdeithas.[122] Yma, wrth gwrs, y mae peth o ddysgeidiaeth Freud yn dod i'r wyneb. 'Prif hudol y byd mewnol hwn yw greddf rhyw,' meddai Saunders Lewis, a darganfod a wna'r llanc mai creadur rhywiol ydyw.[123] Cais wedyn 'ddiwallu ei nwydau rhywiol yn ffansïau ei ddychymyg ac mewn ymhalogiad'.[124] Y cam naturiol nesaf yw meithrin ffantasïau gwyrdroëdig ac annaturiol, gan mai byd mewnol, preifat, yw hwn, ac mae sodomiaeth a gorwedd gydag anifeiliaid y maes ymhlith y pechodau a grybwyllir gan Theomemphus. 'Ystyr y cwbl yw gormesu o ryw ar ddychymyg Theomemphus, y chwant rhywiol yn dyheu am wrthrych a mynegiant, ac oblegid nas caiff yn gorfforol, yn clymu ar bob math o wrthrych yn ei ffansïau, nes gyrru'r llanc bron yn wallgof,' meddai Saunders Lewis.[125] Dyna hefyd hanes Sant Gwenallt.

Yn anochel, syrffedu ar ei chwantau a'i drythyllwch a wna Theomemphus, fel y Sant yntau. Yr oedd yn aeddfed i dröedigaeth, yn barod i newid ei holl agwedd tuag at fywyd. Ni chafodd na heddwch na boddhad gan ei ddychmygion gwyllt. Ceisiodd Saunders Lewis ddangos nad un cam sydyn oedd tröedigaeth Theomemphus, ond bod hadau ei dröedigaeth yn ei anlladrwydd. Fe wyddai, hyd yn oed pan oedd yn pechu, mai brwydro yn erbyn tröedigaeth anochel yr oedd. 'Y cam cyntaf tuag at ei droedigaeth yw ei ddwyn i wybod ei gyflwr, cam mewn eneideg,' meddai Saunders Lewis eto.[126] 'Y mae'r neb a genfydd ei bechod ei hun yn hanner Cristion,' meddai Gwenallt yn 'Credaf'. Dyna'n union sy'n digwydd i'r Sant. Mae'n sylweddoli ei gyflwr, a hynny ar ôl i'w obsesiwn ynghylch rhyw a'i holl drythyllwch gyrraedd uchafbwynt wrth iddo ymollwng i garu â phroffwydes y deml yn yr awdl:

> Dôi euogrwydd hallt i'm calon alltud,
> Yn droeog sarff deuai'r drwg a'i syrffed …
>
> Dôi loes yr anfoes, a'r pechod ynfyd
> I gorff, a llaw, i'm pen, i'm gorffwyll waed …
>
> Yn fy nghôl wylwn bechod fy nghalon …[127]

Yr oedd tröedigaeth y Sant yn rhy sydyn o lawer, ac yn rhy ddiesboniad, yn ôl John Morris-Jones yn ei feirniadaeth, ond yn y pechu yr oedd yr esboniad. Yn *Theomemphus*, rhan o'r broses o sylweddoli ei wir gyflwr yw sylweddoli yn ogystal fod rhaid gwthio'r greddfau rhywiol i'r gwaelodion, eu llethu, gan ddilyn damcaniaethau seicoleg fodern. Mae'n rhaid i Theomemphus anghofio am y greddfau hyn. 'Mynn Theomemphus yrru ei nwyd i'r diymwybod, hynny yw ei anghofio,' meddai Saunders Lewis, gan ddyfynnu'r llinell 'Daeth llen dros ei olygon, fe anghofiodd faint ei glwy'.[128] Gwthio'r nwydau rhywiol i'r diymwybod, a'u hanghofio, a wna Sant Gwenallt hefyd:

> Anghofiais fy mhryder, a'm hing hefyd,
> A hardd nos swynfawr y ddinas ynfyd,
> A hoffi tân oer drem ei phuteiniaid;
> Aeth yn angof uffernau fy mhrofiad …[129]

Mae Saunders Lewis yn pwyso ar ddamcaniaeth Thomas Aquinas mai unoliaeth uncorff-enaid yn hytrach na deuoliaeth corff ac enaid yw dyn. 'Nid corff ac enaid ydyw fel y dysgasai holl athronwyr y traddodiad Platonaidd yn Ewrop; eithr corff-enaid'.[130] Ac mae nwydau rhywiol yn rhan o'r undod hwn, yn rhan o ddyn yn ei gyflawnder. 'Dysgodd eu bod hwy yn hanfodol yn ei natur,' meddai am Theomemphus.[131] Ni ellir gwadu bodolaeth y nwydau; ni ellir, yn llwyr, eu mygu na'u gorchfygu. Beth, felly, sydd i'w wneud â'r nwydau hyn? Eu troi at wrthrych amgenach na gwrthrych daearol, cnawdol: eu troi at Dduw. '[T]roi'r nwyd tuag at y gwrthrych, dyna'r cwbl trwy ras Duw y mae'n rhaid i'r dyn ei wneud,' meddai Saunders Lewis, gan gyffwrdd eto â dysgeidiaeth Thomas Aquinas.[132]

Unwaith y cyhoeddwyd *Y Mynach a'r Sant*, dechreuodd storm godi, ac awdl 'Y Sant' a achosodd y storm honno. Roedd rhai yn gryf o'i phlaid, eraill yn chwyrn yn ei herbyn. Un o'r rhai cyntaf i ruthro i'w hamddiffyn oedd E. Prosser Rhys, golygydd *Y Faner*. Roedd Prosser Rhys wedi gweld yr awdl cyn iddi gyrraedd y cyhoedd, ac wedi ei darllen yn fanwl. *Y Mynach a'r Sant: Dwy Awdl* oedd menter gyntaf Gwasg Aberystwyth, y wasg a sefydlwyd gan E. Prosser Rhys ei hun a H. R. Jones, Ysgrifennydd y Blaid Genedlaethol, ym mis Rhagfyr 1928. Dallwyd Prosser Rhys, i raddau, i wendidau'r awdl gan ei awydd i ledaenu ffiniau barddoniaeth Gymraeg, ac i gael y beirdd a'r beirniaid i lunio a hyrwyddo barddoniaeth onestach a chyflawnach o ran gweledigaeth. Roedd awdl Gwenallt yn 'awdl nodedig iawn, o ran gwreiddioldeb ymadrodd ac awen, a hefyd o ran ysbryd crefyddol' ym marn Prosser Rhys, a chredai mai oherwydd ei chynnwys rhywiol tramgwyddus, yn hytrach nag unrhyw wendidau yn ei mynegiant a'i mydryddiaeth, y gwrthodwyd yr awdl gan y beirniaid.[133] Cyfeiriodd at 'fwnglerwaith y tair hen ferch o feirniaid'.[134] 'Y mae'r wers wedi ei dysgu iddynt hwy er 1915,' meddai, gan gyfeirio at bryddest arloesol T. H. Parry-Williams, 'Y Ddinas', 'ond hyd yn hyn bu'r awdl braidd ymhell oddiwrth fywyd a meddwl y dydd'.[135]

Synhwyrai Prosser Rhys mai Syr John Morris-Jones, gyda'i syniadau aruchel am farddoniaeth, oedd y drwg yn y caws, ac ymosododd arno yn rhifyn Awst 28, 1928, o'r *Faner*. Ar frig ei golofn 'Led-led Cymru', dyfynnodd yr hyn a ddywedwyd yn *Y Cymro* ar fater y gadair wag. Cyfeiriwyd yn y papur at 'rhyw ddau neu dri o'r beirdd ifanc, a fynnant eu galw'u hunain yn fodern' a oedd yn protestio yn erbyn yr atal ar y gadair, a rhyfeddwyd 'at haerllugrwydd y dosbarth hwn yn honni eu bod yn gwybod yn well na'r Athro Syr J. Morris-Jones, ac Elfed, a J.J.'. Dywedodd Meuryn, Prifardd cadeiriol Eisteddfod Genedlaethol Caernarfon ym 1921, yn *Yr Herald Cymraeg* fod penderfyniad y beirniaid i atal Cadair Treorci 'yn parhau i flino rhai gw[ŷ]r ieuainc opiniyngar';[136] a diolchodd i John Morris-Jones 'am siarad mor gryf a phendant yn erbyn aflendid mewn ll[ê]n'.[137]

Thomas Parry a adolygodd *Y Mynach a'r Sant* i'r *Llenor*, ond ar awdl 'Y Sant' y canolbwyntiodd. Yr awdl wrthodedig oedd y pwnc llosg ar y pryd, a dyma'r tro cyntaf iddi ymddangos mewn print. Ystrydeb o sant a grëwyd gan Gwenallt, meddai, am y rheswm ei fod 'yn cyfuno dynion da yr hen amser â dynion drwg ein hamser ni'.[138] Credai fod 'gormod o sawr Pabyddiaeth ar ei santeiddrwydd i Ymneilltuwyr Cymreig ei dderbyn yn aelod'.[139] Soniodd am y beirniadu a oedd 'ar Ymneilltuaeth yng Nghymru heddiw, a beio ar y diwygiad Methodistaidd, a rhyw gydymdeimlad rhyfedd â Phabyddiaeth'.[140] Felly, meddai'r adolygydd, rhaid oedd gwneud 'y sant yn ddyn wedi ffieiddio ar foelni a hacrwch crefydd Cymru a rhagrith ei phroffeswyr … a'i ddwyn i weled rhagoriaeth yr hen ffydd Gatholig'.[141]

Gwendid arall oedd y ffaith mai darlunio 'teip o sant' a wnaeth Gwenallt, gan ddangos, trwy hynny, 'ddwy agwedd ar fywyd sant sy'n wybyddus i'r byd oll, sef yr agwedd ddrwg ddrwg a'r agwedd dda dda,' ond ni cheisiodd drafod yr argyfyngau rhwng y ddau gyflwr hyn, sef 'cyfwng y puro a'r glanhau, yr ymladd yn erbyn temtasiwn a'r gorchfygu graddol'.[142] Gwendidau yn adeiladwaith y gerdd oedd y diffygion hyn. 'Nid oes yn y gerdd ddim o'r sant ac y mae hynny o'r pechadur sydd ynddi yn rhywbeth rhyfedd tros ben,' meddai Iorwerth Peate yntau wrth adolygu'r gyfrol.[143] Yr oedd ynddi wendidau eraill yn ôl Thomas Parry. Methu argyhoeddi'i ddarllenwyr oedd un caff gwag amlwg. Ni lwyddodd Gwenallt i dreiddio dan groen y Sant. Nid oedd y rhan a ddisgrifiai greulondeb plentyn yn llwyddiannus gan mai disgrifiad allanol byr a gafwyd, ac nid oedd y rhan a ddisgrifiai'r Sant yn digio wrth Ymneilltuaeth a'r 'Iddew o Dduw' ar ôl iddo golli ei frawd yn darbwyllo ychwaith; ond, 'yn anad unman, pan ddisgrifir arteithiau'r Sant dan fflangell nwydau'r cnawd' y rhoir 'yr argraff fwyaf arnom nad yw'r bardd yn ddiffuant'.[144]

Yn ôl Thomas Parry, roedd Gwenallt yn taranu'n ormodol yn yr awdl, nes peri bod ei brotest yn llawer amlycach na'i gelfyddyd. 'Gorfydd inni deimlo mai ystrancio sydd yma yn erbyn y bobl lednais hynny a fydd yn sibrwd yng nghlustiau ei gilydd yn ddistaw bach, bob tro y daw achlysur i sôn am faterion rhyw a chysylltiad mab a merch nwydus,' meddai.[145] Byddai Thomas Parry yn ochri â Prosser Rhys yn ei grwsâd i ddarbwyllo'r beirdd i ganu i fywyd yn ei grynswth, ond rhaid oedd gwneud hynny yn artistig, heb fynd ati i strancio, ac i siocio a thramgwyddo yn fwriadol. 'Diamau,' meddai, 'mai peth da ac angenrheidiol yw ystrancio felly, ac mai rhaid yw inni roi i'r nwydau eu lle yng ngwe gymhleth bywyd', ond 'trosedd yn erbyn hawliau llenyddiaeth yw defnyddio cerdd hir yn faes i ystrancio'.[146] Gor-wneud, mynd dros ben llestri yn llwyr, oedd pechod Gwenallt, nid canu am ryw a nwyd. Roedd 'diffyg ymatal a thuedd i ymhyfrydu yn y pwnc' yn andwyo'r gerdd yn ôl Thomas Parry,[147] er enghraifft, y llinellau hyn:

Dawnsiwn, cymerwn lawer cymhares,
Yn awr yng nghôl ysgafnhir angyles,
Yn iasau tynn gwylltineb satanes,
Neu gôl bronnau hagr, aroglber negres.

Daliai Thomas Parry mai 'rhoi sioc anghysurus i grefyddwyr sych-dduwiol' oedd nod Gwenallt, ac er y gallai 'darlun yr awdur o weithrediadau'r nwydau' fod yn gywir, 'y drwg yw nad yw wedi llwyddo i'n hargyhoeddi am ei wir ddifrifwch wrth ddisgrifio pethau mor blaen a'u cyfleu mewn dull mor noeth'.[148] Yn ôl Iorwerth Peate, 'parodi echrydus, anghynnil a dichwaeth ar fywyd llanc nwydus' oedd yr awdl.[149]

Ni allai'r naill na'r llall glodfori'r awdl o safbwynt ei chrefft ychwaith. 'Y mae cymysgu proest ac odl yn y llinellau nesaf at ei gilydd yn peri afreoleidd-dra a ymyla ar flerwch,' meddai Thomas Parry,[150] ac roedd y gynghanedd 'yn dincian amhersain' ganddo ar brydiau.[151] Ni allai Iorwerth Peate gymryd at arddull na mesur Gwenallt ychwaith. 'Nid oes yn ei chynllun ddim nad yw'n draddodiadol,' meddai, 'a chanwyd y rhan fwyaf ohoni ar fesur a ymddengys i mi yn un a bair ferwindod buan i'r glust'.[152] Condemniodd yntau hefyd rai o linellau Gwenallt, fel 'A lleisiau sinistr dinistr odanaf', a'r cymysgu ffigurau a geir yn 'O enaid yr eglwys daw aroglau'. Cyhuddwyd Gwenallt gan Thomas Parry hefyd 'o amlhau geiriau haniaethol'.[153] Rhwng popeth, ni chredai Thomas Parry fod y tri beirniad yn haeddu'r holl gondemnio a fu arnynt, ac mae'n debyg y byddai Iorwerth Peate yn cytuno. 'O ba gyfeiriad bynnag yr edrycher arni, y mae'r awdl hon yn gwbl druenus,' meddai.[154]

Ymatebodd Saunders Lewis ddwywaith i helynt y gadair wag, y tro cyntaf cyn gweld yr awdl, a'r ail dro ar ôl ei darllen. Trafod y broblem o afledneisrwydd ac anfoesoldeb mewn llenyddiaeth yn gyffredinol a wnaeth yn ei ysgrif gyntaf, '"Y Sant"', a ymddangosodd yn rhifyn Gaeaf 1928 o'r *Llenor*. Credai fod elfen o annhegwch yn ymosodiad Prosser Rhys ar John Morris-Jones, oherwydd yr oedd yr Athro mawr wedi collfarnu'r awdl ar sail celfyddyd yn ogystal ag ar gorn ei hafledneisrwydd. Ceisiodd Saunders Lewis ddangos mai llawenydd a digrifwch oedd prif nodwedd barddoniaeth Gymraeg yn yr Oesoedd Canol, ac mai peth dieithr i'r beirdd hynny oedd traethu moeswers. Gyda'r Dadeni Dysg yn Ewrop y cyflwynwyd yr egwyddor y dylai llenyddiaeth gynnig hyfforddiant ac arweiniad moesol. Pwysodd ar y ddadl a ddefnyddiwyd gan Prosser Rhys ac eraill yn y 1920au, sef y dylai llenyddiaeth drafod bywyd yn ei gyfanrwydd, nid canolbwyntio ar y dyrchafol a'r prydferth yn unig: 'Os profiad neilltuol angerddol yr unigolyn yw defnydd llenyddiaeth, rhaid i'r bardd neu'r nofelydd groesawu'r profiad yn ei gyfanrwydd, a'i fynegi yr un modd,' meddai.[155] Dyma, wrth gwrs, un o ddadleuon mawr y 1920au. 'Gadewch inni ganu i fywyd yn gyflawn,' meddai Prosser Rhys wrth amddiffyn awdl Gwenallt.[156] 'Rhaid i lenyddiaeth iach roddi mynegiant cyflawn o'r hyn a wypo personoliaeth dyn' oedd ei gri fawr ym 1928.[157]

Y bennod gyntaf yn *Theomemphus*, yn ôl Saunders Lewis, oedd 'un o'r darnau mwyaf aflednais mewn barddoniaeth', ond yr oedd y bennod 'yn rhan hanfodol o brofiad Theomemphus', ac nid oedd modd ei hepgor heb andwyo'r holl gerdd.[158] O'r herwydd, y mae 'pentwr o aflendid' weithiau yn hanfodol i lenyddiaeth. 'Os poenir chwi ganddo, yna nid i lenyddiaeth fodern y'ch galwyd,' meddai.[159] Cydbwysedd a chrebwyll artistig oedd yr ateb. Ni fynnai bardd neu nofelydd da 'hyd yn oed pan fo'r cwbl o'r profiad a fynega yn drallodus aflan, aros i fwynhau un foment o'r profiad yn fwy na moment arall'.[160] Mewn llenyddiaeth dda hefyd 'bydd yr elfen ddeallol yn gytbwys â'r elfen synhwyrus ac yn ei thrawsffurfio'.[161]

Cafodd Saunders Lewis gyfle i roi ei farn ar yr awdl ar ôl i Wasg Aberystwyth gyhoeddi *Y Mynach a'r Sant*. Awdl 'Y Mynach' wedi ei hailfeddwl a'i hailgynllunio oedd 'Y Sant', ac roedd yn aeddfetach gwaith, ac 'yn gynnyrch myfyrdod dwysach a chrefft sicrach'.[162] Yn wahanol i Iorwerth Peate a Thomas Parry, canmoliaeth a oedd ganddo i ddull Gwenallt o gynganeddu: 'Camp Gwenallt yw bod cynghanedd yn cynnig iddo ef eirfa fyw, gyfoes, ffigurau o fywyd heddiw, yn deffro dychymyg aflonydd, nerfus, egnïol, ac yn creu rhithmau sydd weithiau'n gyffrous-anystwyth gan gyfoeth profiad, ac yna'n dyfnhau nes bod yn fiwsig llyfnddwys'.[163]

Yn ôl Saunders Lewis, roedd Sant Gwenallt yn debyg i'r Santes Teresa, sef 'un a'i fryd er yn blentyn ar yrfa o arwriaeth grefyddol'.[164] 'Gŵyr mai nodwedd plentyn o'r math hwnnw,' meddai, 'yw bod nwyd rhyw yn gryfach ynddo nag mewn eraill'.[165] Ond nid oedd ei ganmoliaeth i awdl Gwenallt yn gwbwl ddilyffethair. Roedd ganddo asgwrn i'w grafu â'r bardd gwrthodedig:

> Mewn dinas y'm magwyd i, mewn dinasoedd y cefais brofiadau gorau fy mywyd. Gwell gennyf ddinasoedd na gwlad, a bywyd dinesig na bywyd gwlad. Y mae beirdd Cymraeg diweddar yn annheg tuag at ddinasoedd, Gwenallt yn gystal [â] Chynan. Byw yn ddrwg yn eu caniadau hwy yw mynd i'r ddinas. Cael tro at grefydd yw dychwelyd i'r bryniau a'r caeau. Onid ydyw hyn yn anghwrtais? Y mae eu dinasoedd hefyd yn rhy felodramatig. Nid yw byw mewn dinas mor heintus ag y disgrifiant ef. Nid purdeb i gyd ychwaith yw bywyd y wlad. Gellir bod cyn frynted mewn llofft uwchben beudy ag mewn gwesty ym Mharis.[166]

Y rhan ganol, ail draean yr awdl, sef y darn sy'n disgrifio pechu diymatal y Sant, oedd y rhan wannaf yn nhyb Saunders Lewis. Roedd yr awdl yn cryfhau eto yn y drydedd ran, a ganmolwyd ganddo am ei 'haddfedrwydd tawel'.[167] Condemniodd yntau hefyd, fel John Morris-Jones, y llinell 'A'r hen Ddiafol yn rhan o Dduw hefyd', gan ei galw y llinell wannaf yn y drydedd ran, ond fe'i condemniodd am ei bod yn ymyrryd â mwynhad y sawl a ddarllenai'r awdl, oherwydd ei bod yn codi cwestiwn ym meddwl y darllenydd yn hytrach na gadael iddo fwynhau'r awdl mewn cyflwr goddefol. Barnodd, ar ôl gwyntyllu ei diffygion a'i rhagoriaethau, fod awdl Gwenallt yn deilwng o'r Gadair, a'i bod hi yn 'addurn ar lenyddiaeth Cymru heddiw'.[168]

Un arall o gollfarnwyr yr awdl oedd y bardd a'r llenor gwlad diwylliedig hwnnw, Amanwy, yn ei golofn 'Colofn Cymry'r Dyffryn' yn yr *Amman Valley Chronicle*:

> Erbyn heddiw, wedi ymdrafod maith a brwd ar y mater, cytuna'r beirniaid, yn hen ac ifainc, i'w chondemnio'n ddiarbed, ag eithrio un neu ddau; a rhaid i'r nebun gonest a'i darlleno, gytuno â hwy. Nid oes ynddi ddim i swyno na synnu dyn.

Creadigaeth aflêr iawn yw hi, heb ynddi briffordd na theml, ac ni edy ond adflas chwerw ar ôl, wedi tramwy drwyddi.[169]

Mynnai Edgar Allan Poe, meddai, mai 'creadigaeth fydryddol o brydferthwch yw barddoniaeth – "the rhythmical creation of beauty" – ac yn ôl y safon hon, syrth awdl "Y Sant" yn bur isel'.[170] 'Nid oes amau y medr llenyddol sydd ynddi, ond mae ymdriniaeth y bardd o'r testun yn drythyllwch anhawddgar,' ychwanegodd.[171]

Y tu ôl i'r weithred warthus o wrthod cadeirio Gwenallt am awdl rymus ac arbrofol yr oedd nifer o ffactorau, ac nid ystyriaethau llenyddol yn unig mo'r rheini ychwaith. O safbwynt Gwenallt, yr oedd yr amseru yn anffodus. Roedd Prosser Rhys wedi cynhyrfu'r dyfroedd bedair blynedd ynghynt gyda'i bryddest 'Atgof', a dyma Gwenallt, pan oedd Piwritaniaid dibechod Cymru yn dal i resynu fod y Diafol wedi cael y fath afael gadarn ar Prosser Rhys, yn ailgodi'r ddadl ynghylch rhyw a moesoldeb. Roedd yr awdl hefyd yn faes brwydr amlwg yn y rhyfel rhwng Moderniaeth a thraddodiadaeth. Roedd iddi naws a chefndir Catholigaidd, ac, o'r herwydd, rhoddai gadarnhad pellach i'r arswyd ymhlith y Cymry Anghydffurfiol fod Pabyddiaeth ar gynnydd. Ac eto, er bod yr amseru yn wael ar un ystyr, cynnyrch ei chyfnod, a chynnyrch yr holl groesdensiynau hyn, oedd awdl 'Y Sant'. Ei hoes a'i creodd: dadleuon ei hoes a symudiadau llenyddol, cymdeithasol a chrefyddol ei chyfnod. Ond ni lwyddodd y beirniaid i lwyr amddifadu Gwenallt o'i fuddugoliaeth. Gwerthwyd 3,000 o gopïau o lyfryn Y Mynach a'r Sant mewn byr amser, a bu'r awdl ei hun yn hwb aruthrol i farddoniaeth fodern gynganeddol, ac i Foderniaeth yn gyffredinol.

Cyfnod cymhleth a chymysglyd yn hanes Gwenallt oedd y 1920au. Ym 1924 y cefnodd ar y Blaid Lafur Annibynnol oherwydd methiant Llywodraeth Ramsay MacDonald i wireddu a sefydlu rhai o egwyddorion creiddiol, gwreiddiol y blaid honno. Roedd dadrith Gwenallt yn y Blaid Lafur Annibynnol, mewn Marcsiaeth a chomiwnyddiaeth, yn derfynol gyflawn. Ac o gefnu ar y Blaid Lafur Annibynnol, ac ar wleidyddiaeth yn gyffredinol, i ble y gallai droi? Mae'n sicr mai ei gyfnod yn y coleg a blannodd hadau cenedlaetholdeb Cymreig yn ei enaid. A dyna'r cam nesaf yn ei hanes: cefnu ar wleidyddiaeth economaidd, ryngwladol, ddiwydiannol a choledd cenedlaetholdeb diwylliannol, cenedlaetholdeb a oedd yn ei hanfod ynghlwm wrth y Gymraeg ac wrth y gorffennol. Rhwng 1924 a 1926 roedd Gwenallt wedi symud oddi wrth y Blaid Lafur Annibynnol at Blaid Genedlaethol Cymru, ac os bu iddo gael tröedigaeth yn Iwerddon ym 1929, llawn sylweddoli yr hyn yr oedd wedi dechrau ei gredu yn ystod ei ddyddiau coleg a wnaeth yno. Yn un o'i gerddi yn y dyfodol, 'Sir Gaerfyrddin', cofiai am y parch a oedd ganddo ef a'i gyd-fyfyrwyr at W. Llewelyn Williams oherwydd bod y gŵr hwnnw yn gadarn o blaid hunanlywodraeth i Gymru:

> O blaid Llewelyn Williams yr oeddem ni, fyfyrwyr Coleg Aberystwyth,
> Ac ar lwyfan y Colisewm yn y dre fe'i clywsom ef yn datgan
> Y dylai Cymru gael ei llywodraeth ei hun. Ac ar ôl y cyfarfod tymhestlog
> Ei godi ef ar ein hysgwyddau, a chario ein harwr ar hyd y Promenâd.[172]

'Arwr', sylwer. Yn ystod y cyfnod 1924–1929 y troes Gwenallt yn genedlatholwr Cymreig.

Anffyddwyr rhonc oedd nifer helaeth o aelodau'r Blaid Lafur Annibynnol. Er iddo gael magwraeth grefyddol ddwys a thrwyadl, cefnu ar Gristnogaeth a wnaeth Gwenallt yn llanc ifanc. Fe'i tynnwyd at grefydd drachefn yn y coleg, ond nid at y grefydd Anghydffurfiol y cawsai ei fagu a'i feithrin ynddi. Dan ddylanwad T. Gwynn Jones, aeth i'r Oesoedd Canol am ei fater a'i fodd, o 'Ynys Enlli' hyd at 'Y Mynach'. Roedd yn sicr yn closio at yr Eglwys Gatholig yn ystod y cyfnod hwn, a phrawf pendant o hynny yw'r 'Cerddi Catholig'.

Yn ystod y cyfnod hwn hefyd y daeth Gwenallt yn ymwybodol o rym dinistriol pechod, gan ddatblygu ar yr un pryd un o'i themâu fel bardd yn ystod y blynyddoedd i ddod, sef y gwrthdaro rhwng cnawd ac enaid, rhwng y corfforol a'r ysbrydol – yn y pen draw, rhwng rhyw a Duw. A darganfod pechod oedd genedigaeth y Cristion.

Degawd o ennill a degawd o golli, felly, oedd y 1920au i Gwenallt. Collodd un blaid wleidyddol ac enillodd un arall yn ei lle. Collodd ryngwladoldeb ac enillodd genedlaetholdeb. Collodd Farcsiaeth ac enillodd Ramantiaeth. Enillodd un Gadair Genedlaethol ond collodd un arall, er y dylasai fod wedi ennill honno hefyd. Collodd dad. Collodd Elsie. Enillodd raddau a chollodd wreiddiau. Cafodd swydd dda fel athro a swydd well fel darlithydd. A bu bron iddo golli Anghydffurfiaeth wrth iddo gofleidio Catholigiaeth.

Aeth Gwenallt ac Albert Davies i Ysgol Haf y Blaid Genedlaethol yn Llandeilo ar ôl Eisteddfod Treorci, a chawsant gyfle i grwydro'r hen lwybrau cyfarwydd unwaith yn rhagor. Treuliasant beth amser gydag ewythr Gwenallt a'i deulu yn y Gelli Aur yn Llandeilo. Y flwyddyn ddilynol, 1929, oedd blwyddyn ei ymweliad â'r Gaeltacht yn Iwerddon, yn ogystal â'r flwyddyn y bu iddo ennill ei radd MA am ei draethawd 'Cerddi'r Saint a'u cymharu â'r bucheddau cyfatebol'. Bu Gwenallt yn byw ymhlith seintiau a mynachod am bron i ddegawd, o 1922 hyd at 1929 o leiaf. Ymhen rhyw ddwy flynedd byddai'n llunio awdl arall, a'r tro hwn, awdl a fyddai'n cyfuno ei genedlaetholdeb a'i ganoloesoldeb, ei wleidyddiaeth a'i Babyddiaeth.

O 'Breuddwyd y Bardd'
hyd at *Ysgubau'r Awen*
1930–1939

Yn ystod misoedd olaf 1930 a misoedd cychwynnol 1931, roedd Gwenallt yn gweithio ar awdl arall. Testun yr awdl yn Eisteddfod Genedlaethol Bangor ym 1931 oedd 'Breuddwyd y Bardd', testun digon eang ei bosibiliadau. Roedd gan Gwenallt erbyn 1930 bethau newydd i'w dweud, ynglŷn â chenedlaetholdeb a diwylliant yn bennaf y tro hwn, nid ynglŷn â chrefydd. Ac ar ôl siom 1928, roedd yn benderfynol o ennill Cadair Genedlaethol arall. Nid oedd Syr John Morris-Jones ar dir y byw mwyach, a siawns y gallai'r Eisteddfod benodi beirniaid mwy eangfrydig a llai ceidwadol i feirniadu cystadleuaeth y Gadair. Beirniaid y gystadleuaeth ym Mangor oedd J. Lloyd Jones, ysgolhaig a Phrifardd Eisteddfod Genedlaethol Rhydaman ym 1922, am ei awdl 'Y Gaeaf'; J. J. Williams, a enillodd Gadair Eisteddfod Genedlaethol Caernarfon ym 1906 a Llangollen ym 1908, ac un o'r beirniaid eisteddfodol mwyaf agored ei feddwl ar y pryd; a T. H. Parry-Williams, ysgolhaig arall, enillydd dwy gadair a dwy goron Genedlaethol, beirniad eisteddfodol eang ei orwelion ac un o gyd-weithwyr Gwenallt. Gwyddai Gwenallt mai gwobrwyo'r awdl orau yn y gystadleuaeth a wnâi'r rhain, nid atal y Gadair na gwobrwyo'r awdl leiaf tramgwyddus o blith y goreuon.

Gwenallt a enillodd y gamp ym Mangor, yn ôl dyfarniad unfryd y tri beirniad. 'Y mae ei ddychymyg toreithiog a fynegir â geirfa rymus yn ymdonni ac yn byrlymu nes creu rhai darnau gloywon gan ias a gwres ymdeimlad na bydd yn hawdd eu hanghofio,' meddai J. Lloyd Jones yn ei feirniadaeth.[1] Er gwaethaf rhai llithriadau cynganeddol a mydryddol, awdl Gwenallt oedd yr 'odidocaf a'r gryfaf yn y gystadleuaeth'.[2] Un o brif nodweddion awdl Gwenallt oedd ei gwreiddioldeb. 'Y mae'n wahanol i'r lleill i gyd mewn defnydd, awyrgylch, a mesur,' meddai J. J. Williams amdani.[3] 'Y mae grymuster a chyhyrogrwydd trwy'r gwaith, gwaith dyn nid yn meddu iaith ond wedi ei meddiannu,' meddai T. H. Parry-Williams yntau, gan ychwanegu fod Gwenallt yn 'fwy o fentrwr ac arloeswr' na'r cystadleuwyr eraill, 'heb fod yn ormod o ryfygwr'.[4]

Y mae'r awdl yn agor gyda bardd yn darllen hen lenyddiaeth y Cymry, yn enwedig y cerddi darogan a geir yn y llenyddiaeth honno:

> Cyfrolau brud a llên a ddarllenodd,
> Hanes a choelion hen oes a chwiliodd
> Y bardd oediog. Un hwyrnos breuddwydiodd
> Freuddwyd, a gafwyd o'r hyn a gofiodd,
> Lluniau'r rholiau a welodd, – cerddi hen,
> Y brutiau a llên brud tywyll, anodd.[5]

Y mae darllen y cerddi brud hyn yn peri iddo freuddwydio, a gwêl yn ei freuddwyd 'forwyn unig' sydd 'fel merch pendefig', ond bellach mae 'blewyn gwyn yn ei gwallt gwinau'.[6] Heneiddiodd y forwyn a chrinodd gan adwyth:

> Olion hir loes ar lân arleisiau;
> Awch ei hiraeth, yn nhwllwch oriau,
> Ni rôi hun i flinder amrannau;
> Yr oedd lliw prudd i'w gruddiau, – lliw ing maith …[7]

Mae'r forwyn wedyn yn llefaru, ac yn mynegi ei hiraeth a'i galar oherwydd iddi golli ei Brenin, ei 'hanwylyd cain':

> Di-nawdd a di-nerth a dichwerthin,
> A garw yw f'oes heb un gair o'i fin.
> Pan ffoes, daeth i'm heinioes hin – y gaeaf,
> Ac ni chaf mwy haf ym Mehefin.[8]

Alltud yw'r Brenin hwnnw bellach, oherwydd i'w filwyr gefnu arno, a gwrthod mynd i ryfela ar ei ran:

> Ni fynnai'i wŷr, ei filwyr efô,
> Na'i arddel, na mynd i'r drin erddo …[9]

Daw dau ati yn y cyflwr truenus hwn, sef 'artist llym, sadistig', '[f]flangellwr ei fro, dychanwr dig', a phroffwyd 'talfain, llwydwedd'.[10] Tra bo'r artist llym yn ei dirmygu, mae'r proffwyd yn ei chalonogi, yn ei chefnogi ac yn ei hysbrydoli; tra bo'r naill yn tanseilio'i hyder mae'r llall yn codi ei hyder. Mae'r artist sadistaidd yn cilio oddi wrthi ond mae'r proffwyd talfain yn marw. Ar ôl gwrando ar y ddau hyn, gwêl y forwyn long ei 'hanwylyd' yn nesáu at y lan, ac fe'i hailunir â'i Brenin. Priodir y ddau mewn eglwys, a dethlir eu huniad nid gan Gymru yn unig ond gan holl wledydd y byd. Oherwydd iddi ennill ei hannibyniaeth, trwy briodi ei Brenin, ac ennill statws gwlad rydd unwaith yn rhagor, fe'i perchir gan holl wledydd y byd. Mae'r awdl yn cloi gyda bardd y llys yn cyfarch y brenin, gan ddatgan mawl iddo, a diweddu â mawl i'r Awen, fel y grym sy'n creu heddwch ac yn 'uno byd'.

Dilyn confensiwn awdlau rhamantaidd chwarter cyntaf yr ugeinfed ganrif, a chwlt y Forwyn a'i Hanwylyd yn bennaf, a wna Gwenallt, yn enwedig awdl 'Yr Arwr', Hedd Wyn. Yn yr awdl honno y mae 'Merch y Drycinoedd', sy'n cyfateb i 'forwyn unig' Gwenallt, yn hiraethu am ei thywysog hithau, ei 'hanwylyd':

> Dioer wylwn am na welwn f'anwylyd,
> Tywysog meibion gwlad desog mebyd.[11]

Mae confensiwn y breuddwyd yn elfen amlwg yn y math hwn o ganu, er enghraifft, Merch y Drycinoedd yn breuddwydio am ei thywysog yn 'Yr Arwr', ac mae'r un confensiwn yn amlwg iawn yn awdl 'Yr Haf' R. Williams Parry hefyd, lle mae 'Rhiain yr Haf' yn cyfateb i Ferch y Drycinoedd Hedd Wyn a 'morwyn unig' Gwenallt, a'r 'Macwy' yn cyfateb i Arwr Hedd Wyn a Brenin Gwenallt. Ar ddiwedd awdl Hedd Wyn, unir y ddau, Merch y Drycinoedd a'i hanwylyd, yn union fel yr unir y forwyn a'r Brenin yn awdl Gwenallt. Cludir Merch y Drycinoedd gan long at ei hanwylyd, 'Anwylyd fy mebyd maith',[12] ac mae llong yn cludo'r Brenin yn ôl at y forwyn yn awdl Gwenallt:

> Fel gwylan, ar lan, disgwyliai hi
> Hwyl ei hanwylyd ar lanw heli;
> Rhwng dwfr a nen gwelodd hwylbrenni
> Ar orwelgant noeth erwau'r weilgi ...[13]

Ceir tebygrwydd mawr rhwng y modd y mae Merch y Drycinoedd yn holi am hynt a helynt ei thywysog a'r modd y mae'r forwyn yn ceisio dyfalu hynt a thynged ei hanwylyd hithau yn 'Breuddwyd y Bardd'. Dyma Ferch y Drycinoedd yn holi am ei hanwylyd:

> Y macwy heulog, paham y ciliodd?
> Ba ryw hud anwel o'm bro a'i denodd? ...
>
> Ai rhyw ddawn anwar oedd yn ei enaid?
> Neu ynteu hiraeth am lawntiau euraid?
>   O'i ôl mae bro'i anwyliaid – dan wyll trwch
> Heb ei wên a'i degwch pur bendigaid.[14]

A dyma forwyn Gwenallt yn holi am hynt ei hanwylyd hithau:

> Efallai yr hun dan niwloedd Llundain,
> Neu leoedd moel ymhlith pobloedd milain,
> Hwyrach y try i dai erch eu truain.
> Daw ei drafael, ond odid, i Rufain,
> Lle yno y cwsg gweddillion cain – hedd,
> Rhyddid a mawredd gwareiddiad mirain.[15]

Awdl fytholegol-alegorïaidd yn y cywair rhamantaidd yw awdl Gwenallt, ac awdlaidd-ramantaidd yw'r eirfa drwyddi draw, er y ceir ieithwedd fwy modernaidd mewn rhai rhannau.

Roedd hyd yn oed ffugenw Gwenallt, *Y Breuddwyd Brud*, yn arwyddocaol. Traethodd Gwenallt ei hun am gefndir yr awdl a'i amcanion ynddi ar ôl iddo gael ei gadeirio ym Mangor, ac mae'r dystiolaeth honno yn hanfodol bwysig:

It was on a seat on the banks of the Arno in Florence that I began thinking about the subject of Bangor's chair ode, "The Poet's Dream." I had just finished reading the third, fourth, and sixth books of Virgil's Æneid, school and college text-books, well-thumbed and full of copious marginal notes.

The voyage of Æneas, his episode with Dido, his journey through the underworld, his battles and ultimate triumph had brought into my mind memories of the Welsh prognosticatory poems known as the "Cerddi Brud."

I began thinking about the present state of Wales. There came before my mind's eye two modern figures in Welsh life – a Novelist and a Nationalist. I thought of Caradoc Evans and his works, whose literary sadism and flagellations are merely a perverted form of his love for his country, and my associations with the late Mr. H. R. Jones, one of the founders of the Welsh Nationalist Party. It was he, of all the members of the Welsh Nationalist Party, whom I admired most. He was a Nationalist who would have stood unflinchingly, like the Irish rebels, before Saxon rifles, if there had been any need for that supreme sacrifice.

Before the taunts and sarcasm of the opponents of his party he was never ruffled and never lost his temper. He merely smiled. It was the smile of Faith. His sincere faith and silent courage won the admiration of friend and opponent.

Echoes of the Virgilian poem, a study of the Welsh prophetic poems and these two figures, who had become in my mind symbols of the despair and hope of the Welsh nation, were ultimately transformed into an æsthetic synthesis. It was this synthesis which constrained me to create the poem.[16]

A dyna gefndir yr awdl. Cyfeirir ynddi at Fflorens ac afon Arno, lle y dechreuodd Gwenallt feddwl a myfyrio am y gerdd. Mae Gwenallt yn cymharu'r Brenin alltud yn ei gerdd â Dante, gan ddweud iddo fod ar ffo

> Fel bardd dig y ffyrnig Inferno,
> Tan felltith barn ymhell o'i Arno,
> Hoff haul a rhin sêr ei Fflorens o ...[17]

Yma cyfeirir at alltudiaeth Dante o Fflorens ym 1302, wedi i'r blaid y bu'n ymladd yn ei herbyn ddod i rym ym 1301. Y farn ar Dante oedd y bygythiad y câi ei losgi i farwolaeth pe dychwelai i Fflorens. Ychydig iawn o gyfeiriadau uniongyrchol at *Yr Æneid* a geir yn yr awdl, ac eithriad yw'r cyfeiriad uniongyrchol at yr arwrgerdd a geir yn yr hir-a-thoddaid canlynol, sy'n cyfleu dyhead angerddol y forwyn i ddod o hyd i'r Brenin:

> Daear a'i drysi a dŵr a droswn,
> A llwch heolydd traphell a chwiliwn,
> Ac fel Dido daer fy nghorff a ddodwn
> Yn fflamau'r angau hyd oni threngwn,
> O nef wen ef a fynnwn, – onis caid,
> Tynnwn ei enaid o'r tân yn annwn.[18]

Cyfeirir yma at hanes Dido yn ei lladd ei hun â chleddyf Æneas ar ôl iddo benderfynu hwylio ymaith ar orchymyn y duwiau, a'i gadael er gwaethaf ei hymbiliadau taer. Llosgir corff Dido ar goelcerth, a gall Æneas weld y goelcerth yn llosgi ar y lan yn y pellter wrth iddo hwylio i'w daith. Cyfeirir yn yr un pennill hir-a-thoddaid at gyfarfyddiad y ddau yn Annwn yn ogystal. Os oes unrhyw wir debygrwydd rhwng *Yr Æneid* a 'Breuddwyd y Bardd', yn y modd y mae Dido yn delfrydu ac yn eilun-addoli Æneas y mae'r tebygrwydd hwnnw: 'Drachefn a thrachefn, dôi'r meddyliau ynghylch gwrhydri ei harwr a phendefigaeth uchel ei darddiad yn ôl iddi â grym, ac argraffwyd ei wedd a'i eiriau yn arhosol ar ei meddwl; ni chaniatâi ei gofid na heddwch na gorffwys iddi'. Mae'r forwyn yn awdl Gwenallt yn synio am ei Brenin yn yr un modd.

Pwysicach o lawer yw'r defnydd a wnaeth Gwenallt o'r canu darogan yn y Gymraeg, ac o farddoniaeth Gymraeg yn gyffredinol. Dyma enghraifft ddiriaethol o'r modd y ceisiodd gael gafael ar ei orffennol trwy lenyddiaeth ei genedl. Cyfeirir at gywyddau serch Dafydd ap Gwilym a Llywelyn Goch ap Meurig Hen yn un o'r penillion sy'n disgrifio'r forwyn:

> Mun bereiddiach ni fu mewn breuddwyd,
> Mwynach rhiain yma ni chrewyd,
> Anwylach morwyn ni welwyd, – ni fu,
> Na Morfudd, Dyddgu na Lleucu Llwyd.[19]

Yna, wrth i'r forwyn foli'r Brenin fe adleisir yr epithedau a ddefnyddid gan Feirdd y Tywysogion a chan y Cywyddwyr wrth ganu mawl i'r uchelwyr a'r pendefigion Cymreig. Priodolir i'r Brenin y rhinweddau cadarnhaol hynny a berthynai i noddwyr a chynheiliaid y beirdd mawl: llinach aruchel, haelioni, nawdd, dewrder, ac yn y blaen, gan adleisio geirfa a chymariaethau stoc y traddodiad barddol:

'Roedd yn frenin o lin haelioni,
Teyrn, ac arglwydd o gyff arglwyddi,
A changen brenhinbren ein bro ni ...

Yr oedd fel cawr uwch gwŷr mawr a mân,
Mal haul teg yn ymyl lloer egwan,
Neu'r eryr yn ymyl yr aran,
Mal yr aur yn ymyl yr arian;
Cadarngryf fel llew oedd y glew glân,
Un mwy nid oedd mewn un man – na'i gryfach,
Ni chaid un dewrach dan ei darian.

Noddai ei neuadd y naw awen,
Caredig oedd i'r unig a'r hen,
Nawdd rhag eu hingoedd, rhag eu hangen;
Ef oedd eu hymffrost, eu post a'u pen.[20]

Symbol o Gymru yw'r forwyn yn yr awdl, ac mae hi'n disgwyl am ei gwaredwr yn y gerdd, hyd nes i'r Brenin ddychwelyd, a glanio yn 'hafn Cydweli'.[21] Yn gefnlen i'r awdl y mae confensiwn y Mab Darogan yn y canu brud cynnar. Yn y corff hwn o ganu, proffwydir y bydd rhyw waredwr neu'i gilydd yn dychwelyd i Gymru, gan adfer y gogoniant a fu iddi gynt, ac erlid ei gelynion ymaith. Yn y gerdd ddarogan o ganol y ddegfed ganrif, *Armes Prydein*, proffwydir y bydd Cynan Meiriadog, sylfaenydd Llydaw yn ôl traddodiad, a Chadwaladr, mab Cadwallon ap Cadfan, yn dychwelyd i Ynys Prydain ac yn gyrru'r Saeson ar ffo, gan alluogi'r Cymry, gyda chymorth y rhanbarthau Celtaidd eraill – Cernyw, Iwerddon, Llydaw a'r Hen Ogledd – yn ogystal â chyda chymorth Llychlynwyr Dulyn, i adfeddiannu'r hen deyrnas Frythonig, 'O Fynaw [Manaw Gododdin] hyd Lydaw ... o Ddyfed hyd Danet [Thanet]'.[22]

Yn aml yn y cerddi hyn, dros y môr y daw'r gwaredwr, fel yn 'Yr Afallennau', un o'r cerddi brud a gysylltir â Myrddin, ac a gamdadogir arno:

Tëyrnedd dros môr a ddaw ddyw Llun.
Gwyn eu byd hwy Gymry o'r arofun.[23]

A thros y môr y daw Brenin 'Breuddwyd y Bardd'. Y daroganau a gysylltir â Myrddin yw 'Yr Afallennau', 'Yr Oianau' a 'Gwasgargerdd Fyrddin yn y

Bedd'. Yn ôl y chwedl am Fyrddin, bu'n ymladd fel un o filwyr Gwenddolau fab Ceido ym mrwydr Arfderydd yn y chweched ganrif, ond bu'n rhaid iddo ddianc o'r frwydr rhag gelyn Gwenddolau, Rhydderch Hael (neu Rydderch Hen), ar ôl i hwnnw drechu byddin Gwenddolau, i Goed Celyddon. Yno, yn ei unigrwydd a'i wylltineb, mae'n treulio hanner can mlynedd, yn dioddef 'haint a hoed am gylch Coed Celyddon',[24] ac yn meithrin y ddawn i broffwydo. Yn 'Yr Oianau' mae Myrddin yn proffwydo y daw'r Mab Darogan Hiriell, a gysylltir â Gwynedd, 'o'i hir orwedd' i ymladd â'i elyn ar derfynau Gwynedd.[25] Mae Gwenallt yn cyfeirio at y chwedl am Fyrddin yn encilio i Goed Celyddon:

> Ffoes ef fel Myrddin rhag y cŵn blinion
> Yn cilio i heddwch Coed Celyddon,
> Dyrys baradwys y crwydr ysbrydion,
> Yn wallgo byth gan dwyll gau obeithion,
> Hiraethus eu crwydro weithion, – heb ffydd,
> Trwy siaradus wŷdd y gelltydd gwylltion.[26]

Ffigwr meseianaidd, arweinydd yn llinach y Mab Darogan chwedlonol, yw'r Brenin yn yr awdl, yn ôl cyfarchiad y bardd iddo tua diwedd y gerdd:

> Mab cân y ddarogan wyt,
> Gwaredwr ein gwŷr ydwyt.[27]

Roedd Gwenallt wedi bod yn darlithio yn Aberystwyth ers rhyw dair neu bedair blynedd pan aeth ati i lunio 'Breuddwyd y Bardd', ac mae ôl darllen helaeth a dysg eang ar yr awdl. Ceir dau gyfeiriad pendant at farddoniaeth y Cywyddwyr yn y pennill canlynol, lle mae'r forwyn yn mynegi ei phryderon ynghylch gwerin ddiarweiniad a digyfeiriad Cymru:

> Cofia heldrin y werin, ein Hiôr,
> Ei hing, ei hangen, a'i hanghyngor,
> Lleng ddyhir, fud fel llong weddw ar fôr,
> Ar ddyfroedd eang heb angor – i'w dal.
> Wele bobl anial heb eu blaenor.[28]

Dafydd Nanmor biau'r ymadrodd 'heb eu blaenor', ac fe'i ceir yn ei farwnad i Tomas ap Rhys o'r Tywyn:

> Mab Rhys aeth o'i lys i lawr yr Erwig.
> Mewn gro a cherrig mae'n garcharawr;
> Ban aeth gwroliaeth ar elawr o'r llys,
> Bu bobl ei ynys heb eu blaenawr.[29]

Ac eto, anodd gwybod ai canfod yr ymadrodd ohono'i hun wrth ddarllen gwaith Dafydd Nanmor a wnaeth neu ai darllen trafodaeth Saunders Lewis ar waith Dafydd Nanmor yn *Y Llenor* ym 1925, lle dyfynnir y pennill, a barodd iddo fachu'r ymadrodd a'i gynnwys mewn modd cyfeiriadol yn yr awdl, yn enwedig gan fod yr hyn a ddywedodd Saunders Lewis yn gweddu i thema 'Breuddwyd y Bardd':

> Bod pobl "heb eu blaenawr" oedd y drychineb fwyaf a allai Ddafydd Nanmor ei ddychmygu [*sic*]. Daw ei weithiau inni heddiw yn neges gyfamserol, canys ni cheir eto geinder gwareiddiad yng Nghymru oni rodder i weledigaeth Gymreig y bardd hwn ei lle yn ein bywyd.[30]

Cyfeiriad at linell ym marwnad Iolo Goch i Ithel ap Robert yw'r ail gyfeiriad, sef y darn sy'n disgrifio'r galar ar ôl gwrthrych y farwnad:

> Siglo a wnâi'r groes eglwys
> Gan y godwrdd a'r dwrdd dwys,
> Fal llong eang wrth angor
> Crin, fydd yn crynu ar fôr.[31]

Ar ôl iddi fynegi ei hiraeth am y Mab Darogan, a'i dyhead angerddol iddo ddychwelyd, y daw'r 'artist llym, sadistig' a'r proffwyd ati. Cynrychiolir gan y ddau elfennau gwrthgyferbyniol, y naill yn cynrychioli difriwyr a dilornwyr cenedlaetholdeb Cymreig, a'r llall yn cynrychioli'r cenedlatholwr sy'n gadarn ei safiad yn wyneb pob sen ac anfri. Fel y dywedodd Gwenallt, Caradoc Evans, y nofelydd, oedd yr 'artist llym', sef yr awdur a fu'n bwrw ei lach ar ragrith crefyddol y Cymry, ac ar dwyll, anonestrwydd a thrachwant y bywyd plwyfol-gul Cymreig mewn llyfrau fel *My People* (1915) a *Capel Sion*

(1916), ac yn y ddrama *Taffy* (1923), drama a achosodd gryn gynnwrf ymhlith y gynulleidfa pan berfformiwyd hi am y tro cyntaf yn Llundain. Mae'r 'artist llym' yn difrïo ac yn dychanu'r forwyn yn yr awdl, ac yn peri iddi anobeithio drwy ddweud mai rhith a chelwydd yw'r Mab Darogan, ac na ddaw'r un gwaredwr i'w hachub a'i chodi drachefn:

> Er dy hiraeth, ni ddaw tro d'arwr,
> A'i osgordd o wŷr dros y gwyrdd ddŵr;
> Gwae erioed it' ddisgwyl gwaredwr,
> Boed Arthur neu Dudur neu Lyn Dŵr,
> Twyll yw hud brud y brudiwr, – Cymru rydd,
> Rhith ei ymennydd, gwyrth ymhonnwr.[32]

H. R. Jones o Ddeiniolen, mab i chwarelwr, cenedlaetholwr tanbaid a Threfnydd llawn-amser cyntaf Plaid Genedlaethol Cymru, o 1926 hyd ei farwolaeth annhymig ym 1930, yw'r 'proffwyd' yn y gerdd. Yn wahanol i'r artist sadistaidd, mae'r proffwyd, er ei waeledd, 'A hen haint ni roddai i hwn hedd', yn cynnig gobaith i Gymru drwy ei hatgoffa am ei gorffennol llachar, a hwnnw'n orffennol amaethyddol di-dor, cenedlaethau o drin daear Cymru:

> Mwyn heddiw ydyw awyr mynyddoedd
> Gan anadlau di-goll hen genhedloedd,
> Y mae'r balchder gynt o hyd mewn gwyntoedd
> Ar y bryniau hyn, lle bu'r brenhinoedd;
> Lle mae aradr, aradr oedd – yn torri
> Yn loyw ei chwysi'n nhawelwch oesoedd.[33]

Nerth y Gymru gyfoes ar y pryd oedd ei hanes a'i llenyddiaeth:

> Tra bo digrif llenyddiaeth canrifoedd,
> A mêr llafur a chlasur yr oesoedd,
> Pery hud parabl ysbrydoedd – fy mhau,
> Cân hi ei hodlau ymhlith cenhedloedd.[34]

Gwendid Cymru, ar y llaw arall, oedd ei thaeogrwydd:

Ym mrwydrau ni fed fy mro wrhydri,
Na dwyn gwrolgamp ar don garw weilgi ...[35]

Gan nad oedd i Gymru draddodiad o ddewrder ac aberth, roedd yn rhaid i genedlaetholwyr Cymreig droi at esiampl cenedlaetholwyr Iwerddon, arwyr Gwrthryfel y Pasg a'r rhai a ddaeth ar eu hôl i barhau'r frwydr, i chwilio am ysbrydoliaeth ac am nerth i fwrw ymlaen:

Gwrandawn ar lef priddellau Glasnevin,
Lle cwsg gwladgarwyr ac arwyr Erin,
MacSweeney, Connolly, Micael Colin;
Nac ofnwn arfau, a geiriau gerwin,
Na difrawder y werin, – na gwawd neb,
Cawn weld disgleirdeb wyneb ein Brenin.[36]

Ond mae'r proffwyd hwn wedi huno:

Darfu ei einioes, fel hoedl Moesen,
Gan weld treftad ei wlad fel trwy len,
Ail i anwylyd trwy welw niwlen,
A'r dwyfol Frenin byw arni'n ben.
Rhoed ei arch tan dywarchen – a'r dewr claf
Yn ei hun olaf, yn Neiniolen.[37]

Aeth Gwenallt yn ôl at Iwerddon ac at y Gwrthryfelwyr Gwyddelig sawl tro ar ôl 'Breuddwyd y Bardd', mewn cerddi fel 'Adar Rhiannon' a'r soned 'Iwerddon':

Fel ffynnon gudd y tarddai ysbryd Ffinn
Gan dreiglo'n ffrydlif trwy'r canrifoedd maith,
Hyd oni thyfodd yn y dyddiau hyn
Yn afon swrth, ryfelgar ar ei thaith;
Daeth hedd a rhyddid ar ei hymchwydd hi
A 'sgubodd y barbariaid tua'r lli.[38]

Mae'n synio am y Saeson fel barbariaid yn 'Breuddwyd y Bardd' yn ogystal:

Wele eu bro bêr tan law barbariaid,
A'i holl degwch dan eu pla melltigaid...[39]

Sonnir am arwyr Gwrthryfel y Pasg yn *Plasau'r Brenin* yn ogystal. Rhoddir Myrddin Tomos mewn cell y bu cenedlaetholwyr Gwyddelig yn garcharorion ynddi o'i flaen, ac y mae hynny yn gysur ac yn nerth i'r carcharor o Gymro:

Bu Gwyddelod yn y gell honno o flaen Myrddin Tomos. Yr oedd naws eu hysbryd yn yr awyr, dylanwad eu gwrthryfel, eu gwroldeb a'u dialedd ... Aeth y gell ar unwaith yn fwy cartrefol, yr unigrwydd yn haws ei oddef, ac yr oedd y geiriau ar y mur yn nerth ac yn galondid. Yr oedd Myrddin Tomos yn llawen o gael troedio yn ôl traed y dewrion hynny, o gael ei gaethiwo yn yr un gell â hwy, eistedd ar yr un ystôl, bwyta wrth yr un bwrdd, defnyddio'r un llestri, gorwedd ar yr un gwely ac ymladd yn erbyn gormes yr un Ymerodraeth. Crwydrai ei feddwl yn aml i Iwerddon, at ei hanes a'i llenyddiaeth. Cofiai am brydferthwch marwol Deirdre; dewrder Ffin mac Coel; arwriaeth Cuchulain, balchder Iwerddon, eilun y rhianedd, ei wallt fel cwmwl am ei ben ac ymhob llygad saith gannwyll a ddisgleiriai fel perlau; tegwch Nia Ben Aur a thynged Osian.[40]

Edmygu gwrth-imperialaeth y Gwyddelod a wnâi Myrddin Tomos, edmygu sosialaeth Connolly ac eraill, nid edmygu eu cenedlaetholdeb. Gwrth-imperialydd yw Myrddin Tomos:

Tra fo ymerodraethau, bydd rhyfeloedd. Ymerodraethau milwriaethus yw gwraidd rhyfeloedd. Cyn y gellir diddymu rhyfeloedd, rhaid diddymu ymerodraethau. Dyma un o'n hamcanion ni, y Sosialwyr ... Dangosodd Iwerddon y ffordd i ni. Rhoes hi yr hoelion cyntaf yn estyll arch yr Ymerodraeth Brydeinig.[41]

Gan mai awdl alegorïaidd yw 'Breuddwyd y Bardd', a chan fod y forwyn yn cynrychioli Cymru yn yr alegori, pwy neu beth a gynrychiolir gan y Brenin, yr un a ddaw i achub Cymru? Y Brenin, y gwaredwr yn y gerdd, yw'r Blaid Genedlaethol newydd, ond gan fod y prif gymeriadau i gyd yn cynrychioli unigolion yn hytrach na sefydliadau, tybed nad Saunders Lewis yw'r Brenin yn y gerdd? Saunders Lewis oedd prif ladmerydd y Blaid Genedlaethol yn ystod cyfnod ei thwf. Bu'n un o lywyddion y Blaid o'r cychwyn, ac ef oedd yn gyfrifol am lunio'i pholisïau hi o'r cychwyn hefyd.

Ar ôl i'r Brenin ddychwelyd at y forwyn, priodir y ddau mewn eglwys, a honno'n eglwys Gatholig yn ôl yr awgrym:

> I eglwys ddyfnddwys rhodiodd y ddau …
> Enwau'r meirwon mawr ar ei muriau,
> Delwau santaidd cenedl o seintiau …[42]

Bu Saunders Lewis yn amddiffyn ac yn trafod Catholigiaeth ymhell cyn iddo gael ei dderbyn yn aelod o'r Eglwys Gatholig ym 1932, er enghraifft, yn 'Llythyr ynghylch Catholigiaeth' yn *Y Llenor* ym 1927, lle y dywedodd wrth W. J. Gruffydd yn bersonol: 'Od yw fy nhueddiadau i yn ffiaidd gennych a chan y mwyafrif Cymry, erys un peth i'ch cysuro: nid oes un arwydd eu bod yn effeithio ar neb Cymro byw. Bydd codi'r cri o "Babydd" yn ddigon i'm damnio gan fy nghydwladwyr'.[43]

Yn sicr, mae araith y Brenin yn ein hatgoffa am rai o syniadau Saunders Lewis mewn rhai mannau, er enghraifft:

> Harddwch, agorwch y parciau geirwon,
> Goleuwch, lledwch theatrau llwydion …[44]

Roedd Saunders Lewis am dynnu'r ddrama Gymraeg o'r neuaddau pentref a'r festrïoedd capeli, ac am ei llwyfannu mewn cartrefi o gryn faintiolaeth, a mynd â'r ddrama allan i'r awyr agored yn yr haf. 'Often, in summer, I should have playing in the open, on a village green,' meddai am y ddrama Gymraeg ym 1919.[45] Roedd Theatr Garthewin yng nghartref cyfaill Catholigaidd Saunders Lewis, R. O. F. Wynne, yn Llanfair Talhaearn yn cyflawni'i ddelfryd i raddau, o safbwynt symud y ddrama o'r festrïoedd llwydion, er mai mewn ysgubor y cynhelid dramâu Garthewin, yn hytrach nag mewn tŷ. Rhoddai bwyslais ar oleuni naturiol yn hytrach na golau trydan, wrth berfformio dramâu Cymraeg. Hyd yn oed os nad Saunders Lewis oedd y Brenin, gellid dweud mai'r patrwm o arweinydd, wedi'i seilio ar Saunders Lewis, oedd y Brenin.

Yn 'Breuddwyd y Bardd', canodd Gwenallt obaith, a ffurfio'r Blaid Genedlaethol oedd yn gyfrifol am y gobaith hwnnw. Mae'r uniad rhwng y forwyn a'r Brenin ar ddiwedd y gerdd yn rhagweld y bydd i ryw waredwr ddod i ryddhau Cymru o'i hualau, a hynny yn achos llawenydd i'r holl genhedloedd. Perchir Cymru, oherwydd iddi fynnu ei rhyddid a dangos ei bod yn genedl wrol a chyfrifol, gan genhedloedd eraill:

> A daeth gwŷr mwyn ar daith o Germania,
> A gwŷr teilwng o gyrrau Italia,
> Gwŷr o'r Alban, Iwerddon, Britania,
> Ac o rosydd Sbaen a Ffrainc a Rwsia ...[46]

Yn y wledd a'r miri sy'n dathlu priodas y Brenin a'r forwyn ar ddiwedd yr awdl, coffeir y proffwyd, ac y mae'r 'dychanwr dig', Caradoc Evans, hyd yn oed, yn ymuno yn y coffáu a'r dathlu:

> Yfodd y Brenin ei win yno,
> Pawb ei gwpan, er cof amdano,
> Y gwladgarwr glew a diguro,
> A noddwr eu ffydd pan oedd ar ffo;
> Yn ufudd ei win a yfodd o,
> Y dychanwr, difrïwr ei fro,
> "Huned yn ddedwydd heno," – medd yntau,
> "Ei enw a'i angau nid â'n ango."[47]

Daw'r awdl i ben gyda chân y bardd i'w noddwr, y Brenin, ac fe'i dilynir gan fawl y bardd i'r Awen:

> Anorfod dy rym dirfawr,
> Merthyrdod myfyrdod mawr.
> Rhaid ar artistiaid wyt ti,
> Drwy oddef drud y rhoddi
> Lun ar anwadal einioes,
> Ar aflonydd ddeunydd oes ...[48]

Llên a chelfyddyd sy'n creu gwareiddiad, ac yn dwyn heddwch i'r cenhedloedd, meddir, gan bwysleisio mai gwerthoedd ysbrydol cenedl yw ei llenyddiaeth a'i chelfyddyd; o'r herwydd, mae 'Awen beirdd yn uno byd'.[49]

Cerdd drobwynt bwysig yn hanes Gwenallt fel bardd oedd 'Breuddwyd y Bardd'. Yr awdl hon ac awdl 'Y Sant' oedd cerddi'r ffin yng ngyrfa Gwenallt, y ffin rhwng Gwenallt yr awdlwr rhamantaidd, awdur yr awdl i 'Ynys Enlli' yn ogystal ag awdl 'Y Mynach', a Gwenallt y bardd mwy modernaidd. Mae'r ymgiprys rhwng y rhamantaidd a'r modernaidd yn amlwg yn 'Y Sant' ac yn 'Breuddwyd y Bardd'. Roedd ei ddeunydd, ei themâu, yn y ddwy awdl yn hollol fodern, ac yn herfeiddiol newydd o fodern hefyd, ond yr ieithwedd yn gonfensiynol ramantaidd. Ceisiodd Gwenallt fod yn fodernaidd yn y darn sy'n sôn am ddathliadau'r wlad ar ôl uniad y forwyn a'r Brenin yn 'Breuddwyd y Bardd', ond mae'r darn hwnnw yn torri ar draws undod ac awyrgylch yr awdl, ac yn difetha'i chyfanrwydd alegorïaidd o ryw fymryn:

> Y prynhawn, ar gae, yr oedd chwaraeon,
> Annos y bêl, neidio dros bolion,
> Chwarae tennis, rasis, pob ymryson.[50]

Ond er gwaethaf pob gwendid ynddi, gan gynnwys y gwendidau mydryddol, y cynganeddion gwallus, anghyflawn, y cambroestio a geir ynddi, y prifodlau trwm ac ysgafn, y camleoli odlau mewn toddeidiau, yn ogystal â'r modd y defnyddia yr un gair fel prifodl yn fynych yn yr awdl, mae 'Breuddwyd y Bardd' yn awdl allweddol yn hanes y Blaid Genedlaethol, yn hanes Gwenallt fel bardd ac yn hanes yr Eisteddfod Genedlaethol, oherwydd iddi dynnu cystadleuaeth y Gadair yn gyffredinol o fyd yr awdlau canoloesol i'r byd cyfoes, er mai fframwaith canoloesol, chwedlonol sydd i'r awdl hon hithau. Camp Gwenallt oedd troi ei ddeunydd yn alegori, a defnyddio ysbrydoliaeth o'r gorffennol i ysbrydoli'r dyfodol. Yr oedd barn Prosser Rhys am yr awdl yn ddiamwys: 'Awdl yw a berthyn yn bendant i'r Gymru newydd, y Gymru wedi'r rhyfel, y Gymru sydd yn ei mynegi ei hun yn y Blaid Genedlaethol a mudiadau cyffelyb, y Gymru honno sy'n ymwybod fwyfwy [â] chwrteisi a gwiwfoes gwledydd gwareiddiedig'.[51] Roedd eraill yn llai gwerthfawrogol o'r awdl, J. T. Jones, y bardd a'r newyddiadurwr, yn un. 'Er cynifer o ddarnau gwych sydd yn awdl y gadair, "Breuddwyd y Bardd," o waith Mr. D. Gwenallt Jones, ni allaf deimlo ei bod, fel cyfanwaith, yn argyhoeddi,' meddai, ac er ei bod yn dangos 'llawer o ddisgyblaeth meddwl', dangosai lai 'o ddisgyblaeth ysbryd'.[52]

Degawd rhyfeddol o brysur i Gwenallt fu'r 1930au. Er bod gofynion a chyfrifoldebau ei swydd yn pwyso'n drwm arno o ddydd i ddydd, mynnai gael peth rhyddid a hamdden i lenydda ac i farddoni, ac i gynhyrchu gweithiau ysgolheigaidd yn ogystal. Roedd ganddo ddiddordeb mawr yn y ddrama, ac yn ystod tymor y gwanwyn 1932 perfformiwyd drama wreiddiol o'i eiddo gan y Gymdeithas Geltaidd. Comedi yn dwyn y teitl 'Rhosyn Coleg y Lli' oedd y ddrama honno, a sicrhaodd, yn ôl *Y Ford Gron*, 'tua[g] awr a hanner o chwerthin di-baid'.[53] Mae Rhosyn y Lli yn drysu pob dyn â'i harddwch nes bod y coleg yn sang-di-fang i gyd. Mae ei Hathro, mewn un olygfa, yn marcio papurau arholiad ac yn rhoi 80% i Rosyn y Lli a 14% i'w chariad. 'Yn sicr, dyma'r ddrama fer orau a chwaraewyd yn y Coleg o fewn cof rhai sydd yma ers blynyddoedd,' meddai Rhys Puw amdani yn *Y Ford Gron*.[54] Gwyddai amryw byd erbyn hynny fod Gwenallt yn gweithio ar ei nofel gyntaf, a bod y nofel honno yn seiliedig ar ei brofiadau fel carcharor adeg y Rhyfel Byd Cyntaf. 'Os bydd ei nofel gyntaf hanner cystal â'i gomedi gyntaf, gallwn edrych ymlaen ati yn eiddgar,' meddai Rhys Puw.[55]

Un arall a wyddai fod Gwenallt yn ystyried ysgrifennu nofel am ei brofiadau yn y carchar oedd Albert Davies. Ar ddechrau'r 1930au, roedd Albert yn gweithio i'r Cardiff Bon Marche Limited o hyd, ond parhâi i gadw cysylltiad â Gwenallt, ac âi i Aberystwyth i'w weld yn awr ac eilwaith. Cofiai am un o'r ymweliadau hynny:

> It was on one of my frequent visits to Gwenallt that he contemplated writing something of our early experiences during the 1914–18 War. He had often questioned and doubted that 'those things' had ever happened. He had a haunting disease of unreality and wanted to purge himself of his dreams. In the long evenings we talked for hours on the theme 'do you remember?' Our personal recollections, the grim days and the occasional good things. I believe this bitter period of our youth was the bond of our eternal friendship.[56]

Y cyfeillgarwch hirbarhaol hwn rhwng Gwenallt ac Albert a barodd i Gwenallt lunio tri englyn i goffáu mam Albert, Elizabeth Davies, pan fu farw ar Chwefror 4, 1933. Yr hyn sy'n rhyfedd am yr englynion yw eu bod yn debycach i waith prentis ansicr ohono'i hun nag i waith bardd galluog a oedd wedi ennill dwy gadair Genedlaethol. Mae'r englynion yn adleisio rhai o englynion coffa R. Williams Parry; yn wir, gan R. Williams Parry y cafodd un llinell yn ei chrynswth, sef llinell olaf yr englyn cyntaf. Dyna hefyd linell glo pedwerydd englyn R. Williams Parry er cof am 'Mrs. Dr. Roberts, Gwyddfor, Pen-y-groes': 'Yn feunyddiol fonheddig/A mwyn ei threm yn ei thrig'.[57] Dyma dri englyn Gwenallt:

Un fwyn oedd, un fonheddig – un dawel
    A diwyd a diddig;
  Cywir ydoedd, caredig,
  A mwyn ei threm yn ei thrig.

Ni welwyd neb anwylach, – ni bu [llaw],
    Ni bu llais tynerach;
  Cofiai am glaf ac afiach,
  A rhoi bwyd i'r adar bach.

Hi garai waith, hi garai hedd, – bu'n ddoeth,
    Bu'n ddewr hyd y diwedd;
  Hiraeth yn rhoi i orwedd
  Angel bach yng nghôl y bedd.[58]

Canlyniad y myfyrio ar ei brofiadau fel gwrthwynebydd cydwybodol adeg y Rhyfel Mawr oedd y nofel *Plasau'r Brenin*, a gyhoeddwyd ym 1934. Profiadau mab fferm o gyffiniau Llansadwrn yn Sir Gaerfyrddin a adroddir yn y nofel. Hwn, Myrddin Tomos, yw prif gymeriad y nofel ac ef hefyd sy'n adrodd yr hanes. Ceir tri chymeriad a thri charcharor arall yn y nofel: Isador Kleinski, Iddew o Rwsia a chanddo dueddiadau comiwnyddol, William Mainwaring, gŵr ifanc crefyddol o Landybïe, a Jac Niclas, glöwr o Dreforys, sy'n anffyddiwr ac yn gomiwnydd. Yn wahanol i Jac Niclas, amheuwr yn hytrach nag anffyddiwr yw Myrddin Tomos, a chyfrwng yw'r nofel i draethu am ei brofiadau ef yn y carchar, ac i fynegi ei feddyliau a'i fyfyrdodau ar y pryd.

Beirniadwyd y nofel yn hallt gan rai. T. J. Morgan, un o blant Cwm Tawe, a adolygodd *Plasau'r Brenin* i'r *Llenor*. Roedd yn feirniadol iawn o strwythur y nofel:

Llywodraeth Prydain Fawr, mewn gwirionedd, sy'n gyfrifol am ddyfais y stori, – rhoi Myrddin Tomos yn y carchar, ei gadw yno a'i ryddhau; goddef y mae'r carcharor ym mhopeth, ond yn ei fyfyrdodau hiraethus. Ac ni ellir llai na theimlo bod diffyg mawr yng nghelfyddyd y ddyfais hon; mae'r symudiadau neu'r datblygiadau yn yr hanes mor arbitrari a pheiriannol, – mynd i garchar wrth orchymyn peiriannol y llywodraeth, yn ddibaratoad, a dyfod oddi yno pan fo'r tymor penodedig wedi ei gwpláu. Fformiwla rifyddol syml yw cynllun y stori, sef dwy flynedd o benyd. Dim ond canol felly sydd i'r stori, heb lawer o ddechreuad onid yr hyn a geir yn y cofion, na diwedd.[59]

Ond nid adrodd stori ac iddi ddechrau, canol a diwedd, yn dwt, oedd bwriad Gwenallt, ond, yn hytrach, archwilio effaith carchariad ar feddwl ac ar fywyd un dyn, archwilio ymateb seicolegol un dyn i'w amgylchfyd caethiwus, anghysurus ac unig, ac i fyd a oedd yn gyfyngedig i ddynion rhwystredig ac anniddig yn unig. Ac er bod T. J. Morgan braidd yn llawdrwm ar y nofel o ran cynllun a rhediad storïol, sylweddolai mai'r elfen seicolegol ynddi oedd ei gwir gryfder:

> ... y peth a rydd arbenigrwydd i'r stori yw hanes meddwl y cymeriadau, a thrwy ddarlunio'u meddyliau y dangosir unigoliaeth y cymeriadau. Llunnir meddwl Myrddin Tomos yn uniongyrchol neu'n ddigyfrwng, wrth gofnodi ei fyfyrdodau a chynnwys ei ymwybod, ond gesyd confensiwn y cronicl sydd hefyd yn fath o hunangofiant rwystr ar ffordd yr awdur rhag llunio'r cymeriadau eraill yn ddigyfrwng.[60]

Nofel anfoddhaol oedd *Plasau'r Brenin* yn ôl y bardd a'r llenor gwlad Amanwy, sef David Rees Griffiths, brodor o Ddyffryn Aman a chyn-löwr, brawd i'r gwleidydd James Griffiths a chyfaill i Gwenallt. Arferai Gwenallt alw heibio iddo yn Rhydaman ambell waith, ond, cyfeillion neu beidio, yr oedd yntau hefyd yn bur feirniadol o'r nofel. Bu'n trafod y nofel yn ei golofn wythnosol, 'Colofn Cymry'r Dyffryn', yn yr *Amman Valley Chronicle* ym mis Medi 1934:

> Bûm yn darllen *Plasau'r Brenin*, nofel newydd Gwenallt, yn ddiweddar, a chystal cyfaddef yn groyw imi gael fy siomi'n fawr ynddi. Efallai bod a wnelo'r ffaith imi ddarllen gweithiau Somerset Maugham a Thomas Hardy yn ystod y gwyliau diwethaf hyn, â'm diffyg brwdfrydedd dros nofel Gwenallt. Beth bynnag am hynny, y mae'n wir ddrwg gennyf orfod dweud nad yw *Plasau'r Brenin* yn ychwanegu mymryn at anrhydedd Gwenallt fel llenor.[61]

O safbwynt cynllunwaith y nofel, cytunai Amanwy â T. J. Morgan: 'Ni cheir yn y nofel blot na motif o fath yn y byd. Adroddir hanes y treial a'r carcharu gyda manylder mawr – peth a wnaethpwyd gannoedd o weithiau gan eraill – er efallai nid gyda'r un realaeth aflednais'.[62] Sylweddolodd Amanwy hefyd fod dylanwad 'y peth a elwir yn *psycho analysis*' yn amlwg ar y nofel.[63] Roedd gan Gwenallt 'ddawn i lunio nofel tan gamp petai'n ymroi at hynny o orchwyl', ond nid *Plasau'r Brenin* oedd y nofel honno, er bod rhannau ohoni, yn ôl Amanwy, yn rhagorol:

> Ceir sawl darn yn y nofel hon sy'n odidog o ran cywair a chrefft. Pan rydd yr awdur ffling i'w awen, daw yn ôl â thrysorau ganddo. Mae yma ddisgrifio sydd yn ardderchog, a phrydferthwch ymadrodd sy'n gwneud carcharor o'r darllenydd. Ond fel nofel, nid yw ond gwaith prentis.[64]

'Rhaid i Gymru aros am ei nofelydd,' oedd dedfryd derfynol Amanwy, gan awgrymu'n gryf nad Gwenallt oedd y nofelydd hwnnw.[65]

Un arall a oedd wedi darllen *Plasau'r Brenin* oedd y nofelydd a'r storïwr Caradoc Evans, archelyn y Cymry a gŵr yr oedd Gwenallt ei hun wedi ei wawdio yn 'Breuddwyd y Bardd'. Roedd Albert Davies yn digwydd bod yn aros gyda Gwenallt pan ddaeth y ddau wyneb yn wyneb â Caradoc Evans yn Aberystwyth yn fuan wedi cyhoeddi *Plasau'r Brenin*:

> Whilst in Aber together we met Caradoc Evans in the Post Office. Caradoc had recently read Gwenallt's novel, 'Plasau'r Brenin'. He praised Gwenallt on his first venture as a novelist. He thought it was something new in Welsh literature and added, "Gwenallt, you are a bloody fool, you should have written it in English." Gwenallt immediately replied, "You see, Caradoc, you have a flare to write in the English language, whilst I, for many reasons, can only write and create in the Welsh language. If, however, you wish to translate my little novel into English, you are free to do so." Caradoc never accepted Gwenallt's challenge.[66]

Erbyn canol y 1930au, gydag un nofel o'i eiddo eisoes wedi'i chyhoeddi, roedd Gwenallt yn prysur gyrraedd ei anterth fel bardd, beirniad llenyddol, llenor, ysgolhaig a darlithydd. Roedd ei ysgrifau a'i ddarlithoedd ar lenyddiaeth Gymraeg yn wybodus, yn graff ac yn heriol. Gallai Gwenallt gyffwrdd ag unrhyw agwedd ar lenyddiaeth Gymraeg, a thrafod unrhyw gyfnod llenyddol, yn drylwyr ac yn awdurdodol. Cyhoeddwyd ysgrif ragorol o'i waith ar y nofelydd Daniel Owen yn *Yr Efrydydd* ym 1936. Fel hyn y dehonglodd gamp a rhagoriaeth Daniel Owen:

> Nid Piwritaniaeth a phlwyfoldeb oedd yr elfennau gwaethaf ym mywyd Cymru yn y ganrif ddiwethaf ond yr atgasedd a'r elyniaeth rhwng yr Eglwys a'r Capel. Yr elyniaeth honno a sbwyliodd y nofelau ac a lurguniodd eu cymeriadau. Aeth Daniel Owen yn ddyfnach na holl ragfarnau a mudiadau ei ganrif, a dehonglodd ei bywyd hi. Disgrifiodd a dehonglodd Gymru; Cymru'r bedwaredd ganrif ar bymtheg. Nid personoli pechodau a rhinweddau a wnaeth, ond llunio cymeriadau, llunio Cymry. Fel y disgrifiodd Elis Wyn Gymru'r ddeunawfed ganrif, felly y disgrifiodd Daniel Owen Gymru'r bedwaredd ganrif ar bymtheg. Disgrifio Cymru yw camp Daniel Owen, Elis Wyn a'r hen feirdd Cymraeg … Mewn siroedd Seisnig fel Sir Fflint a Sir Forgannwg y gwelir egluraf ogoniant y bywyd Cymreig a phrydferthwch yr iaith Gymraeg. Nid colled i gyd i Ddaniel Owen oedd cael ei eni yn Sir Fflint. Os gadawodd y Sir Seisnig ei holion ar ei eirfa, ei briod-ddulliau a'i arddull, hyhi a ddangosodd iddo Gymreigrwydd ei gymeriadau; hyhi a ddatguddiodd iddo Gymru Gymraeg. Bydd ysgrifenwyr y wasg yn gofyn weithiau yn eu herthyglau beth oedd cyfrinach Daniel Owen. Cymru yw ei gyfrinach ef.[67]

Ym 1936 hefyd y bu Gwenallt yn beirniadu cystadleuaeth y Gadair yn yr Eisteddfod Genedlaethol am y tro cyntaf. Er mai wyth o awdlau yn unig a dderbyniwyd, roedd yn gystadleuaeth dda, yn enwedig gan fod un o feirdd mawr y dyfodol – ac un o edmygwyr pennaf Gwenallt – wedi mentro i'r gystadleuaeth. Yn Abergwaun y cynhaliwyd Eisteddfod Genedlaethol 1936, a thestun cystadleuaeth y Gadair oedd 'Tŷ Ddewi'. Roedd y tri beirniad, J. Lloyd Jones, Griffith John Williams a Gwenallt, o'r farn mai bardd yn dwyn y ffugenw *Clegyr Boia* oedd bardd mwyaf y gystadleuaeth. Y bardd hwnnw oedd Waldo Williams. Roedd y tri beirniad yn unfryd unfarn fod *Clegyr Boia* yn fardd o athrylith, ond roedd ôl brys ar yr awdl, yn ôl y beirniaid, ac oherwydd y brys hwnnw ceid ynddi nifer o gynganeddion gwallus, blerwch ac anghywirdeb o safbwynt iaith, ac ymadroddion diystyr, annelwig. Yr oedd awdl dda arall yn y gystadleuaeth, un fwy cytbwys, os llai athrylithgar, a honno oedd yr awdl a wobrwywyd. Ei hawdur oedd Simon B. Jones.

Gwenallt oedd y mwyaf llym o'r tri beirniad. Ni hoffai agoriad confensiynol yr awdl, ac ni lwyddodd Waldo Williams, 'ond ar ysbeidiau, i droi'r weledigaeth yn farddoniaeth'.[68] 'Y mae ganddo ddychymyg, ond nis [*sic*] oes ganddo ddisgyblaeth; y mae ganddo ddawn, ond nid oes ganddo ddyfalbarhad,' oedd barn derfynol Gwenallt am awdl Waldo.[69] Yn yr Eisteddfod Genedlaethol hon y dechreuodd Gwenallt ennill enw iddo'i hun fel beirniad eisteddfodol treiddgar, dibynadwy, a hollol bendant ei farn.

Rhwng 'Breuddwyd y Bardd', 1931, a chyhoeddi *Ysgubau'r Awen*, 1939, y datblygodd Gwenallt i fod yn un o feirdd mwyaf ei ganrif a'i genedl, gan aeddfedu, yn raddol, i'w lawn dwf. I flynyddoedd canol y 1930au y perthyn rhai o gerddi pwysicaf Gwenallt. Cyhoeddwyd rhai o'r cerddi hynny yn y cylchgrawn *Heddiw*. Ymddangosodd y rhifyn cyntaf o *Heddiw*, dan olygyddiaeth Aneirin Talfan Davies a Dafydd Jenkins, ym mis Awst 1936, adeg cynnal yr Eisteddfod Genedlaethol yn Abergwaun. Ymddangosodd un o gerddi grymusaf Gwenallt, a cherdd a ddaeth i fod yn un o'i gerddi mwyaf adnabyddus, yn y rhifyn cyntaf hwnnw o'r cylchgrawn. 'Heddiw' oedd teitl y gerdd yn *Heddiw*, ond fel 'Ar Gyfeiliorn' y daethpwyd i adnabod y gerdd. Cofiai un o olygyddion y cylchgrawn am y wefr a gafodd pan dderbyniodd y fath ysgytwad o gerdd i'w gylchgrawn newydd:

Y flwyddyn oedd 1936, a minnau ar y pryd yn Watford, swydd Hertford. Ysgrifenaswn at nifer o bobl yn ymorol am ddeunydd. Aros wedyn am gnoc y postmon ar y drws! Cofiaf un bore arbennig iawn. Rhuthro i'r drws a chael bod yno amlen ag arni ysgrifen ddieithr y deuthum i'w hadnabod yn dda iawn wedi hynny; agor yr amlen a chael ynddi lythyr byr a cherdd a wnaeth i'm calon lamu. Darllenwn ac ail-ddarllenwn[:]

Gwae inni wybod y geiriau heb adnabod y Gair
A gwerthu ein henaid am doffi a chonffeti ffair,
Dilyn ar ôl pob tabwrdd a dawnsio ar ôl pob ffliwt,
A boddi hymn yr eiriolaeth â rhigwm yr Absoliwt.

… Mynnwn pe gallaswn fod wedi rhoddi iddi bob camp o eiddo'r argraffydd, ond ni ein hunain, fy ngwraig, fy mrawd Alun a Dafydd Jenkins a minnau a fu wrthi yn cysodi, argraffu a rhwymo'r cylchgrawn bach hwnnw, a'i werthu ar y maes yn Eisteddfod Abergwaun, 1936. Ond y fath wefr i olygyddion newydd![70]

Cofiai iddo gael ei syfrdanu 'gan gignoethni ei arddull' yn 'Ar Gyfeiliorn'.[71] Yr oedd, meddai, 'fel cyllell yn torri trwy gorff blonegog ein pietistiaeth fodlon'.[72]

'Ymhen ychydig fisoedd yr oedd cerdd arall yn fy nwylo, y soned braff honno sy'n mynegi dyfnder angerdd ei deimlad dros Gymru a'i thraddodiadau,' meddai Aneirin Talfan Davies, gan ddyfynnu pedair llinell gyntaf y soned a'i chwpled clo:

Paham y rhoddaist inni'r tristwch hwn,
A'r trymder ofnus yn ein cnawd a'n gwaed?
Dy iaith ar ein hysgwyddau megis pwn,
A'th draddodiadau'n hual am ein traed? ...

A chydiwn yn ein gwayw a gyrru'r meirch
Rhag cywilyddio'r tadau yn eu heirch.[73]

Yn rhifyn Rhagfyr 1936 yr ymddangosodd y soned, dan y teitl 'Cymru'. Anfonodd Gwenallt ragor o gerddi at Aneirin Talfan Davies ar ôl i 'Heddiw' ('Ar Gyfeiliorn') ymddangos yn ei gylchgrawn. Cyhoeddwyd ei soned rymus i Saunders Lewis yn rhifyn Ebrill 1937 o *Heddiw*, 'Adar Rhiannon', y gerdd delynegol obeithlon honno am ddyfodol Cymru ac Iwerddon, yn rhifyn Awst, a 'Cnawd ac Ysbryd' yn rhifyn Medi. Mewn gwirionedd, yn *Heddiw* y cyhoeddwyd rhai o gerddi mwyaf Gwenallt.

Digwyddiad pwysig arall ym 1936 oedd cyhoeddi *Blodeugerdd o'r Ddeunawfed Ganrif* dan ei olygyddiaeth ef, cyhoeddiad ysgolheigaidd yn ei hanfod, gyda nodiadau helaeth ar y cerddi. Roedd y flodeugerdd wedi ei hanelu'n bennaf at fyfyrwyr adrannau Cymraeg colegau Prifysgol Cymru, a bu'n gaffaeliad mawr i genedlaethau o fyfyrwyr. Barddoniaeth gaeth y ddeunawfed ganrif, gan mwyaf, a gynhwyswyd yn y flodeugerdd, gan roi Goronwy Owen ar flaen y llwyfan. A. O. H. Jarman a adolygodd y flodeugerdd i'r cylchgrawn newydd *Heddiw*, a dywedodd fod brawddeg olaf rhagymadrodd Gwenallt i'r flodeugerdd yn gyweirnod i'r llyfr. Meddai Gwenallt yn y frawddeg honno, gan gyfeirio'n benodol at gywydd Goronwy Owen, 'Cywydd yn Ateb Huw'r Bardd Coch o Fôn': 'Cyferfydd â'i gilydd, yn y cywydd hwn, dri phrif angerdd beirdd Cymru yn y ddeunawfed ganrif, a'u troi gan awen rymusaf yr oes yn farddoniaeth, – ysgolheictod, crefyddolder a sirgarwch'.[74] Y 'sirgarwch' hwn, meddai Gwenallt, ac yntau'n fardd dwysir ei hunan, oedd y ffurf arbennig ar wladgarwch Cymreig a fabwysiedid gan feirdd clasurol y ddeunawfed ganrif. Roedd y flodeugerdd, yn ôl A. O. H. Jarman, yn un arbennig o ddefnyddiol:

Y mae i'r detholiad hwn, gan hynny, ddau ddiddordeb. Un yw gwerth llenyddol mawr llawer o'r farddoniaeth a gynhwysir ynddo. Y llall yw pwysigrwydd y caneuon a ddewiswyd fel cynrychiolwyr i'r gwahanol dueddiadau a ymgorddai yn llên glasurol y ddeunawfed ganrif.[75]

Roedd y flodeugerdd yn sicr yn gyfle gwych i Gwenallt arddangos holl gwmpas a holl gampau ei ysgolheictod, yn enwedig gan iddo baratoi ei destunau ei hun o rai o'r cywyddau wedi iddo eu copïo o hen lawysgrifau.

Roedd J. I. Williams yn fwy beirniadol nag A. O. H. Jarman o'r flodeugerdd. Gan mai'r ysgol glasurol a gynrychiolid yn bennaf yn y casgliad, a chan fod Gwenallt wedi rhoi mwy o le i'r cywydd nag odid yr un mesur arall, anghyflawn ac anghytbwys oedd y flodeugerdd:

Ni ellir galw'r gyfrol, felly, yn un lawn, ac efallai mai gwastraff ar le oedd rhoddi wyth darn gan Goronwy Owen y gellir eu cael yn ddigon hawdd mewn nifer o argraffiadau diweddar. Efallai mai'r rheswm am y cyfyngiad a roddwyd ar ddewis y casglwr yw ei farn mai "darganfyddiad mwyaf y ddeunawfed ganrif oedd darganfod gorffennol llenyddiaeth Cymru." ... Gresyn na wnaethid casgliad llawn yn dangos holl agweddau'r ganrif ddiddorol hon; nid oes gair am Williams Pantycelyn na John Owen Machynlleth, ac fe fyddai'r gyfrol yn wirach blodeugerdd pe rhoddid eu lle iddynt hwy (pe na bai ond lle bach).[76]

Er hynny, yn ôl yr adolygydd, roedd nodiadau cynhwysfawr Gwenallt ar y beirdd ac ar y testun yn ddefnyddiol iawn.

Erbyn 1935 roedd Gwenallt wedi prynu tŷ iddo ef ei hun ym mhentref Penparcau ar gyrion Aberystwyth, ar Ffordd Rheidol, ac roedd gŵr a gwraig yn lletya gydag ef, i'w helpu i ofalu am y lle. Enwodd y tŷ yn 'Rhyd-y-môr'. Drwy gydol yr amser y bu'n fyfyriwr ac yn ddarlithydd yn Aberystwyth hyd at hynny, tua phymtheng mlynedd i gyd, bu Gwenallt yn lletya yn nhai pobl eraill. Tua diwedd y 1920au bu'n lletya gydag Islwyn Nicholas, mab ei hen gyfaill T. E. Nicholas, yn Elm Tree Avenue, Aberystwyth. Bu hefyd yn byw mewn tŷ o'r enw Gwelfryn, yn Ffordd Loveden, Aberystwyth, am blwc. Ond bellach roedd Gwenallt yn frenin ar ei deyrnas ei hun.

Tua chanol y 1930au aeth Albert Davies hefyd yn gyfeillgar ag Idwal Jones. Aeth Albert yn wael ddechrau 1935, a chafodd wahoddiad gan Gwenallt i aros gydag ef yn Aberystwyth. Roedd gan Albert gefndryd yn Llanbedr Pont Steffan, a bu'n aros gyda'r rhain hefyd. Meddai Albert:

I made several visits to Aber, and called to see Idwal Jones on my way. Each time we met, I noticed that whilst his mental faculties were as sharp as ever, his body seemed a burden to him. He had difficulty in breathing and became irritable. He spent most of his time in bed, but somehow he continued his literary pursuits. Gwenallt and I were concerned about Idwal, but there was nothing we could do – healthwise.[77]

Yn achlysurol yn unig, bellach, yr âi Gwenallt i Bontardawe, a mynd yno i weld ei fam a'i chwaer Beth yn unig a wnâi.

Tua chanol y 1930au hefyd, cafodd Albert swydd gyda Chyngor Sir Morgannwg fel Swyddog Cynorthwyol gyda Deddf y Tlodion, gwaith â'i bencadlys yng Nghastell-nedd. Âi i Aberystwyth i weld Gwenallt o hyd. Ac meddai am un o'r achlysuron hynny:

On one of these visits to Aberystwyth, Gwenallt suggested a visit to his girlfriend who resided in Bronnant, some miles out of Aberystwyth, and we set off to meet Nel Owen Edwards. They had obviously known each other for some time.[78]

Yn Llanwrtyd y cyfarfu Gwenallt â Nel Owen Edwards, merch fabwysiedig y Parch. John Evans, Bronwydd, ger Lledrod, o bentref Bronnant. Arferai Gwenallt dreulio ychydig ddyddiau yno ar ôl yr Eisteddfod Genedlaethol bob blwyddyn, ers blynyddoedd lawer, i ymlacio ac i ymadfer ar ôl tymor o ddarlithio. Âi yno'n aml gyda'i gyfaill Jack Joseph o Bontardawe, ac yn ystod ei wyliau yno ym 1935 y dechreuodd ddod i adnabod Nel, er bod Nel wedi ei gweld yn cerdded ar hyd y Stryd Fawr yn Aberystwyth droeon cyn hynny. Aeth y ddau ar wyliau i ogledd Cymru gyda'i gilydd ym 1936, gan aros yn Aberdaron, a chroesi un diwrnod o'r tir mawr i Ynys Enlli gyda physgotwr lleol. Cafodd Gwenallt gyfle, o'r diwedd, i grwydro'r ynys y canodd amdani ym 1922, pan oedd yn fyfyriwr. Cafodd gyfle hefyd i brofi'r tawelwch, y llonyddwch, yr unigrwydd a'r gerwinder y bu'n rhaid i'r hen fynachod eu profi bob dydd o'u bywydau. Cerddai lle gorweddai llwch holl saint yr oesoedd. Sangai ar dir cysegredig gan ailgymuno, ym mhellafoedd Pen Llŷn, â'r bywyd na wyddai ein byd ni bellach ddim oll amdano.

Ac yn Llŷn ym 1936 y cafwyd un o'r digwyddiadau hynny a newidiodd holl gwrs hanes yng Nghymru, digwyddiad cyffrous, dramatig, arwrol a oedd yn ymdrech i amddiffyn tir cysegredig Llŷn. Yn oriau mân bore dydd Mawrth, Medi 8, llosgwyd rhai o gytiau a defnyddiau'r adeiladwyr ar y safle lle'r oedd y Weinyddiaeth Ryfel yn adeiladu gwersyll hyfforddi awyrenwyr – sef ysgol fomio – ym Mhenyberth yn ymyl Pwllheli gan dri o aelodau mwyaf blaenllaw'r Blaid Genedlaethol, Saunders Lewis, D. J. Williams a Lewis Valentine. Aeth y tri wedyn i Swyddfa'r Heddlu ym Mhwllheli i gyfaddef mai nhw a oedd yn gyfrifol am y weithred symbolaidd hon. Cynhyrfwyd Gwenallt i'r byw gan y weithred, ac ysgrifennodd at Nel:

> Bu fy ysbryd ddoe a heddiw yn helbulus wrth feddwl am y tri chyfaill a roes Borth Neigwl ar dân. Teimlaf y carwn fod gyda hwy. Carwn pe na byddai gennyf fam a chariadferch a thŷ a swydd fel y gallwn fod yn rhydd i ddioddef dros Gymru. Y mae Cymru yn llawer mwy na mam a merch. Y mae meddwl am y Saeson diawledig yn gosod ysgol fomio yn un o fannau mwyaf cysegredig Cymru yn gyrru'r gwaed i ferwi. A phryd arall byddaf yn meddwl bod myned i garchar unwaith yn ddigon mewn oes. Ac y mae effaith hwnnw arnaf heddiw. On[d] y nefoedd a ŵyr beth sydd yng nghôl y dyfodol. Y mae rhyw nerthoedd ofnadwy yn symud drwy'r byd yn awr a all ein chwythu ni i'r diddymdra mawr. Byddaf yn meddwl weithiau mai peth godidog yw angau, ie, angau'r groes. Ac nid wyf wedi clymu fy hun yn rhy dynn wrth yr hen fyd yma eto i ofni marw …[79]

Aeth carwriaeth yn briodas. Ar Fawrth 18, 1937, derbyniodd Albert Davies lythyr oddi wrth Gwenallt:

> Dyma'r diwedd o'r diwedd. Hyn sydd i'th hysbysu bod ysgrifennydd y llythyr hwn, D. Gwenallt Jones, gynt o Bontardawe, yn mynd i ymgrogi ar ddydd Sadwrn, Mawrth 27, ym mlwyddyn Ei Ras Ef, 1937. Hynny yw, bydd yn ymbriodi â Nelws Owenws Edwardws gynt o Fronant. Yn y pwyllgor neithiwr, dewiswyd di, heb unrhyw wrthwynebiad, yn 'ŵr gorau'. Gobeithiaf y gwnei di dderbyn y gwaith trist, angladdol.[80]

Derbyniodd Albert y gwahoddiad i fod yn was priodas, ac anfonodd Gwenallt lythyr arall ato, wrth gwt y llall:

Cefaist dipyn o sioc, sbo. Y mae yn berffaith wir. Nid oes eisiau i ti brynu p[â]r o
ddillad. Dere â'r dillad gore sydd gennyt. Byddaf i mewn cot ddu a throwsus streip.
Ni bydd toppers. 'Twpiaid sy'n gwisgo toppers'.[81]

Priodwyd Gwenallt a Nel yng nghapel y Methodistiaid Calfinaidd, Aber-arth,
Ceredigion, ar Fawrth 27, 1937. Roedd Gwenallt yn nesáu at ei ddeugain oed
ar y pryd.

Un briodas a dwy angladd; un uniad a dau wahaniad. Cafodd Gwenallt
ddwy golled fawr ym 1937 pan fu farw dau o'i gyfeillion coleg, J. D. Jones o
Abertawe ac Idwal Jones o Lanbed. Ar ôl iddo fod yn gweithio yn Ffrainc am
lawer o flynyddoedd, penodwyd J. D. Jones yn ddarlithydd mewn Ffrangeg
ym Mhrifysgol Hull. 'Gwnaeth fi yn wirioneddol drist a hynny am ddyddiau,'
meddai Gwenallt wrth B. J. Morse wedi iddo glywed y newydd am waeledd
difrifol J. D. Jones.[82] 'Edrychai mor dda tua'r Nadolig,' meddai wrth Ben
Morse, ond bu farw yn y flwyddyn newydd.[83] Ymhen blynyddoedd, byddai
Gwenallt yn cofio am ei gyfaill yn ei gerdd 'Cyfeillion', cerdd o deyrnged i
dri o'i gyfeillion pennaf:

Y mae Albert erbyn hyn wedi priodi merch o'r fro,
A Rainer Maria Rilke yn dal i boeni Ben;
Ond ni ddaw J.D. adre mwyach o Baris neu Rennes,
Canys bwytaodd y cancr ei bledren ifanc o;
Pan af i Gaerdydd neu i Abertawe trist iawn yw'r gainc,
Wrth gofio Ben yn dod adre o'r Almaen a J.D. o Ffrainc.[84]

'Bu farw'r hen Idwal. Darfu'r hiwmor a'r digrifwch. Aeth pob digrifwch i'r
nefoedd,' meddai Gwenallt wrth Ben Morse ym mis Mehefin 1937.[85] Bu
farw Idwal Jones ar ddydd Mercher, Mai 18, 1937, yn 42, sef, yn rhyfedd
ac yn greulon ddigon, ar ddiwrnod pen-blwydd Gwenallt yn 38 oed. Bu'n
dioddef ers blynyddoedd o'r diciâu. Cynhaliwyd yr angladd ar brynhawn
dydd Sadwrn, Mai 21, ym mynwent Capel yr Annibynwyr, Soar, Llanbedr
Pont Steffan. Yn naturiol, aeth Gwenallt a Nel i'r angladd. Croniclodd
Gwenallt ei deimladau a'i argraffiadau ar y pryd:

Angladd od imi oedd angladd fy nghyfaill. Methais wrando ar y Gweinidog, y
Parch. Eirug Davies, yn darllen rhan o'r Beibl ac yn gweddïo yn y gwasanaeth yn y
tŷ am fod fy mhen yn berwi o ganeuon Idwal Jones: doent un ar ôl y llall,

O Siani, tyr'd i ganu,
Tyr'd i ganu, Siani fwyn!

a

Dyn bach purion, welwch chi,
Dyn bach handi yn y tŷ,
Dyn bach call fel chi neu fi
Ond dyn bach wedi drysu!

ac yn y blaen. Wrth gerdded o'r tŷ i'r fynwent ni allwn gael gwared ar y caneuon a'r adroddiadau a ddôi i'm cof, a daeth rhai na wyddwn fy mod yn eu cofio. Wedi cyrraedd y Comins, math o sgwâr o flaen y Capel, gwelais yn un cwr ohono garafân sipsiwn, ac yr oedd yn gyd-ddigwyddiad trawiadol. Yn y fynwent ni chlywais yr un gair a ddywedodd y cyfaill, y Parch. T. Alban Davies, ar lan ei fedd am fod y caneuon yn ormes ar yr ymennydd ac yn dreth ar y nerfau. Cenais â'm genau 'O fryniau Caersalem' gyda'r dyrfa, ond un o ganeuon yr ymadawedig oedd yn canu yn fy mhen. Wrth edrych ar ei arch yn y bedd daeth y gân honno i gof:

'Roedd 'na un dyn bach ar ôl,
    Ie, un dyn bach ar ôl,
Ble bynnag ewch chwi 'rhyd y byd,
    Mae 'na un dyn bach ar ôl.

    Da oedd cael dianc ar ddiwedd yr angladd i'r modur a chael rhyddid i ganu yn uchel rai o'i ganeuon, ac ymunodd fy ngwraig gyda mi i ganu *Robin y Llwyn*; ac ar ôl canu llawer ohonynt cofiasom am y gân honno, *Nos Da*, cân y meddyliai ef gryn dipyn ohoni, a'i gân ffárwel ef i'r byd hwn, ac ar ôl ei chanu daeth gollyngdod a distawrwydd.[86]

Lluniodd Gwenallt farwnad dyner er cof am Idwal. Ynddi y mae'n cyfarch Olwen, chwaer Idwal, ac yn y pennill olaf y mae'n cyfeirio at helynt yr Ysgol Fomio ac at garchariad y tri phrotestiwr, Saunders Lewis, D. J. Williams a Lewis Valentine, gan ragweld y byddai gweithred y tri hyn yn creu Cymru newydd, Cymru y byddai lle anrhydeddus ynddi i gomedïau ac i ganeuon doniol Idwal:

Wedi'u gorchest o'r Wermwd garchar
I'w tref daeth yn ôl y Tri,
Gwybydd, fy chwaer, fod gobaith
I'n gwlad hoff, er ei gwaeled hi;

Idwal a'i ganeuon doniol
Ei diddanwch a'i difyrrwch a fydd,
Bydd ynddi ei gomedïau,
Miri a hwyl ei hiwmor ef.[87]

Cafodd Gwenallt brofedigaeth fawr arall ym 1938. Bu farw ei fam ar Dachwedd 13, ac fe'i claddwyd ym mynwent y Methodistiaid yn Nhrebannws, yn yr un bedd â'i gŵr a'i mab. Bu farw tad Albert fis ynghynt. 'Do, fe aeth y ddau bron gyda'i gilydd,' meddai Gwenallt mewn llythyr at Albert ym mis Tachwedd 1938.[88] 'Nid oes gennym gartref mwyach, ac ni fydd unrhyw gysylltiad rhyngof mwy ag Alltwen a Phontardawe, dim ond y bedd,' meddai drachefn, gan ychwanegu mai '[p]entref y meirwon annwyl fydd mwyach'.[89]

Parhâi Gwenallt i ddangos diddordeb yn y ddrama. Ar Fehefin 23, 1938, darlledwyd ei gyfieithiad, neu ei gyfaddasiad, o ddrama Shakespeare, *A Midsummer Night's Dream*, dan y teitl *Breuddwyd Hafnos*, ar y radio. Gwnaeth lawer o waith i'r radio yn ystod ail hanner y 1930au. Bu'n darllen ei waith ei hun ar y radio ar y diwrnod cyntaf o Awst, 1937, ac eto ym mis Awst 1938. Bu'n trafod 'Cymru'r Anterliwtiau' ym mis Tachwedd 1937, ac ym mis Mawrth 1939 yr oedd W. H. Reese ac yntau yn trafod *Y Ddau Lais*, cyfrol o farddoniaeth gan W. H. Reese ar y cyd ag Aneirin Talfan Davies. Enghreifftiau yn unig o'i waith ar gyfer y radio yw'r rhain, ond fe ddangosant pa mor brysur oedd Gwenallt yn ystod y cyfnod hwn a chymaint oedd y galw amdano.

Gan barhau ei ddiddordeb ym myd y ddrama, ym mis Awst 1938 roedd Nel ac yntau yn aros mewn gwesty yn Great Malvern adeg yr Ŵyl Ddrama flynyddol yno, ac anfonodd lythyr o Great Malvern at Albert:

Dyma ni ein dau yn Malvern. Buom yn Rhydychen am wythnos cyn hyn, a daethom yma i Malvern. 'Rwyf wedi ymuno ag Ysgol Haf "London School of Dramatic Art". 'Rwyf yn mynd bob bore i'r darlithiau ar "Voice Production", Verse-Speaking, "Choral Speaking" a "Dramatic Rehearsals". Mae merch o Gymraes yma o Gaerdydd, ac yn y darllen barddoniaeth y mae hi a mi yn curo'r Saeson a'r Americaniaid yn dwll. 'Rydym yn medru darllen Saesneg yn well na hwy … Dwedais mewn un ddarlith fod iaith yr Americaniaid y peth mwyaf hyll a ddaeth o enau dyn erioed, a bu tipyn o gyffro. Er hynny 'rwyf wedi dysgu llawer iawn am 'diaphragmatic breathing', 'rib-reserve', 'resonatory chambers' a 'choral speaking'. Buom yn y "Verse-Speaking Festival" yn Rhydychen. Roedd eu hadrodd hwy yn well o ran techneg na'n hadrodd ni, ond yr oedd yn lled ddi-enaid.

Y mae wythnos o ddramâu yma yn Malvern a bu Nel a fi yn rhai ohonynt.

Lle prydferth iawn yw hwn, gwledig a rhamantus iawn. Cawn awyr agored pen y bryniau a darlithiau'r neuaddau. Ddoe clywsom Priestley yn siarad ar "The Condition of the Theatre", a dywedodd bethau hallt iawn am y Saeson fel gwrandawyr, ac fel awduron drama.

Nid yw'r hen Bernard Shaw yma eleni; collodd y "Festival" am y tro cyntaf.

Awn adref ddydd Llun nesaf. Mae Beth yn priodi dydd Mercher (Cyfrinach) …

Ti a Moli, ar wyliau gyda'ch gilydd!!!! Oh! Oh! Wel mae'r cadwyni yn dechrau clymu amdanat. "Dyna'n diwedd ni i gyd" chwedl hen wraig.[90]

Cafodd Albert ddyrchafiad yn ei swydd gan Gyngor Sir Morgannwg, ac fe'i trosglwyddwyd i'r Rhondda. Ar Chwefror 4, 1939, priodwyd Albert a Morfydd Morgan (Molly) yng Nghastell-nedd, a Gwenallt oedd y gwas priodas.

Os oedd 1939 yn flwyddyn fawr i Albert, yr oedd yn flwyddyn fawr i Gwenallt hefyd. Ym 1939 y cyhoeddwyd ei wir gyfrol gyntaf o farddoniaeth, *Ysgubau'r Awen*. Y bywyd amaethyddol-wledig a roddodd i'r gyfrol ei theitl, nid y bywyd diwydiannol-bentrefol. Ynddi cynhwyswyd y cerddi y bu Gwenallt yn gweithio arnynt drwy gydol y 1930au, rhai ohonynt wedi eu cyhoeddi eisoes, fel y cerddi a ymddangosodd yn *Heddiw*, ac eraill, fel 'Yr Eglwys' ac 'Ann Griffiths', yn gerddi a gyhoeddwyd yn *Y Llenor* ym 1934. Rhennir y gyfrol yn bedair rhan, gydag 11 o gerddi disglair ar wahanol fesurau yn y rhan gyntaf, swp o gyfieithiadau a chyfaddasiadau yn dilyn, yna nifer o englynion, ond efallai mai gwir ogoniant y gyfrol yw'r 31 o sonedau a geir yn y rhan olaf.

Mae'r gerdd gyntaf, 'Yr Angylion a'r Gwragedd', yn cyflwyno un o brif themâu Gwenallt, sef y gwrthdaro rhwng cnawd ac enaid, rhwng corff ac ysbryd. Y mae'r gwragedd yn y gerdd yn cynrychioli'r elfen gorfforol, gnawdol ym mywyd dyn, a'r angylion yn cynrychioli'r elfen ysbrydol. Y mae'r ddwy garfan yn dadlau yn erbyn ei gilydd yn eu hymdrech i ennill teyrngarwch y bardd. Meddai'r gwragedd:

Dyro dy awen wrth draed y morynion,
   A bydd yn offeiriad efengyl serch,
Rho dy sonedau a'th holl englynion
   Yn offrwm poeth ar allorau merch.[91]

Dewis rhwng bod yn fardd serch, yn fardd ias a chyffro'r foment, a bod yn fardd crefyddol, dyna'r dewis i Gwenallt. Meddai'r angylion:

Dyro dy awen i'r Tri o Bersonau,
   I'r Tad a'r Mab ac i'r Ysbryd Glân,
Plyg i'r Eglwys a'i holl ganonau,
   Rho win y Cymun yng nghwpan dy gân.[92]

Mynegir syniad tebyg yn 'Y Bardd a'r Beirniad Olaf'. Yn y gerdd honno y mae bardd yn ymddangos gerbron Crist ar ôl ei ddyddiau ar y ddaear â'i 'sypyn caneuon' yn ei law.[93] 'Ni roddais i'th Deyrnas fy nerth a'm hynni,/Na datgan efengyl Calfaria Fryn,' meddai'r bardd wrth Grist, yn euog.[94] 'Llenwit Fy medd â chelanedd dy gân,' meddai Crist wrtho, gan ei fwrw i 'Allt yr Ysbrydion'.[95]

Yn y diwedd, yr Angylion, ac nid y Gwragedd, sy'n ennill y frwydr am awen Gwenallt, a datgan 'efengyl Calfaria Fryn' a wnaeth o'r 1930au ymlaen. Yn ei soned 'Yr Awen', y mae'n gorfoleddu fod ei awen wedi dewis y llwybr mwyaf addas a mwyaf achubol ar ei gyfer, a'i bod wedi ei dywys ar hyd y llwybr hwnnw at Dduw ac at Grist. Goleuodd y ffordd iddo. Roedd y bardd yn trigo mewn ogof dywyll, ogof gyntefig, gyda channwyll wêr yn unig yn oleuni ynddi, nes i'r awen ei dywys oddi yno a'i arwain at oleuni haul a lleuad a sêr, ac at deml Dduw, lle mae Crist yn porthi ac yn cynnal y ddynoliaeth â'i waed ei hun:

Ti ddaethost ataf yn yr ogof hyll
Lle nad oedd golau ond fy nghannwyll wêr,
A dygaist fi o ddwylo gwag y gwyll
I olwg rhinwedd haul a lloer a sêr:
Dangosaist imi'r deml a blannodd Ef
Yn stormydd natur ac yn niwloedd dyn,
Ac ar ei hallor Belican y Nef
Yn pesgi'i gywion bach â'i Waed Ei Hun.[96]

Cerddi crefyddol yw llawer o gerddi *Ysgubau'r Awen*. Dyna'r cerddi sy'n ymwneud â phechod i ddechrau. Yn y gerdd 'Y Twrch Trwyth', symbol o bechod yw'r Twrch, yr anifail chwedlonol y ceir ei hanes yn chwedl Culhwch ac Olwen: 'Fe'i lluniwyd ef o'r nwydau dall/Ym mhridd ein natur wael'.[97] Cerdd debyg iddi yw 'Y Ffwlbart', y creadur bychan ysglyfaethus a drewllyd hwnnw sy'n sleifio 'fel pechod i'r goedwig'.[98] Yr un yw'r dyhead a fynegir yn y ddwy gerdd fel ei gilydd. 'Trywanaf ef â'm cleddyf glas,/A rhed ei waed yn lli,' meddai am y Twrch Trwyth,[99] a cheir deisyfiad cyffelyb yn 'Y Ffwlbart':

O na fuasai gennyf wn dwyfaril
  A chetris y tu ôl i'w ffroen,
Gollyngwn yr angau o dan dy flewiach
  A dawnsiwn uwchben dy boen.[100]

Cerddi crefyddol yw'r ddwy gerdd harddaf yn y gyfrol, a'r ddwy yn ymwneud â mynachod a seintiau – ac, yn y cefndir, â Chatholigiaeth. Dyheu a wneir yn 'Myfyrdod' am encil neu hafan rhag terfysgoedd y byd a rhag stormydd y cnawd, ymorol am rywle lle gellir cael hamdden a hoe i fyfyrio ar bethau ysbrydol ac i ddarllen llawysgrifau'r mynachod – rhywle lle gellir cael 'mynachdod myfyrdod mwyn' mewn gwirionedd:

Rhowch i mi gilfach a glan,
Cilfach a glan a marian i mi,
Lle na ddaw'r gwylanod ar gyfyl y fan,
Na mwstwr tonnau nwydus, twyllodrus y lli.[101]

Adar rheibus, swnllyd yw gwylanod, yn union fel y mae creaduriaid fel y Twrch Trwyth a'r ffwlbart yn anifeiliaid nwydus, ysglyfaethus, peryglus. Y mae'r rhain yn cynrychioli'r natur gyntefig sydd ynom oll, y llysnafedd y dringasom allan ohono, ond hawdd fyddai inni ddychwelyd i'r llaid cyntefig pe na baem yn ceisio ymgyrraedd at Dduw, ymestyn am y daioni eithaf a bod yn haeddiannol o'i ras. Mae'n rhaid i greadur o ddyn geisio ymestyn at Dduw rhag iddo suddo'n ôl i laid y cynfyd. Ac yn y pennill cyntaf y mae'r môr aflonydd, anniddig, nerthol ei donnau yn symbol o nwydau a thrachwantau rhywiol aflywodraethus dyn. Y môr yw crud y ddynoliaeth. Yn y môr y dechreuodd bywyd ddatblygu yn ei ffurfiau symlaf, mwyaf cyntefig, ac o'r môr y daethom oll.

Yn yr ail bennill, delweddau sy'n ymwneud â gerwinder y tywydd a geir, ond symbolaidd yw'r tywydd yma:

> Ymhell o'r storm a'i stŵr,
> Y storm a'i stŵr a'i dwndwr a'i gwawd,
> Lle na ddaw'r gwyntoedd i boeni'r dŵr,
> Na'r cesair creulon i daro, cnocio'r cnawd.[102]

Yn *Inferno* Dante, y ceir soned iddo yn *Ysgubau'r Awen*, trwy gael eu troelli, eu troi a'u trosi gan wynt nerthol y cosbir y rhai nwydus a godinebus am eu pechodau, yn union fel y cawsant eu hysgubo a'u hyrddio ymaith yn ddireolaeth gan wyntoedd eu nwydau pan oeddynt yn fyw. Mae'r cesair sy'n cnocio'r cnawd, ar y llaw arall, yn cyfeirio at y pla o gesair trwm a fwriodd Duw ar yr Eifftiaid am iddynt wrthod rhyddhau plant Israel o'u caethglud, yn ôl Llyfr y Datguddiad.

Yn y trydydd pennill, y mae'r geifr â'u cyrn hir a'r meirch â'u carnau nerthol yn symbolau o wryweidd-dra trachwantus, bygythiol:

> Lle na ddaw'r geifr â'u cyrn,
> Y geifr â'u cyrn hëyrn a hir,
> Na phystylad meirch porthiannus, chwyrn,
> A'u carnau carlam i godi, torri'r tir.[103]

Dyna'r union wryweidd-dra treisgar a thrachwantus a geir yn 'Yr Angylion a'r Gwragedd':

> Âi'r duwiau fel teirw ar ôl y treisiedi,
> A breisgáu Ewropa, Leda a Io ...[104]

Dyheu am dawelwch a wneir yn 'Myfyrdod', tawelwch i fyfyrio ar bethau ysbrydol heb ymyrraeth y byd, a heb demtasiynau'r cnawd. Mae sŵn yn amlwg iawn ymhob pennill – cri gwylanod, mwstwr tonnau, y storm a'i stŵr a'i dwndwr, pystylad y meirch. Ac wrth gwrs, y mae dylanwad 'Heaven-Haven: A nun takes the veil', Gerard Manley Hopkins, yn drwm ar 'Myfyrdod':

I have desired to go
　Where springs not fail,
To fields where flies no sharp and sided hail
　And a few lilies blow.

And I have asked to be
　Where no storms come,
Where the green swell is in the havens dumb,
　And out of the swing of the sea.

Y gerdd arall yw 'Cymru', lle darlunnir y genedl nid fel gwlad grefyddol yn unig ond fel gwlad gysegredig, a hynny'n bennaf. Ceir ynddi'r syniad a'r ymdeimlad fod Duw wedi dewis Cymru fel un o'i wledydd etholedig, i fod yn dyst ac yn forwyn iddo:

Bu'r angylion yma'n tramwy,
　Ar dy ffyrdd mae ôl eu troed,
A bu'r Ysbryd Glân yn nythu,
　Fel colomen, yn dy goed.[105]

Cymru Sir Gaerfyrddin yw hon, y Gymru amaethyddol, wledig a fu'n addoli Duw wrth drin y tir, drwy'r canrifoedd:

Hidlai wlith a glaw Rhagluniaeth
　Ar dy gaeau ŷd a'th geirch,
A'i Ogoniant oedd ar offer
　Ac ar ffrwyn dy feirch.[106]

Cymru Sir Forgannwg a ddarlunnir yn y soned gyntaf o'r ddwy soned i Gymru yn *Ysgubau'r Awen*, Cymru nid annhebyg i'r puteiniaid hynny a welsai Gwenallt gydag Albert ar strydoedd Caerdydd yn ail hanner y 1920au, a Chymru a oedd wedi hen golli ei hiaith, ei hunaniaeth a'i hystyr, Cymru a oedd wedi cefnu ar ei gorffennol gwâr:

Er mor annheilwng ydwyt ti o'n serch,
Di, butain fudr y stryd â'r taeog lais,
Eto, ni allwn ni, bob mab a merch,
Ddiffodd y cariad atat tan ein hais:

Fe'th welwn di â llygaid pŵl ein ffydd
Gynt yn flodeuog yn dy wyrfdod hardd,
Cannwyll brenhinoedd, seren gwerin rydd,
Lloer bendefigaidd llên ac awen bardd.
Er mwyn y lleng o ddewrion gynt a roes
Eu gwaed i'w chadw'n bur rhag briw a brad,
A'r saint a'i dysgodd yn erthyglau'r Groes,
Tosturia wrthi, drugarocaf Dad,
Rho nerth i'w chodi, yna gwisgwn ni
Ei chorff â gwisg ei holl ogoniant hi.[107]

Mae cenedlaetholdeb yn thema amlwg iawn yn y gyfrol. Yn 'Adar Rhiannon' y mae Gwenallt yn dyheu am weld Cymru ac Iwerddon, dwy wlad anrheithiedig, yn ailfeddiannu'r gwychder a'r gogoniant a fu'n eiddo iddynt gynt. Ceir soned i Iwerddon hefyd yn adran y sonedau.

Mae 'Ar Gyfeiliorn' yn gerdd grefyddol ac yn gerdd gymdeithasol ar yr un pryd. Darlunnir ynddi gymdeithas sydd yn llwyr ar goll, cymdeithas heb iddi na rhuddin moesol na chryfder ysbrydol. Mae'r pydredd materol, economaidd allanol yn adlewyrchu'r gwacter ysbrydol mewnol sydd wedi arwain gwareiddiad ar gyfeiliorn. 'Gwae inni wybod y geiriau heb adnabod y Gair' yw llinell agoriadol 'Ar Gyfeiliorn', adlais amlwg o 'Knowledge of words, and ignorance of the Word' gan T. S. Eliot yn *The Rock*.[108] Aeth yr Efengyl, aeth Gair Duw, ar goll yng nghanol yr holl eiriau sy'n trafod Duw a Christ yn ddi-ben-draw, y cyfundrefnau athronyddol a'r damcaniaethau diwinyddol diddiwedd sy'n cymylu gwir ystyr a gwir arwyddocâd y Gair, a gwir arwyddocâd Cristnogaeth at hynny. Roedd yr athronydd a'r diwinydd Georg Wilhelm Friedrich Hegel, er enghraifft, yn amddifadu Crist o'i ddwyfoldeb. Yn groes i safbwynt Cristnogaeth uniongred, nid Duw mewn dyn oedd Iesu Grist, ond dyn a ddatblygodd i fod yn Dduw. Nid Duwddyn mohono ond dyn-Dduw. Yn ôl cyfundrefn athronyddol Hegel, ni ellid gwahaniaethu rhwng y natur ddwyfol a'r natur ddynol. Trwy'i fywyd, mae dyn yn gweithio i berffeithio'i stad ac i'w wella ei hun, nes iddo, yn raddol, droi'n Dduw. Genir dyn yn amherffaith, ond trwy gasglu gwybodaeth ar hyd ei fywyd, fe all, yn y pen draw, gyrraedd stad o wybodaeth absoliwt, cyrraedd Absoliwtiaeth, mewn geiriau eraill. Dylanwadodd syniadau Hegel ar y ddiwinyddiaeth ryddfrydol honno a ffynnodd yn y bedwaredd ganrif ar bymtheg a'r ugeinfed ganrif, ac a fwriai amheuaeth ar sawl elfen anhepgor yn y ffydd Gristnogol. Cristion uniongred oedd Gwenallt, ac yn *Ysgubau'r Awen* y dechreuodd daranu yn erbyn y ddiwinyddiaeth fodern a âi'n groes i ddysgeidiaeth sylfaenol y grefydd Gristnogol, gan amau'r elfennau hynny yr oedd Cristnogaeth wedi eu seilio arnynt, fel y geni gwyrthiol, yr Ymgnawdoliad, yr Atgyfodiad a'r Esgyniad. I Hegel, uchafbwynt y ddynoliaeth oedd Crist. Creu llen o ddieithrwch rhwng dyn a Duw a wnâi'r holl athronyddu a diwinydda a geid gan Hegel ac eraill, ym marn Gwenallt. Syniadau dynol yn eu hanfod yw'r syniadau athronyddol hyn, nid y gwirionedd o anghenraid, ac nid gwirioneddau dwyfol, yn sicr.

Mwy na thebyg mai cyfeiriad at Hegel a'i gyfundrefn wybodaeth a'i ddyn-Dduw a geir yn ail bennill y gerdd ysgubol honno, 'Y Gristionogaeth', cerdd grefyddol arall:

> Cynefin ein min â moeth, a'n hysgwydd â sidan wisg,
> Gwynfyd yw byd a gwybodaeth a llafur dwfn y llyfrau dysg:
> Ai'r plan ydyw gado'r plu, y mêl a'r llieiniau main,
> A herio cynddaredd Nero, a chabledd Iwdas a Chain?[109]

Hynny yw, nod dyn yn y pen draw yw perffeithio'i fywyd a'i ddyrchafu ei hun nes iddo gyrraedd stad o Dduwdod. Bydd felly yn codi uwchlaw gwrthrychau materol, uwchlaw moethusrwydd bywyd, fel gwisgoedd sidan, gwelyau esmwyth a llieiniau main, a gall hyd yn oed godi uwchlaw ffolinebau a ffaeleddau dynol, fel dicter Nero a chabledd Jiwdas a Chain. Er bod moethau o bob math yn brawf fod rhai dynion wedi dringo yn y byd, a'u bod wedi sicrhau statws aruchel iddynt eu hunain o fewn cymdeithas, nid yw hynny'n golygu bod yr un dyn dysgedig a breintiedig wedi llwyddo i droi'n Dduw.

Darlunio cymdeithas ysbrydol farw a wneir ym mhennill cyntaf 'Ar Gyfeiliorn', cymdeithas sy'n gyfarwydd â'r geiriau ond yn anghyfarwydd â'r Gair, a'r Gair yw Duw. Roedd y gymdeithas honno yn fodlon gwerthu ei henaid am bethau disylwedd bywyd, ac roedd yn ddigon parod hefyd i ddilyn pob tabwrdd a phob ffliwt, dilyn popeth ysgafn a gâi ei gynnig iddi. Cyfystyr yw Absoliwtiaeth â phob diwinyddiaeth neu athroniaeth wlanog sy'n taflu llwch i lygaid pobl i'w dallu rhag canfod Duw a Christ.

Newyn ysbrydol, gwagedd yn hytrach na sylwedd, a geir yn y pennill cyntaf: gwybod, nid adnabod; 'toffi' a 'chonffeti', bwyd disylwedd yn hytrach na bwyd maethlon a bras; 'tabwrdd', gyda'i gysylltiadau â dawnsio anwareiddiedig, cyntefig, a 'ffliwt', sy'n awgrymu ffliwt y pibydd brith a fu, yn ôl y chwedl, yn denu plant dynion i'w dinistr; ac nid emynau Crist, yr Eiriolwr, ond diwinyddiaeth wacsaw, gyfeiliornus.[110] Yn yr ail bennill, ar newyn corfforol y canolbwyntir:

> Dynion yn y Deheudir heb ddiod na bwyd na ffag,
> A balchder eu bro dan domennydd ysgrap, ysindrins, yslag:
> Y canél mewn pentrefi'n sefyllian, heb ryd na symud na sŵn,
> A'r llygod boliog yn llarpio cyrff y cathod a'r cŵn.[111]

Effaith y Dirwasgiad ar dde Cymru a ddarlunnir yma, ac mae'n ddarlun hunllefus. Tir Diffaith T. S. Eliot a thirluniau hagr ôl-ddiwydiannaeth W. H. Auden a geir yma. Ar y negyddol a'r segur y rhoir pwyslais. Marw yw'r gymdeithas. Dim ond y llygod mawr sy'n gallu elwa a manteisio ar y sefyllfa.

Cymdeithas sydd wedi colli pob ystyr a phwrpas, pob cyfeiriad a chred, a ddarlunnir yn y gerdd:

> Y duwiau sy'n cerdded ein tiroedd yw ffortun a ffawd a hap,
> A ninnau fel gwahaddod wedi ein dal yn eu trap;
> Nid oes na diafol nac uffern dan loriau papur ein byd,
> Diffoddwyd canhwyllau'r nefoedd a thagwyd yr angylion i gyd.[112]

Nid oes dim wedi ei ragordeinio. Ffawd a hap, ac nid Rhagluniaeth, sy'n rheoli bywyd dyn bellach. Nid oes unrhyw fath o drefn na phatrwm i fywyd. Bu farw'r hen Gristnogaeth; bu farw'r hen gredoau a'r hen grefydd. Bellach, 'lloriau papur' sydd i'r byd, a gallai dyn yn hawdd gwympo drwy'r lloriau bregus hyn i'w ddiwedd a'i ddifancoll. Bu farw'r syniad o uffern. Diflannodd *Inferno* Dante i ebargofiant. Adleisir yn nhrydedd linell y trydydd pennill yr hyn a ddywedodd Edith Sitwell mewn traethawd ar Igor Stravinsky, y cerddor, yn y cylchgrawn *New Age*:

> How well this piercing and undeceivable genius knows that the modern world is
> but a thin matchboard flooring spread over a shallow hell. For to him Dante's hell
> has faded, and Lucifer, son of the morning, is dead. Hell is no vastness; there are

no more devils who weep, or who laugh – only the maimed dwarfs of this life, terrible straining mechanisms, crouching in trivial sands, and laughing at the giants' crumbling.[113]

Yn y pedwerydd pennill ceir delweddu grymus ryfeddol. Mae 'lludw yng ngenau'r genhedlaeth' yn awgrymu trais a gorthrwm cyfalafiaeth yng ngweithiau dur y De, a cheir syniad tebyg yn un o gerddi mwyaf Gwenallt, sef y 'lludw o lais' yn 'Y Meirwon' yn *Eples*. Awgrymir clefyd y llwch glo yma hefyd, yn ogystal ag awgrymu newyn a llwgfa. Mae'r ddelwedd o fleiddiast wedyn yn awgrymu cyntefigrwydd:

> Mae lludw yng ngenau'r genhedlaeth, a chrawn ei bron yn ei phoer,
> Bleiddiast mewn diffeithwch yn udo am buteindra dwl y lloer:
> Neuaddau'r barbariaid dan sang, a'r eglwys a'r allor yn weddw,
> Ein llong yn tindroi yn y niwl, a'r capten a'r criw yn feddw.[114]

Yn y pennill olaf ceir erfyniad ar Fair – *Stella Maris* – i osod ei seren yn yr wybren, fel y gall ei goleuni fod o gymorth i dywys llong feddw'r genedl yn ôl at un o borthladdoedd Duw:

> Gosod, O Fair, Dy Seren yng nghanol tywyllwch nef,
> A dangos â'th siart y llwybr yn ôl at Ei ewyllys Ef,
> A disgyn rhwng y rhaffau dryslyd, a rho dy law ar y llyw,
> A thywys ein llong wrthnysig i un o borthladdoedd Duw.[115]

Dyma'r 'llong weddw ar fôr' a geir yn 'Breuddwyd y Bardd'.

Pechadur yw dyn, ac yn groes i athrawiaeth Hegel, ni all pechadur droi'n Dduw, ond fe all Duw achub y pechadur trwy ras neu drwy aberth ei fab, a lanhaodd ymaith bechodau'r byd. Gall parchusrwydd a moethusrwydd o bob math guddio ein gwir natur bechadurus ni, dros dro, ond ni all garthu'r natur honno allan ohonom, fel y dywedir yn y ddaeargryn honno o soned, 'Pechod', soned y mae ei diweddglo yn atgoffa'r darllenydd am y fleiddiast 'yn udo am buteindra dwl y lloer' yn 'Ar Gyfeiliorn':

> Pan dynnwn oddi arnom bob rhyw wisg,
> Mantell parchusrwydd a gwybodaeth ddoeth,

Lliain diwylliant a sidanau dysg;
Mor llwm yw'r enaid, yr aflendid noeth:
Mae'r llaid cyntefig yn ein deunydd tlawd,
Llysnafedd bwystfil yn ein mêr a'n gwaed,
Mae saeth y bwa rhwng ein bys a'n bawd
A'r ddawns anwareiddiedig yn ein traed.
Wrth grwydro hyd y fforest wreiddiol, rydd,
Canfyddwn rhwng y brigau ddarn o'r Nef,
Lle cân y saint anthemau gras a ffydd,
Magnificat Ei iechydwriaeth Ef;
Fel bleiddiaid codwn ni ein ffroenau fry
Gan udo am y Gwaed a'n prynodd ni.[116]

Ac mae Sir Gaerfyrddin hefyd yn amlwg yn *Ysgubau'r Awen*. Darlun o gefn gwlad wedi ei reibio a'i anrheithio a geir yn 'Gwlad Adfeiliedig', yr ardaloedd gwledig a wagiwyd oherwydd bod rhenti'r landlordiaid yn rhy uchel, a'r ffermydd hwythau – yn eu brwydr i gael dau ben llinyn ynghyd – yn rhy fychan i gynnal teuluoedd mawrion. Diffeithwch a segurdod yr ardaloedd diwydiannol yn Sir Forgannwg a ddarlunnir yn 'Ar Gyfeiliorn', ond diffeithwch a segurdod yr ardaloedd amaethyddol, gwledig a ddarlunnir yn 'Gwlad Adfeiliedig'. Fel yn achos Thomas Ehedydd Jones a'i briod, gadael cefn gwlad am yr ardaloedd diwydiannol i chwilio am waith ac i fagu teulu a wnaeth llawer iawn o drigolion Sir Gâr, a sawl sir arall yng Nghymru. Mewn gwirionedd, denwyd hufen y gymdeithas o'r ardaloedd gwledig i ardaloedd y gweithfeydd dur a'r pyllau glo, a gadawyd y glastwr ar ôl:

Tawodd yr efail a gweithdy saer y fro
A thrwst y gambos ar eu ffordd i'r ffair;
Tynnwyd yr hufen gan y dur a'r glo
A gado'r llefrith glas mewn llestr a phair.[117]

Yn y soned 'Sir Gaerfyrddin', y mae Gwenallt yn ei uniaethu ei hun â llinach ei rieni yn Sir Gaerfyrddin, ac yn mynegi dyhead angerddol am gael dychwelyd i sir ei deulu, i orffen byw, a byw bywyd llawn a dedwydd, yn hytrach na rhygnu a dygnu byw yn y De:

Ni wyddom beth yw'r ias a gerdd drwy'n cnawd
Wrth groesi'r ffin mewn cerbyd neu mewn trên:
Bydd gweld dy bridd fel gweled wyneb brawd,
A'th wair a'th wenith fel perthnasau hen;
Ond gwyddom, er y dygnu byw'n y De
Gerbron tomennydd y pentrefi glo,
It roi in sugn a maeth a golau'r ne
A'r gwreiddiau haearn ym meddrodau'r fro.
Mewn pwll a gwaith clustfeiniwn am y dydd
Y cawn fynd atat, a gorffwyso'n llwyr,
Gan godi adain a chael mynd yn rhydd
Fel colomennod alltud gyda'r hwyr;
Cael nodi bedd rhwng plant yr og a'r swch
A gosod ynot ein terfynol lwch.[118]

Ond ni ddychwelodd, ddim mwy nag y dychwelodd Thomas a Mary Jones i ardaloedd eu magwraeth o gwm eu halltudiaeth.

Cafodd *Ysgubau'r Awen* dderbyniad brwd gan feirdd a beirniaid, bron yn ddieithriad. Un o adolygwyr mwyaf cadarnhaol *Ysgubau'r Awen* oedd y bardd R. Meirion Roberts. 'Nid yn fynych y ceir cyfrol o farddoniaeth a chystal graen arni â'r gyfrol hon o eiddo Mr. D. Gwenallt Jones,' meddai yn rhifyn mis Ebrill 1940 o'r *Traethodydd*.[119] Dwy thema fawr Gwenallt oedd Cenedlaetholdeb a Christnogaeth:

Yng ngherddi Mr. Gwenallt Jones … y mae Cristionogaeth yn rhan hanfodol
o gyfluniad y sentiment cenedlaethol. Y mae crefydd Cymru wedi ei gwau i
mewn i sefydliadau'r genedl, a daw i mewn i'r caneuon hyn fel agwedd bwysig o
gynhysgaeth genedlaethol y bardd. Y mae'n bosibl bod crefydd sacramentaidd yn
hybu'r gyfeillach rhwng crefydd a gwladgarwch, a chrefydd gyfriniol yn tueddu i'w
lladd. Sut bynnag am hynny, nid oes amheuaeth am hapusrwydd y briodas rhwng
crefydd a gwladgarwch yng nghanu Mr. Gwenallt Jones. Iddo ef crefydd Cymru
ydyw coron ei gogoniant, ac nid yw ei gyffyrddiad prydyddol un amser mor sicr
ag ydyw pan fyddo'n canu clod crefydd ei wlad, neu yn deisyfu ei glanhad a'i
hadnewyddiad drwy'r cyfrwng hwn. Y mae crefyddolder ei gorffennol yn rhan o
anwyldeb Cymru iddo.[120]

'Am y sonedau,' meddai wrth gloi, 'digon yw dwedyd y buasai eu cyhoeddi hwy yn unig yn gyfrol denau yn werth y draul: fel y mae, y mae'r mesur yn llifo drosodd'.[121]

Davies Aberpennar, sef Pennar Davies, a adolygodd y gyfrol i *Heddiw*. 'Erys problem fawr Gwenallt mor gref ac mor llem ag erioed,' meddai, gan gyfeirio at y frwydr rhwng cnawd ac enaid yn ei ganu.[122] Ac meddai:

> Dan yr holl ddysg a'r holl fyfyrdod a'r holl ansicrwydd a detholrwydd llenyddol, ceir yr ymdrech rhwng dau hanner gwrthnysig deuoliaeth ansicr y dyneiddwyr Cristnogol. Mae'r ymdrech yn fawr yng nghymeriad Gwenallt oherwydd bod ganddo feddwl cryf a chydwybod ddisigl a nwydau bywiog ar yr un pryd.[123]

Canmoliaeth yn unig a oedd gan Pennar Davies i'r gyfrol:

> Nid oes raid ymhelaethu ar rinweddau arbennig Gwenallt fel bardd. Mae'n feistr ar eiriau llafar a geiriau llyfr, am fod ganddo feddwl cyfoes a meddwl diwylliedig. Credaf hefyd ei fod yn defnyddio'r gynghanedd yn ei ffordd ei hun, gan roddi iddi'n aml ryw nerth Gwenalltaidd, epigramatig, meddylgar … Ond y pethau mwyaf disglair a mwyaf sioclyd yn ei waith yw'r delweddau a'r cyffelybiaethau dieithr. Ac eto nid oes awgrym o afradlondeb a gwylltineb hirwalltog yn y pethau hyn. Y ddelweddiaeth gref a thawel a rhyfedd hon sy'n gwneud ei sonedau'n rhywbeth gwahanol i sonedau cyffredin Ysgol Aberystwyth.[124]

Un arall a groesawodd y gyfrol oedd Amanwy, yn ei golofn yn yr *Amman Valley Chronicle*. 'Arogl pridd a'r ystodau gwair a geir yn ei farddoniaeth, rhagor arogl mwg simneiau Gwaith Gilbertsons,' meddai amdano, gan synhwyro bod Gwenallt Sir Gaerfyrddin yn amlycach na Gwenallt Sir Forgannwg ynddi.[125] 'Bu Gwenallt yn gryn dipyn o rebel llenyddol erioed, a pharodd hynny flinder i'r hen feirdd, a llawenydd ymhlith beirdd ifainc y wlad,' meddai drachefn.[126] Bardd cwbwl wreiddiol oedd Gwenallt yn ôl Amanwy, ac un o feirdd pennaf Cymru at hynny:

> Mae'r cerddi yn odidog ymhob ystyr. Mae Gwenallt yn feistr perffaith ar ei grefft, ac mae ganddo feddwl craff a beiddgar iawn. Nid eco o ganu beirdd eraill a geir ganddo. Ni ellir canfod dylanwad neb o'r meistri ar ei waith. Barddoniaeth Gwenallt ei hun yw'r cerddi hyn, heb yr adlais lleiaf o fiwsig neb pwy bynnag yn amharu arnynt. Mae ambell un o'r cerddi hyn yn ei osod ymhlith yr hanner dwsin beirdd gorau sydd yng Nghymru heddiw.[127]

Ond nid mawl digymysg a gafwyd gan Amanwy. Roedd rhai o odlau Gwenallt yn ei sonedau yn anfoddhaol, odlau fel 'Ffinn' a 'bryn', 'ffin' a 'hyn' a 'Duw' a 'briw'. Ac meddai wrth gloi:

> Nid oes fai ar y meddylwaith. Nid oerodd ias eirias y farddoniaeth ychwaith. Y mae'r cwbl yn waith ymennydd effro. Eithr fe aeth yr artist yn rhy hy ar ei grefft, a llithrodd yn boenus droeon. Mae ambell soned yma sy'n deilwng o sonedwyr gorau Cymru, megis 'Sir Gaerfyrddin' a 'Cymru'. Dyna drueni fod bardd mor odidog wedi pechu yn erbyn ysbryd yr artist fel hyn.[128]

Saunders Lewis a adolygodd *Ysgubau'r Awen* i'r *Faner*. 'Y mae pob tudalen o'r llyfr yn dwyn nodau meistr ac yn cynnwys llinellau neu ymadroddion cyfoethog o brofiad a myfyrdod,' meddai.[129] Yr oedd o leiaf wyth o gerddi a sonedau a oedd yn gampweithiau, meddai. Roedd Gwenallt yn sefyll ar ei ben ei hun, ac yn fwy na hynny, fe allai fod 'yn gychwynnydd cyfnod newydd'.[130] Nid bardd a welai ddiddymdra a diffyg ystyr a dibwrpasedd o'i amgylch ymhobman oedd Gwenallt. Ym meddwl Saunders Lewis, 'Yn wahanol i nifer o feirdd Cymraeg heddiw, y mae'n byw mewn cosmos, mewn byd ag ystyr iddo, byd y rhoddwyd nod a diben iddo'.[131]

W. J. Gruffydd a adolygodd *Ysgubau'r Awen* yn *Y Llenor*, y cylchgrawn a olygid ganddo ef ei hun, ac am unwaith yn ei fywyd nid oedd ganddo ddim i'w ddweud. Roedd safon uchel *Ysgubau'r Awen* yn diarfogi pob beirniadaeth:

> Eisteddais i lawr lawer gwaith i adolygu *Ysgubau'r Awen*, ond cefais yr un profiad wrth geisio ymdrin â hwn â throeon o'r blaen wrth fyned at lyfrau newydd Gwynn Jones a Parry-Williams, er enghraifft, – nid oedd gennyf ddim *beirniadaeth* i'w chynnig ond ar bwyntiau hollol anghyswllt â chelfyddyd y bardd, megis ei ddaliadau athronyddol, crefyddol, politicaidd, ac felly ymlaen. Peth hawdd iawn iawn i un a chanddo rywfaint o wybodaeth am safonau llenyddiaeth y gwledydd gwâr yw beirniadu gwaith sâl, canys nid rhaid iddo ond dangos ym mha le y mae'r awdur yn methu cyrraedd y safonau hynny. Ond mentraf herio'r mwyaf hunan-hyderus o amryw adolygwyr Cymru i allu dangos ym mha le y mae bardd o'r radd flaenaf yn cyrraedd y safon, – nid yw'r llinyn wedi ei ddyfeisio i fesur hynny, ac nid yw celfyddyd eglurhad wedi gallu cael y geiriau i fynegi dim mwy nag eisywyn annelwig o brofiad personol y darllenydd.[132]

Tynnodd sylw at un gerdd yn benodol, sef y gerdd delynegol 'Cymru':

> Mae'r holl ganeuon sydd yn y llyfr bychan hwn yn dangos awen anarferol o
> ddisglair. Nid yw'r awdur yn unman yn dangos ei fod wedi "eistedd i lawr
> i gyfansoddi," – gorfodaeth ddi-wrthod y ddawn brin brin a gam-enwir yn
> ysbrydoliaeth a gynhyrchodd y cerddi hyn. Un enghraifft drawiadol o hynny yw'r
> gân *Cymru* ar d. 26, un o'r telynegion awenus hynny sydd mor anocheladwy
> yn rhediad ei meddwl a'i mynegiant ag i wneud i bob prydydd arall ofyn sut ar
> y ddaear na feddyliasai ef ei hun amdani. Ar yr un pryd, nid oes fardd arall yng
> Nghymru a allasai ei chanu fel hyn. Prydyddiaeth wrth gwrs ydyw, ac nid unrhyw
> fath o feirniadu yw ei chanmol am fod ei chynnwys yn gorffwys mor esmwyth ar
> fy nheimladau, ond gellir dweud na allodd neb o feirdd crefyddol Cymru ar eu
> gorau roi mynegiant mwy ysbrydoledig i ymwybod uchaf y genedl; nid rhyfedd i
> Mr. Saunders Lewis alw Mr. Gwenallt Jones yn fardd crefyddol mwyaf Cymru. Mi
> awgrymwn y dylid ei rhoi i'w dysgu gan bob plentyn yng Nghymru, yn y seiat a
> thu allan iddi fel *Llurug Padrig*, byddai ei gwybod ar y cof yn arfogaeth i bob Cymro
> yn erbyn rhuthr gelynion y dyfodol ac i'r canol oed a'r hynafgwyr byddai'n falm
> i'w calonnau.[133]

Un o gerddi mawr *Ysgubau'r Awen*, heb amheuaeth, ac un o'r cerddi
mwyaf am Gymru erioed, yw 'Cymru'. Nid dychan y tro hwn, ond addoliad
pur. Nid delfrydu Cymru a wneir yn y gerdd hyd yn oed, ond cyfleu'r modd
yr oedd y ffydd Gristnogol wedi ymdreiddio i dir a daear Cymru, ac wedi
ymbriodi â'r iaith Gymraeg fel nad oedd modd gwahaniaethu rhwng y naill
na'r llall, na thynnu'r naill oddi wrth y llall.

Er na thrafododd W. J. Gruffydd gynnwys y gyfrol yn fanwl iawn, roedd
ganddo lawer o bethau pwysig a chraff i'w dweud amdani, ac yn enwedig am
y cerddi yr oedd pechod yn thema ganolog iddynt:

> Camp Mr. Gwenallt Jones yn y rhain yw cyflwyno'r ymdeimlad o bechod fel y
> dylai bardd ei gyflwyno heb dorri i diriogaeth diwinyddiaeth na seicoleg. Hyd yn
> hyn dwy adran o fywyd yn bennaf sydd wedi cynhyrfu ei awen – y bwystfil sydd
> o'r golwg yn y bywyd personol a'r gwyfyn a'r rhwd sy'n bwyta a chancro'r bywyd
> cenedlaethol. Efallai y tybia rhai wrth ddarllen y nodiadau hyn fod ei fater yn rhy
> negyddol, ond i wir awen nid oes ystyr o gwbl yn yr hen gategorïau rhesymegol,
> ac wrth ymdrin â gwaith gwreiddiol fel hyn nid yw geiriau fel "negyddol" ond sŵn
> di-ystyr.[134]

Un o'r gwir feirdd oedd Gwenallt, a dyna farn derfynol W. J. Gruffydd amdano:

> Efallai mai dyletswydd bwysicaf y beirniad llenyddol heddiw yw achub y gwir awenydd o rengau'r cyffredinedd cyfoes ac o grafangau efelychwyr. Wel, yn sicr, y mae Mr. Gwenallt Jones ymhlith ein hychydig wir brydyddion, a bydd Blodeugerdd Gymraeg y dyfodol yn annirnadwy oni bydd yn cynnwys rhai o *Ysgubau'r Awen*.[135]

Rhoddodd adolygwyr eraill hefyd groeso mawr i *Ysgubau'r Awen*.

Felly, ar ddiwedd y 1930au trwblus ac anghenus, roedd cwpan Gwenallt yn llawn. Roedd yn graddol ddygymod â bod yn briod, ac roedd ganddo ei gartref ei hun, Rhyd-y-môr, Ffordd Rheidol, Penparcau, Aberystwyth, cartref y gallai bellach ei rannu â'i gymar. Ac ar ben hynny, roedd rhai o feirdd a llenorion mwyaf blaenllaw Cymru yn galw heibio iddo, a rhai'n aros y nos. Ac fe gâi ym Mhenparcau gymdeithas yn ogystal â chartref. 'Mae Cwmni Drama gennyf yn Penparciau yma a bydd yn chwarae "Yr Oruchwyliaeth Newydd", nos Fercher nesaf. Mae yn dipyn o newid imi ac yr wyf yn hoffi drama,' meddai wrth Albert a Molly Davies.[136]

Roedd Albert a Molly yn byw yn y Rhondda, a chaent gwmni J. Kitchener Davies, y dramodydd a'r cenedlaetholwr, a'i ddarpar wraig, Mair, yn aml ar ddiwedd y 1930au. Roedd y ddau yn byw yn y Rhondda ar y pryd, cyn iddynt briodi ym 1940 a symud i Drealaw, Tonypandy. Aeth Gwenallt a Nel i aros gydag Albert a Molly am wythnos ar ddiwedd haf 1939, a chawsant hwythau hefyd beth o gwmni Kitch a Mair ar nosweithiau braf yr haf hwnnw, cyn i aeaf arall, gaeaf a barhaodd am bum mlynedd, rewi calon y byd.

Pennod 6

Rhyfel a Chythrwfwl
1939–1951

Ar y diwrnod cyntaf o Fedi, 1939, goresgynnwyd Gwlad Pwyl gan fyddin yr Almaen. Ddeuddydd yn ddiweddarach, cyhoeddodd Ffrainc a Phrydain ryfel yn erbyn yr Almaen. Ymunodd gwledydd eraill fesul un, gan ymladd ar ochr y Cynghreiriaid neu ar ochr yr Almaen. Ar ochr y Cynghreiriaid yr ymladdai Rwsia a Tsieina yn ogystal â nifer o wledydd eraill, tra ymladdai'r Eidal a Siapan, a sawl gwlad arall, ar ochr yr Almaen. Roedd rhyfel byd arall wedi cyrraedd.

Pymtheg oed oedd Gwenallt pan dorrodd y Rhyfel Byd Cyntaf. Pan dorrodd yr Ail Ryfel roedd yn ddeugain oed. Sut y byddai'n ymateb i gyflafan fyd-eang arall? Diflastod llwyr i Gwenallt oedd y rhyfel o'r cychwyn cyntaf, ac fe'i casâi fwyfwy fel y llusgai ymlaen o flwyddyn i flwyddyn. Ceisiodd wneud ei ran yn yr ymdrech ryfel, er nad oedd yn gwbwl hapus ynglŷn â hynny. ''Rwyf yn aelod ambiwlans ym Mhenparcau, ond nid wyf yn mynd i wneuthur *dau* job, a rhai diawliaid yn gwneud dim,' meddai wrth Ben Morse.[1] 'Gwyn fyd na ddeuai'r Rhyfel i ben,' ychwanegodd, ond ni chredai 'fod gan y wlad hon obaith o gwbwl'.[2]

Cadwai mewn cysylltiad ag Albert Davies o hyd. Yn gynnar ym 1940 roedd Albert a'i briod wedi symud o'r Rhondda i Ystalyfera i fyw. Aeth Albert yn ôl i gwm ei febyd i ofalu am yr hen a'r anghenus yno. Gan ailgydio yn yr hen ddyddiau yng Nghwm Tawe, ym 1940 aeth Gwenallt i weld ei hen gyfaill a'i gyd-aelod o'r Blaid Lafur Annibynnol gynt, Niclas y Glais, yn y carchar yn Abertawe. Arestiwyd T. E. Nicholas ym mis Gorffennaf 1940, ar y cyhuddiad o fod yn ffasgydd, ac fe'i hanfonwyd i garchar Abertawe. Trosglwyddwyd Niclas i garchar Brixton wedyn, cyn ei ryddhau ar Hydref 22 yr un flwyddyn. ''Roedd ganddo farf fel gafr, a honno bron â bod yn wyn,' meddai wrth Albert, un arall a'i hadwaenai'n dda.[3] Roedd 'yn ysbrydol iawn' yn ôl Gwenallt.[4] Yr hyn a'i poenai'n fwy na dim oedd y ffaith fod yr awdurdodau wedi ei roi yn y carchar heb iddo sefyll ei brawf hyd yn oed. Ac ni wyddai pam yr oedd yr awdurdodau yn ei erlid fel hyn. Gwenallt a luniodd y rhagymadrodd i'r casgliad hwnnw o gerddi a groniclai brofiadau Niclas yn y carchar, *Llygad y Drws: Sonedau'r Carchar.*

Roedd angen cryfder ffydd a sicrwydd argyhoeddiad ar Gristnogion fel Gwenallt yn ystod dyddiau tywyll yr Ail Ryfel Byd, pan roddid ffydd pawb ar brawf. Roedd dyn, unwaith yn rhagor, yn ymwrthod â Duw, ac unwaith y cefnai dyn ar Dduw, fe geid anhrefn a llanast, lladd a llarpio, barbareiddiwch a bryntni. Wrth adolygu drama newydd Saunders Lewis, *Amlyn ac Amig*, ceir Gwenallt yn archwilio natur ffydd, ac yn archwilio hefyd natur y berthynas rhwng dyn a Duw. Y mae'n ddarn pwysig o safbwynt dirnad agwedd Gwenallt ei hun at ei ffydd:

> Y mae comedi Saunders Lewis, "Amlyn ac Amig," yn ymdrin â gwirionedd ysbrydol. (Nid oes y fath beth â phroblem ysbrydol ond i amheuwyr.) Ymdrinir â'r un gwirionedd gan S[ø]ren Kierkegaard yn ei lyfr, *Ofn a Chryndod.* Dengys yr athronydd o Ddenmarc, yn ei lyfr, mai ffôl ac annaturiol, o safbwynt y byd hwn, oedd i Dduw ofyn i Abram aberthu ei fab, Eisac. Yr oedd gofyn i dad aberthu ei fab yn anfoesol. Tarawai'r aberth yn erbyn un o reddfau gorau natur dyn ac yn erbyn moesoldeb cymdeithas. Peth disynnwyr a thwp oedd i'r Archangel ofyn i Amlyn ladd ei feibion i iacháu ei gyfaill, Amig. "Rhai od yw archangylion." Ond aberth yw maen prawf ffydd. Ei hanfod yw hunan-ddiddymdra trwyadl. Nid ffydd, ond aberth ffydd, sydd yn gweddnewid dyn. Wedi i Gristion fodloni aberthu ei blant y gwêl ef eu gwerth a'u godido[w]grwydd. Bydd ffydd yn gofalu bod yr hwrdd yn y drysni, a bod y cleddyf yn taro ond heb ladd, ond y mae rheswm a moesoldeb yn rhy lwfr i fentro ar hynny. A rhaid i Gristion fentro ar adfyd, ie, hyd yn oed ar lofruddiaeth, i ddod o hyd i lawenydd Duw. Dyna ffordd Duw. Dyna arwriaeth y Cristion.[5]

Roedd y derbyniad brwd a gafodd *Ysgubau'r Awen* yn sicr wedi bod yn symbyliad i Gwenallt gadw ymlaen i farddoni, hynny ynghyd ag anogaeth daer o du ei gyhoeddwr, Prosser Rhys, iddo ddechrau meddwl am gyhoeddi cyfrol arall. Roedd meddwl am gyhoeddi cyfrol arall braidd yn rhy gynnar, mewn gwirionedd, ond rhwng mis Ionawr 1940 a mis Hydref 1942 roedd wedi llunio digon o gerddi i gyhoeddi cyfrol fechan, ac fe wnaeth hynny, pan gyhoeddodd *Cnoi Cil*, ym 1942. Bwriadai gyflwyno'r gyfrol i Kate Roberts, ond oherwydd y dogni ar bapur adeg y rhyfel, methodd gael tudalen unigol, ar wahân, ar gyfer y cyflwyniad, a bu'n rhaid i Kate Roberts fodloni ar gyfeiriad ati yn y rhagair byr i'r gyfrol: 'Cyflwynaf y cerddi a'r sonedau hyn i'm hen athrawes a'm cyfeilles Kate Roberts'.[6]

A hithau'n adeg rhyfel, canu gwleidyddol, mewn rhyw ffordd neu'i gilydd, yw'r rhan fwyaf helaeth o ganu *Cnoi Cil*. Y mae cenedlaetholdeb Gwenallt yn brigo i'r wyneb mewn sawl cerdd, er enghraifft, 'Gorffennol Cymru', a luniwyd er cof am yr hanesydd mawr, J. E. Lloyd. Trwy lyfrau hanes J. E. Lloyd y cafodd y Cymry eu tywys allan o ogof labrinthaidd 'Y Minotawros totalitaraidd' at orffennol eu gwlad – gorffennol hanesyddol a llenyddol Cymru – ac at eu hunaniaeth genedlaethol.[7] Anghenfil creulon, di-hid o fywydau, yw'r Wladwriaeth, Minotawros o beth. Byddai Gwenallt yn cyfeirio at 'ffau'r Minotawros Seisnig' yn 'Rhydcymerau' ymhen ychydig flynyddoedd.[8]

Y mae tir Cymru, tir y capeli a'r eglwysi, y mynaich a'r emynwyr, yn dir cysegredig o hyd, ond fe dreisir sancteiddrwydd y tir gan ryfel a militariaeth. Nid oes dim byd cysegredig ar ôl. Meddai yn 'Cymru a'r Rhyfel':

> A lle bu crefft dyn ac anifail, diwylliant yr aradr union,
> Y mae ffair y ffugliw erodromau, peiriannau lle bu pererinion …
> Yr hyn a wnânt i ni a wnaethant gynt i'n tadau,
> Y gweithwyr a'r tenantiaid, y tywysogion a'r abadau,
> Yr un hen ormes a thrais, yr un ystryw a'r un triciau,
> Addo a thwyllo a gwyro barn; dyrnod, bonclust, ciciau.[9]

Gyda rhyfel arall ar warthaf dynion, dôi atgofion am y cyfnodau diflas ac unig a dreuliasai mewn dau garchar adeg y Rhyfel Byd Cyntaf yn ôl iddo. Meddai eto yn 'Cymru a'r Rhyfel':

Fe awn er dy fwyn yn ferthyron y tu ôl i farrau'r carchardy,

A disgyn i hanner tywyllwch di-fwyd, diddiod y daeardy,

Ac fe gawn sgwrs â gwallgofrwydd, yr unig ffrind yn y celloedd,

Ac ysgwyd llaw â marwolaeth a'i dilyn i un o'i stafelloedd.[10]

Yn *Cnoi Cil* hefyd y ceir y soned i 'Dartmoor'.

Dau brif gocyn hitio Gwenallt yn *Cnoi Cil* yw Mamonaeth ac Imperialaeth, neu dotalitariaeth. Eiddo'r Wladwriaeth yw pob unigolyn yn y pen draw, yn enwedig ar adeg o ryfel. Caethweision Imperialaeth yw'r bobl, y gweithwyr yn enwedig: 'A'th feibion yn gaethgludion mewn llynges, sgwadron a bataliwn,' meddai yn 'Cymru a'r Rhyfel'.[11] Ond eto fe gadwodd y Cymry eu pwyll a'u hiwmor, eu hemynau a'u gwladgarwch 'Uwch brad a bryntni d'orthrechwyr, mochyndra eu Mamongarwch'.[12] Yn 'Ewrop', clodforir gwledydd fel yr Eidal a Ffrainc am arddel a gwarchod y ffydd a'r traddodiadau Cristnogol:

Gwelais y Baban paent mewn presebau

 Yn gorweddian yn Ei gawell gwair,

A Nadolig yr Eidal yn orfoledd ar wynebau

 Yr ych a Ioseff a Mair.[13]

Yn y pennill olaf y mae'n ymbil ar Dduw i amddiffyn Ewrop rhag 'yr Anghrist yn Rwsia', rhag militariaeth Prwsia a 'rhag Mamon y Sais'.[14] Yn y soned 'Gandhi', mae'n ymosod ar yr Ymerodraeth Brydeinig ffroenuchel a thrahaus ac ar y 'Cristionogion croenwyn' sy'n chwerthin am ben Gandhi, '[c]lown y syrcas ymerodrol'; un arall sy'n cael hwyl am ei ben yw Mamon:

Crechwenai byddinoedd ar ei griw di-wn

A Mamon ar ei dröell nyddu dlawd.[15]

Ac eto, gallai'r arweinydd heddychlon hwn beri cwymp ymerodraeth gyfan: 'Siglid yr ymerodraeth gan ei ympryd gwan'.[16] Pencadlys Mamonaeth Prydain, yn sicr, yw Llundain:

Ei Phrifweinidog ydyw'r Mamon hagr

A yrr tros fyd ei leng o weision twt ...[17]

Mae ei hen dueddiadau Marcsaidd hefyd yn codi i'r amlwg yn *Cnoi Cil*. Canodd i'w hen gyfaill Niclas y Glais a'i fab Islwyn yn 'Y Comiwnyddion', cerdd gellweirus ac ysgafn-ddychanol. Ceir soned ganddo i 'Rwsia', gwlad a oedd, ar un adeg, yn cynnig gwaredigaeth ac achubiaeth i'r byd rhag llaw haearn cyfalafiaeth:

> Breuddwydiai d'arweinyddion yn eu cell
> Am Rwsia gyfiawn, flaengar a di-Tsar,
> Gwyddoniaeth fyddai pensaer ei byd gwell
> A Marcs ac Engels ei unbeniaid gwâr.[18]

Ond aeth yr holl obeithion a'r holl gynlluniau i'r gwellt gan mai cyfundrefn ffaeledig yn ei hanfod oedd comiwnyddiaeth yn y pen draw. Roedd yn fethiant o gyfundrefn oherwydd ei bod yn gormesu'r union bobl yr oedd wedi arfaethu eu hachub, trwy ymarfer sensoriaeth drom, yn un peth, a gwrthod hawl gynhenid yr unigolyn i fynegi barn – 'dy bobl fud', fel y dywedir yn y soned.[19] Ond gwaeth na hynny yng ngolwg Gwenallt, fe ellid tybied, yw'r ffaith mai gwlad 'yr Anghrist' yw Rwsia, 'Heb Basg a Sulgwyn yn ei galendr coch', ac oherwydd hynny:

> Cyfyd ffatri i lenwi gwacter d'enaid Slaf
> A'i pheiriant i ddistewi poen dy grefydd glaf.[20]

Gwleidyddol yw naws llawer o'r cerddi, a phrin yw'r sôn am Sir Gaerfyrddin yn y gyfrol. Yn y soned 'Gweithwyr Deheudir Cymru', cydnebydd Gwenallt mai ei gymrodyr a'i gyfeillion sosialaidd yng Nghwm Tawe gynt, aelodau'r Blaid Lafur Annibynnol, a barodd iddo ddechrau ymddiddori mewn gwleidyddiaeth, a chofiai hefyd am y mynych streiciau yng Nghwm Tawe adeg ei blentyndod. Cyfnod mawr y streiciau oedd y pedair blynedd a arweiniai at y Rhyfel Byd Cyntaf, y cyfnod hwnnw pan luchiai tadau a meibion 'gawodydd o gerrig' am bennau'r plismyn a geisiai amddiffyn y gweithwyr a wrthodai gadw at y streic, fel y dywedodd yn 'Credaf'. Ac meddai yn 'Gweithwyr Deheudir Cymru':

Fe ddysgwn gynt, yn llencyn, wrth eich traed
Mai anifail gwleidyddol ydyw dyn,
Gwelwn haearn cyfiawnder yn eich gwaed
A gwreichion barn yn llosgi ar eich min;
Rhoddem ein cerrig bach yn ein ffyn-tafl
I lorio cawr y gyfalafiaeth ddreng ...[21]

Yn 'Cwm Rhondda' y mae'n cydymdeimlo â'r gweithwyr cyffredin, nad ydynt yn ddim byd mwy na 'rhifau yn eu bro,/Rhifau bataliynau busnes ac elw'.[22] Methodd y sosialwyr a'r comiwnyddion achub y gweithwyr rhag y gyfundrefn ormesol a'u rheolai:

O'r dyfnder clywsant lef Sosialwyr croch
Yn addo gwynfyd o Senedd-dy'r Sais,
Ac wedi'r siom orchymyn Marcsiaid coch
Am iddynt gipio'u nefoedd wag trwy drais ...[23]

Prin yw'r cerddi crefyddol yn y gyfrol. Mae'r soned 'Corff ac Ysbryd' yn trafod yr undod hanfodol rhwng corff ac enaid, cnawd ac ysbryd, unwaith yn rhagor. Gwahenir y cnawd oddi wrth yr ysbryd:

Llusgwyd yr ysbryd oddi wrth y cnawd
A sbwylio'r hen briodas gecrus, glyd ...[24]

Oherwydd eu gyrru ar wahân i'w gilydd nid yw'r naill na'r llall yn gyflawn, ac ânt i gyfeiriadau hollol wahanol i'w gilydd. Y mae'r corff yn codi eglwys iddo'i hun 'Yn aur a dur o'i seiliau hyd ei thop', a cheir ar allor yr eglwys hon 'Efengyl marchnad, iechydwriaeth siop'.[25] Hynny yw, y mae'r corff yn troi'n faterol-gyfalafol, a'r ysbryd yntau yn troi 'I oglais nwydau Natur yn un fflam', nes bod yr holl ddaear yn canu 'anthem puteindra'u hamlfronnog fam'.[26] Ni all y corff a'r ysbryd fodoli ar wahân:

Dychwelwch o'ch crwydr dwl a'ch credo wallus
I'ch hen gyfamod duwiol a deallus.[27]

Lluniodd Gwenallt 'Y Cymun' ar ôl 'darllen pregeth San Tomos o

Acwino ar "Gorff Crist"', ac mae'n gerdd rymus.[28] Cerdd Gatholigaidd arall yw hon. Trwy'r bara a'r gwin, trwy fwyta cnawd Crist ac yfed ei waed, y glanheir y corff dynol ac y gwaredir dyn rhag ei bechodau. Y Cymun sy'n adfer dyn ar ôl y Cwymp yn Eden. Tra oedd ffrwyth y Pren gwaharddedig yn Eden yn gwenwyno, roedd corff a gwaed Crist yn puro:

> Wedi bwyta ffrwyth rhyfygus y Pren
> Y mae'r tafod yn sur tan y gramen wen,
>   A'r cylla yn chwydu ei wenwyn coch,
> Y gwin a lanha'r arennau a'r iau,
> A'r bara yn ein deffro a'n bywiocáu
>   Ac adfer y gwrid a'r graen i'r foch.[29]

Y gerdd a greodd y cynnwrf mwyaf, o blith holl gerddi *Cnoi Cil*, oedd 'Yr Iddewon':

I

> Beth wnawn â'r Iddewon
>   Seimllyd a chweiniog?
> Gwerthwch hwy i gyd ar y mart,
>   Ddeg-ar-hugain am geiniog.
>
> Gwerthasant fy Mhrynwr
>   A mwrdro'r Diniwed,
> Gwthiwch yr arian i lawr i'w llwnc
>   Ac ysbaddu'r holl giwed.
>
> Meginwyr gwrthryfel
>   O Farcs hyd Lenin,
> Llosgwch hwy i gyd yn y tân
>   Y maent hwy yn ei ennyn.
>
> I'w lloi aur yr offrymant
>   Eu hympryd a'u gweddi,
> Pistyll eu heurbis ydyw eu gwin,
>   A'u bara hwy, eu budreddi.
>
> Beth wnawn â'r Iddewon
>   Seimllyd a chweiniog?
> Gwerthwch hwy i gyd ar y mart,
>   Ddeg-ar-hugain am geiniog.

II

Er mwyn Abram a Moses,
    Amos ac Eseia,
Byddwch drugarog wrth y criw,
    Hil a chenedl y Meseia.

Y Mamon digymdeithas
    Yw Duw ein cyfoethogion,
Peidiwch â'u gwaedu fel y bwch
    Yn bech-aberth Cristionogion.

Bererinion yr ysbryd,
    Dystion tragwyddoldeb.
Plant y Duwdod yn ein plith
    Yn damnio ein materoldeb.[30]

Cyhuddwyd Gwenallt o fod yn wrth-Iddewig, a honnwyd mai cerdd wrth-Semitig oedd 'Yr Iddewon'. Ceir dwy olwg ar yr Iddewon yn y gerdd. Nid safbwynt Gwenallt a geir yn rhan gyntaf y gerdd, y rhan sy'n difrïo ac yn diraddio'r Iddewon, ond safbwynt y bobl hiliol a rhagfarnllyd hynny a fwriai eu llid a'u llach ar Iddewon, a ffasgwyr yr Almaen yn anad yr un garfan arall. Yr Iddewon a roddodd y Beibl inni, a hwy a roddodd Grist inni, ac oherwydd hynny, 'Plant y Duwdod' ydynt.

Derbyniad cymysg a gafodd *Cnoi Cil*, er mai didostur o ymosodol, yn hytrach na chymysg, oedd ymateb D. Tecwyn Lloyd i'r gyfrol yn *Y Llenor*. Un o feirdd yr Adwaith oedd Gwenallt ym marn Tecwyn Lloyd:

Ers rhai blynyddoedd bellach bu llais beirdd yr Adwaith yn weddol hyglyw yng Nghymru. Ar y dechrau, amddiffynnid hwy yn erbyn cyhuddiadau beirniaid fel Syr John Morris-Jones yn frwd; yr oedd y llais yn newydd yn ein barddoniaeth, ac ar dro, yr oedd ynddo'r smartrwydd a'r dinc fodern "feiddgar" honno a ddenai sylw y beirniaid iau. Nid hawdd ar y dechrau, ychwaith oedd canfod i ble yn union y cyfeiriai neges y beirdd hyn. Ar un wedd yr oeddynt yn protestio yn erbyn yr hyn y protestiai'r mudiad Llafur a'r adain Aswy; tybid hefyd gan lawer mai hwy oedd herodron y mudiad cenedlaethol diweddar yng Nghymru, ac mai hwy felly ydoedd beirdd y Gymru newydd. Ac oherwydd hyn, fe'u derbyniwyd ymhob ffydd dda fel y lleisiau proffwydol newydd. Digon i lawer oedd y ffaith eu bod yn cael hwyl ar gondemnio pethau yn ddiarbed, – pethau yr oedd angen eu condemnio;

digon i eraill oedd y ffaith eu bod yn gwrthwynebu piwritaniaeth gul a moel yr hen genhedlaeth ac yn fflyrtio'n rhamantus â phaganiaeth. Weithiau fflyrtient â Phabyddiaeth, ond wedi'r cwbl, beth oedd hynny? Onid beiddgarwch ieuanc ydoedd y cwbl? Onid arwydd o fin chwaeth esthetig ydoedd? A hefyd, – oni allai bod mwy o sylwedd ysbrydol yn yr Eglwys Babyddol nag oedd yn yr Eglwysi Ymneilltuol a gyfeiliornasai gymaint yn ystod y Rhyfel Mawr?[31]

Arweinydd yr Adwaith, yn ôl D. Tecwyn Lloyd, oedd Saunders Lewis. Ef, yn anad neb, a '[a]il-ddarganfu'r ffaith mai Pabyddion uniongred oedd ein cyndeidiau i gyd ganrifoedd yn ôl', a darganfod 'mai uchelwyr, o bosibl, oeddynt hefyd'.[32] Parodd i lawer o Gymry 'deimlo mai'r unig ffordd i fod yn gyson Gymreig oedd trwy goleddu'r grefydd Babyddol a'r balchter [sic] uchelwrol'.[33]

Datblygodd yr Adwaith i fod yn beth parchus a derbyniol, meddai, hyd nes y daethpwyd i sylweddoli bod Eglwys Rufain yn cefnogi'r Ffasgwyr yn Rhyfel Cartref Sbaen, yn union fel yr oedd Ffasgyddiaeth a Phabyddiaeth wedi tyfu'n un yn yr Eidal. Bellach, meddai Tecwyn Lloyd, 'aeth smartrwydd yr Adwaith yn chwerwedd, a'i chwerwedd yn anobaith'.[34] A dau faniffesto mydryddol yr anobaith a'r chwerwedd hwn, yn ôl yr adolygydd, oedd *Byd a Betws*, Saunders Lewis, a gyhoeddwyd ym 1941, a *Cnoi Cil*.

Cyfeiriodd at wrth-ddynoliaeth y ddau fardd, ac at eu gwrth-Semitiaeth, gan ddyfynnu'r pennill canlynol o'r gerdd 'Yr Iddewon':

> I'w lloi aur yr offrymant
>   Eu hympryd a'u gweddi,
> Pistyll eu heurbis ydyw eu gwin,
>   A'u bara hwy, eu budreddi.

'Ugain mlynedd yn ôl, efallai, fe gyfrifid peth fel yna yn feiddgarwch i'w efelychu; eithr heddiw nid yw gwrth-semitiaeth yn newydd nac yn feiddgar, ac nid oes yn y pennill a ddyfynnwyd, ac yn wir, yn y penillion eraill ar yr Iddewon, ddim namyn llysnafedd Streicheraidd o'r math a geir yn feunyddiol yn y *Der Stuermer*,' meddai.[35]

Cyhuddodd Gwenallt o fod yn wrth-sosialaidd. Roedd yr un mor barod i ymosod ar sosialaeth ag yr oedd i ymosod ar gomiwnyddiaeth, a dôi Rwsia dan ei lach yn aml, hynny'n awgrymu'n gryf i'r adolygydd fod Gwenallt yn ochri â Hitler a'r Natsïaid. 'Hollol negyddol … ydyw agwedd Mr. Jones at bopeth bywiol a chyfoes,' meddai, gan gynnwys ei agwedd at Gymru.[36] 'Nid oes dim cadarnhaol a chynyddol yng Nghymru gyfoes i Mr. Jones,' haerodd, ac nid rhyfedd felly 'yw iddo edrych yn ôl a llunio iddo ei hunan ddihangfa o blasau ac eglwysi a thraddodiad bugeiliol, llonydd, y gorffennol'.[37] 'Yng nghôl y Gymru ddisymud, fuwchaidd honno,' ychwanegodd, 'y mae'r unig noddfa rhag gorfod meddwl ac ymboeni', a dyfynnodd y llinellau canlynol o'r gerdd 'Nant-y-moch' yn *Cnoi Cil*:

> 'Roedd Cymru yno yn gadarn ac yn iach,
>   Ac wrth ei thethau hi
> Y sugnai bugail, prydydd gwlad a sant.[38]

Barddoniaeth negyddol, ddibwrpas a geid yn *Cnoi Cil* yn ôl Tecwyn Lloyd:

> Hunanladdiad ysbrydol ydyw'r diwedd a dyna, efallai, yw'r feirniadaeth derfynol
> ar syniadaeth yr Adwaith a'r condemniaid [sic] llwyraf ohono; sef, nad oes ganddo,
> ynddo ei hun, y nerth a'r ffydd a'r bywioldeb gobeithiol hwnnw a ysbrydola
> ei ddilynwyr i fyw er ei fwyn. "Marw sy ddoeth i mi," dyna egwyddor olaf a
> therfynol ei holl athrawiaeth; dyna, os mynnir, y bellen wenwynig olaf a ddaw o'r
> cylla Adweithiol i'r cil.[39]

'Ni allwn ond gobeithio bod Mr. Jones ei hun yn sylweddoli bellach chwerwed yw'r gwenwyn, ac y cais amgenach porfa at y dyfodol,' meddai wrth gloi ei adolygiad bustlaidd, damniol, condemniol.[40]

Beirniad gwrth-Adweithiol, un o feirniaid yr Adain Chwith, oedd Tecwyn Lloyd yn ei adolygiad ar *Cnoi Cil*. Trafodwyd y broblem hon o farnu gwaith llenyddol yng ngoleuni argyhoeddiadau personol a thueddiadau gwleidyddol pendant gan J. E. Caerwyn Williams mewn rhifyn diweddarach o'r *Llenor*, yn ei ysgrif 'Beirniaid y Chwith a'r Ddeau'. Beirdd a beirniaid y Chwyldro Comiwnyddol a Sosialaidd oedd cynrychiolwyr yr Adain Chwith, a beirdd a beirniaid 'y traddodiad Cristnogol Catholig' oedd aelodau'r Adain Aswy.[41] Anodd weithiau, yn ôl Caerwyn Williams, oedd gwybod yn union pwy oedd pwy yn y frwydr hon:

> … fe gawn feirniad a bardd fel Mr. Tecwyn Lloyd sydd yn perthyn i'r Adain Chwith, yn rhestru Gwenallt gyda beirdd yr Adwaith, a chawn feirniad a bardd fel Pennar Davies yn rhestru Mr. Tecwyn Lloyd gyda Gwenallt, nid fel beirdd yr Adwaith bid siŵr, ond fel beirdd Gwaredigaeth eithr bod rhagor rhwng gwaredigaeth y naill a'r llall. Beth am feirdd fel W. J. Gruffydd, T. H. Parry-Williams, etc? Druan ohonynt, i'r Chwith beirdd yr Adwaith ydynt; i'r Ddeau beirdd Dihangfa, ac i'r ddwy blaid, beirdd i'w pasio o'r ochr arall heibio …[42]

Cyfeirio yr oedd J. E. Caerwyn Williams at duedd Beirniaid y Chwith i garfanu pob bardd un ai'n fardd y Chwyldro neu'n fardd yr Adwaith, a thuedd yr Adain Dde i ddosbarthu pob bardd un ai'n fardd Dihangfa neu'n fardd Gwaredigaeth. Ac fel y dengys Caerwyn Williams, gall obsesiynau ynglŷn â ffasiynau ym myd llên gondemnio neu beri anwybyddu rhai beirdd o bwys, nad ydynt yn perthyn i'r naill garfan na'r llall.

Gwahaniaethodd Caerwyn Williams, yn ei ysgrif ddoeth, rhwng dau fath o feirniadaeth lenyddol, sef beirniadaeth ideolegol (neu feirniadaeth syniadau) a beirniadaeth esthetig, a dyna graidd y broblem yn ei farn ef. Y mae beirniadaeth ideolegol yn trafod y syniadau a geir mewn darn o gelfyddyd, tra bo beirniadaeth esthetig yn trafod llenyddiaeth o safbwynt geirfa, ieithwedd, cynllun, grym ac addasrwydd y mynegiant, hynny yw, trafod celfyddyd o safbwynt arddull, ond heb anwybyddu'r syniadau, y cynnwys. Meddai wrth drafod egwyddorion beirniadaeth ideolegol:

> … i'r beirniad ideolegol y mae'r gwaith llenyddol yn bwysig fel cynnyrch sydd â phosibiliadau cymdeithasol iddo. Nid dilyn Aristoteles gyda'i ddiddordeb mewn ffurf ac effaith esthetig y mae ef, ond yn hytrach Platon, y diwygiwr cymdeithasol sy'n benderfynol o wneuthur gwerthoedd celfyddyd yn israddol i werthoedd cymdeithas.[43]

Yn ôl beirniadaeth ideolegol 'y mae pob llenyddiaeth fwy neu lai yn bropaganda cynnil dros ffordd o fyw, ac felly y mae'n bwysig, o safbwynt cymdeithas, dynnu allan yr athroniaeth sy'n ymhlyg yn y propaganda'.[44]

Yr elfen bropagandyddol hon a ddifethai'r gyfrol ym marn Amanwy. Os oedd yn hael ei ganmoliaeth i *Ysgubau'r Awen*, tipyn o siom oedd *Cnoi Cil* iddo. Cafodd ei synnu braidd gan yr ymateb cymysg i'r gyfrol:

Y mae amrywiaeth barn anghyffredin gan adolygwyr Cymru am y llyfryn hwn. Bydd rhai yn ei ganmol, ac eraill yn ei gondemnio. Ceir pobl fel Saunders Lewis a D. Llewelyn Jones yn ei ganmol i'r cymylau, ac Iorwerth Peate a Thecwyn Lloyd yn ei gondemnio'n ddiarbed.[45]

Ac ochri â'r beirniaid a gondemniai *Cnoi Cil* a wnaeth Amanwy:

Nid yw cystal ag *Ysgubau'r Awen* o bell ffordd – cyfrol ragorol yw honno. Aderyn dieithr yw hwn na welwyd mo'i debyg ar brennau'r awen yng Nghymru. Cynnyrch enaid sy'n ymbalfalu yn llaid a llygredd yr oes fodern hon yw'r cerddi hyn. Ambell dro, cipir y bardd gan y nwyd honno sy'n creu gwir farddoniaeth. Ceir sawl cwpled godidog ganddo mewn cerdd, ac yna, fel o ddireidi digywilydd, dymchwelir yr awdur ar ei ben i'r llaid a'r llaca yn y cwpled nesaf.

Ni cheir yn y llyfryn yr hen ledneisrwydd godidog hwnnw sydd yn *Ysgubau'r Awen*. Llaciodd gafael y bardd ar yr hen werthoedd digyfnewid sy'n rhoi anadl einioes i bob math ar lenyddiaeth, yn enwedig i farddoniaeth. Y mae'n cadw ei glust a'i galon yn rhy agos i dyrfau'r ddaear a'i thrybestod, nes colli cyfrinach a fu'n ysu nwyd pob bardd gwerth yr enw drwy'r oesoedd.[46]

Roedd llawer gormod o bregethu a llawer gormod o bropaganda yn y gyfrol ym marn Amanwy:

Ni thâl i fardd o athrylith fel Gwenallt neidio i ben y bocs sebon a gweiddi ei weledigaeth i glyw byd sy'n fyddar post. Rhaid iddo buro'r hen ffynhonnau unwaith eto. Cyflawnodd lenwaith a fydd byw yn hir iawn yn ei awdlau mawr, a'i gerddi gorau yn *Ysgubau'r Awen*. Rhyw gellwair â bywyd y mae yn *Cnoi Cil*, ac ni ddwg y cellwair hwnnw fendith i'r darllenydd. Gresyn hyn ac yntau'n un o ddau neu dri bardd gorau Cymru. Yn wir, y mae'n ddigon o fardd i gychwyn ysgol arbennig o feirdd yng Nghymru.[47]

Ac roedd crefft Gwenallt fel sonedwr yn sicr wedi llithro:

Cystal imi gyfaddef hefyd, bod crefftwaith y sonedau a geir yn y llyfryn hwn yn annheilwng o Gwenallt … Gall Gwenallt lunio sonedau diguro. Ni roed iddo'r hawl i anwybyddu'r hanfodion yn y math yma ar gerdd. A welwyd T. Gwynn Jones, Williams Parry, Parry-Williams a W. J. Gruffydd yn cyflawni'r anfadwaith hwn? Naddo, erioed.[48]

A daeth sylwadau Amanwy i ben gyda'r dyhead y dôi Gwenallt *Ysgubau'r Awen* yn ôl i'w gynefin o'i grwydradau mewn meysydd pell a dieithr:

> Dyna ddigon am y tro am waith un o feirdd gorau Cymru na chefais flas o gwbl
> ar ei gerddi diweddaraf, er eu bod yn dwyn disgleirdeb un o'r ymenyddion praffaf
> sy'n cyfansoddi barddoniaeth heddiw. Nid oes yma ball ar feddylwaith gonest,
> cadarn, ond mae o leiaf un sy'n gofidio na ddôi'r bardd o Gwm Tawe yn ôl o'i
> grwydro dieithr, a rhoi i ni ambell gerdd a eneiniwyd gan yr agosatrwydd hwnnw
> sy'n clymu galon wrth galon.[49]

Adolygwyd *Cnoi Cil* yn bur werthfawrogol gan Thomas Parry yn *Yr Efrydydd*, ond cafodd well cyfle i dynnu sylw at gamp a chyfraniad Gwenallt ymhen rhyw dair blynedd ar ôl i *Cnoi Cil* ymddangos, yn *Llenyddiaeth Gymraeg 1900–1945*. Soniodd am gerddi adweithiol hanner cyntaf yr ugeinfed ganrif, sef y cerddi a brotestiai yn erbyn pob anfadwaith cymdeithasol, gwleidyddol a hanesyddol. At feirdd fel Cynan, T. E. Nicholas, Iorwerth C. Peate a Gwenallt y cyfeiriai. Y 'gwrthryfelwyr newydd' y gelwid y beirdd hyn gan Thomas Parry, ac meddai amdanynt:

> … nid teimlo chwithdod yw sail eu beirniadaeth, pa mor angerddol bynnag
> fo hwnnw a pha mor gain bynnag ei fynegiant; nid teimlo'n anghartrefol ac
> anghysurus yn y byd y maent, ac ni fodlonant ar bensynnu'n adfydus. Tardd eu
> beirniadaeth hwy o fyfyrio'n ddwys ar y byd fel y mae. Wrth edrych ar yr holl
> gymhelri ffwndrus yn ymhyrddio, tybiant eu bod yn deall beth yw clefyd dynion,
> a galwant arnynt i ymbwyllo ac ystyried. Nid meddwl am y gorffennol tawel
> y byddant, na gwynfydu ynghylch eu plentyndod yn y wlad, ond ceisio llunio
> dyfodol gwell a chael gan eu hoes ddiwydiannol a materol hwy amgyffred safonau
> moesol newydd. Arwynebol a byr ei olwg yw'r sawl a ddywedo nad yw eu gwaith
> ond adwaith a llaesu dwylo, oherwydd o dan eu beirniadaeth lem ddinistriol y mae
> delfrydau gwŷr doeth a ffydd sydd fawr.[50]

Gwenallt oedd y mwyaf o'r beirdd hyn, ym marn Thomas Parry, ac eglurodd pam:

> Yn 1939 cyhoeddodd gasgliad o'i waith, *Ysgubau'r Awen*, ac yn 1942 *Cnoi Cil*, ac
> y mae'r cyfrolau hyn, a defnyddio ystrydeb a ddigwydd fod yn wir am unwaith,
> yn gyfraniad pwysig at ein llenyddiaeth. O'u hastudio hwy y gwelir cymaint y

newid a ddaeth i farddoniaeth yng Nghymru. Nid oes yma ddim canu i Natur, dim syniadau tlws a "barddonol," dim telynegion mirain. Yn hytrach, gwaith bardd sydd wedi teimlo'n angerddol, ond (ac y mae hyn yn dra phwysig) wedi myfyrio hefyd a chysidro'n galed, nes myned y teimlad yn argyhoeddiad iddo. Felly nid crefft drin geiriau yn unig yw barddoniaeth iddo ef, nid cofnodion am funudau tanbaid, ond datganiad pwyllog o'i agwedd gyson ef tuag at fywyd.[51]

Yn wahanol i Tecwyn Lloyd:

Fel dyn meddylgar, beirniada wendidau ein cyfnod ni, fel yn y ddwy gerdd ysgubol "Ar Gyfeiliorn" a "Y Gristionogaeth." Beirniada Gymru mewn amryw o'i gerddi. Ond fel sylfaen gadarn i'r beirniadu hwn y mae cariad, at ddyn ac at genedl, fel y dengys cerddi fel "Ewrob," "Yr Iddewon," "Gweithwyr Deheudir Cymru" a "Cwm Rhondda." Nid cariad sentimentalaidd mo hwn, ond profiad dwfn a enillwyd trwy hir gyni.[52]

A bardd Cristnogol oedd Gwenallt yn anad dim, bardd ffydd a bardd gobaith am y dyfodol:

Trwy holl broblemau nwydau'r dyn unigol ac afiechyd cymdeithas y mae gwawl crefydd yn tywynnu, ac mewn crefydd y mae gobaith dyn a dynoliaeth. Nid crefydd Biwritanaidd negyddol, nid cyfundrefn o waharddiadau nac o fân anogaethau, ond ymwybyddiaeth o dda diamod mawr, ac argyhoeddiad mai gwyriad oddi wrth hwnnw, sef pechod, yw'r achos am ddrygau Cymru a'r byd heddiw. Unig obaith y byd yw dyfod y da hwnnw yn safon ymarweddiad, neu yng ngeiriau'r bardd, rhaid dwyn dynion "yn ôl at Ei ewyllys Ef," a'u harwain i "un o borthladdoedd Duw." I'r sawl ohonom sy'n ddigrefydd y mae gofyn cryn ymdrech a dychymyg i sylweddoli grym yr argyhoeddiad hwn i'r bardd, ond hawdd iawn i bawb sy'n ymglywed rhywfaint â rhin barddoniaeth fawr ddifrif yw deall arwyddocâd gwaith D. Gwenallt Jones yn llên Cymru heddiw.[53]

Yn wir, roedd 1942, blwyddyn cyhoeddi *Cnoi Cil*, yn flwyddyn brysur i Gwenallt. Fe'i gwahoddwyd i feirniadu cystadleuaeth y Gadair yn Eisteddfod Genedlaethol Aberteifi, yr ail dro iddo gael ei ddewis i feirniadu'r gystadleuaeth. Gosodwyd dau destun i'r beirdd ddewis o'u plith, 'Rhyfel' a 'Creuddylad', a dewiswyd 'Rhyfel' gan bob un o'r ymgeiswyr. Cystadleuaeth wael a gafwyd yn Aberteifi, fodd bynnag, a bu'n rhaid atal y Gadair. Roedd beirniadaeth Gwenallt, fel arfer, yn graff ac yn wybodus:

Prif ddiffyg yr awdlau hyn yw eu bod yn disgrifio Rhyfel ein canrif ni yn iaith y bedwaredd ganrif ar bymtheg. Pan ddisgrifiant ddinistr y Rhyfel, dinistr "Dinystr Jerusalem" sydd ganddynt, a phan soniant am alar mamau ar ôl eu meibion, galar Gwilym Hiraethog yn ei awdl ar "Heddwch" yw eu galar, a'i "Heddwch" hefyd yw eu heddwch hwy.[54]

Ceisio moderneiddio'r canu caeth yr oedd Gwenallt. 'Gellid tybied,' meddai, 'wedi darllen yr awdlau hyn, mai canu Natur yw'r canu caeth'.[55] Y flwyddyn ddilynol, 1943, ef oedd y beirniad ar gystadleuaeth y soned yn Eisteddfod Genedlaethol Bangor, ac atal y wobr a wnaeth unwaith eto, er iddo dderbyn 50 o sonedau i'w cloriannu.

Yr haf hwnnw, haf 1942, roedd Gwenallt yn darlithio ar y llenor a'r sosialydd R. J. Derfel gerbron aelodau o ddosbarth Cymraeg Ysgol Haf Coleg Harlech. Gofynnodd aelodau'r dosbarth i Prosser Rhys feddwl am gyhoeddi detholiad o ryddiaith R. J. Derfel, ynghyd â rhagymadrodd, ac i Gwenallt y rhoddwyd y gwaith. Cyhoeddwyd *Detholiad o Ryddiaith Gymraeg R. J. Derfel*, dan olygyddiaeth Gwenallt, gan y Clwb Llyfrau Cymreig ym mis Ebrill 1945. Cafodd Gwenallt gyfle yn ei ragymadrodd i'r llyfr i anghytuno â safbwyntiau R. J. Derfel ac eraill, gan daro cywair a oedd i ddod yn gyfarwydd iawn yn ei farddoniaeth yn y dyfodol, sef anghytuno â rhai tueddiadau diwinyddol ac â rhai safbwyntiau crefyddol.

Un o'r prif ddylanwadau ar R. J. Derfel oedd George Jacob Holyoake, awdur *Sixty Years of an Agitator's Life*. Anghredadun oedd George Holyoake, ac un o brif hyrwyddwyr y mudiad seciwlaraidd. Meddai Gwenallt amdano:

Gwyddoniaeth ydoedd rhagluniaeth y byd. Trwy foddion materol yn unig y gellir gwella cymdeithas. Âi'r Seciwlarwyr yn ôl am wreiddiau eu crefydd at Voltaire, Tom Paine a Richard Carlile, er mai deistiaid oedd y rhain, ond tad Seciwlariaeth oedd Robert Owen. 'Roedd Holyoake yn ddisgybl i Robert Owen, a diffinio a datblygu crefydd ei athro a wnaeth, "y grefydd resymolaidd". Protest ydoedd yn erbyn metaffiseg a diwinyddiaeth; yn erbyn gorarallfydrwydd crefydd eu cyfnod, a myned i'r eithaf arall, ymgyfyngu yn llwyr i'r byd hwn. Rhed y syniadau hyn trwy holl weithiau diweddar R. J. Derfel, yn Saesneg a Chymraeg.[56]

Un arall o arwyr R. J. Derfel oedd Charles Bradlaugh. Credai Bradlaugh, yn ôl Gwenallt, 'mewn atheistiaeth filwriaethus'.[57] Ni chredai R. J. Derfel yn Nuw gan nad oedd ganddo brawf o'i fodolaeth. 'Nid oedd y Cwymp yn ddim ond ofergoel, ac Iechydwriaeth yn ddim ond paganiaeth,' meddai Gwenallt amdano.[58] 'God is the archbutcher of the universe,' meddai R. J. Derfel unwaith, gan gyfeirio at Dduw cosb a dialedd yr Hen Destament. Dyma'r union fath o feddwl, a'r union fath o ddiwinyddiaeth, a gondemnid gan Gwenallt, fel yn y gerdd 'Gwlad ac Ynys' yn *Gwreiddiau*, lle'r enwir Bradlaugh, ymysg eraill.

Y syndod yw i Gwenallt gyflawni cymaint ag a wnaeth yn ystod cyfnod mor argyfyngus. Diflastod llwyr iddo oedd y rhyfel. Anfonodd lythyr at Albert a Molly ar Fawrth 31, 1943:

> Mae Nel yn gweithio drwy'r dydd mewn Swyddfa yn yr Adran Amaethyddol. Byddwn yn cael cinio yn y Dre gan nad oes gen i gar a dim amser i wneud cinio. Dyma fyd. Beth amdanoch chi, Moli? A ych chi yn cael llonydd hyd yn hyn? Fe welaf dy fod ti, Albertws, yn perthyn i'r Ambiwlans hefyd. Ymunais i ar ddechrau'r Rhyfel, ac yr wyf wedi pasio dwy *Exam*. Nid wyf yn rhyw dda iawn gyda'r gwaith; ni fues i yn dda gyda'r dwylo erioed. Ond fe fues yn lwcus iawn i ymuno gan nad oes eisiau gwneud gwaith tân yn y Coleg ac mi ddes yn rhydd o'r Home Guard. Rhwng yr ardd a'r Ambiwlans a'r Coleg a'r holl bwyllgorau 'rwyf yn brysur iawn, ddydd a nos, gormod o waith. Nid wyf yn cael fawr o amser i fi fy hunan. Bydd yn dda gweld yr haf yn dod er mwyn cael tipyn o orffwys, a bolaheulo yn yr awyr agored. Bachan, 'rwyf yn mynd yn hen. Ces frathiadau'r *lumbago* y diwrnod o'r blaen.[59]

Ond parhâi i weithio. Ym 1943, pan oedd yn gweithio ar ei ysgrif hunangofiannol a hunanarchwiliol hynod rymus ar gyfer cyfrol J. E. Meredith, *Credaf*, darganfu rywbeth pwysig iawn. A J. E. Meredith a gofnododd y digwyddiad. Roedd Gwenallt yn Gristion, meddai, ond, ar y pryd,

> ... nid oedd yn aelod o unrhyw eglwys. Byddai'n mynd ar dro i wahanol addoldai gan gynnwys yr Eglwys Babyddol. Yr oedd yn hoff o droi i mewn i brif eglwysi yr Eglwys honno pan fyddai ar wyliau ar y cyfandir; gallai ymateb i apêl aisthetig ac i symbolaeth gyfoethog yr adeiladau, ond nid apeliai y gwasanaethau ato.[60]

Yna:

Yn gynnar un bore, pan oedd ar ganol ysgrifennu i *Credaf,* galwodd i'm gweld i
ddweud ei fod wedi gwneud darganfyddiad pwysig – darganfod na fedrai alw ei
hun yn Gristion os nad oedd yn aelod o Eglwys Crist. Yr oedd yn bendant fod yn
rhaid iddo ymaelodi yn rhywle. Ond ymhle? 'Nid ydwyf yn Babydd,' meddai, 'ac
nid ydwyf yn teimlo fel dod yn ôl at y Methodistiaid Calfinaidd.' Hawdd deall ei
amharodrwydd i ail-ymuno â'r Hen Gorff. Ynddo yr oedd wedi ei fagu, a'i dad
yn flaenor; ond teimlodd i'r byw angharedigrwydd rhai pobl yn yr eglwys yr oedd
yn aelod ohoni pan oedd yn wrthwynebydd cydwybodol, a chwerwodd yn aruthr
wrth y rhai a ddialodd ar ei dad oherwydd safiad y mab.[61]

Gwnaeth Gwenallt ei benderfyniad. Ym mis Ionawr 1944 ymunodd â'r
Eglwys yng Nghymru. Derbyniodd fedydd esgob ym Mhlas Abergwili gan
Archesgob Cymru, Dr D. L. Prosser, a bu'n mynychu'r moddion yn Eglwys
Llanbadarn Fawr, Aberystwyth. Roedd ei gyfaill Aneirin Talfan Davies gydag
ef ar y pryd:

Yn 1944, ar fore oer yn Ionawr, ymlwybrodd Gwenallt a minnau tua phlas
Abergwili, yno i dderbyn bedydd esgob dan ddwylo'r Archesgob Prosser. Nid yn
ddi-baratoad, ac nid heb ymddygnu a brwydro gydag athrawiaethau a chredoau'r
Eglwys yng Nghymru y daethom, ill dau, i'r fan yma.[62]

Erbyn diwedd 1944 roedd Gwenallt yn cwyno'n arw ynghylch ei
amgylchiadau. 'Darlith ar ôl darlith, a phwyllgor ar ôl pwyllgor, heb hamdden
hyd yn oed i sgrifennu darn o farddoniaeth,' meddai wrth Ben Morse am
rigolau cyfyng ei fywyd.[63] Ac yntau wedi colli ei fam ers rhai blynyddoedd,
prin yr âi ar gyfyl Cwm Tawe bellach. 'Gwlad yr atgofion ydyw, atgofion
am feddau,' meddai wrth ei gyfaill,[64] heb sylweddoli y byddai'r atgofion hyn
am feddau yng Nghwm Tawe yn sail i un o'i gerddi gwirioneddol fawr yn y
dyfodol, 'Y Meirwon'.

Cam gwag ar ran Gwenallt oedd ymuno â'r Eglwys yn ôl Amanwy, a
oedd erbyn hyn yn beirniadu Gwenallt yn hallt am bob dim a gyhoeddai ac
am bopeth a wnâi. 'Deallaf,' meddai,

… fod Gwenallt wedi ymuno â'r Eglwys Wladol yn gymharol ddiweddar,
ar ôl blynyddoedd o bori ar gomin yr anffyddiwr. Nid oes neb yn amau
ei ddiffuantrwydd. Ni bu ofn dweud ei feddwl arno erioed, beth bynnag

fyddai'r pwnc. Gadawaf i chwi ddarganfod paham y mae Gwenallt a llawer o ddysgedigion Cymru – yn enwedig ynghylch Aberystwyth – yn troi eu cefnau ar Anghydffurfiaeth ac yn chwilio am loches yn noddfa draddodiadol y Fam Eglwys. Mae'n bwnc diddorol iawn, a buasai'n wiw cael goleuni arno.[65]

Yr hyn a gorddai ddicter Amanwy yn fwy na dim oedd y ffaith fod Gwenallt yn darogan tranc Anghydffurfiaeth:

> Gwelaf fod Gwenallt wedi bod yn traddodi cyfres o ddarlithiau i eglwyswyr cylch Llanelli yn ddiweddar, gan gyhoeddi tranc Anghydffurfiaeth yn y rheini, heb flewyn ar ei dafod. Ei fyrdwn oedd, bod Anghydffurfiaeth a Rhyddfrydiaeth yn edwino'n rhwydd, ac yn edwino fraich ym mraich, fel hen ffrindiau ffyddlon. Daeth awr eu machlud yn agos, ac mae awr gwawr yr eglwys Babyddol yng Nghymru yn yr ymyl.[66]

Er gwaethaf popeth, dymunodd Amanwy fendith i Gwenallt 'ar ei bererindod yn ei ymchwil am y Gwirionedd'.[67]

Daeth y Rhyfel i ben. Dadlennwyd erchyllterau'r Natsïaid yn y gwersylloedd angau a godwyd mewn lleoedd fel Belsen, Auschwitz a Dachau. Difawyd tua chwe miliwn o Iddewon. Bu'n rhaid i'r arfau rhyfel mwyaf brawychus a grëwyd erioed orfodi Siapan i ildio ym mis Awst 1945. Pechadur oedd dyn o hyd, pechadur creulon, digydwybod, ciaidd, a'r pellter rhyngddo a Duw bellach yn anfesuradwy. Gwyddai Gwenallt yn anad neb mai trwy gefnu ar Dduw a thrwy wrthod Crist y syrthiodd y byd i bwll diwaelod uffern. Ac o hynny ymlaen, byddai ei genadwri fel bardd yn hollol glir iddo.

Cydio yng ngweddillion gwareiddiad oedd yr unig beth y gallai pobl ei wneud bellach, a dechrau o'r dechrau. Ym 1946, cafodd Gwenallt gyfle i adnewyddu ei ddiddordeb yn y ddrama, a chyfle hefyd i ailalw hen gyfeillion i'r cof, fel yr eglurodd wrth B. J. Morse:

> Bu Aneirin ap Talfan a mi am wythnos o wyliau ddechrau mis Medi yn Stratford-on-Avon. 'Roeddwn yn adnabod Huw Gruffydd yr actor ac ef a gafodd lety i ni a thocynnau. Gwelsom ddwy neu dair o ddramâu Shakespeare a drama Marlowe, "Dirty Duck", a chefais yno olwg ar bryd [fyd?] yr actor. Cododd yno yr hen hiraeth am fywyd penrhydd yr artist; hiraeth am ddiogi a llonyddwch celfyddyd a chreadigaeth. Yn sŵn yr "Avon" daeth yr hen gymdeithas gynt yn fyw i'm co, J.D.

yn cynrychioli Ffrainc a thi yn llais i'r Almaen; cwmni Baudelaire a Rilke, Racine a Goethe. Druan o J.D. Byddaf weithiau yn meddwl amdano.[68]

Un o edmygwyr pennaf Gwenallt oedd Aneirin Talfan Davies. Roedd y ddau wedi ffurfio cyfeillgarwch agos oddi ar i Gwenallt anfon cerddi ato i'w cyhoeddi yn *Heddiw*. Ac fe gofiai Aneirin Talfan yntau am yr ymweliad gwaraidd hwnnw â Stratford-upon-Avon:

> Mi wn i am hoffter Gwenallt o lenyddiaeth Saesneg, a chofiaf ei afiaith
> bachgennaidd, hoffus, pan dreuliasom wythnos fendigedig yn Stratford-on-Avon,
> yn mwynhau cymaint o berfformiadau o ddramâu Shakespeare ac eraill ag y gallem
> e[u] stwffio i mewn i wythnos brin. A'r seiadau yng nghwmni Huw Griffith; a'r
> trip hwnnw i Gastell Warwick a roes iddo'r cynnwrf i gyfansoddi'r delyneg honno
> i'r paun a rygyngai 'ar lawnt y plas'.[69]

Un arall o edmygwyr mawr Gwenallt oedd Pennar Davies. Pennar Davies a fu'n trafod barddoniaeth Gwenallt yn y gyfres *Munudau gyda'r Beirdd* a ddarlledwyd ar y radio ym 1946. Dechreuodd trwy sôn am yr Adwaith, a lle Gwenallt yn Ysgol yr Adwaith:

> Dywedir wrthym yn bur aml yn y dyddiau hyn fod ysgol o lenorion yn ein mysg
> sy'n haeddu ei galw'n Ysgol yr Adwaith, a rhoddir enw Gwenallt yn ddi-ffael
> fel enw un sy'n flaenllaw yn y mudiad drwg a pheryglus hwn. Beth yw ystyr y
> cyhuddiad? Wel, y mae'r cyhuddiad yn rhagdybio bod y byd yn gyffredinol, a
> Chymru'n arbennig, wedi mynd trwy gyfnod o gynnydd, cynnydd-er-gwell, a bod
> Gwenallt yn cynrychioli mudiad sydd am "droi'r cloc yn ôl." Dyna'r ymadrodd
> poblogaidd a ddefnyddir i gondemnio unrhyw ymgais i edfryd rhyw ffordd o
> feddwl neu o fyw sydd wedi mynd ar goll. Ymadrodd ffôl iawn ydyw, canys peth
> doeth yw troi'r cloc yn ôl os yw'n rhoddi amser cloc ymlaen. Gall dyn sydd "ar ôl
> ei oes" fod "o flaen ei oes" yr un pryd.[70]

Os oedd haeriad fod Gwenallt wedi cefnu 'ar gyfiawnder cymdeithasol ac economaidd a rhyddid hanfodol dyn' yn sgil y ffaith ei fod yn perthyn i'r Adwaith, meddai, yna nid oedd yr un rhithyn o wirionedd yn y cyhuddiad. 'Realydd Cristionogol' oedd Gwenallt.[71] 'Hynny yw,' meddai, 'yn fras, nid yw Gwenallt yn ofni edrych ar y ffeithiau hyll am bechod dynolryw; y mae'n cydnabod bod ar y natur ddynol eisiau gwaredigaeth oddi uchod ac y mae'n derbyn Crist fel Gwaredwr a'r Eglwys hanesyddol fel cyfrwng i ras Duw'.[72] Gan droi at gerddi unigol, galwodd ei soned 'Cnawd ac Ysbryd' yn 'un o gerddi anfarwol ein hoes'.[73] Dywedodd fod Gwenallt yn 'ei gân wych' 'Yr Iddewon' yn 'troi ei ffraethineb yn erbyn "gwrth-Semitiaeth" ac yn canu clod yr Iddewon fel tystion i'r gwir Dduw'.[74] Credai mai ei 'soned berffaith' i 'Iwdas Isgariot' oedd y 'peth mwyaf a sgrifennodd y bardd mawr hwn'.[75]

Cafodd Pennar Davies gyfle arall i dafoli gwaith Gwenallt pan wahoddwyd ef gan Aneirin Talfan Davies i gyfrannu ysgrif ar y bardd ar gyfer llyfr o ysgrifau beirniadol ar rai o brif lenorion Cymru yr oedd yn gweithio arno ar y pryd. Cyhoeddwyd *Gwŷr Llên* ym 1948. Neilltuodd Pennar Davies gyfran helaeth o'i ysgrif i drafod cefndir Gwenallt, gan bwyso'n drwm ar ei weithiau hunangofiannol mawr, *Plasau'r Brenin* a 'Credaf'. Yn ôl yr ysgrif hon, 'Pechod' oedd ei soned orau. Cyfeiriodd at wrth-Semitiaeth Gwenallt, dan gochl Myrddin Tomos, yn *Plasau'r Brenin*: 'Wrth wylio'r Iddew yn ysgrifennu ei lithiau, edrychai Myrddin Tomos arno ef a'i genedl fel gelynion gwareiddiad Gorllewin Ewrob, y creaduriaid seimllyd a chwythai dân gwrthryfel yn y gwledydd a hau hadau materoliaeth, gan gyrraedd eu hamcanion iselwael drwy eu cyfoeth cybyddlyd a'u dyfalbarhad'.[76] Ac meddai, gan gyfeirio at y gerdd 'Yr Iddewon' yn *Cnoi Cil*: 'Os yw Myrddin Tomos yn y nodwedd yma yn adlewyrchu Gwenallt fel yr oedd adeg y Rhyfel Byd Cyntaf, dylid haeru ar unwaith ei fod yn awr yn sylweddoli bod gan yr Iddewon neges ysbrydol hollol arbennig yn y byd a bod eu neges yn her i fateroldeb dyn'.[77]

'Gellir dweud yn ddibetrus fod *Ysgubau'r Awen* yn un o'r llyfrau gwychaf o farddoniaeth a gyhoeddwyd erioed gan fardd Cymraeg,' meddai Pennar Davies.[78] Roedd gwahaniaeth pendant rhwng y ddwy gyfrol: 'O'i gymharu ag *Ysgubau'r Awen*, y mae *Cnoi Cil* yn cynnwys mwy o bethau grotésg a llai o bethau "clasurol" o gain; ond y mae'r grotesgrwydd yn feistrolgar'.[79]

Adolygwyd *Gwŷr Llên* yn *Trafodion Anrhydeddus Gymdeithas y Cymmrodorion* gan Iorwerth Peate. Roedd Peate wedi condemnio *Cnoi Cil* yn ddiarbed mewn adolygiad byr yn *Y Cymro* adeg ei hymddangosiad. Bachodd ar y cyfle i adolygu'r gyfrol er mwyn bwrw amheuaeth ar waith Gwenallt ymhellach:

Yn ei ysgrif ar D. Gwenallt Jones ceir gan Dr. Pennar Davies nid yn gymaint astudiaeth ag apologia tros y llenor hwn. Defnyddiodd yn ddeheuig ryddiaith hunan-gofiannol yr awdur ond ni roes gymaint o le ag yr hoffwn i farddoniaeth Gwenallt. Y mae gwaith gorau Gwenallt yn *Ysgubau'r Awen* a hawdd talu teyrnged i'w awen yn y gyfrol honno, ond cyfaddefaf na allaf ddilyn Dr. Davies o gwbl yn yr hyn a ddywed am yr awdlau, *Cnoi Cil*, a gwaith diweddaraf y bardd. Syrffedais ar y "strôc" sy'n ymddangos mor aml mewn cynifer o'r cerddi. Nid oes fawr o ddewis wedi'r cwbl rhwng "yr efengyl" sy'n "hongian ar hoel" a'r "aerial ar gopa'r duwdod" y cafwyd cymaint o ddigrifwch uwch ei ben. Felly "burum Ei chroth a'i cododd yn does" (ac aml strôc arall) yn "Y Cymun," y "cyrff … yn stecs rhwng plastr a briciau, etc." yn "Cymru a'r Rhyfel," y darlun o Gymru fel buwch (? neu hwch) yn "Nant-y-moch," Gandhi yn "glown y syrcas ymerodrol," y "naddu pren Ei groes yn gafnau moch" yn "Rwsia," "Niclas yn y Fatican yn Bab," etc., etc. Yn y "bwytawn ei chnawd braf," a'r "blys bysedd" ar y "blows biws," a bron y cwbl o gerddi *Cnoi Cil*, difethir llawer o brydyddiaeth Gwenallt i mi gan ryw ddiffyg chwaeth rhyfeddol sy'n esgor ar ddim ond strôcs geiriog. Nid ychwanegaf ddim yma am gynnwys y canu er y gellid traethu'n hir ar hwnnw. Ond y mae'n amlwg fod Dr. Davies yn amharod i gydnabod y gwendidau hyn. Er hynny y mae ei astudiaeth yn eithriadol o ddiddorol ac yn ddatganiad barn y bydd y mwyafrif o'r darllenwyr, o bosibl, yn cytuno â hi.[80]

Ym 1948 hefyd y cyhoeddwyd *Y Bardd yn ei Weithdy: Ysgyrsiau gyda Beirdd*, dan olygyddiaeth T. H. Parry-Williams, sef casgliad o bum sgwrs radio a drefnwyd gan Alun Llywelyn-Williams, a weithiai i'r BBC ar y pryd. Darlledwyd y sgyrsiau ar y radio ar ddechrau 1947, gyda T. H. Parry-Williams yn holi. Y beirdd eraill a holwyd oedd T. Gwynn Jones, W. J. Gruffydd, Wil Ifan a Gwilym R. Jones. Cofiai T. H. Parry-Williams am Gwenallt yn dod i Goleg Aberystwyth yn fyfyriwr, a bod pawb yn yr amser hwnnw yn ei adnabod fel bardd. Holodd Gwenallt am ei gefndir. Dywedodd iddo gael *Yr Ysgol Farddol* yn anrheg gan ei dad ar ei ben-blwydd yn 15 oed, a dyna pryd y dechreuodd fagu diddordeb mewn barddoniaeth. Ond yn y coleg yn Aberystwyth y dechreuodd lunio awdlau, dan ddylanwad T. Gwynn Jones, T. H. Parry-Williams a Dewi Morgan, y lletyai gydag ef yn Aberystwyth.

Soniodd Gwenallt am y modd yr âi ati i lunio cerddi, gan ddechrau gyda'r ysgogiad cychwynnol:

Y peth cynta' sydd yn digwydd, yn ôl fy mhrofiad i, yw bod rhywbeth yn eich taro, rhywbeth mewn papur-newydd neu lyfr, rhywbeth mewn pwyllgor neu mewn Natur, rhyw sylw gan weinidog neu gan y wraig, ond rhywbeth sydd yn eich taro *fel bardd*; hynny yw, 'rydych yn credu y gellwch lunio cân ar y peth. Byddwch yn anghofio'r cwbl amdano wedyn, ond fe ddaw i'r cof eilwaith. Ac os bydd y peth yn ymhél â chwi o hyd, yn eich poeni, y mae'n arwydd go sicr y medrwch gyfansoddi cerdd ar y pwnc. Anghofio amdano wedyn, a hwnnw'n dod i'r cof eto. A byddwch weithiau wrth y tân fin nos, neu mewn bws, neu ar ganol darlith, yn meddwl am bethau sydd yn debyg i'r peth sydd gennych, neu bethau sydd yn annhebyg – geiriau, cymariaethau, &c. Ac fel hyn, o dipyn i beth, y mae pethau yn crynhoi at ei gilydd; y mae'r peth yn tyfu fel caseg eira. A hyn oll *cyn* dechrau llunio'r gân. Byddwn i yn galw hyn yn *fyfyrdod*.[81]

Ac ar ôl y myfyrdod y daw ias y creu:

Yn y cyffro creu neu, a defnyddio gair cryfach, yn y gorfoledd creu daw'r pethau y buwyd yn myfyrio arnynt at ei gilydd a syrthio i'w lle yn y gerdd, a hynny yn bur rhwydd fel pe byddai Rhagluniaeth wedi trefnu iddynt. Cymerant ffurf wrth i mi geisio eu gosod mewn iaith. Canfod y ffurf a rydd y gorfoledd. 'Roedd y ffurf ynddynt o'r blaen, a'i thynnu i'r golwg a wneir yn yr hwyl greu. Nid wyf i ddim yn gwybod ar ba fesur y bydd y gân cyn ei chyfansoddi. Nid yw bardd fyth yn dewis ei fesur ymlaen llaw. Dyna pam y mae'r holl sôn am ddewis mesurau, y mesurau caeth, neu'r mesurau rhydd neu gerdd ddifesur fel *vers libre*, yn gyfeiliornus. Ffurf allanol y gân, wrth gwrs, yw'r mesur; y ffurf fewnol yw'r rhithm, a hwnnw sydd yn bwysig. Fe all dwy gân fod ar yr un mesur, heb fod â'r un rhithm ynddynt.[82]

Ym 1948 y cyhoeddodd Gwenallt ei astudiaeth graff a gwybodus o waith y bardd Islwyn yn ogystal. Cyflawnodd gryn orchest yn ôl E. Lewis Evans, un o adolygwyr *Bywyd a Gwaith Islwyn*:

Nid camp fechan ydoedd hel a gwyntyllu'r holl faterion hyn, a hynny â delw meistr ar bob t[ud]alen. Diau y bydd i'r gyfrol hon godi newyn o'i wâl i ambell un, a pheri iddo gloddio i lawysgrifau Islwyn. Yn sicr, daw'n bwnc trafodaeth mewn llawer dosbarth a chylch myfyr, oherwydd os yw galar Islwyn ar ôl Ann Bowen yn dehongli llawer ar ei waith, cyfyd hefyd broblemau newydd, gan fod y dyn ei hun yn mynd yn fwy o ddirgelwch, nes peri inni dybio ei fod naill ai'n deyrn ar ei aelwyd, neu'n biwus, gan ddigalondid, a bod yn rhaid ei faldodi.[83]

Dywedodd fod y gyfrol 'yn gyfraniad godidog iawn',[84] ac adleisiwyd hynny gan R. Tudur Jones, a ddisgrifiodd y gyfrol fel 'cyfrol dra gwerthfawr'.[85] Cyfrannodd hefyd bennod sylweddol i'r gyfrol *Seiliau Hanesyddol Cenedlaetholdeb Cymru*, sef casgliad o ddarlithoedd a draddodwyd yn Ysgol Haf Plaid Cymru ym 1946, ond ym 1950 y cyhoeddwyd y gyfrol. Bwrw golwg ar fudiadau Cymreig yn ystod y bedwaredd ganrif ar bymtheg, fel yr ymfudo i Batagonia, a lle Michael D. Jones yn yr antur fawr honno, a mudiad Cymru Fydd, a wnaeth yn yr ysgrif honno.

Yn ystod ail hanner y 1940au, o 1945 hyd at 1950, bu Gwenallt yn beirniadu droeon yn yr Eisteddfod Genedlaethol. Ef oedd beirniad cystadleuaeth y cywydd yn Eisteddfod Genedlaethol Rhosllannerchrugog ym 1945. Enillwyd y gystadleuaeth, cywydd ar y testun 'Clawdd Offa', gan Richard Hughes, cystadleuydd mynych yn yr Eisteddfod Genedlaethol yn y cyfnod hwnnw. Ym 1946, yn Eisteddfod Genedlaethol Aberpennar, roedd yn un o feirniaid cystadleuaeth y Gadair, ar y cyd â Gwyndaf a Thomas Parry. Cynigiwyd dau destun i'r beirdd ganu arno yn Eisteddfod Aberpennar, 'Codi Angor' neu 'Awdl Foliant i'r Amaethwr', a Geraint Bowen a enillodd y Gadair gydag awdl foliant gywrain ryfeddol, un o'r awdlau gorau i ennill Cadair yr Eisteddfod Genedlaethol erioed. Clodforwyd yr awdl gan Gwenallt, er iddo dynnu sylw at amherseinedd ambell linell a barnu bod y trydydd caniad yn rhy gywrain a mwy o glyfrwch ynddo nag o gelfyddyd.

Yn Eisteddfod Genedlaethol Bae Colwyn ym 1947, Gwenallt oedd beirniad cystadleuaeth yr englyn. 'Y Gorwel' oedd y testun, a gwobrwyodd un o'r englynion gorau erioed yng nghystadleuaeth yr englyn yn yr Eisteddfod Genedlaethol. Ac meddai, wrth wobrwyo englyn bythgofiadwy Dewi Emrys:

> Y mae yn yr englyn hwn undod; y mae yn gyfanwaith bychan. Disgrifir y Gorwel fel rhith, rhith a wnaed gan ddewin; pan eir at y gorwel, nid yw yno, dyna'r rhith; ond fe welir y gorwel ymhellach. Ceir y syniad hwn gan lawer o'r englynwyr yn y gystadleuaeth hon, ond nis mynegwyd fel yn yr englyn hwn. Y mae i englyn ei ddull ymadrodd ei hun; dull clir, cryno, cwta a chynhwysfawr. At hynny fe ddylai englyn redeg yn llyfn ac yn bersain. Gwendid llawer o'r englynion oedd eu hanystwythder a'u clogyrnwch. Yr ail linell yw'r wannaf yn englyn *Al Fresco* am fod ynddi gymhariaeth a geir yn rhai o gywyddau Gwynn Jones a cherddi Natur Eifion Wyn.[86]

Cysylltid Gwenallt â'r canu caeth gan swyddogion yr Eisteddfod Genedlaethol, yn bennaf oherwydd iddo lunio tair awdl ar gyfer tair eisteddfod, ond roedd Gwenallt erbyn y 1940au wedi hen gefnu ar y gynghanedd. Amheuthun iddo oedd cael gwahoddiad i feirniadu cystadleuaeth y Goron yn Eisteddfod Genedlaethol Dolgellau ym 1949, ar y cyd â William Morris ac Iorwerth Peate. 'Meirionnydd' oedd testun cystadleuaeth y Goron, testun 'peryglus' yn ôl Gwenallt, gan y byddai testun hanesyddol o'r fath yn rhwym o ddenu pryddestau traethodol.[87] Nid hanes y sir ar fydryddiaeth a ddisgwylid ond barddoniaeth am y sir, gan gofio nad 'cysylltiadau hanes yw cysylltiadau celfyddyd'.[88] Fel arfer, rhoddodd Gwenallt arweiniad a chyngor i'r beirdd:

> Ymdrin â digwyddiadau arbennig hanes a wna'r haneswyr; gweled arwyddocâd cyffredinol y digwyddiadau arbennig wna'r bardd. Prif wendid y rhan fwyaf o'r pryddestau yw ymdrin â digwyddiadau arbennig hanes Sir Feirionnydd, heb geisio gweled eu harwyddocâd cyffredinol …[89]

J. T. Jones (John Eilian) a enillodd y Goron ym 1949, a hynny am bryddest gyfareddol, gyda dau o'r beirniaid mwyaf llym a mwyaf anodd eu bodloni, Iorwerth Peate a Gwenallt, yn beirniadu, er mor wahanol i'w gilydd oedd y ddau, fel beirdd ac fel beirniaid.

Fe'i gwahoddwyd i feirniadu yn yr Eisteddfod Genedlaethol eto ym 1950, a'r tro hwn gofynnwyd iddo feirniadu dwy gystadleuaeth yn y Brifwyl, cystadleuaeth y Gadair a chystadleuaeth yr englyn. Ac fe gynhyrfodd y dyfroedd yn arw yn y ddwy gystadleuaeth. 'Awdl Foliant i'r Glöwr' oedd testun cystadleuaeth y Gadair yn Eisteddfod Genedlaethol Caerffili ym 1950, ac fe wobrwywyd awdl a ddaeth yn hynod boblogaidd gan Gwenallt a'i ddau gyd-feirniad, D. J. Davies a Thomas Parry, sef awdl Gwilym R. Tilsley, er bod Gwenallt yn bur feirniadol o'r awdl mewn mannau. Ond roedd yn feirniadol o bopeth yn yr eisteddfod honno. Amheuai werth y gystadleuaeth i ddechrau. 'A ellir llunio Awdl Foliant yn yr ugeinfed ganrif? Mewn canrif Anghristionogol a rhamantaidd?' gofynnodd.[90] 'Pwrpas yr henfeirdd oedd moli rhinweddau'r pendefigion a'r saint, ond ni all yr un bardd yn ei bwyll heddiw foli'r gyfundrefn gyfalafol ddiwydiannol.'[91] Perthynai'r traddodiad mawl yn ogystal â ffurf fydryddol fel yr awdl i oes amgenach yn ôl Gwenallt, ac roedd y ddau beth yn gwbwl amherthnasol i'r ugeinfed ganrif. 'Camgymeriad yw codi hen ddull o awdl fel hwn, a chamgymeriad yw cyfyngu'r awdl i fesurau Dafydd ab Edmwnd, canys y maent hwythau hefyd yn gynnyrch crefydd ac athroniaeth yr Oesoedd Canol.'[92] 'Ceidwadaeth farw' oedd yr holl beth ym marn Gwenallt.[93] Ond y peth mwyaf tramgwyddus ynghylch ei holl feirniadaeth oedd yr hyn a ddywedodd am awdl fuddugol Gwilym R. Tilsley. 'Nid oes ganddo,' meddai, 'or-gynefindra dagreuol areithiau'r Dr. James Griffiths'.[94]

Anfonwyd 347 o englynion i gystadleuaeth yr englyn, y nifer uchaf erioed i gystadlu ar yr englyn yn yr Eisteddfod Genedlaethol. Y testun oedd 'Ceiliog y Gwynt', ac englyn o waith T. Llew Jones a wobrwywyd. Y tro hwn, beirniadu'r beirdd am beidio â chymryd eu crefft o ddifri a wnaeth Gwenallt, a'u cystwyo am eu hamaturiaeth remp:

> Y mae llawer ohonynt wedi eu hysgrifennu yn aflêr ar dameidiau o bapur, y papur rhrataf yn siop Woolworth, ac y mae'r cynganeddu yn aflêr. Cynnyrch diwylliant esgeulus ydynt: cerddi cenedl siabi.[95]

Un o'r rhai a ymatebodd yn chwyrn i sylwadau coeglyd Gwenallt yng Nghaerffili oedd Amanwy, a oedd, ar un adeg, yn gyfaill iddo. Amanwy, wrth gwrs, oedd brawd James Griffiths, ac roedd y cyfeiriad gwawdlyd at ei frawd wedi gwylltio Amanwy, ac, o'r herwydd, gwrthododd rannu llwyfan gyda Gwenallt mewn seiat holi a gynhaliwyd ar y maes yn ystod yr ŵyl. Ar ben hynny, tynnodd sylw at sylwadau diflewyn-ar-dafod Gwenallt yn ei ddwy feirniadaeth yn ei golofn, 'Colofn Cymry'r Dyffryn', yn yr *Amman Valley Chronicle*. Roedd condemniad Gwenallt o'r papur rhad a ddefnyddiai'r beirdd i ysgrifennu eu henglynion arno, yn ogystal â'r hyn a ddywedodd am ei frawd, wedi corddi dicter Amanwy:

> Gêm ffront yw gwleidyddiaeth ar y gorau. Dyna paham y mae pobl orau Cymru am gadw'r cyfryw o'r tu allan i babell y Brifwyl. Ond nid rhoi ergyd lawchwith i Jim Griffiths yn unig a wnaeth Gwenallt bach. Darllened y gŵr sy'n caru chwarae teg, ei frawddegau cyntaf yn ei feirniadaeth ar yr englynion yng Nghaerffili … Os na chamsyniaf, mab i weithiwr cyffredin yng ngwaith dur Pontardawe yw. Sgwn i a oedd gan ei dad bapur glân pan fuasai'n llunio pwt o lythyr at ffrind? Beth yw'r snobyddiaeth academig hwn sy'n gwneud plant y werin yn elynion iddi? Wrth gwrs, nid oedd ganddo hawl i feirniadu'r papur, ond yr englyn a oedd yn

ysgrifenedig arno. A pha siawns sydd gan was fferm, neu löwr, neu chwarelwr,
i brintio ei bennill pedair llinell ar bapur o fath arbennig? Ond dyna ddigon.
Cyhoedded Pwyllgor Eisteddfod Llanrwst pa fath ar bapur y dylai cystadleuydd ei
ddefnyddio yno yr haf nesaf. Cnöed pawb ei gil ar y ffaith ei fod yn perthyn i bobl
o ddiwylliant esgeulus, ac i genedl siabi.[96]

Yn ôl Amanwy ei hun, cafodd gefnogaeth frwd i'w safiad:

Rhaid imi ddiolch am y gefnogaeth wresog a gefais am fy safiad yn yr Eisteddfod
Genedlaethol yng Nghaerffili, dros gwrteisi a boneddigeiddrwydd cyffredin yn y
Brifwyl. Derbyniais dros ddeg ar hugain o lythyrau a hanner dwsin neu ragor o
gardiau, ac fe'u cadwaf oll yn ddiogel. Yr oedd dau brifathro ymhlith y caredigion.
Swm y cwbl a wnaethpwyd yw nad yw'n dda, hyd yn oed i feirniad, sydd bron â
chredu ei fod yn hollalluog, gymeryd llwyfan y Brifwyl i bregethu ei genfigen a'i
gas. Nid hwn yw'r tro cyntaf iddo wneuthur hynny. Efallai mai hwn fydd y tro
olaf. Petai'n cael y cyfle i ddarllen y llythyrau a gefais i, rwy'n sicr y byddai'n fwy
gofalus o hyn allan.[97]

Tynnodd Amanwy sylw at yr hyn a ddywedwyd yn y papurau am ymddygiad
Gwenallt yng Nghaerffili. Dyfynnodd ran o golofn y Prifardd Cledlyn yn *The
Welsh Gazette*:

Ar ôl te, euthum am dro i'r parc bychan, prydferth gerllaw Neuadd Tref Llanelli.
Drannoeth i ddiwrnod y cadeirio yng Nghaerffili ydoedd, a darllenaswn eisoes beth
o *Gyfansoddiadau'r* Eisteddfod. Gwelais ddau henwr ar un o seti'r parc, yn darllen y
llyfryn hwnnw, a chan y gwyddwn fod hen gyfeiriad bach digon salw ynddo at yr
Aelod dros Lanelli, euthum i eistedd ar y sêt nesaf atynt. A beth oedd yr ymadrodd
cyntaf, feddyliwch chi, a ddaeth i'm clyw? Dyma fe: 'Corgi bach yn sodlo thoro-
bred, myn brain i'. Deallais ar unwaith mai barn Llanelli ar gyfeiriad slei Gwenallt
at James Griffiths oedd yr ymadrodd. Llwyr gytunaf â'r farn honno, a synnwn i
ddim na ddaw enw Gwenallt yn fwy adnabyddus i'r byd drwy'r gnoad gas a roes i
Jim Griffiths na thrwy ddim a wnaeth erioed.[98]

Condemniwyd Gwenallt hefyd gan newyddiadurwr enwog iawn yn ei
ddydd:

Bonheddwr arall a fwriodd ei farn yn ddifloesgni ar y mater oedd 'Llygad Llwchwr',
gohebydd enwog *The News Chronicle*. Gŵyr pawb ei fod ef yn ffrind cywir i Gymru,

ac yn amddiffynnwr cadarn i'n hiaith a'n ffordd o fyw. Ond nid yw ef, mwy na'r lleill ohonom, yn credu y dylid dwyn rhagfarnau gwleidyddol i lwyfan yr Eisteddfod Genedlaethol. Traethodd ei farn yn bendant ar fryntni Gwenallt. 'Unforgivable blunder' a 'public insult' oedd ei eiriau ef am yr hyn a wnaeth Gwenallt. Felly, yr wyf yn weddol iach fy nghalon ar y safiad a gymerais i ar y mater.[99]

Er gwaethaf pob helynt, erbyn i ddegawd newydd y 1950au wawrio, roedd Gwenallt ar ei anterth ac yn ei lawn nerth fel bardd. Ailargraffwyd *Ysgubau'r Awen* ym mis Mehefin 1951, ac wrth ei chwt ym mis Gorffennaf cyhoeddwyd cyfrol newydd sbon o'i waith, *Eples*. Cyflwynwyd y gyfrol i'w gyfaill a'i gefnogwr, Aneirin Talfan Davies, ac i'r ysgolhaig a'r cenedlaetholwr Griffith John Williams, gŵr yr oedd Gwenallt yn ei edmygu'n fawr. Aeth Gwenallt i Oberammergau yn yr Almaen i weld y Ddrama Basiwn enwog yn cael ei pherfformio yno, ac ar ôl iddo ddychwelyd i Gymru anfonodd air at Aneirin Talfan Davies ym mis Tachwedd 1950:

> 'Rwyf wedi cael hwyl ar farddoni ar ôl dod yn ôl o Oberammergau. 'Rwyf wedi llunio cerddi newydd ac wedi trwsio hen rai, ac y mae gennyf erbyn hyn tua hanner cant ohonynt, ac fe ânt i'r Wasg ddechrau'r flwyddyn.[100]

Cynlluniwyd y gyfrol yn ofalus. Y mae'n agor gydag wyth o gerddi ac iddynt gefndir diwylliannol. Y gerdd gyntaf oll yw 'Y Meirwon', un o gerddi grymusaf y gyfrol, os nad y gerdd rymusaf oll. Wrth i ddyn edrych yn ôl dros droeon yr yrfa ar ôl croesi'r hanner cant, gall weld pethau'n glir:

> Bydd dyn wedi troi'r hanner-cant yn gweld yn lled glir
>   Y bobl a'r cynefin a foldiodd ei fywyd e',
> A'r rhaffau dur a'm deil dynnaf wrthynt hwy
>   Yw'r beddau mewn dwy fynwent yn un o bentrefi'r De.[101]

Y ddwy fynwent yn y gerdd yw mynwent y Presbyteriaid yn Nhrebannws, lle claddwyd tad a mam Gwenallt a'i frawd John Llewelyn (ac, yn ddiweddarach, Albert a Beth Owen), a mynwent yr Annibynwyr yn yr Allt-wen lle claddwyd y teulu o Ferthyr Tudful y cyfeirir atynt yn y gerdd:

Wrth yrru ar feisiglau wedi eu lladrata o'r sgrap
    A chwarae Rygbi dros Gymru â phledrenni moch,
Ni freuddwydiais y cawn glywed am ddau o'r cyfoedion hyn
    Yn chwydu eu hysgyfaint i fwced yn fudr goch.

Ein cymdogion, teulu o Ferthyr Tydfil oeddent hwy,
    'Y Merthyron' oedd yr enw arnynt gennym ni,
Saethai peswch pump ohonynt, yn eu tro, dros berth yr ardd
    I dorri ar ein hysgwrs ac i dywyllu ein sbri.[102]

Dioddefai'r teulu hwn o glefyd 'llwch y glo' neu 'ddwst y garreg', sef silicosis. Roedd y diwydiant glo yr un mor beryglus ddifaol â'r diwydiant dur ac alcan. Roedd marwolaeth ei dad yn atgof poenus ac yn ddelwedd arswydus ym meddwl Gwenallt o hyd:

Sleifiem i'r parlyrau Beiblaidd i sbio yn syn
    Ar olosg o gnawd yn yr arch, ac ar ludw o lais;
Yno y dysgasom uwch cloriau wedi eu sgriwio cyn eu pryd
    Golectau gwrthryfel coch a litanïau trais.[103]

Teyrnged i wydnwch a dewrder pobl ei gynefin diwydiannol a geir yn 'Y Meirwon', pobl a syrthiasai'n aberth i'r drefn gyfalafol. Edmygai famau a gwragedd y pentrefi diwydiannol am eu dewrder a'u dyfalbarhad ar ôl iddynt golli eu gwŷr:

Gwragedd dewrfud â llond dwrn o arian y gwaed,
    A bwcedaid o angau yn atgo tan ddiwedd oes,
Yn cario glo, torri coed-tân a dodi'r ardd
    Ac yn darllen yn amlach hanes dioddefaint Y Groes.[104]

Cerddi sy'n ymwneud â chefndir diwydiannol Gwenallt ac â'r byd gwleidyddol yn gyffredinol, mewn rhyw fodd neu'i gilydd, yw'r wyth gerdd gyntaf: 'Y Meirwon', 'Rygbi', 'Y Dirwasgiad', 'Cymdogion' – lle sonnir am y gymdogaeth dda a geid yn ardaloedd diwydiannol y De, 'Comiwnyddiaeth ddiniwed Eden'[105] – a 'Morgannwg' wedyn, sydd eto yn collfarnu'r gyfundrefn gyfalafol annynol a di-hid:

Nid oedd y gweithiwr ond llythyren a rhif
    Yn rhyw fantolen anghyfrifol draw;
Ni osodai ei ddelw ar lif y metel;
    Marw oedd cynnyrch ei law ...[106]

Cerdd am hoffter y gweithwyr o gadw a meithrin colomennod yw 'Colomennod', a'r rheini wedyn yn creu 'Llun yr Ysbryd Glân uwch y Cwm'.[107] 'Rhyw weriniaeth ddiwyd' yw'r morgrug yn 'Y Morgrug', a 'Gwerin gydweithredol yn drysu cynllwynion y Cawr', sef cawr cyfalafiaeth,[108] tra bo'r paun lliwgar, rhodresgar yn 'Y Paun' yn cynrychioli'r hen bendefigaeth gefnog gynt, ac yn symbol o gyfoeth a chyfalafiaeth, er y bydd yn rhaid iddo rywbryd roi ei 'orsedd i adar y Chwith'.[109]

    Tair cerdd yn unig a geir i Sir Gaerfyrddin yn y gyfrol. Yn '"Sul y Fferm"', sonnir am yr ymfudo o'r ardaloedd gwledig i'r pentrefi diwydiannol:

Ffeiriasom ein gwladwyr, ein ffermydd a'n tyddynnod
    Am y Mamon diwydiannol a'r bara rhad ...[110]

Yna, ceir y gerdd enwog 'Rhydcymerau', a cherdd deyrnged i D. J. Williams, brodor o Rydcymerau, yn dilyn, ac atgofion Gwenallt am Rydcymerau yn llifo drwyddi:

'R wy'n cofio'r ceffylau yn Rhydcymerau
    Yn Y Gelli, yn Tir-bach ac yn Esgeir-ceir,
Yn llafurio trwy'r blynyddoedd digysgod, fel tithau,
    Yn ddyfal ac yn ddewr ac yn ddeir.[111]

Mae'r gerdd 'Sir Forgannwg a Sir Gaerfyrddin' yn dod â'r ddwy sir ynghyd, yn cyfaddawdu rhyngddynt, mewn ffordd. Nid ar wahân y bodolant rhagor, ac nid mewn cystadleuaeth â'i gilydd ychwaith. Sir yr emynwyr mawr, a sir ysbrydol, o'r herwydd, yw Sir Gaerfyrddin:

Tomos Lewis o Dalyllychau,
    A sŵn ei forthwyl yn yr efail fel clychau
Dros y pentref a'r fynachlog ac elyrch y llyn;

Tynnai ei emyn fel pedol o'r tân,
A'i churo ar einion yr Ysbryd Glân
A rhoi ynddi hoelion Calfaria Fryn.

Dôi yntau, Williams o Bantycelyn,
Yn Llansadwrn, at fy mhenelin,
I'm dysgu i byncio yn rhigolau ei gân;
Ond collwn y brefu am Ei wynepryd Ef
Ar ben bocs sebon ar sgwâr y dref
A dryllid Ei hyfrydlais gan belen y crân.[112]

Boddid emyn Pantycelyn gan areithiau gwleidyddol a chan sŵn diwydiant yn ardaloedd y glofeydd a'r gweithfeydd. Sir Forgannwg, o'i chyferbynnu â Sir Gaerfyrddin, oedd y sir faterol, gyfalafol, a sir y brwydro am chwarae teg i'r gweithwyr. Ni allai gwerin yr ardaloedd diwydiannol ymwneud yn ormodol â materion ysbrydol, oherwydd bod newyn yn gwasgu. A dyna'r gwendid. Roedd gweithwyr diwydiannol y De ar eu cythlwng ar adegau o streic, ac nid oedd y solas a gynigid gan gapeli ac eglwysi o ddim gwerth na lles i stumog wag. Roedd angen maeth corfforol yn ogystal â maeth ysbrydol ar y gweithwyr a'u teuluoedd:

Ni allai'r ddiwydiannol werin
Grwydro drwy'r gweithfeydd fel pererin,
A'i phoced yn wag a'r baich ar ei gwar:
Codem nos Sadwrn dros gyfiawnder ein cri
A chanu nos Sul eich emynau chwi:
Mabon a Chaeo; Keir Hardie a Chrug-y-bar.

Y mae rhychwant y Groes yn llawer mwy
Na'u Piwritaniaeth a'u Sosialaeth hwy,
Ac y mae lle i ddwrn Karl Marcs yn Ei Eglwys Ef:
Cydfydd fferm a ffwrnais ar Ei ystad,
Dyneiddiaeth y pwll glo, duwioldeb y wlad:
Tawe a Thywi, Canaan a Chymru, daear a nef.[113]

Ceir yn ogystal yn y gyfrol gerddi am Gymru a swp o gerddi am bobl a lleoedd, cerddi crefyddol a cherddi sy'n ymwneud ag amser. I gloi ceir chwe cherdd sy'n ymwneud â'r Almaen mewn rhyw ffordd neu'i gilydd,

cerddi a luniwyd, mwy na thebyg, ar ôl i Gwenallt deithio i'r Almaen i weld
perfformio Drama'r Pasiwn yn Oberammergau. Mae'r cerddi hyn yn llawn
cydymdeimlad â'r Almaen a ddinistriwyd gan y rhyfel, ac yn llawn tosturi, er
enghraifft, 'Plant yr Almaen', cerdd am yr Almaen ôl-ryfel, pan oedd y wlad
ar ei chythlwng:

Y mae Rahel o hyd yn yr Almaen
   Yn wylo yn wanllyd a di-stŵr;
Trugarocach ydoedd cleddyf Herod
   Na'r newyn ar y Rhein, yn y Ruhr.

Magu swp o esgyrn sychion
   A wna esgyrn breichiau hon,
Nid oes fawr o fwyd yn ei phantri
   Na diferyn o laeth yn ei bron.

Ac y mae'r gwŷr wrthi hi yn ceibio
   Y dialgar bridd a chlai,
Bydd yr elorau dipyn yn ysgafnach
   Am fod yr eirch dipyn yn llai.

Mae tosturi'r Crist ar Ei Groesbren
   Yn ffrydio o'i ystlys a'i draed;
Pob angladd yn ddraen yn Ei benglog,
   Pob bedd yn ddiferyn o waed.[114]

Tosturiol yw'r cywair a drewir amlaf ac amlycaf drwy'r gyfrol, tosturi a
chydymdeimlad â'r gorthrymedig a'r mathredig.

Adolygwyd y ddwy gyfrol, yr ailargraffiad o *Ysgubau'r Awen* a'r argraffiad
cyntaf o *Eples*, gyda'i gilydd gan Eurys I. Rowlands yn *Y Genhinen*, a
gallai'r adolygydd, felly, fesur y naill gyfrol yn erbyn y llall. Eglwyswr oedd
Gwenallt o hyd ym 1951, ac roedd gormod o ddylanwad yr Eglwys ar y
cerddi:

Y mae'n amlycach nag erioed mai bardd o Eglwyswr ydyw Gwenallt. Nid
ydyw'r ffaith hon yn amharu dim ar grefftwaith y cerddi, ond yn ddi-os y mae
lle i ddadlau bod y dinc o bropaganda Eglwysig yn rhy amlwg mewn ambell
gerdd.[115]

Teimlai Eurys Rowlands fod y Gwenallt canol oed yn llai llidiog na'r Gwenallt ifanc, a'i fod bellach wedi meithrin mwy o gydymdeimlad â phobl, a llai o gondemniad ar y byd a'i bethau:

> Y mae'r dig oedd y tu cefn i "Ar Gyfeiliorn" yn *Ysgubau'r Awen* wedi'i eplesu â chydymdeimlad bellach, a thuedd gyson Gwenallt yn ei gerddi diweddaraf ydyw canfod harddwch a gogoniant yn llechu yng nghanol hagrwch y byd sydd ohoni.[116]

Condemniodd yr adolygydd y llinell 'Yn ymladd â phwerau catastroffig, cyntefig, cas' yng ngherdd rymusaf y gyfrol, a'i cherdd agoriadol, 'Y Meirwon', ac, o ran hynny, ffefryn Gwenallt o blith ei holl gerddi. Meddai:

> Y mae'r rhythm a sain y geiriau yn cyfleu argraff cwbl wahanol i'r hyn y bwriedir ei gyfleu, a gwneir pethau'n waeth oherwydd mai rhestru ansoddeiriau rhyddieithol sydd yma yn hytrach na'r delweddu perffaith a geir ym mhennill cyntaf y gerdd "Sir Forgannwg a Sir Gaerfyrddin" fel yn y rhan fwyaf o'r cerddi yn *Eples*.[117]

Ond y gwahaniaeth rhwng y Gwenallt ymosodol a'r Gwenallt cydymdeimladol a drawodd yr adolygydd yn fwy na dim:

> Wedi i Gwenallt gefnu ar ei Farcsiaeth gynnar enillodd gydymdeimlad gwahanol, ond dyfnach, â'r werin. Er hynny, tueddai i ymosod ar Farcsiaeth, ac i ddychan y werin am gymryd ei thwyllo yn hytrach na mynegi'i gydymdeimlad newydd, ond yn *Eples* y mae'r dychan yn llawn mor ddamniol â chynt ond yn llai chwyrn, a'i gydymdeimlad wedi'i liniaru.[118]

Geraint Bowen a adolygodd *Eples* i'r *Faner*. 'Mae pob tudalen yn gaead i gist o drysorau newydd,' meddai.[119] Yn y gyfrol hon yr oedd Gwenallt wedi cyrraedd pinacl ei yrfa:

> Wrth ei darllen deuwn i'r casgliad mai bardd mawr yn ei dyfiant ydoedd Gwenallt yn ei gyfrolau cynharach. Canys cawsom ragflas o'i gynnyrch aeddfetaf a'i arddull nodweddiadol ef ei hun yn "Cnoi Cil" ... ac yng ngherddi aruchel "Ysgubau'r Awen". Ond yn "Eples" beichiogwyd pob darn gan y nodweddion hynny a roes i rannau o "Ysgubau'r Awen" yn y lle cyntaf y fath arbenigrwydd.[120]

Dywedodd fod gan y bardd 'ddawn athrylithgar i ddewis geiriau cyffredin a'u cysylltu ynghyd, gan roi iddynt yn eu cyswllt neilltuol arwyddocâd anghyffredin o gyfoethog', ac fe nodir rhai enghreifftiau o'r math yma o gyfuniadau ganddo, fel: 'santeiddrwydd melys', t. 67, 'parlyrau Beiblaidd', t. 9, 'yr angau hwteraidd', t. 10, 'rhosynnau silicotig', t. 10, 'y tomlyd gorlannau', t. 73.[121] 'Yn wir,' ychwanegodd, 'y mae ei ymadroddi … yn fy mwrw i lawr ag ergyd gordd'.[122] Nododd, i gloi, fod 'gan y bardd hwn argyhoeddiad ac y mae ei gerddi yn argyhoeddi'.[123]

Adolygwyd *Eples* yn *Yr Haul* gan G. J. Roberts. Fel bardd Cristnogol a ddibynnai ar yr Efengyl i roi trefn ac ystyr i fywyd y syniai am Gwenallt: 'Cymro o Gristion sydd yma yn dod [â] chymhlethdod bywyd, a'i brofiadau gwrthnysig ei hun o fywyd, a'u gosod ar gynfas llydan a gadael i lewych yr Efengyl fel y'i trosglwyddwyd gynt i'r Saint ddod [â] threfn i'r anhrefn ac ystyr i'r cymhleth-tod [*sic*].'[124]

Adolygiad byr a gafwyd gan Gwilym R. Tilsley yn *Yr Eurgrawn*. 'Y mae'r cyfuniad o Gristionogaeth uniongred a gwladgarwch tanbaid a garw yng Ngwenallt, a'i feistrolaeth ar yr iaith lenyddol a llafar, a'i ddawn dewinaidd i daro ar air i'w bwrpas, yn gwneud ei gerddi yn rhywbeth cwbl arbennig, ac yn rhoddi iddo arddull ac idiom a ddynwaredir gan lawer, ond na lwyddir i'w adgynhyrchu'n glir gan neb ond Gwenallt,' meddai.[125] Bardd gwreiddiol, cwbwl annibynnol oedd Gwenallt, a'i farddoniaeth yn rhywbeth newydd yn y Gymraeg, gan gynnwys yr elfen ymwybodol-ryddieithol yn ei waith:

Y mae arddull y cerddi hyn yn gwbl wreiddiol, ac yn arwyddo datblygiad hollol newydd mewn barddoniaeth Gymraeg. Byddai beirniad Eisteddfodol yn marcio dwsinau o linellau'r gyfrol hon, a'u galw yn rhyddiaith noeth. Dyna ydynt; ac eto gwyddom iddynt gael eu llunio felly o fwriad fel mynegiant o ansawdd bywyd a meddwl y ganrif wyddonol hon. Dyna'r pam, mi gredaf, y cefnodd Gwenallt bron yn llwyr ar y ffurfiau traddodiadol ac y llaciodd gymaint ar drefn sigl ei fesurau. Canrif ddi-ramant a di-delyneg yw ein canrif ni, a champ y bardd cyfoes yw adlewyrchu yn ei idiom a'i arddull fywyd ei oes. Gwenallt, yn fwy na neb arall a lwyddodd i wneud hynny yn Gymraeg.[126]

Nid oedd Alun Llywelyn-Williams mor drugarog ag adolygwyr eraill wrth dafoli'r gyfrol. Pregethwrol a phropagandyddol oedd y cerddi yn ei farn ef, ac roedd y bardd wedi colli gafael ar ei grefft. *Ysgubau'r Awen* oedd cyfrol orau Gwenallt o hyd:

> Rhaid imi gyfaddef fy mod yn amau'n fawr a ydyw awdur *Eples* gystal bardd â chyweinydd *Ysgubau'r Awen*. Y mae'r rhuthmau dieithr a garw a'n trawodd â rhyfeddod yn ei gyfrol gyntaf, ac yn *Cnoi Cil* wedi hynny, y gwelediad llachar, yr eirfa ysgithrog, a'r afael sicr a beiddgar ar yr ansoddair a'r d[d]elwedd syfrdanol briodol, rywsut wedi troi'n orchestion wrth reol; gymaint felly'n wir nes i ambell gân ymddangos fel parodi ar waith blaenorol.[127]

Gan gyfeirio at y ddwy linell 'Dringasom gyda Hegel i'r Mynydd, ac Ysbryd o Grist oedd yno,/Darn o'r Absoliwt di-grud, di-fedd, di-liw a di-lun' yn y gerdd 'Yr Eglwys', meddai Alun Llywelyn-Williams:

> 'Dyw'r manylu hyn ddim mor llwyddiannus. Nid gwelediad prydydd sydd yma, ond protest diwinydd, ac y mae'n anodd penderfynu pa wahaniaeth hanfodol a berthyn i ddull-mynegiant y ddwy linell hyn rhagor ambell ddatganiad a wnaeth Gwenallt mewn rhyddiaith o dro i dro ar y gwrthuni o geisio athronyddu gwirioneddau crefyddol.[128]

Ond er gwaethaf rhai diffygion amlwg yn y gwaith, rhaid cydnabod, meddai'r adolygydd, 'fod y gyfrol hon o'i waith yn ein harwain unwaith eto, hyd yn oed yn y darnau mwyaf peiriannol, i gwmni un o feddyliau barddonol cyfoethocaf a mwyaf diddorol ein cyfnod'.[129] Er bod rhai yn dyheu o hyd am arddull *Ysgubau'r Awen*, roedd yn rhaid i Gwenallt, fel pob bardd, symud ymlaen. Byr ei gam yn gorfforol oedd Gwenallt, ond hir ei lam yn greadigol. Roedd newidiadau mawr eto i ddod, er bod un newid mawr eisoes wedi digwydd i Nel a Gwenallt. Yng Nghaerdydd, ar Fawrth 30, 1946, ganed merch i'r ddau ac, yn anochel bron, rhoddwyd Mair yn enw iddi.

Yn ôl at y Gwreiddiau
1952-1959

Gyda chyhoeddi *Eples*, cadarnhawyd safle Gwenallt fel un o feirdd pwysicaf Cymru. Roedd yn anterth ei nerth fel bardd, fel llenor ac fel ysgolhaig. Gallai yn awr edrych i gyfeiriad y dyfodol yn hyderus, ac ychwanegu at ei statws hyd yn oed. Yn sgil ei statws fel bardd a beirniad, roedd Gwenallt yn ddyn hynod o brysur erbyn dechrau'r 1950au, a châi wahoddiadau o bobman i ddarlithio. Byddai gwahoddiadau allanol o'r fath yn tarfu ar y myfyrdod mewnol. Roedd Gwenallt yn brysur yn ystod 1951 a dechrau 1952 yn gweithio ar ddrama led-fydryddol i'w darlledu o stiwdio'r BBC yn Abertawe ar nos Wener, Chwefror 29, 1952. Enw'r Ddrama oedd 'Dewi Sant', a'r cyfarwyddwr oedd David J. Thomas. Ymhlith y rhai a gymerodd ran yn y ddrama yr oedd rhai o actorion ac actoresau enwocaf Cymru ar y pryd, fel W. L. John, Prysor Williams, Dillwyn Owen a Dilys Davies, a Meredith Edwards yn chwarae rhan Dewi Sant ei hun.

Mae'r ddrama yn agor gyda dau fynach, Aeddan ac Ismael, dau o ddisgyblion Dewi, yn gosod yr allor yn ei lle, sef y dasg olaf yn y gwaith o godi'r fynachlog yng Nglyn Rhosyn. Bellach mae'r fynachlog a'r fynwent wedi eu cwblhau, ac mae Aeddan ac Ismael, ynghyd â'r Esgob Gweslan – un arall o ddisgyblion Dewi, er ei fod yn ewythr iddo – yn ogystal â Dewi ei hun, yn cofio'n annwyl am San Padrig. 'Yma yng Nglyn Rhosyn y meddyliodd Padrig ddwyn ei fuchedd hyd ei farwolaeth, ymhell oddi wrth dwrw dynion,' meddai Gweslan, ond anfonodd Duw angel ato, a'i orchymyn i groesi'r môr i Iwerddon i ledaenu'r ffydd Gristnogol.[1] Nid oedd y gorchymyn hwn yn rhyngu bodd Padrig:

Yn ofer y cosbais fy nghorff

ag ymprydio maith; yn ofer y gweddïais arnat ac y'th

wasanaethais Di drwy ofn a chariad; dewisaist un na

aned eto o'm blaen i. Un creulon ydwyt Ti, O Grist,

ac un diddiolch ydwyt Ti, O Dduw.[2]

Dewi oedd yr 'un na aned eto'. Mae Dewi yntau yn canu clodydd San Padrig: 'Troes ef yr Ynys Werdd yn Ynys Grist â'i weddi, ei lafur a'i aberth,' meddai.[3] Yr arferiad yw gweddïo ac ymprydio am ddeugain niwrnod a deugain nos ar ôl codi mynachlog, ac mae'r tri mynach yn gadael y fynachlog fel y gall Dewi weddïo ar ei ben ei hun. Ac yntau ar ganol gweddïo clywir sŵn curo chwyrn ar y drws. Cais Dewi anwybyddu'r sŵn, a pharhau i weddïo:

Rhag maglau demoniaid a gwenwyn dewiniaid,

Rhag dialedd gwragedd a gelynion dros y môr,

Cadw ni fel y cedwaist Noa rhag y dilyw,

Yr Israeliaid rhag y Môr Coch,

Lot rhag tân Sodom,

Dafydd rhag Goliath,

Daniel yn ffau'r llewod,

Y Tri Llanc yn y ffwrnais dân,

Iona ym mol y morfil,

A San Pedr yng Ngharchar.

Ac os bydd yn rhaid rhoddi ein bywyd yn aberth,

Dyro dy ras inni ddwyn ein merthyrdod fel dewrion.

Atolygwn Iti wared ein cydwladwyr rhag caethiwed y diafol,

Rhag eilun-addoliaeth, paganiaeth a hudoliaeth gau-broffwydi,

A'th Eglwys rhag pob sism a heresi.

Bydd Di, O Waredwr, gyda ni, ynom ni,

O'n blaen ni, y tu ôl i ni, drosom ni ac oddi tanom.[4]

Yna fe â Dewi i agor y drws. Yno, yn ei ddisgwyl, y mae tywysog o'r enw Bwya (neu 'Boia') a'i wraig Satrapa. Hen dywysog o Albanwr oedd Bwya yn ôl *Buchedd Dewi* gan Rhigyfarch, ac fe gododd Dewi ei fynachlog ar ddarn o dir a oedd yn eiddo i'r tywysog heb gael ei ganiatâd. Mae Bwya a Satrapa yn gynddeiriog wrth Ddewi oherwydd iddo ddwyn eu tir oddi arnynt, ond penderfynasant oedi cyn dwyn cwyn yn ei erbyn. 'Fe'th welson-ni di o'n caer ar ben y Clegyr yn codi'r adeilad hwn, a gadawson iti ei orffen er mwyn cael yr hyfrydwch o'th weld di yn ei dynnu i lawr ac yn codi dy bac oddi yma,' meddai Bwya.[5]

Ateb Dewi yw mai Duw biau'r ddaear, a bod Duw wedi rhoi i'w weinidogion ddarnau o'r ddaear i godi temlau arnynt i'w addoli Ef. Angel, meddai Dewi, a'i hanfonodd i Lyn Rhosyn i godi mynachlog yno, ac i aredig y tir o'i hamgylch. Yn ôl Bwya, 'chwedl i gyfiawnhau lladrad' oedd y chwedl am yr angel.[6] Ond nid dwyn darn o dir oddi arno oedd trosedd fwyaf Dewi yn ôl Bwya, ond, yn hytrach, herio ei awdurdod. Lladmerydd a chennad y grefydd newydd yw Dewi; ceidwad ac amddiffynnydd yr hen grefydd yw Bwya:

> Myfi yw pennaeth y llwyth yn y rhanbarth
> hwn; brenin y Cymry a'r Gwyddelod ym Mhebidiog.
> Cynrychiolydd duw'r Haul ydwyf i; cyfryngwr rhwng
> dynion a duwiesau Natur a Rhyfel. 'Rwyf yn frenin
> ac yn ddewin. Y mae gwallt fy mhen yn gysegredig;
> sodlau fy nhraed yn santaidd; gair fy ngenau yn
> gyfraith a'm hanadl yn ddeddf. Myfi sydd yn rhoddi
> glaw a heulwen; yn llanw'r môr a'r afonydd â physgod;
> yn gwneuthur i'r ddaear godi cnydau a'r coed i ddwyn
> ffrwyth ac anifeiliaid a dynion i godi epil. Pan
> briodais i fy ngwraig, priodas yr Haul a'r Ddaear
> oedd ein priodas ni. Byddaf yn cysgu gyda phob gwraig
> y noson gyntaf ar ôl ei phriodas i gael bod yn dad
> holl blant cyntaf-anedig y llwyth; plant gordderch
> yw'r lleill i gyd.[7]

Pan wnaed ef yn frenin, tyngodd Bwya lw ar feddrod ei hynafiaid i gadw holl draddodiadau, holl arferion a holl gyfreithiau ei lwyth. Y mae Dewi a'i grefydd newydd yn bygwth y pethau hyn. Nid yw rheswm yn ddigonol i ddeall trefn naturiol Duw

> … ond goleuni ein Duw ni yw eich rheswm chwi.
> Nid goleuni'r rheswm yn unig yw ein goleuni,
> Ond goleuni mawr ei ddatguddiad Ef.[8]

Gan roi cnoc i'r Rhesymolwyr wrth fynd heibio, dywed Dewi mai Duw yw crëwr a rheolwr pob dim, ac ar ben hynny:

> Danfonodd ein Duw ni Ei Unig Fab i'n daear
> I fyw a marw yn ein lle.
> Ganed Ef ym Methlehem; bu'n saer coed yn Nasareth;
> Bu'n pregethu ac yn gwneuthur gwyrthiau ym Mhalesteina;
> Bu farw ar y Groes drosom ar ben Calfaria,
> A chododd y trydydd dydd o'i fedd ...[9]

'Ni all neb gredu'r fath goel gwrach' yw ymateb Satrapa i eiriau Dewi.[10]

Mae Bwya yn barod i adael i Ddewi gadw'r tir a ladratawyd oddi arno, ar yr amod ei fod 'yn rhoddi degwm o gnwd y tir' iddo.[11] Gwrthod y cynnig a wna Dewi oherwydd ei fod yn bwriadu crwydro y tu allan i Lyn Rhosyn ar deithiau cenhadol. Bwriada hefyd gael rhagor o dir i godi ysbyty i'r cleifion arno, a chartref i'r amddifaid ac ysgol i'r plant. Cynllwyn i ddwyn rhagor o dir oddi arnynt yw cynlluniau Dewi yn ôl Satrapa. 'Ai dy awdurdod di neu f'awdurdod i fydd yr awdurdod uchaf?' gofynna Bwya.[12] 'Awdurdod ysbrydol yw f'awdurdod i; awdurdod oddi wrth Dduw drwy'r Apostolion,' yw ateb Dewi.[13]

Daw bugail Bwya i'r fynachlog i chwilio am ei feistr, i ddweud wrtho fod deg ar hugain o ŵyn Bwya wedi marw, fel pe bai mellten wedi eu taro. Y mae Bwya yn dal Dewi yn gyfrifol am yr anfadwaith: 'A ydyw lladd ŵyn yn rhan o'th grefydd?' gofynna.[14] Edrycha'r bugail wedyn drwy ffenestr y fynachlog a gwêl fod cartref Bwya ar dân ar y clegyr. Dewi sy'n cael y bai eto, gan Satrapa, y tro hwn, ac mae hi'n bygwth dial arno. Unwaith eto, y mae thema'r gwrthdaro rhwng y cnawd a'r enaid yn amlwg yma:

>   ... y mae
> un peth na fedri di fyth ei drechu, sef dialedd gwraig.
> Y mae gan wraig y peth galluocaf ar wyneb y ddaear,
> sef cnawd. Edrych arnat dy hun, y bwgan brain
> nwydus. Edrych yn dy lygaid. Y maent yn brefu am
> gorff merch. A llygaid dy ddisgyblion hefyd. Y mae
> gyda ni ffordd i'ch concro ...[15]

Mewn pwl o wylltineb, mae Dewi'n gwthio'r ddau allan o'r fynachlog, ac yn cau'r drws yn glep arnynt.

Yn yr olygfa ddilynol mae Dewi a Gweslan yn gosod lliain gwyrdd ar yr allor, yn lle'r lliain fioled, ac yn ymgomio â'i gilydd. Mae Gweslan yn bryderus ynghylch ei nai. Mae ei fywyd yn galed ac yn gaeth, ac mae wedi cymryd llawer gormod o faich ar ei gefn. Cyngor Gweslan i Ddewi yw iddo lacio rhywfaint ar ei hunanddisgyblaeth, a pheidio â bod mor ddidrugaredd o lym arno ef ei hun, fel Tadau'r Anialwch, sef y mynachod cynnar hynny a drigai fel meudwyod yn anialdiroedd yr Aifft oddeutu'r drydedd ganrif:

> Y mae ôl ystraen ar dy wyneb, ac y mae rhychau ar dy ruddiau
> A chleisiau dan dy lygaid. Y mae tannau dy gorff
> Fel tannau telyn, a'r rheini yn rhy dynn,
> A rhy dynn a dyr.
> Ni ŵyr dy wyneb di sut i wenu
> Ac ni fu erioed yn dy lygaid di chwerthin.
> Cofia fod mewn Cristionogaeth bwyll
> Ac mewn santeiddrwydd synnwyr ac yn yr Efengyl hiwmor.
> Gwell yw gostyngeiddrwydd gyda gwin na balchder gyda dŵr.
> Na or-ymprydia ac na or-gosba dy gorff
> Fel mynachod yr anialwch.
> Nid yr un un yw Cymru â'r Aifft.[16]

Braint a dyletswydd dyn, meddai Dewi, yw canu mawl i Dduw, a derbyn y Cymun, gweddïo a chanu emynau. Er mor galed yw bywyd mynach, mae'r anialwch 'yn llawn o flodau Crist', a'r diffeithwch 'wedi ei loywi gan bresenoldeb Duw', ac 'Unigrwydd yn llawn miwsig angylion'.[17] Yn yr anialwch 'y mae temtasiynau dyn ffyrnicaf,' meddai Gweslan, ac y mae'n gofyn i'w nai beidio ag edrych yn ormodol ar y diafol nac ymdroi yn ormodol gyda'r pechod gwreiddiol.[18] Dylai edrych ar Grist y gwaredwr ac nid ar Adda'r pechadur, ac ar lawenydd y grefydd Gristnogol, nid ar lygredigaeth dyn; ac ni ddylai ychwaith fychanu dyn yn ormodol:

> Y diffeithwch yw gwersyll milwrol y demoniaid.
> Paid ti, fel hwythau, ag edrych yn rhy hir ar y diafol
> A syllu mwy ar Adda nag ar y Crist,
> A gwybydd nad llygredigaeth lwyr ydyw calon dyn

Ac nid talp o bechod gwreiddiol. Na fychana ddyn
Ac na ddirmyga ei reswm na diystyru ei ddeall.
Gwylia edrych ormod i gilfachau d'enaid
Ac astudio gormod ar gonglau cymhleth dy galon.[19]

Safbwynt y Rhesymolwyr yn y ddrama yw safbwynt Gweslan. Rhan hanfodol o wareiddiad yw traethodau diwinyddol ac athronyddol y tadau gynt, gan gynnwys ysgrifeniadau Origen, y diwinydd dadleuol o'r Aifft, a gweithiau llenyddol a barddonol fel gweithiau Homer, Fyrsil, Horas, Platon ac Aristotlys. Nid creadur bas a lychwinwyd am byth gan y pechod gwreiddiol yw dyn. Ac meddai Gweslan:

Myfyrio ar bwnc
Gwirioneddau'r Efengyl ac athroniaeth y byddaf fi,
Ceisio cysoni Datguddiad Duw a rheswm dyn.[20]

Agwedd y Rhesymolwyr a gynrychiolir gan Gweslan. Mudiad a gychwynnwyd yn y ddeunawfed ganrif oedd Rhesymoliaeth, ac un o arweinwyr mwyaf y mudiad oedd Thomas Paine, awdur *The Age of Reason; Being an Investigation of True and Fabulous Theology*, a gyhoeddwyd mewn tair rhan, ym 1794, 1795 a 1807. Gwrthodai Thomas Paine a Rhesymolwyr eraill dderbyn awdurdod y Beibl yn ddiamod. Gwaith llenyddol oedd y Beibl yn hytrach na thestun a luniwyd trwy ysbrydoliaeth ddwyfol. Amheuent wirionedd a dilysrwydd 'gwyrthiau'. Credent yn Neddfau Natur, gan bwyso'n drwm ar ddamcaniaethau a darganfyddiadau Isaac Newton a gwyddonwyr eraill. Ni allai dim ymyrryd â'r deddfau naturiol hyn, ddim hyd yn oed Duw ei hun. Roedd y gwyrthiau a ddisgrifir yn yr Hen Destament ac yn y Testament Newydd yn tanseilio Deddfau Natur, yn drysu ac yn dad-wneud yr holl drefn, a chan na ellid herio na newid Deddfau Natur, anodd felly oedd derbyn dilysrwydd y gwyrthiau a gyflawnwyd gan Dduw yn yr Hen Destament a chan Grist yn y Testament Newydd. Dylanwadodd deïstiaeth gynnar diwedd yr ail ganrif ar bymtheg a hanner cyntaf y ddeunawfed ganrif ar Resymolwyr diwedd y ganrif, yn enwedig cred y deïstiaid fod yr egwyddor o Ddeddf Naturiol yn ddeddf yr oedd hyd yn oed Duw ei hun yn gorfod ufuddhau iddi, ac felly, gan mai ymyrraeth Duw neu Grist â byd dynion oedd gwyrth, nid oedd gwyrthiau'n bosibl, gan fod gwyrthiau yn gweithio'n groes i holl ddeddfau'r bydysawd. Ni allai Duw ymyrryd â byd dynion gan nad oedd Deddfau Natur yn caniatáu iddo wneud hynny. Prif Symudydd oedd Duw. Nid oedd ffenomenau fel y Geni Gwyrthiol a'r Atgyfodiad, felly, yn bosibl. Trwy gredu mewn gwyrthiau, a thrwy hyrwyddo athrawiaethau fel athrawiaeth y pechod gwreiddiol, cedwid y werin bobl dlawd ac anwybodus yn dynn yng ngafael yr Eglwys Gatholig, gan mai offeiriaid ordeiniedig yn unig a allai faddau eu pechodau iddynt.

Credai'r deïstiaid fod Duw i'w ganfod ym myd natur. Trwy fyd natur y datguddiai Duw ei hun i ddynion, a thrwy ddeddfau a symudiadau'r bydysawd. Ni chredai deïstiaid fel John Toland, awdur *Christianity Not Mysterious* (1696), na Matthew Tindal, awdur *Christianity as Old as the Creation* (1730), na'r Rhesymolwr Thomas Paine yntau yn y pechod gwreiddiol. Gan ddyfynnu'r hen ddywediad, 'Miracles for fools, and reasons for wise men' yn aml, heriai Tindal sawl agwedd ar ddysgeidiaeth yr Hen Destament: gwyrthiau, cwymp dyn, athrawiaeth y pechod gwreiddiol a hygrededd yr hen broffwydi, er enghraifft. Y mae ôl deïstiaeth ar farddoniaeth Goronwy Owen, er enghraifft, yn 'Cywydd y Gwahodd':

> Cawn nodi o'n cain adail
> Gwyrth Duw mewn rhagorwaith dail,
> A diau pob blodeuyn
> Fel bys a ddengys i ddyn
> Ddirfawr ddyfnderoedd arfaeth,
> Diegwan Iôr, Duw a'i gwnaeth.[21]

Roedd credu yn y pechod gwreiddiol, a chredu bod dyn yn bechadur yn ei hanfod, a'i fod o hyd ynghlwm wrth laid a llysnafedd y cynfyd cyntefig, o fudd ac o fantais i'r Eglwys, ac yn fodd i gadw'r bobl dan ei rheolaeth. Dyna un rheswm pam yr oedd y deïstiaid a'r Rhesymolwyr yn gwrthod credu yn y pechod gwreiddiol. Mynnent ryddhau'r bobl o grafangau'r Eglwys. Ond roedd rheswm arall hefyd. Roedd dyn, yn Oes yr Oleuedigaeth, yn darganfod pethau rhyfeddol ac yn datrys problemau oesol. Roedd dyn wedi hen godi uwchlaw llaid y cynfyd, ac wedi cyffwrdd ag ymylon y nef; yn wir, roedd dyn yn dechrau datgloi cyfrinachau Duw, a sarhad arno oedd honni bod llaid y pechod gwreiddiol yn ei lygru ac yn ei lychwino o hyd. Gwyddonwyr ac athronwyr oedd dynion bellach, nid mân greaduriaid na phechaduriaid.

Bwriai Gwenallt amheuaeth ar y ddiwinyddiaeth honno a rôi fwy o bwyslais ar allu dyn nag ar hollalluogrwydd Duw. Cymylu'r gwirionedd a wnâi diwinyddiaethau dyn-ganolog. Roedd Hegel yn euog o'r un camweddau yn union â rhai o Resymolwyr eraill diwedd y ddeunawfed ganrif, ac y mae'r hyn a ddywedodd Gwenallt am ddiwinyddiaeth Islwyn yn bwrw llawer o oleuni ar ei safbwynt ef ei hun:

> Ni honnir bod Islwyn yn ddiwinydd mawr, oherwydd ni wnaeth ef
> ddiwinyddiaeth yn faes astudiaeth arbennig iddo ef ei hun, ond y mae yn
> ddiwinydd pwysig yn hanes diwinyddiaeth Cymru yn y bedwaredd ganrif ar
> bymtheg. Diwinydd y cyfnod trawsnewid rhwng hanner cyntaf ac ail hanner y
> ganrif ddiwethaf oedd Islwyn. Pan oedd hen ddiwinyddiaeth hanner cyntaf y ganrif
> yn colli ei gafael yn yr ail hanner, yn enwedig ar y dosbarth canol, amddiffynnai
> hi a dadleuai drosti. Hi oedd y ddiwinyddiaeth a glywsai ar enau'r pregethwyr
> mawr y bu yn gwrando arnynt pan oedd yn llanc ac yn ŵr ifanc, a hi oedd y
> ddiwinyddiaeth a ddysgai yn y llyfrau y bu yn eu darllen yn y cyfnod hwnnw, ac
> mewn cylchgronau fel "Y Traethodydd." Ond fe geir hefyd yn ei bregethau egin y
> ddiwinyddiaeth newydd, diwinyddiaeth ail hanner y ganrif ddiwethaf a'n canrif ni.
> Ymosodai Adams [y Parchedig D. Adams, awdur *Yr Eglwys a Gwareiddiad Diweddar*]
> a'i ddisgyblion ar yr hen ddiwinyddiaeth am roddi ei holl bwyslais ar Uwchfodaeth
> Duw, gan esgeuluso Ei Fewnfodaeth; am dderbyn "Athrawiaeth y Cyfrifiad," y
> pechod gwreiddiol a phenarglwyddiaeth Duw; yn fyr, am roddi Iddewiaeth Paul
> yn lle Cristionogaeth. Y mae llawer o'u beirniadaeth ar yr hen ddiwinyddiaeth yn
> deg. Ond fe aeth Adams a'i ysgol, tan ddylanwad Hegel, i'r eithaf arall. Hegeleiddio
> Cristionogaeth a wnaethant. Gosodasant yr Absoliwt yn lle'r Drindod; daliasant
> mai olion anifeilaidd mewn dyn oedd pechod, fel darn asgwrn y gynffon wrth
> fôn y meingefn, ac y câi dyn wared ar y gweddillion yng nghwrs Datblygiad. Nid
> oedd angen ar ddyn, felly, am Waredwr a Chyfryngwr. Proffwyd oedd Crist;
> arwr; delfryd uchaf dynoliaeth. Ynddo Ef yr oedd yr ymwybyddiaeth ddwyfol
> ar ei pherffeithiaf. Nid oedd ffeithiau Ei Hanes yn bwysig; ni ddigwyddodd yr
> Ymgnawdoliad a'r Croeshoeliad unwaith ac am byth. Byddai unwaith ac-am-
> bythrwydd Ei Ddatguddiad Ef o Dduw yn torri ar draws y datblygiad Hegelaidd
> mewn natur, hanes a dyn.[22]

Ond nid trwy reswm na synnwyr dyn y mae darganfod Duw. Meddai Dewi:

… ni all athroniaeth esbonio dim ar Ddatguddiad Duw,
Y mae gwraig fach dlawd wrth droed y Preseli
Yn gwybod mwy am ras Duw na Phlaton.
Gwegi yw athroniaeth Groeg a rhyfyg yw diwylliant Rhufain,
A thad pob heresi yw Origen.
Darllenwch lai ar Origen a mwy ar Sant Awstin,
Y mae ffydd yng Nghrist y tu hwnt i synnwyr a rheswm dyn
Er nad ydyw'n groes iddynt. Rhaid credu cyn gwybod.
Nid gosodiad mewn dadl resymegol ydyw Duw …[23]

Trwy edifarhau am ei bechodau y canfu Dewi oleuni Duw:

Ac o'r edifeirwch hwnnw am fy mhechod y daeth sicrwydd deall,
Cadernid goleuni'r rheswm ac ewyllys newydd.
O weled Ei oleuni Ef y gwelais dywyllwch fy ngwlad,
A dyna pam y deuthum yma tan gyfarwyddyd Duw.[24]

Mae Gweslan yn cyfaddef mai Non, mam Dewi, a'i hanfonodd i Lyn Rhosyn, i gadw llygad ar Ddewi. Pryderai Non fod ei mab yn gorweithio, ac roedd hefyd, wrth gwrs, yn agored i demtasiynau'r cnawd, yn enwedig gan mai trwy i'w dad cnawdol-nwydus, Sant, dreisio Non ei fam a'i beichiogi y cafodd Dewi ei greu. Nid i darfu ar genhadaeth Dewi y daeth Gweslan ato:

Ni fynnwn i ar un cyfri dy rwystro ddim yn dy grwsâd,
Ond dy helpu. Ond gwylied y crwsadwr ef ei hun.
Fe all temtasiynau'r cnawd rwygo dy fynachlog a'th grwsâd;
Cofia fod nwydau cnawd dy dad yn dy waed.
Byddi di bob nos yn myned tua deuddeg i'r môr
I oeri'r cnawd, ac wedi ei oeri, bydd yn poethi eilwaith.
Ni wna'r cnawd wrth ei chwipio ormod
Ond gwrthryfela yn gyndynnach yn erbyn y chwip;
Ni elli di droi'r cnawd yn ysbryd gan mai clai poeth ydyw.
A allwn i dy helpu yn dy demtasiynau?[25]

Mae Dewi yn cyfaddef iddo orfod brwydro'n galed yn erbyn temtasiynau'r cnawd:

Ymdrech galed a fu f'ymdrech i yma
Yn y fynachlog hon er pan adeiladwyd hi;
Brwydr ddygn yn erbyn y demoniaid a'r demonesi.
Byddant yn rholio i lawr hyd ochrau'r Preseli,
Yn cablu ar ben Carn Llidi, yn rhegi ar Eisteddfa Badrig,
Yn ubain uwchben tonnau'r môr ym Mhorth Clais
Ac yn tywyllu chwiban gwyn y tywod ar y Traeth Mawr.
Dônt yma i'r fynachlog hon, i'r ystafell hon,
A diffodd y canhwyllau, canu'r gloch, a gadael
Eu budreddi brwmstanaidd ar yr allor.[26]

Daw temtasiwn i ran Dewi pan ddaw Dunod, merch Bwya a Satrapa, i'r fynachlog i chwilio amdano. Mae hi'n noson Galanmai, noson dathlu atgyfodiad Natur, ac fe ddewiswyd Dunod i fod yn Frenhines Mai, ond gan nad oes cymar ganddi ar gyfer y dathliadau, mae hi'n gofyn i Ddewi fod yn gymar iddi; ac os bydd Dewi yn derbyn y gwahoddiad, bydd gwobr iddo: 'Ac ar ôl y ddawns fe awn i ddathlu atgyfodiad Natur â'n cyrff, ac os-cawn ni blentyn, fe fydd hwnnw yn Blentyn yr Haul'. 'A oes gennych-chwi lawenydd a rhialtwch … yn eich crefydd chwi?' gofynna, ac y mae Dewi yn ceisio esbonio arwyddocâd croeshoeliad Crist iddi, ac mae Gwenallt, ar yr un pryd, yn rhoi inni'r disgrifiad mwyaf graffig a mwyaf cignoeth-ddirdynnol o'r croeshoelio yn holl lenyddiaeth y Cymry:

Gŵr yw ein Gwaredwr ni a welodd Ei groes o'i grud.
Ac a gadwodd y Cwpan wrth Ei enau ar hyd Ei fywyd,
Ac yng Ngethsemane yr aeth ei ddiod yn berffaith chwerw,
Chwerwder pechodau'r holl fyd; pechodau Dyfed,
Pechodau Pebidiog a phechodau Glyn Rhosyn,
Pechodau Bwya a Satrapa a'th bechodau di, fy merch,
A'm pechodau innau. Dan wendid corff ac artaith meddwl
Cymysgwyd y chwys a'r gwaed yn Ei gorff, a'r cymysgedd yn curo
Yn erbyn y croen tyner, a syrthio yn ddafnau ar y llawr.
Yma y fflangellodd Pilatus Ef â chareiau,
Ac yn agos i ben pob carrai 'roedd dwy belen blwm;
Disgynnai'r ergydion ar Ei gefn ac ar groth Ei goesau
Onid oedd ei groen yn gleisiau glas a'i gnawd yn gignoeth goch.
Tasgai'r gwaed hwnnw o'i ysgwyddau ar balmant y stryd

A disgyn fel glaw poeth ar fentyll y dyrfa.

Gosod wedyn goron ddrain ar ei ben, a'i gwasgu

I lawr drwy'r croen hyd at yr iâd, a'r gwaed

Yn plethu Ei wallt ac yn rhigoli Ei farf:

Ac ar ôl y chwys a'r gwaed a'r cleisiau a'r clwyfau

Yn cario Ei Groes i Olgotha. Bwrw'r hoelion

Drwy ei ddwy law a'i hongian ar honno, a chan fod pwysau'r Corff

Ar yr arddyrnau, pwyo hoelion i'w Draed a'i Ddwylo

I'w ddal ar y Groes yn sadiach.

Y syched ar ôl colli'r gwaed, y poer ar Ei farf,

Y wefus isaf yn syrthio a'r cramp yn cerdded drwy'r holl aelodau,

A'r pryfed melyn a glas yn gosod eu hwyau yn y clwyfau,

A'r eryrod a'r cigfrain yn gweiddi uwch y gigyddiaeth.

Rhaid oedd cael Gwaredwr fel yna i brynu pechaduriaid

Fel ti a minnau, fy merch.[27]

Fel y gwelwyd ym Mhennod 6, ym 1950 aeth Gwenallt i Oberammergau, Bafaria, yr Almaen, i wylio Drama'r Pasiwn enwog a gynhelid yno bob deng mlynedd, er na chafwyd unrhyw berfformiad ym 1940 oherwydd y rhyfel. Perfformiwyd y ddrama ym 1934, i ddathlu tri chan mlynedd ei sefydlu ym 1634. Felly, ym 1950 y cafwyd y perfformiad cyntaf oddi ar 1934. Mewn gwirionedd, er mai 33 o berfformiadau o'r ddrama y bwriedid eu cynnal ym 1950, cafwyd 87 o berfformiadau i gyd, gan ddenu bron i hanner miliwn o gynulleidfa, a chynhaliwyd arddangosfa o fil o flynyddoedd o gelfyddyd Gristnogol i gyd-fynd â'r ddrama. Roedd perfformiadau 1950 yn rhai hynod o ddwys a theimladwy, gyda'r erchyllterau a gyflawnwyd gan y Natsïaid yn ystod yr Ail Ryfel Byd yn gignoeth amrwd yn y cof. Gwelwyd cyfle hefyd i ddangos yr ochr arall i'r Almaen, sef yr Almaen Gristnogol, wareiddiedig, ddiwylliedig, yr Almaen a guddiwyd ac a gladdwyd dan filiynau o gelanedd am bum mlynedd a rhagor. Lluniodd Gwenallt gerdd i gofnodi'r achlysur, 'Oberammergau' yn *Eples*. Gofyn cwestiynau dyrys, poenus a wneir yn y gerdd honno:

Sut y gallai Catholigion mor ddidwyll

Fagu digon o gasineb yn y Ddrama i'w groeshoelio Ef?

Gallai'r Phariseaid Marcsaidd dros y ffin

Ei boenydio a'i hongian Ef yn selog giaidd;

A gallai'r Americaniaid yn eu mysg
Actio'r gwŷr busnes yn y Deml i'r dim …[28]

Mae'n arwyddocaol fod Gwenallt yn cyfeirio at ddau fath o farbariaeth yn y gerdd, 'barbariaeth Mamon a barbariaeth Marcs'.[29] Nid oes unrhyw wahaniaeth rhyngddynt bellach. Ffaeledig yw cyfundrefnau ac ideolegau dynion yn eu hanfod. Yr unig beth sy'n wir anffaeledig ac yn wir anorchfygol, yng nghanol rhyfeloedd dynion, yw Efengyl Crist, gwirionedd Cristnogaeth a gogoniant Duw. Pe deuai rhyfel arall

> … ac i'r bomiau atomig a'r rhocedi
> Ladd pob copa walltog, a dinistrio'r Groes
> Ar ben y Zugspitze a'r Köpfel;
> A delwau Mair a'r Plentyn yn yr ogofâu;
> A'r sgrinoedd ar ymyl yr heolydd;
> A'r lluniau o'r Geni a'r Swper yn y siopau,
> A'r ffynnon o Grist ar sgwâr y pentref:
> Fe ddeuai angylion o'r Nef
> I blannu'r Groes ar ben yr adfeilion,
> A gosod delwau Mair yn nhyllau'r murddunod,
> A'r Apostolion a'r Saint ynghanol y rhwbel;
> A chlirio, ymhen deng mlynedd, lawr gwastad
> I actio Drama ei Basiwn ar Galfaria
> Ynghanol diffeithwch Bafaria.[30]

Crefydd ryfedd yw crefydd Dewi yn ôl Dunod. 'Gwlad y duwiau a'r duwiesau ydyw Dyfed,' meddai, nid gwlad yr un Duw.[31] A diben dyn yw 'ffrwythloni gwragedd fel y mae'r haul yn ffrwythloni'r ddaear'.[32] Fel y mae Dunod ar fin tynnu ei ddillad oddi amdani i ddangos gogoniant ei noethni i Ddewi, mae Dewi yn ei hatgoffa am ei meidroldeb. Harddwch corfforol yw harddwch Dunod, prydferthwch cnawdol gwraig, ond pob cnawd sydd wellt. 'Os edrychi ar dy gnawd, gweli'r ysgerbwd oddi tano,' meddai Dewi wrthi,[33] ac yma adleisiai Gwenallt, fel y gwnâi yn aml, farddoniaeth T. S. Eliot, sef, yn y cyswllt hwn, 'Webster was much possessed by death/And saw the skull beneath the skin', dwy linell agoriadol 'Whispers of Immortality'.[34] Mae hithau yn bygwth dial arno am sarhau ei chorff. Mae Dewi yn ei hanwybyddu, ac

yn cerdded, ynghyd â Gweslan ac Aeddan, at Eisteddfa Badrig i gynnau tân
y Pasg. Disgwylia Bwya a Satrapa amdanynt, yn barod i'w lladd, ond mae'r
tri yn cerdded at Eisteddfa Badrig drwy'r dyrfa, ac yn cynnau tân ar Eisteddfa
Badrig. Roedd Bwya a'i filwyr yn ofni'r tri, ac ar ôl i Ddewi draddodi pregeth
yn ymyl y tân, mae Satrapa a Dunod, ar ôl gwrando'n astud ar bregeth Dewi,
yn syrthio tan ei gyfaredd, ond nid felly Bwya.

Yn yr olygfa ddilynol, a Dewi ac Aeddan yn ymgomio â'i gilydd o flaen yr
allor, y mae Aeddan yn pryderu ynghylch lleoliad y fynachlog, oherwydd ei bod
yn agored i ymosodiadau gan wylliaid a ddaw dros y môr i ddinistrio'r temlau
a'u hysbeilio o'u trysorau. Ond mae Dewi yn gwrthod symud, gan mai Duw
a'i gorchmynnodd i godi'r fynachlog yng Nglyn Rhosyn. 'Y mae wyth dinas
ar hugain yn gydwastad â'r llawr/A dwyrain ein hynys ni yn anghyfanedd-dra
llosg,' meddai Aeddan.[35] Clodforir Emrys Wledig, arweinydd y Brythoniaid
yn y bumed ganrif, ond o dras Rufeinig, am rwystro'r paganiaid o Saeson
rhag anrheithio'r wlad a dinistrio'r eglwysi. Er hynny, mae tywysogion y wlad
yn ymladd benben â'i gilydd, a chan fod yr offeiriaid yn byw ar roddion y
tywysogion hyn, 'ni chondemniant eu pechodau rhag colli eu tâl'.[36] 'Diffaith
yw Eglwys y Crist, a diymadferth,' yn ôl Aeddan, ac y mae'n bygwth gadael yr
Eglwys i fyw fel meudwy mewn ogof yn y Preseli.[37] Cais Dewi ei ddarbwyllo
i beidio â gadael yr Eglwys, er ei gwendidau:

Dyletswydd y Cristion yw codi celloedd mewn byd ac Eglwys
I godi cymdeithas newydd a gwareiddiad newydd.
Cell fechan yn Nyfed ydym ni.
'Rydym yn aredig y maes fel ychen i roi urddas ar waith dwylo dyn
A byw yn dlawd fel ein Harglwydd i ddangos mai oferedd yw cyfoeth
A chadw yn ddiwair i ddangos mai sacrament yw priodas
Ac nid porthi nwyd yr anifail;
Dangoswn hefyd i'r bobl yr ydym yn byw yn eu plith
Fod gan ddyn enaid, a'i fod, felly, uwchlaw gallu'r wladwriaeth,
Am mai rhyddid, cyfiawnder, cyfrifoldeb a chydweithrediad
Yw egwyddorion y bywyd Cristionogol.[38]

Ond mae Aeddan yn gwrthod newid ei feddwl.

Ar hyn, rhutha Gweslan ac Ismael i mewn i'r fynachlog i hysbysu Dewi
fod Bwya ar ei ffordd i'r fynachlog gyda thri milwr. Pan gyrhaeddant, mae

Bwya yn cyhuddo Dewi o droi ei wraig a'i ferch yn Gristnogion, ac yn ei hysbysu ei fod wedi rhoi cyfran o'i dir, gan gynnwys y tir y saif y fynachlog arno, i filwyr Sacsonaidd, ar yr amod eu bod yn dwyn Dewi a'r mynachod eraill i'r Almaen yn garcharorion, neu eu lladd os gwrthodant fynd. Twyllwyr, fodd bynnag, yw'r milwyr hyn: 'Rhoddaist ddarn o'th dir i'r barbariaid hyn, ond ni fyddant yn fodlon arno; gofynnant am ragor o dir, a rhagor, a mynd â'th holl dir yn y diwedd,' meddai Dewi wrth Bwya.[39] Nod y milwyr yn y pen draw yw ysbeilio gorllewin Ynys Prydain o'i holl adnoddau naturiol, a chael y brodorion i weithio fel caethweision iddynt. '[C]aethweision yw pob hil i'n hil ni,' meddai penaethiaid y milwyr.[40] Imperialwyr a threfedigaethwyr yw'r rhain: 'Gwareiddiad milwyr fydd ein gwareiddiad ni, ac nid gwareiddiad mynachod,' meddai un o'r milwyr.[41]

Gwrthod y gwareiddiad milwrol, sef gwareiddiad y cenhedloedd imperialaidd hynny a fynnai ledu eu tiriogaethau trwy drais, lladrad a lladd, a wna Dewi. Ni fwriadodd Duw erioed i'r cenhedloedd ymladd benben â'i gilydd, meddai Dewi, yn enwedig cenedl y Cymry:

> Ni luniodd Efe yr un hil i lywodraethu ar bob hil arall,
> Ond cymdeithas o genhedloedd i gydweithredu â'i gilydd.
> Un o'r cenhedloedd hyn yw ein cenedl ni.
> Cenedl o saint, beirdd, llenorion a cherddorion
> Fydd hi; cenedl a ddengys gymeriad Duw yn ei bywyd.[42]

Odin a Thor, duwiau rhyfel, yw duwiau'r milwyr, ond wrth i bennaeth y milwyr godi ei gleddyf i daro Dewi, mae Dewi, wrth iddo wneud arwydd y Groes, yn peri iddo ollwng ei gleddyf i'r llawr, ac mae'n taro Bwya a'r tri milwr yn ddall. Dywed wrth ei ddisgyblion am wthio'r tri milwr dall mewn cwch yn ôl i'r môr, a rhoi Bwya yn ôl i Satrapa a Dunod.

Y mae gweddill y ddrama yn ymwneud â chenhadaeth Dewi, a'i frwydr i sefydlu mynachlog a hyrwyddo Cristnogaeth yn erbyn anawsterau fyrdd: y ffaith fod Gweslan yn darllen gweithiau Origen, tad pob heresi yn ôl Dewi; pryder ei fam, Non, a'i ewythr, Gweslan, amdano; gwrthwynebiad Bwya a Satrapa iddo, a'u gelyniaeth tuag ato; Dunod yn ceisio temtio Dewi i wledda ar ei chnawd; y tri milwr yn bygwth dwyn y tir lle codwyd ei fynachlog oddi arno, ac un ai ei gaethiwo neu ei ladd. Mae Aeddan yn bygwth gadael y fynachlog i fyw mewn ogof, a gwanhau'r gymdeithas fynachaidd yn sgil hynny.

Bygythiad arall iddo ef ac i'w genhadaeth yw Pelagiaeth, sef athrawiaeth y diwinydd Brythonig (neu Wyddelig, efallai), Pelagius. Credai Pelagius y dylai dynion weithio tuag at eu hiachawdwriaeth eu hunain, heb ddibynnu dim ar Dduw. Ni chredai ychwaith yn y Cwymp nac yn y pechod gwreiddiol, ddim mwy nag y credai rhai o'r deïstiaid a'r rhan fwyaf helaeth o Resymolwyr yn y pechod gwreiddiol. Crefydd ddyn-ganolog, nid Duw-ganolog, oedd crefydd a diwinyddiaeth Pelagius. Mae Dewi yn cydnabod yn y ddrama mai dyn yw pinacl y greadigaeth, uchafbwynt y creu, ond nid yw hynny yn golygu bod dyn yn gyfystyr nac yn gyfuwch â Duw.

Ismael yw cefnogwr Pelagiaeth yn y ddrama. 'A oes yn fy mynachlog i fy hun heretig?' gofynna Dewi.[43] Ateba Ismael:

'Roedd Pelagiws yn Gristion, yn fynach ac yn ŵr
duwiol a defosiynol, ac y mae ei ddiwinyddiaeth ef
yn hollol resymol. Duw a greodd ddyn. Duw a roes
iddo ei reswm, ei ewyllys rydd, ei allu i greu a'i
holl ddoniau. Os na roddodd Duw i ddyn ewyllys rydd,
nid dyn a greodd, ond anifail neu beiriant. 'Rwy'
i yn credu fod gan ddyn ryddid ewyllys. Y mae gan
ddyn ryddid i ddewis, i ddewis rhwng y da a'r drwg.[44]

'A wyt ti yn ddigon haerllug i farnu Duw wrth safonau dyn?' gofynna Dewi iddo.[45] Ni all 'rheswm dyn ddeall cyfiawnder, hollalluogrwydd, daioni, cariad, a hanfod Duw,' yn ôl Dewi.[46] Ni all dyn benderfynu dim. Duw sydd yn penderfynu popeth: 'Y mae Duw yn yr arfaeth fore, cyn bod unrhyw greadigaeth nac unrhyw haeddiant, wedi rhannu dynion yn ddwy garfan; y mae'r naill wedi ei hethol i fywyd tragwyddol a'r llall i golledigaeth fythol'.[47]

Mae Gweslan yn cyhuddo Ismael o 'seilio dy holl ddadl ar reswm dyn, ond ni welaist ti erioed derfynau cyfyng y rheswm hwnnw'.[48] Mae Dewi hefyd yn cyhuddo Gweslan o fod yn hanner Pelagydd. Ac yna mae'n troi at Ismael: 'Gan dy fod ti, Ismael, yn gwadu'r pechod gwreiddiol, 'rwyt ti hefyd, y mae'n debyg, yn gwrthod yr Ymgnawdoliad a'r Iawn?'[49] Nid yw Ismael yn gwadu'r Ymgnawdoliad na'r Iawn, oherwydd eu bod 'yn help i ddyn fyw yn dda'.[50] Ar hyn mae Dewi'n ffrwydro, ac yn diarddel yr 'heretig annuwiol' o'r fynachlog.[51]

Oherwydd yr holl rwystrau a'r holl anawsterau hyn, teimla Dewi fod ei genhadaeth yn Nyfed wedi methu, a bod Duw wedi ei wadu a'i amddifadu. Mae'n beio'i falchder a'i hunanoldeb ef ei hun am y methiant. Er iddo lwyddo i droi Satrapa a Dunod yn Gristnogion, methodd gyda Bwya. Cred Dewi bellach mai Aeddan oedd yn iawn, a byddai'n well, meddai, pe bai Gweslan ac yntau hefyd yn ymneilltuo i ryw ogof ar y mynydd neu i un o ynysoedd y môr. Mae Dewi a Gweslan yn gweddïo yn y fynachlog am y tro olaf, ac yna clywir cnoc ar y drws. Â Dewi i'w agor a daw Satrapa, Dunod a Bwya ddall i mewn. Mae Bwya yn gofyn iddo am gael ei olwg yn ôl, ond, meddai Dewi, Duw'n unig a all roi ei olwg yn ôl iddo, ar yr amod ei fod yn edifarhau. Yn dâl am ei bechodau mae Bwya yn rhoi'r tir y codwyd y fynachlog arno yn rhodd i Ddewi. Mae Satrapa hefyd yn cyflwyno darn o dir sydd wedi'i leoli yn ymyl y fynachlog i godi ysgol arno, a Dunod yn cyflwyno iddo ddarn arall o dir yn ymyl y fynachlog i adeiladu ysbyty ar gyfer cleifion ac anafusion. Oherwydd bod Bwya wedi edifarhau am ei bechodau ac wedi cyflwyno'r tir i Ddewi yn iawn am y pechodau hynny, 'Wn-i ddim a ydwy' i yn Gristion, ond 'rwy' yn hanner Cristion, beth bynnag,' meddai,[52] gan adleisio'r hyn a ddywedodd Gwenallt yn *Credaf.* Ac oherwydd iddo edifarhau am ei bechodau, y mae Duw wedi rhoi hanner y goleuni i Bwya yn ei ddallineb, ac y mae Dewi yn hyderus y bydd Duw yn rhoi'r goleuni llawn iddo yn y man.

Bellach, mae cenhadaeth Dewi yn Nyfed wedi llwyddo. 'Dyma weithredoedd Duw, a dyma weithredoedd dynion, a gweithredoedd Duw drwy ddynion,' meddai Dewi.[53] Y mae'n hysbysu'r lleill i gyd fod angel wedi ymddangos o'i flaen, ac wedi dweud wrtho y byddai'n marw ar y dydd cyntaf o Fawrth. Mae'r hysbysiad hwn gan Ddewi yn peri tristwch mawr i'r mynachod eraill, ac i Fwya, Satrapa a Dunod, i ddechrau. 'Pwy a eiriol drosom o flaen y Drindod?' gofynna Dunod.[54] Rhoddir sicrwydd a chryfder iddynt gan Gweslan:

> Bydd gennym *un* yn eiriol drosom yn y Nef;
> Gwlad lle y mae goleuni heb ddiwedd ...[55]

Daw'r ddrama i ben gydag un weddi olaf gan Ddewi:

Nid i ni, ond i Ti y byddo'r gogoniant.

Maddau f'aml bechodau i'th erbyn,

Yr anffydd a'r anghrediniaeth, yr amheuon a'r ofnau,

Maddau i mi am ddiystyru a melltithio dy bobl,

Y cnawdolrwydd, y balchder a'r hunanoldeb.

Molwn Di am lwyddo ein cenhadaeth yn Nyfed,

Ac wedi gorffen y gwaith braint yw cael marw,

A chael dyfod, os mynni, yn agos atat Ti ...[56]

Nid yn y ddrama yn unig y myfyriodd Gwenallt ar Ddewi Sant ar ddechrau'r 1950au. Cynhaliwyd gwasanaeth crefyddol dan nawdd Merched Plaid Cymru Aberystwyth a'r Cylch yng Nghapel Heol Skinner, Aberystwyth, ar nos Iau, Mawrth 1, 1951. Cyfraniad Gwenallt i'r noson oedd anerchiad ar y testun 'Neges Dewi Sant'. Darlledwyd talfyriad o'r anerchiad ar y radio yn ogystal. Y mae'r araith hon, er ei byrred, yr un mor bwysig â'i ysgrif 'Credaf', oherwydd bod Gwenallt ynddi yn traethu'n glir ddiamwys am yr hyn a gredai. Dyma gyffes ffydd Gwenallt yn ei noethni plaen. Ar ôl darllen Bucheddau Dewi Sant a'r cerddi a luniwyd iddo gan y beirdd, y mae Gwenallt yn dod i dri chasgliad ynglŷn â nawddsant y Cymry.

Y peth cyntaf a'i trawodd 'oedd bod Dewi Sant yn Gristion'.[57] Er y gellid cyhuddo Gwenallt o draethu'r amlwg yma, y mae wedyn yn dadansoddi Cristnogaeth Dewi yn ogystal â dadansoddi ystyr ac arwyddocâd Cristnogaeth yn gyffredinol. 'Nid egwyddorion crefyddol oedd Cristionogaeth i Ddewi Sant, ac nid rhyw ddelfrydau ysbrydol i ymgyrraedd atynt, er mai'r termau hyn sydd yn boblogaidd heddiw mewn rhai cylchoedd crefyddol yng Nghymru.'[58] Nid athrawiaeth yw Cristnogaeth yn bennaf, meddai, na dogmâu, na chredoau nac athroniaeth gymdeithasol. 'Datguddiad arbennig Duw yn Ei Fab, yr Arglwydd Iesu Grist, yw Cristnogaeth,' meddai, yn bendant ddiamwys ei farn.[59] Cristion uniongred oedd Gwenallt. Meddai ymhellach: 'Datguddiad a roddwyd unwaith ac am byth ydyw, a hynny ar adeg arbennig, mewn gwlad arbennig a than amgylchiadau hanesyddol arbennig'.[60] Efengyl Mab Duw yw'r Efengyl, 'ac nid efengyl rhyw ddysgawdr, neu athro neu broffwyd neu'r dyn gorau a fu rioed ar y ddaear, ond Efengyl yr Ail Berson yn y Drindod wedi ymgnawdoli mewn crud yn y beudy ym Methlehem'.[61] Ffaith, nid myth neu ofergoel, yw mai mab Duw yw Iesu Grist. Ymwneud â ffeithiau yr oedd yr

Efengylwyr a'r Apostolion yn y Testament Newydd. Gwirionedd, ffeithiau safadwy, oedd prif gonglfeini'r grefydd Gristnogol i Gwenallt. Ffeithiau oedd 'Yr Enedigaeth Wyrthiol, Yr Ymgnawdoliad; gwyrthiau, gweithredoedd a phregethau'r Arglwydd Iesu; Y Croeshoeliad, Yr Atgyfodiad, Yr Esgyniad a'r Pentecost'.[62] Dyma gonglfeini Cristnogaeth. Heb dderbyn yr elfennau hyn nid Cristnogaeth mohoni. A dyna pam yr oedd Gwenallt mor chwyrn yn erbyn y mudiadau diwinyddol rhyddfrydol hynny a geisiai danseilio'r elfennau cwbwl greiddiol hyn.

Yr hyn y mae'r Efengyl yn ei roi i ddyn yw bywyd tragwyddol, 'wedi iddo edifarhau', a hynny sy'n bwysig.[63] Ac mae'r bywyd tragwyddol a enillir yn perthyn i'r byd hwn yn ogystal ag i'r byd arall. Credai Gwenallt

> mai un o wendidau crefydd Cymru yn y ganrif ddiwethaf oedd gorarallfydrwydd; credu bod y byd hwn yn gwbl ddrygionus, a cheisio dianc rhagddo i fyd ysbrydol ar wahân iddo. Yr ymadrodd poblogaidd y pryd hwnnw oedd "achub enaid"; ond nid yr enaid yn unig a achubir, ond y corff hefyd; y deall, y meddwl a'r rheswm; yr holl bersonoliaeth. Fel person fe achubir dyn fel aelod o deulu, yn ei waith ac yn ei swydd, yn ei grefft ac yn ei lenyddiaeth, yn ei fiwsig ac yn ei fanc, yn ei wleidyddiaeth ac yn ei economeg.[64]

Hynny yw, y dyn crwn, cyflawn a achubir. Roedd Gwenallt yn dal i arddel athrawiaeth Sant Thomas Aquinas, sef mai undod llwyr yw'r corff a'r enaid, y cnawd a'r ysbryd, nid pethau ar wahân i'w gilydd.

Yr ail bwynt ynglŷn â Dewi Sant oedd fod 'ganddo'r athrawiaeth Gristionogol am ddyn', oherwydd ei fod ef ei hun yn Gristion.[65] Ac yma fe geir rhan o gyffes ffydd Gwenallt:

> Gadewais i a chyfeillion ifainc eraill ym mhentrefi diwydiannol Deheudir Cymru gynt grefydd ofergoelus y capeli, a derbyn crefydd wyddonol Sosialaeth a Chomiwnyddiaeth. Yr oeddem yn hiraethu ac yn breuddwydio yn y mwg a'r mwrllwch am y byd cyfiawn, y byd heddychol, y byd animperialaidd, ie, y byd perffaith. 'Roedd Deddf Datblygiad yn warrant [sic] y deuai'r byd hwnnw, ac y dôi yn fuan. Fe gredem ni y gallai dyn lunio byd perffaith â'i wybodaeth a'i allu ef ei hun. Fe roddodd gwyddoniaeth i ni esboniad twt a chryno ar hanes y canrifoedd, ar y bydysawd ac ar natur dyn.[66]

Fe gafwyd sosialaeth ym Mhrydain, meddai Gwenallt, 'ond ni ddaeth y byd cyfiawn, didlodi, diryfel, perffaith'.[67] Aeth Deddf Datblygiad ar goll yn rhywle, meddai, ac roedd y byd ymhell o fod yn berffaith. Credai Gwenallt yn ifanc 'fod dyn yn fod rhesymol, ac y gallai rheswm dyn reoli'r byw a llywodraethu bywyd'.[68] Ond ni allai dyn reoli neb na dim:

> … yr hyn a ddangosodd y ddau ryfel oedd bod mewn dyn nwydau a phechodau heblaw rheswm. Ni ddarfu i ni ragweld Belsen, Buchenwald, Siberia a Hiroshima, ac nid oeddem yn credu y gallent fod yn bosibl. Dyna'r sioc a dyna'r siom a gafodd rhai ohonom. Fe geisiaf ymgadw rhag bod mor hunangyfiawn â gorfeio'r Almaenwyr am Belsen a Buchenwald. Y mae Belsen a Buchenwald yn natur pob dyn.[69]

Hynny yw, y mae pechod yn natur pob dyn. 'Nid oes a all ddiffodd yr uffernau hyn ond gras Duw,' meddai Gwenallt.[70] Ni all dyn fodoli ar ei ben ei hun heb Dduw. Trwy ras Duw yn unig yr achubir enaid yr unigolyn edifarhaus, a thrwy ras Duw, nid trwy unrhyw weithred elusennol neu ddyngarol neu artistig-greadigol, y gellir cael dyn i drechu'r drygioni a'r creulondeb sydd ynddo. Trwy inni alltudio Duw o'n bywydau fe adawyd gwacter enfawr ar ei ôl:

> Gan i ni heddiw fwrw o'n bywyd Dduw, y mae ar ei ôl yn yr ysbryd wacter. Rhaid yw ar ddyn lanw'r gwacter, gan nad yw'r ysbryd yn fwy hoff o wacter na Natur. Creadur addolgar yw dyn wrth natur; creadur eilunaddolgar. Bydd dynion heddiw yn arswydo rhag y gwacter hwn; rhai yn ceisio ei lanw wrth addoli Mamon, neu addysg, neu lenyddiaeth, neu wraig neu blentyn; llawer yn dianc rhagddo i gyntefigrwydd seliwloed Hollywood a chyffrouster nofelau rhad; rhai yn cilio i gyfriniaeth crefyddau'r Dwyrain; eraill fel yr athronwyr modern yn ceisio dadansoddi'r diddymdra; a rhai yn rhoddi'r rhaff am eu gyddfau ac yn ymgrogi uwchben y gwacter.[71]

'Diffyg ffydd dyn ynddo ef ei hun, y dianc rhag y gwacter ynddo, sydd yn cyfri am dotalitariaeth mewn gwleidyddiaeth,' meddai drachefn.[72] Gan na all dyn bellach bwyso ar Dduw, oherwydd iddo alltudio Duw o'i fywyd, mae'n rhaid iddo, yn absenoldeb Duw, ddod o hyd i rywbeth a all gymryd lle Duw yn ei fywyd. Un ateb yw gwleidyddiaeth. Y mae dyn yn troi at wleidyddiaeth i'w arwain o'r twll y mae ynddo, i lenwi'r gwacter a adawodd Duw ar ôl yn ei fywyd, yn union fel y troes y Gwenallt ifanc at wleidyddiaeth. Marcsiaeth oedd crefydd Gwenallt ar un adeg, a Karl Marx oedd ei dduw. Gall y Wladwriaeth yn hawdd lenwi'r gwacter a adawyd gan farwolaeth Duw. Y mae dyn yn pwyso ar y Wladwriaeth yn hytrach na phwyso ar Dduw, a'r Wladwriaeth bellach yw perchennog dyn. Trwy iddo'i ildio'i hun i'r Wladwriaeth, y mae rhyfel bellach yn bosibl. 'Diben tragywydd dyn yw addoli a gogoneddu Duw, a dylai gwleidyddiaeth fod yn help iddo i gyrraedd y diben hwnnw,' meddai Gwenallt.[73] Un arall o dduwiau dyn, o golli'r gwir Dduw, yw arian, ond ni all unrhyw un o'r ffug-dduwiau hyn achub dyn rhag ei ddiddymdra a'i golledigaeth ef ei hun. 'O gydnabod Duw fel Creawdwr ac fel Cyfryngwr y gall dyn gael rheolaeth arno ef ei hun, a rheolaeth ar ei amgylchfyd, er na all gael rheolaeth lwyr o bell ffordd am ei fod yn greadur ac yn bechadur,' meddai Gwenallt.[74]

Y trydydd pwynt a nodir gan Gwenallt yn ei araith yw'r pwynt canlynol: 'Am fod Dewi Sant yn Gristion yr oedd ganddo'r athrawiaeth Gristionogol am gymdeithas ac am y genedl'.[75] Hynny yw, roedd Dewi Sant yn barod i amddiffyn tir ei genedl yn erbyn y cenhedloedd estron a ymosodai ar arfordir Cymru, fel y Daniaid. Pan ymosododd y Daniaid ar Eglwys Tyddewi, fe'u trawyd yn ddall gan Ddewi, yn ôl Gwynfardd Brycheiniog. Bellach, gwlad heb iddi amddiffynnwr yw Cymru:

> Heddiw, pan fwriedir dwyn tiroedd Cymru, y tiroedd Cymreiciaf, i sefydlu gwersylloedd milwrol, a phan blennir yng nghoedwigoedd Cymru drefedigaethau o Saeson, oni ddylem ni ddilyn esiampl Dewi Sant ac efelychu ei sêl dros y genedl? Oni ddylem arfer ein gallu ysbrydol a'n grym moesol? Dangosodd y Mahatma Gandhi … mor effeithiol yw "galluoedd y tragywydd". 'Roedd ei gwrdd gweddi ef yn ffactor bwysig mewn gwleidyddiaeth, a'i ympryd yn drech na grym byddinoedd. Ond ni chlywais i i'r un cwrdd gweddi gael ei gynnal yn unrhyw ran o Gymru i ofyn i Dduw am help i gadw'r genedl yn ei thrybini a'i hargyfwng.[76]

Ac meddai, gan adleisio un o'i gerddi enwocaf:

> Oherwydd nid creadigaeth Duw yn unig yw Cymru, ond y mae hi hefyd yn dreftadaeth ysbrydol. Ynddi y gorwedd llwch Dewi Sant a'r Saint cynnar; llwch mynachod ac abadau'r Oesoedd Canol; llwch yr Esgob Morgan, y Ficer Prichard

a Morgan Llwyd; llwch Pantycelyn, Christmas Evans, Williams o'r Wern, Michael D. Jones ac Emrys ap Iwan. Ein dyletswydd ni yw traddodi'r dreftadaeth a gawsom i'n plant; treftadaeth o bregethu Efengyl Mab Duw, o weddïo a gweithredu, ac o lunio yng Nghymru gymdeithas ar sail egwyddorion moesol Cristionogaeth.[77]

Mawr oedd pryder Dewi am ei gyd-ddyn, ac ysol oedd ei awydd i leddfu cyni anffodusion a thrueiniaid cymdeithas:

Yn ôl Buchedd Dewi Sant fe welwn hefyd iddo godi dwy ffynnon o win, "a'r crupliaid a'r cleifion a geffynt wared yn y ddwy ffynnon hyn." Cofiodd am y trueiniaid hyn, ac fe roes iddynt iechyd a gwaredigaeth. Y mae gennym ni heddiw ein trueiniaid. Glowyr yn marw o 'glefyd y dwst' yn Neheudir Cymru; pobl yn marw o'r ddarfodedigaeth yng Ngogledd Cymru, a hen bobl yn methu cael deupen y llinyn ynghyd. Y mae ym mynwentydd Cymru lawer iawn o feddau cynamserol.[78]

A dyna gyffes ffydd Gwenallt, neu gyfran ohoni o leiaf. Heb Dduw, heb ddim: dyna'i athrawiaeth yn y pen draw. Gras Duw yn unig a all olchi ymaith bechodau a beiau dynion. Heb ras Duw, a heb Dduw ei hun, y mae dyn ar goll, ac yn fwy na hynny, y mae'n cyflawni erchyllterau. Er y gall dyn gyrraedd yr uchelderau ym myd celfyddyd a gwyddoniaeth, bydd yr ochr dywyll i'w natur yn ei glymu wrth y pridd o hyd. Roedd yr athronydd Ffrengig Blaise Pascal yn un o'r dylanwadau pennaf ar Gwenallt. Y mae Duw, meddai Pascal, yn estyn gras i'r sawl sy'n dymuno ymgyfranogi o ras Duw, y rhai sy'n edifarhau iddynt gyflawni pechodau. Gras Duw yn unig a all wareiddio dynion. Y mae dyn, yn ôl athrawiaeth Pascal, yn chwilio am unrhyw beth i lenwi'r gwacter a grëwyd gan alltudiaeth ac absenoldeb Duw, gan gynnwys awdurdod (y Wladwriaeth), ymchwil wyddonol a phleser. Gras Duw yn unig a all roi i ddyn yr hapusrwydd y mae'n dyheu amdano, ond rhaid i ddyn edifarhau am ei bechodau cyn y bydd Duw yn estyn gras iddo.

Ar ddechrau 1952 yr oedd Gwenallt dros ei ben a'i glustiau mewn helynt unwaith eto, helynt arall a oedd yn ymwneud â chadair – ond o fath gwahanol i Gadair Treorci ym 1928. Bu'r hyn a ddigwyddodd yn ddigon i beri iddo chwerwi am weddill ei ddyddiau. Ym 1951 roedd T. H. Parry-Williams yn hwylio i ymddeol o'i swydd fel Athro yn yr Adran Gymraeg yn Aberystwyth, a rhaid oedd cael olynydd iddo. Roedd tri wedi eu gosod ar y rhestr fer ar gyfer y swydd: Gwenallt, Thomas Jones a Melville Richards o Brifysgol Lerpwl. Y ddau brif ymgeisydd am y swydd, fodd bynnag, oedd y ddau frodor o'r Allt-wen, Thomas Jones a Gwenallt, gan fod y ddau eisoes yn aelodau o staff yr Adran Gymraeg yn Aberystwyth.

Roedd Cadair wag Aberystwyth wedi ysgogi diddordeb mawr ymhlith ysgolheigion a llenorion Cymru. Yn ôl Mignedd yn *Y Faner.*

> Yn awr, cyfyd amryw gwestiynau y dylid eu gwyntyllu ar goedd gwlad ynglŷn â'r swydd a'r penodiad. Sylwer i gychwyn pwy oedd aelodau'r Pwyllgor Dewis – y Prifathro Ifor L. Evans (yn y gadair), tri arbenigwr Cymraeg, sef Syr Ifor Williams, yr Athro Henry Lewis a'r Athro Idris Foster; a'r tri allanol oedd y Dr. Ifor Rees, Bow Street; Syr Idris Bell a'r Athro David Williams. Y mae'r tri arbenigwr Cymraeg yn ieithwyr ac yn Ganoloeswyr – os goddefir y term – a diau mai ieitheg yw eu pennaf diddordeb hwy. Fe'm temtir i ofyn: Onid oes gormod o ddysgu gramadeg ac ieitheg yn ein colegau cenedlaethol, a gormod o arbenigo ar bethau Celtaidd?[79]

Roedd yr hyn a awgrymai Mignedd yn ddigon clir. Gan mai ieithegwyr, yn bennaf oll, oedd y tri aelod o'r Pwyllgor Dewis, yr oedd yn amlwg mai i ieithegwr arall y cynigid y swydd, ac fe roddai hynny ddewis o ddau i'r Pwyllgor – Thomas Jones neu Melville Richards. Gadawai hynny Gwenallt ar ei ben ei hun, yn ymgeisydd unig, ar wahân, heb y gobaith lleiaf ganddo o gael y swydd. Yn wir, fe wnaeth Mignedd fwy nag awgrymu hynny. Proffwydodd y byddai Cyngor y Coleg yn cyfarfod ar Fawrth 20, ac ni synnai ddeall 'mai enw Mr. Thomas Jones yn unig fydd yn mynd ger bron y Cyngor'.[80]

Roedd *Y Faner* yn sicr wedi codi cynnen. Yn garn i'w ddadl o blaid cadw'r ddysgl yn wastad rhwng ieitheg a llenyddiaeth yng ngholegau Cymru, dyfynnodd Mignedd yr hyn a ysgrifenasai Thomas Parry yn ei lyfr *Llenyddiaeth Gymraeg 1900–1945*:

> … y mae lle i ofni nad yw'r Brifysgol ond yn dechrau dod i ystyried astudio llenyddiaeth yn eang a rhyddfrydig fel peth cyfwerth ag astudio iaith … a gofynnid gan y myfyrwyr ddysgu corff o ffeithiau am yr ieithoedd Celtaidd ac ieitheg gymharol. Gwelwyd ers tro nad yw cwrs o ddysgu ar gof fel hyn, heb ddim cyfle i'r rheswm na'r chwaeth, yn datblygu dim ar gymeriad myfyriwr nac yn dwyn i'r golwg unrhyw werthoedd sylfaenol, ac erbyn hyn fe roed lle i *hanes* llenyddiaeth o

leiaf. Ond eto y mae tuedd i ystyried bod y sawl a ddatrys broblem ieithegol yn fwy dyn na'r sawl a ddehongla gyfnod mewn hanes neu agwedd ar lenyddiaeth.[81]

'Credir yn ein colegau fod dawn yr ysgolhaig yn fwy gwerthfawr na dawn y llenor creadigol, a rhoddir pwys mawr ar y ddawn i olrhain tarddiad geiriau,' meddai Mignedd drachefn, gan argymell y dylid sefydlu Cadair Iaith a Chadair Llenyddiaeth yn Aberystwyth unwaith yn rhagor.[82]

Anfonodd 'Pendinas' lythyr ynghylch y swydd i'r *Western Mail*, ac roedd yr hyn a ddywedodd yn sarhad ar Gwenallt. Gan mai bryn ar fin Penparcau yw Pen Dinas, anodd osgoi'r argraff fod rhywun lleol, rhywun a adwaenai Gwenallt yn dda, yn ceisio gwneud drwg iddo. Pan oedd Gwenallt yn fyfyriwr yn y coleg yn Aberystwyth, fe geid dwy gadair a dau Athro yno, sef Cadair Llenyddiaeth T. Gwynn Jones a Chadair Iaith T. H. Parry-Williams. Nid oedd y trefniant hwnnw yn gwbwl foddhaol nac yn llwyr effeithiol yn ôl 'Pendinas', ac ar ben hynny, dim ond un dyn yng Nghymru a allai lenwi Cadair T. Gwynn Jones gynt, ac nid Gwenallt oedd hwnnw:

> So far as the late T. Gwynn Jones himself is concerned, he was a sufficiently unique figure in Welsh letters to warrant the creation of a special chair. To-day there is no parallel, except possibly at Cardiff University College, where Mr. Saunders Lewis, now lecturer in Welsh literature, is a figure of unusual distinction.[83]

Gresynai'r *Western Mail*, fodd bynnag, fod y swydd wag yn Aberystwyth wedi codi'r fath gynnwrf. Roedd y papur yn cydymdeimlo â'r coleg ac â'r ymgeiswyr, ac yn condemnio'r bobl hynny a oedd yn chwarae'r ymgeiswyr yn erbyn ei gilydd:

> The Welsh Department at the University College of Wales has an enviable reputation, and we are sure that the academic body entrusted with the choice of the department's new head will choose wisely and well. Let us leave such affairs in the hands of those with a full understanding of the position. To turn the appointment of a professor into a public squabble is harmful to the dignity of the successful applicant, and will cause pain to those who will now be revealed as having failed to gain the chair.[84]

Gofynnodd Gwenallt a Thomas Jones i Thomas Parry fod yn ganolwr iddynt, ac felly y bu. Thomas Jones, fodd bynnag, a gafodd y swydd, ac er na ddaliodd Gwenallt unrhyw ddig yn bersonol yn erbyn Thomas Jones, yn sicr fe ddaliodd ddig yn erbyn y pwyllgor dewis. Cytuno â'r penodiad a wnaeth Thomas Parry, er gwaethaf yr hyn a ddywedodd yn *Llenyddiaeth Gymraeg 1900–1945*, ond teimlai hefyd y dylai Gwenallt gael rhyw fath o ddyrchafiad, pe na bai ond i'w gysuro. Gofynnodd Thomas Parry i Ifor L. Evans, Prifathro Coleg Aberystwyth, ddyrchafu Gwenallt yn Ddarllenydd, ac ychwanegu rhyw ganpunt at ei gyflog, ac fe wnaed hynny.

Roedd Albert Davies wedi clywed nad oedd gobaith pelen eira yn nhes Awst gan Gwenallt o gael ei benodi i'r swydd. Ac yntau a'i wraig yn brysur yn codi teulu ar y pryd, collodd Albert a Gwenallt gysylltiad â'i gilydd yn ystod ail hanner y 1940au. Ailgyfannwyd eu cyfeillgarwch am blwc ar ddiwedd y 1940au, ac fe gollwyd cysylltiad drachefn, hyd nes i Gwenallt adael i Albert wybod ym 1951 ei fod yn bwriadu mynd i weld ei chwaer Beth yng Nghastell-nedd, ac yr hoffai alw heibio i Albert a Molly ar ei ffordd yno. Dyna pryd y dywedodd wrth Albert fod T. H. Parry-Williams yn ymddeol o'i swydd. Awgrymodd Albert y dylai Gwenallt gynnig amdani, ond rhaid bod Gwenallt ei hun wedi bwriadu ymgeisio am y swydd. Yng ngeiriau Albert ei hun, dyma'r hyn a ddigwyddodd:

> Some months after Gwenallt's visit, a neighbour had recently returned from an Educational Conference at the Welsh Educational Office in London. We chatted over the garden wall and I mentioned the forthcoming vacancy of a Professorship in the Welsh Department in Aberystwyth. I mentioned Gwenallt as an ideal candidate and successor to [T. H. Parry-Williams]. The matter had obviously been discussed in the corridors of Whitehall, for he openly informed me that, "one thing is certain, Gwenallt will not be appointed". I posed the question "Why?" and he replied: "It is rumoured that Gwenallt Jones was not a safe man". In the ensuing silence, my neighbour became somewhat embarrassed and said, "Haven't I seen Gwenallt in your home? You are friends of course." It was too late to retract his information; the cat was out of the bag. The Establishment had already made their decision. I remarked that I would be writing to Gwenallt soon. When in March 1952, I had news that the Establishment had confirmed the appointment of Tom Jones, I recalled the words, "Gwenallt is not a safe man".[85]

Hawdd deall pam y cafodd Gwenallt ei frifo a pham y teimlai iddo gael ei ddifrïo gan y penodiad. Ysgolhaig testunol ac ieithegol oedd Thomas Jones, a chyfyng, i raddau, oedd maes ei arbenigedd, sef rhyddiaith Gymraeg yr Oesoedd Canol, er bod ganddo ddiddordeb mewn meysydd eraill yn ogystal. Cyfyng oedd ei orwelion ysgolheigaidd er ei fod yn ysgolhaig ardderchog a thoreithiog oddi fewn i'w faes ef ei hun. Ar y llaw arall, roedd Gwenallt yn gyfarwydd â phob cyfnod llenyddol ac â phob ffurf ar lenyddiaeth Gymraeg. Ar un cyfnod roedd yn darlithio ar waith y Cynfeirdd a'r Gogynfeirdd. Roedd yn awdurdod ar ganu'r ddeunawfed ganrif ac yn arbenigwr ar lenyddiaeth y bedwaredd ganrif ar bymtheg. Roedd yn eang ei ddiddordeb a'i gyraeddiadau academaidd; roedd yn un o feirdd mwyaf yr ugeinfed ganrif, roedd yn ysgolhaig, yn feirniad llenyddol craff, yn feirniad eisteddfodol rhagorol, yn hanesydd llên penigamp ac yn llenor llwyddiannus yn gyffredinol. Cerddor un offeryn oedd Thomas Jones, er cymaint ei fedrusrwydd wrth ganu'r un offeryn hwnnw; cerddorfa lawn oedd Gwenallt, a gallai ganu pob offeryn yn y gerddorfa, rhai'n weddol a rhai'n wych. Roedd Thomas Jones ryw ddeng mlynedd yn iau nag ef, ac roedd Gwenallt wedi bod yn ddarlithydd yng Ngholeg Aberystwyth am chwe blynedd cyn penodi Thomas Jones yn ddarlithydd yno. Teimlai Gwenallt fod awdurdodau'r coleg wedi ei sarhau a'i iselhau. Rhan enfawr o'r broblem oedd agwedd ei gyd-weithwyr tuag ato. 'Da y gwn pa mor bwysig yn ei olwg oedd ymchwil, fel cynsail dysg yn gyffredinol, ac, o safbwynt personol, fel ffordd o dewi'r "nhw" na chredent ei fod yn ysgolhaig,' meddai Hywel Teifi Edwards am ei ewythr.[86] Cafodd gam a chafodd loes, ac nid anghofiodd yr anfri na'r anaf odid unwaith.

Arllwysodd ei fol mewn llythyr at Kate Roberts ym 1952. Roedd yn siomedig iawn am na chafodd ei benodi i Gadair Gymraeg Aberystwyth. Byddai'n well, meddai, pe bai wedi rhoi'r gorau i farddoni ac ysgrifennu pwt o ddrama, ond ni fynnai fygu'r ddawn a roddodd Duw iddo er mwyn gwneud rhagor o ymchwil. Roedd gorweithio wedi andwyo'i iechyd. Rhoddodd y gorau i ysmygu a gwrthododd lawer o wahoddiadau, yn y gobaith y gallai gael ei iechyd yn ôl. Ond ni allai gelu ei ddicter, ac ymosododd yn gas ar rai o ysgolheigion pennaf a gwŷr blaenllaw Cymru ar y pryd, gan gofio bod dau ohonynt, Ifor Williams a Henry Lewis, wedi sefyll yn gadarn yn erbyn yr ymgyrch i adfer ei swydd fel darlithydd yng Ngholeg Prifysgol Cymru yn Abertawe i Saunders Lewis ar ôl helynt yr Ysgol Fomio:

Y mae'n hen bryd cael gwared ar rai pobl yng Nghymru, a'r pedwar cythraul
mwyaf ohonynt yw'r Prifathro, Ifor Williams, Henry Lewis ac Ifan Ap … nid yw
Ifor Williams a Henry Lewis yn gwybod dim am lenyddiaeth ddiweddar Cymru.
Nid ydynt wedi darllen yr un o'ch llyfrau chwi na'm llyfrau i. Ar ôl astudio'r
Cynfeirdd y mae Ifor Williams yn darllen nofelau ditectif, ac ar ôl astudio ieitheg
Geltaidd y mae Henry Lewis yn darllen llyfrau 'Cowboys'.[87]

Yn Aberystwyth y cynhaliwyd yr Eisteddfod Genedlaethol ym 1952,
a gwnaeth Gwenallt drefniadau i gyfarfod â Kate Roberts yno. Er bod
Eisteddfod Genedlaethol 1952 ar riniog ei ddrws, nid oedd yn beirniadu
yn yr eisteddfod honno, nac ychwaith yn y Rhyl ym 1953, ond ni fu'n
segur yn ystod y ddwy flynedd hyn ychwaith. Ym 1952, cyhoeddwyd cyfrol
hirddisgwyliedig R. Williams Parry, *Cerddi'r Gaeaf*, a Gwenallt a'i hadolygodd
i'r *Faner*. Roedd yr adolygiad hwnnw yn un manwl a chynhwysfawr, ac
fe'i cyhoeddwyd mewn dau rifyn olynol o'r *Faner* ym mis Chwefror 1953.
Cyfrannodd hefyd 23 o gofnodion am feirdd a llenorion i *Y Bywgraffiadur
Cymreig hyd 1940*, a gyhoeddwyd ym 1953.

Fodd bynnag, ym 1954 cafodd Gwenallt wahoddiad i feirniadu
cystadleuaeth y Gadair yn Eisteddfod Genedlaethol Ystradgynlais. Addysgu
a darlithio a wnâi Gwenallt yn ei feirniadaethau eisteddfodol, ac roedd
ganddo gynghorion gwych a buddiol i'r beirdd ym 1954, yn enwedig gan
mai cystadleuaeth wael a gafwyd y flwyddyn honno. Testun yr awdl yn
Ystradgynlais oedd 'Yr Argae', ac roedd yn rhaid i fardd, meddai Gwenallt,
fyfyrio uwch ei destun i ddechrau:

Rhaid cael cydnawsedd rhwng y bardd a'i destun. Dyna pam y mae'n anodd canu
ar destun gosod, er bod gan feirdd cystadleugar y ddawn i ganu ar bob math o
bynciau. Cyn llunio'r awdl dylasai'r bardd weld yn yr argae arwydd ac arwyddocâd
iddo ef; dylasai'r bardd fod yn rhan o'r argae a'r argae yn rhan o'r bardd, ac ar y
cychwyn nid yw'r weledigaeth a gaiff drwy ei sythwelediad creadigol ond cryndod
rhythmig ar y ffin rhwng yr ymwybod a'r is-ymwybod. O'r miwsig mewnol hwn
y datblyga'r gerdd, ac yn yr awdl fesurau arbennig, odl a chynghanedd, a dylai'r
cynganeddion fod mor wyryfol loyw fel y temtir bardd i gofleidio'r rhai gorau
ohonynt.[88]

Ni ddylai bardd efelychu traddodiad y gorffennol. '[R]haid i draddodiad fod yn rhan o'r weledigaeth bersonol,' meddai.[89] Hanfod arall yw llwyr feistrolaeth dyn ar ei gyfrwng:

> Cyn y gellir troi'r miwsig mewnol yn farddoniaeth gyflawn, rhaid wrth feistrolaeth ar fesur odl a chynghanedd, ac wrth feistrolaeth ni olygir yn unig wybodaeth gywir o Gerdd Dafod, ond y ddawn i fynegi'r weledigaeth yn glir ar fesurau caeth, a phan na cheir y feistrolaeth hon, tywyllir y weledigaeth a mygir y miwsig, a lle na bydd gweledigaeth o gwbwl, ni cheir ond clecian diarwyddocâd.[90]

John Evans (Siôn Ifan) a enillodd y Gadair yn Ystradgynlais, ond gydag awdl wantan iawn.

Cafodd Gwenallt ddamwain gas ar ddechrau 1955. Bu ei gar mewn gwrthdrawiad â lorri ar un o strydoedd cul Aberystwyth, ac er na thorrodd yr un asgwrn, cafodd archoll hir ar ei dalcen. Y sioc oedd y peth gwaethaf, fel yr esboniodd wrth Albert ar Ebrill 6, 1955, ac aeth i Ddinbych-y-pysgod am ddeng niwrnod o wyliau ar ôl y ddamwain. Efallai mai yn ystod y gwyliau hyn neu yn fuan ar ôl hynny y lluniodd Gwenallt ei gerdd 'Dinbych-y-pysgod':

> Mor llawn ydyw'r ddeudraeth yn Ninbych-y-pysgod
>   O ymdorheulo plant a gwragedd a gwŷr;
> A'r bae wrth ei fodd yn cario cychod a llongau
>   O'r harbwr i santeiddrwydd Ynys Bŷr.
>
> Tros fil o flynyddoedd yn ôl bu'r cynfardd yn canu
>   I'r addfwyn gaer ar y nawfed don;
> A phan oedd y môr o'i hamgylch yn gwneud y mawr wrhydri
>   Uchel oedd y gwin a'r gerdd y tu mewn i hon.
>
> Canrifoedd o wylanod er cyfnod y cynfardd
>   A fu'n clebran a dadlau ar y traethau hyn;
> Ond wedi dyfod yr ymwelwyr y maent yn llawer distawach
>   Ac yn fwy dedwydd am fod eu boliau bach yn dynn.
>
> Nid oes yr un awgrym o gwmwl yn unman yn yr wybren
>   Na chysgod o bryder ar fôr a thir:
> Ar wahân i'r sŵn argoelus sy'n aros yn yr awyr,
>   Bugunad y gynnau neithiwr ym Maenor Bŷr.[91]

Yma gallai Gwenallt anadlu hanes ac ymdeimlo â llenyddiaeth a thraddodiad y gorffennol wrth ddwyn i gof y gerdd gynnar 'Edmyg Dinbych' (Moliant Dinbych), cerdd o ddiwedd y nawfed ganrif yr adleisir nifer o'i llinellau yng ngherdd Gwenallt. Ac o Ddinbych-y-pysgod gellid gweld Ynys Bŷr yn glir, sef yr ynys y codwyd mynachlog arni yn y chweched ganrif a phriordy yn y ddeuddegfed ganrif, yn ogystal â chodi mynachlog newydd arni ar ddechrau'r ugeinfed ganrif gan Urdd y Benedictiaid. Lle i enaid gael llonydd yn sicr, nes i sŵn y gynnau o gyfeiriad Maenorbŷr a Chastell Martin, lle'r oedd gan y Swyddfa Ryfel faes ar gyfer ymarfer tanciau a gynnau mawr, ddifetha'r heddwch.

Ac yntau bellach yn ei ganol oed, glynai Gwenallt yn dynn wrth yr egwyddorion a goleddai pan oedd yn laslanc yng Nghwm Tawe, sef yr union egwyddorion a barodd iddo sefyll fel gwrthwynebydd cydwybodol adeg y Rhyfel Mawr. Gyda'r Gwasanaeth Milwrol – sef gorfodaeth filwrol – yn parhau i fod mewn grym yn y 1950au, ar ôl ei sefydlu ym 1948, roedd sawl heddychwr a Christion yng Nghymru yn pryderu ynghylch y ddeddf anfoesol, anghristnogol hon. Ar Ionawr 21, 1956, cynhaliwyd cyfarfod enfawr yn Neuadd y Buarth, Aberystwyth, i hyrwyddo ymgyrch yn erbyn gorfodaeth filwrol. Gwenallt ei hun a luniodd y cynnig, a dderbyniwyd yn unfrydol gan y cyfarfod:

> Geilw'r gynhadledd hon, [sydd] yn cynrychioli aelodau eglwysi o bob enwad
> crefyddol ac aelodau o bob plaid wleidyddol yn sir Aberteifi, am ddileu gorfodaeth
> filwrol ar unwaith, gan fod ei pharhau yn gwbl groes i farn mwyafrif mawr
> trigolion Cymru fel y mynegwyd hi gan ei chynrychiolwyr yn y Senedd.[92]

Anerchwyd y gynulleidfa gan nifer o heddychwyr, gan gynnwys yr Archdderwydd ar y pryd, J. Dyfnallt Owen, W. J. Gruffydd (Elerydd), Prifardd y Goron yn Eisteddfod Genedlaethol Pwllheli, 1955, a'r Parchedig Dewi Thomas, ficer Llanfihangel Genau'r Glyn, ac un o gyfeillion agosaf Waldo Williams.

Roedd Gwenallt yn berson tra adnabyddus yng Nghymru yn y 1950au. Ymddangosodd portread ohono yn rhifyn Awst 15, 1957, o'r *Faner*:

> Un bach byr, pryd tywyll yw Gwenallt, ac mae holl fynegiant ei bersonoliaeth
> yn ei wyneb ac yn enwedig yn ei lygaid. Yma eto, ceir y ddau ddyn, y dyn

Priodas Gwenallt a Nel, gydag Albert Davies yn was priodas iddo. Mae B. J. Morse hefyd yn y llun, yn sefyll y tu ôl i'r briodferch a'r gwas priodas.

Gwenallt a'i gyfaill agos B. J. Morse, ar achlysur priodas Gwenallt.

Mam Gwenallt yn ei hen ddyddiau.

Dosbarth Anrhydedd Cymraeg 1937–1938 yng Ngholeg Prifysgol Cymru, Aberystwyth. Yr ail o'r chwith yn y rhes flaen yw Thomas Jones, T. H. Parry-Williams yn y canol, a Gwenallt yn eistedd yn ei ymyl yntau.

Gwenallt ym mhriodas Molly ac Albert, gyda Nel yn sefyll y tu ôl iddo.

Nel, Gwenallt a Mair.

NADOLIG

Torrodd y peirianwyr y gwifrau pigog
  A chlirio'r tanciau a'r ' mwynau ' ffrwydr ;
Israel a'r lorddonen a roes i'r pererinion
  Ffordd i Fethlehem trwy faes y frwydr :
Arabiaid, Iddewon a'r byd sy'n addoli
  Y Duw tragwyddol wedi ymgnawdoli.

Yno nid oedd ond Mam ddiymadferth, a Phlentyn
  Yn chwarae yn ddoniol ddiniwed ar Ei glin ;
Ond Ei wyneb oedd heulwen y Dwyrain Canol,
  A'i ddwylo yn drech nag arfogaethau dyn :
Ac ni all yr holl fomiau chwythu'r Offeren,
  Dinistrio'r ystabl na siglo'r Seren.

                                    D. Gwenallt Jones.

I ddymuno i chwi

NADOLIG CRISTIONOGOL LAWEN

a

BLWYDDYN GRISTIONOGOL NEWYDD

                Oddi wrth

        Deulu Gwenallt

Rhyd-y-môr,
    Ffordd Reidol,
        Penparcau,
            Aberystwyth.

Cerdyn Nadolig personol oddi wrth Gwenallt a'i deulu at gyfeillion a pherthnasau.

Idwal Jones, Llanbed, un o gyfeillion pennaf Gwenallt, yn enwedig yn y coleg yn Aberystwyth.

Niclas y Glais a D. J. Williams, dau o gyfeillion gwleidyddol Gwenallt.

Yr Athro Thomas Jones.

Gwenallt ar achlysur ei anrhydeddu â gradd Doethur mewn Llên.

Gwenallt yn ymlacio yn ei ddyddiau olaf, a llafur oes bellach y tu cefn iddo.

Gwenallt, y bardd a'r llenor.

'Bedd fy nhad ar y bryn': bedd y teulu ym mynwent Capel y Tabernacl, Trebannws. Yma y claddwyd pob aelod o deulu Gwenallt ac eithrio ef ei hun.

Cartref Gwenallt ym Mhenparcau, Aberystwyth.

Bedd Nel a Gwenallt ym Mynwent Gyhoeddus Aberystwyth.

Ffynnon goffa i dri o feibion Cwm Tawe ym Mhontardawe, sef T. E. Ellis o'r Allt-wen, Athro a Chyfreithiwr; T. J. Morgan o'r Glais, Athro, llenor ac ysgolhaig, a Gwenallt, a ddisgrifir fel 'bardd' a 'heddychwr'.

Ar Fehefin 2, 1971, dadorchuddiwyd plac coffa i Gwenallt yn Wesley Terrace, yn ymyl y tŷ lle ganed y bardd.

Cerflun o ben Gwenallt gan John Meirion Morris.

tawel caredig, a'r dyn herfeiddiol neu'r gwrthryfelwr os mynner. Gwlad y
ffwrneisi a'r pyllau glo a'i gwnaeth yn herfeiddiol, gweld y dioddef a'r cyni,
gweld yr annhegwch a'r anghyfiawnder, a'r tosturi mawr yn ei galon yn gwneud
gwrthryfelwr ymarferol ohono. Yr unig beth ymarferol iddo ef (ar y pryd) oedd
troi at ddosbarth o bobl a warchodai fuddiannau'r gweithwyr, sef y Comwnyddion,
a throi oddi wrth grefydd ei dad a'i dadau.[93]

Y ddau ddyn oedd Gwenallt Sir Forgannwg a Gwenallt Sir Gaerfyrddin.
'Trwy'r cwbl,' meddai'r portreadwr, 'mae'n ddyn hollol ddiymhongar a
gostyngedig. Enaid amheuthun yw ei enaid ef.'[94]

Ond ym 1957, pan gyhoeddwyd y portread ohono yn *Y Faner*, creodd
Gwenallt gryn dipyn o gyffro eto. Bu'n aelod o'r Eglwys yng Nghymru oddi
ar 1944, ond digwyddodd rhywbeth ym 1957 a barodd iddo gefnu ar yr
Eglwys am byth, neu o leiaf fe fu'r digwyddiad yn rhannol gyfrifol, os nad
yn bennaf cyfrifol, am ei benderfyniad i adael yr Eglwys. Ddiwedd 1957
penodwyd Edwin Morris, Esgob Mynwy, yn Archesgob Cymru, gan olynu
John Morgan yn y swydd. Er bod Edwin Morris yn ddiwinydd disglair ac
yn ysgolhaig tan gamp, ni fedrai siarad Cymraeg, a cham gwag, os nad anfri,
oedd penodi rhywun di-Gymraeg i'r fath swydd allweddol a blaenllaw yn ôl
Gwenallt ac eglwyswyr eraill.

Anfonodd Gwenallt lythyr chwyrn i bapur newydd yr Eglwys yng
Nghymru, *Y Llan*, ddiwedd mis Tachwedd 1957, i brotestio yn erbyn ethol
Alfred Edwin Morris, Sais o Swydd Gaerwrangon, yn Archesgob Cymru. Bu
nifer o eglwyswyr, yn offeiriaid ac yn lleygwyr, meddai Gwenallt, wrthi ar faes
yr Eisteddfod Genedlaethol yn Llangefni yn ceisio dyfalu pwy a ddyrchefid i'r
swydd, ond ni ddewisodd yr un ohonynt Esgob Mynwy i fod yn Archesgob.
Ni allai Gwenallt gymeradwyo'r penodiad:

Mewn llith yn y *Western Mail* ceisiodd yr Archesgob dewisedig roi'r argraff fod
yr Eglwys yn unol y tu ôl iddo, ond nid yw hynny yn gywir. Y gwir yw fod yr
Eglwys wedi ei rhannu, ac oni fyddant yn ofalus fe fydd hefyd wedi ei hollti. Rhag
rhwygo'r Eglwys polisi'r Archesgob a'r Esgobion eraill yn awr yw canmol Cymru a
chanmol llenyddiaeth Gymraeg, ond taflu llwch i lygaid ydyw hyn.[95]

Prydeiniwr, yn hytrach na Chymro, oedd yr Archesgob newydd yn ôl
Gwenallt:

Y mae'r Archesgob yn caru Cymru, ond y mae Tryweryn hefyd yng Nghymru, ond ni chlywais air ganddo yn condemnio rheibio'r cwm hwn; ond pan oedd buddiannau Prydain mewn perygl adeg yr ymosod ar Gamlas Sŵes gwaedodd ei galon imperialaidd.[96]

'Eglwys ragrithiol' oedd yr Eglwys yng Nghymru ym marn Gwenallt, ac ymosododd arni'n chwyrn:

Nid yr hen Fam ydyw mwyach; nid yw ychwaith yn hen estrones. Hen fradwres yw hi. Eglwys yr unfed ganrif ar bymtheg ydyw; Eglwys y Frenhines, y gwŷr mawr, y Torïaid; Eglwys Camlas Sŵes a'r *Western Mail*; ac Eglwys estron yw hon, ac Eglwys sismatig. Dyna arwyddocâd yr apwyntiad.[97]

Roedd Edwin Morris wedi codi gwrychyn llawer o bobl pan ddywedodd, 'The Church in Wales is the Catholic Church in this land'. Atebwyd yr haeriad gan Gwenallt. 'Ni all Eglwys Saesneg,' meddai, 'fod yn Eglwys Gatholig yng Nghymru, ac nid oes gan grefydd snoblyd ddigon o rym Efengylaidd i achub chwannen, heb sôn am enaid'.[98]

Fel pe na bai llythyr yn *Y Llan* yn ddigon, anfonodd Gwenallt lith ymosodol arall ar 'Yr Eglwys yng Nghymru' i gylchgrawn *Y Genhinen*. Roedd esgobion eraill a nifer o eglwyswyr bellach wedi ymuno yn y ffrae erbyn diwedd 1957 a dechrau 1958. Ar y Coleg Ethol y rhoddodd Esgob Bangor ac Esgob Llandaf y bai, 'ac ni ellir gwadu nad oedd arno fai, a'r bai hwnnw oedd gwrthod cydnabod fod yr Eglwys yng Nghymru yn Eglwys ddwyieithog,' meddai Gwenallt.[99] Nid Edwin Morris ychwaith oedd yr unig Gymro di-Gymraeg i gael ei benodi i un o uchel-swyddi'r Eglwys. Cymro di-Gymraeg oedd J. J. A. Thomas, Esgob Abertawe ac Aberhonddu, yn ogystal, ac roedd y ddau benodiad wedi peri cryn dipyn o anesmwythyd. Credai Dr Glyn Simon, Esgob Llandaf, fod ethol Edwin Morris yn Archesgob Cymru yn 'ergyd drom i ffydd y Cymr[y] Cymraeg sydd o fewn yr Eglwys, er iddynt ei dioddef mewn tawelwch parchus'.[100] 'Ni ellir cyfaddawdu ar y mater yma,' meddai Dr G. O. Williams, Esgob Bangor, 'oherwydd os digwydd i'r iaith farw yng Nghymru ac yn yr Eglwys, yna bydd llawer o'r hyn sydd o werth am[h]risiadwy yn marw gyda hi'.[101] Dywedodd G. O. Williams yn ogystal fod yr Eglwys yn rhanedig ar bwnc yr iaith. Roedd G. O. Williams ei hun yn gadarn o blaid y Gymraeg a'i diwylliant. Anghytunodd â phenderfyniad Gwenallt i adael yr Eglwys. 'Nid trwy fygythion neu soriant, ond trwy ddyfalbarhad a siarad plaen mewn cariad y trown ni'r mwyafrif i feddwl fel y meddyliwn ni,' meddai yn *Cylchgrawn Esgobaeth Bangor.*[102]

Roedd medru'r Gymraeg yn un o ofynion pennaf y swydd ym marn Gwenallt:

> Dylai Archesgob am ei fod yn Archesgob yr Eglwys gyfan fedru cynnal pob gwasanaeth yn yr Eglwys, yn Gymraeg a Saesneg, ac nid yn unig wasanaethau cyffredin, ond hefyd wasanaethau arbennig. Bwrier fod eisiau Esgob yn Esgobaeth Bangor, fe fyddai'n rhaid i'r Archesgob presennol ei urddo yn Saesneg, a hynny mewn Esgobaeth lle y dylid ei urddo yn Gymraeg, fel yr urddwyd yr Esgob presennol gan y diweddar Archesgob.[103]

Felly, 'Archesgob y Cymry Saesneg a'r Saeson yn unig a ddewiswyd: nid yw yn Archesgob y Cymry Cymraeg,' ategodd Gwenallt.[104] Roedd Esgob Tyddewi wedi cyhuddo'r rhai a fu'n beirniadu'r penodiad o anghofio un peth sylfaenol, 'sef mai tan arweiniad yr Ysbryd Glân yr apwyntiwyd Esgob Mynwy yn Archesgob yr Eglwys yng Nghymru, gan ensynio fod y rhai a gondemniodd yr apwyntiad yn gwrthwynebu'r arweiniad hwnnw'.[105] Ateb rhai Cymry Cymraeg i'r Esgob, meddai Gwenallt, 'oedd fod yn well gan yr Ysbryd Glân osod Sais uniaith na Chymro dwyieithog yn Archesgob ar Eglwys ddwyieithog'.[106] 'Yr hyn a wnaeth yr Esgob yn ei ddatganiad,' meddai drachefn, 'oedd troi'r Coleg Ethol yn Goleg anffaeledig, ac ni ddysgwyd imi fod yr Eglwys nac unrhyw ran ohoni yn anffaeledig'.[107]

Derbyniodd Gwenallt lythyr personol oddi wrth Esgob Bangor yn dweud bod ei lythyr yn *Y Llan* wedi cael effaith andwyol ar yr Eglwys, ac fe'i gorchmynnodd i beidio ag ysgrifennu dim byd ymhellach am y berthynas rhwng yr Eglwys a'r genedl heb ymgynghori ag ef yn gyntaf. Roedd Esgob Bangor, yn nhyb Gwenallt, yn ceisio mygu hawl dyn i lefaru ei farn, a rhoddodd ychydig sylwadau ar natur a nodweddion yr Eglwys yng Nghymru:

> I ddyn o'r byd y mae credu yn yr Efengyl, ar ôl iddo droi yn Gristion, yn naturiol, rhesymol ac anorfod: ond y mae ceisio ymuno â rhyw gorff crefyddol yn broblem, am fod y gwahanol gyrff crefyddol wedi eu clymu eu hunain yn y gorffennol wrth gyfnodau a chyfundrefnau gwleidyddol ac economaidd. Y mae Eglwys Rufain yn

dal i'w chlymu ei hun wrth yr Oesoedd Canol, gan gondemnio'r holl fudiadau
o'r unfed ganrif ar bymtheg tan heddiw, ac y mae Mr. Saunders Lewis yn credu
mewn pendefigaeth, er na allaf weled sut y gellir adfer honno yn ein canrif ni. Fe'i
clymodd yr Eglwys yng Nghymru ei hun wrth y frenhiniaeth, y tirfeddianwyr a'r
Torïaid.[108]

Sefydliad hynafol a oedd wedi hen oroesi ei ddiben oedd yr Eglwys felly,
a sefydliad brenhinol, Prydeinig a Cheidwadol ar ben hynny. Ac oes oedd
yr Eglwys ynghlwm wrth y Blaid Dorïaidd, ac Anghydffurfiaeth, i raddau,
wedi ei chlymu ei hun wrth Ryddfrydiaeth, i ba gorff crefyddol y perthynai
pleidiau a mudiadau eraill? Yng ngeiriau Gwenallt ei hun:

Mewn gwasanaeth Eglwysig cyfiawnhaodd Esgob Mynwy yr ymosodiad ar Gamlas
y Swês, gan glymu'r Eglwys yng Nghymru wrth y Blaid Dorïaidd. Y maent hwy
yn dwyn eu gwleidyddiaeth hwy i mewn i'r Eglwys, ond gwae'r neb a ddwg
i mewn wleidyddiaeth wahanol. Yn wir, yn ôl barn rhai Eglwyswyr, yr oedd
apwyntio Esgob Mynwy yn Archesgob yn fuddugoliaeth ar y cenedlaetholwyr.
Y mae Anghydffurfiaeth wedi ei chlymu ei hun wrth Ryddfrydiaeth, er
nad yw hynny mor wir am y Methodistiaid Calfinaidd. Fe all Ceidwadwr a
Rhyddfrydwr ymuno â'r cyrff crefyddol, ond beth am Sosialydd, cenedlaetholwr a
gweriniaethwr? Fe ellir dadlau, wrth gwrs, na allai'r Eglwysi, gan fod eu haelodau
yn feidrolion a phechaduriaid, lai na'u clymu eu hunain wrth ddosbarthiadau
cymdeithasol a chyfundrefnau gwleidyddol ac economaidd. Os felly, peidient â
disgwyl i neb sydd yn anghytuno â'u gwleidyddiaeth ymuno â hwy. Pen-draw'r
ddadl hon yw y dylai sosialwyr, cenedlaetholwyr a gweriniaethwyr godi eu
Heglwysi eu hunain.[109]

'Eglwys niwlog ac annelwig' oedd yr Eglwys yng Nghymru.[110] Roedd rhai
Cymry yn dal i'w galw hi yn Eglwys Loegr, meddai Gwenallt. 'Aelod yn y
wir Eglwys yng Nghymru oeddwn i, ond ar un bore yn unig, yn y Cymun ar
Ŵyl Ddewi, y galwyd hi yn Eglwys Dewi, Teilo a Phadarn: ar wahân i'r bore
hwn, Eglwys y Frenhines Elisabeth yw hi,' meddai drachefn.[111]

Nid i'r Eglwys yng Nghymru y perthynai Gwenallt o ddifri. Roedd
ganddo ormod o feddwl o emynau Williams Pantycelyn ac Ann Griffiths, yn
ogystal ag emynwyr eraill, i fod yn eglwyswr pur. Daeth i sylweddoli mai i'r
traddodiad Anghydffurfiol y perthynai:

Gan Eglwys Rufain y ceir y symbolau, y darluniau a'r delwau gweledig sydd
yn treiddio i ddyfnderoedd tywyll natur dyn: a chan Anghydffurfiaeth yn ei
phregethau a'[i] hemynau, ac yn enwedig yn emynau Ann Griffiths a Phantycelyn,
y ceir y symbolau a'r delweddau geiriol sydd yn treiddio i'r un dyfnderoedd.
Cenedl yn hoffi crefft, celfyddyd a chân a barddoniaeth yw ein cenedl ni.[112]

A bardd oedd Gwenallt yntau. Ni sylweddolai llawer o eglwyswyr pa mor
bwysig, yn wir, pa mor hanfodol oedd y Gymraeg fel cyfrwng i addoli Duw
ac i ymgyrraedd at Dduw, gan warchod traddodiad llenyddol-ysbrydol y
genedl ar yr un pryd:

Yn eu llythyrau yn y Wasg dadleuodd rhai Eglwyswyr, ac y mae yn ddadl
boblogaidd yn yr Eglwys, nad yw iaith yn bwysig: nid yw iaith ond iaith siarad, a
gellir ei newid hi fel newid pâr o ddillad. Ond y mae'r rhain yn rhy ddall i weled
fod yr iaith wedi mynegi holl brofiadau'r genedl. Yn llenyddiaeth Gymraeg yr
Oesoedd Canol y gwelir y Gristionogaeth Gatholig a chymdeithasol: cyfieithwyd
y Beibl i'r Gymraeg gan yr ysgolheigion gwlatgar a hynny er gwaethaf ymgais
Llywodraeth Loegr ac Eglwys Loegr i ddileu'r iaith a'r genedl: ac yn emynau a
gweithiau Pantycelyn clywir holl nwydau'r enaid unig, a grym y Groes yn eu
gorfodi i ganu mawl i Dduw. O edrych ar lenyddiaeth Gymraeg o'r cychwyn hyd
heddiw fe welir ei bod hi gyda'r llenyddiaeth fwyaf Cristionogol yn Ewrob, ac y
mae hi yn fwy Cristionogol na llenyddiaeth Saesneg. Dylai'r Cymry Saesneg a'r
Saeson ddysgu'r iaith i'w darllen hi, nid yn unig am ei bod hi yn Gymraeg ond am
ei bod hi hefyd yn Gristionogol.[113]

Felly, ym 1957, gadawodd Eglwys Llanbadarn ac aeth yn aelod o'r
Tabernacl yn Aberystwyth. Dychwelodd at y Methodistiaid Calfinaidd. Yn ôl
gweinidog y Tabernacl, y Parchedig J. E. Meredith:

Yn ystod 1957 dywedodd wrthyf ei fod yn dymuno dyfod yn aelod o'r Tabernacl,
eglwys y Methodistiaid Calfinaidd yr oedd ei briod a Mair ei ferch yn perthyn
iddi, a derbyniwyd ef cyn diwedd y flwyddyn. Bu'n aelod neilltuol o ffyddlon
ac o hael yno am weddill ei oes. Ei arfer oedd mynychu dwy oedfa'r Sul, ac ni
bu ei wyleiddiach fel gwrandawr. Rhoddai bwys mawr ar wasanaeth y Cymun.
Am flynyddoedd bu'n gofalu am gludo aelod oedrannus o un o Gartrefi'r dref
i'r gwasanaethau, a rhoddai hyn foddhad mawr iddo. Braint yn wir oedd bod yn
weinidog iddo, a chael bod yn un o'i gyfeillion.[114]

Ond ni chredai J. E. Meredith fod Gwenallt wedi gadael yr Eglwys yng Nghymru oherwydd iddi benodi Archesgob di-Gymraeg:

> Paham y gadawodd yr Eglwys Esgobol a throi'n ôl i eglwys ei febyd? Byddai'n sôn weithiau am rai pethau a barodd iddo dorri ei gysylltiad â'r Eglwys yng Nghymru, yn eu plith y ffaith fod gŵr na fedrai Gymraeg wedi ei benodi yn Archesgob. Ond 'rwy'n sicr fod y gwir reswm yn llawer dyfnach na'r hyn a awgrymai ef yn gyhoeddus. Buaswn i'n dweud mai'r hyn a'i tynnodd yn ôl at Fethodistiaeth yn y pen draw oedd Pantycelyn ac Ann Griffiths, a'r llef oedd yn eu hemynau hwy ac eraill o'r emynwyr a brofodd rin y grymusterau mawr a gerddodd Gymru yn y ddeunawfed ganrif; y ddiwinyddiaeth, y profiad a'r dyheu a gostrelwyd yn eu caniadau.[115]

'After some happy years in our Church, he gradually felt a sense of increasing alienation,' meddai Aneirin Talfan Davies am gyfnod Gwenallt fel aelod o'r Eglwys yng Nghymru.[116] Roedd Gwenallt wedi delfrydu'r Eglwys, a phan ddaeth y dadrith anochel, roedd yn ddadrith terfynol. 'Certain events led him to believe that the Church in Wales was reverting to the sad traditions of previous centuries, when it was ruled by alien Bishops out of touch and sympathy with the Christian tradition in Wales,' meddai Aneirin Talfan.[117] Ac eto, yn ystod y cyfnod hwn o alltudiaeth grefyddol yr oedd Gwenallt wedi llunio rhai o'i gerddi gorau:

> Yet, the product of his poetic inspiration during his stay in the Church of Wales remains a testimony to the deepening of his relig[i]ous experience. I would hazard the opinion that it was this period in his creative life which produced his best work.[118]

Y tristwch ynglŷn â'r holl fater yw'r ffaith mai dieithryn llwyr oedd Gwenallt i'r rhan fwyaf o aelodau'r Eglwys yng Nghymru, nid un o feirdd Cristnogol mawr cenedl y Cymry. Cyffredinedd oedd y mawredd yn eu mysg:

> It is perhaps one of the tragedies of our Church that it meets the feelings of an artist like Gwenallt with such monumental incomprehension. During his stay with us, the majority of our members hardly realised the presence of this poetic genius in our midst, let alone apply ourselves to understanding his message.[119]

Felly, yn ôl at ei wreiddiau Anghydffurfiol yr aeth Gwenallt. Ond er gwaethaf ei ddadrith â'r Eglwys yng Nghymru yn ail hanner y 1950au, daeth y degawd i ben iddo mewn modd creadigol iawn. Cyhoeddodd gofiant a chyhoeddodd gyfrol. Y cofiant oedd *Cofiant Idwal Jones*, a gyhoeddwyd ym mis Chwefror 1958. Cymerodd y gwaith flynyddoedd lawer – bron i ugain mlynedd – i'w gwblhau. Eglurodd Gwenallt yn ei ragair i'r llyfr 'y byddai'r Cofiant hwn wedi ymddangos ymhell cyn hyn pe byddwn wedi bod yn ddigon cadarn i wrthod galwadau i ddarlithio i wahanol gymdeithasau a cheisiadau i ysgrifennu erthyglau i newyddiaduron a chylchgronau'.[120] Cwynai'n gyson wrth gyfeillion na fedrai gael hamdden i lunio cerddi.

Un o'r rhai a adolygodd y cofiant oedd Dai Williams, Tregaron, un o gyfeillion pennaf Idwal Jones a gŵr a roddodd lawer iawn o wybodaeth am Idwal i Gwenallt. 'I'w gyfeillion agosaf aeth Idwal ynghwrs y blynyddoedd yn eilun, a pha ddewin a fedrai wneud cyfiawnder ag eilun?' gofynnodd.[121] Y demtasiwn, o gofio pwy oedd gwrthrych y cofiant, 'oedd ei wneud yn Gofiant "poblogaidd", yn ystyr waelaf y gair', ond llwyddodd Gwenallt i osgoi'r demtasiwn honno, 'a rhoddi inni Gofiant a esyd Idwal Jones ar binacl teilwng o'i athrylith fawr'.[122] Ond er mor ddadansoddiadol ac academaidd oedd y cofiant, ni chollodd Gwenallt ddim 'o'r bwrlwm hwnnw oedd yn nodweddiadol o'r gwrthrych'.[123] Gorchfygodd Gwenallt hefyd y demtasiwn i gyfyngu apêl y cofiant i gylch cyfyngedig o gyfeillion a chydnabod, 'a thyfodd Idwal Jones yn y Cofiant hwn yn eilun cenedl gyfan'.[124]

Erbyn dechrau 1958, roedd Gwenallt ar drywydd un o feirdd amlycaf y Cymry, Ceiriog. Treuliodd rai dyddiau ym Manceinion yn ymchwilio i'w hanes, ac aeth i weld gêm bêl-droed hanesyddol iawn yn Old Trafford, cartref Manchester United. Ar Chwefror 19, 1958, roedd tîm Manchester United yn chwarae ei gêm gyntaf un ar ôl trasiedi enbyd München, pan laddwyd 23 o chwaraewyr, cefnogwyr a newyddiadurwyr ym maes awyr Munich-Riem yng Ngorllewin yr Almaen ar Chwefror 6. A brynodd Gwenallt gopi o'r rhaglen ar gyfer y gêm? Cynhwysai'r rhaglen honno luniau o'r chwaraewyr a laddwyd, gyda geiriau enwog Laurence Binyon, 'They shall not grow old …', gyferbyn â llun Roger Byrne, un o chwaraewyr disgleiriaf y tîm. Gêm ryfeddol o gyffrous oedd honno gyda Manchester United yn trechu Sheffield Wednesday o dair gôl i ddim ar ei ffordd i rownd derfynol cwpan Lloegr.

Bron i bythefnos yn ddiweddarach, ar Fawrth 1, roedd Gwenallt yn ŵr gwadd Gŵyl Ddewi Cymdeithas Dafydd ap Gwilym yn Rhydychen. Dyna pa mor brysur oedd bywyd Gwenallt, a thua'r un pryd yr oedd yn casglu ei gerddi mwyaf diweddar ynghyd, yn ogystal â llunio cerddi newydd, ar gyfer cyfrol newydd.

Cyhoeddwyd y gyfrol honno, *Gwreiddiau*, sef pedwaredd gyfrol Gwenallt, ym 1959. Cynnyrch cyfnod eglwysig Gwenallt yw'r cerddi i bob pwrpas, er nad yw cysgod yr Eglwys yn amlwg ar bob un o'r cerddi. Ceir 48 o gerddi yn y gyfrol, 64 o benillion pedair llinell bachog a dychanol a elwir yn 'epigramau' gan y bardd, a cherdd hir o ryw wyth gant o linellau, 'Jezebel ac Elïas', y darlledwyd rhannau ohoni ym 1955. Mae'n debyg i'r awdur fwriadu galw'r gyfrol yn *Troi* ar un adeg. Os felly, troi oddi wrth yr Eglwys Esgobol at y Methodistiaid Calfinaidd a olygid, yn ogystal â throi oddi wrth ganu meddal, rhamantaidd, telynegol at ganu caletach, aeddfetach, gwytnach am byth.

Yn briodol ac yn fwriadol, 'Gwreiddiau' yw'r gerdd sy'n agor y gyfrol. Mae hi'n cyfateb, mewn ffordd, i'r gerdd sy'n agor *Eples*, 'Y Meirwon'. Pwysigrwydd gwreiddiau, a phwysigrwydd cydnabod y gwreiddiau, yw thema'r ddwy gerdd fel ei gilydd. Heb gydnabod ac arddel y gwreiddiau, tyfiant gwael a disylwedd a geir:

> Gwenith arwynebol a haidd penchwiban
>   Oedd haidd a gwenith ein gweunydd gynt;
> Rhag cyfyngder y clwydi a'r cloddiau traddodiadol
> Codent hwy eu bysedd blaengar i gofleidio
>   Pob awel eang ac agnosticaidd wynt.[125]

Cnydau na fynnant arddel na chydnabod eu cynefin yw'r rhain, cnydau arwynebol, anwadal sy'n anfodlon cael eu cadw yn yr unfan gan y clwydi a'r cloddiau traddodiadol, a cheisiant fachu pob awel a gwynt sy'n chwythu heibio yn eu hawydd i ddianc o'u cynefin cyfyng ac i fod yn wahanol i'r hyn ydynt. Heb gydnabod y gwreiddiau, a heb barchu'r gwreiddiau, dieithr a diwerth yw'r cnwd. Yn y pridd y mae nerth cuddiedig y gwenith a'r haidd:

Diolch am y dwthwn hwnnw pan ddarganfu'r gwenith
  A'r haidd eu gwraidd yn y rhagluniaethol bridd;
Pridd ac isbridd wedi eu troi a'u trafod
Trwy'r canrifoedd yng Nghymru gan yr aradwyr Efengylaidd
  Â'u herydr teircwys, eu hogedi a'u ffydd.[126]

Pobl arwynebol a disylwedd yw'r bobl hynny sy'n ceisio anwybyddu gorffennol ysbrydol a Christnogol eu cenedl.

Ailddarganfod gorffennol Efengylaidd Cymru a wneir yn 'Gwreiddiau'. Bu Gwenallt ei hun yn ei ieuenctid yn chwilio am feirdd estron, fel Charles Baudelaire, a beirdd Saesneg, y beirdd Rhamantaidd a'r Beirdd Dirywiedig, i'w hedmygu a'u hefelychu, yn union fel yr oedd y gwenith a'r haidd yn breuddwydio am gael tyfu mewn pridd amgenach ac mewn hinsawdd amgenach:

Yn eu daear dlawd ac yn eu pridd plwyfol
  Breuddwydient am wledydd y rhamantaidd des,
Lle dawnsiai eu perthnasau gyda'r pabi fflamllyd,
Yn Van Goghaidd feddw felyn,
  A'u brig wedi dotio ar y goleuni a'r gwres.[127]

Ceisiodd Gwenallt ymwadu â sawl peth yng nghwrs ei fywyd troeog. Ceisiodd ymwrthod â'i gynefin yng Nghwm Tawe i ddechrau. Ceisiodd wedyn gefnu ar y fagwraeth grefyddol a gawsai yn yr Allt-wen a Phontardawe. Bu ond y dim iddo ymuno â'r Eglwys Gatholig ar un adeg yn ei fywyd, ac *fe* ymunodd â'r Eglwys Esgobol. Bu'n ymylu ar fod yn anffyddiwr ar adegau eraill, yn enwedig wrth i wyddoniaeth garlamu ymlaen a phlannu cwestiynau anniddig ym mhen pob crediniwr. Yn 'Yr Hen Emynau' y mae'n sôn am yr emynau a glywai yn ei fachgendod a'i ieuenctid, 'Fel côr o adar Cristnogol'.[128] Yr emynau hyn a gadwai'r Efengyl yn fyw yng nghanol budreddi a pheryglon diwydiannol Cwm Tawe:

Hwynt-hwy â'u cân oedd yn cario Calfaria
A'r Groes i ganol y gweithfeydd;
Bethlehem a'r crud i ganol y tipiau;
Y bedd gwag i blith y gwagenni,
A dwyn afon yr Iorddonen heb fitrel yn ei dŵr.[129]

Ond mae'r bardd yn erlid yr adar hyn o'r goedwig 'Â'm gwn gwyddonol'.[130] Er iddo'u herlid ymaith, fe'u clywodd yn canu o goedwigoedd eraill. Nid oedd modd eu tewi. Ceisiodd Gwenallt ac eraill fygu'r hen emynau a chladdu Cristnogaeth trwy roi'r rheswm ar waith, a defnyddio'r deall, ond roedd yr adar hyn 'yn dal i ganu o dan wreiddiau'r coed,/O dan riniog y rheswm a charreg-drws y deall',[131] ac yn

> Dwyn y crud, y Groes, y bedd gwag a'r Pentecost
> Yn ôl o'r newydd, yn danbaid newydd ...[132]

Bu bron i wyddonwyr, rhesymolwyr a rhyddfeddylwyr ail hanner y bedwaredd ganrif ar bymtheg, yn ôl 'Gwlad ac Ynys', danseilio prif gredoau Cristnogaeth. Rhoddwyd Cristnogaeth ar brawf yn labordai'r gwyddonwyr:

> Hen ofergoelion marw – yr enedigaeth wyryfol,
> Gwyrthiau, duw yn dyfod yn ddyn,
> Duw yn marw ar groes a chodi o'i fedd,
> A luchiwyd fel ysbwriel i'r cistiau lludw
> A'u tywallt ar y tomennydd i'w llosgi.
> Y labordy oedd eglwys y wlad; y rhesymolwr oedd yr offeiriad
> A'r pedwar efengylydd oedd Darwin, Huxley, Bradlaugh a McCabe.[133]

Gan nad oedd dyn yn meddu ar dystiolaeth bendant ynghylch yr Atgyfodiad a'r Bedd Gwag, meddir yn 'Y Maen Rhwystr', gwrthododd gredu bod Iesu Grist wedi codi o farw'n fyw. Gosododd faen ei reswm ar enau'r ogof fel nad oedd modd i Grist atgyfodi:

> Y maen a osodasom yn erbyn drws yr ogof
>   Fel na chodai'r ymhonnwr o'r beddrod byth:
> A thaenasom y newydd yn ein llên a'n hysgyrsiau
>   Nad oedd atgyfodiad y corff yn ddim ond myth.[134]

Llywodraethid bywyd gan 'y Stalin o reswm', ond haerllugrwydd ar ran dyn oedd amau'r hyn yr oedd eraill yn dystion iddo:

Mor simsan oedd ein seiliau; mor bwdr ein holl bendantrwydd;
   Mor sigledig mewn llys, canys haerllug o annheg
Oedd rhoddi ein tystiolaeth yn erbyn tystiolaeth rhai a oedd yno,
   Tystiolaeth llygaid a chlustiau yr un-ar-ddeg.[135]

Bellach, edrychai Gwenallt arno'i hun fel bardd yn llinach beirdd Cristnogol Cymru, fel y dywed yn 'Yr Awen':

Ac Awen Gristionogol beirdd Cymru o Gynddelw Brydydd
   Hyd Elfed oedd dawn y goleuni a'r gwynt:
A gloywi'r rhagorddawn hon yw ein braint a'n tasg;
Awen y Nadolig a'r Groglith, y Pentecost a'r Pasg.[136]

Yn y gerdd 'Dewis', un o gerddi grymusaf y gyfrol, a cherdd am ei flynyddoedd fel eglwyswr at hynny, mae'n sylweddoli mai cyfnodau gwag a disylwedd oedd y cyfnodau rhamantaidd ac agnostigaidd yn ei fywyd, pan oedd Marcsiaeth yn bwysicach na Methodistiaeth iddo, a gwleidyddiaeth yn bwysicach na chrefydd. Bywyd ffug oedd y bywyd hwnnw, a niwl oedd popeth, fel y niwl hwnnw a oedd yn un o brif ddelweddau'r canu rhamantaidd. Canu disylwedd, celwyddog oedd canu Gwenallt pan oedd yn fardd rhamantaidd yn y coleg gynt, a disylwedd, fel niwl, oedd ei fywyd yntau. Trigai mewn niwl, teimlai fel niwl:

Wrth drigo ym myd y rhamantiaeth a'r ddelfrydiaeth gynt
Trigwn yng nghanol niwl gwlanog yn yr wybren uwch y byd:
Os oedd Duw, deuai trwy'r niwl fel goleuni
Neon, ac nid oeddwn yn siŵr mai myfi oeddwn i;
Cydiwn yn fy nhrwyn i weled a oedd yn drwyn
Ac nid yn wlân; ac ym mysedd fy nhraed
I weled a oeddent yn draed, ac nid yn fysedd niwl;
Tybiwn nad oeddwn innau ond niwlyn
Neu wlenyn, a phan geisiwn gydio yn y niwl
Diflannai rhwng fy mysedd fel rhith,
Mor gysurus ac mor ddibwrpas oedd fy myd
Fel y gallwn fy lladd fy hun yn rhwydd.[137]

Golau neon, goleuni ffug, oedd goleuni Duw iddo. A niwl oedd y Crist croeshoeliedig yn ogystal – rhith o Grist, Crist chwedlonol, ffug:

Gweled niwl yn cerdded ac yn cynyddu trwy'r canrifoedd,
Yn cynyddu trwy ymladd yn erbyn niwl arall,
A'r frwydr fwyaf oedd croeshoelio'r niwl ar Galfaria.[138]

Byd afreal oedd hwn, byd rhithiol, rhagrithiol, haniaethol, hyd nes y dychwelodd y bardd i'r byd go-iawn, byd o sylweddau, y tro hwn, nid byd o gysgodion:

Chwyldro oedd cael rhoi troed ar y ddaear solet;
Cael ysgwyd llaw â dyn; rhoi cusan i ferch;
Eistedd gyda'r teulu wrth y tân ...
Darganfod fy mod yn byw yn yr ugeinfed ganrif,
Yn byw mewn plwy arbennig
Ac mewn gwlad arbennig o'r enw Cymru.[139]

Rhaid i ddyn, yn y pen draw, ddewis, a dewis 'â'r deall, y nwydau a'r ewyllys' –

Rhwng nos a dydd, rhwng Duw a diafol,
Rhwng rheidrwydd a rhyddid a rhwng pechod a gras.
Ac wedi dewis, llunio bywyd plwy,
Helpu hanes Cymru ac addoli mewn Eglwys,
A phan edrychais i fyny i'r wybren,
Lle bu'r haniaethol niwl a'r ansylweddol wlân,
Gwelais Seren solet yn sefyll uwchben crud Baban.[140]

Seren solet yw seren Bethlehem, nid niwl na rhith. Hi yw seren y gwirionedd, a dychwelyd at wirionedd yr Efengyl o'i fyd ffug, cysurlawn a dibwrpas a wnaeth yn y diwedd.

Ceir cyffes debyg yn 'Y Drws'. Dyma'r drws caeedig yn y neuadd yng Ngwales ym Mhenfro, lle bu saith o wŷr Bendigeidfran, ynghyd â phen Bendigeidfran, yn aros am bedwar ugain mlynedd ar ôl dianc o Iwerddon, ac ar ôl aros yn Harlech am ysbaid, yn chwedl Branwen, sef Ail Gainc Pedair Cainc y Mabinogi. Mae'r seithwyr yn byw mewn rhyw fath o baradwys yng Ngwales, heb heneiddio dim, heb brofi unrhyw ofidiau, a phen Bendigeidfran yn gwmni difyr iddynt yn ystod yr ysbaid hwn o bedwar ugain mlynedd.

Os agorir y drws gwaharddedig sy'n wynebu Aberhenfelen a Chernyw, fodd bynnag, gall gwynfyd y saith ddod i ben, er na wyddant beth sydd i'w weld os agorir y drws. Un diwrnod, â'r demtasiwn yn drech nag un o'r seithwyr, Heilyn fab Gwyn, ac mae'n agor y drws: 'A phan edrychodd yr oedd mor hysbys iddynt gynifer y colledion a gollasant erioed, a chynifer a gollasant o berthnasau a chyfeillion, a chymaint o ddrwg a ddaethai iddynt â phe bai yno y cyfarfyddai â hwy'.[141]

Bu Gwenallt hefyd yn trigo mewn rhyw Wales ramantaidd yn ystod blynyddoedd ei ieuenctid:

> Fel y seithwyr gynt yn Harlech a Gwales
>   Buom ninnau yn y neuadd dridrws uwch y lli,
> Yn gwrando ar gerdd yr adar esthetig,
>   A difwyn oedd pob cerdd arall wrthi hi.[142]

Adar Rhiannon oedd yr adar esthetig hyn, a byw i gyffro a gorfoledd y foment yn unig a wneid, dan ddylanwad Walter Pater, a than ddylanwad Omar Khayyám, y bardd o Bersia a anogai ei ddarllenwyr i ymgolli mewn pleserau cnawdol a synhwyrus, gan mor fyr yw bywyd, athroniaeth debyg i athroniaeth Walter Pater, mewn gwirionedd. Dylanwadodd cyfieithiad John Morris-Jones o Benillion Omar Khayyám yn drwm ar Fudiad Rhamantaidd dechrau'r ugeinfed ganrif yng Nghymru, ac ar awdl 'Yr Haf', R. Williams Parry, yn enwedig:

> Yr heulwen ni threiddiai trwy ei rhamantaidd ffenestri
>   Ar ecstasi'r gwleddoedd dandïaidd, Khayyâm;
> A dawnsiai ynddi ganhwyllfflam gnawd y canrifoedd,
>   Helen a Salome a *La Belle Dame*.[143]

At ei flynyddoedd fel myfyriwr yng Ngholeg Aberystwyth y cyfeiria'r gerdd, sef y cyfnod rhamantaidd mawr yn ei fywyd, a'r cyfnod hefyd pryd yr efelychai ef a beirdd eraill y coleg feirdd dirywiedig Lloegr. 'Dandi oedd y bardd, ac Oscar Wilde oedd yr archddandi,' meddai Gwenallt yn 'Credaf'.[144] 'Canai'r beirdd hyn, a ninnau yn eu dynwared, ar eu tomennydd fel ceiliogod dandi, gan edrych gyda dirmyg ar y pryfed genwair philistaidd a'r chwilennod

gwerinaidd yn ymdreiglo o gylch eu traed artistig.'[145] Llygad-dynnid a
chynhyrfid y Gwenallt ifanc gan brydferthwch corfforol merched chwedlonol
eu harddwch, fel Helen o Gaerdroea, Salome, merch Herodias, wyres Herod
Fawr, y ferch a ddawnsiodd gerbron Herod ac y dienyddiwyd Ioan Fedyddiwr
ar ei chais, a'r arglwyddes hardd a chreulon yng ngherdd Keats, 'La Belle
Dame sans Merci':

> I saw pale kings and princes too,
>   Pale warriors, death-pale were they all;
> They cried: "La Belle Dame sans merci
>   Hath thee in thrall!"[146]

Yna, yn y trydydd pennill, mae Heilyn yn agor y drws caeedig:

> Ond Heilyn a agorodd y drws gwrthnysig:
>   A chlywsom ddiasbad y wlad yn ei loes,
> Cyfarth coch y dwst diwydiannol;
>   A gweld y bara, y gwin a'r Groes.[147]

Dihangfa oedd Gwales Gwenallt: ffordd i osgoi cyfrifoldeb. Roedd yn rhaid
iddo agor y drws rywbryd neu'i gilydd, gan na allai fyw mewn byd afreal, ffug
am byth. A'r hyn y mae'n ei weld ar ôl agor y drws yw ei gefndir diwydiannol
a'i etifeddiaeth grefyddol, ysbrydol. A dyna ddychwelyd at y gwreiddiau eto,
dychwelyd at y gwreiddiau daearyddol yn ogystal â'r gwreiddiau crefyddol.

Ceir cryn dipyn o edrych yn ôl yn *Gwreiddiau*. Yn 'Y Tipiau', er eu bod
yn cynrychioli gorthrwm ac annhegwch cyfalafiaeth, ac er eu bod yn hagru'r
amgylchfyd, roedd y tomennydd hyn hefyd yn rhan o fagwraeth Gwenallt:

> Sôn y sydd yn awr yn y De am symud pob tip,
>   A'u troi yn goedwig a chaeau chwarae a dôl;
> A da fydd cael gwared arnynt, ond eto i gyd
>   Bydd hiraeth ar rai ohonom ni ar eu hôl.
>
> Poeth o hyd yw eu peithiau gan waed yr Indiaid ciwt
>   A laddwyd gan y cowbois trwy gyfrwysach dichell a thric:
> Yno y mae'r meysydd poblog lle curai Cymru bob gwlad
>   Yn yr Orchest Rygbi â champau ein cais a'n cic.[148]

Ceir yn y gyfrol amryw byd o gerddi crefyddol a chenedlgarol, gan gynnwys ambell gerdd i Sir Gaerfyrddin, fel 'Y Capel yn Sir Gaerfyrddin'. Ond efallai mai cerdd bwysicaf y casgliad yw'r gerdd hir 'Jezebel ac Elïas'. Cerdd ydyw a gomisiynwyd gan Aneirin Talfan Davies ar gyfer y BBC, ac y darllenwyd rhannau ohoni ar Ionawr 10, 1955. Jesebel oedd gwraig Ahab, mab brenin Israel. Addolai'r duw paganaidd Baal, yn hytrach na Duw Israel, a pharodd hyn iddi ennyn dicter Elias y Proffwyd. Gwraig gyfrwys, gynllwyngar oedd Jesebel, a phan mae gwinllannwr o'r enw Naboth yn gwrthod gwerthu ei winllan i Ahab, oherwydd mai hi yw treftadaeth ei hynafiaid, mae Jesebel yn ffugio tystiolaeth yn ei erbyn yn ei gyhuddo o gabledd, ac yn trefnu iddo gael ei labyddio i farwolaeth. Datblygodd Jesebel i fod yn symbol o rym, awch am awdurdod, llygredd, dichell, drygioni, creulondeb, puteindra, materoliaeth, imperialaeth a gwladwriaeth. 'Pa heddwch tra fyddo puteindra Jesebel dy fam di, a'i hudoliaeth, mor aml?' gofynna Jehu, brenin Israel, wrth Joram, mab Ahab a Jesebel, cyn iddo saethu saeth drwy ei galon, yn ôl Ail Lyfr y Brenhinoedd. Hi yw'r 'ddictadures ddwyfol' yn ôl Gwenallt, a hefyd:

> … Jezebel yw mam pob ymerodraeth,
> Mamaeth pob busnes, noddreg pob masnach;
>   Hi yw'r pŵer sydd yn pydru,
>   Y moethau sydd yn meddalu,
> A'r ffyniant sydd yn mygu anturiaeth pob ffydd.[149]

Cerdd alegorïaidd yw 'Jezebel ac Elïas'. Plas Jesebel yn Jesreel yw canolfan y byd modern, pencadlys yr Ymerodraeth:

> Y plas ifori ym mhrifddinas Jezreel
> Oedd pencadlys y gwareiddiad modern yn Israel
> Amrwd; moderniaeth ymerodraeth y môr:
> Gwareiddiad marsiandïaeth a masnach a metel …[150]

'Brenhines o bell, brenhines bob modfedd ohoni' yw Jesebel yn ei phlas ifori.[151] Symbol yw hi o'r grym sy'n rheoli, symbol o'r imperialaeth farus honno a fynnai ecsbloetio gwledydd eraill er mwyn chwyddo ei chyfoeth hi ei hun, trwy ddwyn adnoddau naturiol y gwledydd hynny a anrheithiwyd ganddi.

'Baal oedd duw yr ymerodraethwyr a'r moderniaid ... A'i gymhares Astoreth, duwies y Sidoniaid,' meddai Gwenallt.[152] Fel Jesebel yr Hen Destament, addoli gau-dduwiau a wnâi cefnogwyr a hyrwyddwyr yr Ymerodraeth, gau-dduwiau fel cyfoeth materol a grym gwleidyddol.

Yn ail ran y bryddest, nodir fel y dallwyd Cymru, yn ogystal â gwledydd eraill, gan yr Ymerodraeth fawr. Collodd Cymru ei chof am ei gorffennol, anghofiodd ei thraddodiadau, esgeulusodd ei threftadaeth, bwriodd ymaith ei hunaniaeth ac fe'i llyncwyd gan yr Ymerodraeth:

> Dwl yw ceisio diwygio cenedl Duw
> A ffôl yw ei blino a'i chystwyo hi;
> Y genedl heb gof ganddi am hanes ei gorffennol,
> Na chof am ei chyfamod gynt â Duw.[153]

Ac at Gymru y troir o'r trydydd caniad ymlaen:

> Y Plas Grisial ym mhrifddinas Lloegr
> Oedd pencadlys gwareiddiad modern y Gymru
> Amrwd ...[154]

Cyfeirir yma at yr Arddangosfa Fawr a gynhaliwyd yn y Plas Gwydr yn Llundain ym 1851, i ddathlu ysblander, mawredd a llwyddiant materol yr Ymerodraeth Brydeinig:

> Y Plas hwn oedd metropolis y byd;
> Plas Gwydr y gwyrthiau diwydiannol;
> Pasiant y peiriannau, ffair y ffatrïoedd;
> Plas y pŵer a'r mawredd mecanyddol.
> Agorwyd ef gan fendith Brenhines
> A gweddi Archesgob ...[155]

Roedd cwyn Gwenallt yn erbyn yr Eglwys yng Nghymru yn amlwg yn y cyfeiriad at weddi Archesgob. Llawforwyn i'r Ymerodraeth oedd yr Eglwys. Rheolid popeth gan 'yr Aur', a bu'r Prydeinwyr yn anrheithio gwledydd eraill er mwyn dwyn eu haur oddi arnynt:

Efe a ysgarodd dlodi oddi wrth falchder
A'i droi yn ddiogi ac yn docyn i uffern;
Gyrru gwallgofiaid i'r peithiau poeth
I gloddio amdano ac i ridyllio ei wyrth,
A byddinoedd ben-ben i ymladd am ei baradwys.[156]

Cegin fechan oedd Cymru o'i chymharu â Phlas 'amlystafellog, bydeang' yr Ymerodraeth.[157] Bywyd syml, hunangynhaliol oedd bywyd Cymru:

Teulu o gymdeithas yn byw ar ei bwyd ei hun
Ac yn tyfu ei dillad ar gefn y defaid;
Ei chrefftwyr yn rhoi delw yr ysbryd ar waith eu dwylo;
Ei beirdd yn croniclo ei bywyd a'r delyn yn datgan ei ddiddanwch ...[158]

A gwlad grefyddol oedd Cymru:

Nid oedd gobaith o gwbwl gan y grefydd o Gymru
Yn erbyn megalopolis busnes y byd:
Yr eneidiau unig yn cerdded trwy'r Môr Coch
Ac yn crynu rhag taran a mwg y mynydd;
Crwydriaid yn cwyno trwy'r diffeithwch ac yn aml
Ar fin y dibyn: pererinion y pebyll Piwritanaidd.
Y morwyr etholedig yn hwylio ar fôr tymhestlog,
Yr Efengyl yn angor i'w llongau, a'r Llyfr
Wrth y llyw; yn llawenhau ac yn seinio Hosanna
Ar eu byrddau am fod yr awelon yn yr hwyliau.[159]

Cyfeirir yma yn benodol at William Williams, Pantycelyn, y crwydryn yn y diffeithwch, ac at emyn Ieuan Glan Geirionydd, 'Fy Nhad Sydd wrth y Llyw':

Ar fôr tymhestlog teithio'r wyf
    I fyd sydd well i fyw,
Gan wenu ar ei stormydd oll:
    Fy Nhad sydd wrth y llyw.

Dyma dreftadaeth ysbrydol y Cymry. Ond fel y caniataodd Ahab i'w bobl addoli Baal yn yr Hen Destament, rhoddodd y Jesebel gyfoes hithau ddewis helaeth o grefyddau i'w deiliaid:

> Duw Calfin a duw cyfalaf;
> Duw'r Piwritan a duw'r peiriant;
> Y Beibl a Bentham; y seiat a'r banc ...[160]

Yn y rhan hon o'r gerdd, y drydedd ran, ceir dau barodi, parodi ar emyn Ceiriog, 'Jerusalem', ac ar 'Rhieingerdd' John Morris-Jones, y naill yn 'emyn y deml Victoraidd' a'r llall yn 'rhieingerdd y bardd yn y Grisialblas'.[161] Dewisir cerddi gan ddau fardd a oedd yn frenhinwyr i'r carn ac yn Brydeinwyr pybyr i ddangos mor drylwyr yr oedd y Jesebel ymerodrol yn rheoli pawb, hyd yn oed rai o Gymry amlycaf eu dydd.

Yn y bedwaredd ran, sonnir am y proffwydi a olynodd Elias, gan ddechrau gydag Eliseus. Y proffwydi hyn a ddadlennodd

> Fethlehem o dan y banciau, Calfaria tan y cyfnewidfeydd.
> Y Bedd gwag o dan yr holl gyfoeth a'r gogoniant
> A than y diwydiannu oll Deyrnas Dduw.[162]

Yn yr olyniaeth hon o broffwydi y mae 'Mihangel ac Emrys', sef Michael D. Jones ac Emrys ap Iwan, dau a fu'n herio grym a gormes imperialaeth.[163] Molir cenhedloedd y byd am na fynnant 'fwrdro'r Nabothiaid' na 'lladrata eu gwinllannoedd a lladd eu treftadaeth'.[164] Dyma'r cenhedloedd sy'n ceisio byw bywyd heddychlon, cydweithredol, gwâr, yn wahanol i'r cenhedloedd ymerodrol lladronllyd, gorthrymus. Yn ddiarwybod iddi hi ei hun, meddai Gwenallt, y creodd Lloegr ei hymerodraeth, ac ar ôl ei llunio, cael ei llyncu gan y 'pyramid o ymerodraeth ar dir a môr'.[165]

Cododd gwrthryfelwyr eraill, mewn gwledydd eraill, i herio grym ac awdurdod y Wladwriaeth, ac un o'r gwrthryfelwyr hynny oedd Mahatma Gandhi, a fu'n ymgyrchu o blaid rhyddhau'r India o grafangau'r Ymerodraeth Brydeinig. Condemnir cynheiliaid a gweision yr Ymerodraeth Brydeinig yn fileinig gan Gwenallt. 'Gwelsant ddwyn treftadaethau y Nabothiaid iselradd/ Trwy drais a thwyll gan y Cristionogion gwyn,' meddir am Gandhi a'i debyg.[166] Mae gwledydd Affrica hefyd yn codi mewn gwrthryfel yn erbyn yr Ymerodraeth, gan mai trwy ysbeilio'r gwledydd hynny o'u hadnoddau naturiol, a thrwy gymryd rhan mor flaenllaw yn y fasnach gaethweision, y sefydlwyd yr Ymerodraeth Brydeinig.

Ar ôl y Rhyfel Byd Cyntaf, wedi iddi gael ei hysgwyd hyd at ei seiliau, dechreuodd yr Ymerodraeth Brydeinig ddatgymalu a chwalu. Ceisiodd guddio'r craciau yn ei gwead a'i gwneuthuriad, a smalio ei bod cyn rymused ag erioed, trwy daflu llwch i lygaid y byd. Ar ôl iddi swagro ei chyfoeth a'i phwysigrwydd yng ngolwg y cenhedloedd:

> Daeth dydd nemesis ei hwbris hi.
> Ar ôl y Rhyfel cyntaf, fel Jezebel gynt,
> Aeth yr ymerodraeth, hithau, i goluro ei hwyneb;
> Gwisgo'n wych am ei phen ac edrych trwy ffenestr,
> A rhoi ei rhu olaf; ac ni ellid llai na synnu
> At ei dewrder diegwyddor a'i mawredd diymysgaroedd.
> Eithr yr oedd yn rhy hwyr canys gwelsai'r gorthrymedig
> Y celwydd y tu ôl i'r colur, y trais y tu ôl i'r trysor
> A thu ôl i'r gemau gamwedd.[167]

Ond, mewn gwirionedd,

> … y mae'r Jezebel Brydeinig yn ymddatod heddiw,
> Gymal oddi wrth gymal ac asgwrn oddi wrth asgwrn,
> Yn Asia, Affrica, yr Alban a Chymru …[168]

Yn y bumed ran, gyda'r Jesebel Brydeinig yn ymddatod, disgwyliai'r bardd ganu marwnad iddi, i ddathlu ei diwedd. Disgwyliai iddi gael angladd urddasol, gwladwriaethol:

> Arch ac angladd, blodau a barddoniaeth;
> A'r arch honno yn gorwedd yn ymyl arch
> Lenin yn y mawsolëwm yn y Sgwâr Goch …
> A gwerinoedd y byd yn gorymdeithio heibio i'w heirch
> Yn filoedd gorfoleddus.[169]

Roedd imperialaeth gyfalafol Jesebel yr un mor atgas a gormesol â chomiwnyddiaeth anghyfalafol Lenin, ac roedd marwolaeth y ddau yn achos llawenydd i werinoedd y byd.

Yn ifanc, roedd gan Gwenallt ddelfrydau, ond maluriwyd y delfrydau hynny gan awch dyn am statws a chyfoeth. Roedd Jesebel yn teyrnasu o hyd. Bu farw ei freuddwydion ef a'i gymrodyr am 'yr Wtopia bell'. Nid oedd y fath beth â sosialaeth yn bod, a chelwydd oedd y syniad a'r delfryd o werin:

> Ein trachwant ni am allu ac awdurdod oedd y werin;
> Ein swyddgarwch oedd Sosialaeth …
>
> Y werin honno a ogoneddem ni gynt
> Rhith ydoedd hi; myth oedd y gweithiwr …[170]

Nid oedd gan y werin na'r gweithiwr unrhyw hawliau bellach. Nid oedd y werin yn ddim byd ond 'llais doli ar fraich y dafleisreg dotalitaraidd' neu forwr awtomatig mewn peiriant slot neu bwped wrth linynnau.[171] Y Wladwriaeth a reolai fywydau pobl, er gwaethaf pob chwyldro, neu ffug-chwyldro. Cyfalafiaeth a deyrnasai o hyd.

Yn y chweched ran y mae'r Forwyn Fair yn rhoi genedigaeth i Iesu Grist, gan freuddwydio mai ei phlentyn

> Fyddai'r ail Foses neu'r ail Elïas;
> Deddfroddwr newydd, gwaredwr y genedl,
> Ffrewyll y beilchion, y cyfoethogion a'r gormeswyr;
> Tad y tlodion, y gostyngedig a'r isel-radd.[172]

Ac yntau wedi tyfu'n ŵr, temtir Iesu Grist yn yr anialwch gan y Diafol, sydd yn dangos 'Jezebel yn anterth ei gallu a'i gogoniant' iddo.[173] Ond mae Crist yn gwrthod Jesebel, y cyntaf i wneud hynny, ac mae hithau yn digio wrtho ac yn ffugio tystiolaeth yn ei erbyn, fel y gwnaethai gyda Naboth gynt, gyda'r canlyniad fod Iesu Grist yn cael ei ddedfrydu i farwolaeth. Ond ar ôl iddo gael ei groeshoelio a'i gladdu yn yr ogof, y mae Crist yn atgyfodi ac yn esgyn i'r nefoedd:

> Disgyn o'r nef i'r crud, ac o'r crud i'r bedd;
> A chodi ohono; ac esgyn ar nos Sul y Pasg

I oleuni'r nef (y nef a lanhawyd
Ar ôl i Satan syrthio ohoni fel mellten),
Gan ddwyn gydag Ef i'r nef ein dyndod ni …[174]

Atgyfododd Crist ar y trydydd dydd ar ôl ei gladdedigaeth yn yr ogof, a
thridiau yn unig a gafodd Jesebel i ddathlu ei buddugoliaeth:

Tridiau a gafodd Jesebel i ddathlu'r goncwest,
Canys ar ganol y gwleddoedd, y sbort a'r sbri
Clywodd fod ei gelyn cadarn wedi codi,
Er gwaethaf y maen a'r milwyr, o angau'r ogof:
Rhwygodd ei gwallt gwyllt tan regi;
A bloeddio yr enillai'r rhyfel yn y diwedd,
Er iddi golli brwydr bwysig; ac yn ein canrif ni
Y mae'r rhyfel hwnnw ffyrnicaf.[175]

Ymosodir ar y dyneiddwyr sy'n codi dyn i'r entrychion nes ei fod ar yr un
lefel â Duw, ac ar yr athronwyr a'r diwinyddion a honnai y gallai dyn, trwy ei
allu a'i wybodaeth, droi yn Dduw yng nghyflawnder yr amser:

Gogoniant i ddyn yn yr uchelder, canys dyn
Ydyw mesur pob dim, yw anthem y dyneiddwyr;
Y dyn a gerddai gynt mor dalog braf
Yn ei allu a'i wybodaeth i'w baradwys yn y byd.
Nid anifeiliaid glân yn unig sydd yn natur dyn
Ond anifeiliaid glân ac aflan fel yn Arch Noa …[176]

Os gall dyn ymestyn hyd nes iddo gyrraedd Duw yn ôl rhai athronwyr a
diwinyddion, gall hefyd suddo'n isel iawn, hyd at lefel anifeiliaid. Mae olion
anifeiliaid o hyd yn ddwfn yng nghyfansoddiad dyn, ac olion y pechod
gwreiddiol yn ogystal. Ar ei ben ei hun, heb gymorth na gras gan Dduw,
anifail rheibus yw dyn, creadur creulon yn ei hanfod, ac un o ddilynwyr
Jesebel. Trwy gyfrwng un gymhariaeth lachar, cyplysir creulondeb dyn at
gyd-ddyn â gorthrwm cyfalafwr ar weithiwr:

Pwy a all rifo erchyllterau barbaraidd dynion?
Y pyllau petrol; y moduron mwrdro;

> Lladd cenedl gyfan; diddymu hil:
> Rhofio cyrff Iddewon i'r ffyrnau nwy
> Fel gweithwyr y De yn rhofio ysgrap i'r ffwrneisiau ...[177]

'Nid yw dyn yn ddyn ... ar wahân i Dduw,' meddai Gwenallt.[178] Ni all dyn gyrraedd unman heb fod Duw y tu cefn iddo. Duw yn unig a all wareiddio ac addfwyno dynion − nid dysg, gallu na diwylliant − a lladd yr anifail rheibus sydd ynddo.

'Duw a roes ddyn yn arglwydd ar Ei greadigaeth,' meddai Gwenallt.[179] Rhoddodd Duw iddo ymennydd i'w alluogi i godi uwchlaw'r anifail, ac i ddatgloi a datgelu cyfrinachau'r cread. Ond trwy gael cip ar y cyfrinachau hyn, a datrys rhai o ddirgeledigaethau Teyrnas Dduw, troes dyn ei hun yn beiriant, hynny yw, aeth yr ymchwil a'r darganfyddiadau yn bwysicach nag arwyddocâd ac ystyr y darganfyddiadau hynny. A Jesebel sy'n rheoli o hyd, wrth i ddyn droi ffrwyth ei ymchwil yn fodd i ddinistrio cyd-ddyn, trwy hollti'r atom, er enghraifft. Ac mae'r Jesebel gyfoes yn beryclach na'r un:

> Galluocach o lawer yw hon na'i chwiorydd gynt:
> Ymennydd electronig yw ei hymennydd hi;
> Radar yw ei llygaid a radio yw ei chlustiau;
> Rhocedi dibeilot yw grym ei breichiau;
> Y twrbin yw ei chalon, a'r cynhyrchydd a'r adweithydd
> Yw ei dwy ysgyfaint: aliminiwm yw ei hymysgaroedd;
> Pistonau yw ei hesgyrn, rhwber yw ei chnawd·
> A phetrol yw'r gwaed a lif trwy ei gwythiennau.[180]

Rhaid i ddyn ddewis yn derfynol rhwng bywyd a'r 'angau cemegol', a 'rhwng gwareiddiad a hunanladdiad', rhwng creulondeb a thrugaredd, rhwng Duw a Jesebel.[181] 'Diwedd dyn a'r byd yw'r bom a'r bacteria,' meddir yn y gerdd, ac edifeirwch dyn a gras Duw yn unig a all achub dyn rhag tynged o'r fath.[182] Rhaid i'r ddynoliaeth efelychu'r teulu perffeithiaf a fu erioed ar y ddaear er mwyn osgoi llwyr hunanddinistr, a throi pob darganfyddiad yn fudd a phob dyfais yn fantais ac yn fendith:

> Y teulu gwerinol hwn a dry bob teulu yn debyg iddo;
> Troi'r awtomaton yn berson; rhoi'r ffrwyn ar war y Lefiathan;

Gyrru'r llongau-awyr yn llinynnau cyflym
Cyfiawnder a chydweithrediad rhwng gwledydd y byd;
Codi'r helicopteri yn llawn trugaredd a heddwch;
A throi'r ynni atomig i wella cancr a'r clefydau
A'i yrru ar hyd sianelau daioni a chariad:
Bydd delw'r teulu ar ddiwylliant radio a theledu
A bydd cymdeithas dyn yn gysgod o gymun Ei gorff.[183]

A daw'r gerdd i ben gyda mawl i Fair 'am ein dwyn o'i chroth gatholig' trwy eni Crist, ac am ein harwain 'At y crud mewn preseb, croes ar fryn a bedd gwag mewn gardd'.[184] Hi hefyd sydd yn ein harwain

At fwrdd crwn y swper sanctaidd
I yfed gwin Ei waed a bwyta bara Ei gorff:
A'r Ysbryd Glân yn codi oddi ar y bwrdd y bara a'r gwin
Ac yn eu cydio wrth Ei gorff atgyfodedig Ef yn y nefoedd:
Bwyta ac yfed ar y ddaear hon hyd oni chawn yn y diwedd
Trwy Ei faddeuant a'i ras, yfed gwin
Gwledd y fuddugoliaeth Fesïanaidd yn nhŷ ein Tad.[185]

A thrwy ras Duw bydd Natur oll wedi ei gweddnewid:

A'r anifeiliaid ufudd yn darganfod eu lleferydd.
Bydd corff, enaid ac ysbryd yn drindod gytûn;
Y corff-enaid-ysbryd yn gweled ei wyneb heb yr un drych
Ac yn gweled doe, heddiw ac yfory yn un heddiw tragywydd.[186]

Ar lawer ystyr, dyma gerdd fwyaf uchelgeisiol y gyfrol, ac un o'i cherddi gorau hefyd, os nad y gerdd orau un.

Adolygwyd *Gwreiddiau* yn llawdrwm braidd gan rai, neu o leiaf fe feirniadwyd rhai agweddau ar y canu. Yn wir, siomwyd y rhan fwyaf helaeth o edmygwyr Gwenallt gan ansawdd y gyfrol. Cofiai Donald Evans, un o fyfyrwyr Gwenallt, am y siom enfawr a deimlasai ef ac eraill pan gyhoeddwyd y gyfrol. Un arall a gofiai'r siom a deimlid ar y pryd oedd Derec Llwyd Morgan:

Crwt oeddwn i ar y pryd, ond, os cofiaf yn iawn, achosodd *Gwreiddiau* gryn *embarrassment* i ddarllenwyr barddoniaeth yng Nghymru pan ddaeth allan ym 1959. Gwenallt, y proffwyd cydwybodol, a sgrifennodd gerddi'r gyfrol hon, amddiffynnydd didderbynwyneb gwareiddiad Cristionogol Ewrop. Bu'n hawdd gan ei ddarllenwyr cyn hyn gydymdeimlo'n dwym â'i ddyheadau gwleidyddol a chefnogi pob beirniadaeth a gyhoeddodd ar gyfalafwyr. Yn *Gwreiddiau* bwriodd yr un bardd yn awr ei lach ar gefn y gymdeithas gyfoes – ie, ei ddarllenwyr ei hun – a fwynhâi fwythau Mamon ac a oedd yn prysur anghofio'r hen amenio a fu i *Ysgubau'r Awen* ac *Eples*. O'r herwydd esgeuluswyd y gyfrol hon. Mynnodd rhai beirniaid ddweud fod gormod o bregethu ynddi a dim digon o farddoni. Ac efallai fod rhywfaint o wir yn hynny.[187]

Eurys Rowlands a'i hadolygodd i'r *Genhinen*. Dywedodd fod y 'pregethwr yn drech na'r bardd yn bur gyson',[188] gan ymhelaethu:

> … am rai o'i gerddi diweddaraf, ni ellir peidio ag amau weithiau mai mewn rhyddiaith y dylesid fod wedi eu mynegi, gan mai pregethu yn hytrach na barddoni y mae'r awdur. Y mae'r cerddi hyn yn ymddangos bron fel parodïau o gerddi cynharach Gwenallt, gan mai cyffelyb yw'r testunau, y trosiadau, a'r rhethreg yn gyffredinol: ond y mae rhyw wahaniaeth, fe groeswyd rhyw ffin – y mae gormod o'r trosiadau yn droadau rhethregol amlwg nad oes rhaid wrthynt. Sglefrio ar wyneb y meddyliau tymhestlog y mae'r bardd yn lle plymio'n lân i berfedd y dymhestl [*sic*] gan gofio am y 'perlau sydd yn y wystrys breuddwydiol ar loriau'r môr'.[189]

Nid Eurys Rowlands oedd yr unig adolygydd i gyhuddo Gwenallt o'i barodïo'i hun yn *Gwreiddiau*. 'Yr argraff gyntaf a adawyd arnaf oedd fod Gwenallt wedi mynd i efelychu Gwenallt a bod yma ail-adrodd hen weledigaethau yr un bardd,' meddai Harri Gwynn yn *Lleufer*.[190] Cyfeiriodd yntau hefyd at yr elfen bregethwrol yn y cerddi. Meddai, wrth drafod 'Yr Awyren Fôr': 'Methaf yn lân â chynnal, gyda difrifwch gweddus, y darlun meddyliol o Grist eroplenog ac y mae'r holl beth yn rhy debyg i gyfaddasiad pregethwraidd o stori'.[191] Teimlai yn ogystal 'fod y dull siarad-bob-dydd o draethu … yn ymylu ar fod yn gyfan gwbl ryddieithol'.[192]

Roedd Eurys Rowlands a Harri Gwynn yn gytûn fod Gwenallt yn ei efelychu'i hun ac yn traethu'n bregethwrol ac yn rhyddieithol yn *Gwreiddiau*. Tynnodd George W. Brewer hefyd sylw at yr elfen hunanbarodïol a geid yn y cerddi hyn:

Erbyn cyfnod *Gwreiddiau* gellir dweud mai'r wers rydd yw ei brif gyfrwng. Gwelsom yn barod iddo ei defnyddio'n hynod o effeithiol mewn cerdd fel *Rhydcymerau*, ond teimlaf fod rhywbeth ar goll mewn llawer o'i ganu diweddarach. Ni cheir ynddynt yr un angerdd a'r un sicrwydd ag o'r blaen, rywsut. Nid oes dim byd newydd yn *Y Capel yn Sir Gaerfyrddin* (*Gwreiddiau*, t. 47). Ceir yr un ddelwedd, yr un ddau gapel, yn *Sir Forgannwg a Sir Gaerfyrddin* (*Eples*, t. 24). Ceir y disgrifiad o'r capel a'r ceffylau y tu allan yn *Plasau'r Brenin*. Ac i mi rywsut nid yw'r gerdd hon yn cyfleu llawer. Dywedwyd y cwbl ganddo'n barod, a'i ddweud yn well. Gall yn wir mai ei barod[i]o ei hun a wna weithiau bellach, fel y gwnaeth Pantycelyn fwy nag unwaith, ac fel y mae'r capeli a'r eglwysi'n gwneud yn aml, trwy ddal i rygnu ar yr un hen dant er bod y cyffro wedi cilio.[193]

Yn ôl Gwyn Erfyl, wedyn, nid oedd y 'llinell derfyn rhwng rhyddiaith lifeiriol, gl[ò]s, a barddoniaeth yn rhyw glir iawn ym marddoniaeth ddiweddar Gwenallt, ond efallai mai hen linell nad yw'n bod ydi hi bellach!'[194]

R. Geraint Gruffydd a adolygodd y gyfrol i'r *Cylchgrawn Efengylaidd*. Yn ôl yr adolygydd, y gerdd hir, 'Jezebel ac Elïas', oedd 'prif ogoniant y gyfrol, ac efallai'r peth pwysicaf a wnaeth Gwenallt hyd yn hyn'.[195] Nid oedd fawr o wahaniaeth, meddai, rhwng themâu *Cnoi Cil* ac *Eples* a themâu *Gwreiddiau*, ac er y byddai rhai yn cael eu siomi gan ddiffyg amrywiaeth thematig y gyfrol, ac yn ystyried hynny'n wendid yn Gwenallt fel bardd, dylid cofio dau beth:

Yn gyntaf, nid oes raid i fardd Cristnogol fel Gwenallt newid ei ffordd o edrych ar bethau fel y mae ei brofiad yn ehangu a dyfnhau: mae'r allwedd i'r problemau hanfodol eisoes yn ei feddiant, ac amherthnasol felly fyddai ymollwng i ddyfalu metaffusegol. Yn ail, fe gytunai'r rhan fwyaf o'r beirniaid cyfoes nad yr hyn a ddywedir sy'n bwysig o safbwynt beirniadaeth lenyddol, ond yn hytrach ddull y dweud.[196]

Ond prin y byddai unrhyw feirniad llenyddol yn derbyn safbwynt o'r fath. Nid dull y dweud, ar draul yr hyn a ddywedir, sy'n bwysig, ac nid dull y dweud a ystyrid fel yr elfen bwysicaf mewn barddoniaeth gan Gwenallt ychwaith. I'r gwrthwyneb, cynnwys y gerdd, yr hyn a ddywedid, a ffafriai Gwenallt uwchlaw pob dim; eilbeth oedd dull y dweud. Y gwir yw fod yr hyn a ddywedir yn gyfwerth â'r modd y'i dywedir, ac mae'r ddau beth yn un, fel na ellir tynnu'r naill beth oddi wrth y llall.

Am y cerddi, nododd R. Geraint Gruffydd fod y 'mwyafrif mawr ohonynt ar fesurau telynegol neu led-delynegol, ond heb yr acenion rheolaidd a'r odli cywrain yr arferid eu cysylltu â'r mesurau hyn', ac ni cheir 'cymaint ag un gerdd yn y mesurau caethion, er bod Gwenallt yn un o feistri mawr y ganrif yn y mesurau hynny'.[197] Diben yr ymnoethi hwn a'r ymddihatru oddi wrth fynegiant mwy barddonol, yn ôl Geraint Gruffydd, oedd gwneud y cerddi yn 'ddeniadol i'r darllenydd', er nad oedd wedi ymwrthod â phob addurn mydryddol, oherwydd 'fe geir cyseinedd helaeth ym mhob cerdd bron, a hwnnw weithiau'n ymylu ar gynghanedd gyflawn'.[198]

Nid oedd Gwenallt wedi colli dim o'i feistrolaeth ar iaith, meddai'r adolygydd, ond fe geid hefyd ymgais, 'yn arbennig yn rhai o'r cerddi *vers libre*, i ysgrifennu ar brydiau mewn arddull amlwg ryddieithol a llac';[199] ond ar nodyn cadarnhaol y daeth yr adolygiad i ben:

> Nid oes amheuaeth yn fy meddwl i nad yw *Gwreiddiau* yn gyfrol gwbl deilwng o fardd mawr sy'n dal i ddatblygu. Mae'n anodd meddwl na chaiff pawb sy'n ymateb i farddoniaeth lawer o bleser ynddi. Fe gaiff y Cristnogion yn eu plith y pleser ychwanegol o weld rhai o'u hargyhoeddiadau dyfnaf yn cael eu mynegi mewn dull gwahanol iawn i eiddo'r diwinyddion, ond dull y mae iddo, serch hynny, ei ddilysrwydd arbennig ei hun.[200]

Cytuno â Geraint Gruffydd i raddau a wnaeth J. Gwyn Griffiths, wrth adolygu'r gyfrol i'r *Faner*, mai 'Jezebel ac Elïas' oedd y gerdd rymusaf yn y gyfrol:

> "Tour de force" yw "Jezebel ac Elias", fel pe bai Gwenallt am brofi mai diffyg pryddestau hirfaith y ganrif ddiwethaf yw, nid eu meithder ac nid eu nwyd pregethwrol, ond eu tlodi barddol. Ceir disgrifiad manwl ac argoeddiadol o Jezebel yn erbyn cefndir ei chyfnod; ac un canlyniad i'r darlun gofalus hwn yw bod dyn yn amau, ar y dechrau, a yw Jezebel yn gymeriad digon mawr i haeddu ei hunaniaethu wedyn ag imperialaeth grafangus yr arianwyr modern. Llwydda'r bardd, fodd bynnag, i drechu amheuon o'r fath â grym ei huodledd; ac wrth gwrs mae ganddo berffaith hawl i awgrymu'r gymhariaeth.[201]

Roedd Gwenallt yn agosáu at ei drigain oed pan gyhoeddwyd *Gwreiddiau*, ac yn ôl at y gwreiddiau yr aeth yn y gyfrol. Ac roedd yn gyfrol rymusach o lawer nag yr oedd y beirniaid a'r adolygwyr yn fodlon ei gyfaddef. Yn wir, roedd yn gyfrol ysgytwol, er bod yr elfen bregethwrol, ryddieithol a thraethodol ynddi yn bygwth tanseilio undod a gwead rhai o'r cerddi. Cyfrol ddofn oedd hon. Trwy gydol y 1950au bu'n cwyno mai prin oedd ei amser hamdden i farddoni, ond, bellach, roedd blwyddyn ei ymddeoliad yn nesáu. Ac edrychai Gwenallt ymlaen at hynny.

Y Blynyddoedd Olaf
1960-1968

Er mai cymysg braidd fu ymateb beirniaid ac adolygwyr i *Gwreiddiau*, yr oedd parch beirdd, llenorion ac ysgolheigion tuag at Gwenallt yr un mor fawr ag erioed. Roedd yn ddigon, yn wir, iddo gael ei wahodd i feirniadu cystadleuaeth y Gadair yn Eisteddfod Genedlaethol Caerdydd ym 1960, a'i ethol i olygu cylchgrawn llenyddol newydd sbon, eto ym 1960, er mai ym 1961 yr ymddangosodd y rhifyn cyntaf o'r cylchgrawn hwnnw. Fodd bynnag, siom iddo ef a'i gyd-feirniaid, S. B. Jones a Meuryn, oedd safon y gystadleuaeth yn Eisteddfod Genedlaethol Caerdydd, a bu'n rhaid atal y Gadair. Ac wrth feirniadu yng Nghaerdydd, ymosododd Gwenallt ar feirniadaeth eisteddfodol, ac ar y rhai a gredai mai beirniadaeth lenyddol oedd beirniadaeth eisteddfodol:

> Bu beirniadu yn ddiweddar yn y Wasg ar feirniadaeth Eisteddfodol, ac y mae croeso iddynt feirniadu, ond fe ddylent weled fod gwahaniaethau rhwng beirniadaeth Eisteddfodol a beirniadaeth lenyddol. Gan feirnia[i]d fel Aristotlys, Longinws, Sainte-Beuve, Valéry, Dryden, Coleridge, T. S. Eliot, Emrys ap Iwan, Saunders Lewis ac eraill y ceir beirniadaeth lenyddol: ac nid yw beirniadaeth Eisteddfodol nac adolygiadau yn y Wasg yn yr un byd â'r rhain. Os gellir galw beirniadaeth Eisteddfodol yn feirniadaeth lenyddol o gwbwl, beirniadaeth lenyddol anghyflawn ydyw fel pob beirniadaeth ar lenyddiaeth gyfoes; ac fe all y beirniad gorau fethu. Y mae'r neb a roddo farn anffaeledig bendant ar lenyddiaeth gyfoes yn annoeth. Wrth feirniadu barddoniaeth y gorffennol y mae rhwng y bardd a'r beirniad bellter, ac oherwydd hyn fe all ei feirniadaeth fod yn fwy gwrthrychol,

er ei bod yn ddynol amhosibl i lunio beirniadaeth hollol wrthrychol. Beirniadaeth ymarferol yw beirniadaeth Eisteddfodol, mor ymarferol â dewis y tarw gorau mewn sioe amaethyddol. Pwynt arall gan rai o feirniaid y Wasg yw mai mympwyon beirniaid yw beirniadaeth Eisteddfodol a beirniadaeth lenyddol. Nid oes neb a wad nad oes gan feirniaid fympwyon, ond nid ar fympwyon yn unig y seilir beirniadaeth, hyd yn oed feirniadaeth Eisteddfodol.[1]

Sarhad ar wir feirniadaeth lenyddol, yn ei dyb ef, oedd ei chyplysu â beirniadaeth eisteddfodol. Roedd gwahaniaeth enfawr rhwng y ddau. Hawliai beirniadaeth lenyddol oes gyfan o ddisgyblaeth, ac oes gyfan o ddarllen, o gasglu gwybodaeth, o ddadansoddi ac o ddehongli. Roedd gwir feirniadaeth lenyddol yn ymwneud â gwir lenyddiaeth, â'r llenyddiaeth orau, uchaf ei safon, campweithiau a chlasuron yr oesoedd. Roedd beirniadaeth eisteddfodol yn ymwneud â llenyddiaeth o safon ryfeddol o isel yn amlach na pheidio, yn enwedig tua gwaelodion pob cystadleuaeth.

Yn aml iawn, trôi Gwenallt feirniadaeth eisteddfodol yn feirniadaeth lenyddol ac yn hanes llên. Ceisiai addysgu. Trafodai'r testun gan olrhain ei arwyddocâd yn llenyddiaeth y gorffennol. Cyfeiriai at lyfrau perthnasol, nodai rai ffeithiau pwrpasol, crybwyllai ddyddiadau penodol. 'Dydd Barn a Diwedd Byd' oedd un o destunau cystadleuaeth y Gadair yng Nghaerdydd, ac yn ei feirniadaeth trafododd Gwenallt arwyddocâd Dydd y Farn ym marddoniaeth y ddeunawfed ganrif, gan gyfeirio at gywydd enwog Goronwy Owen ac at lyfr rhagorol Saunders Lewis, *A School of Welsh Augustans*. Dywedodd nad awdl a gafwyd gan un o'r cystadleuwyr, ond ni ellid ei bwrw allan o'r gystadleuaeth 'am i Risiart Ddu o Wynedd ennill yn Eisteddfod Genedlaethol Llandudno, 1864, am "Awdl ar ddull Drama" ar y testun "Ioan yn Ynys Patmos": ac y mae yn honno yr un gwendidau'.[2] Y tristwch mawr ynglŷn ag Eisteddfod Genedlaethol 1960 yw mai dyna'r tro olaf i Gwenallt fod yn beirniadu yn yr Eisteddfod Genedlaethol, a cholled i'r Brifwyl oedd hynny, yn sicr. Ond os oedd y diwedd ar feirniadu *yn* y Genedlaethol wedi dod, nid dyna oedd diwedd y beirniadu *ar* y Genedlaethol o du Gwenallt.

Yr ail ddigwyddiad pwysig yn ei hanes ar ddechrau'r 1960au oedd iddo gael ei wahodd i olygu cylchgrawn newydd sbon, a'r cylchgrawn hwnnw yn gylchgrawn swyddogol cymdeithas lenyddol a oedd newydd gael ei sefydlu. Y cyfeillgarwch rhwng dau o brif feirdd Cymru yn y cyfnod a esgorodd ar y gymdeithas lenyddol newydd hon. Rhwng 1956 a 1958 roedd Bobi Jones yn ddarlithydd yng Ngholeg y Drindod yng Nghaerfyrddin ac yn byw yn Nhre-Ioan, Caerfyrddin, gyda'i briod, Beti. Arferai Waldo Williams alw heibio i Bobi a Beti unwaith yr wythnos ar ei ffordd yn ôl o'i ddosbarth yn Nhalgarreg, a threulio'r noson yng nghartref y ddau. 'Byddem yn trafod tipyn gydag ef ar farddoniaeth, crefydd (yn arbennig gwaith Berdyaev), a'r helyntion ysmala personol a oedd ganddo yn fath o *repertoire* diderfyn,' meddai Bobi Jones am y nosweithiau hynny.[3]

Er iddo golli'r gymdeithas reolaidd honno â Waldo, ganed o'r golled un peth cadarnhaol iawn. '[A]llan o'r sgwrsio hwn euthum ati i sylfaenu'r Academi Gymreig er mwyn estyn y cymdeithasu,' meddai Bobi Jones.[4] Roedd Gwenallt yn rhan o'r cynllun hwn o'r cychwyn cyntaf, a chysylltodd y ddau â nifer o lenorion pennaf y cyfnod i'w gwahodd i gyfarfod yn Aberystwyth, a chynhaliwyd y cyfarfod cyntaf yng ngwesty'r Marine, Aberystwyth, ar Ebrill 3, 1959. Y bwriad, cyn y cyfarfod, oedd dewis deg llenor i fod yn aelodau o'r corff llenyddol newydd hwn y rhoddwyd iddo yn y man yr Academi Gymreig yn enw. Penderfynwyd ar nifer o amodau yn y cyfarfod ei hun:

1. Bod ffurfio cymdeithas ddethol o bedwar ar hugain o lenorion.
2. Bod y rhain yn cyfarfod i drafod materion llenyddol am fwy na diwrnod o leiaf unwaith y flwyddyn.
3. Bod ethol aelodau a wnaeth gyfraniad teilwng i lenyddiaeth Gymraeg.
4. Nad oes a fynno'r Gymdeithas ddim byd â chystadleuaeth, ond y dylid chwilio moddion i roi gwobrau neu gomisiynau am waith teilwng. (Gwobrau fel y Gwobrau a roddir ym mhob gwlad i lyfrau cyhoeddedig.)[5]

Ymddangosodd y rhifyn cyntaf o gylchgrawn yr Academi ym 1961. Penderfynwyd galw'r cylchgrawn yn *Taliesin*, a lluniodd Gwenallt ei sylwadau golygyddol cyntaf ar y modd yr aethpwyd ati i sefydlu'r Gymdeithas. Nid oedd gan neb syniad clir sut academi neu gymdeithas y dylai fod, ond roedd prif amcan y gymdeithas newydd yn ddiamwys: 'Amcan y Gymdeithas neu'r Academi yw hyrwyddo a noddi llenyddiaeth Gymraeg'.[6] Yn y diwedd, penderfynwyd galw'r Gymdeithas yn Academi. Ni fwriadwyd anfon adroddiad llawn i'r wasg nac i'r radio a'r teledu oherwydd mai ar eu hanner yr oedd y trafodaethau ar y pryd; ond, yn anffodus:

… fe lwyddodd y Wasg Gymraeg a Saesneg, yn ôl ei harfer, i gael hanes ein cyfarfod, er nad oedd eu hadroddiadau yn hollol gywir: a beirniadwyd yr Academi yn o lym yn rhai o'r papurau, er i'r aelodau ragweled pob beirniadaeth, ac yn enwedig y feirniadaeth fod yr aelodau yn eu dewis eu hunain yn aelodau o'r Academi. Yn wir, fe awgrymwyd yn y cyfarfod y dylai'r aelodau ymddiswyddo yn eu tro. Awgrymodd John Aelod Jones yn *Y Cymro* y rhaid 'ei chyffelybu hi i'r Academi Ffrengig'; eithr ni freuddwydiodd yr aelodau eu bod yn 'anfarwolion'; ac, yn ffodus, nid oedd raid i'r Academi lunio Geiriadur Cymraeg.[7]

Roedd y wasg wedi dechrau beirniadu'r gymdeithas newydd cyn iddi gael ei geni hyd yn oed, ei gwaradwyddo yn y groth. Trefnwyd ail gyfarfod i drafod y gymdeithas ar Fedi 5, 1959, ond pump yn unig a ddaeth i'r cyfarfod hwnnw. Oherwydd y beirniadu a fu arnynt, ciliodd rhai o aelodau'r gymdeithas. Y pum aelod hyn a roddodd ei henw swyddogol i'r gymdeithas. Penderfynwyd yn ogystal mai deunaw llenor yn unig a ddylai berthyn i'r Academi, ac mai yn y brifddinas yng Nghaerdydd y dylai cartref yr Academi fod. Fodd bynnag, pan alwyd deunaw llenor i ddod i gyfarfod swyddogol cyntaf yr Academi, ar Ebrill 22 a 23, 1960, methodd pump dderbyn y gwahoddiad oherwydd galwadau eraill. Darllenodd Gwenallt bapur, 'Awgrymiadau am bolisi i'r Academi', yn y cyfarfod hwn, er mwyn ysgogi trafodaeth a sefydlu rhyw fath o raglen waith i'r gymdeithas newydd. Etholwyd swyddogion yn y cyfarfod hwnnw: G. J. Williams yn Llywydd, Iorwerth Peate yn Gadeirydd, Bobi Jones yn Ysgrifennydd a Gwilym R. Jones yn Drysorydd. Penderfynwyd yn ogystal y byddai'r Academi yn cyhoeddi ei chylchgrawn newydd ei hun a Gwenallt a etholwyd i'w olygu. Roedd diflaniad *Y Llenor* wedi gadael bwlch enfawr ar ei ôl yn y Gymru ddiwylliedig, ac roedd angen cylchgrawn newydd i borthi'r angen. Bwriedid galw'r cylchgrawn newydd, ar un adeg, *Y Llenor Newydd*.

Yn y cyfarfod hwnnw yng Nghaerdydd cytunwyd hefyd fod aelodaeth lawn o'r Academi i barhau am ddeng mlynedd, ond byddai'r aelodau ar ôl ymddeol yn agored i'w hailethol. Cyn derbyn aelod i'r Academi byddai'n rhaid cael enwebydd ac eilydd, a byddai'n rhaid i'r enwebydd 'ddangos pa gyfraniad teilwng i lenyddiaeth Gymraeg a wnaeth yr enwebedig'.[8] Wedyn fe gymerid pleidlais ddirgel heb ddim trafodaeth, a byddai'n rhaid i'r llenor a enwebid gael deuparth y pleidleisiau cyn y câi ei dderbyn yn aelod o'r Academi. Disgwylid i aelodau cychwynnol yr Academi ymddeol fesul un bob blwyddyn, yn ôl eu hoedran, gan ddechrau gyda'r ieuengaf, ymhen tair blynedd ar ôl cyfarfod swyddogol cyntaf yr Academi, ond ymhen blwyddyn ar ôl ei ymddeoliad byddai pob un o'r rhain yn agored i'w hailethol fel llenorion eraill.

Nid i Gaerdydd yn unig y cyfyngid gweithgareddau'r Academi, er mai yn y brifddinas newydd-anedig y byddai ei phencadlys. Yn ôl Gwenallt:

> Bwriadwn gynnal cyfarfodydd ar hyd a lled Cymru, a gwahodd llenorion y cylch i gyfarfodydd cyhoeddus. Byddai'n llawen gennym weled yng Nghymru godi Cymdeithasau Sir o feirdd a llenorion. Ar y Rhaglen Radio, Sêr y Siroedd, fe geir y Siroedd yn cystadlu yn erbyn ei gilydd: ac yn y Rhaglen Radio arall, *Ymryson y Beirdd*, fe welir beirdd cynganeddol y siroedd yn cystadlu am y dorch. Cam bychan sydd eisiau i godi Cymdeithasau Sir o feirdd a llenorion. Creadur unig yw'r llenor yng Nghymru. Rhaid i'r llenor wrth unigrwydd i lunio llenyddiaeth, er nad ydym yn moli unigedd fel y beirdd rhamantaidd, nac yn dymuno cael ein claddu fel hwythau y tu allan i fynwentydd,
>
> > A grug y bau'n garreg bedd.
>
> Yng Nghymru y mae'r bardd a'r llenor yn unig ar hyd y flwyddyn ac ar hyd ei oes: nid yn unig y mae ar ei ben ei hun, ond y mae'n llawer rhy ddifrifol a rhy fydol. Dylent ddianc rhag yr unigrwydd beichus i Gymdeithas, lle y gellir trin llenyddiaeth, cael sgwrs uwchben pryd o fwyd a chael tipyn o sbort a sbri. Ar ôl cael Cymdeithasau llenyddol ar hyd a lled Cymru, fe ellid cael wedyn ryw fath o gysylltiad rhwng y rhain a'r Academi Gymreig.[9]

A dyna Gwenallt, ac yntau bellach yn drigain oed, yn ymgymryd â gwaith hynod o bwysig. Yn ôl Hywel Teifi Edwards, 'gan na chafodd Gadair Prifysgol (a pheidied neb â chredu nad oedd wedi dyheu amdani), yr oedd cael golygu cylchgrawn cenedlaethol yn rhoi cyfle iddo awdurdodi, roedd yn estyniad rhyddieithol … o'i "role" fel bardd'.[10] Ymddangosodd y rhifyn cyntaf o *Taliesin* ym 1961 ac ynddo gyfraniadau gan rai o feirdd a llenorion pwysicaf Cymru ar y pryd: Tegla Davies, Islwyn Ffowc Elis, T. H. Parry-Williams, Kate Roberts, Gwilym R. Jones, Iorwerth Peate ac Euros Bowen.

Prinhau a wnaeth ei gynhyrchion llenyddol ac ysgolheigaidd yn ystod y 1960au. Âi'n fwy blinedig gyda phob blwyddyn, ac roedd blynyddoedd o orweithio yn dechrau gadael eu hôl arno. Bob tro yr âi i wendid, âi ei lawysgrifen yn fwy crynedig. Roedd golygu *Taliesin* yn faich ychwanegol ar ei ysgwyddau. Rhwng darlithio a golygu, ychydig iawn o amser a oedd ar ôl i lenydda. Ac eithrio'i waith ar y cylchgrawn *Taliesin*, blwyddyn ddigynnyrch fu 1962 iddo. Yna, ym 1963, ffrwydrodd yn ôl i ganol y llwyfan llenyddol a gwleidyddol. Wedi'r cyfan, grenâd mewn gwniadur oedd Gwenallt. Gallai ffrwydro'n ddirybudd ar unrhyw adeg, ac fe wnaeth.

Yn oriau mân y bore ar ddydd Sul, Chwefror 10, 1963, ffrwydrwyd trawsnewidydd trydan ar safle'r argae yng Nghwm Tryweryn ym Meirionnydd gan dri chenedlaetholwr, Emyr Llewelyn, Owain Williams a John Albert Jones, tri aelod mwyaf blaenllaw mudiad newydd o'r enw Mudiad Amddiffyn Cymru (MAC). Protestio yn erbyn yr anfadwaith o foddi pentref bychan Capel Celyn i gyflenwi dinas Lerpwl â dŵr yr oedd y tri. Wythnos yn ddiweddarach, arestiwyd Emyr Llewelyn yn Aberystwyth. Yr oedd llawer o dystiolaeth yn ei erbyn. Ef a logodd y car, o fodurdy yn Aberystwyth, a oedd wedi cludo'r tri ohonynt y noson honno; olrheiniwyd y car i'r modurdy hwnnw gan yr heddlu. Gadawodd hefyd hances boced â'r llythyren 'E' arni ar ffordd Cerrigydrudion, lle cafwyd trafferth i yrru'r car drwy'r rhew a'r eira. Ymddangosodd Emyr Llewelyn gerbron Mainc Ynadon y Bala ar Chwefror 21, ac fe'i rhyddhawyd ar fechnïaeth gan yr ynadon hyd at Fawrth 9. Cyfrannodd Gwenallt ganpunt tuag at ei fechnïaeth, a chyfrannodd Bobi Jones hefyd yr un swm. Gallai Gwenallt ymuniaethu ag Emyr Llewelyn: fel Gwenallt yn ei ieuenctid, delfrydwr ifanc a oedd yn fodlon wynebu carchar am ei argyhoeddiadau a'i ddaliadau oedd Emyr Llew ar y pryd.

Cynhyrfwyd y dyfroedd yn arw gan Gwenallt ddwywaith ym 1963. Ym 1962 cyhoeddwyd *The Oxford Book of Welsh Verse*, blodeugerdd urddasol, uchelgeisiol Thomas Parry o farddoniaeth orau'r Cymry drwy'r canrifoedd. Fe'i cyhoeddwyd fel rhan o gyfres Gwasg Prifysgol Rhydychen o farddoniaeth orau rhai o ieithoedd y byd a barddoniaeth orau Lloegr ei hun mewn gwahanol gyfnodau a gwahanol *genres*. Gwenallt ei hun a adolygodd y flodeugerdd yn *Taliesin*, ac roedd yn adolygiad manwl a miniog, a deifiol a damniol mewn rhai mannau.

Yn y paragraff cyntaf oll, cyhuddodd Thomas Parry o roi'r pwyslais bron yn gyfan gwbwl ar y traddodiad barddol, ac yn enwedig ar draddodiad y gynghanedd, yn ei ragymadrodd i'r flodeugerdd. Aeth ati wedyn i anghytuno â'r hyn a ddywedodd Thomas Parry am ddylanwad Goronwy Owen ar feirdd y bedwaredd ganrif ar bymtheg, gan bentyrru ffaith ar ben ffaith a thystiolaeth ar ben tystiolaeth yn garn i'w ddadl. Anwybyddodd Thomas Parry bryddestau eisteddfodol y bedwaredd ganrif ar bymtheg yn llwyr, a chamwedd oedd hynny yn ôl Gwenallt:

> Fe ymosododd Caledfryn ar y bryddest fel y gwnaeth Thomas Parry. Fe ellir deall Caledfryn, ond ni ellir deall Thomas Parry pan ddywedodd yn y Rhagymadrodd nad oes dim teilyngdod llenyddol ym mhryddestau'r ganrif ddiwethaf, ac yn y Nodiadau pan ddaliodd nad oedd yng ngwaith Islwyn ond 'pedestrian verse or highly rhetorical passages'. Y mae o'r un farn â John Morris-Jones ar Islwyn. Fe ellir deall John Morris-Jones am ei fod yn condemnio safonau llenyddol y cyfnod o'i flaen, ond ni ellir deall Thomas Parry. 'Roedd gan feirdd a beirniaid llenyddol y ganrif ddiwethaf eu safonau llenyddol pendant; ac er ein bod yn anghytuno â hwy, fe ddylid eu beirniadu yn ôl eu safonau hwy. Fe ddylai Thomas Parry a phawb ohonom gredu nad yw safonau llenyddol ein canrif ni yn anffaeledig. Fe ddylai beirniad llenyddol, ac yn enwedig Ddetholwr, fod yn eangfrydig. Os yw yn credu mewn clasuriaeth, fe ddylai wneud ei orau glas i ddeall barddoniaeth ramantaidd: os yw yn credu mewn rhamantiaeth fe ddylai wneud ei eithaf i ddeall barddoniaeth glasurol. Nid oes gan y naill na'r llall ohonynt yr holl wirionedd am lenyddiaeth.[11]

Mynnodd Gwenallt fod darnau o bryddest Islwyn, *Y Storm*, 'yn farddoniaeth sydd mewn iaith fyw'; ond, meddai, 'y mae iaith bron yr holl awdlau o'r unfed ganrif ar bymtheg tan ein canrif ni mewn iaith farw, iaith amgueddfaol'.[12] 'Fe ellir dadlau,' meddai drachefn, yn sioclyd-bryfoclyd braidd, 'mai camgymeriad oedd cadw Cerdd Dafod ar ôl diwedd yr Oesoedd Canol, am fod y mesurau a'r cynganeddion ynghlwm wrth y bendefigaeth a'r Eglwys Gatholig, fel y dangosodd Saunders Lewis'.[13] Yn ôl yr adolygydd, crefft a chelfyddyd yn unig oedd barddoniaeth yr Oesoedd Canol i Thomas Parry: nid oedd y cynnwys yn cyfrif fawr ddim, 'a'r traddodiad ffurfiol hwn a drosglwyddwyd ar hyd y canrifoedd i'n canrif ni'.[14] Oherwydd hynny, Thomas Parry oedd 'disgybl olaf John Morris-Jones'.[15] Cyhuddiad annheg oedd hwn yn erbyn Thomas Parry. Gwyddai gystal â neb y dylai'r ffurf fod yn gyfwerth â'r cynnwys, y modd a'r mater yn un. Os gallai Gwenallt gyhuddo Thomas Parry o ffafrio barddoniaeth yr oedd ei chrefft a'i chelfyddyd yn bwysicach na'i chynnwys, fel cywyddau Beirdd yr Uchelwyr, gallai Thomas Parry yntau gyhuddo Gwenallt o ffafrio barddoniaeth yr oedd ei chynnwys yn bwysicach na'i chrefft, *Y Storm*, Islwyn, er enghraifft, neu bryddestau eisteddfodol y bedwaredd ganrif ar bymtheg.

Nododd Gwenallt rai cerddi cynnar y dylid bod wedi eu cynnwys yn y flodeugerdd, detholiad o *Armes Prydein*, er enghraifft. Canmolodd Thomas Parry am ei ddewis o waith y Gogynfeirdd, ond wrth ddiweddaru'r orgraff a thrwy fethu ambell gam-brint, roedd y golygydd wedi difetha mydryddiaeth, cynghanedd a chyflythrennedd rhai o'r cerddi hyn, yn ogystal â cherddi diweddarach; er enghraifft, aeth 'Tydi, y bwth tinrhwth twn' Dafydd ap Gwilym yn 'Tydi, y bwth tinrhwch twn', gan ladd y gynghanedd.

Nododd nifer o ddiffygion yn netholiad Thomas Parry o'r bedwaredd ganrif ar bymtheg. Yr oedd hon yn ganrif yr oedd Gwenallt wedi arbenigo arni, a disgwyliai well. Dwy gerdd yn unig a gynrychiolai holl waith Islwyn. Haeddai Glasynys fwy nag un darn. Pedwar darn yn unig a oedd gan Ceiriog. Ac o safbwynt yr ugeinfed ganrif, ni allai Gwenallt gytuno â'r cerddi a ddewiswyd i gynrychioli gwaith T. Gwynn Jones, R. Williams Parry, Saunders Lewis ac eraill. Ac ar ôl tudalennau lawer o dynnu Thomas Parry drwy'r felin, bwriodd ei linyn mesur yn derfynol ar y flodeugerdd:

> … oherwydd ei ragfarn o blaid y canu cynganeddol a'r canu cywrain, a'i anallu o'r herwydd i weled athrylith Pantycelyn ac Islwyn … rhaid casglu fod y Flodeugerdd yn ddiffygiol. Os oes un peth yn wir am farddoniaeth Gymraeg, y mae hi yn farddoniaeth Gristionogol, un o'r barddoniaethau mwyaf Cristionogol yn Ewrob; ond ni welir hyn yn y Flodeugerdd hon. Y mae ynddi ormod o ganeuon serch, natur ac angau.[16]

Prin yw'r ganmoliaeth i Thomas Parry drwy'r holl adolygiad. Fe'i clodforir am lunio testunau manwl a chywir o rai cerddi a geid mewn llawysgrifau yn unig. ''Roedd yn dasg dor-calonnus; a hyfryd yw ei longyfarch ar ei lafurwaith,' meddai, [17] ond roedd ôl dyrnu caled ar ei figyrnau wrth iddo ysgwyd llaw â Thomas Parry i'w longyfarch ar ei gamp. Ac ni allai Gwenallt ymatal rhag taro un ergyd olaf cyn gadael y cylch paffio: 'Y mae'n ysgolhaig manwl a chraff, ond ychydig iawn sydd ganddo o awen'.[18]

Dehonglwyd yr adolygiad gan amryw fel gweithred o ddialedd pur ar ran Gwenallt, cosb a cherydd i Thomas Parry am iddo ffafrio Thomas Jones ar ei draul ef ei hun yn yr ymgiprys am y swydd a adawsai T. H. Parry-Williams yn wag ddegawd ynghynt. Ond efallai mai rhan o'r darlun yn unig yw hynny, a derbyn ei fod yn rhan o'r darlun o gwbwl. Rhaid cofio bod Thomas Parry wedi sicrhau dyrchafiad i Gwenallt o fewn yr Adran Gymraeg yn Aberystwyth ar ôl penodi Thomas Jones yn Athro ar yr adran honno, ond efallai na thybiai Gwenallt fod cael ei ddyrchafu'n Ddarllenydd yn ddigon o iawn am y sarhad a wnaed.

Wrth wraidd yr adolygiad yr oedd yna elfen gref o rwystredigaeth. Gallai Gwenallt drafod pob ffurf ar farddoniaeth Gymraeg bron, ac roedd barddoniaeth pob cyfnod yn hylaw hwylus ar flaenau ei fysedd. Fel y nodwyd eisoes, nid arbenigo ar un cyfnod neu un math o lenyddiaeth yn unig a wnâi yn y coleg. Ar un cyfnod bu'n darlithio ar y Cynfeirdd a'r Gogynfeirdd. Arferai ddarlithio, ar un adeg, ar hanes llenyddiaeth Gymraeg y cyfnod 1600–1800 i'r flwyddyn gyntaf, ac ar hanes llenyddiaeth Cymraeg 1350–1550 i'r ail flwyddyn. Cyfyng oedd maes ysgolheictod Thomas Jones o'i gymharu ag ehangder a dyfnder dysg Gwenallt. Roedd Thomas Parry hefyd wedi bwrw anfri ar ddau faes yr oedd Gwenallt yn awdurdod arnynt, canu Islwyn a phryddestau eisteddfodol y bedwaredd ganrif ar bymtheg. Roedd Gwenallt wedi astudio gwaith Islwyn yn drylwyr, ac wedi cyhoeddi ffrwyth ei astudiaeth yn y llyfr bychan ond sylweddol hwnnw, *Bywyd a Gwaith Islwyn*. Trwy ddiystyru Islwyn i'r fath raddau, roedd Thomas Parry yn bwrw llawer iawn o amheuaeth ar chwaeth Gwenallt, ac ar ei grebwyll beirniadol. Ni wyddai Gwenallt, ac ni ddaeth i wybod ychwaith, mai Saunders Lewis, ac nid Thomas Parry, a ddewisodd y ddwy gerdd o waith Islwyn a gynhwyswyd yn y flodeugerdd. Ni fwriadai Thomas Parry ei gynnwys o gwbwl a gofynnodd i Saunders Lewis am ei farn. Awgrymodd yntau na ddylid hepgor Islwyn yn llwyr, ac ef a awgrymodd y ddau ddarn o'i waith a gynhwyswyd yn y flodeugerdd. Felly, mewn ffordd, ymosod ar Saunders Lewis yr oedd Gwenallt, nid ymosod ar Thomas Parry.[19] Roedd Saunders Lewis wedi awgrymu nifer o newidiadau ac ychwanegiadau i'r flodeugerdd, ar ôl i Thomas Parry yrru drafft o'r flodeugerdd ato.

Yn nhyb Gwenallt, roedd Thomas Parry wedi cael braint enfawr, sef cyflwyno i'w genedl ei hetifeddiaeth farddonol, a gwnaeth stomp o bethau. Roedd gormod o fylchau a gormod o ddiffygion o lawer yn y flodeugerdd. Hwyrach y teimlai Gwenallt mai rheidrwydd a dyletswydd arno oedd tynnu sylw at y gwallau a'r gwendidau yn y flodeugerdd, a mynegi ei anniddigrwydd cyffredinol yn ei chylch. Collodd Thomas Parry gyfle. Ond yr oedd yna hefyd elfen o hunanhysbysebu yn yr adolygiad, o bosibl, wrth i Gwenallt bedlera amrywiaeth a helaethrwydd ei nwyddau yn gyhoeddus. A hawdd y gallai ofyn pam mai Thomas Parry a ddewiswyd i gywain y flodeugerdd ynghyd, yn hytrach nag ef ei hun. Ac eto, er pob ymdrech i wyngalchu Gwenallt ac i geisio achub ei gam, ni ellir osgoi naws a chywair ysgyrnygus a dirmygus yr adolygydd.

Ymosodiad amwys, amheus oedd ei adolygiad ar Flodeugerdd Rhydychen, ond nid oedd unrhyw amwysedd ynglŷn â'i ymosodiad ar yr Eisteddfod Genedlaethol yn y rhifyn dilynol o *Taliesin*. Yn ei sylwadau golygyddol, mynnodd ei bod 'yn hen bryd troi'r Eisteddfod Genedlaethol yn Gymanfa'r Celfyddydau Cain'.[20] Ac yn sgil y datganiad hwn, dechreuodd ymosod ar yr Orsedd:

> Beth yw'r rhwystrau ar ffordd hyn? Un o'r rhwystrau yw seremonïau Derwyddol yr orsedd. Er nad oes neb yn amau didwylledd yr Archdderwydd a'r Gorseddogion y mae rhai ohonom yn gwrthod ymuno â hi am na welwn unrhyw ystyr a phwrpas yn yr Urddau, y Gwisgoedd, y Cleddyf, Y Corn Hirlas, y Corn Gwlad a Gweddi'r Orsedd. Y mae llef y Corn Gwlad fel rhech hynafiaethol o'r cynfyd.[21]

Ac fe atseiniodd sŵn y rhech hynafiaethol honno drwy Gymru benbaladr. Brethyn coch i darw oedd gwisgoedd gwynion yr Orsedd i Gwenallt. Ymosododd ar yr Eisteddfod Genedlaethol ei hun yn ogystal. Awgrymodd 'y dylai'r llenorion wrthod beirniadu ar gyfer y Fedal Aur a chadw draw o'r Eisteddfod Genedlaethol hyd nes y gosodir rhyddiaith greadigol yn gydstad â'r Awdl a'r Bryddest'.[22] Roedd disgrifiad Gwenallt o'r Corn Gwlad wedi cythruddo arweinwyr a chefnogwyr yr Orsedd, ac eto, y tu ôl i'r rhyfygu a'r rhefru, yr oedd yna ddifrifwch amcan. Un o'r rhai a gytunai â Gwenallt oedd ei gyfaill Aneirin Talfan Davies. Diwerth oedd yr Eisteddfod fel ag yr oedd, meddai yntau:

> Y mae'r Eisteddfod fel y mae yn farw, a'i chyfraniad i fywyd y genedl, o gofio'r gost, yn fychan i'w ryfeddu. Ym myd llenyddiaeth nid yw'n cyfrif. Ni ellir ei chymryd o ddifrif. Yn wir, gellir dadlau ei bod yn gwneud niwed mawr.[23]

Cyhoeddodd Gwenallt ysgrif faith ar y testun 'Myth a Symbol yn y Llenyddiaeth Fodern' yn *Efrydiau Athronyddol* ym 1963, a chyhoeddodd deyrnged i'r ysgolhaig Griffith John Williams, a fu farw yn sydyn annisgwyl y flwyddyn honno, yn ei gylchgrawn ei hun, *Taliesin*. Blwyddyn dawel arall yn greadigol iddo oedd 1964. Wrth i flwyddyn ei ymddeoliad nesáu roedd ei egni creadigol yn dechrau lleihau. Cyfrannodd ysgrif, 'Y Fro: Rhydcymerau', i gyfrol deyrnged D. J. Williams, dan olygyddiaeth J. Gwyn Griffiths, ym 1965, ac ymddangosodd ysgrif ysgolheigaidd sylweddol ganddo, 'Y Tair Ysgol', yn y gyfrol gyntaf o *Ysgrifau Beirniadol*, dan olygyddiaeth J. E. Caerwyn Williams.

Ym 1966 daeth gyrfa Gwenallt fel darlithydd yn y coleg yn Aberystwyth i ben. Bu'n rhaid iddo weithio'n galed yn ystod ei dymor olaf yn y coleg, fel yr eglurodd wrth Ben Morse, a oedd hefyd ar fin ymddeol o'i swydd fel darlithydd yng Ngholeg Prifysgol Cymru yng Nghaerdydd:

> 'Rwyf fi, fel tithau, mae'n debyg, wedi rhoi'r ddarlith olaf, ac fe fydd y marcio olaf ym Mehefin. 'Rwyf wedi gweithio yn galed o ddechrau'r ail dymor hyd heddiw am fod Tom Jones wedi mynd yn sâl. Fe gafodd thrombosis, ac wedyn ddiffyg ar y galon. Y mae'n well, ond y mae yn wael iawn. Fe fydd yn rhaid i fi ofalu am yr Adran tan ddiwedd mis Medi.[24]

Cynhaliwyd cyfarfod yng Ngholeg Aberystwyth i'w anrhydeddu ar achlysur ei ymddeoliad ar ddydd Sadwrn, Mai 7, 1966, ar ôl iddo fod yn ddarlithydd yn y coleg ers 39 o flynyddoedd. Cynrychiolwyd y myfyrwyr yn y cyfarfod gan Mair Kitchener Davies a Geraint Eckley. Cofiai Mair Kitchener Davies amdano

> yn ddarlithydd ifanc yn niwedd y dau ddegau a dechrau'r tri degau; ei afiaith a'i frwdfrydedd wrth drin cywyddau'r Oesoedd Canol a barddoniaeth cyfnodau diweddarach. Cofio ei foneddigeiddrwydd a'i addfwynder tawel.[25]

Gwenallt y Cymro a'r cenedlaetholwr a gofiai Geraint Eckley:

> Rhan o'i fywyd oedd y pwnc y darlithiai arno, a rhan annatod organig o orffennol cyffrous ei genedl oedd y llenyddiaeth yr ymgollodd ynddi. Y nodwedd amlycaf yn ei ddarlithoedd oedd tanbeidrwydd ei Gymreictod, a'r Cymreictod yma oedd cadernid mawr cymeriad Gwenallt.[26]

Atgofion amdano ef a Gwenallt fel cyd-weithwyr yn yr Adran Gymraeg yn Aberystwyth a gafwyd gan T. H. Parry-Williams. Soniodd am Gwenallt 'y cydweithiwr cyson ac ymroddedig mewn cyfnod pan oedd arloesi mawr ar droed ym maes astudiaethau'r Gymraeg'.[27] Wedyn siaradodd Thomas Parry. Soniodd amdano yn darllen awdl 'Y Mynach' am y tro cyntaf, a chael ei synnu gan ei newydd-deb, a 'sylweddoli mawredd bardd newydd' wedyn ar ôl darllen *Ysgubau'r Awen*.[28] Roedd Thomas Parry wedi llunio cywydd yn arbennig ar gyfer yr achlysur, ac fe'i hadroddodd yn ei grynswth ar ôl iddo glodfori Gwenallt fel bardd. Cyn i awen Gwenallt ysgwyd Cymru hyd at ei seiliau, awen delynegol gysurus, braf a barddoniaeth felys a hiraethgar oedd barddoniaeth Cymru:

> Y bardd bach uwch beirdd y byd,
> Da ydwyt yn dywedyd,
> Dywedyd mai da ydyw
> Gwir hanfod ein bod a'n byw.
>
> Diddig gynt oedd prydyddion,
> A'u melys gysurus sôn
> Am oes aur, am ias hiraeth,
> Awel trum neu heli traeth,
> Neu nefol hwyl rhyw hen flys –
> Difyrrwch edifarus.
> Sêr swil a phersawrus wynt
> Eu dyrïau direwynt,
> A siffrwd mêl awelon,
> Yn tiwnio'n braf tan ein bron.
> Mwyth eu hoen i'n hesmwytháu;
> Mewn hoen gwrandawem ninnau.[29]

Yna daeth awen Gwenallt i ysgwyd Cymru o'i thrwmgwsg, ac i dynnu sylw at anghyfiawnderau ac anawsterau bywyd:

> Ond fel brath tost daethost ti,
> Yn ddaearol dy ddyri.
> Un dwys ei wedd, cennad siom
> Ac ing oes; a gwingasom.
> Torrodd dy brotest eirias

Ar gwsg hyfryd ein byd bas
Mai ofer ein gwychter gwael,
Mor ofer â'n hymrafael;
Mai ofer ein gwacter gwych,
A phwdr, wedi craff edrych.
Mwyniannau mân yw ein maeth
A'n duw yw marsiandïaeth.[30]

Rhyfeddod oedd Gwenallt yn ôl Thomas Parry. Gwenallt oedd cydwybod y Gymru a oedd ohoni a'r oes yr oedd yn byw ynddi – condemniwr cyfalafiaeth, collfarnwr hunanoldeb, casäwr rhagrith a rhwysg:

Byd ni fedd ddim rhyfeddach
Na'r ddawn a bair i ddyn bach
Herio'i oes a'i gwyllt rysedd
A'i rhaib oer o'r crud i'r bedd,
Herio dydd aur y didduw,
Am iddo ef amau'i Dduw.
Diwyrgam, sicr dy ergyd,
Hir y bo yn her i'r byd
Dân dy nwyd i'n denu oll
I encil o ddifancoll,
Encil dawel ddihelynt,
Fel a fu'n y Gymru gynt.[31]

Ac ar ôl i Thomas Parry adrodd ei gywydd, soniodd D. J. Williams am dylwyth a gwreiddiau Gwenallt yn naear Sir Gaerfyrddin. Cafodd Gwenallt siec am £250 yn rhodd ar y noson. 'Fe allaf, felly, fynd ar daith i'r Eidal neu Roeg neu ryw wlad arall,' meddai wrth Ben Morse.[32]

Er i gyfarfod ymddeoliad Gwenallt gael ei gynnal ar ddechrau Mai 1966, roedd y cyfarfod hwnnw yn ddathliad annhymig, mewn gwirionedd. Oherwydd gwaeledd yr Athro Thomas Jones, bu'n rhaid i Gwenallt aros ymlaen yn ei swydd tan ddiwedd y flwyddyn. Meddai wrth Ben Morse ym mis Mehefin 1966:

'Rwy wedi bod yn anffodus: gwneud fy ngwaith i a gwaith Tom Jones yn ysto[d] y misoedd diwethaf. 'Rwy i yn ateb y llythyrau, ac yn trefnu gwaith yr Adran, ond nid wy' i yn mynd ar y pwyllgorau. Ac y mae Tom Jones yn Is-Brifathro hefyd eleni, ac 'rwy i yn gorfod gwneud y gwaith hwn hefyd. Y mae Tom gryn dipyn yn well, ac y mae gobaith y bydd ef yn ôl y tymor (y flwyddyn) nesaf.[33]

Yn eironig braidd, Gwenallt oedd Athro gweithredol yr Adran Gymraeg yn Aberystwyth yn ei flwyddyn olaf yn y coleg. Nododd yn yr un llythyr mai Bobi Jones a benodwyd yn ei le.

Aeth Gwenallt, Nel a Mair am gwta bythefnos o wyliau i Jersey ar Awst 23, hoe haeddiannol ar ôl cyfnod caled yn y coleg. Yn sicr, roedd Gwenallt wedi 'laru ar y coleg erbyn 1966. Gofynnodd Ben Morse iddo a fyddai yn aros am un sesiwn arall yn y coleg. 'Dim perygl,' oedd ateb swrth Gwenallt.[34] 'Y mae Athro arall yn yr Adran, yr Athro Caerwyn Williams, yr Athro Gwyddeleg,' meddai, 'ac os bydd angen, gwnaed ef y job'.[35] Yn y diwedd, ym mis Ionawr 1967 y daeth gyrfa Gwenallt fel darlithydd prifysgol yn swyddogol ac yn derfynol i ben.

Bu Gwenallt yn ddarlithydd yn Aberystwyth am bron i ddeugain mlynedd. Dysgodd genedlaethau o fyfyrwyr yno, ac roedd gan y rheini, fel Mair Kitchener Davies a Geraint Eckley, eu hatgofion personol am eu darlithydd. Un o'i fyfyrwyr yng nghanol y 1930au oedd Dyfnallt Morgan. Creodd y darlithydd argraff arno yn syth: 'Yn y ddarlith gyntaf ni allwn beidio â syllu ar y dyn bach hen ac asgetig yr olwg arno, rhychog ei wyneb, nerfus ei osgo, ond herfeiddiol ei lygaid a'i lais'.[36] Ehangder ei wybodaeth a'i weledigaeth oedd un o'r pethau mwyaf trawiadol ynghylch Gwenallt fel darlithydd. Nid llenyddiaeth ynysig oedd llenyddiaeth Gymraeg iddo. 'Yn ei ddarlithoedd dangosodd Gwenallt i ni bod llenyddiaeth Cymru yn cymryd ei lle'n daclus ym mhatrwm llenyddiaeth gwledydd cred,' meddai Dyfnallt Morgan.[37] 'A thrwy ddangos ei ddiddordeb yng nghlasuron yr hen fyd yn ogystal ag yn y Tadau Eglwysig, yng ngherddi cableddus y *Goliardi* a thraddodiad *amour courtois* trwbadwriaid Profens yn ogystal ag yn *Nwyfol Gân* Dante, datguddiai Gwenallt ei duedd a'i barodrwydd i edrych ar fywyd yn ei gyfanrwydd,' ychwanegodd.[38] Hynny yw, yr oedd Gwenallt yn y cyfnod hwn, ymhlith pethau eraill, yn chwilio am gyfaddawd a chydbwysedd perffaith rhwng y cnawd a'r ysbryd, rhwng y corff a'r enaid.

Ym 1935 yr aeth W. Leslie Richards i Goleg Aberystwyth. Cymerodd at Gwenallt bron yn syth:

Yr oedd yn bersonoliaeth liwgar a fyddai'n apelio at fyfyrwyr. Darlithiai inni ar hanes llenyddiaeth Gymraeg, gan gymryd ambell 'destun' fel awdl 'Tyddewi' S. B. Jones, a *Traed Mewn Cyffion*. Wrth ddarlithio hoffai gerdded yn ôl a blaen o flaen y dosbarth, gan fingamu ychydig (yn llythrennol felly) wrth siarad, ac yr oeddem ni, fyfyrwyr, yn ei ystyried yn dipyn o 'dderyn oherwydd ei fod yn hoffi ysgafnhau tipyn ar ei ddarlithiau gydag ambell ffraethineb. Cyfeiriai'n ddirmygus, dros ei ysgwydd megis, at yr 'ieithgwn', gan wybod yn ddiau fod testunau fel 'Celtic Phil.' yn gwasgu ar ein gwynt.[39]

Yn ôl un arall o'i fyfyrwyr, Brynley F. Roberts, closiodd Gwenallt fwyfwy at ei fyfyrwyr yn ystod ei flynyddoedd olaf yn y coleg, a hynny am reswm penodol:

Yn ystod y blynyddoedd diwethaf hyn yr oedd Gwenallt wedi dod yn nes o lawer at y myfyrwyr. Yr un oedd ei safonau academaidd ef, ond yr oedd to newydd o fyfyrwyr yn codi a rannai obeithion Gwenallt am ddyfodol Cymru. Bu'n hoff gan fyfyrwyr erioed; erbyn y diwedd yr oedd wedi tyfu'n gryn arwr iddynt. Adwaenai ei fyfyrwyr ac yr oedd yn fyw iawn i'w lles.[40]

Roedd Gwenallt hefyd yn hoff o chwaraeon, fel y tystiai Brynley F. Roberts:

Yr oedd yn gwmnïwr mawr. Treuliai ei ddydd yn y coleg, yn ei ystafell neu'n darlithio, ond ni chollai byth yr egwyl goffi. Byddai yn yr ystafell gyffredin, yn ei gadair yn nesaf at y ffenestr, sigaret yn ei law, yn disgwyl ei gyfeillion, yn Gymry ac yn Saeson. Mwynhai'r gwmnïaeth, y sgwrsio difrifol-academig weithiau, y trafod brwd ar bynciau'r dydd (oblegid yr oedd yn ddarllenwr mawr ar y papurau newydd a'r cylchgronau gwleidyddol Seisnig), a'r ymfalchïo mewn 'gôl Gymreig' a 'chenedlaethol gais' drannoeth gêm rygbi ryngwladol, neu yng nghhampau rhyw baffiwr llwyddiannus.[41]

Roedd Gwenallt yn ewythr trwy briodas i'r hanesydd a'r darlithydd poblogaidd Hywel Teifi Edwards, a bu hefyd yn diwtor iddo yn y coleg yn Aberystwyth. Treuliodd y ddau wythnos gyda'i gilydd ym Mangor un tro, pan oedd Gwenallt yn gwneud ymchwil ar Geiriog a Hywel Teifi yn gwneud ymchwil ar Greuddynfab. Aeth y ddau i wylio gêm bêl-droed rhwng Bangor a Chaergybi ganol yr wythnos. Meddai Hywel Teifi:

Dyna'r unig dro ifi 'wylio' gêm gyfan wrth ei ochr. Nawr, mewn gwirionedd, doedd dim ots gen i pwy fyddai'n ennill, ond nid felly Gwenallt. Doedd bod yn sylwedydd gwrthrychol, llipa, ddim yn rhan o'i fwriad. Cyn agor y rhaglen roedd wedi penderfynu ochri â Bangor, penderfyniad oedd cystal â dwy gôl o start iddyn nhw. Siarad am *Spion Cop* o gefnogwr! Fuodd e ddim yn llonydd am foment. Ffrwydrai o'i sedd bob yn ail funud i flagardio, diawlio, annog, canmol, gresynu, ochain, bloeddio, protestio a gwatwar, a throi'n ôl nawr ac yn y man i rythu ar selogion y seddau cefn fu'n crygu gweiddi "Sit down, damn you, Sit down," ers tro yn gwbwl aneffeithiol. Doedd dim tawelu arno. Cyn diwedd y gêm, â'i orchest ef o wallgofi mor llachar lafar ag erioed, baglwyd un o fois Bangor tan ein trwynau. Aeth Gwenallt ati i godi mwstwr tan iddo glywed dilynwyr Caergybi'n gw[ei]ddi "Take him off, ref. Get on with it." Troes ataf â'r olwg ryfeddaf o gymysg dolur, dirmyg ac anneall ar ei wyneb, a dweud "On'd yw torf yn beth creulon." Nodiais fy mhen mewn cytundeb gwanllyd ag ef.[42]

Un arall o'i fyfyrwyr oedd Garfield H. Hughes. Cofiai am arddull rethregol a goslef bregethwrol ei ddarlithydd, ac am ei sylwadau bachog, cofiadwy:

Un o arferion Gwenallt wrth ddarlithio – a bu'n arfer cyson ganddo, rwy'n meddwl – oedd ymollwng, neu'n gywirach, ymddyrchafu weithiau, i lunio brawddegau addurnedig, rhethregol eu dull, fel pregethwr yn codi hwyl ym marn rhai o'i fyfyrwyr. Am y goliardi y dywedodd eu bod 'yn symud o fan i fan, fel gwenoliaid, neu ddail ar y gwynt, neu wreichion mewn coed,' ac am weledigaethau beirdd yr Oesoedd Canol, 'Âi eu gweledigaethau hwy i eigion Uffern, i uchder santaidd y Nefoedd, i ddyfnder pechod pechaduriaid, ac i lawenydd ac ecstasi'r saint.' Y mae'r un duedd yn ei farddoniaeth, rwy'n barnu, pan nad yw ar ei orau. Tuedd arall a ddôi i'r golwg yn fynych yn narlithiau fy mlwyddyn gyntaf i – ac ni ellid meddwl am ddim difyrrach i fyfyrwyr ifainc – oedd sylwi fel y bydd safonau a ffasiynau llenyddol yn ymddangos eilwaith mewn cyfnodau newydd.[43]

Camp bennaf Gwenallt fel darlithydd, yn ôl Garfield H. Hughes, 'oedd gallu trafod cynnyrch cynifer o gyfnodau yn fanwl a deallus heb unwaith ostwng ei safon, na cholli golwg ar unoliaeth hanes ein llenyddiaeth'.[44] Roedd ar ei orau yn ymdrin â llenyddiaeth y bedwaredd ganrif ar bymtheg, a thueddai fwyfwy 'fel yr âi'n hŷn i roi'r pwyslais pennaf ar feddwl cyfnod, ei athroniaeth a'i ddiwinyddiaeth'.[45]

Ac yntau'n Llywydd y Gymdeithas Geltaidd ar un adeg, arferai Gwenallt gyfrannu at weithgareddau'r Gymdeithas. Ym 1937 lluniodd ddramodig fechan, 'Y Seremoni Dderbyn', ar gyfer y Cyngerdd Agoriadol yn y coleg ym 1937. Addasodd hen ddrama, 'Rhosyn y Coleg', ar gyfer Noson Lawen Flynyddol y Gymdeithas Geltaidd ym 1940. Yn ogystal â llunio ambell ddrama ei hunan, cymerai Gwenallt ddiddordeb arbennig yn y dramâu a berfformid gan y Gymdeithas Geltaidd yn Neuadd yr Arholiadau yn y coleg. Yn ôl un arall o'i fyfyrwyr, Gerallt Jones, 'yr oedd ei lond o hiwmor, a hwnnw'n berwi trosodd yn awr ac yn y man'.[46] Ond fel yr âi'r blynyddoedd rhagddynt, dwysáu a difrifoli fwyfwy a wnâi Gwenallt:

> Fel y ciliai'r blynyddoedd aeth ei bryder am iechyd ei genedl, a'i wewyr oherwydd ymroi o ddynion fwyfwy i annuwiaeth, â mwy a mwy o'i fyfyrdod, a phwysent yn drymach ar ei galon. 'Roeddem ni'n teimlo'n wir, ym mlynyddoedd olaf ei fywyd mai rhyfyg oedd siarad ag ef am ddim ysgafala neu ddibwys, er nad ymwadai â chylchoedd llawenydd hwyliog.[47]

Un arall a fu'n eistedd wrth draed Gwenallt, ar ddiwedd y 1950au a dechrau'r 1960au, oedd y Prifardd Donald Evans, ac y mae'n cofio'i ddarlithydd yn dda:

> Cofio amdano'n cyflwyno darlith agoriadol y dydd ym Mhrifysgol Aberystwyth i fyfyrwyr Cymraeg y flwyddyn gyntaf, yr un fore Llun am naw o'r gloch, y 'niner' chwedl y stiwdants. Darlithiai ar lên y ddeunawfed ganrif a'r un ddilynol. Gwefreiddiol yr adegau hynny oedd ei glywed yn dyfynnu gwaith Robert ap Gwilym Ddu, yn enwedig, gyda thraw ei lafargan drwynol unigryw. Cofio unwaith hefyd amdano'n sôn fel yr oedd y beirdd yn dueddol o ddisgrifio'u merched fel rhyw fath o freninesau euraid, gan ychwanegu, gyda thwincl yn ei lygaid tywyll, mai go brin y byddai neb byth yn meddwl am gysgu gydag un o'r fath dduwiesau![48]

Roedd un arall o atgofion Donald Evans yn ymwneud â hoffter Gwenallt o gerddoriaeth:

> Wedyn, amgylchiad yn yr 'Home Café' tuag un ar ddeg o'r gloch y bore, adeg sesiwn goffi'r myfyrwyr, gyda'r lle'n bur lawn fel arfer. Ar brydiau piciai Gwenallt ei hun i mewn tua'r amser yma am snac, gan gymryd ei le wrth fwrdd y gongl

bellaf ger y ffenest. Fel y gellid disgwyl roedd cryn fynd ar y jiwcbocs yr orig honno, a banllefain y sêr pop ar eitha'i rym. Ond un tro dyma Gwenallt yn codi o'i sedd ac yn ymlwybro tua'r peiriant gan roi arian ynddo. Synnwyd y rhai ohonom a oedd yn ei 'nabod gan y fath weithred: Gwenallt, o bawb, yn un o ffans crwners y dydd! Ond buan y disgynnodd y dadrith. Yng nghanol yr holl glecian modern, dyma record odiaeth o wahanol yn torri ar ein clyw, gan ein syn ddistewi oll am foment: Côr Pendyrys yn canu rhyw emyn neu'i gilydd, a chysgod gwên freuddwydiol yn lledu dros wyneb Gwenallt yn ei gornel, fel y tyfai rhimyn araf o lwch ar flaen ei sigarét.[49]

Gwenallt a gymerai sesiynau seminar y dosbarth Anrhydedd yn ystod yr ail flwyddyn, a cheisiai annog ei fyfyrwyr i lenydda:

Cyn diwedd y tymor cyntaf gosododd dasg gwbl agored inni, ysgrifennu unrhyw ddarn o lenyddiaeth a fynnem. Gan y tybiwn fod gen i dipyn o feistrolaeth ar y gynghanedd erbyn hynny, penderfynais fentro llunio awdl fer, cerdd ar y testun 'Nos'. Ymhen pythefnos cyrhaeddodd awr y ddedfryd: deliodd yr athro gyda'r rhan fwyaf o'r cynhyrchion gyda sylwadau anarferol o fyr, cyn troi'n feirniadol o estynedig at yr awdl. Roedd yn amlwg ei fod yn ei elfen am y gweddill o'r awr: aeth ati i'w thynnu'n gyrbibion fesul llinell fwy neu lai, ond ynghanol yr holl falu arhosodd yn fyfyrgar uwch un cwpled, gan ei adrodd deirgwaith drosodd â rhyw arddeliad iasol yn ei lais, cyn pwysleisio mai llawer rhagor o'i fath a ddisgwylid mewn awdl bob amser:

A'r lleuad bêr ei llewych
Yn bwrw'i hud ar y dŵr brych.[50]

Ac roedd Donald Evans yn cofio am ddau beth a ddigwyddodd y tu allan i'r coleg. Dyma'r digwyddiad cyntaf:

Un diwrnod digwyddodd Dafydd Jones Ffair-rhos a minnau alw'r un pryd yn siop yr oriadurwr Ifan Jones, awdur y gyfrol delynegol *Cerddi y Pren Gwyn*, ac yn fuan wedyn digwyddodd Gwenallt ddod i mewn. Roedd y fath rodd o gyd-ddigwyddiad yn ddigon i ffanatig barddol fel Ifan i dynnu llenni'r siop a chloi'r drws, cau masnach Aberystwyth allan yn llwyr, fel rhagbaratoad i wynfyd o drafodaeth. Yn awr, fel purydd gyda'r gynghanedd roedd Ifan yn wrthwynebydd di-syfl i'r arfer o ateb dwy gytsain rhwng bwlch o lafariaid gydag un gytsain yn unig mewn llinell gynganeddol, ac ni bu'n hir cyn codi ei hoff egwyddor. Wrth gwrs, ymatebodd Gwenallt fod y dechneg yn un gwbl gyfreithlon, ac aeth ati i nodi nifer o enghreifftiau derbyniol ddigon ohoni ar waith. Ond ni fynnai Ifan dderbyn dim o'r fath amhurdeb, ac aeth yr anghytuno'n ddadl go wresog rhyngddynt. Beth bynnag, y canlyniad fu i Gwenallt gael digon ar ystyfnigrwydd Ifan, a throi at ei fyfyriwr trydedd flwyddyn gyda phentennyn o ddeisyfiad: 'Donald, ceisiwch wthio rhyfwaint o synnwyr i ben y cythraul bach 'ma, 'newch chi.' Ac er i minnau geisio ufuddhau gyda dwy faneg felfed, fel petai, nid oedd modd symud y mesur lleiaf ar argyhoeddiad Ifan, a bu'n rhaid codi'r llenni ac ailagor y siop heb i'r mater gael ei setlo ronyn y diwrnod hwnnw.[51]

Roedd yr ail ddigwyddiad hefyd yn ymwneud â beirdd a barddoniaeth:

Eto'i gofio ar aelwyd ffermdy'r Cilie, flwyddyn cyn ei farw, gyda nifer o feirdd lleol, gan gynnwys Isfoel ei hunan, yn dathlu pen-blwydd Alun ar y pedwerydd o Fawrth, 1967, yn ddeg ar thrigain oed. Roedd i'w weld wrth ei fodd y noson honno, yn gwbwl afieithus gartrefol ymysg y prydyddion gwlad trwy gydol y wledd, ac yn gwir fwynhau a gwerthfawrogi hwyl a ffraethineb cyfarchion yr achlysur i gyd.[52]

Arferai Gwenallt ddweud wrth ei fyfyrwyr, eto gyda direidi yn ei lygaid, mai dau fardd mwyaf Cymru oedd Dafydd ap Gwilym a Williams Pantycelyn, 'ac roedd y ddau,' meddai, 'yn dod o'r De!'[53]

Bu farw Ifan Jones, yr oriadurwr, ym 1967, ac fe gyhoeddwyd cyfrol o'i gerddi, *Cerddi y Pren Gwyn*, ym 1968. Roedd Gwenallt yn un o'r saith bardd a aeth ati i gasglu cerddi gwasgaredig Ifan Jones ynghyd, a lluniodd ail gyflwyniad, 'Ychydig Sylwadau', i'r gyfrol. Roedd siop Ifan Jones yn enwog ym myd y beirdd, ac roedd yntau ei hun yn gymeriad unigryw, fel y tystiodd Gwenallt:

'Roeddwn yn arfer galw yn siop y diweddar Ifan Jones o bryd i'w gilydd, ac yn mynd yno, weithiau, â chloc neu watsh i'w hatgyweirio … Pan awn i'w siop ni fyddai bob amser yn rhyw barod i gael sgwrs am ei fod bob pryd yn brysur … Yn union cyn cychwyn yr Eisteddfod Genedlaethol bob blwyddyn yr oedd llawer yn galw yn y siop, oherwydd yr oedd Ifan Jones yn gwybod fod rhai beirdd wedi cystadlu am y Goron a'r Gadair; ac, o fynd yno, tua diwedd yr wythnos, fe gaech wybod pwy oedd yn ail ac yn drydydd yn y cystadlaethau hyn. Dyma sut oedd y ditectif llenyddol yn gweithio. Fe âi i gerdded ar hyd y promenâd tuag adeg cinio, a chwrdd yno â rhai beirdd, ac fe fyddai'n eu holi, gan fynd ar ei lw ei fod yn un diguro i gadw cyfrinach. Bryd arall, pan oedd y cyfansoddiadau i fod i mewn, fe arhosai, adeg cinio, yn ymyl y llythyrdy, i weld a oedd rhyw feirdd lleol yn postio rhywbeth. Ar ôl cael cyfrol y cyfansoddiadau a'r beirniadaethau ar ddydd Iau'r Eisteddfod Genedlaethol fe fyddai'n craffu'n fanwl ar ddyfyniadau'r beirniaid o'r awdlau a'r pryddestau, gan geisio gweld a oedd rhyw linell neu linellau yn debyg i rai mewn awdl neu bryddest fuddugol yn y gorffennol, neu linellau o ryw gyfrol o farddoniaeth. Ac, yn wir, fe fyddai'n awr ac yn y man yn llwyddo. Ond y dull mwyaf ffrwythlon oedd sgrifennu at hwn a'r llall yn y De a'r Gogledd i holi a wyddent pwy oedd yn cystadlu yn eu cylch hwy.[54]

Am chwe blynedd bu Gwenallt yn cynnal dosbarth allanol ar lenyddiaeth Gymraeg, dan adain Adran Efrydiau Allanol Coleg Aberystwyth, yn Rhydypennau, 'dosbarth o feirdd a llenorion a Chymry diwylliedig iawn', ac roedd Ifan Jones yn un ohonynt.[55] Aelod arall o'r dosbarth oedd T. E. Nicholas. Fel y cofiai Gwenallt:

> Diddordeb yn y gynghanedd a'r mesurau traddodiadol oedd diddordeb pennaf Ifan Jones; ac yn y drafodaeth yr oedd yn rhaid imi fod yn ofalus wrth ateb ei gwestiynau oherwydd yr oedd wedi llyncu *Cerdd Dafod* gan John Morris[-]Jones. Mor wahanol iddo oedd aelod arall o'r dosbarth, Mr. T. E. Niclas, nad oedd yn hidio dim am ffurf barddoniaeth; yr unig beth a oedd yn bwysig iddo ef oedd deunydd y farddoniaeth yn help i ddwyn y gyfundrefn gomiwnyddol.[56]

Aelod arall o ddosbarth Rhydypennau oedd y Parchedig W. J. Edwards. Yn y 1950au y cynhaliwyd y dosbarthiadau hyn. Cynhaliwyd y dosbarth cyntaf un noson ym mis Hydref 1953 yn festri capel yr Hen Gorff ym Mhen-y-garn, a threuliwyd y gaeaf cyntaf hwnnw yn dysgu'r cynganeddion. Ar ôl y flwyddyn gyntaf symudwyd y dosbarth i Ysgol Rhydypennau. Roedd dau ddarpar brifardd yn perthyn i'r dosbarth, W. J. Gruffydd (Elerydd) ac Emlyn Lewis, ac roedd beirdd celfydd fel J. R. Jones, Tal-y-bont, yn ogystal yn aelodau o'r dosbarth, ac Ifan Jones a Niclas y Glais hefyd, wrth gwrs. ''Roedd hi'n noson fawr yn Rhydypennau pan fyddai Niclas ar ei uchelfannau,' meddai W. J. Edwards.[57]

Un noson traddododd Gwenallt ddarlith ar *Plasau'r Brenin*: 'Wrth sôn am weinidogion a anogai Gristnogion ifanc i fynd i ryfel er mwyn "eu gwlad a'u brenin", dyma eiriau deifiol Gwenallt: "Gallech feddwl wrth wrando arnynt fod Palas Buckingham yn bwysicach na Phen Calfaria'".[58] Caed cinio a Noson Lawen ar ddiwedd pob tymor, ac roedd Gwenallt yn ei elfen ar adegau felly:

> Wedi ciniawa caem Noson Lawen a disgleiriai Gwenallt bryd hynny, yn enwedig pan ganai faled neu gân werin. Byddem bob amser yn llwyddo i'w berswadio i roi datganiad o'r 'Hen Wyddeles' i ni a thynnai'r lle i lawr yn enwedig wrth ganu'r geiriau 'Fe ddylai'r witch gael ei chicio'.[59]

'Agorodd fydoedd newydd i ni yn Ysgol Rhydypennau a phlannodd ynom gariad dwfn at Gymru a'i thraddodiadau,' meddai W. J. Edwards am ei athro.[60]

Erbyn mis Hydref 1966 roedd Gwenallt wrthi'n brysur yn symud ei lyfrau o'i ystafell yn y coleg i'w gartref. Gwerthodd rai o'i lyfrau, a chynigiodd rai eraill i Ben Morse. 'Dyma fi wedi cael pythewnos o fyw ar bensiwn hen bobol, ac y mae'r Coleg a'i fywyd fel breuddwyd pell,' meddai wrth ei gyfaill.[61] Roedd y baich wedi ei daflu oddi ar ei war. ''Rwyf yn teimlo yn llawer ysgawnach ac ifancach; nid yw dyletswydd a chyfrifoldeb yn fy ngyrru ymlaen,' meddai.[62] Parhâi i fynd i'r Llyfrgell Genedlaethol i wneud peth gwaith ymchwil, ond gweithio wrth ei bwysau ei hun yr oedd Gwenallt bellach, nid gweithio dan bwysau.

Ym 1966, ac yntau'n awdurdod ar lenyddiaeth Eidaleg yn ogystal â llenyddiaeth Almaeneg, cafodd B. J. Morse ei urddo'n Farchog gan Werinlywodraeth yr Eidal, i gydnabod ei gyfraniad i lenyddiaeth y wlad fel ysgolhaig, cyfieithydd a beirniad llenyddol. '[Y] mae gwledydd y Cyfandir yn fwy parod i gydnabod beirdd, llenorion ac ysgolheigion na'r wlad hon,' meddai Gwenallt, yn chwerw, gyda'r helynt am Gadair yr Adran Gymraeg yn Aberystwyth yn gwaedu y tu mewn iddo o hyd.[63] Ac nid Gwenallt oedd yr unig un a wrthodwyd gan Brifysgol Cymru. 'Wyddost ti,' meddai wrth Ben Morse, 'fod Prifysgol Cymru wedi gwrthod D. Litt. i Gruffydd John Williams; iddo ef, o bawb?'[64] Griffith John Williams oedd un o'r ysgolheigion mwyaf a welodd Cymru erioed, a sarhad oedd cadw'r anrhydedd rhagddo. Roedd yr anrhydedd a ddaeth i ran B. J. Morse o du'r Eidal a chyndynrwydd Prifysgol Cymru i roi Doethuriaeth i Griffith John Williams yn rhoi cyfle arall eto fyth i Gwenallt i golbio prifysgol ei genedl ef ei hun. 'Am iddi hi wrthod D. Litt. iddo ef, y gwrthododd Saunders Lewis hi,' meddai wrth ei gyfaill.[65] A dyna lle'r oedd Gwenallt ei hun bellach wedi ymddeol, ar ôl bod yn darlithio yn y coleg am bron i ddeugain mlynedd ac ar ôl cyhoeddi nifer o lyfrau pwysig fel bardd, ysgolhaig a beirniad, yn yr un cwch yn union â Griffith John Williams.

Dechreuodd iechyd Gwenallt ddirywio o ganol y 1960au ymlaen. Anfonodd B. J. Morse lun o'r fedal a dderbyniasai at Gwenallt a Nel, a bu'n rhaid i Nel anfon gair ato i ddiolch iddo am y llun gan nad oedd Gwenallt yn ddigon da i wneud hynny ar y pryd. Roedd Gwenallt wedi bod yn gorweithio, meddai Nel mewn llythyr at Ben Morse ar Dachwedd 30, 1966, ac wedi gorfod gorffwys yn llwyr gan roi pob gwaith o'r neilltu.

Erbyn tua chanol Ebrill 1967 roedd Gwenallt yn teimlo'n well o lawer, ar wahân i ychydig gryndod yn y llaw. Mewn llythyr at Ben Morse ar Ebrill 11, 1967, dywedodd fod y Brifysgol, wedi'r cyfan, yn mynd i roi Doethuriaeth mewn Llenyddiaeth *honoris causa* iddo ar Orffennaf 22. Bu'n ystyried gwrthod yr anrhydedd oherwydd bod Prifysgol Cymru wedi gwrthod rhoi Doethuriaeth i Griffith John Williams ddwywaith, ond penderfynodd dderbyn y radd yn y pen draw. Erbyn diwedd Ebrill teimlai Gwenallt ei fod 'bron â bod yn holliach', ac roedd wrthi'n gwneud tipyn o waith ymchwil yn y Llyfrgell Genedlaethol.[66] Roedd wrthi hefyd yn llunio cân neu ddwy, 'un ohonyn nhw i Aber-fan, ond mae'r pwnc yn un anodd, ac nid wy'n fodlon arni fel y mae, ond hwyrach y daw yn iawn'.[67]

Cyflwynwyd Gwenallt i dderbyn gradd Doethur mewn Llên yn Aberystwyth ar Orffennaf 22 gan yr Athro Thomas Jones. Fe'i cyflwynodd fel 'un o feirdd mawr ein canrif gythryblus ni'; yr oedd yn ei gyflwyno hefyd fel 'un a fu'n gyd-bentrefwr gynt ac yn gyd-weithiwr am lawer o flynyddoedd'.[68] Cyfraniad mwyaf Gwenallt i lenyddiaeth Gymraeg, yn ôl Thomas Jones, oedd ei farddoniaeth, a cheisiodd grynhoi a diffinio nodweddion y farddoniaeth honno:

> Troes ei fyfyrdodau yn gorff o farddoniaeth sy'n ddrych i hynt ac argyfyngau gwareiddiad y gorllewin er tua diwedd y Rhyfel Byd Cyntaf. Y mae gonestrwydd a mawredd, neu'n hytrach y mawredd syml sy'n tyfu o onestrwydd i weledigaeth, yn gymysg [â] chwerwder a thosturi yn ei ganu: y chwerwder sy'n brotest yn erbyn annhegwch ac anghyfiawnder, a'r tosturi sy'n gydymdeimlad lliniarus â phob dioddefaint a phoen.[69]

Un o'r rhai a anfonodd air ato i'w longyfarch am yr anrhydedd oedd Albert Davies. Ac meddai Gwenallt:

> Yr unig beth a ddweda' i yw fod y bachgen bach o'r Alltwen wedi gweithio yn galed, yn rhy galed, ar hyd y blynyddoedd, yn y Coleg, a thu allan iddo. Fe arhosais yn y Coleg am ddwy flynedd ar ôl cyrraedd 65, a'r llynedd fe aeth Tom Jones yn dost, pwl â'i galon, ac fe wnes ei waith ef a'm gwaith inne. Ar ôl gadel y Coleg ddiwedd mis Medi diwetha', fe es yn dost yn sydyn, 'nervous break-down', ac yr wy wedi bod gyda'r doctoriaid ac yn byw ar dabledi. 'Rwy'n llawer gwell erbyn hyn, ond ddim yn iawn. 'Rwy i wedi ennill deuddeg pownd oherwydd fe fues dan bwysau ar hyd y blynyddoedd.[70]

Oddeutu'r cyfnod hwn yr oedd Gwenallt yn ymweld â'r Llyfrgell Genedlaethol yn weddol reolaidd, er mwyn ymchwilio ar gyfer llyfryn ar Ann Griffiths, yr emynyddes, y bwriadai ei gyhoeddi, 'ac yn sgrifennu am y trydydd tro nofel a luniais flynyddoedd yn ôl, ond ni chefais amser i'w gorffen', nofel a oedd 'yn disgrifio'r bywyd yr oeddwn yn gyfarwydd ag ef ym Mhontardawe pan oeddwn yn blentyn ac yn ddyn ifanc'.[71] Er hynny, roedd wedi ymddiofrydu i beidio â gorweithio, ac âi i gerdded dair neu bedair gwaith y dydd.

Ym mis Awst 1967 cafodd bwl arall o waeledd, fel yr eglurodd wrth Ben Morse, a hynny mewn llawysgrifen hynod o grynedig:

> Fe ges i fronceitis ryw bythefnos yn ôl: fe fues yn y gwely am dridiau neu bedwar, a'r doctor yn rhoi pigad i fi rhag cael niwmonia. Fe golles hanner cyntaf wythnos yr Eisteddfod Genedlaethol, ond fe es yno ddydd Iau, ac aros tan ddydd Gwener, am fy mod yn cadeirio cyfarfod yno. 'Rwy i wedi gwella yn iawn erbyn hyn, ond fy mod yn dal i garthu stwff i'r lan.[72]

Ni fwriadai wneud unrhyw waith yn ystod y mis Awst hwnnw, dim ond mynychu ambell gynhadledd. Erbyn dechrau mis Hydref roedd Gwenallt wedi cael ei gefn ato. Ac yntau bellach wedi ymddeol ers blwyddyn, cafodd gynnig dosbarth allanol gan Alwyn D. Rees, Cyfarwyddwr yr Adran Efrydiau Allanol yn y coleg yn Aberystwyth, ond gwrthod a wnaeth. Gwell oedd ganddo wneud ychydig o ymchwil wrth ei bwysau ei hun, ac roedd wrthi yn parhau â'i waith ymchwil ar Ann Griffiths yn y Llyfrgell Genedlaethol erbyn diwedd 1967.

Un o gyfeillion mwyaf Gwenallt yn ystod blynyddoedd olaf ei fywyd oedd W. R. P. George, y bardd a'r cyfreithiwr o Gricieth. Pan ymddangosodd Emyr Llywelyn gerbron Mainc Ynadon y Bala ar Chwefror 10, 1963, am beri difrod ar safle adeiladu'r argae yng Nghwm Tryweryn, fe'i cynrychiolwyd yn y llys gan W. R. P. George, a dyna sut y daeth Gwenallt ac yntau yn gyfeillion:

> Yr achos yn erbyn Emyr Llywelyn, wedi'r ffrwydrad, pan ddechreuwyd codi'r argae i foddi Cwm Tryweryn, ddaeth â Gwenallt a minnau i gyfathrach am y tro cyntaf. Nid dyma'r lle i fanylu ar yr achos hwnnw, ond mae'n berthnasol nodi fod gan Gwenallt ragfarn gref yn erbyn cyfreithwyr yn gyffredinol a thwrneiod yn arbennig felly. Cefais ar ddeall ganddo wedyn na wnaeth yr un cyfreithiwr ymdrech i gael iawndal i'w fam weddw yn dilyn y ddamwain erchyll yn y gwaith dur, pan losgwyd ei dad yn golsyn. Ei gred oedd bod cyfreithwyr ym mhoced y Sefydliad, ond 'rwy'n credu bod fy llwyddiant i gael rhyddhad ar fechnïaeth i Emyr Llywelyn gerbron Mainc Ynadon y Bala yn erbyn gwrthwynebiad cryf gan yr heddlu, wedi argyhoeddi Gwenallt fy mod i, o leia, yn lled annibynnol fy agwedd tuag at yr awdurdodau.[73]

Trosglwyddwyd achos Emyr Llywelyn i Lys Caerfyrddin ar ôl i Fainc Ynadon y Bala ei ryddhau ar fechnïaeth hyd at Fawrth 9. Ymddangosodd gerbron Llys Caerfyrddin ar Fawrth 29, ac yng nghartref Gwenallt y bu W. R. P. George ac Emyr Llywelyn yn cyfarfod â'i gilydd i drafod yr achos ac i baratoi'r amddiffyniad ar gyfer y Frawdlys yng Nghaerfyrddin. Yn Rhyd-y-môr y cysgodd W. R. P. George ar y noson cyn y gwrandawiad, a theithiodd Gwenallt ac yntau i Gaerfyrddin gyda'i gilydd y diwrnod canlynol. 'Bu Gwenallt yn fwy o gefn i mi na neb arall yn ystod yr achos pwysig a thra phryderus hwn, ac allan o'n cyfathrach yr adeg honno y deilliodd ein cyfeillgarwch,' meddai W. R. P. George.[74]

Roedd Gwenallt yn ôl yn ei hen ysgol yn Ystalyfera adeg y gwanwyn, 1968, ei ymweliad olaf â chwm ei febyd, efallai. Erbyn hynny, roedd ei nai, Hywel Teifi Edwards, yn Diwtor y Gymraeg yn yr Adran Efrydiau Allanol yng Ngholeg Prifysgol Cymru, Aberystwyth, a gwahoddodd Gwenallt i ddarlithio i rai o aelodau ei ddosbarthiadau. Cydsyniodd Gwenallt, ond, yn ôl ei nai, roedd mewn hwyliau drwg pan oedd yn traddodi ei ddarlith:

Roedd mewn ysbryd ymosodol, am i bawb ddeall mai diawl o wlad oedd Cymru ac nad oedd neb wedi blydi byw os nad oedd wedi bod mewn carchar. Trafod ei gefnder a wnâi ac ni wyddai'r gynulleidfa'n union beth i'w wneud ohono.[75]

Gwahoddwyd Gwenallt a'i briod gan William George i dreulio wythnos o wyliau yng Nghricieth ym mis Mai, 1968. Yn ystod y Pasg y flwyddyn honno roedd Gwenallt a W. R. P. George wedi trefnu i fynd am wyliau ar y Cyfandir gyda'i gilydd. Roedd meddwl am fynd i'r Cyfandir ar wyliau wedi cyffroi Gwenallt. Anfonodd air at Ben Morse i amlinellu ei gynlluniau ef a W. R. P. George gogyfer â'r daith:

> Ar y 24ain o'r mis hwn fe fydd ef a fi yn mynd am daith i'r Almaen ac Awstria; mynd o Lundain i Dover, a thros y môr i Ostende; a theithio drwy'r nos i München, ac y mae pob o wely gyda ni. Fe fyddwn yn aros yno am ddiwrnod neu ddau. Y mae George wedi priodi Almaenes o'r ddinas hon, ac y mae ei theulu yn byw yno o hyd. Fe fydd yn mynd â'i gar, *Rover 3000*, ac y mae'n gyfarwydd â gyrru drwy'r wlad. Fe arhoswn wedyn mewn rhyw dre neu bentre yn Fforest Bafaria, a mynd wedyn i Fienna, dinas yr oeddwn wedi hoffi ei gweld. Fe fyddwn yno am tua deng niwrnod. Yn anffodus 'rwy wedi anghofio llawer o'r ychydig Almaeneg a wyddwn i, ond 'rwy'n mynd drwy hanner cant o wersi a gedwais o'r blynyddoedd gynt.[76]

Gadawodd i William George drefnu popeth ynglŷn â'r gwyliau. '[Y]r unig amod a wnaeth Gwenallt oedd ein bod yn treulio rhai dyddiau ym Munich a Fienna i weld darluniau'r Meistri yn orielau byd-enwog y ddwy ddinas,' meddai William George.[77] 'Ymfalchïai Gwenallt yn y rhyddid a ddaeth i'w ran, wedi iddo ymddeol,' meddai ei gyfaill drachefn, a bwriadai dreulio ychydig ddyddiau yn Llundain yn bwrw ymlaen â'i waith ymchwil, wrth baratoi ei lyfr ar Ann Griffiths, cyn i'r ddau hwylio ymaith o Dover.[78]

Roedd Gwenallt yn aros mewn gwesty yn ymyl yr Amgueddfa Brydeinig pan aeth W. R. P. George i gyfarfod ag ef ar Fai 24, i gychwyn ar y daith. Treuliodd Gwenallt rai dyddiau yn yr Amgueddfa Brydeinig yn archwilio dogfennau prin yn ymwneud ag Ann Griffiths cyn i William George gyrraedd. Daliwyd trên yng Ngorsaf Waterloo yn Llundain, ac roedd sgwrs Gwenallt yn llawn o Ann Griffiths cyn i'r trên gychwyn ar ei daith. Ar fwrdd y llong, a chlogwyni gwynion Dover yn cilio fwy a mwy i'r pellter, newidiodd ei sgwrs:

Ei lais wedyn, rai oriau yn ddiweddarach, wrth iddo edrych yn ôl tua Lloegr o'r stemar, tra'n croesi Môr Udd:

"Dyna chi genedl di'r Saeson 'ma, – yr hen ddibyn calch yna di'r unig dir gwyn a fu dan eu traed nhw erioed. Meddyliwch mewn difrif, ma nhw yn meddwl dod â Charles i Lanfair-ym-Muallt, at y maen yn Llanfair-ym-Muallt – Dyna be di rhoi halen yn y briw."

Distawrwydd, wedyn, wrth fwynhau aroglau yr heli a synhwyro bod ein gwyliau wedi dechrau [o] ddifrif. Yna, Gwenallt eto:

"Cyn dechrau'r gwyliau 'ma, bûm yn darllen tipyn o hanes Awstria a'r Hapsburgs; roeddan nhw yn waeth na'r Saeson am dywallt gwaed, a'r Americanwyr yn waeth na hwythau; unwaith y dechreuwch chi gondemnio, ma'n anodd gwybod lle i dynnu'r llinell."

"Roedd y Natsïaid yn ofnadwy," meddwn.

"Oeddan; ond fedrwch chi mo'u condemnio nhw a gwyngalchu ein hunain ychwaith. Meddyliwch am y cyrchoedd awyr ar ddinasoedd yr Almaen. Dwi wrthi'n gweithio ar gerdd sy'n delio â'r syniadau hyn."[79]

Ni allai Gwenallt gondemnïo'r Natsïaid a gwyngalchu'r Prydeinwyr. 'Y Coed' oedd y gerdd y cyfeiriai Gwenallt ati, ac yn ystod y gwyliau, adroddodd ddarnau ohoni wrth W. R. P. George fesul cwpled, fel yr ymffurfiai yn ei feddwl. A'r ddau ar eu ffordd i'r Almaen, collfarnu pob anghyfiawnder a fynnai Gwenallt:

Ond ni allwn ni gondemnio'r Natsïaid na'r Iddewon ychwaith
Canys fe droesom o'r awyr Dresden yn un uffern faith;

A gollwng y ddau fom niwclear ar y ddwy dre yn Japan …[80]

Ar fore dydd Sadwrn, Mai 25, daeth Frau Bogner, mam-yng-nghyfraith W. R. P. George, ac amryw aelodau o'i theulu i orsaf München i gyfarfod â'r ddau a'u derbyn fel eu gwesteion am y dydd. Treuliodd y ddau gyfaill y diwrnod canlynol ar ei hyd yn crwydro drwy ddinas München, 'ac ni pheidiai Gwenallt â rhyfeddu at y trawsffurfiad, er pan aeth trwy Munich ym 1950 ar ei ffordd i Oberammergau; a thestun rhyfeddod yw'r modd yr ail-gododd yr Almaenwyr eu dinasoedd o ganol y llwch a'r rwbel'.[81] Ar y dydd Llun aeth y ddau i edrych ar y darluniau a geid yn y ddwy oriel gelf, yr Alte Pinakothek a'r Neue Pinakothek.

Treuliwyd y pum niwrnod dilynol yn nhref Gmunden ar lan ogleddol llyn Traunsee yn Awstria, a 'dyddiau heulog a nosweithiau llednais llwydnos haf, dyddiau o ddarllen, moduro a sgyrsiau meithion rhyngom oedd y rhain, a dyddiau o wir ymlacio'.[82] Ni welai William George unrhyw arwydd fod iechyd Gwenallt yn dirywio:

> Roedd ein gwesty ar lwyfan creigiog uwchlaw y llyn, ac allt serth a throellog i'w dringo rhyngddo a thref Gmunden. Llawer tro y bu Gwenallt a minnau yn dringo yr allt hon ac yn cerdded y ffyrdd deiliog ar lan y llyn. Roedd ei sgwrs yn fywiog a'i gam yn sionc bob amser, ac nid oedd dim i beri i mi feddwl nad oedd yn mwynhau iechyd rhagorol.[83]

Arweinia un o'r ffyrdd ar lan y llyn o Gmunden i Bad Ischl, tref ddeniadol ac iddi ddyfroedd iachusol ar lan afon dawel sy'n llifo rhwng llynnoedd Hallstätter a Traunsee. Yn Bad Ischl y ceir fila haf Franz Joseph, ymherodr olaf ymerodraeth Awstria, ac yng ngeiriau W. R. P. George: 'yn ei Villa ar lethr coediog uwchlaw y dref, Gorffennaf 28, 1914, yr arwyddodd y Llywarch hwn un o'r dogfennau mwyaf tyngedfennol yn hanes y byd – Datganiad Rhyfel Awstria yn erbyn Serbia, yn dilyn llofruddiaeth etifedd Coron Awstria yn Sarajevo'.[84] Yr etifedd hwnnw oedd yr Arch-ddug Franz Ferdinand, nai Franz Joseph, a lofruddiwyd gan genedlaetholwr Serbiaidd yn Sarajevo ar Fehefin 28, 1914, a dyna'r union weithred a esgorodd ar y Rhyfel Byd Cyntaf.

Dydd Sul, yr ail o Fehefin, oedd diwrnod olaf y ddau yn Gmunden. Symudasant wedyn i Wien, sef Fienna. Yno y buont, ymhlith gweithgareddau eraill, yn edrych ar ddarluniau'r Meistri yn y Kunsthistorisches, yn gwylio perfformiad o *La Bohème*, opera Puccini, yn edrych ar arddangosfa arbennig o waith Picasso ac yn mwynhau mordaith ar afon Donaw. 'Dyfnhaodd ein cyfeillgarwch yn ystod y gwyliau hyn, ac fel y gweddai i ddiwedd Mai a dechrau Mehefin, dyddiau heulog, hoenus oeddynt,' meddai W. R. P. George.[85] Agorodd Gwenallt ei galon i'w gyfaill:

> Soniai gyda gwir chwerwder am y farwolaeth erchyll a ddaeth i ran ei dad yn y gwaith dur; creulondeb cyfalafiaeth a'i gyrrodd ef i ymaelodi yn yr I.L.P. a difaterwch y gyfundrefn gyfreithiol a chyfreithwyr ac undeb, a methiant y gyfundrefn gymdeithasol i sicrhau iawndal i'r weddw; mewn gair, y cryf yn gormesu, yn hytrach na gweinyddu cyfiawnder tuag at y gwan. Yna, pan ddaeth

Rhyfel 1914, pobl y capel oedd yn fwy gelyniaethus tuag ato fel gwrthwynebwr cydwybodol na neb arall. Felly y buont am flynyddoedd wedi'r rhyfel, hyd nes yr enillodd ei gadair genedlaethol gyntaf – ac yna, dros nos newidiodd eu hagwedd tuag ato, trwy ei anrhydeddu a chynnal cwrdd croeso iddo; bu hyn bron â'i droi yn sinig am byth, meddai, gan mor anwadal ac arwynebol oedd safonau ei gyfoeswyr. Fel George M. Ll. Davies, fe gyfeiriai Gwenallt at garedigrwydd ambell swyddog yn y fyddin neu yn y carchar yn ystod ei flynyddoedd tywyll.[86]

A daeth y gwyliau bythgofiadwy hyn i ben:

Yn sicr, nid oedd Gwenallt yn gwybod bod unrhyw berygl i'w iechyd ar y gorwel, ac wrth i ni ffarwelio yn Llundain, soniodd am ei gynllun i ni fynd am wyliau i Roeg ym 1969; bwriadai weithio yn galed i baratoi ei lyfr ar Ann Griffiths i'w gyhoeddi ym 1969, ac yr oedd yn gobeithio cwblhau y teipysgrif erbyn y gwanwyn – yna Groeg; "dyna ddeunydd cerddi fydd yn Groeg!" meddai wrthyf.[87]

Dychwelodd y ddau i Loegr ar ddydd Sadwrn, Mehefin 8, ac aeth Gwenallt yn ôl i'r Llyfrgell Brydeinig i wneud rhagor o waith ymchwil. Dychwelodd i Benparcau yn y man, a chafodd bwl trwm o annwyd a'i gorfododd i aros yn y gwely. Roedd Llundain, meddai wrth Ben Morse, yn oerach na Bafaria ac Awstria, a daliodd annwyd oherwydd mai dillad haf a wisgai yn Llundain. 'Y mae München a Bafaria, ac Awstria a Fienna, fel breuddwyd erbyn hyn,' meddai wrth ei gyfaill.[88] Cwynai fod popeth yn rhyfeddol o ddrud yn yr Almaen ac Awstria, mor ddrud nes iddo fynd yn brin o arian. 'Yn ffodus,' meddai wrth Ben, 'yr oedd W. R. P. George wedi priodi Almaenes, ac fe ddaeth ei mam, ei chwaer a'i gŵr i gwrdd â ni yn München, ac fe gawsom fenthyg arian ganddyn nhw'.[89]

Ym mis Awst aeth Gwenallt a'i gyfaill Albert i Sir Gaerfyrddin am ychydig ddyddiau, i rodio'r hen lwybrau. Cawsant ginio yng Ngwesty'r Castell yn Llanbedr Pont Steffan ar y ffordd. Aethant i weld bedd Idwal Jones ym mynwent Soar, Capel yr Annibynwyr yn y dref. Yn ddiarwybod iddo'i hun, roedd Gwenallt yn dechrau ffarwelio â hen fannau a hen gyfeillion. Uwch ei fedd, soniodd am rai o gastiau Idwal yn y coleg. Aethant ymlaen wedyn i dreulio dyddiau mewn gwahanol rannau o'r hen wlad, ac i hel atgofion. Ar y ffordd yn ôl i Aberystwyth, aethant drwy Aber-arth, a gwelsant y capel bychan lle y priodwyd Gwenallt a Nel ddeng mlynedd ar hugain ynghynt.

Ddiwedd mis Medi a dechrau mis Hydref wedyn, treuliodd Gwenallt a Nel wythnos o wyliau yng Nghricieth, ar wahoddiad W. R. P. George a'i briod, a chawsant lawer iawn o gwmni ei gilydd yno. Dyna pryd y sylweddolodd W. R. P. George, am y tro cyntaf, 'nad oedd ei iechyd fel y dylasai fod'.[90]

Dychwelodd Gwenallt a Nel i Aberystwyth, mewn da bryd ar gyfer achlysur teuluol hapus. Ar ddydd Sadwrn, Hydref 5, priodwyd Mair Gwenallt a Gwilym Powell yng Nghapel y Tabernacl yn Aberystwyth. 'Fe briododd fy merch, Mair, wythnos i ddoe yma yn y dre, ac fe ddaeth hi a'i gŵr adre o'u mis mêl ddoe,' meddai Gwenallt mewn llythyr at Ben Morse.[91] 'Fe ges i gyda chyfeillion gyfle i ddathlu fwy nag unwaith,' ychwanegodd.[92] Yr oedd cwpan Gwenallt yn llawn, ac roedd yn rhy ddedwydd ei fyd ar y pryd i sylwi ar y crac a oedd wedi dechrau ymddangos yn y cwpan hwnnw. Ac roedd dail yr hydref yn crino ymhobman o'i gwmpas.

Clywodd Gwenallt ar y diwrnod y dychwelodd Mair a Gwilym o'u mis mêl am dostrwydd ei olynydd mewn gwlad bell:

> Fe glywais neithiwr fod y Dr. Bobi Jones wedi cael pwl â'i galon yn Mecsico; fe aeth yno yn lle Syr T. H. Parry-Williams, canys ei gerdd ef a ddewiswyd i'w rhoi, a chyfieithiad ohoni, yn albwm cerddi'r Chwaraeon Olympaidd. Yno y mae'n gorwedd yn ei unigrwydd mewn rhyw ysbyty. Y mae ei wraig yn mynd allan yfory i'w weld.[93]

Gofynnwyd i Bobi Jones gan y Swyddfa Gymreig gynrychioli Cymru mewn Olympia Barddonol a oedd i'w gynnal ym Mecsico adeg cynnal y Gemau Olympaidd yn Ninas Mecsico ym mis Hydref 1968. Ond trawyd Bobi Jones yn wael yno oherwydd prinder ocsigen gan mor uchel oedd y ddinas, a bu bron iddo farw. Achubwyd ei fywyd trwy gymorth a charedigrwydd merch o'r enw Purificación Calvillo a oedd yn gweithio yn y gwesty lle'r oedd Bobi Jones yn aros, a lluniodd ddilyniant o gerddi, 'Dieithryn ym Mecsico', i groniclo'r digwyddiad.[94]

Ganol mis Tachwedd 1968, trawyd Gwenallt yn wael, ac aethpwyd ag ef i Ysbyty Bron-glais, Aberystwyth, ar ddydd Sadwrn, Tachwedd 16. Roedd ei briod yn bryderus iawn yn ei gylch. Anfonodd lythyr at Ben Morse ar Dachwedd 21:

Cafodd ddiffyg anadl sydyn a gwelwyd mai diffyg gwaed oedd yr achos. Cafodd 4 peint o waed newydd, ac oxygen, a gwnaeth hyn arbed ei fywyd. Yn awr oherwydd gwendid rhaid gorffwys ac aros i gael nifer o arbrofion ychwanegol, er dod o hyd i'r achos. Caiff X-ray ddydd Mercher nesaf, ac nid oes fawr o obaith cael gwybod dim cyn hynny. Beth wedyn, Duw yn unig [ŵ]yr – ond mae arnaf bryder dwl amdano – bu bron i mi ei golli, ac nid wyf yn hollol dawel fy meddwl eto, ond dal i obeithio.[95]

Anfonodd lythyr at Albert tua'r un pryd:

On the 21st November 1968, we received a letter from Gwenallt's wife, Nel, informing us that Gwenallt was ill and taken to hospital. Nel had kept us informed of Gwenallt's illness, and on the 17th December, Beth and I visited him in hospital. He seemed cheerful and calm. When we came away he accompanied us to the hospital lift, and wished us goodbye.[96]

Bron i bythefnos yn ddiweddarach, roedd Nel yn anfon llythyr arall at Ben Morse, a hwnnw'n llythyr ingol. Cafodd ganlyniadau'r holl brofion a wnaed ar Gwenallt, ac meddai: 'Wel, fe wnest synio beth sydd arno – *leukemia*, druan ohono, ond diolch i Dduw nad oes poen arno.'[97] Cadwodd Nel ei gŵr yn y tywyllwch ynghylch ei gyflwr, yn enwedig ac yntau'n credu ei fod yn gwella. 'Dyma fi o hyd ar fy nghefen yn yr ysbyty, ond yn llawer gwell,' meddai Gwenallt, yn ei lythyr olaf at Ben Morse.[98] Ond nid oedd yn gwella, ac roedd wedi colli pwysau yn ddychrynllyd: 'nid yw ond 7st 5lbs erbyn hyn, ac mae fy nghalon yn gwaedu wrth edrych arno yn gwywo o flaen fy llygaid,' meddai Nel.[99] Dyddiau anodd i'w briod oedd y dyddiau hyn. 'Cafodd fy mywyd oll ei ddymchwel yn ulw mewn byr amser,' meddai.[100] Bu Gwenallt yn siarad llawer am Ben Morse, gan ddweud mai 'Benito' oedd y cyfaill agosaf a gafodd erioed. Bu Beth, ei chwaer, yn yr ysbyty yn ei weld, yn ogystal â'i gyfaill mawr arall, Albert. Ond roedd Gwenallt yn colli tir yn raddol.

Un arall a aeth i'w weld ar ei wely angau oedd W. J. Edwards. Lluniodd ysgrif un tro am y diwinydd ifanc o'r Almaen, Dietrich Bonhoeffer, a derbyniodd eirda gan Gwenallt am y gwaith. 'A phan gyfarfyddem ar ôl hynny,' meddai W. J. Edwards,

… deuai'r Merthyr dewr, a grogwyd gan Gestapo Hitler, i'r sgwrs yn gyson. Darllenai bopeth amdano ac apeliai ei syniadau yn fawr ato. Nid rhyfedd mai'r peth cyntaf a ddywedodd Gwenallt wrthyf yn y seiat olaf un a gawsom yn Ysbyty Aberystwyth dridiau cyn ei farw oedd ei fod newydd gael y llyfr diweddaraf ar Bonhoeffer. 'Roedd yn ddifrifol wael y diwrnod hwnnw ond nid yn rhy wael chwaith i siarad am funud am y ddau bwnc oedd agosaf at ei galon, Crist a Chymru.[101]

Aeth W. R. P. George i'w weld ddwywaith yn ystod ei waeledd, ac 'erbyn yr ail ymweliad, fe wyddwn i – a dwi'n credu y gwyddai ef – nad oedd y diwedd ymhell,' meddai, gan ychwanegu:

'Roedd yn eithriadol o wrol ac yn siriol; cefais sgwrs ddwy awr gydag ef y p'nawn Sadwrn hwn, ac am y tro cyntaf, er's wythnosau, ni soniodd air am ein cynllun i fynd ar wyliau i wlad Groeg … ond yn fwy na dim fe soniodd am graig yn yr afon ger Bad Ischl. Dwywaith, wrth fynd heibio yn y Volkswagen, fe ofynnodd Gwenallt i mi aros ar ochr y ffordd iddo gael syllu ar y graig hon. Mae gennyf shot cine ohono yn cerdded i'w chyfeiriad o'r car: "mae'r afon yn dal i lifo'r munudau hyn", meddai, "ond mae'r graig heb symud yn ei chanol o hyd."[102]

Yr hyn a oedd wedi apelio'n fwy na dim at Gwenallt ynghylch y graig hon yn Bad Ischl oedd y Groes a safai arni, a delw o'r Crist croeshoeliedig yn hongian ar y Groes. '[Y] ffydd Gristnogol oedd ffynhonnell ysbrydoliaeth Gwenallt hyd at ddiwedd ei oes; y llyfr emynau a'r Beibl oedd ar y bwrdd wrth ymyl y gwely, a oedd yn wely angau iddo yn ysbyty Bron-glais, Aberystwyth,' meddai W. R. P. George mewn man arall.[103] Ac yn Ysbyty Bron-glais y ffarweliodd William George â'i gyfaill am byth: 'Fe gefais i'r profiad ysig o'i weld yn codi ei law mewn ffarwel olaf, llaw, wedi ei dyrchafu uwch ei ben, yn rhoi'r fendith ydoedd. Llaw wen y Ffydd ar waetha'r cysgodion o amgylch y gwely'.[104]

Un arall o gyfeillion Gwenallt oedd Ifor Enoch, Prifathro'r Coleg Diwinyddol Unedig yn Aberystwyth. 'Cofiaf Gwenallt fel gŵr anarferol o deimladwy a thyner: cofiaf ei wên hapus pan oedd yn dwyn yn ei law anrhegion adeg y Nadolig i'r plant, wedi iddo gerdded fwy na milltir o'i gartref,' meddai Ifor Enoch amdano.[105] Cofiai hefyd am 'ei boen meddwl a chalon pan oedd cyfaill mewn afiechyd neu dristwch'; ac os bu iddo glwyfo unrhyw un erioed mewn araith neu mewn ysgrif feirniadol, nid o fwriad y gwnâi hynny.[106]

Roedd Ifor Enoch wedi ei weld yn Aberystwyth un diwrnod, ac wedi cael tipyn o ysgytwad. Yn fuan wedyn, fe'i cymerwyd i Ysbyty Bron-glais:

Cofiaf wroldeb a sirioldeb Gwenallt yn ei wythnosau olaf – yr unig gyfnod y gallaf [ei] ddisgrifio'n well na neb ond ei briod a'i ferch. Gwelais ef wrth bont y dref ar fore Sadwrn ac fe'm dychrynwyd gan mor wael oedd ei edrychiad. 'Tipyn o ddiffyg traul,' meddai, a throi'r stori i sôn am lawysgrif Ann Griffiths y daeth o hyd iddi. Gofynnais iddo fynd i weld meddyg, ac wedi trefnu cyfarfod â'n gilydd ymhen pythefnos, aeth ar ei ffordd i'r siop lyfrau Cymraeg. Y newydd nesaf oedd ei fod wedi ei gymryd i Ysbyty Pen-glais [sic] yn ddifrifol wael. Yr oedd wedi cael trosglwyddiad gwaed cyn imi ei weld. Fe wyddai mai rhyw helynt ynglŷn â'r gwaed oedd achos ei gystudd. Er ei wendid llethol gweithiodd bron bob dydd hyd y diwedd. Darllenodd yn fanwl y Testament Newydd o Rufeiniaid i Ddatguddiad, a daeth i'm llaw yr adnodau a ysgrifennodd o'r gwahanol lyfrau ar gyfer ei waith ar Ann Griffiths.[107]

'Rwy'n ffodus iawn yn cael treulio bob munud gydag ef, mae hyny [sic] yn help mawr imi, er ei bod yn dreth fawr arnaf i gadw'r cyfan imi fy hun,' meddai Nel Gwenallt.[108] Roedd Mair a Gwilym yn gefn mawr iddi yn ystod cyfnod salwch olaf Gwenallt, ond ar Nel y disgynnai'r baich trymaf o hyd. Gwyddai fod Gwenallt yn llithro o'i gafael, er ei fod ef ei hun yn benderfynol o wella:

Nid yw Gwenallt mwyach yn ymboeni am Grefydd, gwaith na gwleidyddiaeth – mae wedi ymdawelu i wneud pob dim i wella meddai ef. Dyna eironi pethau, onide?[109]

Ar noswyl Nadolig y flwyddyn honno, anfonodd Nel frysneges i Montegrotto Terme, Padua, yn yr Eidal at Ben Morse: 'Gwenallt passed away Monday night funeral 2 pm Friday'.[110] Bu farw Gwenallt ar Ragfyr 23, 1968, ddeuddydd cyn y Nadolig.

Roedd Ifor Enoch yn Ysbyty Bron-glais ar y noson y bu farw Gwenallt:

Clywodd y gweinyddesau'n canu carolau'r Nadolig: bron bob nos yr oedd ef ei

hun yn canu 'Gwaed y Groes'. Ychydig funudau wedi i mi adael ei ystafell, bu farw
am 10.30 p.m., 23 Rhagfyr 1968, ym mreichiau ei briod a'i ferch. Mewn Beibl,
wrth ochr y gwely, yr oedd dau ddarn o bapur mewn llawysgrifen grynedig wedi
eu bwriadu ganddo i'w briod: ar un yr oedd y geiriau,

"P'le cefaist ti, Nelws, dy ffydd?"

ac ar y llall,

"Pa nerth sy'n eiddot i fod mor llawen yn fy nghwmni i, f'anwylyd?"[111]

Cynhaliwyd gwasanaeth angladdol Gwenallt yn y Tabernacl yn
Aberystwyth y diwrnod ar ôl dydd San Steffan. Roedd y gwasanaeth yng
ngofal y Prifathro Ifor Enoch a'r Parchedig J. E. Meredith, ei weinidog.
Dywedodd J. E. Meredith fod Gwenallt wedi pori llawer yng ngweithiau
Dostoyevsky, a bod hwnnw wedi dweud: 'Fe anwyd fy haleliwia i mewn
stormydd'.[112] Felly Gwenallt. Un arall a siaradodd yn y gwasanaeth oedd
Thomas Parry. Nododd ei gampau fel ysgolhaig i ddechrau, gan gyfeirio at
y modd y cychwynnodd yn yr Oesoedd Canol ar gyfer ei radd uwch yn y
coleg yn Aberystwyth, astudio beirdd y ddeunawfed ganrif wedyn cyn symud
ymlaen at weithiau beirdd a llenorion y bedwaredd ganrif ar bymtheg, fel
Alun, Ceiriog, Daniel Owen, ac yn arbennig Islwyn. Gwnaeth 'gyfraniad
pwysig at astudiaeth o gerdd ryfedd y bardd hwnnw, "Y Storm",' meddai,
gan gondemnio'r gerdd honno unwaith yn rhagor.[113] Nododd hefyd mai
Gwenallt oedd y cyntaf erioed yng Ngholeg Aberystwyth i gael ei benodi
i'r raddfa newydd o Ddarllenydd a sefydlwyd gan y Brifysgol – 'anrhydedd
nid bychan'[114] – er mai gwobr gysur o ryw fath oedd y penodiad hwn, fel y
gwelwyd, anrhydedd i leddfu cydwybod y coleg am iddo benodi Thomas
Jones yn Athro yn lle Gwenallt ar ddechrau'r 1950au.

Cofiai Thomas Parry am yr ias a'r ysgytwad a deimlai ef ac eraill adeg
cyhoeddi *Ysgubau'r Awen* ym 1939:

Y mae'r sawl ohonom sy'n cofio'r gyfrol yn dod allan yn cofio hefyd y sioc o
ryfeddod a'r ias gyfareddol oedd yn cerdded ein heneidiau. Dyma ganu crefyddol
hollol wyneb-agored, a ninnau wedi arfer credu mai dim ond emynwyr oedd
yn gwneud crefydd yn destun cân, a'r beirdd gorau ac enwocaf i gyd yn ei
hanwybyddu. Dyma ganu am Gymru hefyd, heb sôn gair am ei nentydd rhedegog
na'i bythynnod gwyngalchog. A dyma hefyd fesurau herciog a diamynedd, a
geirfa gyhyrog. Yr oedd yn y gyfrol gyfuniad o wyleidd-dra a phendantrwydd, yr
ymofynnydd pryderus a'r deddf-roddwr awdurdodol.[115]

'Fe fu'n siarad wrtho'i hun yn yr awdlau eisteddfodol, yn rhoi trefn ar ei enaid, ac wedi cael siâp go lew ar hwnnw, dyma fo'n mynd ati yn ei bedair cyfrol i siarad â'i gyfoeswyr,' meddai Thomas Parry wrth derfynu ei deyrnged.[116]

Un o'r rhai a fethodd fynd i'r angladd, oherwydd gerwinder y tywydd, oedd Kate Roberts. Bu Kate Roberts a Gwenallt yn gyfeillion agos oddi ar y dyddiau pell hynny pan oedd Gwenallt yn ddisgybl i Kate yn Ystalyfera. Y peth olaf a ysgrifennodd Gwenallt oedd ysgrif ar gyfer cyfrol deyrnged i Kate yr oedd Bobi Jones yn ei chywain ynghyd ar ran yr Academi. 'Cefais y fraint o fod yn athrawes am gyfnodau byrion ar T. Rowland Hughes, Islwyn Williams a Gwenallt ac yn awr mae'r tri wedi mynd o'm blaen i,' meddai wrth dalu teyrnged i Gwenallt yn *Y Faner*.[117] Roedd Kate hithau wedi sylwi bod Gwenallt yn cael pyliau o wendid yn ystod blynyddoedd olaf ei fywyd:

> Gwelais ef yn amlach yn ystod y blynyddoedd diwethaf hyn, yng nghyfarfodydd yr Academi. Y tro diwethaf y gwelais ef, a'r tro olaf, erbyn gweld, oedd yng nghyfarfod yr Academi yn Aberystwyth, fis Medi diwethaf. Edrychai'n well nag y gwelswn ef ers tro. Bu'n ddigon llegach ar brydiau yn ystod y blynyddoedd diwethaf, ond y tro hwn, yr oedd ei liw yn well, ac yr oedd yn fywiog iawn. Soniai mor braf oedd bod wedi ymddeol, ac nad oedd yn awyddus i fynd i unlle i siarad.[118]

Talwyd teyrngedau iddo yn y papurau. Un o'r rhai a dalodd deyrnged iddo oedd y Parchedig W. I. Cynwil Williams, a fu'n fyfyriwr iddo. 'Yr oedd ef yn credu â'i holl galon yn achos Crist ac yn achos y genedl Gymreig,' meddai amdano, a'r 'credu hwn a gadwodd Gwenallt yn ifanc ei ysbryd, ac a roes ffydd iddo yn y genhedlaeth ifanc a'i hennill'.[119] Cofiai Cynwil Williams am Gwenallt y darlithydd. Fel darlithydd, gosodai feirdd a llenorion yn eu cefndir, ac roedd anghytuno â beirniaid llenyddol eraill yn rhoi boddhad mawr iddo. Ac meddai Cynwil Williams amdano:

> Ar drothwy G[ŵ]yl y Geni, 1968, bu farw ein bardd mwyaf proffwydol, yr enaid mwyaf anfodlon a welsom ni yn y coleg. Ni allai ddioddef rhagrith, seremoni na hunan-les a byddai'n aflonydd y tu mewn i furiau unrhyw sefydliad parchus, boed yn un crefyddol neu addysgol. Gwrthryfelodd Gwenallt trwy'r blynyddoedd yn erbyn y confensiynau set, ac yn nechrau'r chwe-degau gwelodd awydd cryf yng nghalonnau rhai o'i fyfyrwyr yn Aberystwyth i weithredu'n wleidyddol, 'roedd y

wawr yn torri, a chaled fu'r ymddeol. Hiraethai'n ddwys y misoedd diwethaf am ddeffroad crefyddol.[120]

Ac wrth ddychwelyd o oedfa yn y Tabernacl, fe ddywedodd, yn ôl Cynwil Williams:

> 'Rwy'n llwyr gytuno mai angen y byd yw Crist, y Golau, ond cofiwch, bydd yn rhaid wrth dân a fflam cyn y ceir y Gwir Oleuni. Hiraeth sydd yn fy nghalon i, yntê, am dân a golau i Gymru.[121]

Cyhoeddwyd dwy deyrnged iddo yn *Y Ddraig Goch*, y naill dan ffugenw a'r llall yn ddienw. Bardd i'w edmygu am ei ddewrder oedd Gwenallt ym marn 'Llywelyn':

> Yn ei gerddi wynebodd argyfyngau ei oes, argyfwng cymdeithas ddiwydiannol y de, argyfwng ei genedl, ac argyfwng ffydd neu ddiffyg ffydd – pa beth a gredwn ni – a'u hwynebu'n onest ac yn ddewr.[122]

Canolbwyntio ar ei gymeriad a'i bersonoliaeth a wnaed yn y deyrnged arall iddo. 'Yr oedd rhywbeth yn bigog aflonydd o'i gwmpas ac ni allech fod yn siŵr beth a ddywedai nesaf,' meddai'r teyrngedwr dienw.[123] Gwrthryfelwr oedd Gwenallt:

> Yr oedd yn ddiddorol oherwydd ei fod yn gymeriad onglog … Cododd llawer ael barchus pan ddisgrifiodd ganu'r Corn Gwlad yn yr Orsedd fel "rhech o'r cynfyd". Ond wedyn yr oedd paganiaeth-cogio y corff poblogaidd hwnnw'n mynd tan ei groen. A phan oedd pethau'n mynd o dan ei groen, yr oedd ei iaith yn mynd yn fwy llachar.[124]

Yn rhifyn cyntaf 1969 o'r *Cymro*, dywedodd cyd-weithiwr iddo, Bobi Jones, fod Gwenallt 'yn forth[w]yliwr tan gamp, yn fflangellwr; ond yr oedd rhywbeth tylwyth-tegaidd yngl[ŷ]n ag ef hefyd, hyd at ei gerddediad'.[125] 'Yr oedd yn gallu bod yn sobr o na[i]f ar dro,' ychwanegodd.[126] Aeth Bobi Jones yntau i'r ysbyty i weld Gwenallt yn ei waeledd olaf:

> At Gristnogaeth y byddai ein siarad yn troi, yn ddieithriad. A'r troeon yr es i'w

weld ef yn yr ysbyty yn ystod ei ddyddiau diwethaf, yr un oedd natur ei sgwrs. Gwenallt, yn arddel credoau uniongred yr eglwys; ond nid mewn modd goddefol a llipa. Gwyddai fod Cristnogaeth y Testament Newydd, ar hyd y canrifoedd, wedi gorfod ymladd yn erbyn dyneiddiaeth sentimental, yn erbyn yr ymgais i fychanu natur oruwchnaturiol y Drindod.[127]

Talodd R. Tudur Jones deyrnged iddo yn ei golofn 'Tremion' yn y rhifyn dilynol o'r *Cymro*: 'O'n holl lenorion yn y genhedlaeth hon, Gwenallt a fynegodd gyda'r dwyster llymaf y tyndra y'n daliwyd ynddo,' meddai amdano.[128] Ymladdwr oedd Gwenallt, a phropaganda o blaid Crist a Chymru oedd ei farddoniaeth. Cafwyd teyrnged ddwyieithiog iddo gan yr Athro Thomas Jones. 'The uglier facets of contemporary life,' meddai, 'with its increasing industrialization and secularization he attacked bitterly, and often with a ferocity of indignation which gives to his verse a flow which is almost unrhythmical according to more traditional standards of what is meant by rhythm'.[129]

Un o'r pethau a edmygai Pennar Davies am Gwenallt oedd ei 'onestrwydd gwrol', yn awdl 'Y Sant' yn enwedig.[130] Roedd awdl 'Y Mynach' ac awdl 'Y Sant' 'yn mynegi gwedd ar dwf Gwenallt y gellid ei galw yn "dr[ö]edigaeth",' meddai amdano yn ei ysgrif deyrnged iddo yn *Y Genhinen*.[131] Yn ôl Pennar Davies roedd Gwenallt yn gymysgfa o ddylanwadau. Nid un athrawiaeth ddiwinyddol nac un dull o feddwl a ddilynid ganddo:

> Yng ngwaith Gwenallt y mae'r athrawiaethau'n llosgi'n eirias. Nid oes dim byd addurnol neu ddamcaniaethol, ynddynt. Dygant berthynas ddiollwng ag anghenion cymdeithas heddiw. Amhosibl yw darllen ei waith yn gyffyrddus-bleserus. Mae ynddo her i bob balchder enwadol ac i bob hunanfoddhad sefydliadol. Gorweithir y gair 'proffwyd', ond y mae'n anodd ei osgoi wrth feddwl am Gwenallt. Proffwyd ydyw sydd yn sugno maeth o hen draddodiad ffrwydrol o 'uniongrededd' peryglus sy'n rhan annatod o Gatholigiaeth a Phrotestaniaeth fel ei gilydd.[132]

Fe'i disgrifiodd hefyd fel 'ysgolhaig eiddgar', a chanmolodd ei weithiau hunangofiannol, *Plasau'r Brenin* a 'Credaf', a oedd 'ymhlith dogfennau diwylliannol pwysicaf ein canrif', yn ogystal â'i weithiau cofiannol.[133]

Olynwyd Gwenallt fel golygydd *Taliesin* gan D. Tecwyn Lloyd. Rhoddodd Gwenallt y gorau i olygu'r cylchgrawn ym 1964, ar ôl tywys naw rhifyn drwy'r wasg. Talodd Tecwyn Lloyd deyrnged i'w ragflaenydd yn ei sylwadau golygyddol yn rhifyn Gorffennaf 1969 o'r cylchgrawn. Disgrifiodd Gwenallt fel 'bardd Cymraeg pwysicaf blynyddoedd canol y ganrif hon ac un o feirdd crefyddol pwysicaf ein holl draddodiad'.[134] Ac meddai amdano, gan geisio cwmpasu rhai o'i brif nodweddion a'i brif themâu fel bardd:

> Un o'r pethau mawr a wnaeth oedd gosod ein gwareiddiad materol-technegol-gwyddonol yn ei le, tynnu gwynt optimistiaeth y ganrif ddiwethaf a dechrau'r ganrif hon allan ohono a dangos nad yw ein holl gyfathrebu electronig, ein holl offer cromiwm, ein holl sôn am safonau byw uchel, ein cyrchoedd i'r gofod, ein cymdeithasegu 'gwyddonol'; – nad yw dim o'r pethau hyn ynddo'i hunan yn datrys nac yn newid nemor ddim ar broblemau sylfaenol creadur o ddyn, sef pechod, ofn, amhererinio ysbrydol a chnawdolrwydd.[135]

A gadawodd Tecwyn Lloyd ddarlun o ymddangosiad allanol Gwenallt ar ei ôl: ''Roedd rhywbeth lliwgar, ceidwadol-fohemaidd o gwmpas Gwenallt; – y crysau gwyrdd a choch, y tei bô, y tiwb sigaret a'r fodrwy aur solet a'r twincl peryglus yn ei lygad'.[136]

Gyda chryn dipyn o eironi, neilltuwyd rhifyn mis Awst 1968 o gylchgrawn *Y Cardi* i gyfarch Gwenallt. Roedd y rhifyn cyfarch hwnnw yn rhifyn coffa cyn ei amser. Tecwyn Lloyd ei hun a luniodd y brif ysgrif yn y rhifyn hwnnw o'r *Cardi*, 'Gwaith Gwenallt', ac mae'n amlwg iddo newid ei feddwl ynglŷn â barddoniaeth Gwenallt yn ystod y chwarter canrif rhwng cyhoeddi *Cnoi Cil* a blwyddyn marwolaeth y bardd. Soniai yn *Y Cardi* fel yr oedd y modd y cyfunai Gwenallt sosialaeth a Christnogaeth yn anathema i sosialwyr ifainc Adain Chwith y 1930au. Y pegynau gwrthgyferbyniol hyn, fodd bynnag, oedd yr allwedd i bersonoliaeth ac i farddoniaeth Gwenallt. Roedd Gwenallt, meddai Tecwyn Lloyd, 'yn gymysgedd o ymneilltuwr deallusol a beirniad cymdeithasol a gwrthryfelwr ar un llaw, ac ar y llaw arall, yn ŵr o synhwyrau hydeiml creadigol, yn ŵr defosiynol, dwys'.[137]

Cyfarchwyd Gwenallt gan nifer o feirdd yn *Y Cardi*, ac un o'r cerddi gwrogaeth gorau iddo oedd soned D. Jacob Davies, 'Gwenallt':

> Cofiaf dy fân gerddetach wrth ddarlithio
> Gan droi y fodrwy a rhoi ambell glec
> Nes chwalu'r us â chwyrl dy beiriant nithio
> A thaflu'r sorrod [*sic*] draw yn farw gec.

Bryd arall, roedd dy lais yn fwy soniarus
Wrth rowlio cerddi Islwyn ar dy fant,
Ac yn dy dôn synhwyrem dinc alarus
Cyn iti'n sydyn droi a wado bant.
Syndod o ddyn a fuost dros dy yrfa
A'th dafod lem yn blasu'r gair pryfoc,
Â rhyw wamalrwydd bras y mwythet dyrfa
Gan ymhyfrydu mewn sec-in a sioc.
Ond er d'ymrithio'n bowld fel rebel gwerin,
Mynach o fardd wyt ti, Brawd o bererin.[138]

Canodd beirdd eraill gerddi er cof amdano hefyd, ac un o'r rhai hynny
oedd Waldo Williams. Aeth Waldo i angladd Gwenallt gyda D. J. Williams,
ac ymhen ychydig amser wedi hynny, lluniodd soned i'w goffáu:

Crych fu ei ganu; yn y gwaelod, crwn,
   Bethesda a gynhyrfid i'n hiacháu.
Ym mhoethni'r brwydro dros ein tegwch twn,
   Amynedd y gelfyddyd sy'n boddhau.
Harddwch arswydus 'purwr iaith ei lwyth,'
   Rhoes angerdd dan ei bron a nerth i'w braich
A gosod dirfod yn y meddwl mwyth.
   Gwrolodd y Gymraeg i godi ei baich.
Nid rhyfedd hyn. Cafodd yr ennyd awr
   Nad oes mo'i dirnad, a'r dychymyg drud
A wêl yn hen wrthebau plant y llawr
   Y Breichiau praff yn crynu o dan y byd
Gan bryder santaidd; a'i ddyheu a roes
I Frenin Nef yn marw ar y Groes.[139]

Canu 'crych' oedd barddoniaeth Gwenallt, canu garw, caled, realaidd, canu
cras, cwrs ac nid canu llyfn, telynegol ac ystrydebol; ac eto, canu 'crwn' oedd
y canu hwn yn y bôn, canu ac iddo ddyfnder a chyfanrwydd, a seiliau cadarn
mewn celfyddyd ac mewn bywyd. Yna ceir cyfeiriad at Ioan 5:2–4: 'Ac y mae
yn Jerusalem, wrth farchnad y defaid, lyn a elwir yn Hebraeg, Bethesda, ac
iddo bum porth;/Yn y rhai y gorweddai lliaws mawr o rai cleifion, deillion,
cloffion, gwywedigion, yn disgwyl am gynhyrfiad y dwfr./Canys angel oedd

ar amserau yn disgyn i'r llyn, ac yn cynhyrfu y dwfr; yna yr hwn a elai i mewn yn gyntaf ar ôl cynhyrfu y dwfr, a âi yn iach o ba glefyd bynnag a fyddai arno'. Roedd barddoniaeth Gwenallt yn farddoniaeth a allai gynhyrfu i iacháu trwy ddadlennu llygredd a phechadurusrwydd dyn. 'Harddwch arswydus' oedd i farddoniaeth Gwenallt: barddoniaeth gywrain, gelfydd, grefftus, ond barddoniaeth frathog, finiog, filain ar yr un pryd. Yma ceir cyfeiriad at linell W. B. Yeats, 'A terrible beauty is born' yn 'Easter, 1916'. Gwenallt hefyd yw 'purwr iaith ei lwyth', cyfeiriad at 'Little Gidding', *Four Quartets*, gan T. S. Eliot:

> Since our concern was speech, and speech impelled us
> To purify the dialect of the tribe
> And urge the mind to aftersight and foresight,
> Let me disclose the gifts reserved for age
> To set a crown upon your lifetime's effort.[140]

Er mai Eliot a boblogeiddiodd y syniad a'r dywediad, 'To purify the dialect of the tribe', aralleirio llinell gan y bardd Ffrangeg symbolaidd, Stéphane Mallarmé, yn ei soned 'Le Tombeau d'Edgar Poe', a wnaeth mewn gwirionedd, sef y llinell 'Donner un sens plus pur aux mots de la tribu' ('Yn rhoddi ystyr burach i eiriau'r llwyth').

Lluniodd ei gyfaill agos, W. R. P. George, hefyd gerdd er cof amdano. Wrth ei goffáu, cofiodd am y gwyliau hynny a dreuliasai'r ddau ychydig fisoedd ynghynt yn yr Almaen ac yn Awstria:

> Dywedodd Gwenallt wrthyf
> ar ei wyliau haf olaf,
> flwyddyn ei farwolaeth,
> mai gwell oedd bod yn ddyn byw
> nag yn ddyn dan gaead arch.
>
> Pan ddywedodd hyn
> ar lan llyn yn Awstria,
> ychydig a feddyliwn y buasai Gwenallt,
> cyn diwedd y flwyddyn honno
> yn ddarlun arall yn oriel y cof.

Gŵr a oedd yn arian byw o'i wreiddyn:
y wên chwareus a'r chwarddiad ysgytiol,
ei gerddediad ysgafndroed, sicr;
ei lygaid treiddgar yn ymateb
i awelon meddyliau
a'r geiriau gwaywffyn i amddiffyn
ei Grist, ei genedl a'i gred;
ei lais hudolus, caredig
yn cytuno neu yn anghytuno
o ddyfnder argyhoeddiad.[141]

Ac fe gofiai W. R. P. George, yn anad dim, am y modd y llygad-dynnwyd Gwenallt gan y Groes ar y graig yn Bad Ischl:

Gwn i'r bardd bywiol hwn, a aned
mewn dydd o gyni, yn gydwybod i'w genedl
ac yn daer ei wyliadwriaeth drosti,
weled craig mewn afon yn Awstria,
ac fe hoeliwyd ei holl sylw
yn syllu ar y Groes a oedd ar y graig hon.[142]

Yn wir, bwriadai Gwenallt lunio cerdd i'r Groes ar y graig yn Bad Ischl, fel y prawf yr ychydig nodiadau a luniodd, dan y pennawd 'Y Daith', ar gyfer cerddi posibl ar ôl dychwelyd o'r Cyfandir. Yn eu plith ceir y nodyn canlynol: 'Bad Ischl: y graig yn yr afon + coed + Crist ar y Groes';[143] ond, yn wahanol i'w gyd-deithiwr, ni chafodd Gwenallt gyfle i lunio odid un gerdd am y gwyliau hynny yn yr Almaen ac yn Awstria.

Lluniodd W. R. P. George gerdd i Bad Ischl yn ogystal, gan gofio mai yno y llofnododd Franz Joseph y ddogfen a arweiniodd at y Rhyfel Mawr:

Gwelais dy dŷ haf ar y llethr uwch y llyn,
ac ynddo'r pennau ceirw ar y muriau,
dy ffyn cerfiedig, y gynnau a'r gist
wrth y drws a arweiniai i'r llyfrgell,
lle'r oedd y ddesg enfawr
ac arni'r gwilsen dyngedfennol.[144]

Anfonodd D. J. Williams lythyr at W. R. P. George ychydig fisoedd ar ôl marwolaeth Gwenallt. Roedd Cymru yn wacach ac yn wannach hebddo:

Yn nhŷ Gwenallt druan, ddydd ei angladd, y cwrddasom ni ddiwethaf. Teimlaf o hyd fod mwy o golled i enaid Cymru, a mwy o wacter yn ei bywyd hi, ar ei ôl ef, nag a allai fod ar ôl neb arall bron. 'Roedd e, rywfodd, wedi treiddio at wraidd a hanfod pethau ym mywyd ein cenedl ni yn yr argyfwng presennol, – ac ôl y merthyrdod myfyrdod mawr hwnnw yn amlwg yn angerdd ei gerddi mwyaf. A synnwn i ddim nad yw ei ddylanwad ef drwy ei waith a'i bersonoliaeth ddidwyll a digymrodedd, ymysg ei dorf o ddisgyblion trwy gydol y blynyddoedd, mor gyfrifol â dim am y cyffro newydd sydd drwy Gymru heddiw …[145]

Gadawodd Gwenallt ei weddw mewn cryn dipyn o benbleth. Roedd ganddo ail nofel ar y gweill pan fu farw, a digon o gerddi i gyhoeddi cyfrol newydd. Ond roedd anawsterau yn wynebu Nel. Roedd y nofel yn anorffenedig a'r cerddi ar wasgar mewn gwahanol ddrafftiau, rhai ohonynt yn orffenedig, rhai yn lled-orffenedig, a rhai ymhell o fod yn derfynol gyflawn. Ym mis Mai 1969, gobeithiai Nel y gellid cyhoeddi'r gyfrol o gerddi ar gyfer Eisteddfod Genedlaethol y Fflint y flwyddyn honno, a'r nofel ar gyfer y Nadolig. 'Yr unig ofid yw na wn pwy i'm helpu i ddarllen y cerddi,' meddai wrth Ben Morse.[146] 'Rhaid,' ychwanegodd, 'iddo fod yn rhywun a wyddai yn dda pa beth a fynnai Gwenallt'.[147] Ni wyddai ychwaith pa deitl i'w roi i'r gyfrol. Roedd Mair a Gwilym ar y pryd newydd symud i'w cartref newydd yn Llan-non, a theimlai Nel yn drist am na chafodd ei phriod weld cartref newydd ei ferch.

Mater arall o dristwch mawr oedd y ffaith i Gwenallt farw cyn cael bod yn dad-cu. Roedd Mair yn disgwyl plentyn. 'Piti na fyddai Gwenallt yma at yr amgylchiad – fe fyddai ganddo gyfrolau i'w dweud mae'n siwr,' meddai Nel.[148] Ganed Elin Gwenallt ar Awst 25, 1969, wyth mis ar ôl marwolaeth Gwenallt. 'Mae wedi etifeddu rhai o nodweddion Gwenallt, ac ma[e] hiraeth yn llifo wrth edrych arni – ond fe ddaw pan ddechreua siarad i fod yn gryn gysur mae'n siwr,' meddai'r weddw o fam-gu wrth Ben Morse.[149] Bu'n rhaid i Elin fynd i'r ysbyty am ddeng niwrnod pan oedd yn bum wythnos oed i gael llawdriniaeth fechan, sef tynnu poced ffug o'i stumog, ond wedi hynny, dechreuodd ffynnu.

Cafodd Nel bwl o anhwylder mawr ym mis Mehefin 1969, ond unwaith y dechreuodd wella aeth ati i olygu'r gyfrol o gerddi, i sicrhau ei hymddangosiad cyn y Brifwyl yn Sir y Fflint. Aeth â'r gyfrol i Wasg Gomer ar y dydd olaf o Fehefin. 'Tipyn o waith oedd hyn, gan fod y mwyafrif o'r cerddi mewn llaw-ysgrifen (a honno yn grynedig odiaeth),' meddai Nel wrth Ben Morse.[150] Roedd ei llygaid yn cau gan y straen, ond roedd yn falch iddi lwyddo i gyflawni'r dasg. Gobeithiai y byddai'r gyfrol 'yn sefyll i safon' Gwenallt.[151]

Yn y diwedd, rhoddwyd y teitl *Y Coed* i gyfrol olaf Gwenallt, ac fe'i cyhoeddwyd ym mis Gorffennaf 1969. Rhoddodd dau o gyfeillion Gwenallt, Bobi Jones a W. R. P. George, gefnogaeth a chyngor i'w weddw ynglŷn â'r gyfrol, ac fe'i cyflwynwyd, gan ddilyn dymuniad Gwenallt, 'i Mair Gwenallt a'i chyd-ieuenctid mewn edmygedd o'u dewrder a'u haberth'. Dechreuodd y gyfrol werthu'n dda ar unwaith, ac ym mis Rhagfyr yn unig, gwerthwyd 155 copi ohoni.

Yn *Y Coed* yr oedd pererindod ysbrydol aflonydd a gyrfa farddonol amlnewidiol Gwenallt yn dod i ben. Ac fe ddaeth i ben, yn briodol ddigon, ym Mhalesteina, Gwlad Iesu Grist, ac wrth droed y Groes. Ni chafodd gyfle i lunio cerddi am ei wyliau olaf yn yr Almaen ac Awstria, ond ceir yn *Y Coed* tua deg ar hugain o gerddi a luniwyd wedi pererindod i Balesteina ym 1961. Mae Gwenallt yn rhoi'r mynegiant terfynol i'w ddwy thema fawr yn *Y Coed*, sef cenedlaetholdeb a Christnogaeth, ac nid fel dau beth ar wahân ond fel undod annatod. Clymir y ddwy thema ynghyd mewn sawl cerdd, 'Eglwys y Pater Noster', er enghraifft. Ar Fynydd yr Olewydd y mae Eglwys y Pater Noster, ac mae cenedlaetholdeb a Christnogaeth Gwenallt yn dod ynghyd mewn modd trawiadol iawn yn y gerdd hon. Yn yr eglwys honno yr oedd 'Gweddi'r Arglwydd mewn deugain a phedair o ieithoedd', a'r Gymraeg yn un ohonynt, prawf, yn wir, fod Duw wedi gwneud Cymru yn forwyn iddo, a phrawf hefyd fod y Gymraeg yn un o ieithoedd Cristnogaeth:

> Yn eu plith yr oedd y Weddi yn Gymraeg,
> Y Pater Noster Cymraeg;
> Y Gymraeg yn yr Eglwys ar Fynydd yr Olewydd;
> Y rhagorfraint fwyaf a gafodd hi.
> Diolch i Dduw am y Gymraeg,
> Un o ieithoedd mwyaf Cristnogol Ewrob,
> Un o dafodieithoedd y Drindod.[152]

Yn y cerddi am Gymru ac am Gymry, y mae'r weledigaeth yn un ddigon Iddewig yn aml. Troes Aber-fan, er enghraifft, yn y gerdd 'Trychineb Aber-fan', yn Fethlehem, yn Rama ac yn Fabilon:

Slwdj y Tip Saith a droes Aber-fan yn debyg i Fethlem a Rama;
Rama, lle y bu Rahel yn wylo am ei phlant am nad ydynt hwy
Ac ni fynnai ei chysuro: ond caethgludo'r plant i Fabilon
A wnaeth y gelyn, ac yn y gaethglud yr oedden nhw yn fyw, beth bynnag,
A lle y mae bywyd y mae gobaith. Herod yn torri pennau'r plant
Â'r cleddyf ym Methlem, ac er bod eu plant yn gyrff yr oedd eu mamau
Yn eu hadnabod hwy. O ladd, gwell lladd â'r llafn na lladd â'r llaid.
Mamau Aber-fan yn wylo'n dorcalonnus, ac yn enwedig famau'r plant
Diadnabod; yn wylo dagrau tostaf yr ugeinfed ganrif; dagrau
A oedd yn ddyfnach na dagrau mamau Bethlem, a'i dagrau hithau, Rahel.[153]

Yn ei gerdd 'Cwm Rhondda', cerdd er cof am J. Kitchener Davies, dywedir mai

Gorymdeithio a wnâi efe
Gyda'r Lasarus gornwydlyd o werin a oedd yn pydru byw
Ar gildwrn y Llywodraeth Sosialaidd ...[154]

Nid iaith hunaniaeth y Cymry yn unig yw'r Gymraeg ond iaith Cristnogaeth yn ogystal, neu, yn achos Gwenallt, iaith Cristnogaeth yn bennaf yw'r Gymraeg. Nid gweithredu er mwyn gwarchod hunaniaeth y Cymry a sicrhau parhad a ffyniant i'w hiaith, sef gwir gyfrwng a gwir fynegiant yr hunaniaeth honno, a wnaeth Emyr Llywelyn, ond gweithredu er mwyn achub un o'r ieithoedd sy'n moli Duw, ac un o'r ieithoedd y gellir drwyddi ymgyrraedd at Dduw ac ymgymuno â Duw:

Ti a weli y genedl, y genedl a greodd Duw,
Fel cenhedloedd eraill, i'w addoli a'i foli Ef.
O golli'r Gymraeg fe fyddai un iaith yn llai i'w foli;
O myn y genedl ei difa ei hun ni allai'r Arglwydd Iesu Grist
Ar Galfaria farw tros genedl goll; y genedl y rhoes Ef
Iddi ar hyd y canrifoedd Ei ffydd, Ei ras a'i iachawdwriaeth.
Y tu allan fe weli'r colofnau sydd yn ein cynnal,

Yn dy gynnal di yn y gell a ninnau yn yr argyfwng:
Y Gymraeg, y Gymru a'r Gristionogaeth.[155]

Er nad Gwenallt ei hun a roddodd y drefn derfynol ar ei gyfrol olaf, ac er y byddai wedi cwblhau rhai cerddi a chaboli eraill fwyfwy, yn ogystal â llunio cerddi newydd sbon, yr oedd yna elfen o undod yn perthyn i'r gyfrol, undod cyflawniad, undod gyrfa – er ei holl amrywiaeth – ac undod pererindod. Ynddi y mae'n edrych yn ôl ar ei yrfa, ac yn dwyn i gof y lleoedd a adawodd eu hôl arno, y bobl a ddylanwadodd arno, y digwyddiadau a effeithiodd arno.

Ar frig y rhestr y mae Sir Gâr, sir ei wreiddiau a sir ei berthnasau, sir ei linach a sir ei lawenydd. Cerdd i ddathlu ethol Gwynfor Evans, Llywydd Plaid Cymru ar y pryd, yn Aelod Seneddol yn isetholiad Caerfyrddin ym mis Gorffennaf 1966 yw 'Sir Gaerfyrddin'. Sir amaethwyr a sir emynwyr yw Sir Gaerfyrddin, ond y mae hi hefyd yn sir chwyldro a gwrthryfel:

Mor bwysig yn hanes gwleidyddol ac economaidd y Sir yw'r clwydi.
Gwŷr y Beca Anghydffurfiol yn cario'r ceffyl pren a'r gynnau,
A malu'r clwydi â bwyell, bilwg a gordd. A ffermwyr Llangyndeyrn
Yn cloi, cadwyno'r clwydi; a rhoi tractor ym mhob bwlch ac adwy ...[156]

Ym 1963, cododd trigolion pentref Llangyndeyrn yng Nghwm Gwendraeth fel un gŵr i atal Corfforaeth Abertawe rhag boddi'r pentref i gyflenwi'r ddinas â dŵr. Roedd Gwenallt, yn naturiol, yn gefnogol i ymgyrch y pentrefwyr, ac anfonodd ef a'i wraig rodd ariannol at y Pwyllgor Amddiffyn.

Dyma hefyd sir Llewelyn Williams, y Rhyddfrydwr a oedd o blaid ymreolaeth i Gymru ac yn erbyn gorfodaeth filwrol adeg y Rhyfel Mawr. Bu'n cynrychioli Sir Gaerfyrddin yn y Senedd oddi ar 1906, ond collodd ei sedd yn isetholiad Caerfyrddin ym 1921 pan etholwyd Ernest Evans, Rhyddfrydwr arall ond Rhyddfrydwr clymbleidiol, yn ei le. Roedd yr etholiad hwnnw yn fyw iawn yng nghof Gwenallt:

Yn un-naw-dau-un: ymgiprys mileinig rhwng dau Ryddfrydwr;
Teulu yn cweryla â theulu; gŵr a gwraig yn gwrthod siarad â'i gilydd;
Aelodau Capel wedi ymrannu; a chariadfab yn rhoi bonclust i'w gariad.[157]

Gŵr dewr yn llinach dewrion Sir Gaerfyrddin oedd Gwynfor Evans, ond Gwynfor, o bawb, a gyflawnodd 'y gyntaf wyrth', sef ennill ei sedd seneddol gyntaf erioed i Blaid Cymru.[158] Bellach, ar ddiwedd ei fywyd ac ar ddiwedd ei yrfa, roedd y ddwy sir, Sir Gaerfyrddin a Sir Forgannwg, yn gydradd ac yn gyfwerth yn ei olwg: 'Pr'un yw'r Sir orau yng Nghymru gyfan, gofynnwch chi?/Fe fydda' i'n cloffi rhwng Sir Gaerfyrddin a Sir Forgannwg'.[159] O ran dewrder, roedd y ddwysir gyfuwch â'i gilydd: 'ac ail i'r dewrder gwledig/ Oedd dewrder diwydiannol y De'.[160]

I Sir Forgannwg yr eir yn yr ail gerdd, 'Trychineb Aber-fan'. Y drefn gyfalafol, dihidrwydd ac esgeulustod cyfalafiaeth, a fu'n gyfrifol am ladd 116 o blant a 28 o oedolion ym mis Hydref 1966, sef yr union gyfundrefn felltith y bu Gwenallt yn milwrio yn ei herbyn drwy gydol ei fywyd. Daeth y trychineb â'i blentyndod yn ôl yn fyw iddo:

> Y tipiau
> Yr arferem chwarae arnynt, caru, byw yn eu cysgod, a cheibio talpau
> Glo ohonynt yn adeg streic, ni allwn ni mwyach edrych arnynt hwy
> Heb gochni yn ein llygaid, heb atgo am arswyd a phwys o euogrwydd.[161]

Yn ôl Gwenallt, roedd sosialaeth wedi methu gan fod y 'Sosialwyr modern yn credu fel y cyfalafwyr gynt/Fod cynnyrch yn fwy gwerthfawr na gweithwyr, a chost na chartrefi'.[162]

Yn ei gerdd 'Emyr Llewelyn Jones', y mae Gwenallt yn ychwanegu trydedd sir at y ddwy sir bwysicaf yn ei fywyd, sef Ceredigion. Yn y sir hon y bu Gwenallt yn byw ac yn gweithio am bron i ddeugain mlynedd, sef y rhan fwyaf o'i fywyd mewn gwirionedd. Cynnyrch Ceredigion yw Emyr Llewelyn:

> Edrych ar ben y stôl trwy farrau ffenestr dy gell
> Ac fe gei di weld dy gartref lle y siglodd dy rieni di
> Yng nghrud llên ac awen; bydd dy Giliau yn y golwg,
> Y beirdd gwlad a roddodd eu diwylliant yn dy waed:
> Y Geredigion a'th gododd, sir Ieuan Brydydd Hir
> A fflangellodd yr Esgyb Eingl a fynnai fwrdro'r Gymraeg.[163]

Roedd i Geredigion hithau ei dewrder, dewrder Emyr Llywelyn a dewrder Ieuan Brydydd Hir. Fel Gwenallt yn ei ieuenctid, roedd Emyr Llywelyn wedi gweithredu dros yr hyn a gredai, ac wedi cael ei ddedfrydu i flwyddyn o garchar. A daeth carchariad Emyr Llywelyn â charchariad Gwenallt yntau yn ôl yn fyw i'w gof:

> Y tu mewn i'r pedwar mur yn yr unigedd estron
> Fe ddaw amheuon i siglo dy ffydd, digalondid i wanhau'r dewrder;
> Fe fyddi yn amau a oedd hi yn werth achub y Gymraeg lipa,
> Yr hen wlanen o wlad ...[164]

Ac yn union fel yr ymosododd Ieuan Brydydd Hir ar Seisnigrwydd Eglwys Loegr yng Nghymru, gwnaeth Gwenallt yr un modd, gan gefnu ar yr Eglwys yn y pen draw oherwydd ei hagwedd Seisnigaidd.

Ysbrydolwyd hanner y cerddi yn *Y Coed*, 30 ohonynt, gan ymweliad Gwenallt ag Israel ym 1961, ymweliad a adawodd argraff ddofn, annileadwy arno. Gwir fod elfen o ryddieithedd, o draethu plaen, uniongyrchol – newyddiadurol bron – yn andwyo cryn dipyn ar y cerddi hyn, ond rhaid cofio mai cerddi anorffenedig yw llawer ohonynt, ac anodd yw osgoi'r argraff mai nodiadau ar gyfer cerddi, yn hytrach na'r cerddi eu hunain, yw rhai o'r cerddi hyn sy'n cofnodi'r ymweliad ag Israel. Mae'r gerdd 'Ioan Marc', sef Marc, awdur yr ail Efengyl yn ôl traddodiad, yn gwbwl ryddieithol a digyffro ei mynegiant:

> Nos Iau Cablyd fe aethom i Eglwys San Marc
> Cyn cychwyn ar y daith i Ethsemane,
> Ac y mae'r Eglwys, yn ôl y traddodiad,
> Ar y fan lle bu cartref Ioan Marc,
> Ac ynddo yr oedd Goruwch-ystafell y Swper Olaf;
> Eglwys Syriaidd yw'r Eglwys hon,
> Ac yn y Gwasanaeth darllenwyd hanes y nos Iau yn Syrieg.
> Ni allai'r Apostol Pedr ysgrifennu Aramaeg
> Na Groeg, ac yn Ioan Marc fe gafodd glerc a llenor.
> Adroddodd yr Hen Bedr wrtho hanes yr Iesu
> A'i hanes ef ei hunan,
> A phan ddaeth at ei hanes yn llys yr Archoffeiriad,
> Ac yntau'n gwadu deirgwaith wrth y forwyn

Nad oedd ef yn un ohonynt,
A chanu ddwywaith o'r ceiliog,
Efe a wylodd yn chwerw dost yr eilwaith.[165]

Cyflwyno ffeithiau yn null traethawd neu dywyslyfr a wneir yma – 'Ac y mae'r Eglwys, yn ôl y traddodiad,/Ar y fan lle bu cartref Ioan Marc'. Yr hyn sydd ar goll o'r farddoniaeth yw barddoniaeth. Gellid tybied y byddai Cristion o argyhoeddiad dwfn fel Gwenallt, ac yntau yn y tŷ lle y cynhaliwyd y Swper Olaf, o bosibl, yn cael ei gyffwrdd i'r byw gan y fath brofiad dwys a chynhyrfus, ac yn mynegi'r profiad hwnnw mewn ffordd gyffrous a chofiadwy. Ond ni wneir hynny yma. Datgan ffeithiau noeth yn unig a wneir.

Meddai J. E. Meredith, gweinidog a chyfaill Gwenallt:

Ar ddiwedd ei oes bu Gwenallt ar daith ym Mhalestina, a cheir y sylw hwn yn y llyfr nodiadau a sgrifennodd ar y pryd: 'Am dri o'r gloch brynhawn y Groglith cynhaliwyd gwasanaeth Cymraeg yng Ngardd Gethsemane. Cychwynnais y gwasanaeth drwy ganu emyn Thomas Lewis, Talyllychau, "Wrth gofio'i riddfannau'n yr ardd". Ai dyma'r gwasanaeth Cymraeg cyntaf a gafwyd yng Ngardd Gethsemane? Aeth yr Ing a'r Brad drosom fel ffeithiau byw a phrofiadau dwys.'[166]

A dyma ran o'r gerdd sy'n cofnodi'r union achlysur hwn:

Deuddeg-ar-hugain o Gymry ar brynhawn y Groglith
Yn cynnal cyfarfod yng Ngardd Gethsemane:
Gweinidog yn darllen hanes yr Ardd
Yn y Beibl Cymraeg:
Gweinidog arall yn diolch i Dduw mewn gweddi
Am y rhagorfraint arbennig o gael bod yno ymhlith yr Olewydd:
A'r cwmni yn canu wedyn emyn Tomos Lewis Talyllychau
'Wrth gofio'i riddfannau'n yr Ardd ...'[167]

Ac yn y blaen. Y broblem yw fod y nodyn moel yn llyfr nodiadau Gwenallt yn cyfleu ing a gwefr yr achlysur yn llawer mwy effeithiol a grymus na'r gerdd ei hun. Mae'r gerdd yn swnio fel adroddiad papur newydd ar yr achlysur.

Ar y llaw arall, un o gerddi mwyaf ysgytwol y gyfrol yw 'Y Coed' ei hun:

Chwe miliwn o goed yng Nghaersalem, fe'u plannwyd hwy
Yn goeden am bob corff a losgwyd yn y ffyrnau nwy.

Coed sydd yn estyn eu gwreiddiau i ganol lludw pob ffwrn,
Y lludw sydd wedi mynd ar goll, heb fynwent na bedd nac wrn ...

Chwe miliwn o goed yng Nghaersalem, chwe miliwn a thair croes,
Ac ar y ganol Yr Unig Un a fu'n byw'r Efengyl yn ei oes.

Daw'r tymhorau i newid eu lliwiau, gwyrdd, melyn a gwyn.
Ond coedwig y marwolaethau'n aros a fyddant hwy, er hyn.

Pan fyddant ymhen blynyddoedd wedi tyfu i'w llawn maint,
Fe wêl y genhedlaeth honno nad oeddem ni yn llawer o saint.[168]

Derbyniad cymysglyd braidd a gafodd *Y Coed*, er mai hon oedd cyfrol olaf un o feirdd mwyaf yr ugeinfed ganrif yn y Gymraeg. Cyhuddwyd Gwenallt, unwaith yn rhagor, o fod yn or-ryddieithol ei fynegiant. Daliodd John Roderick Rees fod y 'cerddi penrhydd i fan a lle hanesyddol-Feiblaidd ac i gymeriadau'r Testament Newydd yn fwy rhyddieithol o dipyn' na'r cerddi eraill; ac mai ymhlith 'Cerddi Canaan' y gyfrol, 'y rhai mwyaf rheolaidd eu mesurau sydd braffaf eu cynnwys hefyd', gan enwi 'Y Coed', 'Yr Iddewon' a 'Swper yr Arglwydd' i brofi ei bwynt.[169] Barnodd mai 'cerdd ysgytiol-uniongyrchol, eneiniedig a di-hoced' oedd 'Y Coed' ei hun.[170]

Nid oedd pob adolygydd yn llawdrwm ar *Y Coed*. 'This posthumous volume of about sixty poems composed during the last few years of his life gives further evidence not only of his highly disciplined, almost austere, control of his poetic art but also of his profound significance as a major figure in Welsh literature,' meddai Idris Foster yn *Poetry Wales*.[171] Cynhwysai'r gyfrol brif themâu Gwenallt fel bardd o *Ysgubau'r Awen* ymlaen:

They are the majesty of God's purpose in the redemption of man: the Incarnation, "the blessed Passion, mighty Resurrection, and glorious Ascension" of Christ, the active, enlightening comfort of the Holy Spirit, and the healing, unifying consequences of these divine acts in time and place despite man's hubris or original sin.[172]

Er iddo nodi rhai gwendidau, canmol a wnaeth R. Geraint Gruffydd yntau yn ei adolygiad byr ar y gyfrol yn *Y Cylchgrawn Efengylaidd*. '[Y] mae yn eu plith amryw byd o gerddi sy'n ein hatgoffa'n llachar am wir fawredd Gwenallt fel bardd,' meddai.[173]

Nid oedd gwaith Nel Gwenallt wedi dod i ben gyda chyhoeddi'r gyfrol. Bwrw ymlaen gyda'r nofel oedd ei thasg nesaf hi, a honno'n dasg fwy cymhleth o lawer. 'Roedd llaw-ysgrifen Gwenallt wedi mynd yn rhemp yn ddiweddar, ac nid oes neb a all ei darllen ond mi,' meddai Nel wrth Ben Morse.[174] Cymerodd ddeuddeng mlynedd arall i gwblhau'r dasg, a bu'n rhaid iddi gael cymorth gan J. E. Caerwyn Williams i sicrhau bod y nofel yn barod ar gyfer y wasg. Cyhoeddwyd *Ffwrneisiau* ym 1982, dair blynedd ar ddeg ar ôl marwolaeth Gwenallt. Roedd ei gynhysgaeth lenyddol bellach yn llawn.

Claddwyd Gwenallt ym Mynwent Gyhoeddus Aberystwyth, ychydig lathenni yn unig oddi wrth ei Athro, ei gyd-weithiwr a'i eilun, T. Gwynn Jones. Darn o garreg arw, blaen yw ei garreg fedd, ac arni ceir ei enw, Gwenallt, yn ddiaddurn blaen, a blwyddyn ei eni a blwyddyn ei farwolaeth uwch ei enw. A dyna'r cyfan. Un gwahanol oedd Gwenallt, ac mae'r garreg noeth, ddiffriliau uwch ei fedd yn cyfleu egrwch, gwydnwch a gerwinder ei bersonoliaeth i'r dim; ond nid yw'n cyfleu amlochredd ei bersonoliaeth, y pegynau eithafol a gwrthgyferbyniol hynny yn ei bersonoliaeth a'i gwnâi'n unigryw. Delfrydwr oedd Gwenallt, delfrydwr a pherffeithydd, a pho fwyaf y delfryd, mwyaf y dadrith. 'Diflannodd yr Wtopia oddi ar gopa Gellionnen,' meddai yn 'Y Meirwon' yn *Eples*.[175] Trwy gydol ei fywyd bu'n chwilio am y wleidyddiaeth berffaith. Sosialydd a Marcsydd, aelod o'r Blaid Lafur Annibynnol, oedd y Gwenallt ifanc, ond ar ôl iddo gael ei siomi gan Lywodraeth Lafur 1924, ac ar ôl sefydlu Plaid Genedlaethol Cymru ym 1925, troes yn Genedlaetholwr. Cafodd fagwraeth grefyddol, a mynychai Gapel y Methodistiaid Calfinaidd ym Mhontardawe yn nyddiau ei blentyndod, ond troes oddi wrth grefydd ei dadau at yr Eglwys Esgobol, a hynny ar ôl chwarae â'r syniad o droi at yr Eglwys Gatholig; ond aeth o'r Eglwys wedyn yn ôl at Fethodistiaeth. Bu hefyd yn ystyried ymuno â'r Crynwyr ar un adeg.

Cychwynnodd ei yrfa fel bardd gyda disgyblaeth y gynghanedd a chrefft fanwl a chywrain y soned yn gefn ac yn ganllaw iddo, yna troes at benrhyddid y *vers libre*. Troes yn rhamantydd am blwc yn y coleg yn Aberystwyth, ond disodlwyd y rhamantydd gan y modernydd maes o law. Chwilio yr oedd Gwenallt eto, chwilio fel bardd am y dull mynegiant mwyaf addas i'w farddoniaeth ef ei hun. Barddoniaeth ac iddi genadwri oedd honno. Roedd ganddo rywbeth i'w ddweud. Yn hyn o beth roedd darllen gwaith Islwyn a phryddestau eisteddfodol y bedwaredd ganrif ar bymtheg wedi gwneud drwg mawr iddo. Aeth i gredu mai cynnwys y cerddi yn unig oedd yn bwysig ac mai eilbeth oedd y grefft, y mynegiant, heb sylweddoli na all yr hyn a ddywedir fod o wir werth heb iddo gael ei fynegi yn rymus, yn grefftus ac yn gofiadwy. Dywedodd Gwenallt am Niclas y Glais nad oedd yn malio dim am ffurf barddoniaeth, ac mai'r unig beth a oedd yn bwysig iddo oedd bod deunydd y farddoniaeth yn help i hybu'r gyfundrefn gomiwnyddol yn ei blaen. Roedd Gwenallt yn perthyn i'r un dull o feddwl yn union. Hyn sy'n peri bod elfen o anwastadrwydd yn ei waith diweddarach. Anwastadrwydd neu beidio, gadawodd nifer o gerddi gwirioneddol fawr ar ei ôl, a chorff cyhyrog o ganu a oedd yn ddrych eglur i fywyd gwleidyddol, crefyddol, diwydiannol a diwylliannol yr oes, y byd a'r Gymru yr oedd yn perthyn iddynt; ond pan safai ef ei hun o flaen y drych, roedd yr adlewyrchiad a welai ynddo ymhell o fod yn glir.

Nodiadau

Pennod 1: Cefndir a Magwraeth 1899–1913

[1] D. J. Williams, *Hen Dŷ Ffarm*, 1953, t. 20.

[2] Gwenallt, 'Rhydcymerau', *Eples*, 1951, t. 20; *Cerddi Gwenallt*, Golygydd: Christine James, 2001, t. 148.

[3] Gwenallt, 'Y Fro: Rhydcymerau', *D. J. Williams Abergwaun: Cyfrol Deyrnged*, Golygydd: J. Gwyn Griffiths, 1965, t. 121.

[4] 'Rhydcymere', *The Carmarthen Journal*, Medi 3, 1915, t. 7.

[5] Dafydd Ehedydd Jones, 'Gair o Rhydcwmere', *Seren Cymru*, Chwefror 13, 1880, t. 2.

[6] Dafydd Ehedydd Jones, 'Llidiadnenog', *The Carmarthen Journal*, Mawrth 5, 1909, t. 3.

[7] Dafydd Ehedydd Jones, 'Llidiadnenog', ibid., Mawrth 18, 1910, t. 2.

[8] Dafydd Ehedydd Jones, 'Syr James H. W. Drummond, Barwnig, Rhydodyn', ibid., Hydref 23, 1908, t. 2.

[9] Dafydd Ehedydd Jones, 'Marwnad Mr John Evans, Tirbach, Rhydcymerau, yr hwn a fu farw Medi y 5ed, yn 63 mlwydd oed', *The Carmarthen Weekly Reporter*, Hydref 6 (atodiad), 1899, t. 2.

[10] Dafydd Ehedydd Jones, 'Er Cof Anwyl am John Davies, mab Mr a Mrs Davies, Lletherbledry, Rhydcymerau, yr hwn a fu farw Mawrth 25ain, 1899, yn 25 mlwydd oed', ibid., Ebrill 21 (atodiad), 1899, t. 2.

[11] 'Rhydcymerau', *Eples*, tt. 20–21; *Cerddi Gwenallt*, t. 148.

[12] Gwenallt, 'D. J. Williams, Abergwaun', ibid., t. 22; *Cerddi Gwenallt*, t. 150.

[13] 'Y Fro: Rhydcymerau', tt. 121–122.

[14] Ibid., t. 118.

[15] Ibid., t. 122.

[16] Ibid., t. 116.

[17] Ceir yr hanes yn *The Carmarthen Journal*, Gorffennaf 1, 1892, t. 8, dan y pennawd 'The Carmarthenshire Mystery'. Cyhoeddwyd rhan o'r hanes yn *Y Darian*, Mehefin 30, 1892, t. 2, dan y pennawd 'Ar Goll yn Sir Gaerfyrddin'.

[18] 'Y Fro: Rhydcymerau', t. 124.

[19] Ibid.

[20] Gwenallt, 'Y Bardd a'i Fro', *Y Gwrandawr*, *Barn*, rhif 68, Mehefin 1968, t. vi.

[21] Albert Davies, 'Wanderings', dogfen anghyhoeddedig.

[22] Ibid.

[23] Ibid.

24   Ibid.

25   Ibid.

26   Ibid.

27   Ibid.

28   Dyfynnir gan D. Elwyn Davies, 'Gwenallt o'r Alltwen', *Y Cymro*, Ionawr 2, 1969, t. 36.

29   Gwenallt, Rhagymadrodd, *Llygad y Drws: Sonedau'r Carchar*, T. E. Nicholas, 1941, t. 9.

30   'Brutus', 'Tipyn o Bopeth o Bontardawy', *Y Darian*, Gorffennaf 2, 1914, t. 8.

31   Ibid., Gorffennaf 16, 1914, t. 8.

32   'Hirfryn', 'Soar, Pontardawy', ibid., Gorffennaf 23, 1914, t. 5.

33   Ibid.

34   Rhagymadrodd, *Llygad y Drws: Sonedau'r Carchar*, tt. 11–12.

35   Ibid., t. 12.

36   Ibid., t. 11.

37   'Cwmtwrch Notes', *Llais Llafur*, Ionawr 1, 1916, t. 2.

38   'Nodion Eisteddfodol', ibid., Medi 15, 1917, t. 4.

39   'Notes and Comments', ibid., Mehefin 6, 1914, t. 4.

40   W. Alfa Richards, englyn er cof am ei fam, Rachel Richards, colofn 'Clydach', ibid., Ionawr 15, 1916, t. 3.

41   Gwilym Cynlais, englynion i ddamwain a gafodd â'i feic, colofn 'Ystradgynlais Notes', ibid., t. 7.

42   D. G. Jones, Rhagymadrodd, *Murmuron Tawe*, 1913, t. 3.

43   Ibid.

44   D. G. Jones, 'Y Fellten', ibid., tt. 4–5.

45   D. G. Jones, 'Evan Evans, Gelligweirdy', ibid., t. 9.

46   D. G. Jones, 'Fy Nhad', ibid., t. 31.

47   D. G. Jones, 'Yr Alcanwr', ibid., t. 34.

48   D. G. Jones, 'Pregethwr Methodist', ibid., t. 71.

49   Rhagymadrodd, *Llygad y Drws: Sonedau'r Carchar*, t. 12.

50   Ibid., t. 9.

51   Gwenallt, 'Rhai Atgofion', *Llais y Lli*, Mai 25, 1966, t. 2.

52   Ibid.

53   'Penygroes a Dyffryn Aman', dan yr isbennawd 'Golden Grove', *The Carmarthen Journal*, Ebrill 5, 1918, t. 4.

54   'Nodion o Temple Bar a'r Cylch', ibid., Rhagfyr 13, 1907, t. 2.

55   Joshua Jones, 'Ysgol Nantygroes', *The Amman Valley Chronicle*, Ionawr 3, 1918, t. 4.

56   'Y Bardd a'i Fro', t. vi.

57   Gwenallt, *Ffwrneisiau*, 1982, t. 11.

58   Ibid., tt. 11–12.

59   Ibid., t. 12.

60   Ibid.

61   Ibid., t. 13.

62   Ibid.

63   Ibid., t. 39.

64   Gwenallt, 'Fy Nhad'; dyfynnir gan E. P. Jones yn ei ysgrif 'Atgofion am Gwenallt', *Taliesin*, cyf. 25, Rhagfyr 1972, t. 140 – soned a ysgrifennodd Gwenallt yn albwm E. P. Jones, gyda'r dyddiad '1/1/1933' wrth ei chwt; *Cerddi Gwenallt*, t. 400.

65   Gwenallt, 'Hiraeth', *Cerddi Gwenallt*, t. 412.

66   *Ffwrneisiau*, t. 29.

67   Gwenallt, 'Cefndir a Thwf', *Y Ddraig Goch*, cyf. 27, rhif 6, Mehefin 1955, t. 3.

68   Ibid.

69   'Y Fro: Rhydcymerau', t. 125.

Pennod 2: Blynyddoedd y Rhyfel Mawr 1914–1919

1   Rhagymadrodd, *Llygad y Drws: Sonedau'r Carchar*, t. 9.

2   'The War: Aberdare Valley Items', *The Aberdare Leader*, Awst 8, 1914, t. 7.

3   'South Wales Miners and the War', *Llais Llafur*, Awst 8, 1914, t. 1.

4   'A "Llais" Man off to War', ibid.

5   'War and the Workers', ibid., t. 4.

6   Ibid.

7   Ibid.

8   'Pontardawe and Alltwen Gleanings', ibid., Awst 15, 1914, t. 8.

9   Ibid.

10   Ibid.

11   'British Workers and German Militarism', ibid., Medi 5, 1914, t. 4.

12   Vernon Hartshorn, 'Labour's Patriotic Truce', ibid., t. 1.

13   'Unto You Young Men!', ibid.

14   *Ffwrneisiau*, t. 240.

15   'Wanderings'. Ailadroddir yma rai o'r pethau a ddywedwyd gan Vernon Hartshorn yn 'Labour's Patriotic Truce'.

16   Ibid.

17   Ibid.

18   'Pontardawe Annual Eisteddfod', *Llais Llafur*, Mehefin 26, 1915, t. 4.

19   Rhagymadrodd, *Llygad y Drws: Sonedau'r Carchar*, t. 12.

20   'Y Bardd a'i Fro', t. vi.

21   'Cwmtwrch'/'Repeal the Act', *The Pioneer*, Mawrth 4, 1916, t. 5.

22   'Anti-Conscription at Glais/Enthusiastic Meeting at I.L.P. Hall', ibid., Chwefror 26, 1916, t. 5.

23   'Stop The War Meeting at Pontardawe', ibid., Mawrth 25, 1916, t. 5.

24   'Stop-the-War Meeting at Clydach', ibid., Ebrill 1, 1916, t. 6.

25   'Pontardawe Tribunal Scenes', ibid., Mawrth 25, 1916, t. 1.

26 Albert Davies, 'Gwenallt – Scholar, Writer and Poet', *South Wales Voice*, Mai 27, 1971, t. 6.

27 'Y Bardd a'i Fro', t. vi.

28 Ibid.

29 'Wanderings'.

30 Ibid.

31 'Y Bardd a'i Fro', t. vi.

32 'Wanderings'.

33 Ibid.

34 Ibid.

35 Rhagymadrodd, *Llygad y Drws: Sonedau'r Carchar*, t. 10.

36 Ibid., tt. 10–11.

37 Ibid., t. 11.

38 'Pontardawe District Gleanings', *Llais Llafur*, Mai 10, 1919, t. 6.

39 'Well-known Valley Lecturer Handed over to the Military', ibid., Medi 16, 1916, t. 8.

40 'Pontardawe Notes'/'Mr. Nun Nicholas', *The Pioneer*, Medi 9, 1916, t. 1.

41 'Twelve Months for C.O.'s', ibid., Hydref 7, 1916, t. 3.

42 'Pontardawe Notes'/'Mr. Nicholas Again Arrested', ibid., Chwefror 24, 1917, t. 2.

43 Tommy Evans, '"The Labour Voice" and Compulsory Military Service', *Llais Llafur*, Ionawr 8, 1916, t. 7.

44 'Ynismeudw Man Sent to Gaol', ibid., Tachwedd 25, 1916, t. 4.

45 Ibid.

46 'Pontardawe Defence of the Realm Prosecution', *The Pioneer*, Rhagfyr 2, 1916, t. 1.

47 Ibid.

48 Kate Roberts, *Atgofion*, cyf. 1, 1972, t. 27.

49 Gwenallt, *Plasau'r Brenin*, 1934, t. 10.

50 Kate Roberts, 'Gwenallt: Atgofion Cyfeillion', *Y Gwrandawr, Barn*, rhif 77, Mawrth 1969, t. i.

51 Ibid.

52 Ibid.

53 'Conscientious Anarchists', *Llais Llafur*, Ebrill 15, 1916, t. 2.

54 'The Conscientious Objectors', ibid., Mawrth 4, 1916, t. 2.

55 'Wanderings'.

56 Ibid.

57 'Pontardawe Police Court'/'Absentee Fined £3', *Llais Llafur*, Ionawr 6, 1917, t. 5.

58 'Pontardawe and Alltwen Gleanings'/'At Dartmoor', ibid., Ebrill 7, 1917, t. 6.

59 'Wanderings'.

60 *Plasau'r Brenin*, t. 36.

61 Ibid., t. 35.

62 Ibid., t. 48.

63   Ibid., t. 129.

64   Gw. *Cofio Gwenallt*, Lynn Owen-Rees, 1978, t. 108. Ar Dachwedd 7, 1935, yr anfonodd Gwenallt y llythyr.

65   'Wanderings'.

66   Ibid.

67   *Ffwrneisiau*, t. 229.

68   Papurau Kate Roberts yn y Llyfrgell Genedlaethol, 40, llythyr oddi wrth David James Jones at Kate Roberts, Awst 20, 1917.

69   Ibid.

70   *Ffwrneisiau*, t. 232.

71   'Pontardawe District Tribunal', *Llais Llafur*, Medi 1, 1917, t. 4.

72   *Plasau'r Brenin*, t. 56.

73   Gwenallt, 'Credaf', *Credaf: Llyfr o Dystiolaeth Gristionogol*, Golygydd: J. E. Meredith, 1943, t. 58.

74   'Pontardawe District Tribunal', *Llais Llafur*, Medi 29, 1917, t. 1.

75   'Wanderings'.

76   '"Ought to be in Heaven"/Alltwen C.O.s Appeal', *Llais Llafur*, Mawrth 30, 1918, t. 6. Derbyniwyd y dyddiad Mai 20, 1917–Mai 20, 1919 fel cyfnod carchariad Gwenallt gan y mwyafrif helaeth o feirniaid llenyddol ac ysgolheigion a fu'n trafod cyfnod carchariad Gwenallt adeg y Rhyfel Byd Cyntaf. Ychwanegwyd at y dryswch pan gyhoeddwyd *Byddin y Brenin: Cymru a'i Chrefydd yn y Rhyfel Mawr*, Dewi Eirug Davies, ym 1988. Dywedodd Dewi Eirug Davies, ar dudalen 151, fod Gwenallt wedi ymddangos gerbron tribiwnlys ym mis Mawrth 1918. Ni ddywedodd ymhle y cynhaliwyd y tribiwnlys hwnnw, ac ni nodwyd, mewn troednodyn, unrhyw ffynhonnell ar gyfer yr haeriad ychwaith. Mae'n sicr mai cyfeirio at yr adroddiad hwn yn *Llais Llafur* yr oedd Dewi Eirug Davies. Ar sail yr hyn a ddywedodd Dewi Eirug Davies y daeth Gerwyn Wiliams i'r casgliad mai 'rhywbryd rhwng Awst 1917 a Mawrth 1918' y bu Gwenallt yn y carchar (*Tir Neb: Rhyddiaith Gymraeg a'r Rhyfel Byd Cyntaf*, 1996, t. 74), ond bu yno, fel y nodir yn y cofiant hwn, tan Ebrill 1919. Arweiniwyd sawl un ar gyfeiliorn gan haeriad diffynhonnell a didroednodyn Dewi Eirug Davies, er enghraifft, Diarmait Mac Giolla Chríost yn *Welsh Writing, Political Action and Incarceration*, 2013, tt. 16–17: 'What of the tribunal in March 1918? Kennedy notes … that, from around August 1916, the Central Tribunal began to hear the cases of conscientious objectors at HMP Wormwood Scrubs. These hearings were a part of the administration of a new scheme introduced by the British Government known as the 'Home Office Scheme', which resulted in some prisoners eventually being transferred to Dartmoor. Thus, D. E. Davies's reference (1988) to Gwenallt attending a tribunal in March 1918 now becomes very plausible, rather than confusing. Moreover, it helps us to understand better how Gwenallt came to be in Dartmoor, and the significance of that fact. Let us accept, then, that Gwenallt appeared before the Central Tribunal in HMP Wormwood Scrubs in March 1918'. Ond, wrth gwrs, ym Mhontardawe y cynhaliwyd y tribiwnlys hwnnw, nid yn Wormwood Scrubs.

77   'Credaf', t. 54.

78   Ibid.

79   Ibid.

80   *Ffwrneisiau*, tt. 62–63.

81   Gwenallt, 'Mynydd y Gwynfydau', *Y Coed*, 1969, t. 48; *Cerddi Gwenallt*, t. 325.

82   Gwenallt, 'Jezebel ac Elïas', *Gwreiddiau*, 1959, t. 67; *Cerddi Gwenallt*, t. 242.

83   'Pontardawe Alltwen', *Llais Llafur*, Gorffennaf 6, 1918, t. 6.

84   D. J. Williams, 'Gair o Goffa am Gwenallt a'i Gefndir', *Barn*, rhif 75, Ionawr 1969, t. 60.

85   'J. Beddoe Jones yn cofio Gwenallt yn Dartmoor', *Barddas*, rhif 15, Ionawr 1978, t. 1.

86   Ibid.

87   Ibid.

88   Ibid.

89   Ibid., t. 3.

90   Ibid.

91   'W.D.', 'Dartmoor', *The Pioneer*, Tachwedd 3, 1917, t. 2.

92   Ibid.

93   Ibid.

94   Ibid.

95   Gwenallt, 'Dartmoor', *Cnoi Cil: Cerddi a Sonedau*, 1942, t. 26; *Cerddi Gwenallt*, t. 132.

96   P. O. Jones, 'Penyd a Gwastraff', *Y Faner*, Medi 29, 1917, t. 6.

97   Ibid.

98   *Plasau'r Brenin*, t. 57.

99   'Wanderings'; llythyr oddi wrth Gwenallt at Albert Davies, diddyddiad. Dilynwyd y copi gwreiddiol o'r llythyr yma eto, ond bregus yw'r papur, ac mae un rhan ohono ar goll yn llwyr. Mae llawysgrifen Gwenallt, fodd bynnag, yn hollol glir.

100   Gw. llun o'r dudalen yn *Cofio Gwenallt*, Lynn Owen-Rees, rhwng t. 32 a t. 33.

101   'Notes of the Week' (Golygyddol), *Llais Llafur*, Mawrth 17, 1917, t. 2.

102   Ceir llun o'r llythyr yn ei grynswth yn *Cofio Gwenallt*, rhwng t. 80 a t. 81, ac yn *Bro a Bywyd Gwenallt (David James Jones) 1899–1968*, Golygydd: Dafydd Rowlands, 1982, llun 71, t. 27.

103   'Pontardawe's Crowning Efforts: Peace Day Celebrations', *Llais Llafur*, Gorffennaf 26, 1919, t. 6.

104   *Plasau'r Brenin*, t. 11.

105   Ibid.

106   Ibid., t. 12.

107   Ibid., t. 58.

108   Ibid., tt. 37–38.

109   Ibid., tt. 78–79.

110   Ibid., t. 110.

111   Ibid., tt. 123–124.

[112]   Ibid., tt. 124–125.

[113]   Ibid., tt. 125–126.

Pennod 3: Coleg Aberystwyth 1919–1925

[1]   'Wanderings'.

[2]   'Y Fro: Rhydcymerau', t. 124.

[3]   'Wanderings'; llythyr oddi wrth Gwenallt at Albert Davies, diddyddiad.

[4]   Ibid.

[5]   'Pontardawe District Gleanings', *Llais Llafur*, Hydref 2, 1920, t. 6.

[6]   Gwenallt, 'Beddau', *Ysgubau'r Awen*, 1939, argraffiad 1957, t. 20; *Cerddi Gwenallt*, t. 76.

[7]   Ym meddiant y Parchedig J. E. Meredith, Aberystwyth, yr oedd y cerddi hyn, ac fe'u cyflwynwyd i'r Llyfrgell Genedlaethol gan ei fab, John Meredith. Cyfeirir at y cerddi hyn fel Casgliad J. E. Meredith ('Gwenallt yn ŵr ieuanc') o hyn ymlaen.

[8]   Gwenallt, 'Fy Mrawd Bach', Casgliad J. E. Meredith ('Gwenallt yn ŵr ieuanc'). Rhifir y cerddi hyd at dudalen 48, ac yna ceir swp o gerddi heb rif arnynt, a hon yn un o'r rheini.

[9]   Ceir yr englynion, 'Er Cof am Mr. Oliver Jones …', yn *Ysgubau'r Awen*, tt. 63–64; *Cerddi Gwenallt*, tt. 94–95. Cyhoeddwyd fersiwn cynharach o'r englynion yn *A Book of Aberystwyth Verse*, Golygyddion: Charles Davies ac E. Prosser Rhys, 1926, tt. 24–25. Cyhoeddwyd y fersiwn gwreiddiol yn *Cerddi Gwenallt*, tt. 369–370. 'Er Cof am fy nghyfaill annwyl, Mr. Oliver Jones, Pontardawe, englynwr a thelynor, a foddodd yng ngolwg Aberaeron, Awst 1918' a geir yn deitl i'r englynion yn *A Book of Aberystwyth Verse*.

   Yn ôl 'Pontardawe – Alltwen Gleanings', *Llais Llafur*, Awst 31, 1918, t. 6:
   Mr. and Mrs. Morgan Jones, Grove-road, Pontardawe, received the sad tidings on Saturday last that their son, Gunner Oliver Jones, had been drowned at sea. Deceased was only 28 years of age, and a well-known figure in South Wales bardic circles and amongst penillion singers. Only a few weeks ago he was home on leave and captured the prize at Treboeth Eisteddfod. He was also engaged on the same day as adjudicator for next year's eisteddfod in the same place. Prior to enlisting he was engaged at the Bryn Tinplate Works, and took part in many reception meetings held in the district. He was a brother to Pte. T. Gunston[e] Jones, a popular elocutionist, who is now in France. Both brothers figured prominently at the Dewi Sant gatherings held in Pontardawe. Gunner Jones was engaged to be married …

[10]   Cassie Davies, *Hwb i'r Galon*, 1973, t. 59.

[11]   Gwenallt, *Cofiant Idwal Jones*, 1958, t. 74.

[12]   'Rhai Atgofion', *Llais y Lli*, Mai 25, 1966, t. 2.

[13]   *Hwb i'r Galon*, t. 63.

[14]   Iorwerth C. Peate, *Rhwng Dau Fyd: Darn o Hunangofiant*, 1976, t. 63.

[15]   Gwilym James, 'Post-war Aber', *The College by the Sea (A Record and a Review)*, Golygydd: Iwan Morgan, 1928, t. 145.

[16]   *Cofiant Idwal Jones*, tt. 75–76. Daw'r dyfyniadau o gerdd W. J. Gruffydd, '1914–1918: yr Ieuainc wrth yr Hen'.

17   *Hwb i'r Galon*, t. 61.

18   Ibid., tt. 61–62.

19   Ibid., t. 62.

20   *Rhwng Dau Fyd*, t. 69.

21   *Cofiant Idwal Jones*, t. 79.

22   Gwenallt, 'Idwal Jones a'i Waith', *Yr Efrydydd*, cyf. 3, rhif 3, 1938, t. 34.

23   *Rhwng Dau Fyd*, t. 68.

24   'Wanderings'.

25   Ibid.; llythyr oddi wrth Gwenallt at Albert Davies, diddyddiad.

26   'Credaf', t. 58.

27   'Wanderings'; llythyr oddi wrth Gwenallt at Albert Davies, diddyddiad: yr un llythyr â
      throednodyn 25 uchod.

28   Ibid.; llythyr oddi wrth Gwenallt at Albert Davies, diddyddiad.

29   Ibid.

30   Ibid.

31   Ibid.; llythyr oddi wrth Gwenallt at Albert Davies, diddyddiad.

32   Ibid.

33   Ibid.; llythyr oddi wrth Gwenallt at Albert Davies, diddyddiad.

34   'Credaf', t. 59.

35   Ibid.

36   Ibid., tt. 59–60.

37   Ibid., t. 61.

38   Ibid.

39   'Rhai Atgofion', t. 2.

40   Ibid. Gw. yn ogystal *Cofiant Idwal Jones*, tt. 95–96.

41   Ibid.

42   Ibid.

43   Ibid.

44   Ibid.

45   Ibid.

46   Ibid.

47   Ibid.

48   W. J. Gruffydd, 'Beirniadaeth/Eisteddfod Coleg Aberystwyth', *Y Brython*, Ebrill 6, 1922,
      t. 4.

49   Ibid.

50   Gwenallt, 'Ynys Enlli', *Cerddi Gwenallt*, t. 375.

51   'Beirniadaeth/Eisteddfod Coleg Aberystwyth', t. 4.

52   'Rhai Atgofion', t. 2.

53   'Ynys Enlli', *Cerddi Gwenallt*, t. 372.

54   Gwenallt, 'Cyfnos a Gwawr', *Cerddi Gwenallt*, t. 380.

55   Ibid.

56   Ibid.

57   Ibid., t. 385.

58   'Rhai Atgofion', t. 2.

59   Ibid.

60   Ibid.

61   'Credaf', tt. 61–62.

62   Ibid., t. 63.

63   Ibid.

64   'Wanderings'; llythyr oddi wrth Gwenallt at Albert Davies, diddyddiad.

65   Ibid.

66   Ibid.; llythyr oddi wrth Gwenallt at Albert Davies, diddyddiad.

67   Ibid.

68   Ibid.

69   Ibid.

70   Ibid.

71   Ibid.

72   Ibid.

73   Ibid.

74   'Credaf', t. 57.

75   Walter Pater, *The Renaissance*, 1873, t. 196.

76   Ibid., t. 197.

77   Ibid.

78   Gwenallt, 'F'anwylyd', Casgliad J. E. Meredith ('Gwenallt yn ŵr ieuanc'), t. 1.

79   Gwenallt, 'Rhydfelin', ibid., t. 2.

80   Gwenallt, 'Yr Hen Gloddiwr', ibid., tt. 4–5.

81   Gwenallt, 'Neli'r Go', ibid., tt. 14–15.

82   Gwenallt, 'Galar', ibid., t. 19.

83   Gwenallt, 'Côr yr Efail', ibid., t. 7.

84   Gwenallt, 'Hwyrnos', ibid., t. 6.

85   Gwenallt, 'Y Geinach', ibid., t. 3.

86   Gwenallt, 'Y Gath Lwyd', ibid., t. 9.

87   Ibid., t. 10.

88   Gwenallt, 'Cân o Fawl', ibid., t. 13.

89   Gwenallt, 'Gorhoen y Wlad', ibid., tt. 21–23.

90   Gwenallt, 'Dymuniad', ibid., t. 24.

91   Gwenallt, 'Ann', ibid., t. 10.

92   Gwenallt, 'Abraham Eto', ibid., t. 11.

93   Wilfred Owen, 'The Parable of the Old Man and the Youth', *The War Poems of Wilfred Owen*, Golygydd: Jon Stallworthy, 1994, t. 61.

94   Gwenallt, 'Fy Mam', Casgliad J. E. Meredith ('Gwenallt yn ŵr ieuanc'), tt. 17–18.

95   Gwenallt, 'Y Meirwon', *Eples*, t. 10; *Cerddi Gwenallt*, t. 140.

96   Gwenallt, 'Gwirionedd', Casgliad J. E. Meredith ('Gwenallt yn ŵr ieuanc'), t. 25.

97   Ibid.

98   Ibid., t. 26.

99   Gwenallt, 'Y Ddwy Riain', ibid., t. 29.

100   Ibid.

101   Ibid., t. 30.

102   Gwenallt, 'Y Ddawnsferch', ibid., t. 30.

103   Ibid., t. 31.

104   Gwenallt, 'Pechod', *Ysgubau'r Awen*, t. 78; *Cerddi Gwenallt*, t. 103.

105   Gwenallt, 'Y Ddawns', Casgliad J. E. Meredith ('Gwenallt yn ŵr ieuanc'), t. 38.

106   Gwenallt, 'Yr Iddewes', ibid., t. 36.

107   Gwenallt, 'Noddfa', ibid., t. 42.

108   'Wanderings'; llythyr oddi wrth Gwenallt at Albert Davies, diddyddiad.

109   Gwenallt, 'Beethoven', Casgliad J. E. Meredith ('Gwenallt yn ŵr ieuanc'), t. 35.

110   Gwenallt, 'Tristwch', ibid., t. 41.

111   Gwenallt, 'Dau Gysgod', ibid., t. 40.

112   Gwenallt, 'Dadrith', ibid., t. 45.

113   'Wanderings'.

114   Ibid.

115   Ibid.

116   Gwenallt, 'Beirdd yr Angau', *Heddiw*, cyf. 3, rhif 12, Gorffennaf/Awst 1938, tt. 349–350.

117   'Wanderings'.

118   Lynn Owen-Rees, Rhagair, *Cofio Gwenallt*, [t. 8].

119   Beth Owen, 'Cywiro Camsyniadau', *Taliesin*, cyf. 38, Gorffennaf 1979, t. 90.

120   Gwenallt, *Y Bardd yn ei Weithdy: Ysgyrsiau gyda Beirdd* (Cyfres Pobun XVI), Golygydd: T. H. Parry-Williams, Golygydd y gyfres: E. Tegla Davies, 1948, t. 27.

121   Ezra Pound, *Hugh Selwyn Mauberley*, 1920, t. 12.

122   Gwenallt, 'Fy Marn ar Waith fy Athro', *Y Ford Gron*, cyf. 4, rhif 11, Medi 1934, t. 264.

123   'Beirdd yr Angau', t. 348.

124   Ibid., tt. 348–349.

Pennod 4: Ennill a Cholli 1925-1929

1   Albert Davies, 'Wanderings'.

2   Ibid.

3   Ibid.

4   Ibid.

5   Ibid.

6   Ibid.

7   Gwenallt, 'I'r Forwyn Fair', Casgliad J. E. Meredith ('Gwenallt yn ŵr ieuanc'), dim rhif tudalen.

8   Gwenallt, 'Mam y Lili', ibid.

9   Gwenallt, 'Y Fendith', ibid.

10   Gwenallt, '"Wele Oen Duw"', ibid.

11   Gwenallt, 'Pietas Mariana', ibid.

12   Gwenallt, 'Gwae Fi', ibid. Cyhoeddwyd dau o benillion y gerdd gan J. E. Meredith yn *Gwenallt: Bardd Crefyddol*, 1974, t. 20; atgynhyrchwyd y ddau bennill yn *Cerddi Gwenallt*, t. 394.

13   Ibid.

14   Ibid.

15   'Wanderings'.

16   John Morris-Jones, beirniadaeth ar gystadleuaeth y Gadair, *Cofnodion a Chyfansoddiadau Eisteddfod Genedlaethol 1926 (Abertawe)*, Golygydd: E. Vincent Evans, t. 5.

17   Ibid.

18   Ibid., t. 6.

19   Ibid.

20   J. J. Williams, beirniadaeth ar gystadleuaeth y Gadair, ibid., t. 15.

21   Ibid.

22   Ibid., t. 17.

23   R. Williams Parry, beirniadaeth ar gystadleuaeth y Gadair, ibid., t. 25.

24   Ibid.

25   Gwenallt, 'Y Mynach', *Cofnodion a Chyfansoddiadau Eisteddfod Genedlaethol 1926 (Abertawe)*, t. 26; *Y Mynach a'r Sant: Dwy Awdl* gan D. Gwenallt Jones, 1928, t. 9; 'A dywed, os gwrandewi' yw'r drydedd linell yma; *Cerddi Gwenallt*, t. 3.

26   Ibid., t. 27; *Y Mynach a'r Sant*, t. 10; 'gwarae lleian' a geir yn y llinell olaf; *Cerddi Gwenallt*, t. 4.

27   Ibid., t. 27; *Y Mynach a'r Sant*, t. 11; 'Pan bechai' a geir yn yr ail linell; *Cerddi Gwenallt*, t. 5.

28   Ibid., t. 27; *Y Mynach a'r Sant*, t. 10; *Cerddi Gwenallt*, t. 5.

29   Gwenallt, 'Cymru', *Ysgubau'r Awen*, t. 24; *Cerddi Gwenallt*, t. 70.

30   Gwenallt, 'Y Mynach', *Cofnodion a Chyfansoddiadau Eisteddfod Genedlaethol 1926 (Abertawe)*, t. 28; *Y Mynach a'r Sant*, t. 12; *Cerddi Gwenallt*, t. 7.

31   Ibid., t. 28; *Y Mynach a'r Sant*, t. 13; *Cerddi Gwenallt*, t. 7.

32   Ibid., t. 29; *Y Mynach a'r Sant*, t. 14; 'Enaid llon ydyw ffurf y cnawd lluniaidd' a geir yn y llinell olaf; *Cerddi Gwenallt*, t. 8.

33   Ibid., tt. 29, 30; *Y Mynach a'r Sant*, tt. 14, 15; 'Tyner i minnau'r tân ar ei mynwes' a geir yn llinell olaf y pennill cyntaf; 'Ar farmor allor ogylch canhwyllau' a geir yn ail linell yr ail bennill, ac 'a guddiai'r Cymun' a geir yn y drydedd linell; *Cerddi Gwenallt*, tt. 9, 10.

34   Ibid., t. 30; *Y Mynach a'r Sant*, tt. 15, 16; 'a gweddïai f'ingoedd' a geir yn ail linell yr ail bennill; *Cerddi Gwenallt*, tt. 10, 11.

35 Ibid., t. 31; *Y Mynach a'r Sant*, t. 17; 'Un hwyr, yn wylo, rhiain a welais' yw'r llinell gyntaf; *Cerddi Gwenallt*, t. 12.

36 Ibid., t. 31; *Y Mynach a'r Sant*, t. 17; *Cerddi Gwenallt*, t. 12.

37 Ibid., t. 31; *Y Mynach a'r Sant*, t. 17; *Cerddi Gwenallt*, t. 12.

38 Ibid., t. 31; *Y Mynach a'r Sant*, t. 18; 'Wedi'r haf, daw mwynder hir' yw'r llinell gyntaf; *Cerddi Gwenallt*, t. 13.

39 Ibid., t. 32; *Y Mynach a'r Sant*, t. 19; *Cerddi Gwenallt*, t. 14.

40 Ibid., t. 32; *Y Mynach a'r Sant*, t. 19; *Cerddi Gwenallt*, t. 14.

41 Ibid., t. 33; *Y Mynach a'r Sant*, t. 20; *Cerddi Gwenallt*, t. 15.

42 Ibid., t. 33; *Y Mynach a'r Sant*, t. 20; 'A molaf f'annwyl' a geir yn y llinell olaf; *Cerddi Gwenallt*, t. 15.

43 Ibid., tt. 34, 35; *Y Mynach a'r Sant*, tt. 21, 23; 'yn wallgof lawenydd' a geir yn llinell gyntaf y pennill cyntaf; *Cerddi Gwenallt*, tt. 17, 19.

44 Ibid., t. 37; *Y Mynach a'r Sant*, t. 26; 'Yn yngan "Angela"' a 'Hunai'r lloer oer, a'r eira' a geir yn yr ail englyn; *Cerddi Gwenallt*, t. 22.

45 'Credaf', t. 64.

46 Ibid., t. 65.

47 Ibid.

48 Ibid.

49 Ibid.

50 *Cofiant Idwal Jones*, t. 80.

51 'Wanderings'.

52 'Pontardawe Notes', *South Wales Voice*, Gorffennaf 30, 1927, t. 6.

53 Gwenallt, 'Cyfeillion', *Y Coed*, t. 34; *Cerddi Gwenallt*, t. 310.

54 Archif B. J. Morse 422/65 yn Llyfrgell Prifysgol Caerdydd, llythyr oddi wrth Gwenallt at B. J. Morse, Mehefin 7, 1937.

55 'Ladle of Metal Explodes', *The West Wales Observer*, Medi 30, 1927, t. 2. Ceir adroddiad hefyd yn *Llais Llafur*, 'Caught in Shower of Molten Steel', Hydref 1, 1927, t. 1. Adroddiad *The West Wales Observer* a ddefnyddir yma, er mai'r un adroddiad yw'r ddau i bob pwrpas.

56 Ibid.

57 Ibid.

58 Ibid.

59 Ibid.

60 Ibid.

61 Ibid.

62 'Credaf', t. 58.

63 'Wanderings'.

64 'Alltwen Bard: Burial of Mr. Thos. Jones, Alltwen', *South Wales Voice*, Hydref 8, 1927, t. 3.

65 'Wanderings'.

66 *Plasau'r Brenin*, t. 53.

67   Ibid., t. 75.

68   John Morris-Jones, beirniadaeth ar gystadleuaeth y Gadair, *Cofnodion a Chyfansoddiadau Eisteddfod Genedlaethol 1928 (Treorci)*, Golygydd: E. Vincent Evans, t. 3.

69   Ibid.

70   Ibid.

71   Ibid., t. 4.

72   Ibid., t. 3.

73   J. J. Williams, beirniadaeth ar gystadleuaeth y Gadair, ibid., t. 9.

74   Ibid.

75   Ibid.

76   Ibid., t. 11.

77   Ibid., t. 12.

78   Ibid.

79   Ibid.

80   Ibid.

81   Elfed, beirniadaeth ar gystadleuaeth y Gadair, ibid., t. 14.

82   Ibid.

83   Ibid.

84   Deulwyn Morgan, dyfynnir yn *Dewi Morgan: Cofiant*, Nerys Ann Jones, 1987, t. 85.

85   Gwenallt, 'Y Sant', *Y Mynach a'r Sant: Dwy Awdl*, t. 31; *Cerddi Gwenallt*, t. 25.

86   Ibid., t. 31; *Cerddi Gwenallt*, t. 25.

87   Ibid., t. 31; *Cerddi Gwenallt*, t. 26.

88   Ibid., t. 30; *Cerddi Gwenallt*, t. 25.

89   Caradog Prichard, 'Chair Critics Criticised', *Western Mail*, Awst 10, 1928, t. 9.

90   *Plasau'r Brenin*, t. 59.

91   'Y Sant', t. 31; *Cerddi Gwenallt*, t. 26.

92   Gwenallt, 'Epigramau', *Gwreiddiau*, t. 26; *Cerddi Gwenallt*, t. 207.

93   'Y Sant', t. 31; *Cerddi Gwenallt*, t. 26.

94   Ibid., t. 32; *Cerddi Gwenallt*, t. 27.

95   Ibid., tt. 32, 33; *Cerddi Gwenallt*, tt. 27, 28.

96   Ibid., t. 33; *Cerddi Gwenallt*, t. 28.

97   Ibid., tt. 33–34; *Cerddi Gwenallt*, t. 29.

98   Ibid., t. 34; *Cerddi Gwenallt*, t. 29.

99   Ibid., t. 34; *Cerddi Gwenallt*, t. 30.

100   Ibid., t. 35; *Cerddi Gwenallt*, t. 30.

101   Ibid., t. 38; *Cerddi Gwenallt*, t. 34.

102   Ibid., tt. 38–39; *Cerddi Gwenallt*, tt. 34–35.

103   Ibid., t. 39; *Cerddi Gwenallt*, t. 35.

104   Ibid., t. 40; *Cerddi Gwenallt*, t. 36.

105   Ibid., t. 41; *Cerddi Gwenallt*, t. 37.

106   Ibid., t. 42; *Cerddi Gwenallt*, t. 38.

107   Ibid., t. 42; *Cerddi Gwenallt*, t. 38.

108   Ibid., t. 43; *Cerddi Gwenallt*, t. 39.

109   Ibid., t. 44; *Cerddi Gwenallt*, t. 40.

110   Ibid., t. 44; *Cerddi Gwenallt*, t. 40.

111   Ibid., tt. 44–45; *Cerddi Gwenallt*, tt. 40–41.

112   Ibid., t. 44; *Cerddi Gwenallt*, t. 40.

113   Ibid., t. 44; *Cerddi Gwenallt*, t. 40.

114   Ibid., t. 45; *Cerddi Gwenallt*, t. 41.

115   Ibid., tt. 45–46; *Cerddi Gwenallt*, t. 42.

116   Ibid., t. 45; *Cerddi Gwenallt*, t. 41.

117   Saunders Lewis, *Williams Pantycelyn*, 1927, t. 127.

118   Ibid., t. 107.

119   Ibid., t. 110.

120   Ibid., tt. 110–111.

121   Ibid., t. 111.

122   Ibid., t. 113.

123   Ibid., t. 114.

124   Ibid., t. 115.

125   Ibid., tt. 115–116.

126   Ibid., t. 120.

127   'Y Sant', tt. 41, 42; *Cerddi Gwenallt*, t. 37.

128   *Williams Pantycelyn*, t. 121.

129   'Y Sant', t. 44; *Cerddi Gwenallt*, t. 40.

130   *Williams Pantycelyn*, t. 130.

131   Ibid., t. 132.

132   Ibid., t. 133.

133   E. Prosser Rhys, 'Led-led yr Eisteddfod', *Y Faner*, Awst 14, 1928, t. 5. Er mai 'Gan Nid Euroswydd' a geir uwch y llith, mae'n bur sicr mai Prosser Rhys ('Euroswydd' *Y Faner*) a'i lluniodd.

134   Ibid.

135   Ibid.

136   Meuryn (R. J. Rowlands), 'Y Llen Lliain', *Yr Herald Cymraeg*, Hydref 2, 1928, t. 4.

137   Ibid., Awst 14, 1928, t. 4.

138   Thomas Parry yn adolygu *Y Mynach a'r Sant: Dwy Awdl*, *Y Llenor*, cyf. VIII, rhif 1, Gwanwyn 1929, t. 61.

139   Ibid.

140   Ibid., t. 60.

141   Ibid., tt. 60–61.

142   Ibid., t. 61.

143 Iorwerth C. Peate, 'Am Lyfrau', *Y Brython*, Rhagfyr 20, 1928, t. 4.

144 Thomas Parry yn adolygu *Y Mynach a'r Sant: Dwy Awdl*, t. 63.

145 Ibid.

146 Ibid.

147 Ibid.

148 Ibid., tt. 63–64.

149 'Am Lyfrau', t. 4.

150 Thomas Parry yn adolygu *Y Mynach a'r Sant: Dwy Awdl*, t. 61.

151 Ibid., t. 62.

152 'Am Lyfrau', t. 4.

153 Thomas Parry yn adolygu *Y Mynach a'r Sant: Dwy Awdl*, t. 62.

154 'Am Lyfrau', t. 4.

155 Saunders Lewis, '"Y Sant"', *Y Llenor*, cyf. VII, rhif 4, Gaeaf 1928, t. 227.

156 E. Prosser Rhys, 'Led-led Cymru', *Y Faner*, Awst 28, 1928, t. 5.

157 Ibid.

158 '"Y Sant"', t. 228.

159 Ibid.

160 Ibid., t. 229.

161 Ibid., tt. 229–230.

162 Saunders Lewis, 'Addurn ar Lenyddiaeth Cymru Heddiw', *Y Ddraig Goch*, cyf. 3, rhif 9, Chwefror 1929, t. 3.

163 Ibid.

164 Ibid.

165 Ibid.

166 Ibid.

167 Ibid.

168 Ibid. Ceir trafodaeth wych ar 'Y Sant' ac ar yr ymateb ar y pryd i'r awdl gan yr Athro Peredur Lynch, '"Y Sant" Gwenallt', yn *Cwm Tawe* (Cyfres y Cymoedd), Golygydd: Hywel Teifi Edwards, 1993, tt. 293–328.

169 Amanwy, 'Colofn Cymry'r Dyffryn', *The Amman Valley Chronicle*, Mawrth 21, 1929, t. 2.

170 Ibid.

171 Ibid.

172 Gwenallt, 'Sir Gaerfyrddin', *Y Coed*, t. 11; *Cerddi Gwenallt*, t. 286.

Pennod 5: O 'Breuddwyd y Bardd' hyd at *Ysgubau'r Awen* 1930–1939

1 J. Lloyd Jones, beirniadaeth ar gystadleuaeth y Gadair, *Cofnodion a Chyfansoddiadau Eisteddfod Genedlaethol 1931 (Bangor)*, Golygydd: E. Vincent Evans, t. 24.

2 Ibid., t. 28.

3 J. J. Williams, beirniadaeth ar gystadleuaeth y Gadair, ibid., t. 36.

4 T. H. Parry-Williams, beirniadaeth ar gystadleuaeth y Gadair, ibid., t. 45.

5   Gwenallt, 'Breuddwyd y Bardd', ibid., t. 46; *Cerddi Gwenallt*, t. 47.

6   Ibid., t. 46; *Cerddi Gwenallt*, t. 47.

7   Ibid., t. 46; *Cerddi Gwenallt*, t. 47.

8   Ibid., t. 46; *Cerddi Gwenallt*, t. 47.

9   Ibid., t. 47; *Cerddi Gwenallt*, t. 49.

10   Ibid., t. 49; *Cerddi Gwenallt*, tt. 51, 52.

11   Hedd Wyn, 'Yr Arwr', *Cofnodion a Chyfansoddiadau Eisteddfod Genedlaethol 1917 (Birkenhead)*, Golygydd: E. Vincent Evans, t. 28.

12   Ibid., t. 36.

13   'Breuddwyd y Bardd', t. 50; *Cerddi Gwenallt*, t. 53.

14   'Yr Arwr', t. 28.

15   'Breuddwyd y Bardd', t. 48; *Cerddi Gwenallt*, t. 50.

16   Gwenallt, 'Great Welsh Figures: Symbols of Hope and Despair', *Western Mail*, Awst 7, 1931, t. 9.

17   'Breuddwyd y Bardd', t. 47; *Cerddi Gwenallt*, t. 49.

18   Ibid., t. 48; *Cerddi Gwenallt*, t. 51.

19   Ibid., t. 46; *Cerddi Gwenallt*, t. 47.

20   Ibid., tt. 46–47; *Cerddi Gwenallt*, t. 48.

21   Ibid., t. 50; *Cerddi Gwenallt*, t. 53.

22   *Armes Prydein o Lyfr Taliesin*, Golygydd: Ifor Williams, 1964, t. 6; diweddariad.

23   'Afallennau Myrddin', *Llyfr Du Caerfyrddin*, Golygydd: A. O. H. Jarman, 1982, t. 27; diweddariad.

24   Ibid., t. 28; diweddariad.

25   'Oianau Myrddin', ibid., t. 31; diweddariad.

26   'Breuddwyd y Bardd', t. 47; *Cerddi Gwenallt*, t. 48.

27   Ibid., t. 52; *Cerddi Gwenallt*, t. 57.

28   Ibid., t. 47; *Cerddi Gwenallt*, t. 49.

29   Gw. y troednodyn isod. Trafod *The Poetical Works of Dafydd Nanmor*, 1923, a olygwyd gan Thomas Roberts ac Ifor Williams, yr oedd Saunders Lewis yn ei ysgrif yn *Y Llenor*, ac efallai mai yn yr ysgrif honno y gwelodd Gwenallt y pennill yr oedd yn cyfeirio ato yn yr awdl.

30   Saunders Lewis, 'Dafydd Nanmor', *Y Llenor*, cyf. IV, rhif 3, Hydref 1925, t. 148.

31   Mwy na thebyg mai yn *Cywyddau Iolo Goch ac Eraill*, a olygwyd gan Henry Lewis, Thomas Roberts ac Ifor Williams, ac a gyhoeddwyd ym 1925, y darllenodd Gwenallt y cywydd 'Marwnad Ithel ap Robert'.

32   'Breuddwyd y Bardd', t. 49; *Cerddi Gwenallt*, t. 51.

33   Ibid., t. 49; *Cerddi Gwenallt*, t. 52.

34   Ibid., t. 49; *Cerddi Gwenallt*, t. 53.

35   Ibid., t. 50; *Cerddi Gwenallt*, t. 52.

36   Ibid., t. 50; *Cerddi Gwenallt*, t. 53.

37   Ibid., t. 50; *Cerddi Gwenallt*, t. 53.

[38]   Gwenallt, 'Iwerddon', *Ysgubau'r Awen*, t. 72; *Cerddi Gwenallt*, t. 100.

[39]   'Breuddwyd y Bardd', t. 47; *Cerddi Gwenallt*, t. 48.

[40]   *Plasau'r Brenin*, t. 89.

[41]   Ibid., t. 43.

[42]   'Breuddwyd y Bardd', t. 50; *Cerddi Gwenallt*, t. 53.

[43]   Saunders Lewis, 'Llythyr ynghylch Catholigiaeth', *Y Llenor*, cyf. VI, rhif 2, Haf 1927, t. 77.

[44]   'Breuddwyd y Bardd', t. 51; *Cerddi Gwenallt*, t. 55.

[45]   Saunders Lewis, 'The Present State of the Welsh Drama', *The Welsh Outlook*, cyf. VI, rhif 72, Rhagfyr 1919, t. 302.

[46]   'Breuddwyd y Bardd', t. 52; *Cerddi Gwenallt*, t. 56.

[47]   Ibid., t. 52; *Cerddi Gwenallt*, t. 56.

[48]   Ibid., t. 53; *Cerddi Gwenallt*, t. 58.

[49]   Ibid., t. 53; *Cerddi Gwenallt*, t. 58.

[50]   Ibid., t. 51; *Cerddi Gwenallt*, t. 55.

[51]   E. Prosser Rhys, 'Led-led Cymru', *Y Faner*, Awst 18, 1931, t. 5.

[52]   J. T. Jones, 'Eisteddfod Genedlaethol Go Ddi-liw', *Y Ford Gron*, cyf. 1, rhif 11, Medi 1931, t. 8.

[53]   Rhys Puw, 'Actio Gwych mewn Dau Goleg', *Y Ford Gron*, cyf. 2, rhif 6, Ebrill 1932, t. 139.

[54]   Ibid.

[55]   Ibid.

[56]   'Wanderings'.

[57]   R. Williams Parry, 'Gwragedd' I, *Yr Haf a Cherddi Eraill*, arg. 1970, t. 50.

[58]   'Pontardawe', *The West Wales Observer*, Chwefror 10, 1933, t. 1. Yn yr ail englyn, 'ni bu llais' a geir yn y cyrch, gan ailadrodd yr union eiriau a geir yn yr ail linell, ond mae'n amlwg mai 'llaw' a ddylai fod yma. Lluniodd bedwar englyn i Elizabeth Davies yn ddiweddarach, ac fe'u cynhwyswyd yn *Ysgubau'r Awen*, t. 65, dan y teitl 'Er Cof am Mrs. Davies, Glyn-coed, Pontardawe'. Mae'r englynion hyn yn tra-rhagori ar y tri englyn a gyhoeddwyd yn *The West Wales Observer*. Dymunaf ddiolch i Dr Huw Walters am fy nghyfeirio at y tri englyn a gyhoeddwyd yn *The West Wales Observer*.

[59]   T. J. Morgan, '*Plasau'r Brenin*', *Y Llenor*, cyf. XIII, rhif 3, Hydref 1934, t. 175.

[60]   Ibid., tt. 176–177.

[61]   Amanwy, 'Colofn Cymry'r Dyffryn', *The Amman Valley Chronicle*, Medi 13, 1934, t. 2.

[62]   Ibid.

[63]   Ibid.

[64]   Ibid.

[65]   Ibid.

[66]   'Wanderings'.

[67]   Gwenallt, 'Daniel Owen', *Yr Efrydydd*, cyf. 2, rhif 1, 1936, t. 288.

[68]   Gwenallt, beirniadaeth ar gystadleuaeth y Gadair, *Cymdeithas yr Eisteddfod Genedlaethol: Yr Unfed Adroddiad ar Bymtheg a Deugain ynghyda Rhestr o Swyddogion, Beirniaid, y Cystadleuaethau*

[*sic*] *a'r Buddugwyr yn Eisteddfod Genedlaethol Abergwaun 1936 a'r Beirniadaethau Cyflawn ar y Prif Destunau yn Abergwaun 1936 a Machynlleth, 1937*, Golygydd: D. R. Hughes, t. 91.

69   Ibid., tt. 91–92.

70   Aneirin Talfan Davies, 'Gwenallt', *Barn*, rhif 76, Chwefror 1969, t. 90.

71   Ibid.

72   Ibid.

73   Ibid.; 'A'r boen fel pwysau plwm ar gnawd a gwaed' yw'r ail linell yn *Ysgubau'r Awen*.

74   A. O. H. Jarman yn adolygu *Blodeugerdd o'r Ddeunawfed Ganrif*, *Heddiw*, cyf. 2, rhif 1, Chwefror 1937, t. 31.

75   Ibid.

76   J. I. Williams yn adolygu *Blodeugerdd o'r Ddeunawfed Ganrif*, *Trafodion Anrhydeddus Gymdeithas y Cymmrodorion*, 1936–1937, tt. 194–195.

77   'Wanderings'.

78   Ibid.

79   Dyfynnir yn 'Gwenallt' II, W. Llewelyn Jones, *Yr Eurgrawn*, cyf. 169, Haf 1977, t. 61.

80   'Wanderings'; llythyr oddi wrth Gwenallt at Albert Davies, diddyddiad. Albert Davies ei hun a ddywedodd mai ar Fawrth 18, 1937, y derbyniodd lythyr Gwenallt.

81   Ibid.; llythyr oddi wrth Gwenallt at Albert Davies, diddyddiad.

82   Archif B. J. Morse 422/65 yn Llyfrgell Prifysgol Caerdydd, llythyr oddi wrth Gwenallt at B. J. Morse, Chwefror 21, 1937.

83   Ibid.

84   Gwenallt, 'Cyfeillion', *Y Coed*, t. 35; *Cerddi Gwenallt*, t. 311. Fersiwn *Cerddi Gwenallt* a ddyfynnir yma.

85   Archif B. J. Morse 422/65 yn Llyfrgell Prifysgol Caerdydd, llythyr oddi wrth Gwenallt at B. J. Morse, Mehefin 7, 1937.

86   Gwenallt, *Cofiant Idwal Jones*, tt. 261–262.

87   Gwenallt, 'Er Cof am Mr. Idwal Jones, B.A., Llanbedr-Pont-Steffan', *Ysgubau'r Awen*, t. 66; *Cerddi Gwenallt*, t. 97.

88   'Wanderings'; llythyr oddi wrth Gwenallt a Nel at Albert Davies, dyddiedig Tachwedd 8, 1938 gan Albert Davies, ond ar Dachwedd 13 y bu farw mam Gwenallt, ac mae'n rhaid, felly, fod y dyddiad a roir gan Albert Davies yn anghywir. Ni oroesodd y llythyr gwreiddiol, hyd y gwyddys.

89   Ibid.

90   Ibid.

91   Gwenallt, 'Yr Angylion a'r Gwragedd', *Ysgubau'r Awen*, t. 13; *Cerddi Gwenallt*, t. 61.

92   Ibid.; *Cerddi Gwenallt*, t. 61.

93   Gwenallt, 'Y Bardd a'r Beirniad Olaf', ibid., t. 23; *Cerddi Gwenallt*, t. 69.

94   Ibid., t. 23; *Cerddi Gwenallt*, t. 65.

95   Ibid., t. 23; *Cerddi Gwenallt*, t. 65.

96   Gwenallt, 'Yr Awen', ibid., t. 69; *Cerddi Gwenallt*, t. 98.

97 'Y Twrch Trwyth', ibid., t. 16; *Cerddi Gwenallt*, t. 63.

98 'Y Ffwlbart', ibid., t. 19; *Cerddi Gwenallt*, t. 66.

99 'Y Twrch Trwyth'.

100 'Y Ffwlbart'.

101 Gwenallt, 'Myfyrdod', ibid., t. 18; *Cerddi Gwenallt*, t. 65.

102 Ibid., t. 18; *Cerddi Gwenallt*, t. 70.

103 Ibid., t. 18; *Cerddi Gwenallt*, t. 65.

104 'Yr Angylion a'r Gwragedd', ibid., t. 14; *Cerddi Gwenallt*, t. 62.

105 Gwenallt, 'Cymru', ibid., t. 24; *Cerddi Gwenallt*, t. 70.

106 Ibid., t. 24; *Cerddi Gwenallt*, t. 72.

107 Gwenallt, 'Cymru', ibid., t. 70; *Cerddi Gwenallt*, tt. 98–99.

108 Gwenallt, 'Ar Gyfeiliorn', ibid., t. 26; *Cerddi Gwenallt*, t. 72.

109 Gwenallt, 'Y Gristionogaeth', ibid., t. 28; *Cerddi Gwenallt*, t. 73.

110 Gwenallt, 'Ar Gyfeiliorn', ibid., t. 26; *Cerddi Gwenallt*, t. 72.

111 Ibid., t. 26; *Cerddi Gwenallt*, t. 72.

112 Ibid., t. 27; *Cerddi Gwenallt*, t. 72.

113 Dyfynnir yn *Edith Sitwell: Avant Garde Poet, English Genius*, Richard Greene, 2011. Geraint Bowen oedd y cyntaf i dynnu sylw at y tebygrwydd rhwng llinell Gwenallt a darn rhyddiaith Edith Sitwell, yn *Y Faner*, Chwefror 15, 1950, t. 7, wrth adolygu *Ugain o Gerddi*, T. H. Parry-Williams.

114 'Ar Gyfeiliorn', *Ysgubau'r Awen*, t. 26; *Cerddi Gwenallt*, t. 72.

115 Ibid., t. 27; *Cerddi Gwenallt*, t. 72.

116 Gwenallt, 'Pechod', ibid., t. 78; *Cerddi Gwenallt*, t. 103.

117 Gwenallt, 'Gwlad Adfeiliedig', ibid., t. 22; *Cerddi Gwenallt*, t. 68.

118 Gwenallt, 'Sir Gaerfyrddin', ibid., t. 81; *Cerddi Gwenallt*, t. 105.

119 R. Meirion Roberts yn adolygu *Ysgubau'r Awen*, *Y Traethodydd*, cyf. XCV, rhif 415, Ebrill 1940, t. 123.

120 Ibid., t. 124.

121 Ibid., t. 125.

122 Davies Aberpennar yn adolygu *Ysgubau'r Awen*, *Heddiw*, cyf. 5, rhif 10, Mawrth 1940, t. 498.

123 Ibid.

124 Ibid., t. 499.

125 Amanwy, 'Colofn Cymry'r Dyffryn', *The Amman Valley Chronicle*, Chwefror 1, 1940, t. 2.

126 Ibid.

127 Ibid.

128 Ibid.

129 Saunders Lewis, 'Bardd Crefyddol Cristnogol: Arbenigrwydd Canu Gwenallt', *Y Faner*, Chwefror 7, 1940, t. 7.

130 Ibid.

131 Ibid.

132 W. J. Gruffydd yn adolygu *Ysgubau'r Awen*, *Y Llenor*, cyf. XX, rhif 1, Gwanwyn 1941, t. 46.

[133] Ibid., t. 47.

[134] Ibid.

[135] Ibid., t. 48.

[136] 'Wanderings'; llythyr at Albert a Molly Davies oddi wrth Gwenallt a Nel, Mawrth 24, 1939.

Pennod 6: Rhyfel a Chythrwfwl 1939–1951

[1]   Archif B. J. Morse 422/65 yn Llyfrgell Prifysgol Caerdydd, llythyr oddi wrth Gwenallt at B. J. Morse, diddyddiad.

[2]   Ibid.

[3]   'Wanderings'; llythyr oddi wrth Gwenallt at Albert Davies, diddyddiad. Y tro hwn ni chefais gip ar y gwreiddiol.

[4]   Ibid.

[5]   Gwenallt, 'Comedi Ysbrydol', *Heddiw*, cyf. 6, rhif 5, Tachwedd/Rhagfyr 1940, t. 142.

[6]   Gwenallt, Rhagair, *Cnoi Cil*, 1942, [t. 5].

[7]   Gwenallt, 'Gorffennol Cymru', ibid., t. 19; *Cerddi Gwenallt*, t. 127.

[8]   Gwenallt, 'Rhydcymerau', *Eples*, t. 21; *Cerddi Gwenallt*, t. 149.

[9]   Gwenallt, 'Cymru a'r Rhyfel', *Cnoi Cil*, tt. 20 a 21; *Cerddi Gwenallt*, tt. 128–129.

[10] Ibid., t. 21; *Cerddi Gwenallt*, t. 129.

[11] Ibid., t. 20; *Cerddi Gwenallt*, t. 128.

[12] Ibid., t. 20; *Cerddi Gwenallt*, t. 128.

[13] Gwenallt, 'Ewrop', ibid., t. 11; *Cerddi Gwenallt*, t. 120.

[14] Ibid., t. 11; *Cerddi Gwenallt*, t. 120.

[15] Gwenallt, 'Gandhi', ibid., t. 23; *Cerddi Gwenallt*, t. 131.

[16] Ibid., t. 23; *Cerddi Gwenallt*, t. 131.

[17] Gwenallt, 'Llundain', ibid., t. 27; *Cerddi Gwenallt*, t. 133.

[18] Gwenallt, 'Rwsia', ibid., t. 25; *Cerddi Gwenallt*, t. 132.

[19] Ibid., t. 25; *Cerddi Gwenallt*, t. 132.

[20] Ibid., t. 25; *Cerddi Gwenallt*, t. 132.

[21] Gwenallt, 'Gweithwyr Deheudir Cymru', ibid., t. 30; *Cerddi Gwenallt*, t. 134.

[22] Gwenallt, 'Cwm Rhondda', ibid., t. 31; *Cerddi Gwenallt*, t. 135.

[23] Ibid., t. 31; *Cerddi Gwenallt*, t. 135.

[24] Gwenallt, 'Corff ac Ysbryd', ibid., t. 24; *Cerddi Gwenallt*, t. 131.

[25] Ibid., t. 24; *Cerddi Gwenallt*, t. 131.

[26] Ibid., t. 24; *Cerddi Gwenallt*, t. 131.

[27] Ibid., t. 24; *Cerddi Gwenallt*, t. 131.

[28] Gwenallt, 'Y Cymun', ibid., t. 9; *Cerddi Gwenallt*, t. 504.

[29] Ibid., t. 8; *Cerddi Gwenallt*, t. 117.

[30] Gwenallt, 'Yr Iddewon', ibid., tt. 12–13; *Cerddi Gwenallt*, tt. 121–122.

[31] D. Tecwyn Lloyd yn adolygu *Cnoi Cil: Cerddi a Sonedau*, *Y Llenor*, cyf. XXII, rhifau 1 a 2,

Gwanwyn–Haf 1942, t. 45.

[32] Ibid.

[33] Ibid.

[34] Ibid.

[35] Ibid., t. 46.

[36] Ibid., t. 47.

[37] Ibid., t. 48.

[38] Ibid.; 'Nant-y-moch', *Cnoi Cil*, t. 22; *Cerddi Gwenallt*, t. 130.

[39] Ibid.

[40] Ibid.

[41] J. E. Caerwyn Williams, 'Beirniaid y Chwith a'r Ddeau', *Y Llenor*, cyf. XXVI, rhifau 3 a 4, Hydref–Gaeaf 1947, t. 88.

[42] Ibid.

[43] Ibid., t. 90.

[44] Ibid.

[45] Amanwy, 'Colofn Cymry'r Dyffryn', *The Amman Valley Chronicle*, Medi 9, 1943, t. 2.

[46] Ibid.

[47] Ibid.

[48] Ibid.

[49] Ibid.

[50] Thomas Parry, *Llenyddiaeth Gymraeg 1900–1945* (Cyfres Pobun VIII), Golygydd y gyfres: E. Tegla Davies, 1945, t. 36.

[51] Ibid., tt. 36–37.

[52] Ibid., t. 37.

[53] Ibid.

[54] Gwenallt, beirniadaeth ar gystadleuaeth y Gadair, *Cyfansoddiadau a Beirniadaethau Eisteddfod Genedlaethol 1942 (Aberteifi)*, Golygydd: Thomas Parry, t. 10.

[55] Ibid., t. 12.

[56] Gwenallt, *Detholiad o Ryddiaith Gymraeg R. J. Derfel*, 1945, t. 47.

[57] Ibid., t. 48.

[58] Ibid.

[59] 'Wanderings'; llythyr oddi wrth Gwenallt a Nel at Albert a Molly Davies, Mawrth 31, 1943.

[60] J. E. Meredith, 'Argraffiadau (I)', *Y Traethodydd*, cyf. CXXIV, rhif 531, Ebrill 1969, t. 103.

[61] Ibid.

[62] Aneirin Talfan Davies, 'Gwenallt – bardd a Christion', Cylchgrawn Penwythnos y *Western Mail*, Ionawr 25, 1969, t. 7. Adroddir yr un hanesyn, bron air am air, yn 'Gwenallt', *Barn*, rhif 76, Chwefror 1969, tt. 90–91.

[63] Archif B. J. Morse 422/65 yn Llyfrgell Prifysgol Caerdydd, llythyr oddi wrth Gwenallt at B. J. Morse, Rhagfyr 20, 1944.

64 Ibid.

65 Amanwy, 'Colofn Cymry'r Dyffryn', *The Amman Valley Chronicle*, Tachwedd 1, 1945, t. 2.

66 Ibid.

67 Ibid.

68 Archif B. J. Morse 422/65 yn Llyfrgell Prifysgol Caerdydd, llythyr oddi wrth Gwenallt at B. J. Morse, diddyddiad. Ym 1946 y perfformiwyd *Dr Faustus* yn Stratford, gyda Hugh Griffith yn cymryd rhan Mephistopheles.

69 Aneirin Talfan Davies, 'Ar Ymyl y Ddalen', *Barn*, rhif 98, Rhagfyr 1970, t. 32.

70 Pennar Davies (Davies Aberpennar), 'Barddoniaeth D. Gwenallt Jones', *Lleufer*, cyf. 2, rhif 4, Gaeaf 1946, t. 111.

71 Ibid.

72 Ibid.

73 Ibid., t. 113.

74 Ibid., t. 115.

75 Ibid.

76 Dyfynnir gan Pennar Davies yn 'D. G. Jones', *Gwŷr Llên: Ysgrifau Beirniadol ar Weithiau Deuddeg Gŵr Llên Cyfoes Ynghyd â'u Darluniau*, Golygydd: Aneirin Talfan Davies, 1948, t. 48. Ceir y dyfyniad yn *Plasau'r Brenin*, t. 22. Ar d. 14, *Plasau'r Brenin*, ceir hefyd y frawddeg 'Iddo ef [Myrddin Tomos] creaduriaid seimllyd oedd yr Iddewon'.

77 Pennar Davies, 'D. G. Jones', tt. 48–49.

78 Ibid., t. 63.

79 Ibid., t. 65.

80 Iorwerth C. Peate yn adolygu *Gwŷr Llên: Ysgrifau Beirniadol ar Weithiau Deuddeg Gŵr Llên Cyfoes Ynghyd â'u Darluniau*, yn *Transactions of the Honourable Society of Cymmrodorion*, 1948–1949, t. 496.

81 Gwenallt, *Y Bardd yn ei Weithdy*, t. 28.

82 Ibid., t. 29.

83 E. Lewis Evans yn adolygu *Bywyd a Gwaith Islwyn* (Cyfres Pobun XVII), *Lleufer*, cyf. 5, rhif 1, Gwanwyn 1949, t. 3.

84 Ibid.

85 R. Tudur Jones yn adolygu *Bywyd a Gwaith Islwyn*, *Y Traethodydd*, cyf. III (XVII), Ebrill 1949, t. 92.

86 Gwenallt, beirniadaeth ar gystadleuaeth yr englyn, *Cyfansoddiadau a Beirniadaethau Eisteddfod Genedlaethol 1947 (Bae Colwyn)*, Golygydd: William Morris, t. 95.

87 Gwenallt, beirniadaeth ar gystadleuaeth y Goron, *Cyfansoddiadau a Beirniadaethau Eisteddfod Genedlaethol 1949 (Dolgellau)*, Golygydd: John Lloyd, t. 75.

88 Ibid.

89 Ibid., t. 76.

90 Gwenallt, beirniadaeth ar gystadleuaeth y Gadair, *Cyfansoddiadau a Beirniadaethau Eisteddfod Genedlaethol 1950 (Caerffili)*, Golygydd: T. J. Morgan, t. 74.

91 Ibid.

92   Ibid.

93   Ibid.

94   Ibid., t. 78.

95   Gwenallt, beirniadaeth ar gystadleuaeth yr englyn, ibid., t. 124.

96   Amanwy, 'Colofn Cymry'r Dyffryn', *The Amman Valley Chronicle*, Medi 14, 1950, t. 2.

97   Ibid.

98   Ibid., dyfynnir gan Amanwy.

99   Ibid.

100   Papurau Aneirin Talfan Davies yn y Llyfrgell Genedlaethol, Blwch 4, llythyr oddi wrth Gwenallt at Aneirin Talfan Davies, Tachwedd 20, 1950. Gw. *Cerddi Gwenallt*, t. 518.

101   Gwenallt, 'Y Meirwon', *Eples*, t. 9; *Cerddi Gwenallt*, t. 139.

102   Ibid., t. 9; *Cerddi Gwenallt*, t. 139.

103   Ibid., t. 9; *Cerddi Gwenallt*, t. 139.

104   Ibid., t. 10; *Cerddi Gwenallt*, t. 140.

105   Gwenallt, 'Cymdogion', ibid., t. 13; *Cerddi Gwenallt*, t. 142.

106   Gwenallt, 'Morgannwg', ibid., t. 14; *Cerddi Gwenallt*, t. 143.

107   Gwenallt, 'Colomennod', ibid., t. 15; *Cerddi Gwenallt*, t. 144.

108   Gwenallt, 'Y Morgrug', ibid., t. 16; *Cerddi Gwenallt*, t. 145.

109   Gwenallt, 'Y Paun', ibid., t. 17; *Cerddi Gwenallt*, t. 146.

110   Gwenallt, '"Sul y Fferm"', ibid., t. 18; *Cerddi Gwenallt*, t. 147.

111   Gwenallt, 'D. J. Williams, Abergwaun', ibid., t. 22; *Cerddi Gwenallt*, t. 150.

112   Gwenallt, 'Sir Forgannwg a Sir Gaerfyrddin', ibid., t. 24; *Cerddi Gwenallt*, t. 152.

113   Ibid., t. 25; *Cerddi Gwenallt*, t. 152.

114   Gwenallt, 'Plant yr Almaen', ibid., t. 65; *Cerddi Gwenallt*, t. 184.

115   Eurys I. Rowlands yn adolygu *Ysgubau'r Awen* ac *Eples*, *Y Genhinen*, cyf. 2, rhif 1, Gaeaf 1951–52, t. 61.

116   Ibid.

117   Ibid., t. 62.

118   Ibid.

119   Geraint Bowen, 'Bardd yr Argyhoeddiad', *Y Faner*, Chwefror 13, 1952, t. 7.

120   Ibid.

121   Ibid.

122   Ibid.

123   Ibid.

124   G. J. Roberts, 'Trem ar Farddoniaeth Gwenallt', *Yr Haul*, cyf. I, rhif XIX, Ionawr 1952, t. 439.

125   Gwilym R. Tilsley yn adolygu *Eples*, *Yr Eurgrawn*, cyf. 144, Mawrth 1952, t. 83.

126   Ibid., tt. 83–84.

127   Alun Llywelyn-Williams yn adolygu *Eples*, *Lleufer*, cyf. 8, rhif 1, Gwanwyn 1952, t. 42.

128   Ibid.

129   Ibid., t. 43.

Pennod 7: Yn ôl at y Gwreiddiau 1952-1959

1   Gwenallt, 'Dewi Sant', Papurau Gwenallt yn y Llyfrgell Genedlaethol, C2, t. 1.

2   Ibid.

3   Ibid., t. 2.

4   Ibid., tt. 3–4.

5   Ibid., t. 4.

6   Ibid., t. 6.

7   Ibid.

8   Ibid., t. 7.

9   Ibid., t. 8.

10   Ibid.

11   Ibid.

12   Ibid., t. 9.

13   Ibid.

14   Ibid., t. 11.

15   Ibid.

16   Ibid., t. 12.

17   Ibid., t. 13.

18   Ibid.

19   Ibid.

20   Ibid., t. 14.

21   Goronwy Owen, 'Cywydd y Gwahodd', *Blodeugerdd o'r Ddeunawfed Ganrif*, 1936, arg. 1965, t. 59, ond wedi ei olygu'n wahanol yn y fan yma i'r hyn a geir ym mlodeugerdd Gwenallt.

22   Gwenallt, *Bywyd a Gwaith Islwyn*, t. 34.

23   'Dewi Sant', t. 14.

24   Ibid., t. 15.

25   Ibid.

26   Ibid., tt. 15–16.

27   Ibid., tt. 19–20.

28   Gwenallt, 'Oberammergau', *Eples*, t. 71; *Cerddi Gwenallt*, t. 189.

29   Ibid., t. 72; *Cerddi Gwenallt*, t. 189.

30   Ibid., t. 72; *Cerddi Gwenallt*, t. 190.

31   'Dewi Sant', t. 20.

32   Ibid.

33   Ibid., t. 21.

34   T. S. Eliot, 'Whispers of Immortality', *Poems*, 1920, t. 31.

35   'Dewi Sant', t. 24.

36   Ibid., t. 25.

37   Ibid.

38   Ibid., t. 26.

39   Ibid., t. 28.

40   Ibid., t. 29.

41   Ibid.

42   Ibid., t. 30.

43   Ibid., t. 35.

44   Ibid.

45   Ibid.

46   Ibid.

47   Ibid.

48   Ibid., t. 37.

49   Ibid.

50   Ibid.

51   Ibid.

52   Ibid., t. 41.

53   Ibid., t. 43.

54   Ibid., t. 45.

55   Ibid.

56   Ibid., t. 47.

57   Gwenallt, 'Neges Dewi Sant', Papurau Gwenallt yn y Llyfrgell Genedlaethol, C8, t. 1.

58   Ibid.

59   Ibid.

60   Ibid.

61   Ibid.

62   Ibid., tt. 1–2.

63   Ibid., t. 2.

64   Ibid.

65   Ibid.

66   Ibid., t. 3.

67   Ibid.

68   Ibid.

69   Ibid., tt. 3–4.

70   Ibid., t. 4.

71   Ibid.

72   Ibid.

73   Ibid.

74   Ibid., t. 5.

75   Ibid.

76   Ibid., tt. 5–6.

77   Ibid., t. 6.

78   Ibid.

79   Mignedd, 'Cadair Gymraeg Aberystwyth', colofn 'Ledled Cymru', *Y Faner*, Mawrth 5, 1952, t. 4.

80   Ibid.

81   Thomas Parry, *Llenyddiaeth Gymraeg 1900–1945*, tt. 60–61.

82   'Cadair Gymraeg Aberystwyth', t. 4.

83   'Pendinas', 'Two Welsh Chairs', *Western Mail*, Mawrth 15, 1952, t. 4.

84   'Welsh Chair', *Western Mail*, Mawrth 17, 1952, t. 2.

85   'Wanderings'.

86   Hywel Teifi Edwards, 'Gwenallt', *Dathlu: Cynnyrch Llenyddol Dathliadau Chwarter-can-mlwyddiant Sefydlu'r Academi Gymreig*, Golygydd: R. Gerallt Jones, 1986, t. 94.

87   Papurau Kate Roberts yn y Llyfrgell Genedlaethol, 976, llythyr oddi wrth Gwenallt at Kate Roberts, [1952].

88   Gwenallt, beirniadaeth ar gystadleuaeth y Gadair, *Cyfansoddiadau a Beirniadaethau Eisteddfod Genedlaethol Cymru Ystradgynlais 1954*, Golygydd: T. H. Parry-Williams, t. 63.

89   Ibid.

90   Ibid.

91   Gwenallt, 'Dinbych-y-pysgod', *Gwreiddiau*, t. 40; *Cerddi Gwenallt*, t. 221.

92   'Yn Erbyn Gorfodi ein Bechgyn/Cyfarfod Mawr yn Aberystwyth', *Y Faner*, Ionawr 25, 1956, t. 5.

93   'Portread – D. Gwenallt Jones', ibid., Awst 15, 1957, t. 3.

94   Ibid.

95   Gwenallt, 'Penodi'r Archesgob', Llythyrau at y Golygydd, *Y Llan*, Tachwedd 22, 1957, t. 5.

96   Ibid.

97   Ibid., t. 6.

98   Ibid.

99   Gwenallt, 'Yr Eglwys yng Nghymru', *Y Genhinen*, cyf. 8, rhif 11, 1958, t. 86.

100   Dr Glyn Simon, dyfynnir yn 'Yr Eglwys a'r Gymraeg' ('Llith Deheuwr'), *Y Faner*, Ionawr 23, 1958, t. 6.

101   Dr G. O. Williams, ibid. [dyfynnir yn 'Yr Eglwys a'r Gymraeg' eto].

102   Ibid.

103   'Yr Eglwys yng Nghymru', t. 86.

104   Ibid.

105   Ibid.

106   Ibid., t. 87.

107   Ibid.

108   Ibid., tt. 87–88.

109   Ibid., t. 88.

110   Ibid.

111   Ibid., t. 89.

112 Ibid., tt. 90–91.

113 Ibid.

114 J. E. Meredith, 'Argraffiadau (I)', t. 104.

115 Ibid., t. 105.

116 Aneirin Talfan Davies, 'Gwenallt – an English Critic's Assessment', *Impact*, cyf. I, rhif 7, 1971, t. 4.

117 Ibid.

118 Ibid.

119 Ibid.

120 Gwenallt, 'Rhagair', *Cofiant Idwal Jones*, [t. 6].

121 Dai Williams yn adolygu *Cofiant Idwal Jones*, *Lleufer*, cyf. 14, rhif 4, Gaeaf 1958, t. 119.

122 Ibid.

123 Ibid.

124 Ibid.

125 Gwenallt, 'Gwreiddiau', *Gwreiddiau*, t. 9; *Cerddi Gwenallt*, t. 195.

126 Ibid., t. 9; *Cerddi Gwenallt*, t. 195.

127 Ibid., t. 9; *Cerddi Gwenallt*, t. 195.

128 Gwenallt, 'Yr Hen Emynau', ibid., t. 12; *Cerddi Gwenallt*, t. 197.

129 Ibid., t. 12; *Cerddi Gwenallt*, t. 197.

130 Ibid., t. 12; *Cerddi Gwenallt*, t. 197.

131 Ibid., t. 12; *Cerddi Gwenallt*, t. 197.

132 Ibid., t. 13; *Cerddi Gwenallt*, t. 197.

133 Gwenallt, 'Gwlad ac Ynys', ibid., t. 14; *Cerddi Gwenallt*, t. 198.

134 Gwenallt, 'Y Maen Rhwystr', ibid., t. 19; *Cerddi Gwenallt*, t. 201.

135 Ibid., tt. 19–20; *Cerddi Gwenallt*, t. 201.

136 Gwenallt, 'Yr Awen', ibid., t. 11; *Cerddi Gwenallt*, t. 196.

137 Gwenallt, 'Dewis', ibid., t. 16; *Cerddi Gwenallt*, t. 199.

138 Ibid., t. 16; *Cerddi Gwenallt*, t. 199.

139 Ibid., tt. 16–17; *Cerddi Gwenallt*, t. 199.

140 Ibid., t. 17; *Cerddi Gwenallt*, tt. 199–200.

141 *Y Mabinogion*, Dafydd a Rhiannon Ifans, 1980, argraffiad 1983, t. 34.

142 Gwenallt, 'Y Drws', *Gwreiddiau*, t. 18; *Cerddi Gwenallt*, t. 200.

143 Ibid., t. 18; *Cerddi Gwenallt*, t. 200.

144 'Credaf', t. 64.

145 Ibid.

146 John Keats, 'La Belle Dame sans Merci', *The Complete Poetical Works of John Keats*, 1900, t. 240.

147 Gwenallt, 'Y Drws', *Gwreiddiau*, t. 18; *Cerddi Gwenallt*, t. 200.

148 Gwenallt, 'Y Tipiau', ibid., t. 41; *Cerddi Gwenallt*, t. 222.

149 Gwenallt, 'Jezebel ac Elïas', ibid., t. 58; *Cerddi Gwenallt*, t. 235.

[150] Ibid., t. 56; *Cerddi Gwenallt*, t. 233.

[151] Ibid., t. 56; *Cerddi Gwenallt*, t. 233.

[152] Ibid., t. 57; *Cerddi Gwenallt*, t. 234.

[153] Ibid., t. 59; *Cerddi Gwenallt*, t. 235.

[154] Ibid., t. 62; *Cerddi Gwenallt*, t. 238.

[155] Ibid., t. 62; *Cerddi Gwenallt*, tt. 238–239.

[156] Ibid., t. 63; *Cerddi Gwenallt*, t. 239.

[157] Ibid., t. 63; *Cerddi Gwenallt*, t. 239.

[158] Ibid., t. 63; *Cerddi Gwenallt*, t. 239.

[159] Ibid., tt. 63–64; *Cerddi Gwenallt*, t. 240.

[160] Ibid., t. 64, t. 64.

[161] Ibid., tt. 64 a 65; *Cerddi Gwenallt*, tt. 240 a 241.

[162] Ibid., t. 67; *Cerddi Gwenallt*, t. 243.

[163] Ibid., t. 67; *Cerddi Gwenallt*, t. 243.

[164] Ibid., t. 68; *Cerddi Gwenallt*, t. 243.

[165] Ibid., t. 68; *Cerddi Gwenallt*, t. 244.

[166] Ibid., t. 69; *Cerddi Gwenallt*, t. 244.

[167] Ibid., t. 70; *Cerddi Gwenallt*, t. 245.

[168] Ibid., t. 71; *Cerddi Gwenallt*, t. 246.

[169] Ibid., t. 71; *Cerddi Gwenallt*, t. 246.

[170] Ibid., t. 73; *Cerddi Gwenallt*, t. 247.

[171] Ibid., t. 73; *Cerddi Gwenallt*, tt. 247–248.

[172] Ibid., t. 75; *Cerddi Gwenallt*, tt. 249–250.

[173] Ibid., t. 75; *Cerddi Gwenallt*, t. 250.

[174] Ibid., tt. 78–79; *Cerddi Gwenallt*, t. 252.

[175] Ibid., t. 81; *Cerddi Gwenallt*, t. 254.

[176] Ibid., t. 81; *Cerddi Gwenallt*, t. 255.

[177] Ibid., t. 81; *Cerddi Gwenallt*, t. 255.

[178] Ibid., t. 82; *Cerddi Gwenallt*, t. 255.

[179] Ibid., t. 83; *Cerddi Gwenallt*, t. 256.

[180] Ibid., t. 84; *Cerddi Gwenallt*, t. 257.

[181] Ibid., t. 85; *Cerddi Gwenallt*, t. 258.

[182] Ibid., t. 85; *Cerddi Gwenallt*, t. 258.

[183] Ibid., tt. 85–86; *Cerddi Gwenallt*, t. 258.

[184] Ibid., t. 86; *Cerddi Gwenallt*, t. 258.

[185] Ibid., t. 86; *Cerddi Gwenallt*, tt. 258–259.

[186] Ibid., t. 87; *Cerddi Gwenallt*, t. 259.

[187] Derec Llwyd Morgan, '"Promethews" gan Gwenallt', *Y Traethodydd*, cyf. CXXIV, rhif 531, Ebrill 1969, t. 84.

[188] Eurys I. Rowlands yn adolygu *Gwreiddiau*, *Y Genhinen*, cyf. 10, rhif 3, Haf 1960, t. 190.

[189] Ibid.

[190] Harri Gwynn yn adolygu *Gwreiddiau*, *Lleufer*, cyf. XVI, rhif 1, Gwanwyn 1960, t. 47.

[191] Ibid., t. 49.

[192] Ibid.

[193] George W. Brewer, 'Gwenallt', *Y Traethodydd*, cyf. CXIX, rhif 511, Ebrill 1964, t. 89.

[194] Gwyn Erfyl yn adolygu *Taliesin*, rhif 5, *Barn*, rhif 9, Gorffennaf 1963, t. 270.

[195] R. Geraint Gruffydd, 'Cyfrol Ddiweddaraf Gwenallt', *Y Cylchgrawn Efengylaidd*, cyf. V, rhif 9, Haf 1960, t. 13.

[196] Ibid.

[197] Ibid., tt. 13–14.

[198] Ibid., t. 14.

[199] Ibid., tt. 14–15.

[200] Ibid., t. 15.

[201] J. Gwyn Griffiths, 'Cerddi Proffwydi', *Y Faner*, Chwefror 25, 1960, t. 7.

Pennod 8: Y Blynyddoedd Olaf 1960–1968

[1] Gwenallt, beirniadaeth ar gystadleuaeth y Gadair, *Cyfansoddiadau a Beirniadaethau Eisteddfod Genedlaethol Cymru Caerdydd 1960*, Golygydd: T. J. Morgan, tt. 6–7.

[2] Ibid., t. 3.

[3] Bobi Jones, *O'r Bedd i'r Crud: Hunangofiant Tafod*, 2000, t. 131.

[4] Ibid., t. 132.

[5] Gwenallt, 'Sylwadau'r Golygydd', *Taliesin*, cyf. 1, 1961, t. 5.

[6] Ibid., t. 7.

[7] Ibid.

[8] Ibid., t. 9.

[9] Ibid., t. 10.

[10] Hywel Teifi Edwards, 'Gwenallt', *Dathlu*, t. 98.

[11] Gwenallt, 'Blodeugerdd Rhydychen', *Taliesin*, cyf. 5, 1963, t. 74.

[12] Ibid., tt. 74–75.

[13] Ibid., t. 75.

[14] Ibid.

[15] Ibid.

[16] Ibid., tt. 87–88.

[17] Ibid., t. 88.

[18] Ibid.

[19] Thomas Parry ei hun a ddywedodd hyn wrthyf, mewn sgwrs ffôn rywbryd ar ddiwedd y 1970au neu ar ddechrau'r 1980au. Roeddwn wedi dweud rhai pethau carlamus am Islwyn un ai mewn colofn farddol a oedd gennyf yn *Y Cymro* ar y pryd neu yn y cylchgrawn *Barddas*. Disgwyliwn geryd gan Thomas Parry, ond cytuno â mi a wnaeth, a chofiaf ei eiriau: 'Wyddoch chi beth, 'fedra' i ddim diodda'r dyn'. A dyna pryd y dywedodd amdano'n

gofyn barn Saunders Lewis ynglŷn â chynnwys gwaith Islwyn yn y flodeugerdd.

20 Gwenallt, 'Sylwadau', *Taliesin*, cyf. 6, 1963, t. 58.

21 Ibid.

22 Ibid., t. 59.

23 Aneirin Talfan Davies, 'Ar Ymyl y Ddalen', *Barn*, rhif 11, Medi 1963, t. 320.

24 Archif B. J. Morse 422/65 yn Llyfrgell Prifysgol Caerdydd, llythyr oddi wrth Gwenallt at B. J. Morse, Mai 27, 1966.

25 Mair Kitchener Davies, 'Ffarwel i Gwenallt', *Llais y Lli*, Mai 25, 1966, t. 1.

26 Geraint Eckley, ibid.

27 T. H. Parry-Williams, ibid.

28 Thomas Parry, ibid.

29 Thomas Parry, 'Gwenallt', *Y Traethodydd*, cyf. CXXIV (530–533), 1969, t. 90.

30 Ibid.

31 Ibid., t. 91.

32 Archif B. J. Morse 422/65 yn Llyfrgell Prifysgol Caerdydd, llythyr oddi wrth Gwenallt at B. J. Morse, Mai 27, 1966.

33 Ibid., llythyr oddi wrth Gwenallt at B. J. Morse, [Mehefin 20, 1966].

34 Ibid.

35 Ibid.

36 Dyfnallt Morgan, 'Atgofion Myfyrwyr', *Y Traethodydd*, cyf. CXXIV, rhif 531, Ebrill 1969, t. 117.

37 Ibid., t. 119.

38 Ibid.

39 W. Leslie Richards, ibid., t. 121.

40 Brynley F. Roberts, ibid., t. 125.

41 Ibid.

42 Hywel Teifi Edwards, 'Asbri Gwenallt', *Lleufer*, cyf. 24, rhif 4, 1969, t. 4.

43 Garfield H. Hughes, 'Atgofion Myfyrwyr', t. 113.

44 Ibid., t. 116.

45 Ibid.

46 Gerallt Jones, 'Cofio Gwenallt', *Y Genhinen*, cyf. XIX, rhif 2, Gwanwyn 1969, t. 168.

47 Ibid., t. 169.

48 Donald Evans, atgofion am Gwenallt fel darlithydd a ebostiwyd at awdur y cofiant hwn ar Awst 3, 2015.

49 Ibid.

50 Ibid.

51 Ibid.

52 Ibid.

53 Ibid.

54 Gwenallt, 'Ychydig Sylwadau', *Cerddi y Pren Gwyn*, Ifan Jones, 1968, tt. 15–16.

55 Ibid., t. 16.

56 Ibid., tt. 16–17.

57 W. J. Edwards, 'Gwenallt yn Nosbarth Rhydypennau', *Taliesin*, cyf. 18, Awst 1969, t. 46.

58 Ibid., t. 45.

59 Ibid., t. 47.

60 Ibid.

61 Archif B. J. Morse 422/65 yn Llyfrgell Prifysgol Caerdydd, llythyr oddi wrth Gwenallt at B. J. Morse, Hydref 15, 1966.

62 Ibid.

63 Ibid., llythyr oddi wrth Gwenallt at B. J. Morse, Tachwedd 1, 1966.

64 Ibid.

65 Ibid.

66 Ibid., llythyr oddi wrth Gwenallt at B. J. Morse, Ebrill 30, 1967.

67 Ibid.

68 Thomas Jones, 'Teyrnged ar Ran y Brifysgol', *Y Traethodydd*, cyf. CXXIV, rhif 531, Ebrill 1969, t. 92.

69 Ibid.

70 'Wanderings'; llythyr oddi wrth Gwenallt at Albert Davies, Ebrill 17, 1967.

71 Archif B. J. Morse 422/65 yn Llyfrgell Prifysgol Caerdydd, llythyr oddi wrth Gwenallt at B. J. Morse, diddyddiad.

72 Ibid., llythyr oddi wrth Gwenallt at B. J. Morse, Awst 15, 1967.

73 W. R. P. George, 'Cofio Gwenallt', *Dathlu*, tt. 108–109.

74 Ibid.

75 Hywel Teifi Edwards, ibid., t. 101.

76 Archif B. J. Morse 422/65 yn Llyfrgell Prifysgol Caerdydd, llythyr oddi wrth Gwenallt at B. J. Morse, diddyddiad.

77 W. R. P. George, 'Gwyliau Olaf Gwenallt', *Taliesin*, cyf. 24, 1972, t. 104. Sonnir am y gwyliau hyn yn *Dathlu* yn ogystal, tt. 109–111.

78 Ibid.

79 Ibid., tt. 105–106.

80 Gwenallt, 'Y Coed', *Y Coed*, t. 73; *Cerddi Gwenallt*, t. 349.

81 'Gwyliau Olaf Gwenallt', t. 106.

82 Ibid., t. 107.

83 Ibid., t. 108.

84 Ibid.

85 Ibid., t. 113.

86 Ibid., tt. 112–113.

87 Ibid., t. 113.

88 Archif B. J. Morse 422/65 yn Llyfrgell Prifysgol Caerdydd, llythyr oddi wrth Gwenallt at B. J. Morse, diddyddiad.

89   Ibid.

90   'Gwyliau Olaf Gwenallt', t. 113.

91   Archif B. J. Morse 422/65 yn Llyfrgell Prifysgol Caerdydd, llythyr oddi wrth Gwenallt at B. J. Morse, [Hydref 13, 1968].

92   Ibid.

93   Ibid.

94   Cyhoeddwyd 'Dieithryn ym Mecsico' yn *Allor Wydn*, 1971, tt. 35–47.

95   Archif B. J. Morse 422/65 yn Llyfrgell Prifysgol Caerdydd, llythyr oddi wrth Nel Gwenallt at B. J. Morse, Tachwedd 21, 1968.

96   'Wanderings'.

97   Archif B. J. Morse 422/65 yn Llyfrgell Prifysgol Caerdydd, llythyr oddi wrth Nel Gwenallt at B. J. Morse, Rhagfyr 3, 1968.

98   Ibid., llythyr oddi wrth Gwenallt at B. J. Morse, Rhagfyr 17, 1968.

99   Archif B. J. Morse 422/65 yn Llyfrgell Prifysgol Caerdydd, llythyr oddi wrth Nel Gwenallt at B. J. Morse, Rhagfyr 3, 1968.

100   Ibid.

101   W. J. Edwards, 'Gwenallt yn Nosbarth Rhydypennau', t. 46.

102   'Gwyliau Olaf Gwenallt', t. 114.

103   W. R. P. George, 'Cristnogaeth a'r Bardd', *Y Traethodydd*, cyf. CXXIX, rhif 550, Ionawr 1974, t. 14.

104   Ibid.

105   Ifor Enoch, 'Argraffiadau (II)', *Y Traethodydd*, cyf. CXXIV, rhif 531, Ebrill 1969, t. 107.

106   Ibid.

107   Ibid., t. 109.

108   Archif B. J. Morse 422/65 yn Llyfrgell Prifysgol Caerdydd, llythyr oddi wrth Nel Gwenallt at B. J. Morse, Rhagfyr 13, 1968.

109   Ibid.

110   Ibid., brysneges oddi wrth Nel Gwenallt at B. J. Morse, Rhagfyr 24, 1968.

111   Ifor Enoch, 'Argraffiadau (II)', t. 110.

112   'Yr Angladd', adroddiad T. J. Davies ar angladd Gwenallt, *Y Faner*, Ionawr 2, 1969, t. 4.

113   Thomas Parry, 'Teyrnged ar ran Coleg a Chenedl', *Y Traethodydd*, cyf. CXXIV, rhif 531, Ebrill 1969, t. 93.

114   Ibid.

115   Ibid., t. 95.

116   Ibid.

117   Kate Roberts, 'D. Gwenallt Jones', *Erthyglau ac Ysgrifau Llenyddol Kate Roberts*, Golygydd: David Jenkins, 1978, t. 171; ymddangosodd yr ysgrif yn wreiddiol yn *Y Faner*, Ionawr 2, 1969.

118   Ibid., t. 170.

119   W. I. Cynwil Williams, 'Eistedd wrth draed Gwenallt', *Y Faner*, Ionawr 2, 1969, t. 1.

120 Ibid.

121 Dyfynnir gan W. I. Cynwil Williams, ibid.

122 'Llywelyn', 'Gwenallt: Bardd Mawr a Wynebodd Holl Argyfwng ei Oes a'i Genedl', *Y Ddraig Goch*, cyf. 38, rhif 3, Mawrth 1969, t. 3.

123 Dienw, 'Mae Cymru'n Wacach ac yn Dlotach Hebddo', ibid.

124 Ibid.

125 Bobi Jones, 'Yr oedd Min ar ei Ymddiddan', *Y Cymro*, Ionawr 2, 1969, t. 36.

126 Ibid.

127 Ibid.

128 R. Tudur Jones, 'Tremion': 'Gwenallt', *Y Cymro*, Ionawr 9, 1969, t. 3.

129 Thomas Jones, 'Death of a Noted Poet', *The Cambrian News*, Ionawr 3, 1969, t. 7.

130 Pennar Davies, 'Gwenallt, Bardd y Ffydd', *Y Genhinen*, cyf. 19, rhif 1, Gaeaf 1968–1969, t. 143.

131 Ibid.

132 Ibid., t. 144.

133 Ibid., tt. 144, 145.

134 D. Tecwyn Lloyd, 'Golygyddol', *Taliesin*, cyf. 18, Gorffennaf 1969, t. 4.

135 Ibid.

136 Ibid., t. 5.

137 D. Tecwyn Lloyd, 'Gwaith Gwenallt', *Y Cardi*, cyf. 3, Awst 1968, t. 11. Ailgyhoeddwyd yr ysgrif yn *Safle'r Gerbydres ac Ysgrifau Eraill*, 1970.

138 D. Jacob Davies, 'Gwenallt', *Y Cardi*, cyf. 3, Awst 1968, t. 33.

139 Waldo Williams, 'Gwenallt', *Y Traethodydd*, cyf. CXXIV, rhif 531, Ebrill 1969, t. 53.

140 T. S. Eliot, 'Little Gidding', *Four Quartets*, 1944, arg. 1979, t. 44.

141 W. R. P. George, 'Gwenallt', *Mydylau*, 2004, t. 69.

142 Ibid., t. 70.

143 Ceir atgynhyrchiad o'r nodiadau hyn yn *Bro a Bywyd: Gwenallt (David James Jones) 1899–1968*, t. 52.

144 W. R. P. George, 'Bad Ischl', *Dringo'r Ysgol*, 1989, t. 59.

145 Dyfynnir gan W. R. P. George yn 'Cristnogaeth a'r Bardd', t. 15. Anfonwyd y llythyr ar Orffennaf 9, 1969.

146 Archif B. J. Morse 422/65 yn Llyfrgell Prifysgol Caerdydd, llythyr oddi wrth Nel Gwenallt at B. J. Morse, Mai 13, 1969.

147 Ibid.

148 Ibid.

149 Ibid., llythyr oddi wrth Nel Gwenallt at B. J. Morse, Ionawr 12, 1970.

150 Ibid., llythyr oddi wrth Nel Gwenallt at B. J. Morse, Mehefin 30, 1969.

151 Ibid.

152 Gwenallt, 'Eglwys y Pater Noster', *Y Coed*, t. 53; *Cerddi Gwenallt*, t. 330.

153 Gwenallt, 'Trychineb Aber-fan', ibid., t. 13; *Cerddi Gwenallt*, tt. 288–289.

154   Gwenallt, 'Cwm Rhondda', ibid., t. 24; *Cerddi Gwenallt*, t. 300.

155   Gwenallt, 'Emyr Llewelyn Jones', ibid., t. 17; *Cerddi Gwenallt*, t. 293.

156   Gwenallt, 'Sir Gaerfyrddin', ibid., t. 11; *Cerddi Gwenallt*, t. 285.

157   Ibid., t. 11; *Cerddi Gwenallt*, tt. 285–286.

158   Ibid., t. 12; *Cerddi Gwenallt*, t. 287.

159   Ibid., t. 12; *Cerddi Gwenallt*, t. 287.

160   Ibid., t. 12; *Cerddi Gwenallt*, t. 287.

161   Gwenallt, 'Trychineb Aber-fan', ibid., t. 14; *Cerddi Gwenallt*, tt. 289–290.

162   Ibid., t. 14; *Cerddi Gwenallt*, t. 290.

163   Gwenallt, 'Emyr Llewelyn Jones', ibid., t. 16; *Cerddi Gwenallt*, t. 293.

164   Ibid., t. 16; *Cerddi Gwenallt*, t. 292.

165   Gwenallt, 'Ioan Marc', ibid., t. 66; *Cerddi Gwenallt*, t. 342.

166   Dyfynnir yn *Gwenallt: Bardd Crefyddol*, tt. 18–19; dyfynnir hefyd gan Lynn Owen-Rees yn *Cofio Gwenallt*, t. 114.

167   Gwenallt, 'Gardd Gethsemane', *Y Coed*, t. 50; *Cerddi Gwenallt*, t. 327.

168   Gwenallt, 'Y Coed', ibid., t. 73; *Cerddi Gwenallt*, tt. 349–350.

169   John Roderick Rees, 'Y Gair Olaf', *Barn*, rhif 93, Gorffennaf 1970, t. 250.

170   Ibid.

171   Idris Foster yn adolygu *Y Coed*, *Poetry Wales*, cyf. 5, rhif 3, 1970, t. 52.

172   Ibid.

173   R. Geraint Gruffydd, 'Gair am Lyfrau', *Y Cylchgrawn Efengylaidd*, cyf. XI, rhif 3, 1970, t. 86.

174   Archif B. J. Morse 422/65 yn Llyfrgell Prifysgol Caerdydd, llythyr oddi wrth Nel Gwenallt at B. J. Morse, Ionawr 12, 1970.

175   Gwenallt, 'Y Meirwon', *Eples*, t. 10; *Cerddi Gwenallt*, t. 140.

Mynegai

Cyfrolau barddoniaeth

Cerddi o'i gyfrolau barddoniaeth

Casgliad J. E. Meredith ('Gwenallt yn ŵr ieuanc')

Hefyd gan yr awdur:

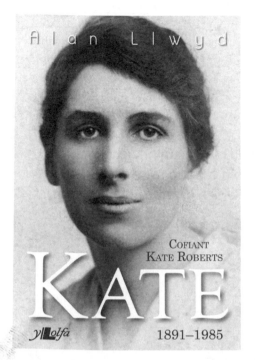

£19.95 (cm) | £29.95 (cc)

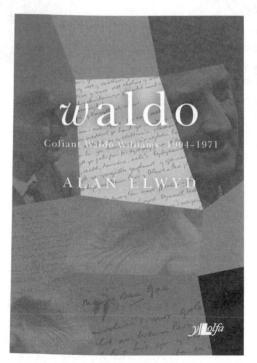

£19.95 (cm) | £29.95 (cc)

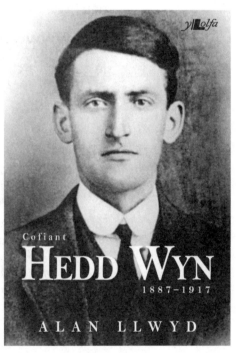

£14.95 (cm)

Am restr gyflawn o lyfrau'r Lolfa, mynnwch
gopi am ddim o'n catalog
neu hwyliwch i mewn i'n gwefan

www.ylolfa.com

lle gallwch archebu llyfrau ar-lein.

TALYBONT CEREDIGION CYMRU SY24 5HE
ebost ylolfa@ylolfa.com
gwefan www.ylolfa.com
ffôn 01970 832 304
ffacs 832 782